# L'ENGAGISME À LA RÉUNION

## Logiques Juridiques

*Fondée par Gérard Marcou*
*Dirigée par Thomas Perroud*

Le droit n'est pas seulement un savoir, il est d'abord un ensemble de rapports et pratiques que l'on rencontre dans presque toutes les formes de sociétés. C'est pourquoi il a toujours donné lieu à la fois à une littérature de juristes professionnels, produisant le savoir juridique, et à une littérature sur le droit, produite par des philosophes, des sociologues ou des économistes notamment.

Parce que le domaine du droit s'étend sans cesse et rend de plus en plus souvent nécessaire le recours au savoir juridique spécialisé, même dans des matières où il n'avait jadis qu'une importance secondaire, les ouvrages juridiques à caractère professionnel ou pédagogique dominent l'édition, et ils tendent à réduire la recherche en droit à sa seule dimension positive. À l'inverse de cette tendance, la collection « Logiques juridiques » des éditions L'Harmattan est ouverte à toutes les approches du droit. Tout en publiant aussi des ouvrages à vocation professionnelle ou pédagogique, elle se fixe avant tout pour but de contribuer à la publication et à la diffusion des recherches en droit, ainsi qu'au dialogue scientifique sur le droit. Comme son nom l'indique, elle se veut plurielle.

### Dernières parutions

Louis KARCENTY, *Le Conseil constitutionnel, juge de l'impôt, État des lieux de 15 ans*, 2025.
Solitris LYTRAS, *La notion de sanction dans l'univers répressif européen. De sa naissance à sa consécration*, 2025.
Carlo IANELLO, *L'État du pouvoir. Politique et droit dans l'ère de la post-liberté*, 2025.
Jean-Sébastien BODA, *La notion de bloc de constitutionnalité*, 2025.
Fabienne QUILLERÉ-MAJZOUB, Tarek MAJZOUB, *Égypte-eaux du Nil : je t'aime... moi non plus ! Les relations juridiques de l'Égypte au* vade-mecum *de notre héritage*, 2025.
Jean-Pierre BÉNARD, *Nos redoutables paranoïas de gouvernance, Un impensé lourd de conséquences*, 2025.

**Stéphane Law-Hang**

# L'engagisme à La Réunion

## Une histoire politique et juridique du servilisme (1828-1850)

L'Harmattan

5-7, rue de l'École Polytechnique - 75005 Paris
www.editions-harmattan.fr
ISBN : 978-2-336-57932-0
EAN : 9782336579320
Dépôt légal : février 2026

# SOMMAIRE

# INTRODUCTION

Au début du 19e siècle, la situation économique et politique de la France interroge sur sa pleine capacité à défendre militairement ses lointaines colonies d'Outre-mer. Même si dans l'archipel des Mascareignes Mahé de Labourdonnais avait réussi un temps à faire de l'île Maurice une base navale de repli du sous-continent indien, la flotte militaire britannique était bien trop puissante pour la France. Le commerce colonial était un marché lucratif, et en l'absence de moyens solides de défense, la présence française et sa pérennisation dans cet espace colonial allaient forcément dépendre des rapports de force politiques entre puissances européennes. Faute de moyens conséquents, l'avenir ou le destin colonial français apparaissait fragile.

L'archipel des Mascareignes, composé des îles de La Réunion, de Maurice et de Rodrigues, avait principalement servi d'escale de ravitaillement aux navires qui empruntaient la longue route des Indes depuis l'Europe. Aucune de ces trois îles n'était la destination finale et il n'était pas prévu que l'on n'y installe des habitants de manière durable ou que l'on y produise quoi que ce soit en l'absence de ressources particulières comme les épices. Face aux gigantesques marchés d'Asie et d'Extrême-Orient, l'archipel des Mascareignes ne pesait pas bien lourd et face à la puissance britannique qui s'imposait dans les territoires indiens, le projet colonial français dans l'île de La Réunion apparaissait bien incertain sinon indéterminé. Dans l'océan Indien, la France conserve néanmoins dans la première moitié du 19e siècle quelques comptoirs, mais en réalité, elle ne pouvait pas mieux espérer surtout depuis la chute de Napoléon Bonaparte et le Congrès de Vienne qui font du Royaume-Uni le véritable champion européen des traités internationaux qui régissent alors les relations commerciales avec le monde. La question coloniale et l'accès à toutes ces richesses en dépendaient.

La Réunion partage avec sa principale sœur des Mascareignes, l'île Maurice, un « désert » démographique originel avant que les colons européens ne décident de s'y établir timidement. Il n'y avait pour ainsi dire aucun autochtone au moment de la colonisation. Cette précision est importante d'être soulignée, car à la différence des colonisations en Afrique, en Amérique et en Asie, dans les îles des Mascareignes, il n'y eût aucune confrontation notamment juridique ou légale qui aurait écrasé d'éventuelles coutumes locales « indigènes ». La particularité de tout cet archipel est que l'on peut parler de l'An 0 à partir du moment de sa colonisation. C'est la raison pour laquelle l'histoire commune de ces 3 îles sera profondément marquée par des vagues d'immigrations successives dès lors que chacune d'entre elles fit le choix de se lancer dans la production industrielle d'épices et de canne à sucre.

Le destin et la trajectoire économique des 2 principales îles allaient alors diverger.

D'abord françaises toutes les 2, puis anglaises, le Royaume-Uni accepte de restituer l'île Bourbon à la France en maintenant sa souveraineté sur l'île Maurice. Cette séparation avec Maurice contraindra La Réunion à se développer par elle-même. L'étendue des pouvoirs confiés aux gouverneurs va faciliter l'initiative privée et les investissements nécessaires à la production de la canne à sucre tout en *boostant* les activités commerciales. Sans conteste, c'est bien au cours de ce 19e siècle que l'île Bourbon connut sa période « industrielle » sucrière, ce qui la marquera jusqu'à nos jours.

Doit-on encore proposer au lecteur une présentation de l'ancienne colonie bourbonnaise et de ses 2 500 km$^2$ ? Rappelons que c'est entre les mois de juin 1638 et de juin 1640 qu'un navire de la Compagnie particulière de navigation prit possession des îles de Bourbon et de Rodrigues, mais c'est entre juin et septembre 1642 que le Capitaine Cocquet du *Saint-Louis* de la nouvelle Compagnie de Madagascar planta les armes royales en baie de Saint-Paul. Entre novembre et décembre 1649, le Capitaine Le Bourg du *Saint-Laurent* partit de Fort Dauphin et prit de nouveau possession de l'île à l'endroit qu'il baptisa La Possession du Roy[1]. Entre-temps, les Hollandais s'installèrent sur l'île voisine, l'île Maurice, pendant que les Anglais gagnèrent du terrain en Inde en y fondant notamment la ville de Madras (*Chennai*). De leur côté, les Français se concentrèrent plutôt sur les comptoirs de Pondichéry et de Chandernagor[2].

Entre le 10 juillet et le début du mois d'août 1665, les premiers colons débarquèrent des 3 navires de la Compagnie des Indes : *le Taureau, la Vierge de Bon Port* et *L'Aigle*. Cette colonisation eut lieu au moment où la conquête malgache s'avéra être un échec[3]. Le 5 mai 1671, Bourbon accueille son tout premier gouverneur, Monsieur Regnault, immédiatement remplacé par de La Hure. Par ordonnance du 1er décembre 1674, le vice-roi des Indes, l'amiral Jacob de la Haye, donna à l'île ses premiers textes de loi qui tout en rappelant l'obéissance au roi imposèrent surtout le monopole commercial de la Compagnie des Indes ainsi que l'interdiction de la chasse, le droit de poursuivre les *marrons*, l'interdiction des mariages interraciaux. Le royaume

---

[1] Citons notamment les ouvrages de A. TOUSSAINT, *Histoire des îles Mascareignes*, Paris, Berger-Levrault, 1972, 351 p. ; A. BRUNET, *Trois cents ans de colonisation à l'île Bourbon*, Paris, Editions de l'Empire, 1948, 178 p. ; Y. COMBEAU et E. MAESTRI, *Histoire de la Réunion*, Nathan, 2002, 160 p.

[2] J. WEBER, *Les Etablissements français en Inde au XIXe siècle, (1816-1914)*, Librairie de l'Inde, Paris, 1988, 3200 p.

[3] G. RATSIVALAKA, *Madagascar dans le Sud-Ouest de l'Océan Indien (circa 1500-1824) : pour une relecture de l'histoire de Madagascar,* 2 vol., Thèse, Université de Nice Sophia Antipolis, 1995.

de France officialisait de cette manière la colonisation de ce lointain petit bout de terre.

C'est lorsque la Compagnie des Indes orientales commença à distribuer plusieurs concessions dans l'île que les gouverneurs affirmèrent tour à tour la nécessité de recourir au système ségrégationniste entre blancs et gens de couleur. A Bourbon, le colon apparaît alors en toute-puissance dans ses rapports avec les « serviteurs » noirs réduits progressivement à l'état d'esclave. Pour cela, les maîtres disposèrent du droit de vie et de mort sur leurs domestiques et ouvriers qui se retrouvaient quasiment privés de droits[4]. Bien qu'aucun code noir n'ait été encore promulgué, à partir de 1674, le système esclavagiste s'instaura progressivement[5]. L'édit de 1685, connu sous le nom de Code noir, ne s'adressait pas, contrairement aux Antilles, à l'île Bourbon. Cette géographie juridique et politique nous amène à penser que d'une part, l'esclavage avait bien cours dans les colonies antillaises avec un code pour le moins clair et cruel et d'autre part, le servilisme ou la servitude sur les gens de couleur était la pratique à Bourbon, l'île n'étant pas encore totalement concernée par des textes similaires au Code noir. Malgré cette distinction, on peut raisonnablement considérer que l'esclavage pratiqué au tout début de sa colonisation s'apparentait *a minima* à celui qui existait sur le continent européen dont notamment dans la France du Moyen Age[6]. Certes, le serf n'était pas un Africain déporté sur une possession insulaire, mais il partageait avec l'esclave de couleur le peu de considération juridique, des droits absents ou mutilés sans compter les mauvais traitements infligés par le maître. Il est donc absurde de croire un seul instant que l'esclavage aurait été plus doux à La Réunion qu'aux Antilles ou même ailleurs.

Pour fonctionner correctement à des milliers de kilomètres de la France continentale et surtout, s'il s'agit de produire des richesses et d'en faire commerce, le nouvel espace colonial devait s'ériger en terres d'exceptions ou d'adaptations juridiques et légales. La particularité de cette dure période de l'histoire a voulu que ces exceptions soient fondées sur la ségrégation raciale, afin de s'assurer une main-d'œuvre immédiatement reconnaissable, constante, stigmatisée, abondante et au meilleur prix possible. A Bourbon, c'est

---

[4] J.-F. DUPON, *Contraintes et fait colonial aux Mascareignes et aux Seychelles*, Paris, Honoré-Champion, 4 vol., Thèse, Université Aix-Marseille, 1976, 1620 p.

[5] M. MORINEAU, *Les grandes Compagnies des Indes orientales (XVIe-XIXe siècles)*, P.U.F., Vendôme, 1999, 127 p.

[6] D. A. MIGNOT, *Histoire d'Outre-mer, Etudes d'histoire du droit et des institutions*, PUAM, Aix-en-Provence, 2006, pp. 13-34. L'auteur traite des liens entre l'expérience de la servitude antillaise et l'esclavage de l'Antiquité classique romaine ou encore de l'antiquité tardive (IVe s. - Romanité) sans ignorer toutefois l'expérience française du servage issu de la féodalité ni son évolution aux 17e et surtout au 18e siècle.

l'ordonnance du gouverneur de Villers du 22 novembre 1702 qui comble un certain vide légal et institutionnel. On peut citer plusieurs mesures comme celle qui sanctionnait de coups de fouet le noir reconnu coupable de délit. Il pouvait y avoir aussi la prononciation des fers ou encore la mort en cas de récidive. L'ordonnance du 31 mai 1702 punissait le noir reconnu coupable d'incendie de la fleur de lys et du fouet. Concernant le blanc coupable de délit, il encourait sa mise au carcan les jours de fêtes et les dimanches et en cas de récidive, il devait retourner en France pour y être jugé. Il n'existait pas encore de système ou d'institutions locales suffisantes pour rendre la justice sur place, sans doute au regard de la faiblesse du nombre de colons.

A Bourbon ou aux Antilles, le système de la distinction entre noirs et blancs était la base du fonctionnement social[7]. Les textes législatifs en la matière étaient plutôt rares, reconnaissant la pleine puissance de la propriété privée d'un homme sur un autre en raison de sa couleur. Economie industrielle, rentabilité, racialité, colonialisme et esclavagisme vont alors converger. Les principales autorités en place dans l'île, à savoir le gouverneur et le procureur, étaient les seuls représentants de la compagnie commerciale à siéger au niveau local, mais n'avaient en général aucune compétence particulière dans les domaines de leurs fonctions respectives. La colonie, sa législation, son système, évolua pas à pas, au gré de la croissance de sa démographie et de la production de richesses, de leurs enjeux.

Pour pouvoir bénéficier des prérogatives judiciaires de première instance, il a fallu attendre l'édit du 15 mars 1711 qui créa un conseil provincial à Bourbon chargé de juger les crimes et délits suivant les us et coutumes de la vicomté et prévôté de Paris. Mais celui-ci demeura inopérant ou en sommeil pendant plusieurs années. Sa première jurisprudence data en effet du 6 février 1717 lorsque le commandant Justamond fut attaqué physiquement par son esclave. C'est un procès et surtout des peines exemplaires qui furent alors

---

[7] Le Code noir de mars 1685 dispose dans son article 9 : « Les hommes libres qui auront eu un ou plusieurs enfants de leurs concubinages avec leurs esclaves, ensemble les maîtres qui les auront soufferts, seront chacun condamné en une amende de deux mille livres de sucre. Et s'ils sont les maîtres de l'esclave de laquelle ils auront eu lesdits enfants, voulons qu'outre l'amende, ils soient privés de l'esclave et des enfants, et qu'elle et eux soient confisqués au profit de l'hôpital, sans jamais pouvoir être affranchis. N'entendons toutefois le présent article avoir lieu, lorsque l'homme libre qui n'était point marié à une autre personne durant son concubinage avec son esclave, épousera dans les formes observées par l'Eglise sa dite esclave, qui sera affranchie par ce moyen, et les enfants rendus libres et légitimes ». Citons également l'article 11 : « Défendons très expressément aux curés de procéder aux mariages des esclaves, s'ils ne font apparoir du consentement de leurs maîtres. Défendons aussi aux maîtres d'user d'aucunes contraintes sur leurs esclaves pour les marier contre leur gré ». Voir J.-F. NIOT, *Les conditions des libres de couleur aux îles du Vent* (XVIIe-XVIIIe siècles), in. Cahiers aixois d'histoire des droits de l'outre-mer français, 2004, p. 61 et s.

prononcées. Le but était de dissuader toute tentative de rébellion ou de désobéissance. En l'espèce, ce sont bien des peines prévues dans le Code noir dit « antillais » de 1685 qui furent prononcées étant donné que la colonie ne disposait d'aucun arsenal juridique répressif ni pénal qui lui était propre. Il a donc fallu se référer à ce lointain code[8]. Quelques années plus tard, dans ses séances des 23 et 24 novembre 1719, le Conseil provincial demanda la pleine exécution des dispositions légales du Code noir. Paris prit son temps avant de répondre mais finit par y consentir en décembre 1723. Le Conseil supérieur de la colonie enregistra le 17 septembre 1724 l'édit de décembre 1723. De telles dispositions reconnurent à l'esclave un statut particulier proche de celui que l'on retrouvait dans le Code noir. Ses conditions de travail et de vie étaient désormais strictement encadrées tout en lui assurant un minimum de protection morale, matérielle et physique à l'égard du maître. L'esclave était théoriquement placé sous la tutelle du Conseil supérieur. Il devait travailler gratuitement pour son propriétaire en contrepartie de sa subsistance. L'esclave était réputé bien meuble disposant d'une âme, il était cessible par acte notarié à l'encan ou par acte sous seing privé soumis au droit d'enregistrement. Il ne pouvait être affranchi que par la seule volonté de son maître.

On garantissait ainsi à la colonie bourbonnaise une main-d'œuvre identifiable, servile, gratuite et corvéable à merci. Le tribunal royal de première instance remplaça le Conseil provincial en 1771, mais notons que les petits délits commis sur la propriété du maître relevaient de sa justice personnelle. Ces éléments constitutifs de l'esclavage légal dans les Mascareignes nous paraissaient importants d'être rappelés en raison des développements qui vont suivre et aussi parce qu'ils étaient concomitants à l'instauration des premières institutions publiques locales. C'est de cette manière assez précise que La Réunion fut alors juridiquement et légalement « colonisée ».

Le régime juridique de l'esclave à Bourbon datait officiellement du 18 septembre 1724 et énonça le type de rapport « social » qui puisait sa légalité et sa légitimité dans le but de développer l'économie et le commerce. Sans cela, il aurait été impossible de se lancer dans l'aventure du café et du sucre. En 1721, la traite s'organisa sous l'égide de la Compagnie des Indes qui s'approvisionna sur la côte orientale de l'Afrique. A partir du 13 août 1769, c'est-à-dire au moment de sa liquidation, la traite devenait tout à coup un commerce libre. Lorsqu'elle disposait du monopole du commerce extérieur, y compris celui des esclaves, la compagnie avait tout naturellement reproduit

[8] En réalité, le Code noir prévoyait uniquement la peine de mort, sanction énoncée à l'article 33. C'est dire que les autorités bourbonnaises s'étaient livrées à une interprétation spécifique, afin de marquer l'opinion publique locale à travers des sanctions atroces, allant des mutilations à la pendaison sur l'esclave considéré comme récalcitrant.

dans l'île le schéma métropolitain des fiefs ou seigneuries en concédant des terres à des particuliers, à savoir à des « habitants-planteurs ». Vers 1771, le trafic noir à partir du Mozambique et des comptoirs arabes devint bien plus important que celui effectué à partir de la seule île de Madagascar. C'est également en 1771 que chaque concessionnaire dut prouver sa propriété par un acte authentifié accompagné d'une déclaration de conformité du commandant du quartier et de 2 voisins. Cet inventaire fit office de véritable recensement, car les actes devaient notamment renseigner les cultures pratiquées, les surfaces défrichées, les bâtiments et le nombre d'esclaves.

L'île de Bourbon commença à produire à cette période du café, des girofles et des vivres. Elle disposait certes d'une assez modeste agriculture, mais celle-ci prit l'avantage d'être diversifiée contrairement à l'île de France (*île Maurice*) qui commençait à s'orienter vers la monoculture du sucre en concurrence de l'indigo. En 1786, aucune sucrerie n'exista encore à Bourbon et avec la disparition de la Compagnie des Indes, c'est tout l'archipel des Mascareignes qui ne bénéficiait plus d'aucune garantie de transport et donc d'achat en Métropole de son café. Bourbon perdit brutalement sa place de première colonie productrice de café au niveau mondial au profit des productions antillaises et surtout celles de Saint-Domingue. Le curseur relatif à la production de café passait ainsi des colonies de l'océan Indien à celles des Antilles, plus proches de l'Europe, affirmant ainsi une continuité avec le commerce colonial dit triangulaire (Afrique-Antilles-Europe). Et pourtant, le nombre d'esclaves introduit à Bourbon ne faiblissait pas. La diversification de l'agriculture et les profits réalisés grâce au commerce des esclaves permirent à ses habitants de mieux résister aux pertes de revenus et de maintenir un certain niveau de prospérité. En 1788, on recensa environ 38 000 esclaves contre environ 48 000 blancs en 1797. Un début d'urbanisation se forma dans plusieurs quartiers comme à Saint-Denis, Saint-Paul et Saint-Pierre. La colonisation de toute l'île se poursuivait malgré l'effondrement de la production du café. La traite des noirs était-elle florissante ? La Réunion servait-elle de base privilégiée ou de refuge particulièrement sécurisé aux flibustiers et pirates de la région maritime du Sud-Ouest de l'océan Indien ?

Si la guerre d'indépendance américaine déstabilisa l'Angleterre du côté atlantique, la situation était diamétralement opposée sinon extrêmement favorable dans l'océan Indien pour les Anglais où les comptoirs français étouffèrent littéralement sous leur blocus économique. La France n'avait pas su conforter ni renforcer son positionnement dans cette région du globe, empêchée d'étendre son domaine territorial à partir de ses comptoirs situés sur le littoral indien. La Révolution de 1789 avait quant à elle exacerbé la fragilité sinon l'abandon des colonies françaises à leur propre sort. C'est ainsi que les années d'incertitude débutèrent dans l'archipel des Mascareignes et que Bourbon fut ralenti net dans son élan de développement. En août 1790, on assista à l'ouverture des assemblées générales. En mai 1791, l'Assemblée nationale débattit des droits politiques des hommes de couleur et un mois après, les esclaves de Saint-Domingue se révoltèrent. L'île de Bourbon devint en mars 1793 l'île de La Réunion, les Anglais s'emparèrent de Pondichéry et l'esclavage fut partiellement aboli à Saint-Domingue avant d'être généralisé à l'ensemble colonial français dès le mois de février 1794. Les répercussions politiques et économiques furent désastreuses, car l'esclave se situait très exactement au centre de tout le système économique et social colonial. En juin 1796, les îles des Mascareignes refusèrent l'abolition de l'esclavage. Cette « dissidence » s'expliquait en raison d'institutions partisanes contradictoires, pro-royales et pro-révolutionnaires. Le Conseil supérieur fut supprimé en 1793 et l'Assemblée coloniale refusa à plusieurs reprises de se dissoudre. Le fonctionnement institutionnel parut chaotique, à l'image des indécisions et des agitations qui régnaient en France. Néanmoins, l'Assemblée coloniale légiféra, organisa les municipalités et désigna ses députés en se heurtant de front aux administrateurs royaux et au Conseil supérieur qui refusait d'être réduit à une simple cour judiciaire d'appel. C'est dire qu'entre la France et les Mascareignes une certaine méfiance doublée d'une instabilité institutionnelle s'était instaurée. Le Directoire ordonna alors une commission d'enquête dès 1797.

L'archipel des Mascareignes insistait et persistait à vouloir à tout prix préserver sa différence avec la France. Les notables tenaient à leur petit parlement, quitte à demander s'il le fallait leur rattachement à la couronne anglaise ou à exiger leur indépendance, comme le fit d'ailleurs l'île de La Réunion à la fin de l'année 1799. Finalement, le ministre de la Marine et des Colonies Decrès affirma dès 1802 sa volonté de maintenir le régime de l'esclavage. Les Réunionnais pouvaient alors se rassurer de l'inexécution des dispositions de la déclaration universelle des droits de l'Homme et du citoyen et de l'abolition de l'esclavage qui s'en était suivie. L'ordre public local put être rétabli à ce prix. Les assemblées furent dissoutes comme le changement de régime politique en France l'exigeait, la Constitution de l'an X exécutée et le Code civil promulgué avec pour particularité toutefois de ne pas concerner les esclaves[9]. C'est pour cette raison que le Code civil fut adapté dans ce sens à La Réunion et qualifié de « Code Decaen ». Cependant, avec ces nouvelles dispositions, l'esclavage était désormais, et par certains côtés, légalement plus sévère qu'auparavant, car par exemple, les conditions de l'affranchissement individuel devinrent plus rigoureuses, les maîtres durent justifier par écrit des motifs de leur décision, verser une forte somme et assurer les besoins de l'affranchi pendant les six premiers mois de leur libération. On peut également remarquer que désormais, tout enfant considéré noir par 2 médecins de la colonie et retrouvé abandonné était présumé esclave.

---

[9] C. WANQUET et B. JULLIEN, *Révolution française et Océan Indien, Prémices, paroxysmes, héritages et déviances,* L'Harmattan, Université de La Réunion, AHIOI, 1996, 526 p.

Après les cyclones de 1806 et de 1807, La Réunion rebaptisée pendant quelques temps île Bonaparte[10] perdit définitivement son rôle de « grenier des Mascareignes » et eut beaucoup de mal à relancer ses productions de girofle et de café. En 1809, la perspective économique de développer la monoculture de la canne à sucre comme l'avait fait l'île Maurice s'arrêta net avec le gouverneur général Decaen qui interdit aux habitants réunionnais de produire du rhum. En juin 1810, l'île Bonaparte fut prise par les Anglais, puis vint le tour de l'île de France en décembre. Sir Robert Towsend Farquhar fut promu gouverneur général des Mascareignes tandis que le colonel Keating fut nommé gouverneur de Bourbon. Le régime britannique dura 5 ans et les Anglais privilégièrent immédiatement l'île Maurice plutôt que La Réunion en raison de ses ports naturels et d'une géographie bien moins accidentée. Le développement de l'île de Bourbon n'était pas prioritaire. Ses habitants avaient dû déposer leurs armes pour pouvoir conserver leurs anciens privilèges et les mêmes libertés qu'avant la conquête. La liberté religieuse fut respectée et l'esclavage préservé. Entre avril et mai 1811, les Bourbonnais durent prêter serment au roi Georges III. Malgré toutes ces concessions politiques, l'avenir économique et commercial de l'île n'était pas pour autant très prometteur.

En 1815, avec le retour de l'île Bourbon dans le giron français, l'administration royale reprit le schéma institutionnel de 1767, c'est-à-dire en la désignation d'un gouverneur assisté d'un ordonnateur. Son fonctionnement ne pouvait marcher que si les deux personnalités s'entendaient. Le gouverneur disposait des pouvoirs militaires tandis que l'ordonnateur des pouvoirs civils. Mais seulement voilà, le partage des pouvoirs prêtait à confusion. A qui devait-on recourir en premier et en dernier ressort ? Au pouvoir militaire ou au pouvoir civil ? En 1818, il fallait clarifier les rapports entre les 2 hommes. Désormais, l'ordonnateur, commissaire de la Marine, devait être vu comme un fonctionnaire dépendant directement de l'autorité du gouverneur. C'est à ce moment qu'un conseil de gouvernement fut créé et installé dans l'île et dont le rôle consistait à rendre des avis. En 1825, Bourbon servit de laboratoire institutionnel qui allait pouvoir inspirer les Antilles. Les rôles et fonctions de chacun des 2 hauts fonctionnaires étaient désormais mieux définis. Le gouverneur concentrait à lui seul tous les pouvoirs, assisté pour la gestion de la colonie d'un certain nombre de fonctionnaires dont l'ordonnateur, le directeur de l'Intérieur et le procureur général. C'est bien le gouverneur qui présidait le Conseil privé qui succéda au conseil de gouvernement. Ses membres étaient également consultés. Quant au Conseil général, il ressemblait à une ébauche de démocratie composée de 24 membres choisis par le roi. La représentation locale proposait 3 candidatures à la députation dont une seule

[10] Le décret du 15 août 1806 modifia le nom de La Réunion 2 ans environ après la proclamation du Premier empire français.

était retenue par le gouverneur. En 1830, ce sont les conseillers généraux qui désignèrent eux-mêmes leur délégué pour les représenter dans la capitale. En 1833, le Conseil colonial remplaça le Conseil général, composé cette fois-ci de 30 membres élus par un collège censitaire, forcément restreint dans l'île.

Dotée d'institutions politiques claires et désormais opérationnelles, l'île Bourbon aspirait enfin à se développer économiquement par elle-même sans dépendre de l'île Maurice désormais bien anglaise.

Si Bourbon comptait un nombre relativement impressionnant d'usines sucrières en 1830 avec ses 189 moulins à canne, beaucoup de ces petits ateliers ne produisaient en réalité que quelques dizaines de tonnes de sucre par an. Ce sont les frères de la famille Desbassyns qui allaient apporter la dimension industrielle suffisante à la production sucrière et par conséquent à l'habitation. De 1815 à 1830, la colonie abandonna progressivement les cultures du café et de la girofle pour miser sur « l'or vert ». Les petits ateliers fermèrent les uns après les autres laissant place à des techniques et des innovations de broyage plus modernes pour gagner en productivité-rentabilité. Pendant cette période, les propriétaires agricoles moins fortunés ne pouvaient pas rivaliser et furent contraints de se spécialiser uniquement dans la production de la canne, devenant ainsi exclusivement de simples planteurs et confiant toutes leurs récoltes aux habitants industriels en possession d'usines plus performantes[11]. Ces derniers disposaient à la fois d'une unité industrielle ou usine et d'une surface agricole ou plantation en propre. On peut les considérer comme constituant une sorte de classe aristocratique locale sinon bien bourgeoise. En tous les cas, ils étaient les seuls à disposer de la surface financière pour investir dans les nouvelles technologies ou techniques de production du sucre[12].

Pour une propriété industrielle qui possédait sa propre plantation, la main-d'œuvre devait être constante, bien disciplinée. Quelle que soit la période étudiée au cours de ce 19e siècle, le principal outil de production demeurait l'esclave noir ou un travailleur de couleur à très bon marché. Lorsque l'île se tourna progressivement vers la monoculture du sucre, la main-d'œuvre ne devait pas manquer. Or, le choix de ce système économique intervenait au moment même où l'Europe s'engageait à abolir progressivement la traite négrière, ce qui annonçait que la proclamation de l'abolition de l'esclavage était proche. Pour l'heure, le régime de l'esclavage fut maintenu, mais pour combien de temps encore ? Et comment assurer dans ce contexte particulier la prospérité du système économique colonial ? Tout allait dépendre de la force de conviction des lobbyings du sucre de canne à Paris. Si l'on décidait de ne pas stopper cette aventure industrielle notamment à La Réunion, le commerce d'esclaves ne devait pas être lui non plus interrompu. Au contraire. Dans ce

---

[11] H. Q. HO, *Histoire économique de l'île de la Réunion (1848-1881) ; engagisme, croissance et crise*, L'Harmattan, Paris, 2004, 327 p.

[12] M. FABRE, *Esclaves et planteurs,* Paris, Julliard, Archives, 1970, 300 p.

contexte, quels furent réellement les moyens notamment maritimes pour organiser la lutte contre les trafiquants noirs ? Il ne faut pas oublier que La Réunion avait menacé d'indépendance voire de prêter allégeance à la couronne d'Angleterre.

Le commerce d'esclaves se situait au cœur du système économique réunionnais : habitants, négociants, armateurs. Tout ce système avait un nom : le pacte colonial. Au fil des décennies et des siècles, cette notion fut l'expression d'une réalité aussi dure que vitale pour les aristocrates du sucre. Et pour l'heure, rien ni personne, pas même le roi ne semblait vouloir le remettre en cause surtout face à l'ogre colonial britannique. En pratique, cela signifiait que le sucre produit dans les îles était raffiné en France continentale et en contrepartie, les producteurs réunionnais avaient la garantie de voir tous leurs stocks de production écoulés. Sous l'empire du pacte colonial, les prises de position de Louis XVIII à propos de l'abolition de la traite des esclaves intervenaient mal. En tous les cas, le lobbying colonial promettait d'être particulièrement violent, car il vivait sous la menace permanente de s'effondrer surtout avec l'abolition de la traite. Les relations entre la seule île française des Mascareignes et sa Métropole allaient être plus ou moins distantes, lui assurant pendant encore un temps un minimum d'autonomie et de liberté à la fois économique et commerciale. Le pari du sucre n'était donc pas gagné. Il a fallu des investissements considérables, la force de persuasion et le soutien de quelques riches familles locales telles que les Rontaunay, les Desbassyns ou les Kerveguen pour le relever[13]. Et cela allait se faire au prix de l'engagisme.

Peu importait la technologie employée dans la fabrication des denrées coloniales au cours de ce 19$^{e}$ siècle, l'esclavage servait de fondation essentielle à l'économie réunionnaise. Les ateliers publics et privés avaient recours au service des esclaves[14]. L'esclave présentait plusieurs avantages pour son propriétaire : un bien aliénable, une source de main-d'œuvre et une monnaie d'échange dans une île qui se plaignait constamment sinon régulièrement de manquer de numéraire. En abolissant sa traite, le nombre d'esclaves n'allait pas tarder à s'effondrer, ce qui pouvait avoir pour conséquence l'augmentation de son prix d'achat, de sa location ainsi que l'augmentation générale des prix des autres produits et denrées dans la colonie. L'inflation allait être terrible. L'île ne devait donc pas manquer d'esclaves, la discipline et le travail forcé devaient être implacables. Les propriétaires préféraient toujours recourir à l'achat d'esclaves pour remplacer ceux qui manquaient au lieu de favoriser leur renouvellement naturel par l'encouragement à la constitution de familles sur l'habitation même. Le

---

[13] P. PLUCHON, *Histoire d'une dynastie insulaire, les Kerveguen avant de Kerveguen,* Mémoire de Maîtrise, Université de La Réunion, 1984.

[14] Y. MOULIER BOUTANG, *De l'esclavage au salariat, économie historique du salariat bridé*, Paris, PUF, 1999, 765 p.

manque cruel de femmes posa toujours problème. L'esclave puis l'engagé furent considérés comme outils de production, instruments d'échanges et en aucun cas, comme étant des personnes placées à égalité avec les noirs affranchis individuellement et encore moins avec les blancs colons.

Ce sont dans ces circonstances particulières qu'apparaît alors le thème de l'engagement ou de l'engagisme, 20 ans avant la proclamation de l'abolition de l'esclavage. Cette précision est importante, car l'histoire retenue par certains n'évoque l'engagisme qu'à partir de l'année 1848 alors qu'il date en réalité de 1828. De prime abord, sur le papier, tout avait l'air d'être un contrat de travail moderne, « civilisé », à l'européenne du 20e siècle même. Le contrat d'engagement était conclu entre 2 parties réputées libres et consentantes, l'engagiste et l'engagé, contrat synallagmatique obligeant l'un et l'autre. En contrepartie d'un salaire et d'un traitement en nature pendant un certain nombre d'années obligatoires, l'engagiste s'appropriait toute la force de travail de son engagé. Ajoutons que ce travailleur réputé libre n'était pas un natif de l'île, mais un travailleur immigré de « couleur », c'est-à-dire de type non européen. Cela signifiait qu'il devait être transporté jusqu'à La Réunion, ce qui supposait un certain commerce là encore. La traite des esclaves semblait avoir laissé place au trafic des immigrations laborieuses, d'engagés. Progrès ou supercherie ?

Il n'est pas chose aisée de définir l'engagement ou l'engagisme, car cela comporte le risque de ne pas englober cette notion à travers son usage depuis le droit romain jusqu'aux 19e et 20e siècles. Les historiens de La Réunion ont plus ou moins bien intégré le thème de l'engagisme, et c'est heureux, afin de donner la réplique à la période esclavagiste que nos manuels d'histoire générale ont jusqu'alors privilégiée. Mais depuis quelques années, l'engagisme est mis en lumière sous l'angle principal des engagés indiens bien qu'il y eût dans l'île des engagés africains, malgaches, polynésiens et même européens, ce qui fut aussi exceptionnel qu'abandonné aussitôt. Donc l'engagisme colonial peut se réduire à la seule question de couleur ou des origines pourvu qu'elle ne soit pas de type européen.

Avant de développer l'engagisme à La Réunion, il faut dire que cette notion, comme celle de l'esclavage d'ailleurs, ne tire pas son origine dans les colonies. N'oublions pas que l'engagisme et l'engagement évoquent chez les historiens du droit et des institutions des concepts juridiques datant du droit romain. Effectivement, l'engagement faisait référence à n'importe quel acte juridique qui tirait sa force obligatoire d'une forme elle aussi obligatoire. La sanction de l'obligation ouvre encore aujourd'hui la possibilité d'une action en justice. L'engagement d'immigrants au 19e siècle s'apparente à un contrat de louage de chose n'exigeant aucune formalité particulière mis à part un consentement des parties exempt de vices. Or, la période de l'engagisme dans les colonies que nous nous proposons d'étudier avait pour particularité d'exclure les engagés de toute forme conventionnelle écrite ou presque, et même du système judiciaire, comme si l'engagé n'avait aucune personnalité, aucune prétention juridique sur sa propre personne, sa force de travail une fois son consentement exprimé. Si les manuels des professeurs Macqueron et Boulvert traitent de l'esclavage sous la période du Haut-Empire romain et du droit des obligations, nous pouvons poursuivre la réflexion en nous interrogeant sur la définition juridique de la force de travail de l'engagé de couleur à La Réunion au cours du 19e siècle.

La notion d'engagement rappelle également celui du domaine de la Couronne qui était un contrat par lequel le roi cédait à quelqu'un un immeuble dépendant de son domaine sous la faculté de pouvoir, lui et ses successeurs, le racheter à perpétuité. Le domaine de la Couronne était par nature inaliénable. C'est pourquoi les actes par lesquels le roi cédait une portion de son domaine n'étaient considérés que comme des engagements avec faculté de rachat. Les engagements du domaine étaient connus dès 1311. L'ordonnance de Blois distingua la vente du domaine du simple engagement. Le *Traité des Offices* de Loyseau évoque les engagements. Nous pouvons également citer le *Traité des fiefs* de Guyot. Plus tard et dans un autre domaine, la notion d'engagement apparut comme étant le service du roi dans la Marine royale. Parmi beaucoup d'exemples, nous pouvons citer le cas des Ouessantins qui s'engagèrent dans la marine pour participer à l'aventure coloniale. Ils s'engagèrent dans la marine marchande où ils furent soutiers ou gabiers à bord des grands voiliers. Leur engagement durait généralement une année, quelquefois davantage, car au retour d'une traversée, au Havre, à Dunkerque ou à Marseille, s'ils trouvaient de suite un réembarquement, ils n'hésitaient pas à repartir.

L'engagement de couleur dans le système colonial reprend cette définition commune qui consistait à proposer un contrat de travail théoriquement rémunéré. Dans les Mascareignes, il s'adressa principalement, mais pas exclusivement, aux Indiens tandis que les Antilles l'expérimentèrent plus tard, après avoir échoué à expérimenter les engagés métropolitains[15]. D'une manière générale, l'engagisme blanc ou d'Européens s'est révélé être un échec total notamment dans un système colonial où la ségrégation raciale servait de règle sociale[16]. Certes, il y avait bien eu les engagés de la marine au 18e siècle,

---

[15] D. DESTOUCHES, *Recherches sur l'histoire du contrat d'engagement dans le droit colonial français (XVIIe-début XVIIIe siècle)*, In. Mémoires de la Société pour l'Histoire du Droit et des Institutions des anciens pays bourguignons, comtois et romands, vol. 63, Dijon, 2006, pp. 347-370. L'expérimentation des engagés français de métropole aux Antilles fut stoppée par l'arrêt du Conseil du roi du 10 septembre 1774.

[16] En 1715, si l'engagement blanc cessa quasiment, il fut définitivement aboli en 1774. L'Etat s'interdisait d'envoyer de dangereux ressortissants ou ennemis de la nation dans les colonies pour y travailler de manière plus ou moins définitive comme engagés, en contrepartie d'un maigre et hypothétique salaire et dans des conditions climatiques considérées comme insupportables pour les blancs européens mais

mais dans les Outre-mer, il était « préférable » que le travailleur ou le serviteur soit de couleur.

Par ailleurs, l'affranchi de 1848 n'allait pas être aussi facilement libre ou libéré de ses chaînes, car il fut obligé de contracter avant même l'abolition un engagement auprès de son maître. Comment s'assurer dans ces conditions du changement radical à l'égard du travailleur libre, de l'engagé, alors qu'il était le jour d'avant l'esclave du même maître ? Sur le papier, engagisme et esclavagisme sont différents, mais ils ont malheureusement au moins cela en commun : le travail forcé. Pour l'affirmer, nous verrons au cours de nos développements les rapprochements voire de très fortes similitudes entre législations et traitements esclavagistes et engagistes. Précisons qu'*a priori* les affranchis d'avant l'année de la grande abolition n'étaient nullement visés par l'obligation de contracter un engagement. Victor Schoelcher ne traita pas de l'engagisme qui allait prendre le relais de l'esclavagisme. Le combat s'était attelé à lutter contre l'esclavagisme certes, mais seulement un esclavagisme idéologique, car le servilisme, lui, survivait à travers le travail forcé qui se cachait derrière la façade du progrès social annoncé de l'engagisme.

Tout au long de cet ouvrage, le lecteur découvrira que la servilité pour ne pas dire le travail forcé définissait bien toutes les formes de l'engagisme, la situant à mi-chemin entre droit et société coloniale. A vrai dire, avec l'abolition et les vagues d'immigration, la société réunionnaise fut confrontée aux chocs des revendications en matière de droits et libertés en plein régime ségrégationniste. L'enjeu n'était certainement pas la condition de l'esclave puis celle de l'engagé, encore moins celle du travailleur libre, mais celle de l'affirmation de la classe sociale des industriels et des négociants réunionnais, de leur monopolisation politique, économique et sociale sur 2 500 km$^2$ sur la classe sociale des travailleurs de couleur. La classe blanche, elle, avait tout intérêt à monopoliser les outils juridiques et judiciaires.

La période de l'engagisme à La Réunion couvre les années 1828 à 1914. 1828 correspond à l'arrivée des premiers engagés dans l'île et 1914, à la fin de l'immigration de type massif. L'engagisme a aujourd'hui une définition stabilisée auprès des historiens contemporains sauf que l'engagisme ne débute pas en 1848 mais 20 ans plus tôt. Si l'engagisme fut principalement indien, du côté des notables, ce n'est pas faute d'avoir essayé d'expérimenter et d'officialiser l'engagisme noir après l'échec de l'engagisme chinois. La position de la Grande-Bretagne était claire et ferme : refus catégorique

---

adaptées aux esclaves noirs. Voir F. REGENT, *La France et ses esclaves. De la colonisation aux abolitions*, Paris, Grasset, 2007, P. 21 et s ; C. OUDIN-BASTIDE, *Travail, capitalisme et société esclavagiste. Guadeloupe, Martinique* (XVIIe-XIXe siècles), La découverte, 2005, P. 81 et s. ; G. DEBIEN, *La société coloniale au XVIIe et XVIIIe siècles. Les engagés pour les Antilles* (1634-1715), Paris, Société de l'histoire des colonies françaises, 1952.

d'autoriser la moindre immigration noire au sein des colonies françaises une fois l'abolition de la traite des noirs prononcée par la France. Les Anglais tenaient absolument à fermer le continent africain aux colonies françaises pour que celles-ci se tournent vers l'Asie, là où les Anglais dominaient les territoires coloniaux et les populations notamment indiennes. Si les colonies françaises voulaient produire des denrées très prisées en Europe, il leur fallait une main-d'œuvre abondante et réputée libre, ce que pouvaient organiser les colonies britanniques, mais en payant le prix fort. Le recrutement libre était pour ainsi dire officiellement proclamé et imposé par les Anglais dans toutes les colonies européennes.

Comme base essentielle de notre ouvrage, l'étude des archives nous semblait une matière première compacte à dégrossir et la première interrogation a consisté à bien vérifier que le sujet de l'engagement figurait dans les divers documents proposés. Au regard de la richesse des documents d'archives tant par leur nombre que par leur qualité, le choix s'est imposé de lui-même en privilégiant et en offrant à n'importe quel lecteur curieux une ressource directe tout en conservant une certaine distance pour rester neutre, ce qui n'est jamais chose aisée face à la complexité d'un tel sujet. Nous évoquerons alors l'engagisme sous tous ses aspects, au fil de l'eau, de manière chronologique.

Dans les ouvrages existants, quelques législations étaient bien évoquées, mais sans plus de précisions tandis que les stipulations contractuelles, elles, demeuraient relativement obscures. Beaucoup d'interrogations surviennent. A partir de quand pouvons-nous parler d'engagisme à Bourbon, dans les Mascareignes ? A quelle date prit fin cette forme conventionnelle de travail ? Quelles en étaient les particularités ? Des questions simples qui persistent encore de nos jours. Un début de réponse tout de même. C'est en 1826 que la colonie prévoit de recourir pour la première fois à l'engagement et ce sont quelques années après la Grande Guerre que La Réunion accueillit pour la dernière fois encore des engagés mais dans une bien moindre proportion[17]. Dans ce cas précis, il s'agissait de Malgaches, c'est-à-dire de sujets français, ce qui pourra donner lieu à des recherches et des études ultérieures qui traiteraient de l'engagement d'immigrés indigènes français dans une colonie française. A La Réunion, il y eut donc après cette période de 1828-1914 des engagés français de couleur en tant que résidents et sujets français.

L'étude des archives nous conduit à affirmer qu'il y avait dans l'île des engagés « de l'intérieur », c'est-à-dire des esclaves affranchis en 1848 et qui n'avaient pas eu d'autre choix que de contracter un engagement auprès de

[17] CAOM, C. 515/5990, Note confidentielle du commandant et administrateur pour le roi du mois de décembre 1819. Ce commandant proposait à un habitant de l'île l'idée de l'engagement de Malgaches.

leurs anciens maîtres-esclavagistes. Il fallait s'attendre à une concurrence entre engagés étrangers et engagés « français » ou « de l'intérieur » dont les termes contractuels étaient pour l'essentiel identiques. L'engagisme n'était pas une période contractuelle totalement homogène et uniforme. Les engagés n'avaient pas tous le même statut d'origine. Tant qu'il n'était pas question de naturalisation française, les immigrants contractuels venus d'Inde, d'Afrique, du Sud-Ouest du bassin de l'océan Indien, de l'Extrême-Orient et dans une infime proportion de Tahiti conservèrent leur statut d'engagés étrangers pendant tout leur séjour plus ou moins forcé à La Réunion, à moins qu'on ne les oubliât délibérément dans le lot des nombreux vagabonds que comptait l'île. Soyons clair. Les affranchis de 1848 étaient contraints de s'engager auprès de leurs maîtres en vertu de l'arrêté du 24 octobre de cette célèbre année. En conséquence, il ne parait plus juste de parler d'un engagisme mais des engagismes, sauf si l'on souhaite évoquer la période globale du travail contractuel.

Les archives au Centre des Archives d'Outre-Mer se présentent de manière assez éparse et surtout très fournie notamment en matière législative. A travers la côte REU, le thème indiqué est bien celui de l'immigration avec comme point de repère important pour le chercheur dans ce domaine l'année 1817, date-clé qui marqua l'abolition de la traite négrière. Le chercheur doit alors absorber une quantité très importante de données et d'informations, trouver une cohérence à une véritable constellation de législations locales, de décrets, d'ordonnances et de lois métropolitaines sans oublier les nombreuses dépêches du ministre de la Marine et des Colonies qui faisaient office d'ordres adressés aux gouverneurs successifs.

Il n'y a donc pas de classement spécifique à « l'engagisme ». Chaque loi « locale » ou nationale correspondait à un contexte toujours particulier bien que les réclamations des habitants étaient récurrentes : pénurie de main-d'œuvre, manque de numéraire, libertés de commerce et contractuelle menacées, lutte contre le vagabondage, etc. Ces problématiques ont sans cesse été portées par les riches familles réunionnaises et les autorités étatiques dans l'île et ce, jusqu'en 1914. Il y était d'abord et avant tout question de garantir une posture commune emprunte de libéralisme économique tiré d'une convergence d'intérêts entre pouvoirs politique, industriel et notables. La principale richesse provenait de la production de la canne à sucre et du commerce de main-d'œuvre. Et nous verrons que le domaine juridique et légal leur a été bien utile, d'où l'intérêt de l'étudier.

A partir de 1828, les premiers travailleurs libres assignés aux métiers du sucre débarquèrent à La Réunion. Ils étaient d'origine indienne. Avant 1817, les serviteurs des propriétaires étaient majoritairement des Africains, des Malgaches, et dans une faible proportion des Indiens. A partir de 1828, ce sont les Indiens qui allaient remplir les cales des navires pour remplacer peu à peu les esclaves. Nous verrons plus loin qu'il n'était pas rare que certains convois de mains-d'œuvre africaines se présentèrent en rade de Saint-Denis pour y être vendus. L'enjeu consistait bien sûr à tenter de régulariser ce commerce désormais interdit et que le gouverneur, l'Etat, en prenne la responsabilité politique pleine et entière. Si ces convois étaient là, c'est parce qu'il y avait une demande sinon une commande de la part de certains habitants. Aucune autorité ne pouvait ignorer l'interdiction de la traite des noirs. On peut penser que c'est au nom d'un certain libéralisme colonial que les habitants tentèrent d'imposer la primauté de leurs intérêts sur le droit. A défaut, les colonies, le colonialisme s'effondrerait de lui-même. L'engagisme, le contrat d'engagement sous l'empire du droit privé, la liberté de commerce, la propriété privée ont été continuellement défendus jusque devant les plus hautes instances nationales pour assurer aux habitants une main-d'œuvre abondante et rentable. Et ce qui était en jeu, c'était le commerce colonial français.

En ce qui concerne les sources privées, les documents retrouvés sont des modèles contractuels vierges, incomplets ou suspects, car il faut dire que les engagés ne maîtrisaient pas le français ni l'anglais. Apposer une signature et exprimer un consentement libre et éclairé après lecture de tous les termes de leur contrat, tout cela relevait de l'exploit sinon d'une tromperie. Sans vouloir généraliser et dans le cas particulier des engagements d'étrangers, signalons également que nous retrouvons les contrats en annexe des contrats d'affrètement ou de transport à l'occasion des privilèges commerciaux d'Etat accordés par le gouverneur sous l'autorité de son ministre de tutelle. Par conséquent, nous devons en déduire que le contrat d'engagement n'était ni écrit, ni personnel. Les actes notariés, eux, ne présentent pas d'intérêt majeur ici, puisque en tant que libre, l'engagé n'avait pas à figurer dans le patrimoine privé de l'engagiste-habitant.

En matière juridictionnelle, les archives à Aix-en-Provence et à La Réunion sont pour le moins discrètes sinon peu nombreuses. Elles apparaissent tardivement presque par hasard dans la masse des documents. Les premiers jugements repérés datent de 1867, soit 40 ans après l'arrivée des premiers engagés. Nous remarquons immédiatement que les engagés n'étaient jamais les requérants directs. Autre précision, nous ne retrouvons aucune affaire judiciaire proprement civile qui avait eu à juger un engagiste pour violation ou inexécution de telle ou telle stipulation contractuelle. Cela parait curieux d'autant plus que l'engagé était en théorie une personne libre. On peut alors imaginer qu'en cas de plainte, soit le syndic cantonal trouvait un compromis avec ou sans la présence d'un commissaire de police ou d'un juge de paix, donc directement avec l'engagiste, soit l'engagé désabusé décidait de déserter l'habitation, devenant ainsi une sorte de *marron* ou un vagabond et donc un délinquant qui pouvait être emprisonné et forcé de travailler à tout moment.

Traiter du sujet de l'engagisme relève du pari en histoire du droit et des institutions, car il s'agit de l'étudier en se basant sur des ressources lacunaires et en faisant face à des zones d'ombre surtout dans la pratique juridique puisqu'il s'agit de contrats. Or, nous savons bien qu'il est difficile de pénétrer sur le domaine privé de l'habitant-engagiste considéré comme inviolable en raison du caractère supérieur du droit de propriété consacré par les textes français de valeur constitutionnelle.

A la différence de l'esclavage et de son Code noir, l'immigration contractuelle, elle, présentait la difficulté majeure de ne disposer d'aucun code stable malgré quelque tentative notamment dans les années 1860. Nous verrons pourquoi cela n'a pas été possible. Il faudra alors se référer à une succession de législations locales et nationales pour pouvoir avoir une idée du cadre légal du contrat d'engagement. L'Etat n'a pas voulu ni réussi à enfermer l'engagé dans un statut ostentatoirement d'exception comme avec le Code noir et le Code de l'indigénat par exemple. Les engagistes avaient affaire à des engagés réputés libres, sujets britanniques ou français et non pas à des exilés politiques ou des autochtones colonisés, d'où la difficulté de codifier cette matière.

Deux critères importants permettent d'identifier l'engagé ou le processus qui l'amenait théoriquement à le devenir. Premièrement, en consentant au contrat d'engagement, il perdait vraisemblablement sa personnalité, sa capacité même, car les archives nous indiquent par exemple que la distribution des travailleurs se faisait le plus souvent par lot issu de commandes de plusieurs colons réunionnais. Effectivement, on imagine mal que tel propriétaire commandait ou réservait l'achat du travail d'un seul engagé mais bien de plusieurs. Deuxièmement, le principe de l'obligation de travail était la principale motivation des habitants-engagistes, avant et après 1848. Après l'abolition de l'esclavage, l'enjeu consistait pour eux à rendre l'obligation de travail comme étant une contrepartie juridique totalement ordinaire à partir du moment où le consentement était donné. Comment faire alors la différence entre esclavagisme et engagisme puisque ces 2 régimes instauraient l'obligation du travail ou le travail forcé ? L'engagiste n'avait *a priori* pas droit de vie ou de mort sur son engagé, en tous les cas pas directement. Il ne pouvait pas non plus infliger des punitions corporelles ni de mauvais traitements à un engagé dont le travail ne lui convenait pas. On verra que cela ne se passa pas comme cela. Mais si l'engagé était véritablement une personne libre, comment le garantir ? Et devant qui ?

Une certaine protection des immigrants contractuels s'institue dès le début de l'engagisme, mais elle apparut elle aussi comme pure fiction, car au lieu de veiller à l'exécution des contreparties conventionnelles par l'engagiste, on peut penser que le syndic cantonal a toujours fait obstacle au recours judiciaire pour protéger les intérêts des propriétaires et industriels qui le rétribuaient. Déjà, parce que l'engagé n'était sans doute pas au courant de cette possibilité et ensuite, parce que Indien ou pas, l'engagé devait sans doute être recadré par son engagiste avec des mesures disciplinaires identiques à celles qui étaient infligées sur l'esclave noir récalcitrant. Il ne pouvait y avoir sur un même lieu d'habitation des traitements de faveur parce que l'Indien était statutairement un engagé. Engagés et esclaves se côtoyaient et étaient assignés aux mêmes tâches.

L'accès à la justice était rendu impossible pour la simple et bonne raison que l'engagé était principalement un étranger en territoire français. Qu'il s'agisse d'Indiens issus des vastes territoires britanniques ou des comptoirs français, aucun recensement ni aucun document administratif ne les distingua réellement, sans oublier le nombre important des affranchis de 1848.

Cette différenciation statutaire entre engagés a fait le jeu des propriétaires d'esclaves pour cacher aux autorités de la main-d'œuvre esclave qu'ils renouvelaient régulièrement sur leurs habitations. Mais cela n'aura duré qu'un temps. Après 1848, cela devenait trop compliqué, d'où l'insistance acharnée des habitants et du lobbying colonial auprès de l'Etat pour autoriser l'engagisme noir, c'est-à-dire l'engagement d'Africains, de Malgaches, de Comoriens, etc. La pression internationale dont notamment celle de Londres a réussi à faire reculer le lobbying colonial français. L'expérimentation de l'engagisme noir à La Réunion devait cesser immédiatement.

Globalement, on peut alors considérer que l'engagé se présentait comme un travailleur pauvre, contraint et illettré du point de vue de la civilisation européenne qui se confondait avec la masse des autres populations de couleur pour constituer la classe sociale laborieuse de couleur, corvéable, servile et même concurrentielle sinon rivale entre elles. Cette classe essentielle pour l'économie fut régulièrement alimentée par des vagues d'immigrations qui font la particularité de l'histoire de La Réunion.

Dans ces circonstances, nous persistons à nous questionner sur la définition de l'engagisme et nous devons poser l'existant. Certaines clés nous permettent de distinguer l'engagisme de l'esclavagisme. D'un point de vue strictement juridique et légal, la principale distinction entre l'esclave et l'engagé se situe à 2 niveaux : le consentement et la rémunération, ce qui n'est pas rien.

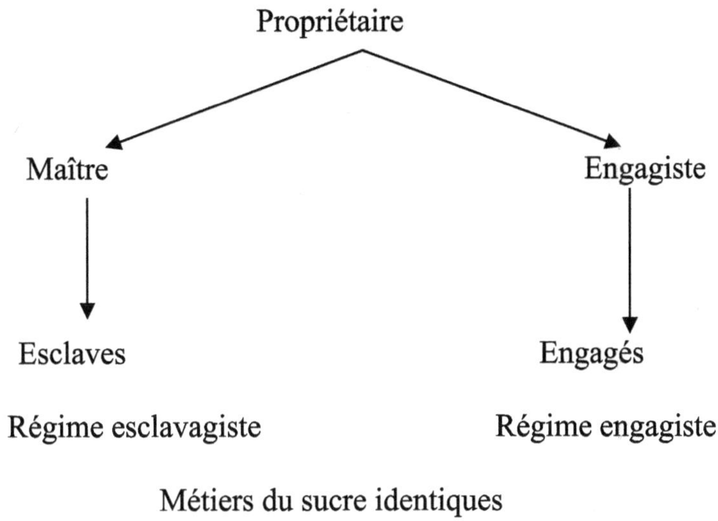
Propriétaire
Maître
Engagiste
Esclaves
Engagés
Régime esclavagiste
Régime engagiste
Métiers du sucre identiques

# Présentation des rapports de l'habitant-engagiste avec ses mains-d'œuvre

Dans un contexte esclavagiste, l'engagisme était-il une forme déguisée d'un travail forcé ? Sur l'habitation sucrière, engagés et esclaves se côtoyaient et recevaient les mêmes ordres de type disciplinaire. Le maître d'esclaves se comportait en même temps comme propriétaire de la force de travail de l'engagé. Liberté et consentement paraissaient tout à fait fictifs, puisque l'engagé indien avait théoriquement donné un consentement définitif en Inde, avant d'embarquer à destination de La Réunion. Du point de vue des négociants et des engagistes, peu importe comment l'engagé allait vivre l'exécution de son contrat sur la propriété du maître. On peut même imaginer que l'engagiste louait à d'autres personnes les services de ses engagés sans leur consentement soit à la tâche soit pendant une période déterminée. L'engagiste ordonnait ce que son engagé devait faire, où et quand. L'engagé était pieds et poings liés à son contrat jusqu'à son terme. L'esclave appartenait à son maître jusqu'à sa mort. L'engagé pouvait théoriquement être rapatrié dans son pays d'origine, l'esclave non. Les négociants et trafiquants de mains-d'œuvre avaient pour habitude d'acheter des esclaves et il leur revenait dorénavant d'acheter la force physique, les qualités physiques et les compétences des Indiens.

En évoquant la notion de consentement, nous touchons à la capacité juridique qui paraissait *a priori* acquise à l'engagé contrairement à l'esclave. Mais cette capacité juridique était pour le moins furtive sinon mise entre parenthèses. Dans les documents d'archives, nous n'avons relevé aucun moment particulier qui nous assure qu'elle s'exerça réellement. Les responsables politiques et économiques considéraient que l'émigrant avait consenti définitivement à venir dans l'île pour travailler au service d'un habitant indéterminé pendant un laps de temps conventionnellement stipulé. Nous en déduisons alors que sa capacité juridique était exercée à cet instant unique, c'est-à-dire au moment où l'Indien embarquait sur le navire, ce qui est bien différent d'un consentement exprimé après avoir pris connaissance des termes contractuels. Tant que le contrat n'était pas expiré ou rompu, l'engagé ne pouvait absolument pas revenir sur son engagement. Nous verrons que pour empêcher l'expression de la moindre capacité juridique, les habitants sont allés jusqu'à réclamer la légalité de l'obligation de travail sur absolument tous les Indiens que comptait l'île, qu'ils fussent vagabonds ou effectivement engagés. Ainsi, si nous ne sommes pas pleinement dans le cadre du travail forcé, on s'y approche tout de même.

Comment dans des conditions aussi violentes affirmer que l'engagé était libre et qu'il bénéficiait d'une rémunération pécuniaire ? Au regard de la faiblesse numérique des actes juridiques irréfutables relatifs à l'engagement, nous en déduisons une fausse nouvelle relation juridique libre entre l'engagé et l'engagiste tout au long de ce 19e siècle. Le sujet de la rémunération ne peut cependant pas être totalement écarté même si on imagine mal que l'engagiste remettait chaque mois à l'engagé quelques pièces qui correspondaient au montant de son salaire surtout quand l'on sait que la colonie manquait de numéraire. Le système de rémunération était sans aucun doute très complexe. En tous les cas, il est difficile de croire que les engagés travaillaient pour rien. Tout dépendait aussi des Indiens qui avaient été recrutés directement en Inde, leurs conditions de vie misérable, leurs castes d'appartenance. Venaient-ils à La Réunion pour s'enrichir ou pour survivre ? C'est ainsi que le sujet de la portion alimentaire de l'engagé devient vraiment intéressant. Il apparaît même fondamental surtout si nous comparons la portion alimentaire de l'engagé à celle de l'esclave, notamment dans les quelques années précédant l'abolition de 1848. Par ailleurs, sur les habitations, la question du salaire pouvait faire l'objet de conflits et d'instabilités entre esclaves et engagés. Nous pouvons également imaginer que les engagés devaient prouver presque immédiatement après leur débarquement leur valeur physique, leur endurance aux travaux pour pouvoir mériter pleinement leur dû : une portion alimentaire et/ou un salaire. Enfin, une autre difficulté de taille à laquelle était confronté l'engagiste consistait à payer au bout des 3 puis 5 ans d'engagement le prix du voyage de retour de l'engagé. La problématique du rapatriement n'est certainement pas à minimiser.

Avec des droits et libertés très contraints, quelle liberté restait-il à l'engagé ? Liberté religieuse, droit de se marier ? Sans doute que là encore, ce type de liberté dépendait de la volonté du maître-engagiste. Mais, il faut dire que la colonie ne comptait que très peu de femmes notamment d'origine indienne. Pour les négociants et les engagistes, la priorité était de proposer une main-d'œuvre abondante et peu chère et non pas de favoriser la constitution de familles indiennes. C'est dire que le système économique colonial n'était pas ou très peu enclin à encourager la formation de familles esclaves et engagées, c'est-à-dire une classe conséquente de travailleurs de couleur, par peur d'être numériquement dominé sans doute.

Pendant près d'un siècle, le sujet de l'engagement contractuel donna lieu à une importante production législative qui avait mis en place par prudence quelques instances locales particulières pour protéger l'engagé : Commission, Syndic, protecteur des immigrants. Cela paraissait rassurant, mais en réalité, aucune sanction ne fut édictée à l'encontre d'un engagiste violent ou qui s'éloignait trop des termes contractuels de l'engagement. Il nous parait alors intéressant sinon nécessaire d'étudier dans le domaine de l'histoire du droit et des institutions le thème de l'engagisme.

Afin de mieux cerner ce sujet soumis à un jeu de miroir avec l'esclave, il convient de l'appréhender à son propre rythme en le rattachant à des problématiques contextualisées, car la période est relativement longue. Nous ne pouvons pas immédiatement présenter cet ouvrage sous la forme d'un traité de droit colonial, c'est-à-dire en traitant clairement des droits et obligations de l'engagé et de l'engagiste, car les instances coloniales différenciaient les travailleurs du sucre entre eux en fonction de leurs origines, de leurs statuts d'étrangers ou de « résidents » ou natifs de l'île à des périodes antérieure et postérieure à l'abolition de l'esclavage. A cela, s'ajoutaient des contextes de trafics interdits et des relations internationales d'ententes officieuses. Chacun des chapitres que nous avons développés se réfère à des législations successives parce que dans l'air du temps tout au long de ce 19e siècle, il y a cette volonté politique de légiférer sans cesse dans l'intérêt de la classe bourgeoise, puissante, industrielle et financière. La Réunion, ses habitants-engagistes ont voulu marquer dans le marbre de la loi coloniale l'obligation du travail de n'importe quel engagé pourvu qu'il soit de couleur africaine ou asiatique. Ils ont voulu marquer dans le marbre de la loi un libéralisme local sans aucun tabou notamment concernant la traite négrière. Les grands propriétaires et industriels considéraient avoir le monopole absolu sur tout le sujet de l'engagisme, sur toute la main-d'œuvre dite des engagés. C'est pourquoi à travers les institutions locales, ils vont tantôt intervenir sur le phénomène du vagabondage, tantôt exclure les modestes ou petits colons qui ne faisaient pas directement partie de leurs réseaux de privilégiés.

Avant de proposer les développements suivants, quelques définitions-clés s'imposent. Sous l'aspect du droit, l'immigration de travailleurs étrangers libres n'était possible et légale que si elle était préalablement réglementée et autorisée par des décisions gouvernementales, des législations locales, des dépêches ministérielles, des législations nationales ou des traités internationaux. L'engagement doit *a priori* se distinguer de l'engagisme. L'engagement fait référence à des liens contractuels entre l'immigré ou l'affranchi et l'habitant, tandis que l'engagisme fait plutôt référence à la période historique pendant laquelle l'engagement était pratiqué. L'acte d'engagement ou pré-contrat ne doit pas être confondu avec le contrat d'engagement ni avec le livret d'engagement. L'acte d'engagement représentait les conditions indicatives de l'engagement qui était conclu ou confirmé *a posteriori* à Bourbon entre l'habitant-engagiste et lui (salaire, nourriture, temps de travail et de repos, logement, etc.). La particularité consistait à ce que l'acte figurait bien en annexe du contrat d'affrètement des navires chargés de *coolies* indiens. Le contrat d'engagement était quant à lui une convention synallagmatique conclue entre l'habitant-engagiste et l'immigrant-engagé à des conditions fixes (cinq ans, salaire, entretien, etc.). Sa particularité tenait au fait qu'il était rarement écrit d'autant plus que cela ne correspondait pas aux statistiques produites notamment par les services de l'immigration de Saint-Denis. En ce qui concerne le livret d'engagement ou bulletin d'immatriculation, il s'agissait d'un document délivré par les services de l'immigration (bureau de l'immigration, direction de l'Intérieur) à l'engagiste et sur lequel figuraient l'identité de l'engagé, son numéro d'immatriculation et le nom de l'engagiste. Sa particularité là encore tenait au fait qu'il n'était pas systématique et qu'il était facile à faire disparaître, car il était détenu par l'engagiste lui-même. Ce document ne valait pas contrat d'engagement, mais représentait plutôt une sorte de billet rempli par le maître, afin d'autoriser son engagé à sortir exceptionnellement des « frontières » privées de l'habitation pour faire une course quelconque.

Sous l'aspect des institutions, le sujet de l'immigration contractuelle initiée par les colons était soit soutenu, soit toléré par le gouvernement central à Paris ou à Versailles. Les grands propriétaires de l'île avaient droit au chapitre et étaient associés aux décisions prises par le gouverneur, notamment au sein du Conseil privé. Certes, leurs voix étaient consultatives, mais on imagine que les grandes familles locales savaient se faire entendre dans les orientations et les directives politiques décidées par le gouverneur. Au cours de ce 19e siècle, plusieurs institutions firent leur apparition : chambre de commerce, chambre d'agriculture, Conseil général, Conseil colonial, résolutions et propositions émises par divers comices agricoles de quartier toujours favorables à une abondante immigration et à des droits très stricts et contraignants envers l'engagé. Il n'y en avait que pour les grandes familles si l'on peut dire et l'on note qu'une certaine convergence d'intérêts entre habitants et négociants formait un bloc au détriment de la survivance de ce qu'on appelle la classe sociale des *Petits-Blancs*, c'est-à-dire des petits propriétaires victimes du morcellement du domaine de leurs ancêtres.

Au fil des documents d'archives, nous nous plongeons directement dans l'histoire en nous immisçant presque dans les discussions entre les membres du Conseil privé. Les procès-verbaux du gouvernement local retranscrivent fidèlement leurs interventions. Un arrêté, une lettre, un rapport, une correspondance du procureur, une dépêche ministérielle, une circulaire ou une instruction du directeur de l'Intérieur, un article de presse, tout cela nous permet de reconstituer peu à peu le puzzle d'une page de notre histoire réunionnaise dans toute la splendeur de ses faiblesses et de ses forces. Sa complexité s'explique parce que le 19e siècle est particulièrement riche en évènements à l'échelle locale, nationale et internationale. Pour notre part, il faut regarder La Réunion dans ses relations avec Paris ou Versailles, mais aussi avec les Etablissements Français dans l'Inde, les possessions souveraines et françaises du Sud-Ouest de l'océan Indien, l'Afrique orientale ou encore avec les autorités britanniques par l'intermédiaire de Pondichéry ou de Paris.

Ainsi, en pleine abolition de la traite des esclaves, la France devait être extrêmement vigilante et surveiller de très près les pratiques des colons réunionnais à l'égard de l'engagement contractuel avec des masses réputées serviles. Si jamais les Réunionnais persistaient dans la traite des esclaves et s'ils se comportaient avec les engagés indiens comme ils le faisaient avec les esclaves, il fallait s'attendre à des sanctions importantes de la part de Londres qui contrôlait déjà une grande partie du jeu de la mondialisation. A La Réunion, les grands propriétaires avaient une priorité : assurer un flux régulier de main-d'œuvre noire et indienne pour garantir la production du sucre. Nous ne saurions affirmer avec certitude si le politique l'emporta sur le juridique, car les faits pouvaient démontrer le contraire. Cependant, le seul élément contractuel démontra dès le début de l'engagisme son insuffisance, son invraisemblance, sa fragilité. La légalité, parce que la loi était devenue la norme sacrée, parut être le meilleur moyen de garantir un minimum de surveillance à la fois dans ce nouveau commerce et dans ce nouveau type de relation de travail libre. L'abolition de l'esclavage était vécue comme une menace qui allait tôt ou tard s'abattre sur les propriétaires d'esclaves, une sorte de spectre de mauvais augure qui allait en un rien de temps anéantir tout le système colonial et donc toute la colonisation elle-même, le destin de nombreuses familles parties de France et d'ailleurs. La peur de voir tout s'effondrer était insupportable. Avec l'abolition de l'esclavage, ce sont tous les colons qui risquaient de devoir fuir brusquement une île à majorité noire et potentiellement asiatique qui pouvait disait-on se rebeller à tout moment contre les blancs. A moins que la République ne leur promette des droits et libertés égaux, de devenir citoyens français. D'ailleurs, c'est au moment où le vagabondage était devenu un phénomène courant dans l'île que les grands propriétaires réclamèrent l'obligation de travail sur tous les immigrants. Cette peur de la masse, d'une masse incontrôlable était bien présente. Avant même que l'abolition de l'esclavage ne soit proclamée, rappelons que les grands propriétaires avaient tenté de faire passer une loi locale pour qu'il n'y ait qu'un seul statut légal de l'engagé sans distinction de race ni d'origine. Ce statut n'apparaît pas de manière claire, mais les législations adoptées à l'égard des engagés étrangers et des engagés « locaux » issus des masses d'esclaves affranchis en 1848 ne présentaient pas de différence majeure. L'intérêt sinon l'urgence pour les engagistes avait consisté à vouloir faire fusionner toutes les immigrations quelles qu'elles soient en une seule main-d'œuvre à travers le contrat ou le statut unique de l'engagé.

Lorsque l'abolition de l'esclavage fut officiellement acquise, c'est-à-dire 2 ans plus tard, la liberté était *a priori* le régime légal de tout type de relation de travail. C'est ce précepte qui a permis de justifier et d'encourager le retour massif d'immigrants africains et malgaches. Néanmoins, La Réunion ne parvint pas à faire requalifier légalement l'immigration noire en engagisme, une immigration officielle, dûment autorisée et réglementée. Ce n'est pas tant que Paris s'y était fermement opposé, mais Londres se doutait bien que les cales des navires français transportaient des « passagers » ou immigrants noirs, un trafic d'esclaves formellement interdit depuis le Congrès de Vienne. La France avait tenté de s'en excuser en déclarant qu'aucun traité international n'interdisait la pratique du rachat préalable d'esclaves, le but étant de les libérer instantanément par un contrat d'engagement à La Réunion. Le Royaume-Uni n'y voyait aucune différence avec l'achat d'esclaves. Peu lui importait si l'esclavage était aboli dans les colonies françaises, aucune exception n'était tolérée même sous couvert de subtilités ou détours juridiques qui pouvaient tenir la route. Pour que Londres consente à autoriser le départ des émigrants noirs, il aurait sans doute fallu que son autorité soit à chaque fois requise par les Français. A moins que le trafic arabe ne fournisse les possessions françaises qui entouraient la Grande Ile, les grands propriétaires et industriels de La Réunion ont dû se conformer aux exigences britanniques s'ils souhaitaient bénéficier en quantité suffisante de la main-d'œuvre indienne, une des seules avec celle des Chinois à être considérée comme libre et engageable. C'est dire que le domaine du droit et des relations internationales révéla toute sa place et son importance dans l'aventure du sucre. La France avait également espéré user de la voie diplomatique auprès de Lisbonne pour organiser l'émigration de la main-d'œuvre du Mozambique vers La Réunion et contourner ainsi l'ingérence britannique dans ses affaires coloniales. Mais Londres restait intransigeante et dictait ses règles. La Réunion dut ensuite renoncer aux immigrations indiennes quelques années après qu'une commission internationale ait enquêté sur ses habitations sucrières et démontré que les traitements esclavagistes persistaient sur les engagés indiens, sujets britanniques. La France, ses colonies étaient accusées par les Anglais de vouloir rester sous l'empire d'un système esclavagiste dépassé et inhumain alors que le 19e siècle était le siècle des progrès, de l'industrialisation et du monde ouvrier. Vint enfin la colonisation de Madagascar par les Français, puis la Grande Guerre éclata. Il n'était alors plus question d'immigration massive d'étrangers. L'engagisme était terminé.

Si le siècle des Lumières correspond en France à celui d'une grande révolution idéologique supposée inachevée, l'abolitionnisme aurait pu servir de rayonnement universel promu dans le monde entier. Or, le pays fut victime de son atomisation territoriale remettant en cause son intégrité continentale et son rang sur la scène européenne. Malgré les accusations que nos contemporains portent encore aujourd'hui à l'encontre de Napoléon Bonaparte, c'est bien le plus illustre des Corses qui parvint à rétablir une certaine souveraineté sinon une dignité politique à une France meurtrie par tant de campagnes de défenses et d'invasions militaires. Le prix fut partout celui du sang versé dans cette ancienne *Res Publica* chrétienne et européenne déchirée, tandis que dans les lointaines colonies françaises, la survivance du domaine colonial dépendait très basiquement de l'abrogation de l'abolition de l'esclavage. Aux Antilles, les propriétaires ou bourgeois ne voulaient pas renoncer à une économie pré-industrielle gourmande en main-d'œuvre esclave[18]. Quant aux îles des Mascareignes, elles avaient fait preuve d'insolence en renvoyant *manu militari* les bons commissaires français tout contents de porter la bonne nouvelle de l'émancipation générale des noirs esclaves.

Au Royaume-Uni, l'abolition de l'esclavage paraissait prématurée surtout après l'expérience désastreuse des révolutionnaires français qui avaient dû rétablir presque aussitôt l'esclavage. Réputé pour son pragmatisme politique, Londres préféra agir d'abord sur le thème de l'abolition de la traite des esclaves, ce qui pouvait à terme servir ses propres intérêts commerciaux en Inde. Il n'était pas difficile d'imaginer que l'abondance de la main-d'œuvre indienne, sous influence et contrôle britanniques, allait bientôt fournir les usines et les plantations anglaises partout dans le monde. Le colonialisme pouvait très rapidement permettre le remplacement des esclaves par les Indiens sujets anglais. Pour ce faire, la *East India Company* était prête à se lancer dans le *coolie trade*. Le sujet de l'abolition de la traite des noirs devenait alors plus facilement abordable, car contrairement aux capitales européennes, il ne coûtait *a priori* rien ou quasiment à Londres. En les coupant des comptoirs africains, la France, le Portugal et l'Espagne allaient vite manquer de bras serviles. Après avoir réussi leur unité nationale illustrée notamment par l'*Acte d'Union* de 1800 et après avoir humilié l'empereur des Français, les Anglais affirmèrent leur domination sur les mers et océans. Désormais, l'Europe continentale devait régler sa montre sur l'heure du « Greenwich[19] politique » du moment, à savoir le Congrès de Vienne.

Les Britanniques ont envahi l'Inde aux dépens des princes alliés de la France. Delhi fut prise en 1805 et le Grand Mogol devint finalement vassal anglais. L'Inde britannique s'ouvrit dès 1813 au commerce libre. Lors du Congrès de Vienne de 1815, les puissances européennes s'étaient engagées à condamner la traite noire, ce qui allait bientôt assurer aux Anglais leur monopole dans la vente de la force de travail des Indiens, personnes considérées libres. Plusieurs pays comme le Danemark, le Portugal et la France espéraient que cette abolition reste purement théorique, en tous les cas, très difficile à faire respecter, mais il s'agissait là pour Londres d'affirmer sa suprématie à l'échelle du monde en s'attribuant notamment quelques prérogatives extraordinaires comme le droit de visite sur les navires marchands qu'il suspectait. En 1817 et 1818, le Portugal, l'Espagne et les Pays-Bas n'osèrent pas s'opposer aux Anglais tandis que la France, elle, déclara simplement qu'elle était en capacité d'organiser elle-même les

---

[18] Y. BENOT, *La démence coloniale sous Napoléon*, La Découverte, Paris, 1992, 407 p.

[19] Le temps moyen du Greenwich était utilisé par les marins britanniques pour calculer la longitude par rapport au méridien de Greenwich. Il fut adopté par la *Railway Clearing House* en 1847, puis par d'autres compagnies l'année suivante. C'est en 1880 que la Grande-Bretagne l'adopta légalement comme temps officiel. L'Irlande suivit en 1916, renonçant au temps moyen de Dublin.

moyens de lutter contre la traite. Louis XVIII se devait néanmoins de ne pas trop froisser les Britanniques, car ce sont bien eux qui sortaient victorieux des traités de Paris des 30 mai 1814 et 20 novembre 1815 par lesquels la France avait pu récupérer quelques possessions coloniales.

Entre 1814 et 1843, on estime à environ 2 700 le nombre d'expéditions de contrôle dépêchées sur le continent noir, mais beaucoup échappèrent certainement aux statistiques. Sur une moyenne de 3 millions d'Africains, 160 à 200 000 d'entre eux auraient été libérés grâce aux Anglais. Ce n'est que vers 1870 que la traite esclavagiste était en passe de disparaître pour de bon, mais en fait, ce commerce s'était déplacé vers le Moyen-Orient, ce qui signifiait que les forces de persuasions européennes restaient concentrées sur les côtes occidentales et relativement peu sur les côtes orientales de l'Afrique[20].

En France, l'abolition de la traite des noirs intervient en 1817, date à laquelle les comptoirs indiens de Mahé, de Chandernagor, de Pondichéry, de Karikal et de Yanaon furent réintégrés dans le domaine colonial. Le 23 juillet 1839, le rapporteur de Tocqueville exposa devant la Chambre des députés que :

*« L'esclavage est une de ces institutions qui durent mille ans si personne ne s'avise de demander pourquoi elle existe, mais qu'il est presque impossible de le maintenir le jour où cette demande est faite ».*

Cela n'était pas sans compter une certaine résistance du parti colonial. N'en déplaise à certains historiens et sociologues qui affirment que le débat abolitionniste faisait de moins en moins appel à des « considérations juridiques et abstraites ». Nous pouvons ici affirmer le contraire et dire que la matière légale et juridique fut discutée pendant tout le 19e siècle. Dès 1826, les Bourbonnais ont le projet d'introduire dans l'île des Indiens « libres » en recourant à la forme contractuelle de leur travail : le contrat d'engagement. Certes, le servilisme fut bien réel, nous allons pouvoir le vérifier dans nos développements suivants, mais les habitants et les autorités politiques ont bien fait appel au droit des contrats pour organiser l'engagisme tout en revendiquant l'obligation légale de faire travailler les noirs affranchis en 1848. L'abondance des législations locales et nationales ainsi que les nombreuses dépêches des ministres de la Marine et des Colonies et des Affaires étrangères témoignent de l'importance de la science juridique au moment des abolitions.

C'est à partir de 1828 que les premiers engagés indiens sont débarqués à Bourbon puis l'année d'après à Maurice. C'est dire que 20 ans avant la proclamation de l'abolition de l'esclavage, les colons expérimentèrent l'engagisme ou une forme déguisée du servilisme. Le contrat d'engagement peut être considéré comme une refonte, une réforme voire une révolution

---

[20] H. THOMAS, *La traite des noirs (1440-1870)*, Robert Laffont, Paris, 2006, 1037 p.

juridique, légale et politique du travail du sucre, invitant toute la société coloniale à s'entendre sur une sorte de consensus. Plus le soutien de Paris était timide ou hésitant, plus les colons cherchèrent à imposer une interprétation de type absolu à la liberté contractuelle et à la liberté de commerce. Ce que l'on observe assez vite, c'est que l'engagisme asiatique semble avoir été surtout réservé à une certaine élite coloniale, c'est-à-dire aux grands propriétaires, aux « industriels » sucriers et aux négociants, car les frais de transport des *coolies* étaient élevés, ce qui revenait peut-être aux prix d'achat d'esclaves pratiqués avant l'abolition de la traite. Même si le trafic noir clandestin n'a jamais vraiment cessé, l'immigration contractuelle et donc d'engagés indiens devenait un sujet majeur, parce que les exploitations sucrières avaient constamment besoin de se renouveler, étant donné que la mortalité y était importante[21]. L'engagisme est devenu un pilier fondamental de l'économie de La Réunion, constituant ainsi une période majeure de l'histoire de La Réunion.

Ainsi, le contrat d'engagement était un sujet incontournable pour les autorités coloniales qui justifièrent très régulièrement que les relations de travail entre anciens maîtres et nouveaux travailleurs libres avaient progressé grâce au droit. D'ailleurs, n'est-ce pas le consentement qui permettait d'établir avec certitude que l'engagé se distinguait de l'esclave ? La question du progrès social dans les colonies était éminemment politique surtout après l'annonce de la première abolition ratée de l'esclavage. L'implication et la responsabilité de l'Etat devaient être omniprésentes et parfaites, ce qui va accentuer un certain trouble dans la définition même du contrat d'engagement puisque les colons considéraient que le contrat, l'engagement était du domaine privé et non pas public. La responsabilité était celle de l'Etat alors que la force de travail était mise à disposition d'un propriétaire privé ? Nous verrons que cette responsabilité, cette éthique politique qui incombe à l'Etat n'était qu'un prétexte. En réalité, il y avait des rivalités de carrière entre les 2 personnalités fortes des administrations de Pondichéry et de Bourbon. Pondichéry contrôlait un domaine bien plus important que l'île de Bourbon et de ce fait, cherchait à asseoir son autorité sur elle au travers notamment de la niche commerciale des contrats d'engagements d'Indiens. Les propriétaires dans l'île Bourbon ne cédèrent rien. Ce sont eux qui commandaient la main-d'œuvre, ce sont eux qui devaient être regardés comme les engagistes exclusifs. Pas d'intermédiaires de cet ordre possible, l'intérêt étant de pouvoir disposer des engagés comme ils l'entendaient (**Chapitre 1**).

Une fois que la nature publique de l'engagement fut écartée, les propriétaires revendiquèrent avec obstination la légalité de l'obligation de travail de tous ceux que l'on considérait comme engagés, qu'ils soient Indiens réputés libres ou noirs affranchis en 1848. Il devenait évident que rien ni

---

21 CAOM, C. 174/1402, Mémoires de Monsieur Barbaroux sur l'abolition de l'esclavage à Bourbon, 1839.

personne, pas même les anti-abolitionnistes, ne puissent réussir à faire échouer à terme l'abolition de l'esclavage. Pour les propriétaires et industriels du sucre, il fallait anticiper l'histoire en essayant d'obtenir de Paris le recours au travail obligatoire d'une main-d'œuvre toujours abondante, de couleur, la moins chère et la plus corvéable possible. C'était tout l'enjeu de la légalité de l'obligation de travail des engagés (**Chapitre 2**).

A La Réunion, on se souvenait encore de l'accueil réservé à ceux qui furent chargés d'annoncer l'abolition de l'esclavage quelques décennies plus tôt. Le commissaire-général Sarda Garriga ne commit pas la même erreur en 1848 et il présenta tout d'abord le décret abolitionniste aux habitants de l'île. L'abolition fut donc négociée et on organisa le passage progressif de l'esclavagisme à l'engagisme, afin d'éviter toute panique générale ou mouvement de révolte. Tous les esclaves étaient certes affranchis et dans cet intervalle de temps de liberté, leurs « employeurs », sous les auspices de l'Etat, leur arrachèrent un consentement à s'engager sur 2 ans maximum. Les propriétaires et industriels du sucre disposèrent ainsi d'une période transitoire pour réorganiser leurs chaînes de production et percevoir leurs indemnités de libération de leurs esclaves en guise de compensation (**Chapitre 3**).

# CHAPITRE 1

## Les fondements juridique et politique du travail libre : le modèle précurseur indien

*« Périssent les colonies, je le répète, périssent les colonies, si les colons veulent, par les menaces nous forcer à décréter ce qui convient le plus à leurs intérêts ! Je déclare au nom de l'Assemblée, je déclare au nom de la nation entière, qui veut être libre, que nous ne sacrifierons pas aux députés des colonies, ni la nation, ni les colonies, ni l'humanité entière »*
**Robespierre**

Dans les îles à sucre, les autorités coloniales devaient anticiper l'effondrement économique qu'allait peut-être causer l'abolition de l'esclavage. Là-bas, aux Antilles, la présence britannique et espagnole a sans doute limité l'expansion de la traite illégale des noirs depuis la révolution à Haïti[22]. A court de bras serviles, c'est dans ce contexte que le seul engagement de travail envisagé un temps fut celui d'Européens, mais il coûtait extrêmement cher et rompait trop avec le système ségrégationniste usuel[23]. La réorganisation agricole et industrielle devenait une nécessité pour les producteurs antillais s'ils voulaient maintenir un certain niveau de prospérité.

---

[22] La République de Haïti était vue comme une crainte pour les colons antillais, car là-bas, la révolution servile avait été couronnée de succès, accordant une libération collective immédiate suite à l'action des esclaves eux-mêmes.

[23] C. SCHNAKENBOURG, *Histoire de l'industrie sucrière en Guadeloupe (XIXe-XXe siècles), La crise du système esclavagiste, 1835-1847*, L'Harmattan, Paris, 1980, pp. 228-230. Expérimenter l'engagisme indien n'était pas envisageable aux Antilles à cause de la distance qui les sépare de l'Inde. Le seul engagement libre de couleur pouvant s'exercer restait celui des esclaves affranchis, mais ces derniers y étaient totalement opposés. Ils préféraient préserver leur liberté en choisissant plutôt de travailler à la tâche ou à la journée et non pas s'engager sur plusieurs années. Engager des Européens n'était pas exclu. Ce sujet fut d'ailleurs traité à l'occasion de la loi du 19 juillet 1845. Le ministre de la Marine et des Colonies avait accordé un crédit spécifique dans les colonies pour l'affranchissement par rachat des esclaves et en même temps, il avait autorisé le gouverneur de la Guadeloupe à payer le prix du passage des engagés européens directement sur ce fonds entre les années 1845 et 1846. Seuls 28 immigrants contractuels blancs furent engagés pour 5 ans au service du travail rural ou l'usine coloniale. Ils pouvaient bénéficier d'un salaire maximum de 1 500 Francs par an, soit 125 Francs mensuels, très loin des salaires théoriques des engagés de couleur. Les habitants guadeloupéens résilièrent rapidement ces contrats avant de les faire rapatrier.

Il fallait trouver une parade pour contrer l'abolition prématurée anglaise et la progression généralisée espagnole vers le travail libre des ouvriers de couleur.

A Bourbon, la problématique se présentait différemment, car ses producteurs accusaient un certain retard de développement. De 1815 à 1838, la colonie prit une direction nouvelle. L'île n'assura plus sa principale fonction de grenier des Mascareignes et préféra se concentrer sur la production de la canne à sucre et du café. Cette voie industrieuse nécessitait de plus en plus une main-d'œuvre servile sinon esclave. Or, l'abolition de la traite de 1817 intervenait mal, remettant en cause les choix de développement décidés par les grandes familles de l'île. Le sucre représentait assurément une niche économique et commerciale très importante au cours de cette première moitié du 19e siècle. Les investisseurs réunionnais ont alors tout mis en œuvre pour ne pas la rater et le succès commercial allait permettre à certains d'entre eux d'affirmer leur puissance économique et politique. La colonie britannique la plus proche était l'île Maurice, située seulement à 200 kilomètres de là. Il n'y avait pas de danger terrestre immédiat, mais tout de même, l'île anglaise représentait une menace potentielle de diffusion de propagande abolitionniste qu'il fallait contenir.

A Bourbon, la canne à sucre était exploitée sur une surface moyenne de 11 800 hectares dès 1827. A la différence des anciens producteurs de café qui dépendaient du bon vouloir des administrateurs de la Compagnie des Indes, la culture de la canne était plutôt libre et représentait une source d'enrichissement bien plus considérable. Ce sont les familles d'habitants qui ont réussi à industrialiser en quelque sorte la production de sucre de canne et qui se sont érigées encore plus fortement comme l'élite. Elles se distinguèrent entre elles selon la superficie de l'habitation, le nombre de guildiveries, le nombre d'esclaves et la technologie dernier cri tout récemment acquise. On passa en à peine 15 ans de 10 guildiveries, donc plus ou moins 10 grandes familles sucrières en 1817 à 189 en 1830. La canne à sucre fut un véritable succès commercial. Pour pouvoir régner en maître sur cette niche économique, tout allait dépendre de la technologie utilisée et l'abondance constante de la main-d'œuvre esclave dans un contexte où la concurrence du sucre brut étranger obligeait à toujours plus de productivité[24]. C'est dire encore une fois que l'abolition de 1817 intervenait au moment où La Réunion venait à peine

[24] Jusqu'à la loi du 26 avril 1833, le sucre colonial fut épargné de la concurrence des bruts étrangers surtaxés. Désormais, il y avait égalité de taxes sur le sucre colonial et le sucre étranger. Le gouvernement avait cédé aux pressions des raffineries métropolitaines qui préféraient s'approvisionner en sucre européen, plus facile, plus rapide à transporter, moins cher et de meilleure qualité. Conséquences : les chambres de commerce de Nantes, de Bordeaux, de Paris et du Havre protestèrent. A partir des années 1837-1838, le sucre indigène de betterave concurrença sérieusement le sucre de canne.

de faire le pari du sucre sans parler de la concurrence du sucre produit en France.

C'est en 1828 qu'apparait et qu'est proposée la première forme écrite du travail libre à des engagés indiens réputés volontaires, se distinguant en principe du travail servile et de son support esclavagiste. En l'absence de dispositions tout à fait claires et précises, nous ne pouvons donner de définition qu'en prenant un certain recul sur l'histoire et les documents d'archives. Néanmoins, l'engagement peut se définir comme étant le contrat par lequel une partie collective, plusieurs Indiens, consentait à s'employer au service de l'administration coloniale ou au service des *habitants*[25] pour une durée de 3 ans renouvelable une seule fois pour 5 autres années en contrepartie d'un salaire qui allait s'avérer flou sinon hypothétique. La liberté de ces travailleurs étrangers est dès l'origine suspecte, mais les autorités coloniales affirmèrent qu'ils étaient bien traités puisqu'il leur fut accordé la tolérance religieuse, des horaires fixes de travail et de repos, un salaire mensuel et des conditions humaines de traitement et d'accueil. Comme son nom l'indique *a priori*, l'engagisme indien constitue un régime juridique et légal qui se distingue nettement de l'esclavagisme. Dans les faits, cela aurait dû se vérifier sur l'habitation par une séparation non-équivoque entre esclaves et engagés, entre travailleurs serviles et travailleurs libres. Ajoutons également que ce sont les habitants producteurs de la canne à sucre qui avaient le monopole du recrutement des engagés. D'ailleurs, ils en avaient les moyens puisqu'ils devaient déposer des cautions pécuniaires auprès de l'administration locale qui offrait elle-même des garanties financières à l'égard des responsables français de l'Inde, ceux-là mêmes qui organisaient le trafic d'engagés. Sur ce point, nous savons qu'il existait plusieurs sortes d'habitants sucriers : il y avait les agriculteurs de canne avec des domaines plus ou moins vastes, ce qui se rapprochait de la fonction de planteurs ; il y avait des agriculteurs qui possédaient une ou plusieurs guildiveries fonctionnant grâce à un moulin à vent, à eau ou à la force de zébu, de bœuf, de cheval ou de bras d'esclaves ; enfin, il y avait les plus riches qui disposaient des plus grandes superficies et des guildiveries les plus modernes du moment, ce qui les rapprochait de la

---

[25] C. SCHNAKENBOURG, *Op. Cit.*, pp. 21-45. On appelait « habitant » le propriétaire d'une habitation dont l'activité principale était de produire du sucre et ce, tout au long du 19e siècle et surtout à partir des années 1830. Le mot habitation ou habitant « est définitivement fixé dès les premiers temps de la colonisation, au milieu du 17e siècle » aux Antilles. Cette même définition peut être aisément transposée à La Réunion dont la colonisation date de la fin du 17e siècle. Dans les extraits des délibérations du Conseil privé de Bourbon, à partir de 1828, les habitants sont très clairement définis comme ceux qui exploitaient des activités de production de sucre de canne. L'habitant était à la fois propriétaire de grandes surfaces foncières et « industriel » spécialisé dans le sucre. Nous pouvons utilement les qualifier de bourgeois, de maîtres, d'aristocrates ou de grands de Bourbon, de conservateurs et bien évidemment d'engagistes.

fonction d'habitants ou « d'industriels ». Le point commun entre tous les membres de la classe des sucriers était la nécessité de recourir à une abondante main-d'œuvre. Seuls les « aristocrates », à savoir les plus grands propriétaires et industriels du sucre, disposaient des moyens financiers suffisants pour investir dans la technologie indispensable à la modernisation et à l'amélioration des installations de production. Aussi, nous supposons que ce sont les plus fortunés d'entre eux qui introduisirent à grands frais les « *travailleurs libres* » indiens.

A l'occasion du premier contrat collectif d'engagement, les 15 parias sont dès leur débarquement « *distribués* » sur les domaines les plus importants du quartier de Sainte-Marie situé près du chef-lieu dionysien au Nord de l'île[26]. Les obligations contractuelles écrites figuraient bien dans l'engagement et cela aurait pu constituer une véritable révolution à la fois juridique et sociale dans le monde colonial, mais l'esclavage et l'esclavagisme formaient un mur encore quasiment inébranlable. Jusqu'en 1830, dans certains milieux, l'opinion publique demeurait relativement indifférente à la persistance de la traite et de l'esclavage lui-même dans les Outre-mer, surtout que les récits des colons rapatriés de Saint-Domingue avaient contribué à une certaine négrophobie. Les villes traditionnellement tournées vers les colonies, notamment Nantes, poursuivaient encore leurs activités liées à la traite noire sans que le gouvernement de la Restauration ne s'en émeuve particulièrement. La monarchie de Juillet adopta la loi du 4 mars 1831 qui devait avoir pour principal effet de sanctionner « sérieusement » les fraudeurs tout en restant taiseux sur l'attitude exacte qu'il convenait d'adopter. Malgré l'intervention d'éminents auteurs tels que Alexis de Tocqueville soit au sein de la *Société française pour l'abolition de l'esclavage*, soit en exerçant ses talents d'orateur devant les députés, l'Assemblée parlementaire bloqua systématiquement tous les projets relatifs à l'émancipation des noirs. Le lobbying du parti colonial était encore assez robuste, l'administration fiscale ne se résignant pas non plus à faire brutalement l'impasse sur les 12 millions de Francs versés annuellement grâce au sucre des colonies[27].

---

[26] CAOM, C.406/3828, Extrait du compte de l'ordonnateur pour l'année 1828 (document illisible). On parle ici d'un « essai » relatif à la nouvelle immigration indienne en tant qu'engagée de la colonie de Bourbon. Messieurs Fréon, conseiller colonial, Malavois, négociant et propriétaire à Sainte-Suzanne et Camin, négociant et propriétaire à Sainte-Marie étaient les habitants bénéficiaires de la répartition des 15 parias indiens, nombre très étonnement bas parce que insignifiant au regard de la destination des travaux. Notons que certains engagistes étaient négociants, ce qui laisse à penser qu'ils se livraient à des activités de location et de vente d'engagés.

[27] E. BOIZARD et H. TARDIEU, *Histoire de la législation des sucres (1664-1891)*, Paris, BSIC, 1891, pp. 17-21. Cela correspondait au montant des impôts versés à l'administration des finances en 1831 pour une importation d'environ 80 000 tonnes de sucre colonial.

Entre 1828 et 1830, les autorités de l'île firent état de l'introduction de 3 426 Indiens des deux sexes[28]. Mais, nous remarquons qu'à partir de 1830, aucune demande officielle ne fut soumise au Conseil privé, sorte de gouvernement local déconcentré[29]. Or, est-ce que ces circonstances permettent d'affirmer que jusqu'en 1832, la main-d'œuvre indienne était bénéficiaire de garanties légales de protection réelles et suffisantes pour se différencier de celles des noirs esclaves (Section 1) ? Nous relevons dès ces premières immigrations contractuelles une certaine incohérence entre les statistiques officielles et les pratiques des engagistes. Afin de ne pas alerter Paris, les autorités locales se plaignaient très régulièrement d'un nouveau phénomène touchant ce type de travailleurs trop libres à leur goût : le vagabondage. Craignant que l'ordre public ne soit mis en danger, l'administration adopta des mesures législatives de plus en plus contraignantes ou liberticides. Lors de l'engagisme indien qui n'était au début qu'un essai, les colons réunionnais ont finalement réussi à se délier du régime de protection légale systématique auquel ils devaient se soumettre alors que l'importance de l'immigration n'était officiellement que toute relative (Section 2).

## Section 1 : L'engagé indien : un travailleur étranger privilégié ?

L'on pourrait immédiatement mettre en doute la sincérité des intentions coloniales, d'apparence humanistes et progressistes à l'égard de ces Indiens d'un temps nouveau étant donné l'échelle de masse envisagée. Considérant qu'il préexistait avant l'interdiction de la traite des noirs de 1817, trois sources essentielles de recrutement servile - l'Afrique orientale, la grande île de Madagascar et l'Inde, cette dernière n'étant certes que très minime[30] – la question est la suivante : comment l'administration française qui entretenait des relations étroites avec la bourgeoisie locale entendait-elle instaurer une forme juridique sociale d'exception et qui contrebalançait avec l'esclavage ? Il est vrai qu'il avait existé avant le 19e siècle des Indiens engagés dans l'île comme il avait existé des noirs et des Indiens libres propriétaires d'esclaves. Mais ce qui rompt avec ce passé c'est que nous avons changé d'échelle et de

---

[28] CAOM, C. 406/3831, Extrait du compte annuel de Monsieur l'inspecteur colonial pour 1831, le 10 mai 1832.

[29] CAOM, C. 406/3831, Extrait du mémoire remis par le capitaine de vaisseau Duval-Dailly à son successeur dans le gouvernement de Bourbon, Saint-Denis, le 8 septembre 1832.

[30] L. MAILLARD, *Notes sur l'Ile de la Réunion*, Dentu, Paris, 1862, p. 183. Bien que les chiffres soient approximatifs, l'auteur estimait la population indienne à 1 800 en 1826, 1 800 également pour les Arabes et les Malais, 14 000 Malgaches et 18 000 Africains.

destination dans l'emploi et l'utilité des mains-d'œuvre qu'il fallait à tout prix asservir pour assurer la rentabilité et la productivité voulues sur les habitations sucrières réunionnaises. Il y avait bien des blancs dont les conditions de vie et de travail étaient presque aussi dures voire similaires, mais les blancs étaient en principe des Français ou des Européens de condition libre. S'ils ne supportaient plus les règles de travail de leur employeur, ils étaient libres de partir, ce qui n'était absolument pas le cas des noirs. L'esclavagisme, les droits qu'il accordait au maître tout-puissant en dépit de la volonté de l'esclave, ont servi de base juridique et de source d'inspiration à l'engagisme. C'est dire toute la complexité qui entoure le thème du contrat d'engagement dès le départ. Si l'engagé, personne libre, ne pouvait pas juridiquement appartenir à l'engagiste, il en était autrement de sa force de travail. Et si jamais l'engagé rompait son contrat, les conséquences étaient possiblement graves pour lui, car il ne disposait d'aucun moyen de subsistance ni aucune garantie de retourner dans son pays d'origine. L'engagé, bien que personne *a priori* libre, dépendait du bon vouloir de son engagiste avec l'assentiment des autorités coloniales sur place.

Le principe contractuel accordé à des mains d'œuvre ou à des populations traditionnellement serviles est intimement lié aux enjeux économiques dans le bassin régional du Sud-Ouest de l'océan Indien. Cette partie géographique revêtait un certain intérêt stratégique pour les 2 puissances coloniales britannique et française. Après le traité de Paris du 30 mai 1814, la France se laissa déposséder d'une partie de ses Outre-mer, dont notamment l'île Maurice. Viennent ensuite les 300 pages de l'acte final du Congrès de Vienne du 9 juin 1815 qui redéfinirent les frontières de l'Europe après la chute de Napoléon 1er. Dans ce document de droit international, le Royaume-Uni avait réussi à convaincre ses partenaires européens d'interdire la traite des noirs. Quant au second traité de Paris du 20 novembre 1815, il amputa au nom de la « *Très sainte et indivisible Trinité* » une partie de la Métropole française. Ce n'est qu'entre 1816 et 1817 que Saint-Pierre-et-Miquelon et les comptoirs indiens furent rétrocédés à la France, mais entre-temps, les Anglais firent l'acquisition du Cap et étendirent leur territoire dans le sous-continent. Dès 1813, l'Inde s'ouvrit au libre commerce. Pour les Anglais, tout s'enchaînait parfaitement. D'un côté, ils imposèrent le libre-échange selon leurs règles et de l'autre côté, ils multiplièrent les traités bilatéraux en fermant progressivement le commerce des esclaves et en se lançant dans la lutte contre les négriers. Le Royaume-Uni s'imposa ainsi en véritable leader mondial militaire et commercial, n'hésitant pas à exiger le droit de visiter tous les navires qu'il suspectait de traite. On devait alors s'attendre à des tensions extrêmes entre Anglais et Français dans le bassin du Sud-Ouest de l'océan Indien surtout que les Britanniques poursuivaient leur expansion dans toute l'Afrique australe et méridionale. En 1818, la France souhaita rompre avec le droit de visite anglais sur ses navires, considérant qu'il s'agissait là d'une atteinte à l'encontre de sa propre souveraineté.

En matière de trafic, les comptoirs français en Inde et l'île Bourbon entendaient prendre leur part. A défaut de traité ou d'accord bilatéral entre la France et l'Angleterre, on peut supposer que la clandestinité des convois d'engagés et d'esclaves était une pratique courante. Lorsque l'immigration contractuelle d'engagés indiens s'organisa, c'est parce qu'elle apparaissait légale, offrant un travail strictement réglementé et encadré dès le moment où le contrat était conclu en Inde. Le trafic d'hommes et de femmes pouvait donc se développer. Mais, la première difficulté vient du fait que l'engagement n'était pas directement conclu entre l'Indien et le producteur réunionnais. Il y avait comme intermédiaire l'administration coloniale qui s'était imposée pour exercer sa tutelle. Sous prétexte qu'elle devait veiller au respect de la liberté des contractants, on s'interroge sur le véritable motif de sa présence. En effet, nous pouvons supposer que l'administration dans l'Inde souhaitait conserver une certaine autorité, rester propriétaire ou assurer ses intérêts dans leur location. Garantir à des Indiens, c'est-à-dire à des étrangers de couleur, l'existence et le respect des termes contractuels de l'engagement en plein régime esclavagiste dans une île éloignée de Pondichéry et surtout de Paris s'annonçait être une tâche ambitieuse sinon périlleuse. Les colons avaient bien entendu assuré qu'ils allaient séparer l'engagé de l'esclave sur les lieux de travail, mais il y avait très certainement une cohabitation plus ou moins tendue entre ces deux types de main-d'œuvre sur l'habitation. Avant 1828, l'Indien était-il un esclave comme un autre ? Sans doute que oui, mais dans une proportion relativement faible. Le moins que l'on puisse imaginer, c'est qu'il existait sans doute des rivalités entre ethnies. L'esclave qui observait que l'engagé indien gagnait un salaire et qu'il pratiquait ses rites cultuels ne devait sans doute pas accueillir favorablement la présence de cette catégorie d'immigrés salariés auprès de lui, ce qui représentait une source potentielle de rivalités et de conflits. C'est dire que la masse des Indiens restait relativement faible à La Réunion jusqu'à la seconde moitié du 19$^{e}$ siècle.

L'île Bourbon avait besoin de beaucoup de bras serviles pour développer ses cultures vivrières secondaires (café, girofle, etc.) et surtout la canne à sucre[31]. Il fallait défricher toujours plus, tant sur le littoral que sur les mi-pentes. Grâce au développement du sucre, la colonie pouvait assurer sa prospérité dont une partie allait permettre la construction d'une route carrossable tout autour de l'île. En 1828, offrir un contrat d'engagement à des Indiens à qui l'on garantissait un salaire et la protection de l'administration représentait un surcoût trop important pour qu'il soit généralisé à tous les engagés parce qu'en réalité, il était surtout question de rentabilité et de productivité des habitations. C'est dire que les planteurs et producteurs ne pouvaient pas recourir qu'à la main-d'œuvre engagée indienne si celle-ci était

---

[31] C. SCHNAKENBOURG, *Op. Cit.*, pp. 140-149. La monoculture du sucre s'imposait dans les colonies françaises au détriment de la production du café, denrée coloniale surtaxée par la politique douanière de l'époque.

rémunérée vraiment. L'esclavage restait la règle et la principale pratique tant que l'abolition n'était pas décrétée. Même si la proportion d'engagés ne dépassait pas celle des esclaves, il est intéressant de savoir comment ils allaient être accueillis et traités à leur arrivée.

Les autorités locales ont sans cesse déclaré à Paris qu'elles faisaient tout leur possible pour s'assurer que l'engagé était respecté en tant que travailleur libre, mais son statut d'étranger a sans doute freiné sinon empêché la marche du progrès juridique et légal de son contrat (§1). Avec la monoculture du sucre et tous ses enjeux, le gouvernement à Paris devait être convaincu que l'essai de l'engagisme était un succès ou allait le devenir. Pour cela, le gouverneur ne cessa pas d'affirmer qu'il exerçait de manière continue une sorte de patronage légal à l'égard de ces nouveaux travailleurs libres de couleur (§2).

## § 1 – L'exception au principe du régime esclavagiste à Bourbon

L'origine du mot engagisme nous est *a priori* inconnue. Pourtant, il est utilisé par tous ceux qui écrivent sur le travail libre à l'île Bourbon durant l'esclavage et après l'abolition de 1848. Sans doute que ce terme donnait la réplique au mot esclavagisme, car engagisme et esclavagisme étaient intrinsèquement et principalement liés au sort des travailleurs de couleur et dans une faible proportion aux blancs. Dans les faits, soit le travail était libre parce que salarié, soit il ne l'était pas. Le travail libre communément admis était d'abord celui des blancs puis des affranchis individuels d'avant 1848 et même d'Indiens dont le statut se présentait *a priori* comme étant libre. Ces deux notions font appel à des régimes légaux tout à fait différents, l'engagisme étant défini comme une sorte de statut social intermédiaire provenant de l'immigration réglementée par l'administration coloniale et ouvrant la possibilité de conclure un contrat de travail appelé contrat d'engagement. La distinction ne devrait pas être envisagée en fonction d'un paramètre qui paraissait logique intellectuellement, à savoir la date de l'abolition de l'esclavage de 1848. Effectivement, l'engagisme du sucre ou l'engagement de travailleurs libres étrangers est expérimenté à La Réunion 20 ans avant la proclamation de l'émancipation des noirs dans les colonies. Cela signifiait que l'engagisme et l'esclavagisme coïncidèrent durant toute cette période apparemment transitoire. Bien entendu, l'esclavage servait de socle « social » colonial avant le décret du 27 avril 1848 sur les habitations sucrières tandis que l'engagisme représentait de prime abord une exception légale pour compenser voire remplacer progressivement la main-d'œuvre esclave de moins en moins abondante.

Pour cette raison, nous pouvons d'ores et déjà évoquer la notion de servilisme. Celle-ci peut se définir comme étant la persistance des habitudes et des usages esclavagistes sur la population indienne. Sans doute trop libre de pouvoir circuler sur tout le territoire, nous verrons que le thème du vagabondage, délit pénal, permit de limiter ce droit, du moins de placer ces travailleurs en liberté surveillée. L'engagisme, l'esclavagisme et le servilisme ont tous comme point commun fondamental celui de l'obligation de travail. Ce principe a été en quête de sa légalité jusqu'en 1848, date à laquelle les gouvernements central et local finiront par se mettre enfin d'accord. L'obligation de travail ne doit pas être perçue comme exceptionnelle en ce 19e siècle, car en Métropole, elle était tout à fait admise au nom du principe de l'interdiction par exemple du droit de grève. Paris n'avait donc pas à s'étonner ni à s'interposer dans la légalisation de l'obligation de travail sur une catégorie sociale composée exclusivement de gens de couleur.

Au début de l'expérimentation de l'engagisme, l'administration à La Réunion affirma que l'immigration indienne n'allait être que relative, temporaire même. C'est pour cette raison que nous retrouvons à plusieurs reprises parmi les documents d'archives le terme d'essai. Cela excluait bien toute idée d'immigration massive et/ou régulière. Pourtant, jusqu'à la proclamation de l'abolition de 1848, les autorités publiques mentionnèrent plusieurs essais successifs expérimentés sur différentes mains-d'œuvre ethniques d'Asie puisque depuis 1817, il était formellement interdit d'introduire des noirs. Rappelons que l'engagisme n'a pas été essayé exclusivement sur des Indiens mais également sur des Européens notamment au service des habitants antillais en 1844, sans parler des engagements blancs au sein de la Marine nationale dont les conditions de vie étaient très dures. Enfin, rappelons-nous du système de l'engagement dit « *à temps* » dans les deux comptoirs français du Sénégal avant le décret de 1848. Tous ces engagements avaient une base juridique contractuelle similaire : une rémunération mensuelle, du moins, théoriquement. A Bourbon, il n'y avait donc d'exceptionnel que l'extension de l'offre conventionnelle à des populations de couleur qui avaient été jusque-là *grosso modo* habituées à l'esclavage, ce qui n'est pas rien.

A partir de l'étude des archives, notons que les documents de l'époque utilisaient au sujet du thème de l'immigration contractuelle les mots *engagés*, *travailleurs libres*, *engagement*, *travail libre* sans en donner la moindre définition. Nous pouvons supposer que derrière ces mots, se cachait une vraie volonté de la part des habitants de généraliser ce régime sur l'ensemble des populations serviles africaines et asiatiques de tout le bassin de l'océan Indien. Il fallait officiellement privilégier l'engagement des Indiens réputés libres en provenance des possessions françaises et britanniques, car les négriers allaient éprouver à partir de 1817 le plus grand mal à naviguer en toute sécurité sur les routes maritimes reliant l'île Bourbon à l'Inde, Madagascar, l'Afrique orientale et ses archipels. Grâce aux termes contractuels de l'engagement, le gouverneur à Saint-Denis espérait apporter la preuve aux ministères à Paris que les colons étaient prêts à recruter des engagés noirs[32]. C'est dire que les autorités locales tenaient beaucoup à régulariser voire à normaliser tous ces trafics d'esclaves qui profitaient aux habitations sucrières. Le seul moyen pour y parvenir consistait à leur offrir un contrat d'engagement, même s'il était de pure forme.

En raison de la forte implication de l'administration coloniale au sein même du contrat d'engagement, nous pouvons affirmer que la définition de l'engagisme est évolutive surtout entre 1828 et 1832. Entre les termes engagisme et engagement, il n'y a pas en définitive de différences majeures. L'engagisme nous semble faire appel à tout ce qui était relatif au thème de l'immigration réglementée (A), quant à l'engagement proprement dit, il devait en toute logique être davantage appréhendé dans les relations juridiques réciproques entre l'engagé et le véritable bénéficiaire de ses services, l'habitant sucrier (B).

## A/ La définition de l'engagisme indien : le cadre des libertés

A La Réunion, l'introduction massive d'esclaves puis d'engagés répondait à une demande relativement tardive et surtout à contre-courant des abolitions. La culture de la canne à sucre y était à la veille de la Révolution relativement aléatoire et épisodique pour devenir un secteur économique très important dès la première moitié du 19e siècle[33]. C'est en 1815 que les premières expériences sur la fabrication industrielle du sucre sont tentées[34]. Les frères de la famille Desbassyns font figure de précurseurs en la matière. Joseph Desbassyns installa son habitation du côté de Bel Air en 1816 en ayant trouvé les meilleures doses pour structurer et organiser sa plantation grâce à de la canne en provenance de Tahiti et de Batavia. Ce type de canne convenait le mieux au sol volcanique de l'île. Son frère, Charles Desbassyns, propriétaire au Chaudron, s'intéressait plutôt à la transformation de la canne à sucre. Il fonda alors la première guildiverie à vapeur, la plus moderne qui soit de tout le bassin

---

[32] H. GERBEAU, *Quelques aspects de la traite illégale des esclaves à Bourbon au XIXe siècle*, IVe Congrès de l'Association Historique Internationale de l'Océan Indien, Saint-Denis, 1972, In. *Mouvements de populations dans l'Océan Indien*, Champion, Paris, 1979, p. 292. L'auteur estime à plus de 45 000 le nombre de noirs issus de la traite introduits dans l'île entre 1817 et 1830.

[33] M. LEGUEN, *Histoire de l'Ile de la Réunion*, L'Harmattan, Paris, 1979, pp. 111-129, chap. 8. L'éphémère occupation anglaise et les débuts du sucre.

[34] La rétrocession de la Martinique, de la Guadeloupe, de la Guyane, des 2 comptoirs du Sénégal, des 5 comptoirs en Inde et de l'île de Bourbon eût lieu en 1814. Pour le cas particulier de l'île de Bourbon, sa rétrocession s'est effectuée par le major William Carol le 6 avril 1815 et ce, conformément au traité de Vienne. Certains propriétaires issus de plusieurs grandes familles telle que les Desbassyns contribuèrent au processus de transformation de l'île à café en île à sucre.

de l'océan Indien qu'il a fait venir directement des usines de Londres alors que sur l'île d'à côté, l'île de France, les guildiveries fonctionnaient encore selon le système du moulin ou par traction de bœufs. Dès 1827, la plantation et l'industrie du sucre prédominent sur toutes les autres cultures et denrées coloniales pour atteindre un pic record de production dans les années 1860, date qui apparaît comme un véritable marqueur historique en raison de la signature de la convention franco-britannique du 25 juillet relative à l'émigration indienne dite *réglementée* vers La Réunion. C'est dire que l'histoire du sucre est intimement liée à l'immigration de type massif dont l'engagisme.

Dès 1828, des habitants réunionnais sont prêts à tenter l'expérience de l'engagisme indien. Etait-ce pour faire diversion afin de continuer à faire circuler les navires de commerce dans la zone, cachant derrière quelques Indiens une masse plus importante d'esclaves ou alors était-ce pour se constituer une main-d'œuvre engagée indienne nombreuse et spécifique aux travaux de plantation et de fabrication de sucre ? Pour cela, il aurait fallu que toutes les conditions avantageuses réclamées par les engagistes soient dûment entérinées par le gouvernement. Nous savons que l'administration coloniale intervint dans les premiers temps en qualité de partie co-contractante à l'engagement. Mais pourquoi ? Quand on parle d'engagement, il semble logique de croire que l'Indien disposait de sa pleine liberté pour accorder son consentement au moment de son recrutement en Inde, c'est-à-dire au moment de la conclusion de son contrat. Nous verrons qu'une fois donné, ce consentement durait jusqu'au terme de son engagement et qu'il était quasiment impossible pour lui d'y revenir. Retenons que ce type de contrat était généralement proposé à des personnes libres, ce qui signifie que les Indiens devaient eux aussi être considérés comme des personnes « naturellement » libres par les administrations coloniales. Mais était-ce vraiment le cas ? Jusqu'ici, les Indiens étaient plutôt vus comme des esclaves ou du moins comme une main-d'œuvre servile domestique ou dans les champs. Difficile de les considérer comme tout à fait libres sans aucune procédure légale d'affranchissement ou en cas de rupture contractuelle qui les aurait déliés de leurs obligations envers leur engagiste. Est-ce bien tout ? Que cache en réalité la liberté des Indiens à laquelle tenaient tant les Européens ? Nous savons que l'Inde, toute sa population allait être sous la domination principale des Anglais. D'autres puissances européennes comme la France conservèrent un temps quelques comptoirs. Les Indiens n'avaient plus de souveraineté réelle. La population était tellement importante, le pays si vaste, que l'administration coloniale prit du temps pour contrôler tout le sous-continent. Comparée à la proportion de colons sur place, la masse indienne représentait un danger permanent. On pouvait bien organiser des émigrations indiennes massives pour des raisons politiques et commerciales dans un contexte où le trafic des noirs était compromis. Libérés des anciennes tutelles royales, féodales et de castes, les Indiens pouvaient très bien être considérés par les Anglais comme des personnes libres. Cela ne leur coûtait rien puisque de toutes les façons ils fonctionnaient encore selon le système des castes. Il y avait tant de pauvres, de miséreux, de parias. Aux yeux de qui, de quelle autorité en place, valaient-ils quelque chose sinon des Britanniques ? Leur départ définitif d'Inde n'avait aucune incidence particulière. Ils étaient donc autorisés à quitter leurs familles, leurs maisons, leurs régions assez librement. Les nouveaux maîtres du pays, les Anglais, les libéraient de leurs conditions d'origine en organisant avec notamment les Français leur départ pour les colonies sucrières. Il ne faudrait pas croire que les droits et libertés d'un Anglais ou d'un Français étaient les mêmes que ceux d'un Indien surtout s'il appartenait à des castes considérées comme très basses, parce que telle puissance coloniale disait qu'il était une personne ou un travailleur libre. Tant qu'il ne fut pas question de citoyenneté, nous restons dans le schéma du colon qui exerçait sa domination sur le colonisé. C'est peut-être parce que les Anglais et les Français organisaient l'émigration d'Indiens, qu'ils les arrachaient et les libéraient des chaînes de leurs castes, que les autorités admettaient leur liberté ou leur libération.

La liberté individuelle vaut lorsqu'un particulier est en pleine capacité juridique pour pouvoir contracter et à condition qu'il dispose de toutes les informations nécessaires à l'expression d'un consentement libre et éclairé. Cette liberté s'érige en une valeur supérieure depuis la Déclaration des droits de l'Homme et du citoyen. Le cas de l'Indien et *a fortiori* de l'engagé indien semble déjà à part. D'abord, il n'est ni sujet ni citoyen français, ensuite sa liberté n'est pas si individuelle que cela puisque les premiers contrats d'engagement se présentent de manière collective. Noyé dans une masse d'Indiens et de gens de couleur dans les colonies sucrières, il était très facile de le rendre anonyme aux yeux de l'administration.

C'est sous cet angle juridique que nous voulions présenter l'engagisme et l'engagement en y révélant toute leur problématique d'origine. *A priori*, le fondement même de l'engagement, c'est cette volonté de quitter l'Inde. Si les esclaves étaient arrachés à leurs terres pour être vendus aux Arabes et aux Européens, les Indiens eux quittaient semble-t-il leurs régions pour échapper à leur condition de paria ou de très basse condition, fuir la misère ou le désastre[35]. Cette volonté de fuir des conditions de vie insupportables en Inde pour venir s'installer à La Réunion, à l'île Maurice ou ailleurs n'est pas systématiquement vérifiable auprès de chaque émigré indien. Et même si tel était le cas, le cadre et les conditions de vie que leur imposaient les engagistes réunionnais s'apparentaient bien à ceux d'une habitation sucrière sous le

[35] H. TINKER, *A new system of slavery, The export of Indian Labour Overseas (1830-1920)*, Oxford University Press, London, 1974, 432 p. L'auteur explique les circonstances de l'émigration indienne. Les raisons du départ pouvaient être multiples : crimes, adultères, disgrâces, des désastres, des mauvaises récoltes, famines, dégradations de l'économie du village, etc.

régime colonial de l'esclavage. Voilà ce qui les attendait. Nous pouvons considérer qu'une fois accueillis chez leurs engagistes, leur liberté était d'une certaine manière pleinement anéantie. Il ne fallait pas qu'une catégorie de travailleurs soit plus libre qu'une autre au risque de les voir s'affronter sur les camps des habitations. Celles-ci exigeaient de l'ordre, de la rigueur pour être suffisamment rentables et productives. L'engagiste et ses employés de direction accordaient sans doute plus d'égards, plus d'avantages, plus de libertés, plus de confiance à titre personnel à tel Indien ou tel noir parce que des liens personnels s'étaient développés entre eux, parce que tel Indien ou tel noir avait su attirer l'attention de l'engagiste sur ses mérites, sa valeur, sa force de travail, son application, sa fidélité.

Il est difficile de croire que la liberté, une liberté totale, juridique et légale était accordée sans condition aucune sur toute une catégorie sociale de couleur même si c'était pour une durée contractuelle limitée à 8 ans maximum. En accordant la liberté aux engagés indiens, cela signifiait qu'ils bénéficiaient d'un certain nombre de droits inaliénables et que ceux-ci pouvaient être réclamés à n'importe quel moment y compris pendant la période de l'exécution du contrat d'engagement devant les autorités coloniales qu'elles soient administratives, policières ou judiciaires. L'engagiste ne pouvait en aucune manière prendre le moindre risque de perdre du temps dans sa production en se justifiant à tout bout de champs auprès du gouverneur ou devant les tribunaux parce que tel engagé n'avait pas été rémunéré ou parce qu'il avait été aussi mal traité qu'un esclave[36]. Accorder des droits à des esclaves ou à des engagés revenait au même, c'est-à-dire demandait une surveillance constante. Cela pouvait remettre en cause toute l'organisation et tout le rythme de fonctionnement du domaine sucrier. Les considérations universalistes révolutionnaires et l'égalité sociale entre blancs et gens de couleur n'étaient pas compatibles avec les objectifs de rentabilité et de productivité. On voit bien que si la volonté de fuir la misère en Inde était réelle, la liberté que l'on prêtait aux engagés indiens devait être aussitôt sacrifiée pour ne pas déstabiliser les équilibres économiques coloniaux.

---

[36] J. V. PAYET, *Histoire de l'esclavage à l'Ile Bourbon*, L'Harmattan, Paris, 1990, pp. 47-48 : « Quelle que fut la juridiction applicable, les sentences furent presque toujours modérées et accompagnées de circonstances atténuantes, contre les maîtres accusés de délits ou de crimes contre leurs esclaves. Par contre, elles furent toujours sévères contre les esclaves accusés de délits ou de crimes accomplis contre ou au préjudice de leurs maîtres. Alors que les accusations ou témoignages des blancs n'étaient pas discutés, ceux des noirs étaient toujours réputés sujets à caution. Les blancs pouvaient se faire défendre par un avocat et se porter partie civile, alors que l'esclave ne le pouvait pas. En matière criminelle, ce dernier devait être assisté d'un défenseur d'office qui plaidait avec toute réserve ».

1) Le dogme esclavagiste local : l'obstacle à la liberté de l'engagé indien

Quel fut le contexte dans lequel est intervenue la première forme contractuelle de travail à La Réunion à l'égard d'une catégorie sociale généralement de couleur sur les habitations de café ou de sucre ? Nous savons que l'abolition de l'esclavage de 1794 n'avait pas pu être exécutée dans l'île. Les 4 frégates transportant les 2 200 soldats dépêchés par Paris n'avaient pas réussi à accomplir leur mission dans les îles françaises des Mascareignes. A La Réunion, le système de la féodalité avait été aboli, ce qui a permis aux bourgeois propriétaires terriens, anciennement très contraints à l'égard des directeurs de la Compagnie des Indes, d'exploiter et de prospérer plus librement et plus directement grâce aux fruits de leurs investissements. En cette fin du 18e et début 19e siècle, « *L'ennemi intérieur* »[37] et le système ségrégationniste représentaient dans le contexte de l'avenir industriel du sucre les fondements consolidés du système colonial. Voilà le fond du décor qui avait pour objet de s'imposer dans une île dont l'esclavagisme n'était pas forcément prévu. Le dogme esclavagiste se renforça d'autant plus que les habitants pouvaient enfin se comporter en véritables maîtres de leurs mains-d'œuvre serviles. Déliés de l'autorité de l'ancienne compagnie, ils devaient néanmoins garder un œil attentif par rapport à Paris et au gouverneur.

Au lendemain de la loi abolitionniste de la traite négrière du 25 avril 1827, le gouverneur de Pondichéry autorisa sur la demande de plusieurs habitants réunionnais le recrutement de travailleurs salariés, c'est-à-dire d'engagés recrutés pour eux dans la région de Yanaon. Cette main-d'œuvre devait remplacer les « *Noirs corvéables* »[38] appelés à fortement diminuer depuis le Congrès de Vienne. Le recours à l'immigration indienne paraissait indispensable, car la surface agricole de la canne ne pouvait que se développer en n'occupant en 1826 que 13,5% des surfaces cultivées de l'île. Le sucre était promis à un bel avenir. Précisons que l'engagisme indien n'était pas exceptionnel, car sir Farquhar l'avait envisagé en 1807 pour l'île Maurice tandis qu'en 1810, le Brésil fit appel à des Chinois planteurs de thé. A Bourbon, nous savons que les commandes d'engagés indiens provenaient de plusieurs planteurs sucriers. De ce fait, nous supposons que depuis le début de son essai, les « *grands blancs* »[39] avaient souhaité réserver cette main-d'œuvre

---

[37] C. WANQUET, *Histoire d'une révolution, La Réunion (1789-1803)*, Editions Jeanne Laffitte, Marseille, 1980, 3 tomes. L'expression est utilisée par Claude Wanquet pour désigner les esclaves de l'île.

[38] J. WEBER, *Les conventions de 1860 et de 1861 sur l'émigration indienne*, In. Cahiers des Anneaux de la Mémoire, *Esclavage et Engagisme dans l'Océan Indien, La traite atlantique*, n°2, Nantes, 2000, pp. 130-131.

[39] M. MARIMOUTOU-OBERLE, *Les engagés du sucre*, Océan Editions, Saint-André, 1999, p. 9.

particulière aux travaux agricoles et peut-être même former un monopole commercial. Cela demandait de lever quelques obstacles puisque l'administration intervenait comme intermédiaire entre l'engagé et l'engagiste, du moins dans les premiers temps de l'essai engagiste, afin de garantir et de défendre au mieux les intérêts fragiles des travailleurs indiens. Nous verrons que cela ne fut pas le cas et que les garanties financières réclamées au tout début aux engagistes vont tomber les unes après les autres. Cela signifie que les autorités coloniales ont très rapidement reconnu la légitimité et la supériorité du droit de commerce et de la liberté contractuelle au profit des possédants, des investisseurs, à savoir les habitants sucriers et les négociants[40]. Etant donné que la plupart des négociants et des habitants étaient d'origine française et européenne, le système ségrégationniste pouvait durablement s'enraciner dans l'île et ce, tant qu'il fut question de plantation à grande échelle.

- Le principe de « *l'ennemi intérieur* »

Parce que sur l'île de La Réunion on savait que la propagande abolitionniste était plus active à Maurice, les esclaves qui en étaient importés pouvaient être considérés comme dangereux pour la tranquillité publique et la doctrine coloniale locale. Les navires en provenance de l'ancienne île de France étaient prévenus. Si les capitaines projetaient de se rendre dans la colonie, ils devaient s'attendre à des coups de boulets de canon. Les premières mesures de lutte contre l'introduction frauduleuse d'esclaves furent adoptées dans ce contexte si singulier, si paradoxale. À cette époque, les Mascareignes étaient encore françaises. Ces deux principales possessions n'en étaient pas moins rivales, surtout à partir de la gouvernance de Mahé de Labourdonnais qui fit de Bourbon une colonie secondaire. À la fin du 18e siècle, les nouveaux colons réunionnais souhaitèrent ainsi se démarquer des futurs Mauriciens en s'opposant à l'émancipation trop prématurée de l'esclavage. C'est alors que les notables réunionnais lancèrent leur propagande. Sous le prétexte de la peur de l'ennemi intérieur, c'est-à-dire de l'esclave, du noir, la colonie se méfia brusquement de l'île Maurice.

Ce sont les arrêtés « policiers » des 24 messidor et 24 thermidor de l'an IV (12 juillet et 11 août 1796) qui autorisèrent la municipalité de Saint-Denis à exiger qu'on lui présente tous les paquets, lettres, feuilles, périodiques et imprimés qui pouvaient se trouver à bord des navires. Cette législation visait

[40] C. WANQUET, *Op. Cit.*, tome 3, pp. 99-140. La première abolition de l'esclavage avait été très mal accueillie par les colons de l'île Bourbon, au point où ils menacèrent l'Etat d'indépendance entre 1794 et 1796. La suspicion et les peurs s'étaient intensifiées dans l'île surtout que les rumeurs abolitionnistes s'amplifiaient à Maurice. Voir également la côte ADR L. 35.

à contrôler la diffusion d'une presse métropolitaine trop révolutionnaire au goût des notables de la colonie. L'éloignement géographique de l'île avec Paris et le contexte historique particulier ont rendu cette opposition frontale possible. Les arrêtés locaux des 26 et 28 germinal an V (15 et 17 avril 1797) installèrent 3 commissaires chargés de désigner en lien direct avec le gouverneur les officiers de port et de santé, les seules personnes habilitées à communiquer avec les navires.

Les 24 messidor et 7 thermidor an IV (12 et 25 juillet 1796), l'Assemblée coloniale adopta une motion qui ordonna que « *tout propriétaire ou détenteur d'une habitation sur laquelle il serait affecté 25 esclaves ou plus et qui n'y ferait pas sa résidence habituelle, soit tenu d'y placer un régisseur ou économe blanc ou libre* ». Dans le même temps, le comité local de sûreté publique interdit au maître de se montrer trop faible envers ses esclaves[41].

De tels actes et législations datant de la période révolutionnaire allaient à l'encontre de l'histoire et non pas de l'avenir que s'étaient choisis les propriétaires réunionnais. C'est ainsi que l'esclavagisme fut véritablement posé, assumé et renforcé parce qu'il servait de base fondamentale aux investissements industriels dans les secteurs du café et du sucre. Il n'était pas question de s'en détourner ou d'y renoncer[42]. Toute propagande abolitionniste était systématiquement poursuivie, tout ragot, tout propos d'ivrogne même pouvait faire l'objet d'enquêtes et d'interrogatoires. Le devenir sucrier de la colonie reposait clairement sur une « *agriculture militaire* »[43].

Les nouvelles apportées en mai 1797 rassurèrent les 2 îles des Mascareignes. La République française avait déclaré ne désirer que « *leur salut et leur prospérité* »[44]. Cette posture officielle consistait à pardonner leurs écarts de conduite et ils se voyaient même félicités par le « *Conseil des cinq cents - aux Iles de France et de Bourbon - d'avoir su se conserver à la République et éloigner d'elles les désastres qui ont désolé Saint-Domingue en*

---

[41] C. WANQUET, *Op. Cit.*, pp. 124-125. Le Comité de sûreté publique souhaitait que les communes surveillent davantage les esclaves.

[42] A partir de 1720, l'esclave est au centre de tout le modèle économique de la colonie. Avec l'abolition de l'esclavage de 1794, les rapports entre habitants et esclaves étaient remis en question, mais son échec a finalement conforté les notables et les autorités de l'île, dès 1797, dans leur idéologie coloniale et le régime esclavagiste qui lui était indispensablement adossé. A Bourbon, les esclaves représentaient en 1714 moins de la moitié de la population pour atteindre 20 ans plus tard, en 1735, les 80%. A cette date, on comptabilisait 4 772 hectares cultivés sur 53 716. Les terres de production étaient réparties entre 430 propriétaires et/ou exploitants.

[43] H. HAI QUANG, *Contribution à l'histoire économique de l'île de La Réunion*, L'Harmattan, Paris, 1998, pp. 155-156.

[44] ADR, L. 36 et L. 307, Enregistrement de diverses lettres par l'Assemblée coloniale de Saint-Denis de Besnard et de Detchévery des 2 février, 11 et 17 avril et 19 juin 1797.

*refusant les agents qui leur avaient été envoyés* »[45]. Aucun agent du Directoire n'était prévu. Les autorités locales étaient en quelque sorte reconduites ou confirmées dans leurs prérogatives. Cette différenciation territoriale allait-elle prendre la forme d'un code particulier voire d'une constitution coloniale ? En pleine période révolutionnaire, l'île réclamait les mesures nécessaires pour parvenir à une autonomie politique et administrative. Le fait que la Compagnie des Indes ait agi comme propriétaire impétueux de l'ensemble des récoltes fut très mal admis par les habitants qui voyaient là l'opportunité de rompre avec le passé d'Ancien-Régime. Du point de vue de Paris, rien ou presque n'avait changé. Il n'était pas question de la moindre autonomie. Le ministre de la Marine et des Colonies, Monsieur Truguet, accusa les Réunionnais de vouloir faire sécession avec la « mère patrie ». Durant une courte période comprise entre 1799 et 1801, le spectre de l'indépendance des Mascareignes plana au-dessus d'une France en pleine réflexion, La Réunion, menaçant même de se rallier à l'Angleterre[46].

Si l'administration locale devait veiller à ce que l'on ne maltraite pas les esclaves à qui l'on avait promis à terme l'affranchissement général, rien n'interdisait quelques législations pour renforcer la tranquillité publique et l'ordre si nécessaires à la production sucrière. Citons par exemple la mesure qui consistait à donner à un affranchi ses propres ascendants comme esclaves[47], à obliger le travail tous les dimanches, à n'accorder à l'esclave en guise de sanction-punition aucune nourriture ni traitement pendant un certain laps de temps, à infliger des coups de bâton et la mise au bloc des noirs saisis à la demande d'un créancier du maître[48]. Nous avons ici la confirmation que ce sont les habitants qui étaient prioritaires du système et beaucoup moins les *Petits-Blancs* ou blancs plus modestes[49]. Pour prévenir et lutter contre « *certains mauvais sujets* », les municipalités et les officiers de section reçurent des instructions détaillées datées du 27 août 1796 en cas de soupçon, de trouble ou d'insurrection[50].

L'arrêté du 21 septembre 1799 créa les commissions prévôtales. Composées de 5 juges et d'un accusateur public nommés par l'Assemblée

---

45 C. WANQUET, *Op. Cit.*, p. 132.

46 C. WANQUET, *Op. Cit.*, pp. 433-464.

47 J. V. PAYET, *Op. Cit.* p. 39. Conformément au règlement du 17 décembre 1772, le principe selon lequel l'esclave ne pouvait pas posséder d'esclaves fut respecté étant donné qu'il avait le statut de bien meuble.

48 Le mot « bloc » désignait à l'origine un tronc d'arbre abattu, synonyme d'une masse importante et lourde. Ici, le prisonnier était enchaîné à un poteau. Précisons que les habitations possédaient leurs propres blocs ou prisons.

49 Les blancs ne formaient pas de groupe ou de classe particulièrement homogène. La plupart des « *Petits-Blancs* » disposait *a priori* d'un lopin de terre et était libre de posséder un esclave.

50 Voir les côtes ADR, L. 65 et L. 35.

coloniale, elles décidaient en dernier ressort de la peine de mort, exécutoire dans les 24 heures. Elle concernait toute personne libre ou esclave ayant « *excité* » chez les noirs une révolte générale ou même partielle. Cette sanction extrême était également envisagée à l'encontre du coupable de propos séditieux qui avaient eu pour effet de soulever des esclaves ainsi que le coupable d'assassinat, de coups et blessures et de propos injurieux sur une personne libre. C'est dire que le régime pénal fut renforcé dès le début du 19e siècle.

Dans l'île, l'esclave, le noir était suspect et c'est lui qu'on accusait naturellement de criminel ou de délinquant. Pouvant se révolter à tout moment pour réclamer sa liberté, il était devenu l'ennemi intérieur du nouveau régime colonial. C'est ainsi que les autorités locales ont même systématisé la peine de mort sur tous les noirs accusés de vol. Dans un premier temps, les condamnations à mort étaient assez rares, les autorités préférant ordonner leur expulsion[51]. Mais l'expulsion avait un coût d'autant plus qu'il fallait les incarcérer entre-temps[52]. C'est pour cette raison que dans un deuxième temps, la peine de mort fut systématiquement prononcée. Cette politique ultra répressive fut confirmée par l'arrêté complémentaire du 8 décembre 1800 de l'Assemblée coloniale. Les blancs formaient de manière non-équivoque la classe sociale dirigeante et privilégiée en fait et en droit. Le système ségrégationniste devenait progressivement le régime légal.

- Le principe de « l'existence coloniale »

Sous le Consulat, la loi du 30 floréal an X (20 mai 1802) rétablit officiellement l'esclavage ainsi que sa traite tels qu'ils existaient avant le décret du 4 février 1794 de la Convention nationale. Avec Decaen aux commandes de La Réunion, la colonie était appelée à se soumettre à l'autorité de Napoléon Bonaparte, à la constitution de l'an VIII, tout en bénéficiant de certaines largesses quant à son statut d'Outre-mer. Les instructions de Decrès en date du 3 prairial an XI (22 mai 1803) recommandaient formellement de maintenir suffisamment de distance entre la classe blanche et les gens de couleur sur laquelle reposait « *l'existence coloniale* ». C'est dire que le système ségrégationniste était reconnu comme étant une nécessité publique dans les colonies, pas forcément incompatible avec la Déclaration des droits de l'Homme et du citoyen de 1789[53]. Avec la restauration de la monarchie une

---

[51] J. V. PAYET, *Op. Cit.*, p. 35 : « Enfin les esclaves reconnus comme dangereux étaient confiés à l'atelier qui pouvait les affecter à l'île Sainte-Marie de Madagascar pendant cinq ans, au terme desquels ils pouvaient être rendus à leurs maîtres ».

[52] ADR, L. 46, Le noir Denis, signalé dangereux par son maître, Monsieur Dufour, compromettait selon le Comité administratif la sûreté générale et fut condamné à être « retenu par la chaîne publique jusqu'à ce que son maître se soit procuré une occasion favorable pour le faire sortir de la colonie ».

[53] C. WANQUET, *Op. Cit.*, p. 482.

décennie plus tard, l'esclavage était de toute façon appelé à disparaître, mais aucune date n'était réellement fixée. Les colonies françaises allaient devoir faire face aux premiers actes du roi qui s'était engagé à proscrire la traite. Bien que 25 ans séparaient le retour de l'esclavage du premier essai engagiste indien, les colons bourbonnais avaient mauvaise réputation dans certains milieux parisiens abolitionnistes. A Paris, on se doutait bien que les immigrations noires clandestines destinées à l'industrie sucrière n'avaient pas totalement cessé.

C'est dans ce contexte que le premier essai indien à titre de travailleurs libres fut expérimenté à Bourbon en 1828. L'empereur des Français était tombé et le nouveau régime avait aboli la traite des noirs. Les habitants et les négociants devaient tout mettre en œuvre pour que le gouverneur soit de leur côté. Il s'agissait pour eux de démontrer à Paris que la colonie était prête à accueillir ce nouveau type de main-d'œuvre, quitte à garantir une distinction de traitement entre esclaves et engagés. Et c'est là qu'intervient l'idée du contrat d'engagement. Quelle meilleure preuve que le contrat pour prouver les bonnes intentions des habitants ? Le recrutement d'engagés indiens était la meilleure solution qui soit pour faire cesser la traite des noirs esclaves, mais à condition que les colons aient libre accès au gigantesque marché de main-d'œuvre indienne.

Face aux pressions britanniques, Louis XVIII demanda à Talleyrand de rassurer les Anglais à Castlereagh. C'était décidé. Le royaume de France s'apprêtait à abolir la traite vers ses colonies et ce fut fait par ordonnance royale du 8 janvier 1817. Celle-ci fut enregistrée quelques mois plus tard à Bourbon, le 27 juillet 1817[54]. Mais entre 1817 et 1831, de nombreux cas de traite ont été soit soupçonnés, soit établis[55]. C'est dire que malgré cette interdiction, certains habitants s'étaient sans doute à peine cachés sans que le gouverneur n'y trouva à redire. De 1773 à 1810, 50 000 esclaves furent introduits pendant que la production de café tomba de 3 500 tonnes en 1801 à 1 300 tonnes en 1815. Comment expliquer qu'il y ait eu dans l'île 49 409 esclaves en 1815 et 71 000 en 1830[56]? En 1834, les femmes représentaient 35% de la population esclave alors que le solde naturel des esclaves était très nettement négatif, de l'ordre de -15,9%. De telles données affirment que la

---

[54] Dans le droit fil du Congrès de Vienne, l'ordonnance du 8 janvier 1817 prévoyait en cas d'introduction d'esclaves à Bourbon la confiscation de la cargaison du navire et l'interdiction aux capitaines à tout commandement ultérieur. Les esclaves confisqués devaient être employés aux travaux d'utilité publique.

[55] Des suspicions de traite persistaient bien après 1831. En effet, J-M. DESPORT avance le chiffre de 45 000 esclaves importés entre 1817 et 1831, ce qui correspond à celui estimé par H. GERBEAU.

[56] J.-M. DESPORT, *De la servitude à la liberté : Bourbon des origines à 1848,* Océan Editions, Saint-André, 1989, p. 54.

traite des noirs était bien réelle. Son succès s'expliquait en partie par le changement fréquent de l'identité des navires et par l'utilisation de prête-nom par des capitaines peu scrupuleux. L'inspection des navires à La Réunion ne se faisait que si le capitaine avait été pris sur le fait et à condition qu'il arborait le pavillon français dans ses eaux territoriales, ce qui lui accordait le temps suffisant pour jeter par-dessus bord tout objet ou toute « cargaison » humaine suspecte au large ou en haute mer. Par ailleurs, sur terre, les gendarmes ne pouvaient intervenir qu'au moment où le négrier livrait son commanditaire. Difficile dans ces conditions de faire strictement respecter l'ordonnance de 1817.

Une fois introduits, les esclaves pouvaient facilement se fondre dans la masse ou prendre l'identité d'esclaves décédés d'autant plus que les recensements demeuraient assez incertains et que le domaine privé de l'habitant était considéré comme inviolable. Toute enquête ou toute inspection sur les habitations soulevait une vive opposition de leurs propriétaires. Pour eux, il s'agissait d'un appel explicite à la révolte de leurs esclaves et à la perturbation du travail[57]. Les habitants invoquèrent opportunément le principe de l'ennemi intérieur.

S'il était difficile de constater officiellement des faits de traite, le gouverneur de l'époque, le baron Milius, mit en place dès 1817 un début de coopération avec l'île Maurice pour lutter contre cet « *infâme trafic* »[58]. Mais, cette politique d'apparence volontariste[59] ne convainquit personne, pas même les tribunaux qui avaient le plus grand mal à condamner des négriers, car « *tous les juges sont aussi des colons qui ont même acheté des noirs de notre cargaison* ». Les preuves devaient être irréfutables, car les accusés pouvaient réclamer des dommages et intérêts[60]. Ajoutons que des faits de corruption furent relevés dans les rangs de la police entre 1826 et 1829. Tous ces faits étaient bien connus des principales autorités, qu'il s'agisse du gouverneur, Monsieur de Cheffontaines, du directeur de l'Intérieur, Monsieur Bettling de Lancastel, ou encore du procureur général de Saint-Denis, Monsieur Girard[61].

---

[57] *Ibidem*, pp. 39-49. Les petits délits commis par des esclaves à l'intérieur de la propriété du maître relevaient de sa propre « juridiction », appréciant et évaluant lui-même son préjudice moral et matériel ainsi que les pénalités jugées utiles, telles que le fouet, le « chabouc » et/ou le port d'une chaîne.

[58] Cette expression est celle du procureur général de Saint-Denis en 1828, Monsieur Girard. Sans doute qu'elle s'inspirait de celle de « l'infâme décret » abolitionniste de 1794.

[59] ADR, 1 PER 5/2, Proclamation du 10 janvier 1820 du gouverneur Milius (il portait le titre de commandant et administrateur pour le roi) adressée aux habitants, In. *Feuille hebdomadaire de l'Ile Bourbon* du mercredi 12 janvier 1820.

[60] J-M. DESPORT, *Op. Cit.*

[61] J-M. DESPORT, *Op. Cit.* En 1826, le directeur de l'Intérieur avait rapporté au gouverneur de Bourbon que « les postes de la Compagnie d'ordre qui sont à Saint-André ou à Sainte-Suzanne reçoivent très souvent de l'argent », avec Bois-Rouge

Enfin, nous pouvons imaginer que la période de l'interdiction de la traite n'encouragea certainement pas les négriers à améliorer les conditions de transport des esclaves entassés dans leurs cales.

La lutte contre la traite n'était pas plus efficace après la loi de 1827 qui menaçait pourtant de bannir tout complice. Il faut attendre la loi du 4 mars 1831, adoptée sous la monarchie de Juillet et promulguée à Bourbon le 26 juillet, pour voir ses premiers effets. Les sanctions énoncées étaient beaucoup plus lourdes que par le passé puisqu'il était question de confisquer tout navire et sa cargaison, de prononcer des peines de réclusion ou de travaux forcés contre les officiers, l'équipage, les armateurs et même les assureurs des navires incriminés, sans oublier les peines d'emprisonnement encourues par les vendeurs, les receleurs et les acheteurs de noirs. Cette loi visait à dissuader chaque maillon de la chaîne de ce trafic. Pour ce faire, elle fut aussitôt publiée dans la presse locale et gagna rapidement l'opinion publique. Ce n'est pas pour autant que la traite cessa immédiatement, mais elle était devenue plus épisodique, peut-être plus discrète, plus clandestine. L'opportunité de l'immigration d'engagés indiens s'imposa ainsi.

### 2) La liberté de l'engagé indien définie comme « bien-être »

La liberté de l'engagé, s'il en est, s'envisageait avant tout au moment de son recrutement sur sa terre d'origine. Ce sont les autorités de l'Inde française qui se chargeaient en principe d'établir l'identité des *coolies*. Sur ce point précis et fondamental du droit, les Anglais ont fait part de leurs doutes jusqu'aux plus hautes instances suspectant des actes de trafic illégal ou illicite sur une main-d'œuvre réputée libre. Pour le capitaine Fischer, les Indiens, quelle que soit la caste à laquelle ils appartenaient, étaient opposés à quitter définitivement leur pays. Ce type d'accusation persista au moins jusqu'en 1857[62].

Malgré les réticences britanniques, le gouverneur de La Réunion se devait de garantir aux Indiens une certaine forme de liberté dès qu'ils foulaient le sol de l'île. Ainsi, une fois débarqués, le vocabulaire évoluait et prenait une forme moins juridique puisque les responsables politiques et économiques préféraient se référer à la notion de « bien-être » jusqu'à l'inscrire dans le contrat. Tant que cette notion de bien-être n'était pas juridiquement définie,

---

comme principal point de débarquement illégal. En 1828, le procureur général s'était plaint qu'il ne pouvait compter « ni sur les officiers de la police judiciaire, ni sur la force publique et sur les Compagnies d'ordre, ni enfin sur les magistrats eux-mêmes, presque colons ». En 1829, le directeur de l'Intérieur signifia au gouverneur que « la Compagnie d'ordre est presque toujours spectatrice des débarquements de Noirs et quelquefois même complice, en y coopérant activement, moyennant salaire illicite ».

[62] J. WEBER, *Op. Cit.*, pp. 139-140.

elle resta relativement vague et difficile à vérifier, à garantir. Ce que nous retenons, c'est un certain zèle de façade de la part des autorités coloniales. Il était question de liberté au départ en Inde et de bien-être à La Réunion. Mais qu'en était-il exactement ?

- L'engagisme indien : une liberté universelle particulière ?

En déclarant que les engagés indiens étaient des « *travailleurs libres* », cela posait la distinction logique quant à leur statut juridique avec les esclaves qu'ils côtoyaient sur les habitations sucrières. De ce statut allait dépendre normalement le type de relation entre l'engagé et ceux qui commandaient et organisaient quotidiennement les travaux du sucre. Au fond, les relations contractuelles étaient du domaine privé et non pas public. L'administration locale ne ressentait pas d'elle-même le besoin ou l'utilité de légiférer dans ce champ du droit.

La réalité du statut libre de l'engagé indien s'avéra beaucoup plus floue sinon hypothétique, parce que comparés à des travailleurs libres appartenant à la classe blanche, les engagés indiens, eux, ne purent jamais véritablement saisir l'autorité judiciaire et obtenir que leur engagiste cesse de les maltraiter ou de manquer de les rémunérer. Tant qu'ils n'étaient pas informés de leurs droits et qu'on ne leur garantissait pas l'accès au juge, la notion de bien-être nous parait fictive. Ajoutons que cette notion n'apparaît *a priori* nulle part en Europe auprès des classes laborieuses et ouvrières du 19e siècle. On sait que leurs conditions de vie et de travail étaient extrêmement dures. Alors comment et pourquoi parler de bien-être sur des travailleurs réputés libres de couleur dans les lointaines colonies ? Doit-on y voir un formidable élan d'humanisme de la part des autorités françaises alors que la traite des esclaves continuait ? Difficile d'y croire vraiment. Sur une habitation, l'ordre devait régner. Il n'était pas envisageable d'accorder la moindre opportunité juridique ou légale à un engagé indien qui était assigné aux mêmes travaux que les esclaves. L'esclave ne pouvait pas se plaindre. Il en était sans doute de même pour l'engagé indien malgré le fait qu'il était sur le papier reconnu comme travailleur libre. D'où la référence à la notion très subjective finalement de bien-être.

C'est à Yanaon qu'eût lieu le recrutement des tout premiers engagés indiens destinés aux travaux du sucre à Bourbon. La superficie de ce comptoir étant limitée, la population locale ne suffisait pas aux besoins de l'île et c'est la raison pour laquelle les départs des engagés se firent également à partir de Pondichéry. Cela nous amène à penser logiquement que les capitaines organisaient régulièrement des campagnes d'engagements en territoires britanniques, ce qui n'était pas inconnu des autorités anglaises elles-mêmes, mais que pouvaient-elles y faire dans l'immédiat ? La population indienne était considérable et l'étendue du territoire n'était pas totalement sous contrôle. Par ailleurs, le défaut de recensement facilitait ce type de campagnes sans autorisation préalable ni officielle. Ce phénomène allait durer jusqu'au moins la signature des conventions franco-britanniques des 25 juillet 1860 et 1er juillet 1861, dates qui marquèrent officiellement l'organisation régulière des émigrations des engagés indiens sujets britanniques vers la colonie française, l'île de La Réunion.

Dans l'une de ses correspondances adressée au gouverneur de Pondichéry, le commandant du comptoir de Yanaon indiqua que les recrutements se faisaient le long des fleuves et des rivières par le capitaine de l'embarcation et qui revendiquait à la fois la liberté de l'Indien et le principe de la neutralité des rivières, dont notamment la rivière de Coringuy[63]. Il va sans dire que ce principe brandi par les Français irrita jusqu'au plus haut point les Anglais qui voulaient imposer leur autorité et leur souveraineté dans une Inde gérée jusque-là par la *East India Company*. Jusqu'en 1839, ils avaient globalement fermé les yeux sur ce genre de pratique, mais les capitaines français préférèrent de plus en plus faire appel à des intermédiaires locaux, soit à des collecteurs, soit à des *mestrys* pour guider les Indiens vers les comptoirs de Yanaon, de Pondichéry et de Karikal. De là, ils s'embarquaient pour La Réunion. Cette filière devait cesser, car il s'agissait d'Indiens réputés sujets britanniques, ce qui signifie que malgré le principe supposé neutre des cours d'eau en Inde, il fallait que ces Indiens se soumettent au contrôle de la douane et de la police de Coringuy. Très vite, les Français furent suspectés de vols de main-d'œuvre. Il n'était pas question de défendre la liberté ou de vérifier que l'Indien ait donné son consentement aux trafiquants français, mais il était question de domination ou de souveraineté britannique.

A Yanaon, le commandant du comptoir, le capitaine Délarche, affirma procéder par campagnes d'engagements le long des fleuves, mais la méthode employée se rapprochait plutôt de celle de *coolie broker*, de rabatteur voire de kidnapping[64]. A cela s'ajouta le fait qu'il n'y avait sans doute pas de traducteur

---

63 CAOM, C. 406/3856, Correspondance du commandant du comptoir de Yanaon adressée au gouverneur des Etablissements Français dans l'Inde, Yanaon, le 21 août 1829 : « ...à mettre des pions du gouvernement à bord de chacun d'eux avec l'ordre de résister par la force à la violence qui pourrait leur être faite. La rivière est neutre ; les Coulis sont des hommes libres ; ils peuvent donc prendre des engagements où bon leur semble. Personne n'a le droit de s'y opposer ».

64 Céline BOISSEAU, *Le coolie trade chinois ou le trafic d'une nouvelle main-d'œuvre,* In. Cahiers des Anneaux de la Mémoire, n°2, Esclavage et Engagisme dans l'Océan Indien. La traite atlantique, Nantes, 2000, pp. 169-178 : « Les engagements sont souvent le résultat d'une propagande extravagante et mensongère. Ils sont obtenus par des professionnels, des coolies brokers ou rabatteurs aux méthodes douteuses. Les autorités chinoises les soupçonnent d'ailleurs d'avoir recours au kidnapping pour arriver à leurs fins ». L'auteur évoque la situation des engagés chinois dans les années 1843 et suivantes. Sur Yanaon, on peut penser que le capitaine

au moment des recrutements et s'il y en avait plus ou moins officieusement, impossible de savoir si celui-ci donnait toutes les bonnes informations aux futurs engagés. De tels faits indiquent qu'il n'y avait pas de trafic officiel. Si les services du gouverneur de Pondichéry ne fournissaient pas d'états nominatifs complets et précis, comment exiger du commandant de Yanaon de vérifier que les Indiens aient bien exprimé leur consentement avant d'embarquer pour les Mascareignes[65] ? En réalité, personne ne voulait donner de caractère officiel et massif aux émigrations indiennes d'autant plus que l'on suppose que la majorité d'entre eux provenaient des territoires sous domination britannique. En tous les cas, nous sommes bien loin de la double exigence de liberté et de bien-être des engagés indiens.

Lorsque les autorités coloniales assurèrent à Paris que les « *coulis* » indiens avaient individuellement consenti à s'engager pour Bourbon, fallait-il les croire vraiment ? On peut supposer que la liberté exigée était minimaliste puisque les Français ne s'embarrassaient pas de savoir s'ils étaient au service de quelqu'un, si les lois britanniques leur interdisaient d'émigrer vers des colonies françaises, etc. La liberté était admise dès le moment où l'Indien embarquait à bord du navire qui allait faire route vers La Réunion. C'est ainsi que le commandant de Yanaon évoqua l'établissement d'un « passeport » sans nulle autre précision. De quoi s'agissait-il puisque cet élément nous est inconnu ? Le contrat d'engagement annexé au contrat d'affrètement valait-il passeport ?

Le gouverneur des Etablissements Français dans l'Inde demanda par la suite au commandant de Yanaon de ralentir les campagnes de recrutement, car les Anglais se plaignirent sérieusement des méthodes françaises[66]. En 1830, le ministre demanda au gouverneur de Pondichéry des explications sur le

---

Délarche et ses agents recrutaient des Indiens sujets anglais dans des conditions similaires en se prévalant du principe de la neutralité des fleuves, des rivières et des mers.

[65] CAOM, C. 406/3858, Correspondance du gouverneur de Pondichéry adressée au ministre de la Marine et des Colonies, Pondichéry, le 28 février 1830. Le gouverneur exprimait toute sa difficulté à s'assurer de l'identité des *coolies*. Il ne faut pas minimiser non plus le barrage de la langue d'autant plus qu'il nous parait peu probable qu'un interprète assurait une traduction fidèle des documents contractuels à tous les Indiens embarqués pour La Réunion.

[66] CAOM, C. 406/3856, Correspondance du gouverneur des Etablissements Français dans l'Inde adressée au commandant du comptoir de Yanaon, Pondichéry, le 28 août 1829 : « Depuis la remise de nos établissements, nos relations avec l'administration anglaise ont été constamment amicales. Je ne pense pas que l'émigration des Coulis natifs du territoire de domination britannique devienne l'objet d'aucune observation ni opposition de leur gouvernement. On sait trop qu'un Indien ne se décide à s'éloigner des lieux qui l'ont vu naître que lorsqu'il ne peut plus y trouver les moyens d'y subsister ».

« *scandale fâcheux* » dénoncé par les autorités bourbonnaises, à savoir qu'elles ne recevaient aucun état nominatif concernant l'identité des engagés débarqués. Ses explications étaient faibles, se contentant de dire que l'origine des Indiens rendait tout recensement impossible à réaliser. Pourquoi le recensement n'était-il pas possible ou systématique au départ ou à l'arrivée dans l'île ? Il y avait sans doute un peu de mauvaise foi entre Pondichéry et Saint-Denis qui voulaient se déresponsabiliser aux yeux de Paris. Précisons que l'administration à Pondichéry réclamait un pourcentage sur le salaire des engagés, afin de venir en aide à leurs familles restées sur place. Or, quand l'on sait que la plupart des Indiens venaient des territoires anglais, les sommes réclamées aux habitants réunionnais paraissaient douteuses. C'est dire que la requête pondichérienne de se faire rembourser des délégations avancées à titre de garantie sur le compte du Trésor de Bourbon était infondée[67].

Cependant, notons tout de même que dans la Copie de l'engagement du 18 mars 1828, l'identité des 15 parias engagés pour l'île de Bourbon figurait bien, mais il ne faut pas croire que cet état nominatif allait être à chaque fois l'usage. Nous pouvons même dire que ce fut l'une des rares occasions où l'autorité coloniale mentionna avant 1860 l'identité des *coolies*. Nous verrons que l'immigration indienne sera bien plus importante, atteignant les 500 Indiens en moyenne par navire. L'engagisme indien a été sans doute relativement massif et régulier, mais il nous est impossible d'en être tout à fait certain avant 1848 et surtout à partir des conventions franco-britanniques qui l'organisèrent en 1860.

Les états nominatifs exigés par Bourbon pour le remboursement des frais et des délégations des engagés qui constituait une clause à l'engagement sont relatifs. Le gouvernement des Etablissements Français dans l'Inde n'était pas en capacité de produire et de présenter quoi que ce soit comme document officiel et sans doute que la provenance des Indiens recrutés en territoires anglais en était la principale raison. La notion de liberté tombait alors. Au fond, peu importe si l'Indien était en vérité libre ou pas. Il était surtout question de souveraineté anglaise sur des Indiens sujets de Sa Majesté Britannique. En tous les cas, il y avait un trafic d'engagés en parallèle au trafic d'esclaves.

---

[67] CAOM, C. 406/3855, Délibération du Conseil du gouvernement et d'administration des Etablissements Français dans l'Inde, Pondichéry, le 18 mars 1829. Pour l'avocat général, concernant les sommes réclamées au titre des délégations familiales, le gouverneur de Pondichéry pouvait en avancer les frais, mais : « …c'est la colonie de Bourbon qui doit supporter en définitive les chances de recouvrement des sommes déléguées, puisque l'émigration est exclusivement dans son intérêt ». La responsabilité du gouverneur de Bourbon était donc directement visée.

- Le bien-être de l'engagé indien : une liberté difficile à définir

Etablir l'identité des engagés dès leur embarquement aurait pu servir à démontrer leur liberté. Mais, comme cet élément faisait défaut, la liberté ou son expression doit être recherchée du côté de la colonie réunionnaise. Dans la Copie de l'engagement du 18 mars 1828, il était stipulé de manière indirecte que le bien-être devait être garanti par l'administration elle-même[68]. Au regard des documents d'archives étudiés, d'un côté, c'est le gouverneur de Pondichéry qui était responsable des recrutements et de l'autre côté, c'est le gouverneur de l'île Bourbon qui était responsable du bien-être des engagés sur les habitations sucrières. Mais, la confusion et une certaine déresponsabilisation avaient gagné ces 2 administrations. Dans sa dépêche du 27 février 1829, le ministre voulut trancher la question en accordant un rôle prépondérant à l'administration des Etablissements Français dans l'Inde. Celle-ci devait à la fois organiser l'émigration et relever la liberté des travailleurs expédiés à Bourbon[69]. La responsabilité incomba désormais totalement au gouverneur de Pondichéry. Mais jusqu'à quel point ?

Dans un contexte d'abolition de la traite, les autorités réunionnaises devaient davantage s'appliquer dans la surveillance des relations « sociales » supposées par le contrat d'engagement entre les Indiens et les habitants. Si les Indiens devaient vraiment être considérés comme des personnes de condition libre, rien en droit ne justifiait une surveillance particulière de la part de l'administration. Après tout, il ne s'agissait que d'un contrat de louage de choses et de services, un contrat de droit privé entre 2 personnes libres. Or, le gouverneur de Bourbon était appelé à garantir le bien-être des engagés[70]. Cette

---

[68] CAOM, C. 406/3855, Correspondance du gouverneur des Etablissements Français dans l'Inde adressée au ministre de la Marine et des Colonies, Pondichéry, le 16 avril 1828. Le gouverneur Mélay assura au ministre que les 15 premiers Indiens engagés allaient pouvoir bénéficier d'une « existence plus heureuse, ... un bien-être et surtout la jouissance pleine et entière de l'état d'homme libre que le gouvernement de Bourbon s'est formellement engagé à leur garantir ».

[69] CAOM, C. 406/3855, Dépêche du ministre de la Marine et des Colonies adressée au gouverneur des Etablissements Français dans l'Inde, Paris, le 27 février 1829 : « J'ai décidé qu'aucun envoi ultérieur d'Indiens à Bourbon ne serait effectué que par votre intermédiaire : Monsieur Cheffontaines aura à se concerter dans l'occasion avec vous à cet égard ».

[70] CAOM, C. 406/3824, Correspondance du gouverneur de Bourbon adressée au gouverneur des Etablissements Français dans l'Inde, Saint-Denis, le 29 juin 1828 : « Ces Indiens trouveront ici une existence bien plus heureuse que celle qu'ils ont dans leur pays ; ils jouiront eux et leurs familles de toutes protections, et ce sera en même temps un grand bonheur pour la Colonie ; si de nombreuses émigrations peuvent avoir lieu, si au début, ces Indiens éprouvent quelque incertitude et se déterminent difficilement à s'expatrier, ils seront ensuite attirés par la connaissance qu'ils auront de la bonne condition de ceux qui se sont décidés à venir ».

sorte de garantie publique semblait être nécessaire et utile parce que les habitants avaient sur leurs domaines sucriers des esclaves dont les conditions de travail devaient être différentes de celles des engagés.

C'est l'article 7 de la Copie de l'engagement du 18 mars 1828 qui posa clairement la séparation nécessaire entre les engagés et les esclaves dans leurs travaux[71]. Cela signifiait en principe que le même maître ne pouvait ni punir, ni « *battre* » l'engagé. Grâce à son contrat, il ne pouvait en aucun cas être assimilé à l'esclave. Les articles 5 et 8 dudit contrat accordaient à l'engagé sa pleine liberté religieuse, allant de l'attribution d'un jour de fête par an, le jour du *Pongol*, jusqu'à la possibilité d'édifier un petit lieu de culte sur l'habitation du maître[72]. Cette tolérance allait certainement contribuer au bien-être des Indiens et compenser peut-être l'absence de véritable liberté. Cette tolérance, cette liberté, ce bien-être était garanti tant que l'Indien était sous contrat.

Bien que les autorités coloniales aient affirmé garantir la non-assimilation des engagés avec les esclaves, dès 1830, sur certaines habitations comme par exemple celle de Monsieur Malavois, les Indiens étaient employés à des travaux exactement identiques à ceux des esclaves[73], comme si le travail du sucre devait être forcément le même pour tous les gens de couleur, qu'ils soient noirs ou indiens, esclaves ou engagés. Sur le fondement du bien-être, les Indiens pouvaient faire jouer l'article 11 de leur contrat d'engagement et réclamer à tout moment leur rapatriement gratuit, à la charge de l'administration coloniale[74]. Si ce droit hissait l'engagé à un niveau équivalent

---

[71] CAOM, C. 406/3824, Copie de l'engagement pris à l'égard du Gouvernement de Bourbon, par 15 Parias partis pour cette île à bord de la Göelette de S. M. La Turquoise du 18 mars 1828. L'article 7 stipulait : « Nous serons toujours dans les travaux entièrement séparés des noirs esclaves, sous aucun prétexte nous ne pourrons, nous sommes libres, être assimilés à eux et jamais nous ne serons punis corporellement ».

[72] *Ibidem*. L'article 5 stipulait : « Nous serons entièrement libres de professer notre religion et d'en faire les cérémonies, suivant les us et coutumes de notre caste. Il nous sera permis, si nous le désirons, d'établir une petite pagode ». L'article 8 stipulait : « Nous serons exempts de travail le jour du Pongol qui sera notre seule et unique fête, et pour laquelle nous prendrons quatre jours pour la célébrer… ».

[73] CAOM, C. 406/3828, Extrait d'une lettre du gouverneur de Bourbon, Monsieur Duval-D'ailly du 10 octobre 1830 : « L'atelier de Monsieur Alexis Malavois, ancien officier de marine, a fixé plus spécialement mon attention par l'ordre admirable qui y règne : sur 280 Noirs dont se compose son atelier, se trouvent environ 70 Indiens de castes Paria et Talinga. Chez Monsieur Malavois, ils sont employés comme les esclaves à tous les travaux les plus pénibles des usines à sucre, ils s'acquittent de leur ouvrage avec une grande intelligence et beaucoup de zèle, et se conduisent parfaitement… ».

[74] Copie de l'engagement du 18 mars 1828, *Op. Cit.* L'article 11 stipulait que : « Si au bout de ce terme nous voulions retourner dans l'Inde, ou si même avant cette époque, nous trouvions que le climat ou le pays ne nous convient pas, nous serons renvoyés à Yanaon aux frais du gouvernement, et traités à bord avec les mêmes égards que lors du premier voyage ».

ou presque à celui de son employeur, encore fallait-il qu'il fusse parfaitement au courant de ce droit. Par ailleurs, l'engagiste pouvait très bien rompre son contrat avec ses engagés si le travail était mal fait ou que le temps de travail n'était pas dûment respecté, ce qui signifie des retenues éventuelles sur leurs salaires. Et tant que les engagés restaient redevables envers leurs engagistes, ils ne pouvaient pas repartir en Inde. C'est ainsi qu'au travers de l'article 10, le travail réglementaire, l'obligation de travail fut posée[75]. Peu importe la situation, tout rapatriement ou tout renvoi avait un coût sans doute trop lourd pour l'administration[76]. Encore une fois, l'intervention des autorités publiques paraissait peu opportune et l'on pouvait s'attendre à ce que plusieurs engagistes abandonnent des engagés dont le travail ne leur donnait pas entièrement satisfaction. A défaut d'être sous contrat, le retour en Inde semblait peu probable. Sans contrat, l'Indien n'était plus couvert par le régime de bien-être. L'Indien n'était qu'un étranger sur le territoire et s'il lui arrivait de mendier parce qu'il ne disposait d'aucune ressource de subsistance, il devenait aussitôt délinquant vagabond, emprisonnable à tout moment. En tant qu'étranger, il ne disposait plus d'aucune liberté légale ni contractuelle.

Comme on ne pouvait pas garantir l'existence de la liberté des Indiens au moment de leur recrutement dans les territoires britanniques, il fallait au moins qu'on leur concède quelque chose de fort, quelque chose d'identitaire et c'est la raison pour laquelle, l'État français leur reconnaissait la liberté religieuse à La Réunion. En dehors de cette tolérance, les engagés ne bénéficiaient d'aucune liberté ni d'aucun droit particulier. Leur sort était exclusivement réservé aux travaux du sucre même si leur statut était réputé libre[77]. Pour

---

[75] *Ibidem*. L'article 10 stipulait : « Si par des circonstances quelconques dépendant de notre volonté, nous venions à ne point travailler de la manière déterminée par l'article 6, il sera fait sur notre salaire, une retenue proportionnée au temps perdu ».

[76] CAOM, C. 406/3855, Correspondance du gouverneur des Établissements Français dans l'Inde adressée au ministre de la Marine et des Colonies, Pondichéry, le 16 avril 1828 : « La seule condition qui puisse être onéreuse c'est celle de renvoyer les engagés dans l'Inde, à une époque quelconque s'ils le demandent, mais elle était indispensable pour déterminer les premiers à partir pour un pays qu'ils ne connaissaient point ».

[77] CAOM, C. 406/3840, Délibération du Conseil privé de Bourbon, Saint-Denis, le 15 mai 1840. L'Indien devait être considéré comme engagé, car théoriquement rémunéré. Ses services étaient exclusivement destinés aux travaux agricoles du sucre. Relevons qu'après 1840, la colonie refusait toujours d'accorder aux Indiens le droit d'ouvrir un commerce puisque c'est très exactement ce que venait de décider le maire de Saint-Denis alors même qu'il avait payé sa patente. Le maire prit cette décision au motif que l'Indien était de « mauvaise conduite », faisait allusion à son ancienne condamnation d'emprisonnement par le tribunal correctionnel. Le Conseil privé ordonna toutefois le remboursement des frais occasionnés par sa patente pour qu'il retourne le plus tôt possible dans son pays d'origine.

disposer du droit d'exercer un métier différent, de commercer par exemple comme n'importe quelle personne libre, tout dépendait du bon vouloir des notables et des autorités coloniales sur place qui avaient rangé les engagés, les Indiens dans la catégorie des ouvriers du sucre qui étaient généralement des personnes de couleur. Le chemin de leur émancipation n'allait pas être simple.

## B/ La définition de l'engagement indien : un contrat d'adhésion agricole ?

La législation coloniale française devait être crédible et connue sur la scène internationale en matière d'immigration en pleine période d'abolition de la traite des noirs. Pour ce faire, les autorités réunionnaises s'étaient engagées à faire respecter 2 principes : d'abord, le recrutement ne devait théoriquement pas se faire dans des lieux réputés esclaves, ce qui excluait toute l'Afrique orientale, Madagascar et les archipels de Zanzibar et des Comores, et ensuite, l'Indien devait se voir proposer un contrat d'engagement en cohérence avec son statut d'homme libre. Très concrètement, cela devait pouvoir se vérifier directement sur le terrain, c'est-à-dire des engagés séparés des esclaves dans leurs tâches et travaux et l'interdiction de maltraiter physiquement les engagés. Du point de vue de l'administration, le seul élément lui permettant de s'en assurer était le contrat d'engagement lui-même d'autant plus que l'on ne visitait pas une habitation sucrière sans l'autorisation du maître et sans motif valable. L'habitation restait avant tout une propriété privée. A défaut d'un code ou d'une législation nationale, l'administration devait néanmoins apporter quelques éléments de preuve pour démontrer qu'il existait toute une série de mesures de protection à l'égard des engagés indiens et que les abus, les cas de maltraitance étaient rares. C'est dans ce contexte que les gouverneurs de Pondichéry et de Bourbon ont été un temps en discussion pour créer une filière de travailleurs libres en provenance de Sumatra, projet qui ne vit finalement pas le jour.

L'engagement ne se présente pas comme un contrat de travail ordinaire dans les colonies. D'un côté, l'administration devait veiller à ce que les engagés n'étaient pas assimilés aux esclaves et de l'autre côté, l'engagé était considéré comme un travailleur libre très précisément sur le lieu de l'habitation et non pas comme un homme libre ordinaire dans la colonie. Tant qu'il n'était pas naturalisé, il restait un étranger. L'objet de la venue des Indiens dans l'île était précis. On ne les avait acceptés que pour les travaux agricoles et industriels du sucre. Au début, il n'était pas question pour eux de vivre en toute liberté sans subsistance, d'ouvrir librement tel commerce ou de trouver un emploi ailleurs que sur les habitations. Les travaux de la canne étaient spécifiques à leur contrat d'engagement et le contrat d'engagement allait être spécifique aux Indiens. Il faut tout de suite préciser qu'en dehors de la barrière de la langue, les Indiens ignoraient tout de l'identité de leur engagiste et des conditions réelles de travail qui les attendaient au moment où ils étaient recrutés en Inde. Ils s'engageaient à travailler la terre dans une colonie française pendant au minimum 3 ans avec la possibilité de revenir dans leur pays d'origine. Difficile dans ces circonstances d'exprimer un consentement tout à fait libre et éclairé. Tout au plus on peut imaginer que les Indiens s'engageaient pour fuir la misère ou encore les ravages de la colonisation britannique, mais de là à contester le système des castes s'apparente à une vision occidentaliste assez imprudente. Restons dans le champ du droit et interrogeons-nous sur le consentement en tant que tel de l'engagé.

### 1) La question du consentement de l'engagé indien

Contrairement à ce qui se passait dans les colonies, l'esclavage ne constituait ni le fondement ni le fonctionnement de la société française métropolitaine[78]. La société était organisée en ordres et l'économie reposait notamment sur le système des corporations. Avec la révolution, le décret d'Allarde et la loi Le Chapelier de 1791, l'Ancien-Régime s'éteignit. L'essor de l'industrialisation et la financiarisation ont radicalement transformé les modes de production en Europe et promu les relations de travail. En France, « *le nouveau régime du travail a des assises juridiques et économiques bien nettes. Libres et égaux en droit, les hommes ne peuvent se lier les uns aux autres que par la voie du contrat volontaire... Le contrat de travail, écrit ou verbal, sera bien la concrétisation d'un consentement mutuel : l'entrepreneur, qui a pris son risque en investissant ses capitaux, discutera à armes juridiques égales, avec les ouvriers et les employés dont il a besoin, qui accepteront ses conditions autant qu'elles leur paraitront admissibles* »[79].

---

[78] Pendant la guerre de Sept ans, la Révolution et les guerres impériales, certains esclaves de l'île de Bourbon avaient été enrôlés dans les équipages de corsaires et de frégates. La déclaration royale du 15 décembre 1735 restait en vigueur. Celle-ci précisait que « colons et officiers qui déclaraient emmener des esclaves en France pour les perfectionner dans un métier ou les fortifier dans la religion, devaient obtenir une autorisation écrite des gouverneurs. Les esclaves ne pourront prétendre avoir acquis leur liberté sous prétexte de leur arrivée dans le royaume ». La durée de leur séjour ne pouvait dépasser le délai de 3 ans au terme duquel ils étaient renvoyés dans leur colonie d'origine. L'ordonnance du 9 août 1777 reprenait ce principe. Ces dispositions étaient en contradiction avec le principe selon lequel « Nul n'est esclave en France ». Elles furent finalement abrogées par l'ordonnance royale du 29 avril 1836.

[79] M. BOUVIER-AJAM, *Histoire du travail en France, depuis la Révolution,* LGDJ, Paris, 1969, pp. 9-26. La loi des 2 et 17 mars 1791, qualifiée de décret d'Allarde, affirma le droit de travailler, ce qui constituait l'un des premiers droits de l'Homme. Cette loi signifiait aussi la suppression des droits de maîtrise dont la durée de l'apprentissage et du compagnonnage était jugée excessive. On passait donc de la maîtrise au droit de patente. La loi Le Chapelier des 14 et 17 juin 1791 condamnait

A La Réunion, près de 30 ans après et ce, malgré l'industrialisation sucrière, cet engouement social ne se produisit pas sur la masse la plus importante des travailleurs. Ni l'esclave noir, ni l'engagé indien ne discutait de salaire ou d'autres points contractuels à égalité avec l'employeur, généralement un homme blanc, propriétaire ou habitant. Pour ces 2 catégories de travailleurs de couleur, il n'y avait eu aucun nouveau régime du travail. L'Indien demeurait la partie co-contractante la plus faible de l'engagement qui n'avait pas d'autre solution que d'accepter les conditions de travail qui lui étaient proposées. L'engagement comme la plupart des contrats de travail en Europe ressemblait à un « *sous-produit de l'individualisme libéral du 19e siècle* »[80]. Dans la colonie, pour que l'engagé indien puisse être en position d'espérer discuter à égalité avec son engagiste, et encore, il fallait qu'il soit Français disposant de la plénitude de ses droits. Et ce chemin allait être très long, car nous ne sommes pas sûrs que le premier contrat d'engagement, celui de 1828, ait été vraiment valable. En effet, le contrat concernant les 15 premiers engagés indiens était adossé au contrat de transport qui leur permettait de se rendre dans la colonie, comme si c'était le capitaine qui avait organisé le recrutement et qu'il servait d'engagiste temporaire ou d'intermédiaire. On ne sait plus vraiment qui est le véritable engagiste : le capitaine du navire, le négociant ou l'habitant réunionnais ?

- Le principe du travail libre à Bourbon : l'engagisme vaut engagement

Lors de son recrutement par les *mestrys* ou les capitaines, l'Indien avait consenti plus ou moins librement à quitter son pays d'origine pour venir travailler sur une habitation sucrière à La Réunion. Le simple fait d'embarquer à bord du navire était pour ainsi dire considéré comme un acte volontaire, à savoir l'expression d'un consentement. Est-ce à dire que cet embarquement valait consentement sur l'ensemble des termes contractuels de l'engagement ? On sait que l'identité de l'engagiste lui était encore inconnue et l'on peut imaginer que c'est en débarquant dans l'île que les habitants confirmaient ou concluaient définitivement l'engagement après avoir vérifié leur apparence et leur force physique. Il fallait que les Indiens supportent bien le voyage et qu'ils

---

toutes les formes de l'entente, de l'association et de la réglementation professionnelle. Ces deux lois ont été les premières mesures d'application des principes généraux exposés dans la nouvelle législation révolutionnaire qui favorisaient l'émergence de la classe bourgeoise.

[80] J.-Y. CHOLEY, *L'offre de contracter et la protection de l'adhérent dans le contrat d'adhésion*, Thèse de doctorat de droit français et de droit comparé, Faculté de droit d'Aix-Marseille, année 1974, 388 p. On peut considérer l'engagé indien comme étant la partie faible du contrat et en déduire assez froidement qu'il était libre ou pas de travailler en contrepartie d'un salaire étant donné que « la partie faible doit se contenter d'adhérer à la volonté du plus fort ».

conviennent à leurs futurs engagistes. C'est pourquoi nous supposons que tant que les habitants ne les avaient pas physiquement vus, l'engagement n'était pas acté. Ils restaient liés d'une manière ou d'une autre à une maison de négoce et/ou au capitaine, ou alors peut-être sur une prochaine livraison. Rappelons que la Copie de l'engagement de 1828 se présente comme un contrat d'engagement collectif, convoi par convoi. Il n'y avait pas de lien juridique contractuel direct, personnel et définitif entre tel engagé et tel habitant réunionnais. Est-ce à dire que le contrat de transport des *coolies* faisait office de pré-contrat avec des clauses écrites imposées par avance qui devaient être reprises en tout point dans le contrat d'engagement qu'allait conclure tel habitant envers tels Indiens[81] ? Ici, on note que l'Indien n'avait plus à exprimer le moindre consentement.

Au fond, l'identité de l'engagiste importait peu puisque les conditions du traitement de l'Indien en tant qu'engagé étaient prédéfinies. Une question subsiste alors. Que devenaient les Indiens qui n'avaient pas été choisis ou sélectionnés par les habitants sucriers ? Plusieurs hypothèses sont possibles : soit ils étaient recrutés par n'importe quel autre colon ou homme libre pour n'importe quelle tâche, soit ils étaient abandonnés à leur sort en attendant éventuellement d'être rapatriés. Et pour pouvoir être rapatriés, encore fallait-il que leur identité soit bien établie, car la colonie n'allait pas payer dans ces conditions leurs frais de retour. De tels faits, personne ne devait trop les ébruiter à l'extérieur de l'île, surtout pas officiellement, car cela s'apparentait à de la traite commerciale de main-d'œuvre indienne comme au temps de la traite des esclaves. Nous n'avons trouvé aucune mention de cette nature dans les documents d'archives à l'exception toutefois de témoignages de notables qui se plaignaient régulièrement de voir quantité d'Indiens vagabonds. Pour éviter ce genre de pratiques douteuses, l'administration se vit confier la mission de recruter au nom des habitants un certain nombre d'Indiens qu'ils

---

[81] R. SALEILLES, *De la déclaration de volonté, Contribution à l'étude de l'acte juridique dans le Code civil allemand (articles 116 à 144)*, 1901, pp. 229 et 230 : « Il faudra bien, tôt ou tard, que le droit s'incline devant les nuances et les divergences que les rapports sociaux ont fait surgir. Il y a de prétendus contrats qui n'ont du contrat que le nom, et dont la construction juridique reste à faire ; pour lesquels, en tous cas, les règles d'interprétation individuelle qui viennent d'être décrites devraient subir, sans doute, d'importantes modifications ; ne serait-ce que pour ce que l'on pourrait appeler, faute de mieux, les contrats d'adhésion, dans lesquels il y a la prédominance exclusive d'une seule volonté, agissant comme volonté unilatérale, qui dicte sa loi, non plus à un individu, mais à une collectivité indéterminée, et qui s'engage déjà par avance, unilatéralement, sauf adhésion de ceux qui voudront accepter la loi du contrat, et s'emparer de cet engagement de travail dans la grande industrie, des contrats de transport avec les grandes compagnies de chemin de fer, et de tous ces contrats qui revêtent comme un caractère de loi collective... » ; G. BERLIOZ, *Le contrat d'adhésion*, LGDJ, Paris, 1976, 222 p. et J.-Y. CHOLEY, *Op. Cit.*

étaient sûrs d'engager. Mais on imagine mal les engagistes accepter des lots d'engagés sans les avoir préalablement sélectionnés. Encore une fois, l'administration coloniale allait être mise à contribution et du même coup en mauvaise posture face aux intérêts supérieurs des habitants.

Tous ces faits nous conduisent à appréhender l'engagisme de 2 manières. Du côté des Indiens, s'ils embarquaient à Yanaon ou à Pondichéry, c'était pour partir travailler dans une colonie française, loin de leur pays d'origine et revenir peut-être un jour s'installer dans l'Inde et s'élever socialement. C'était donc un consentement définitif, ce qui signifie que quitter l'Inde, c'était consentir une bonne fois pour toute à un contrat d'engagement, peu importe le nom de l'engagiste. Du côté de l'habitant réunionnais, ce n'est pas parce que l'Indien quittait son pays qu'il devait forcément l'engager. Entre-temps, il y avait l'étape du voyage et la mission qui incombait aux capitaines était de recruter des Indiens en excellente condition physique, capables de convenir à tous les types de travaux. Rappelons que les capitaines faisaient l'avance de 2 ou 3 mois de salaire. Ils les versaient à qui ? On ne le sait pas vraiment, mais on peut supposer qu'elle correspondait à des frais de recrutement et/ou commissions diverses que l'engagiste allait rembourser. Il est très peu probable que cette somme était versée à l'engagé, Pour éviter le scandale, le marché de la traite des engagés indiens devait passer par l'intermédiaire des administrations de Pondichéry et de Bourbon. L'Indien allait demeurer un étranger tout au long de sa vie dans l'île, parfaitement dominé par l'empire du droit au service des intérêts économiques des habitants réunionnais et ce, en vertu de l'article 1134 du Code civil :

*« Les conventions légalement formées tiennent lieu de loi à ceux qui les ont faites ».*

Cela signifiait que la volonté de l'habitant-employeur avait valeur de loi et que même l'administration locale ne pouvait pas réellement s'y opposer[82].

---

[82] R. SALEILLES, *Op. Cit.*, pp. 229-230 : « L'interprétation devrait s'en faire comme celle d'une loi proprement dite, en tenant compte, beaucoup moins de ce qu'a pu croire et vouloir, soit l'ouvrier qui adhère aux conditions générales de l'engagement dans telle ou telle usine, soit le voyageur... Ce qui doit constituer l'interprétation, ce n'est plus la recherche d'une volonté moyenne, qui puisse représenter la volonté commune des deux contractants – ces procédés ne sont de mise que là où les deux volontés ont un rôle égal à jouer – mais bien l'interprétation de la seule volonté qui a été prédominante, qui seule a formé l'engagement..., volonté qui, par suite, a créé une loi contractuelle, offerte aux adhésions particulières, et qui doit être appliquée dans le sens de ce qu'exigent et la bonne foi et les rapports économiques en jeu, dans leur combinaison avec ces lois d'humanité qui s'imposent, dès qu'un particulier, une compagnie ou une autorité publique, touchent, par voie de règlements généraux, aux conditions de la vie économique ou sociale de l'individu ».

Nous l'avons évoqué plus haut. L'administration du gouverneur commandait des lots d'Indiens au nom des habitants intéressés et qui se réservaient en définitive le dernier mot sur l'engagement ou pas. Pour éviter de tomber dans une forme déguisée de traite d'esclaves, le gouverneur avait fait préciser qu'il s'agissait d'engagement pour « *service du roi* ». Il y avait eu des noirs du roi, donc pourquoi ne pas envisager des engagés ou des Indiens au service du roi. En plus, cela permettait de faire rapatrier sur le Trésor de la colonie les Indiens qui n'avaient pas été choisis. Il était plus facile de faire respecter le statut d'engagé ou de travailleur libre si celui-ci était sélectionné par son engagiste[83]. Nous sommes donc bien en présence du phénomène du contrat d'adhésion avant même que l'on en forma les premières définitions juridiques au début du 20e siècle, c'est-à-dire au moment de sa théorisation[84]. En passant par l'intermédiaire de l'administration coloniale, on s'assurait que les Indiens consentaient à venir travailler dans l'île et s'ils ne trouvaient pas

---

[83] Pour J.-Y. CHOLEY, *Op. Cit.*, pp. 5-6 : « le plus ancien des contrats d'adhésion est certainement la relation de travail. On sait que la première forme organisée des rapports de travail a été l'esclavage, situation économique et juridique qui incarne de manière extrême le phénomène du contrat d'adhésion. Certes, l'esclavage dans l'Antiquité excluait dans la plupart des cas toute idée de rapport juridique entre le maître et l'esclave, ce dernier étant considéré comme simple objet, propriété du maître. Il n'en demeure pas moins que cette absence même des rapports juridiques entre le maître et l'esclave est très révélatrice d'un certain rapport de forces économiques. Un cadre juridique n'était même pas jugé nécessaire dans les rapports du maître et de l'esclave, la relation se suffisait à elle-même dans son seul aspect économique. Les manifestations du phénomène du contrat d'adhésion sont d'ailleurs constantes dans l'histoire, antérieurement au 19e siècle ». Tout cela permet d'affirmer que la colonie pouvait tolérer un régime juridique très libre concernant l'engagement. Pire, ce cadre juridique minimaliste n'était pas utile tant que l'on n'était pas sûr que l'engagé indien n'était pas sujet français ou qu'il était vagabond délinquant. Sans maître ni engagiste, l'Indien n'avait aucune utilité, aucune raison d'être (économique et sociale) et lui accorder des droits dans de telles conditions n'avait aucun sens. Quant à l'ouvrier métropolitain, il était lui aussi en situation d'adhésion contractuelle. Il avait certes le droit de refuser tout travail, mais la misère était grande pour les gens de cette condition sociale.

[84] R. SALEILLES, *Op. Cit.* ; F. KESSLER, *Contracts of adhesion, Some thoughts about freedom of contract,* 43 Columbia Law Review 629, 1943 et A. A. EHRENZWEIG, *Adhesion contracts in the conflicts of laws*, 53 Columbia Law Review 1072, 1953. Ces auteurs évoquent le développement des contrats d'adhésion par le fait économique, à savoir la toute-puissance de l'engagiste privé sur l'engagé, y compris une supériorité d'ordre juridique. C'est l'engagiste qui fixait unilatéralement les termes et les conditions de l'engagement proposés aux Indiens. On s'en rend facilement compte quand on lit la Copie d'engagement des premiers Indiens du 18 mars 1828. Nous sommes selon J.-Y. CHOLEY, *Op. Cit.*, dans la période de « la phénoménologie du contrat d'adhésion ».

d'engagiste, la colonie leur payait le chemin du retour. D'un côté, l'intervention de l'administration de Bourbon évitait ainsi toute suspicion ou accusation de traite d'esclaves sur les populations indiennes et de l'autre côté, les habitants qui passaient commande pouvaient très bien refuser de conclure un engagement définitif.

L'expérimentation de l'engagisme pouvait s'avérer catastrophique : vols de mains d'œuvres en territoires indiens occupés par les Anglais, transport d'engagés assimilé à de la traite d'esclaves, abandon des Indiens à leur propre sort dans l'île, conditions de travail et de traitements identiques à celles réservées aux esclaves, etc. C'est à l'administration du gouverneur que l'on réclamait le remboursement des frais d'introduction et toutes les garanties inscrites dans l'engagement dont notamment la délégation familiale exigée par le gouverneur de Pondichéry. Et tant que l'administration bourbonnaise ne se retira pas de toutes ses garanties, la particularité de l'engagisme dans ses débuts était que l'engagement contracté se confondait avec un contrat public alors qu'il bénéficiait surtout à des personnes privées : les habitants sucriers.

- L'adhésion à défaut de consentement réel

Nous avons vu qu'une fois exprimé depuis l'Inde, le consentement était acquis et ce, peu importe l'identité de l'engagiste à La Réunion. Si dans les premiers temps, l'engagement devait être considéré comme un contrat de droit public, quel rôle endossait au juste l'administration coloniale ? Engagiste principal ou intermédiaire du type guichet, proposant les services d'engagés à tout habitant intéressé ? Quoi qu'il en soit, guichet ou pas, l'administration réunionnaise agissait par délégation de l'administration du gouverneur de Pondichéry qui avait alors autorité sur les recrutements et les engagements. On peut donc partir du principe selon lequel le gouverneur de Bourbon autorisait par délégation de la part de Pondichéry les engagés à travailler auprès des habitants. Mais en pratique, cela semblait différent, car dès le débarquement des 15 parias en 1828, ces derniers furent immédiatement distribués sur plusieurs habitations dans le quartier de Sainte-Marie. Il ne fait aucun doute, que pendant toute la durée de leur contrat, ils étaient au service exclusif de leurs vrais engagistes, des personnes privées, des habitants, et en aucun cas auprès de l'administration.

Comment interpréter alors le poids ou l'implication des administrations de Bourbon et de Pondichéry ? Car ce sont bien elles les véritables engagistes. La puissance publique coloniale agissait-elle en tant que garant, guichet, tuteur ou partie co-contractante ? Par ailleurs, dans un contrat de droit privé ou public, le consentement devait être accordé soit de la part de l'engagé indien lui-même, soit de la part de l'administration coloniale, soit des 2. Or, le système mis en place suppose que l'engagé pouvait travailler sur la base de l'engagement *a priori* public pour tel engagiste privé qui lui-même pouvait sous-louer les services de son engagé au profit d'un autre engagiste privé sans que le consentement de l'engagé ne soit préalablement requis. C'est vrai que l'Indien n'était pas une personne libre comme les autres puisqu'il était un étranger en territoire français, de condition extrêmement précaire et pauvre, ignorant tout ou presque de la langue française et des notions juridiques et légales qui le concernaient pourtant. Et c'est là, encore une fois, qu'intervient l'intérêt de la notion d'adhésion à un contrat de travail général ou générique, notion sans doute suffisante à l'époque pour cette catégorie de main-d'œuvre.

L'adhésion à l'engagement, principe en plein essor en Métropole à cette période, se substituait ainsi à un consentement dont la définition était pourtant plus claire, plus précise, plus exigeante juridiquement. Les acquis révolutionnaires comme par exemple les lois d'Allarde et Le Chapelier avaient à la fois libéralisé les secteurs de l'économie et ouvert la voie sociale vers le triptyque : Liberté-consentement-contrat. En Métropole comme en Outre-mer, de telles avancées annonçaient un changement de paradigme d'autant plus que la libéralisation avait certainement favorisé plusieurs habitants ou investisseurs à faire fortune dans l'industrie du sucre. En cette 1re moitié du 19e siècle, les bienfaits de la révolution étaient plutôt visibles du côté de la classe bourgeoise et beaucoup moins du côté de celle des ouvriers. En effet, « *le contrat de travail ne sera pas vraiment l'aboutissement d'une discussion égale, un compromis âprement discuté par les parties en cause ; ce sera du côté du salarié, un simple contrat d'adhésion* »[85]. Regnault de Saint-Jean d'Angely, rapporteur devant le Conseil d'Etat des grandes lois sur le travail de 1803 et de 1806, avait émis ses craintes sur les nombreux abus prévisibles[86]. A cela, il faut ajouter la loi du 22 germinal an XI (12 avril 1803) qui réaffirma la liberté de l'entreprise, c'est-à-dire que « *les conventions faites de bonne foi entre les ouvriers et ceux qui les emploient seront exécutées* ». Cela signifiait que tous les contrats de travail avaient force de loi et qu'aucun tribunal ne pouvait les remettre en cause, du moins pas facilement. Leur stricte exécution paraissait tout à fait logique et légale, d'où la tendance des habitants réunionnais à faire reconnaître plus tard la légalité de l'obligation de travail de tous les engagés indiens dans la colonie.

Dans la Métropole de 1803, seuls les contrats d'apprentissage pouvaient être dénoncés en cas d'inexécution par l'une des parties, ce qui n'était absolument pas le cas des Indiens à Bourbon. Sous le régime colonial, les mauvais traitements infligés aux engagés n'étaient pas rares. Pour dénoncer de tels faits esclavagistes et illégaux sur une main-d'œuvre réputée libre, il fallait que l'administration du gouverneur soit témoin et agisse en

---

[85] M. BOUVIER-AJAM, *Op. Cit.*, p. 13.

[86] Selon Regnault Saint-Jean d'Angely, « La liberté dont la sagesse ne règle pas l'usage, dont la loi ne pose pas les limites, peut devenir funeste », In. *Le Moniteur* de l'an XI, rapport sur la loi du 22 germinal devant le Conseil d'Etat (12 avril 1803).

conséquence. Or, elle était éloignée des domaines des habitations. Difficile pour les autorités locales de procéder à toute confiscation d'engagés. Enfin, malgré l'interventionnisme public en la matière, le système de la délégation n'était pas efficace, ce qui posait à terme la question de son utilité. Si l'exécution des obligations contractuelles pesait logiquement sur l'engagé et l'habitant, ce dernier apparaissait en toute-puissance. Cela pouvait facilement se vérifier en se référant au Code civil publié le 21 mars 1804, assimilant le contrat de travail au louage des choses. Son article 1781 disposait que :

> *« Le maître est cru sur son affirmation, pour la quotité des gages, pour le paiement du salaire de l'année échue, et pour les acomptes donnés pour l'année courante »*[87]

A La Réunion, il ne fait aucun doute que le maître était bel et bien l'habitant-engagiste et c'est bien lui qui devait théoriquement verser un salaire à ses engagés puisqu'en contrepartie ces derniers offraient leur force de travail. La présence ou l'intervention de l'administration coloniale apparaît alors plutôt comme caution morale.

Jusqu'en 1830, période appelée « *époque de transition* », la France s'était assurée d'accompagner la prédominance d'un nouvel ordre économique aux mains des bourgeois industriels et financiers. La paix d'Amiens de 1802 avait permis de restaurer les sociétés d'agriculture, afin que l'esprit d'entreprise se développe sur des bases solides et rassurantes. Cette orientation économique libérale s'exprima également dans les colonies françaises, dont notamment La Réunion qui devait réussir le passage d'une agriculture simple, diversifiée et aléatoire à la monoculture de la canne et à l'industrialisation de la production de sucre. Le recours à une main-d'œuvre abondante, peu chère et facile à se procurer conditionnait sa prospérité économique. Seul le climat abolitionniste obligeait l'Etat à faire preuve de prudence à l'égard des filières qui s'organisaient en matière d'immigrations de masse et plus particulièrement au niveau du traitement réservé aux engagés indiens.

Cela explique sans aucun doute la complexité de tout ce qui entourait l'engagement. D'un côté, une protection juridique et légale devait être mise en place, de l'autre, les habitants devaient profiter du service ou du travail de cette main-d'œuvre. Pour garantir toute la protection nécessaire à l'engagé, le ministre des Colonies avait décidé de confier au substitut du procureur général la délicate fonction de tuteur. Mais son rôle n'avait valeur que d'avis lors des séances du Conseil privé et encore, sa mission était très limitée puisqu'il devait seulement vérifier si les délégations familiales étaient effectivement

---

[87] Si l'engagement s'inspirait fortement de ce contrat de travail continental, il survécut dans la colonie même après son abrogation par la loi du 2 août 1868.

versées et envoyées à Pondichéry. Or, ces délégations disparurent très rapidement, dès le début des années 1830[88].

C'est dire que la fonction de tutorat des Indiens était faible, se contentant de réclamer aux habitants-engagistes le paiement des sommes relatives à l'entraide familiale telle qu'elle était stipulée dans le contrat, cette somme étant directement ponctionnée sur le salaire mensuel du travailleur. On imagine la réponse des habitants ou plutôt l'absence de réponse de leur part. On suppose aussi que ce tutorat pouvait très bien être exercé par un agent des services de l'ordonnateur, mais peut-être qu'à défaut de sorte d'huissier de justice, le substitut du procureur pouvait faire l'affaire. Retenons aussi que sur ordre de Paris, l'engagé indien bénéficiait de la « *tutelle du ministère public due aux étrangers* », l'administration promettant d'adopter prochainement une législation qui devait confirmer et réglementer son statut de travailleur libre[89]. Cela nous amène à penser que l'Indien bénéficiait d'une protection à la fois administrative et juridictionnelle. Précisons que si les procès civils n'existaient pas concernant les engagements, c'est sans doute parce que l'administration disposait de l'exclusivité de la compétence juridictionnelle en la matière[90]. Les juges de paix ne pouvaient donc pas être saisis pour faire respecter les termes du contrat. Quant au ministère public en la personne du substitut du procureur, il ne défendait ni ne protégeait vraiment les intérêts des engagés, mais veillait simplement à ce que le gouverneur de Pondichéry reçoive les sommes dues par les engagistes pour les reverser aux familles des engagés restées sur place, ce dont nous doutons fortement puisque rien n'assurait que leurs familles étaient bien aux alentours ou à l'intérieur des comptoirs français dans l'Inde.

Le positionnement de l'administration était crucial pour pouvoir mieux encourager les habitants à se procurer de la main-d'œuvre en Inde plutôt qu'en

---

[88] CAOM, C. 406/3829, Note ministérielle adressée au gouverneur de Bourbon du 1er mars 1831.

[89] CAOM, C. 406/3825, Délibération du Conseil Privé de Bourbon, Saint-Denis, le 3 juillet 1829. L'une des principales fortunes de l'île, Monsieur Charles Desbassyns, assista à cette séance au cours de laquelle il était clairement admis que les Indiens que l'on faisait venir dans la colonie devaient être assignés utilement et exclusivement aux travaux du sucre de canne. Charles Desbassyns était un investisseur clé dans ce secteur économique si prometteur. Pour le directeur de l'Intérieur, « l'administration doit garantir aux engagés la protection de la loi contre tous traitements indignes de leurs conditions, contre les manœuvres de spéculateurs qui seraient tentés de chercher des hommes libres auxquels ils ne promettaient que la subsistance en les laissant ainsi sans intérêt dans la société ».

[90] Copie de l'engagement du 18 mars 1828, *Op. Cit.* « Article 12 : Toutes discussions relatives au présent engagement, seront jugées administrativement ».

Afrique ou à Madagascar[91]. Nous l'avons vu. Pondichéry avait sa part dans la délégation familiale prélevée directement par l'administration de Bourbon sur le salaire des *coolies*[92]. Sans doute que les engagistes rechignaient à payer, ce qui l'obligea à se désengager de toutes les garanties qu'avait exigées Pondichéry. Désormais, l'engagement devait être pleinement considéré comme un contrat de droit privé et il appartenait à l'administration de veiller simplement à ce que les Indiens soient bien traités[93].

### 2) La question de l'objet de l'engagement indien

La problématique de la capacité juridique de l'engagé apparaît dès 1828 d'autant plus qu'il était d'abord un étranger en territoire français et ensuite un travailleur libre, c'est-à-dire avec des droits supérieurs à ceux des esclaves. Cela faisait de lui un travailleur de statut assez exceptionnel. On l'a vu, à défaut de consentement, l'engagé avait adhéré à un contrat de travail auprès d'un habitant qui lui était inconnu depuis l'Inde. Rien ne pouvait assurer avec certitude que l'adhésion était réelle, pas même devant l'autorité judiciaire. Notons que les colonies furent exclues de l'installation des Conseils des Prud'hommes contrairement à la Métropole. En vertu de la loi déjà citée du 22 germinal an XI, tout conflit survenant entre entrepreneurs et ouvriers étaient soumis à l'autorité du préfet de police et des maires. On peut supposer que l'autorité du gouverneur remplissait parfaitement ce rôle. A la suite des plaintes de plusieurs membres de la Chambre de commerce de Lyon qui dénoncèrent en 1805 l'aggravation des conflits à cause d'une discipline trop aveugle, la loi du 18 mars 1806 fut adoptée, accordant davantage de pouvoir

---

[91] CAOM, C. 406/3825, Dépêche du ministre de la Marine et des Colonies adressée au gouverneur de Bourbon, Paris, le 27 février 1829 : « Les conditions pécuniaires et autres stipulées dans l'acte d'engagement ont été réglées avec une bienveillance qui était nécessaire pour que l'exemple de cette première émigration en décidât par la suite, d'autres plus considérables… Il serait à craindre que des entreprises par des particuliers pour engager des Indiens n'entraînent une partie des abus auxquels a donné lieu le trafic si justement proscrit de la traite des Noirs… J'écris au Gouverneur de nos établissements dans l'Inde pour le charger de contrôler dans l'occasion, en ce qui le concerne, à l'exécution des dispositions prescrites par la présente dépêche ».

[92] Il est question ici de la question de la délégation familiale composée d'une partie de la solde de l'engagé qui devait être reversée à sa famille restée à Yanaon. C'est l'administration de Bourbon qui se portait garante tandis que l'administration de Pondichéry en faisait l'avance.

[93] CAOM, C. 406/3833, *Le Glaneur*, samedi 6 avril 1833 : « Si la tranquillité publique… n'a pas besoin de l'intervention administrative dans l'établissement des conditions entre le colon et l'engagé, elle la réclamera dans tout ce qui tient à l'exacte observation de ces conditions. Ainsi, l'autorité assurera aux Indiens sa protection contre l'injustice du propriétaire, et au propriétaire la présence des Indiens sur ses ateliers ».

de conciliation aux conseils composés pour moitié de fabricants et pour le reste, de chefs d'atelier et d'ouvriers patentés. Cela, c'était pour la Métropole. A Bourbon, il n'y avait *a priori* pas autant de blancs ouvriers et puis, de toutes façons, il n'était pas question d'installer une instance judiciaire de ce type dans l'île. Mais pour éviter que l'on accuse la colonie de traiter les engagés comme des esclaves et à défaut de Conseil de Prud'hommes, il fallait que l'administration mette en place un minimum de protection.

Si l'article 1780 du Code civil de 1804 mentionnait une durée d'un an pour le service du louage d'une personne, dans la colonie réunionnaise, la durée de l'engagement était généralement de 3 ans renouvelables. Que le travailleur libre se trouve en Métropole ou à La Réunion, l'employeur pouvait louer ses services pour une tâche bien précise et une durée bien déterminée[94]. C'est ce qui permettait de distinguer le travailleur de l'esclave, ce qui parait essentiel à cette époque. Après, à y regarder de plus près, on s'aperçoit que les engagés indiens étaient prioritairement réservés aux travaux du sucre, donc au service d'une certaine catégorie d'employeurs seulement. Les autres activités agricoles étaient secondaires. Il en était de même pour la domesticité et les autres métiers.

- Le projet de l'engagement indien de 1826 : la domesticité

Moins de 10 ans après la « petite » abolition de 1817, le gouverneur de Bourbon fit adopter l'arrêté local du 18 janvier 1826 relatif au recrutement d'Indiens tout en rappelant qu'il était formellement interdit à toutes personnes étrangères de venir s'installer librement dans l'île, sans carte de séjour. Il fallait donc soit un permis de résidence, soit une concession de domicile définitive. Toutefois, l'article 6 de cet arrêté disposait que : « *Sont exempts de cette disposition les domestiques indiens, qui sur le vu d'un engagement de service personnel contracté avec un domicilié, pourront être pourvus dès leur arrivée d'un permis limité, à la charge pour le maître de consigner sur le registre de la police la soumission de pourvoir aux frais que le renvoi de la colonie pourrait occasionner* »[95]. C'est dire qu'avant 1828, des colons réunionnais pouvaient engager à leur guise des Indiens pour des services personnels ou tâches domestiques. Sans doute que les mentalités n'étaient pas encore tout à fait préparées pour les réserver aux travaux de la canne, préférant la main-d'œuvre esclave noire. Nous observons que l'engagiste pouvait avoir à son service plusieurs Indiens domestiques qui étaient libres de circuler dans l'île à condition que le maître ait signé un document auprès de la police, s'engageant ainsi à payer leurs frais de rapatriement. De cette manière, il

---

[94] M. BOUVIER-AJAM, *Op. Cit.*, p. 76. En effet, l'article 1780 du code civil énonçait que : « On ne peut engager ses services qu'à temps et pour une entreprise déterminée ».

[95] CAOM, C. 406, *Revue coloniale,* mai 1845.

n'était pas possible de confondre engagés et vagabonds indiens. Ce document ressemble au futur livret d'engagement.

Le contrat d'engagement propre aux tâches domestiques ne comportait aucune clause ni obligation particulière envers l'administration du gouverneur de Pondichéry. Il s'agissait d'un contrat de droit privé qui excluait la puissance publique à l'exception des 2 documents exigés par l'arrêté du 18 janvier 1826. Il n'y avait pas de durée limitée à 3 ou 5 ans, il n'y avait pas non plus de clause particulière sur le bien-être de l'engagé, pas plus d'ailleurs sur l'attribution d'un jour de fête par an.

Pourquoi la colonie prit-elle la peine d'adopter un arrêté spécifique pour autoriser l'engagement d'Indiens pour des tâches domestiques ? Il n'y avait aucun doute possible sur les usages des colons à l'égard des Indiens qui représentaient une catégorie sociale jusque-là assimilée, assimilable aux esclaves. Il s'agissait à Bourbon d'une « *ancienne habitude qui remontait à la fin du XVII^e siècle* »[96], bien ancrée dans l'opinion publique. Citons par exemple pour l'année 1672 l'existence de 15 Indiens à titre de prisonniers de guerre transférés à Bourbon. En 1687, il n'y aurait eu qu'un jeune Indien vendu comme esclave. En 1704, il y avait eu 45 esclaves indiens contre 93 en 1709. De 1728 à 1731, plusieurs centaines furent débarquées, mais en 1731, la Compagnie des Indes Orientales en avait interdit la traite qui reprit aussitôt la même année sous la gouvernance de Mahé de La Bourdonnais. Les Indiens embarquaient déjà à cette époque à partir du comptoir de Pondichéry. Par la suite, à cause des guerres franco-britanniques de la fin du 18^e siècle, l'île n'introduisit que rarement des esclaves indiens, surtout après l'échec du traité de Paris de 1763 qui stoppa toute tentative de colonisation française en Inde. Dans une certaine littérature coloniale, et plus précisément sous la plume de Bernardin de Saint-Pierre, les Indiens étaient même considérés comme « *l'élite esclave* ». Mais, aux yeux des colons réunionnais, l'Inde n'était qu'une ressource complémentaire. La plupart des Indiens débarqués dans l'île aux 17^e et 18^e siècles venait du Bengale, région au Nord-Est de la péninsule, à savoir aux alentours de Calcutta et de Chandernagor. Il y avait également eu des Tamouls ainsi que des natifs du Sud-Est, autour des localités de Madras et de Pondichéry. Dans une plus faible proportion encore, les esclaves indiens étaient originaires de la côte de Malabar, aux environs de Goa et de Mahé. Leur transport se faisait par négriers dont les négociants avaient des correspondants à Pondichéry et à Chandernagor, surtout à partir de 1767. Ces données nous donnent une idée de la manière dont les Indiens furent introduits jusqu'en 1826 dans l'île avec le statut d'esclave, puis avec le statut de travailleur libre.

---

[96] J-M. DESPORT, *Op. Cit.*, pp. 14-19. L'auteur ne fait pas mention de l'engagisme indien concernant toute la période précédant l'abolition de l'esclavage.

En 1826, le statut de l'Indien changea alors brusquement et il devait désormais être considéré non plus comme esclave mais comme étranger libre à condition qu'il bénéficie d'un engagement. En 1826, l'objet du contrat concerna le service personnel auprès du maître et de sa famille. L'arrêté du gouverneur de 1826 était surtout symbolique. Il posa solidement et de manière non-équivoque les bases juridiques de ce changement de statut. A partir de cette date, il y avait 2 catégories d'Indiens dans l'île comme il y avait 2 catégories de noirs dans l'île : esclaves indiens et engagés ou noirs esclaves ou affranchis. Et si le gouverneur a pris soin de légiférer en la matière, c'est pour anticiper le manque de main-d'œuvre prévisible dans les champs, les usines et les maisons des maîtres. Sans doute qu'avec la lutte contre la traite négrière, le nombre d'esclaves avait baissé et allait l'être encore bien davantage dans les années à venir. Il s'agissait pour les colons d'anticiper les besoins de main-d'œuvre. Mais ce passage ne se fit pas facilement. Les mentalités étaient loin d'être prêtes. Comment se passer brutalement d'une main-d'œuvre abondante, peu chère et surtout rentable parce que non salariée[97]. Il fallait donc trouver tous les arguments possibles et imaginables pour justifier auprès des autorités politiques locales et nationales la nécessité d'un régime juridique et légal très dur à l'égard des mains-d'œuvre noire et indienne[98].

Pour en revenir aux Indiens domestiques de 1826, nous ignorons combien exactement ont été réellement introduits dans l'île. On imagine assez mal que le maître ait pris la peine de déclarer une masse plus ou moins importante d'Indiens. On imagine assez mal aussi que le maître ait autorisé n'importe

---

[97] CAOM, C. 406/3824, Correspondance du gouverneur de Bourbon adressée au gouverneur des Etablissements Français dans l'Inde, Saint-Denis, le 29 juin 1828 : « Le but à atteindre étant de les former aux travaux des habitations ». Voir aussi C. SCHNAKENBOURG, *Op. Cit.*, p. 52 : « Pour le propriétaire d'habitation, en effet, l'esclave est d'abord un investissement qui doit être rentabilisé ». Cet auteur nous renvoie aux mots de Victor SCHOELCHER dans son *Abolition immédiate* : « Le planteur ne voit que des instruments de travail dans les Nègres, et pourvu qu'ils lui fassent beaucoup de sucre, il est content, le reste ne l'inquiète pas ». Il en était de même pour les engagés indiens qu'il convenait de former au plus vite pour que l'investissement du maître-engagiste devienne rapidement rentable.

[98] CAOM, C. 406/3825, Délibération du Conseil privé de l'île de Bourbon, Saint-Denis, le 3 juillet 1829 : les engagés indiens, « trouvant dans leur paresse, dans leurs inconduites même, des moyens d'existence toujours assurés, deviendraient peut-être plus dangereux, plus immoraux que des esclaves. ». Nous savons pertinemment que les rapports sociaux coloniaux étaient fondés sur la ségrégation raciale ou le servilisme de couleur, à savoir l'esclavagisme et *in extenso* l'engagisme. Dans l'opinion publique, il s'agissait de la mission dite civilisatrice, éducative et bienfaisante des nations européennes sur les peuples colonisés. Dans *L'Indicateur Colonial* du 5 avril 1845, nous pouvons lire : « Les Noirs esclaves appartiennent à des races paresseuses qui s'imaginent que le don de la liberté est le droit de dormir… ».

quel Indien ou n'importe quel noir à son service, à faire une course en dehors de la propriété et de ce fait, circuler librement dans la colonie.

- L'engagement de 1828 : les métiers du sucre

Après la domesticité des Indiens en 1826, la colonie expérimenta 2 ans plus tard les travaux de la canne à sucre auprès de cette même catégorie de travailleurs. Précisons que l'agriculture représentait la principale ressource économique de la France continentale et de ses Outre-mer. Au lendemain de la Révolution, la priorité nationale consista à lutter contre les famines et les disettes trop nombreuses dans le pays. Jusqu'en 1830, l'agriculture représentait l'essentiel de l'économie de la France avec ses 22 millions de ruraux sur une population totale de 32 millions. Et ce sont les classes les plus aisées qui se sont rendues propriétaires des terres agricoles suite à la vente des biens nationaux au lendemain de 1789. En consolidant sa base agricole, l'économie pouvait se concentrer sur son industrialisation et la commercialisation des produits manufacturés. En 1828, à Bourbon, on n'en était pas loin puisque les habitants se lançaient dans la monoculture de la canne et la fabrication industrielle du sucre. L'île se démarquait de plus en plus de son ancienne utilité et principale fonction de « *grenier des Mascareignes* »[99], surtout depuis que l'île de France passa sous domination britannique. En faisant venir un premier convoi de travailleurs indiens libres, nous pouvons nous référer à l'article 6 de leur contrat d'engagement qui précisait qu'ils devaient travailler « *à la terre ou à tous les ouvrages* », ce qui excluait les tâches domestiques pourtant possibles depuis 1826. L'idée était désormais de prioriser, de réserver l'emploi des Indiens aux travaux de production sucrière.

En 1828, nous sommes en présence d'un contrat d'engagement spécifique aux travaux agricoles. En 1826, nous étions en présence d'une législation locale, celle de l'arrêté du 18 janvier, mais *a priori* sans aucun convoi officiel d'Indiens. En 1828, il n'y avait encore aucun cadre légal précis, ce qui signifie que l'initiative et l'engagement étaient purement d'ordre privé[100]. Dans le fond, nous nous doutons bien que ce n'est pas au bénéfice de l'administration que les Indiens étaient engagés. D'ailleurs, l'article 6 précisait l'objet du

---

[99] Nous empruntons cette expression à M. LEGUEN, *Op. Cit.*, p. 69.

[100] Préambule de la Copie de l'engagement du 18 mars 1828, *Op. Cit.* : « Nous soussignés habitants d'Yanaon, nous soumettons et nous engageons envers Messieurs Délarche, Capitaine commandant par intérim le comptoir d'Yanaon, et Prevost de Langristin, Lieutenant de Vaisseau, Commandant la Goélette de Sa Majesté La Turquoise, stipulant d'après l'autorisation de Monsieur l'Administrateur Général des Etablissements Français dans l'Inde au nom du Gouvernement de l'Ile de Bourbon, à partir pour cette colonie, afin de nous y établir et y travailler au service du Roi, aux clauses et conditions ci-après ».

contrat qui les attendait à La Réunion : les travaux agricoles et non pas les « *bas ouvrages de la domesticité* ». Le service du roi apparaît certes, mais cela est de pure forme. Il signifiait surtout la responsabilité particulière du gouverneur qui devait garantir dans le pire des cas, sur les fonds de la colonie, le rapatriement des Indiens. Il s'agissait pour les Français de démontrer aux Anglais qu'ils traitaient les engagés différemment des esclaves et le meilleur moyen de le prouver s'illustrait au travers de la clause de la délégation familiale, sorte de pécule prélevé sur le salaire de l'engagé versé à leurs familles restées dans l'Inde.

L'implication et la responsabilité de l'administration coloniale devaient être ostentatoires. Et c'est exactement le cas lorsqu'on lit en entier le titre de l'engagement : « *Copie de l'engagement pris à l'égard du Gouvernement de Bourbon, par 15 Parias pour cette Ile à bord de la Goélette de S. M. La Turquoise* ». Remarquons qu'il ne s'agit là que d'une copie et non pas de l'original. Par ailleurs, nous ne pouvons pas nous empêcher de penser que le recrutement et le transport des engagés étaient lucratifs à l'instar de la traite négrière. C'était toute une organisation et un système commercial qui s'étaient structurés autour de l'administration des gouverneurs de Pondichéry et de Bourbon en tant qu'appui important[101].

Comment s'organisait l'introduction des engagés indiens à La Réunion à partir de 1828 ? Le Conseil privé commandait auprès des armateurs un certain nombre d'engagés recrutés et embarqués à Pondichéry. Une fois que le gouverneur de Pondichéry donnait son accord, le capitaine était autorisé à faire sa campagne de recrutement, notamment dans n'importe quelle localité ou comptoir pour y embarquer le nombre d'Indiens requis. Ensuite, le navire mettait le cap sur Saint-Denis. Une fois en rade du chef-lieu, le Conseil privé se réunissait pour autoriser ou non le débarquement des Indiens. Venaient ensuite les restrictions sanitaires. En effet, conformément à l'arrêté local du 24 décembre 1829, ce n'est qu'à la suite d'une quarantaine de 8 jours pendant laquelle chaque Indien devait être vacciné au lazaret que l'immigré pouvait être enfin distribué sur les habitations[102]. Le service, lui, on l'a compris n'était pas destiné à l'administration coloniale royale mais bien à des particuliers et

---

[101] CAOM, C. 406/3824, Exercice 1828 : Avances de la Caisse coloniale remboursables par la colonie de Bourbon, Etat nominatif pour servir au payement des sommes accordées aux engagés destinés pour la dite colonie à titre d'avances de solde.

[102] L'arrêté du 24 décembre 1829 prévoyait la création d'un lazaret sur Saint-Denis, ce qui signifiait que tous les engagés indiens devaient être débarqués sur la rade du chef-lieu, afin de procéder à une mise en quarantaine de 8 jours et de les faire vacciner. Ces frais étaient remboursés à l'administration par l'engagiste, mais rien ne lui interdisait de se rembourser sur le salaire de ses engagés. Les membres du Conseil privé avaient sans doute en mémoire les ravages de l'épidémie de choléra de 1820. Après un transit par l'île Maurice, des esclaves lépreux avaient également été débarqués en 1823 et l'on se souvenait encore de l'épidémie de variole à Saint-Denis en 1827.

principalement aux planteurs et industriels du sucre. D'ailleurs, il faut insister sur le fait que dès le 6 juin 1828, soit au moment de l'introduction des 15 premiers engagés indiens, le gouverneur avait réuni son conseil pour élargir le service du roi à celui des particuliers. L'initiative purement privée ne faisait plus de doute surtout avec la parution de certains articles dans les journaux de l'île[103]. Et cela se vérifia encore avec les termes contractuels du second modèle contractuel que nous avons pu étudier[104]. Il n'était plus du tout question de service du roi. Le nom des engagistes privés y figurait très précisément.

Ce n'est qu'à la fin de leur contrat d'engagement, c'est-à-dire 8 ans maximum, que les Indiens étaient en quelque sorte affranchis, émancipés, libérés de leurs obligations contractuelles. Ils pouvaient aspirer à devenir véritablement des personnes ou des travailleurs libres comme les esclaves qui étaient affranchis par leur maître. En effet, libre à eux de travailler comme ils le voulaient et au service de qui ils souhaitaient[105]. Cela se fit sans doute, mais assez rarement à défaut de chiffres et de statistiques précis.

L'incapacité juridique de l'engagé due notamment à ses origines étrangères en territoire français lui permettait à défaut d'un salaire régulier d'être durement formé à la discipline qu'exigeaient les travaux d'une habitation esclavagiste. Aux yeux de l'opinion, l'Indigène était transformé à terme en un travailleur civilisé qui pouvait alors bénéficier du statut de travailleur ou d'homme libre, expérimenté, compétent et capable d'offrir ses services à l'engagiste de son choix[106]. Sans doute que pour l'époque, la situation n'était pas choquante. Ce qui l'était en revanche, c'est qu'il était recruté sans l'autorisation des Anglais, sans registre précis tenu dans les comptoirs français. D'ailleurs, les autorités se gardaient bien de préciser les lieux où résidaient les Indiens recrutés. Par contre, il était fait mention qu'un certain nombre d'entre eux étaient des étrangers à La Réunion.

Enfin, comment expliquer le sens de l'article 11 de la Copie de l'engagement de 1828 ? Est-ce à dire qu'au bout de 8 ans, l'engagé pouvait prétendre à un minimum de reconnaissance de droits et de libertés, comme si

---

[103] CAOM, C. 406/3828, *Feuille hebdomadaire* de l'île de Bourbon du 28 octobre 1829 : « M. Argant, arrivé tout récemment avec des Indiens de la province des Talingas, pour divers habitants qui en sont très satisfaits, retourne très prochainement dans cette contrée pour y engager de nouveau des journaliers, cultivateurs, etc. M. M. les habitants qui désireraient en recevoir promptement sont priés de lui adresser leurs demandes chez M. le Chevalier Jouvancourt à Saint-Denis… ».

[104] Comme nous allons le voir un peu plus bas, il s'agit de « Nouvelles conventions établies sur les mêmes bases que celles faites pour les 15 Thélingas envoyés à Bourbon sur la goélette de S. M. La Turquoise, corrigées par quelques habitants de Bourbon ».

[105] Copie de l'engagement de 1828. L'article 11 stipulait : « … après quoi il nous sera libre de travailler pour notre propre compte, soit pour celui des particuliers selon notre bon plaisir ».

[106] *Ibidem*.

la colonie s'apprêtait à le naturaliser ? A défaut de permis de résidence ou document de cette nature, l'Indien était expulsable à tout moment. Il fallait absolument qu'on le reconnaisse comme libre ou comme ayant fait son temps auprès de tel engagiste. Il ne fallait pas qu'on le confonde avec des Indiens qui pouvaient avoir été abandonnés par leurs maîtres ou qui faisaient du marronage. Bref, ce n'était pas gagné pour l'Indien qui avait travaillé pendant 8 ans. A défaut de document ou d'attestation quelconque, sa liberté n'était pas acquise, sa situation sociale et juridique restait extrêmement précaire, sauf pour les Indiens qui bénéficiaient réellement d'un salaire. Mais là encore, difficile de le vérifier.

## § 2 – Le patronage administratif de l'engagé indien à Bourbon

Pour le tout début du premier essai de l'engagement indien, nous disposons de deux modèles contractuels : la Copie de l'engagement du 18 mars 1828 et les « *Nouvelles conventions établies sur les mêmes bases que celles faites pour les 15 Thélingas envoyés à Bourbon sur la Goélette de S. M. La Turquoise, corrigées par quelques habitants de Bourbon* »[107]. Nous ignorons la date

---

[107] CAOM, C. 406/3856. La date n'est pas mentionnée, mais comme il s'agit d'une modification du premier modèle d'engagement, nous sommes donc après le 18 mars 1828, sans doute en 1829, car il faisait suite à différentes correspondances entre le commandant du comptoir de Yanaon et le gouverneur de Pondichéry durant cette même année. Il est intitulé : « Contrat d'engagement pour les Indiens qui seront exportés, tant de Yanaon que des autres établissements français, à la demande des habitants ». Ce modèle d'engagement stipulait « Nous, soussignés habitants de Yanaon, nous soumettons et nous engageons envers Monsieur... stipulant d'après l'autorisation de Monsieur..., à partir pour l'île de Bourbon afin de nous y établir et travailler au service de Monsieur..., aux clauses et conditions ci-après ». Ce document fut transmis par le gouverneur de Bourbon à son homologue de Pondichéry pour garantir le remboursement des frais avancés par son administration. Le gouverneur de Bourbon avait fait supprimer la clause de la délégation familiale, car les engagistes recrutaient des engagés et non pas leurs familles restées en Inde. Nous avons également connaissance d'un 3$^{e}$ modèle contractuel qui interviendra bien plus tard, à l'occasion de la séance du Conseil privé du 17 juin 1846. En l'espèce, Monsieur Camille Lescoubles, propriétaire à Saint-Philippe, avait introduit 22 engagés indiens pour une somme de 400 Francs par passager. Or, la colonie avait un besoin urgent d'infirmiers pour les hôpitaux de Saint-Paul et de Saint-Denis. Le gouverneur décida de les « réquisitionner » alors qu'ils étaient destinés aux travaux du sucre. Pour cela, il proposa à Monsieur Lescoubles de lui rembourser ses dépenses. Le Conseil privé adopta un arrêté spécifique qui réglait les conditions de leur engagement pour une durée de 5 ans renouvelable une fois. Le salaire mensuel était fixé à 16 Francs, habillement et nourriture compris. Leur ration alimentaire journalière était composée de 1 kilogramme de riz, de 125 grammes de poisson salé et de 3 centilitres de rhum.

exacte de cette deuxième forme conventionnelle, mais nous la supposons autour de juillet 1829 puisqu'il est fait mention de ce modèle en annexe de la délibération du Conseil privé du 3 juillet 1829, soit près d'un an après le premier convoi.

A l'occasion de l'introduction d'une deuxième vague d'engagés indiens, l'administration prit la précaution d'affirmer que ce sont les habitants eux-mêmes et très directement qui étaient les véritables engagistes puisqu'ils agissaient en qualité de loueurs de services et par conséquent étaient en droit de réclamer judiciairement l'exécution du contrat d'engagement. Si celui-ci était purement privé, la protection à l'égard des engagés était publique. On sait que dans la pratique elle était assez faible et peu opérante. Pour ce qui concernait l'esclave, il a fallu même attendre les années 1840[108].

Nous pouvons considérer que ce deuxième modèle contractuel encadrait plus strictement les relations de travail entre l'engagé et l'habitant. Il fallait éviter au moins sur la forme certaines déviances esclavagistes sur cette main-d'œuvre particulière.

Ainsi, le ministre intima l'ordre de mettre en place une surveillance active sans se préoccuper de savoir si l'engagement était un contrat de droit administratif ou non. Cette question paraissait obséder surtout Pondichéry qui persistait à réclamer une portion sur le salaire de l'Indien pour lequel il avait autorisé le recrutement (A). A Bourbon, il ne faisait aucun doute que les grands propriétaires et industriels bénéficiaient directement du service des engagés, mais les garanties publiques locales exigées par le gouverneur de Pondichéry compromettaient la sécurité juridique du lien contractuel lui-même, car à trop vouloir protéger les Indiens, les habitants pouvaient s'en détourner et encourager le recours à la traite négrière. Avec ce deuxième modèle contractuel plus clair, les habitants n'avaient plus aucun prétexte pour s'exonérer de leurs obligations contractuelles (B).

## A/ Les mesures légales de la protection particulière au travailleur libre indien

La dépêche du ministre de la Marine et des Colonies du 27 février 1829 et sa note du 1er mars 1831 adressées au gouverneur avaient pour objet « *la*

---

Chaque année, l'engagé indien infirmier devait recevoir 2 chemises, 2 caleçons et une couverture en laine. Les permissions de sortie étaient autorisées, mais à tour de rôle. Pour les femmes engagées, elles étaient assignées aux travaux de couture et de blanchissage des linges des malades pendant leurs 9 heures 30 minutes de service par jour. Les travaux extraordinaires donnaient lieu en principe à des gratifications supplémentaires.

[108] Il s'agissait de l'ordonnance royale du 5 janvier 1840. Les Conseils coloniaux refusèrent de l'exécuter.

*surveillance exercée par l'administration de Bourbon sur l'intérêt des engagés indiens* ». Paris demandait au plus vite la création d'une commission chargée de veiller à « *l'exact accomplissement des contrats passés entre les engagés et les colons auprès desquels ils sont employés* ». L'insistance des autorités centrales s'expliquait parce que le Royaume-Uni recherchait des renseignements plus précis sur ce que faisaient les Français à l'égard des populations indiennes venues des comptoirs français ou des vastes territoires sous domination britannique. En parallèle, une coopération étroite entre les 2 pays s'était renforcée en matière de lutte contre la traite des esclaves et il aurait été fâcheux que les Français se rendent coupables d'un trafic similaire sur les Indiens. Après avoir adopté la loi du 4 mars 1831 qui sanctionnait fortement les trafiquants d'esclaves, la France signa avec le Royaume-Uni la convention du 30 novembre 1831, afin de renforcer la lutte contre la traite. Il ne pouvait pas y avoir la moindre ambigüité ni la moindre assimilation possible en transportant les engagés indiens d'un port à l'autre. Leur protection intervenait comme preuve irréfutable de la bonne foi des autorités coloniales françaises. Même si les Indiens venaient des territoires britanniques, au moins, ils avaient été transportés dans des conditions qui n'avaient rien à voir avec celles pratiquées sur les esclaves.

Dans la note ministérielle du 1er mars 1831, le gouvernement français reconnaissait clairement que l'engagement était un contrat purement de droit privé. Il n'était plus question de service du roi. Dès cette année-là, la clause de la délégation familiale due au gouverneur de Pondichéry disparaissait également. Il n'y a plus rien qui ne faisait véritablement obstacle ou écran dans les relations contractuelles entre l'Indien et son engagiste privé. Dans cette affaire, le gouverneur de Bourbon avait tenu tête à son homologue des Indes. Il réussit à se délier de toutes les sûretés exigées par Pondichéry. En retour, les comptoirs français pouvaient faire en sorte de ralentir voire empêcher toute émigration indienne vers Bourbon. Pour l'heure, le gouverneur de l'île dut s'activer pour assurer à Paris que les termes des contrats d'engagement étaient bien exécutés.

### 1) La notion de surveillance de l'administration locale

Dans sa correspondance avec le gouverneur des Etablissements Français dans l'Inde du 24 février 1829, le ministre approuva le service des 15 premiers Indiens au profit du gouverneur de Bourbon[109]. Or, nous savons que dès 1831, l'intervention des autorités publiques dans ces relations contractuelles s'éclipsa. Sans doute que la trésorerie de la colonie n'était pas suffisante pour

---

[109] CAOM, C. 406/3855, Dépêche du ministre de la Marine et des Colonies adressée au gouverneur des Etablissements Français dans l'Inde, Paris, le 27 février 1829 : « Aux termes de leurs engagements, les 15 Indiens devraient être rattachés au service du gouvernement à l'Ile Bourbon ».

supporter financièrement toutes les cautions, les délégations, etc. qui pesaient sur les *coolies*. L'intervention de l'administration devait être d'une toute autre nature, en tous les cas, pas financière. Et cela ne devait prêter à aucune confusion possible. L'engagiste, c'était l'habitant. La difficulté consistait à établir et à définir clairement le rôle de chacun, surtout celui de l'administration. C'est la raison pour laquelle le gouverneur de La Réunion choisit de se concentrer sur certaines missions comme celles de veiller à l'exécution des termes de l'engagement entre l'Indien et l'habitant.

- La question de la légalité et de l'opportunité de la délégation du service du roi

Dans les premiers temps de l'engagisme, les autorités coloniales dont notamment les services du gouverneur de Pondichéry insistèrent sur le caractère public de l'engagement, afin de garantir à l'Etat que les Indiens étaient recrutés, transportés et travaillaient comme n'importe quel travailleur libre. Rien ne devait laisser entendre qu'on traitait les Indiens comme des esclaves. Cette assurance était sans doute perçue comme excessive de la part des habitants dont le coût de l'engagement revenait cher, surtout avec des clauses contractuelles comme les délégations familiales et les rapatriements. Le gouverneur de Pondichéry était en position de force. La main-d'œuvre indienne bon marché était de plus en plus la seule à être autorisée. C'est ainsi que le service du roi trouvait son utilité, mais les garanties exigées sur l'administration et surtout le Trésor de la colonie réunionnaise étaient bien trop lourdes. Les premiers temps de l'engagisme étaient donc confus. Pour rappel, la délibération du Conseil privé du 3 juillet 1829 entérina la délégation privée du service du roi déjà décidée le 6 juin 1828, et la dépêche du ministre du 24 février 1829 approuva cette délégation. C'est comme si la pratique esclavagiste était telle que l'on se refusait à autoriser clairement la conclusion d'un engagement direct et purement privé entre l'habitant et l'Indien.

Avec le système de la délégation, on peut supposer, sur le principe, que c'est le gouverneur qui apportait en quelque sorte son visa sur les distributions des engagés auprès des habitants de l'île tout en veillant à l'exécution des contrats d'engagement[110]. Mais au lieu d'encourager les habitants à être fidèles à leurs obligations, il semble que le poids public produisait l'effet inverse. Le service du roi, la nature administrative du contrat constituait une sorte de chantage économique exercée sur les habitants, un « piège » à la fois juridique, politique et financier sur le gouverneur si l'habitant n'était pas en

---

[110] CAOM, C. 406/3824, Dépêche du ministre de la Marine et des Colonies adressée au gouverneur de Bourbon, Paris, le 27 février 1829 : « … à ce que ces conditions soient fidèlement exécutées par les habitants chez lesquels ont été placés les 15 Parias engagés ».

capacité de payer les salaires ni de rembourser les avances et garanties apportées par Pondichéry. Au fond, les habitants pouvaient à tout moment abandonner leurs engagés à un triste sort sans pourvoir à leurs subsistances ou à leurs rapatriements en Inde. Le gouverneur de Bourbon était bien embarrassé. Il faut dire aussi que des convois d'Indiens ou de noirs pouvaient très bien être clandestins et remplacer dans l'anonymat l'identité un certain nombre d'esclaves et d'engagés sur des habitations. Face au phénomène précoce de vagabondage indien, les autorités publiques étaient en droit de les recruter, soit au sein de l'Atelier colonial[111], soit auprès du Conseil général comme cantonniers coloniaux[112]. Cela indique l'apparition de crises au tout début de l'expérience de l'engagement indien.

Clandestinité, mauvais traitements, non-paiement des salaires, commissions excessives exigées par Pondichéry, survivance de l'esclavagisme et de la traite négrière, etc., l'engagisme semblait mal parti. Face à de tels surcoûts, les autorités se devaient d'assurer aux producteurs la meilleure rentabilité qui soit en tenant compte du coût de l'engagement indien,

---

[111] J. V. PAYET, *Op. Cit.*, pp. 33-35. La Compagnie des Indes orientales et le Conseil provincial de Bourbon avaient eu recours à des ouvriers métropolitains puis à des travailleurs noirs pour la construction des magasins et des fortifications de l'île. La Compagnie possédait 2 équipes de 14 noirs chacune tandis que les membres du Conseil avaient à leur service une équipe de 12 domestiques, dont 5 exclusivement réservés au gouverneur. Ces derniers furent ensuite appelés « péons ». Les 28 noirs de la Compagnie assuraient également le canotage entre Saint-Denis et Saint-Paul. Ils représentaient « l'embryon du futur Atelier colonial ». Pour faire face à la croissance de la production de café avant 1815, le gouverneur avait fait appel au service des noirs pour charger et décharger les navires. Avant cela, plusieurs esclaves appartenant à des habitants étaient réquisitionnés. Ces ouvriers prirent le nom d'Atelier colonial à partir de 1771. Après 1817, les esclaves provenant de la traite illégale composèrent cet atelier public. Que ce soit en 1820, en 1827 ou en 1850, le seuil des 1 250 ouvriers ne bougea pas. Ils étaient chargés de la construction des bâtiments provisoires ou « cayennes », des bâtiments définitifs, etc. Ils servaient également aux travaux de la Marine. La nourriture, l'habillement, les heures de travail et les sanctions disciplinaires étaient identiques à celles usitées dans le secteur privé, mais ils bénéficiaient d'un salaire, même très bas, ce qui représentait quelque chose de notable à l'époque pour cette catégorie de travailleurs. Nous remarquons que le sort réservé à l'engagé était assez proche de celui de l'esclave de l'Atelier colonial.

[112] CAOM, C. 406/3825, Délibération du Conseil général de l'île de Bourbon, 1re session de 1829 : « ...et enfin engager pour le compte du Gouvernement plusieurs de ces Indiens et les placer comme cantonniers sur les routes ». C'est l'ordonnance royale de Charles X du 21 avril 1825 qui réorganisa l'administration de l'île. Le Conseil général était composé de 48 membres nommés pour 5 ans par le roi, cette institution n'ayant qu'un rôle consultatif auprès du gouverneur. Un seul député ou « délégué » auprès du gouvernement royal à Paris était choisi par le roi sur une liste de 3 noms proposée par le Conseil général. Le 9 février 1827, le statut institutionnel de Bourbon s'étendit aux autres colonies.

théoriquement plus cher que celui de la main-d'œuvre esclave. L'avenir de la colonie en dépendait.

- La question du fondement de la surveillance publique sur des agents publics

Après tout, c'était moins la nature assez confuse de l'engagement que le statut d'étranger dans l'île qui justifiait la rareté sinon l'impossibilité matérielle de saisir le juge en cas d'inexécution des termes contractuels par l'engagiste. Le service du roi n'était pas aussi clair qu'il n'y paraissait. Les engagés avaient beau être libres, mais quels étaient les moyens pour eux de faire valoir leurs droits ? Comment fallait-il qu'ils s'y prennent pour saisir le juge de paix ou le tribunal correctionnel surtout en l'absence de conseil des Prud'hommes. Très logiquement, en cas de plaintes, nous supposons qu'ils s'adressaient aux services de la police ou à l'administration du gouverneur. D'ailleurs, l'article 12 de la Copie de l'engagement de 1828 avait posé le principe d'une surveillance particulière des autorités publiques. Mais, était-ce pour protéger les engagés des mauvais traitements éventuels de leurs maîtres ou pour faire respecter un certain ordre en les obligeant à obéir à leurs engagistes ?

Contrairement aux autres travailleurs libres, les engagés bénéficiaient ou devaient supporter une surveillance accrue de la part de l'administration. Mais, comment assurer une telle surveillance sur les domaines des habitations sans l'autorisation des propriétaires ? A moins que cette surveillance ne signifia deux choses : d'abord, bien établir l'identité des Indiens et celle de leurs engagistes privés pour pouvoir théoriquement payer les frais de rapatriement vers l'Inde et ensuite, bien veiller à ce qu'ils ne sortent pas sans autorisation du périmètre de l'habitation, car à défaut ils étaient considérés vagabonds. Il fallait éviter tout risque de désordre dans la colonie. En réalité, cette surveillance devait surtout permettre de tenir des registres précis sur les immigrations contractuelles, au moins pour confirmer le nombre d'engagés dans l'île et rembourser les frais liés à la clause de délégation familiale au gouverneur de Pondichéry. Mais rien ne nous permet d'affirmer que les statistiques les concernant étaient fiables.

L'administration coloniale semble avoir hésité à se positionner clairement en matière de surveillance des Indiens. Et pourtant, conformément à l'article 12 de la Copie de l'engagement du 18 mars 1828, elle avait une compétence exclusive en la matière, le Conseil privé de Bourbon se réservant le droit de statuer en appel[113]. *A priori*, le droit civil commun ainsi que les autorités judiciaires n'étaient nullement invocables par l'engagé.

En 1831, on pensa à Monsieur Delabarre de Nanteuil comme magistrat de tutelle des immigrants contractuels. Ce personnage, « *récemment nommé substitut du Procureur Général à Bourbon et précédemment pourvu des mêmes fonctions à Pondichéry semble être le personnage idéal pour la surveillance de l'intérêt des Indiens engagés* ». Il devait être placé directement sous l'autorité du gouverneur et devant son conseil privé[114]. Selon le ministre, ce tuteur « *aura donc tous les moyens de remplir à l'égard des Indiens employés à Bourbon les devoirs d'une sorte de patronage et de tutelle qui aura pour objet l'acquittement ponctuel des délégations* »[115]. La délégation familiale semblait être le motif principal de la tutelle confiée au procureur. En cette qualité et avec ses fonctions de magistrat du parquet, il lui était facile de saisir le juge pénal ou civil en cas de mauvais traitement ou de non-paiement des salaires. Finalement, cette solution fut rejetée par le gouverneur et il faudra attendre la fin du siècle pour que la question de la protection des engagés soit de nouveau posée et qu'elle devienne enfin effective. Mais qui était le mieux placé et comment protéger les engagés indiens ? Y avait-il une véritable volonté de les protéger ? On peut penser que le gouverneur faisait ce qu'il pouvait avec les informations dont il disposait, à savoir pas grand-chose puisque les habitations étaient des domaines privés. Et même si l'engagé était au service du roi, cela ne signifiait pas que le gouverneur, la police ou le procureur pouvait pénétrer sur l'habitation sans autorisation expresse du propriétaire et sans motif sérieux. C'est vrai que les prérogatives du procureur étaient devenues importantes, mais il fallait des éléments particulièrement graves pour qu'il puisse venir constater des faits délictuels et criminels et poursuivre éventuellement l'engagiste puisque cela pouvait se faire à l'égard

---

[113] Copie de l'engagement du 18 mars 1828, *Op. Cit.* Pour rappel, l'article 12 stipulait que : « Toutes discussions relatives au présent engagement, seront jugées administrativement ».

[114] Monsieur Delabarre de Nanteuil est l'auteur de *Législation de l'Ile de Bourbon, répertoire raisonné des lois, ordonnances locales, décrets coloniaux, règlements d'arrêtés d'un intérêt général en vigueur*, Gros, Paris, 1843-1844, 2e édition, Donnaud, Paris, 1861-1865.

[115] Note ministérielle adressée au gouverneur de Bourbon du 1er mars 1831, *Op. Cit.*

des esclaves[116]. Il n'était pas dit non plus que les habitants se soumettaient facilement à l'autorité et aux décisions du procureur[117].

Les enjeux étaient bien sûr économiques et commerciaux mais aussi politiques, dont notamment dans les relations diplomatiques entre la France et le Royaume-Uni. Avec la loi du 18 juillet 1845 publiée dans l'île le 2 mars 1846, le procureur général de Bourbon devait désormais rédiger un rapport 2 fois par an sur le bon traitement ou pas des esclaves[118]. Cela signifiait 2 choses : d'une part, le procureur devait régulièrement, tout au long de l'année, mener ses enquêtes et d'autre part, il flottait comme un air de suspicion à Londres sur le sort réservé aux esclaves à Bourbon.

Pour ce qui concerne le traitement des engagés indiens, à vrai dire, cela n'était pas si fondamental. L'administration coloniale devait tenir une comptabilité plus ou moins juste pour réclamer le paiement des délégations familiales aux engagistes. Cette mission fut finalement confiée à l'inspecteur colonial[119]. C'est dire que la surveillance réclamée depuis Paris et Pondichéry

---

[116] S. FUMA, *L'esclavagisme à la Réunion (1794-1848)*, L'Harmattan, Paris, 1992, p. 58. Avant 1845, le procureur pouvait obliger les habitants à respecter l'édit de décembre 1723 relatif aux prescriptions de traitement des esclaves figurant aux articles I à IV, XIII, XIX, XX, XXX, XXXIII et XXXVIII. Ainsi, le capitaine-général Decaen promulgua les codes pénal et d'instruction criminelle sous l'empire. En 1816, la Cour royale est instituée tandis que l'ordonnance du 19 décembre 1827 établit le nouveau code d'instruction criminelle dans la colonie. Le Conseil supérieur est remplacé par le Conseil privé qui n'agissait plus en matière civile. L'autorité du procureur devenait importante, surtout auprès des habitants propriétaires d'esclaves.

[117] ADR, U. 446, Rapport de patronage des esclaves de 1846. Même en 1846, certains habitants comme les frères Pignolet et Dejean de la Bâtie refusèrent d'appliquer la loi de 1845 alors que le procureur du roi, Monsieur Bruniquel, le leur ordonna.

[118] ADR, U. 21 212 57 2, n° 109. Si le procureur exerçait son autorité surtout à partir de 1846, cela ne signifiait pas qu'elle n'existait pas ou si peu avant. En effet, nous pouvons citer le Rapport d'inspection n° 41 du procureur royal du mois d'août 1844 sur l'établissement sucrier de la veuve Corré à Sainte-Rose. Entre 1846 et 1847, le rapport d'inspection prit le nom de rapport de patronage des esclaves.

[119] CAOM, C. 406/3825, Extrait du mémoire laissé par Monsieur le commissaire de Marine à son successeur intérimaire dans les fonctions d'inspecteur – Année 1830. Il lui demandait tout spécialement de s'assurer de la solvabilité des cautions que le maire avait fait signer à l'habitant engagiste. L'inspecteur ne pénétrait pas sur le domaine de l'habitation du propriétaire sans son accord, préférant passer par l'intermédiaire du maire. Dans l'Extrait du compte raisonné du service de l'inspecteur à l'Ile Bourbon pendant l'année 1829, celui-ci précisa que l'arrêté local du 24 octobre 1829 était pleinement exécutoire. L'ordonnateur et le contrôleur colonial devaient dès lors percevoir les cautions des habitants. CAOM, C. 406/3828, Extrait du mémoire de l'inspecteur du 10 juillet 1830 : « L'administration de Bourbon ayant consenti à faire payer sur le produit de la rente de l'Inde les obligations souscrites en faveur de leurs familles à Yanaon par les Indiens, gens de travail engagés avec les habitants de Bourbon, à la charge pour ces derniers d'en rembourser le montant à la caisse

était d'une nature bien plus financière qu'abolitionniste ou humaniste. Nous comprenons mieux pourquoi le procureur fut écarté au profit de l'inspecteur colonial. C'est le Trésor colonial qui devait les encaisser puisque le gouverneur de l'île avait déjà fait l'avance à son homologue de Pondichéry. Cette charge était lourde pour la colonie. Par arrêté du 24 octobre 1829, le gouverneur exigea que les habitants-engagistes versent une caution auprès du contrôleur colonial et de l'ordonnateur jusqu'à extinction des sommes correspondantes aux délégations familiales.

C'est de cette manière que la colonie enferma le substitut du procureur dans un rôle limité et très ingrat, celui de vérifier le remboursement des délégations familiales[120]. De leur côté, le contrôleur et l'ordonnateur devaient encaisser les cautions. C'est dire qu'il n'y avait pas de tutelle particulière, pas de tournée d'inspection sur les domaines pour vérifier si les engagés étaient rémunérés et bien traités. Dans les documents d'archives étudiés, le plus important pour toute l'administration, c'était de s'acquitter d'une rétrocommission qui ne dit pas son nom, exigée par le gouverneur de Pondichéry sur le recrutement de chaque Indien. Et pourquoi qualifions-nous la délégation familiale de rétrocommission ? Simplement parce que nous n'avons aucune assurance de la part de l'administration de Pondichéry que les sommes étaient bien versées aux familles des engagés restées dans l'Inde.

### 2) L'organisation de la surveillance de l'engagé indien

Même si dans les documents officiels on considérait les engagés comme étant des « *gens de travail libres* », ils étaient exclus du droit commun, ne serait-ce qu'à cause de la tutelle administrative qui s'exerçait sur eux. Cela veut dire qu'ils n'étaient pas de la même catégorie « sociale » que les blancs, ces derniers ne subissant aucun régime particulier de surveillance. De toute façon, les Indiens étaient des étrangers qui ne disposaient pas des ressources juridiques et pécuniaires suffisantes pour défendre leurs droits face à la toute-puissance du maître-engagiste.

Il est peu probable que ce soit les usages esclavagistes qui gênèrent l'administration, mais plutôt les garanties et avances financières que nous avons évoquées plus haut. Pour cela, le gouverneur devait tenir des registres plus précis avec le nom des engagistes débiteurs. C'est ce que le Conseil privé s'empressa de décider dans sa délibération du 3 juillet 1829. Après un premier modèle contractuel « défaillant » datant du 18 mars 1828, l'identité des engagistes devait désormais être mentionnée dans l'acte. Pour éviter des

---

coloniale à la fin de chaque trimestre ; le Contrôleur colonial a été chargé concurremment avec l'ordonnateur, de la réception de ces cautions que les propriétaires au service desquels se trouvent ces Indiens sont tenus de fournir ».

[120] Le Conseil privé avait décidé lors de sa séance du 3 juillet 1829 de retenir cette interprétation en évoquant la « tutelle du ministère public due aux étrangers ».

erreurs, des oublis et même des immigrations clandestines, une commission fut spécialement créée, chargée de « *la surveillance et l'impartialité nécessaire quant à la manière dont les gens de travail seraient traités* »[121].

Ce sont donc pas moins de 2 organismes qui furent spécialement instaurés pour l'occasion : la commission, chargée de la surveillance des intérêts des Indiens et le syndic, chargé de leur tutelle. Rappelons que ces 2 entités faisaient suite à la requête du ministre du 27 février 1829, confirmée par une note de son département du 1er mars 1830.

- La commission des Indiens

La commission des Indiens, créée par arrêté du 3 juillet 1829, était chargée de prendre connaissance de tous les contrats d'engagement, de surveiller leur exécution et de jouer le rôle d'arbitre en cas de différends. La commission pouvait sans doute compter sur le concours de l'autorité du gouverneur et moins sinon pas du tout de l'autorité judiciaire. Nous ignorons vraiment l'étendue et la force des prérogatives de cette commission surtout quand l'on sait que le substitut du procureur n'avait aucune compétence en la matière. Sur le papier, la commission veillait à ce que les salaires soient effectivement versés, la nourriture suffisante et la liberté de l'engagé respectée, tandis que le syndic, lui, veillait au respect de la liberté contractuelle de l'engagiste et de l'engagé[122]. En réalité, le gouverneur avait trouvé au travers de la commission et du syndic le moyen de se rapprocher et d'être régulièrement en contact avec les engagistes pour observer ce qui pouvait bien se passer sur leurs habitations. Le barrage de la langue et le statut social s'il en est de l'engagé étaient tels que l'on peut supposer que les membres de la commission et le syndic s'entretenaient surtout avec les engagistes. Le bien-être des engagés et le strict respect des termes contractuels étaient à vrai dire une affaire privée.

Il est intéressant de connaître la composition de cette commission. En effet, celle-ci était d'abord formée de quatre membres qui étaient soit des propriétaires, c'est-à-dire des habitants ou de simples colons, soit des négociants, c'est-à-dire ceux qui affrétaient des navires pour introduire des marchandises, des Indiens voire encore des esclaves. Le gouverneur avait également désigné un notaire pour le représenter. Si la commission était vraiment chargée de veiller à l'exécution des engagements, rien dans cette composition ne garantissait l'objectivité de ses fonctions. Avec la présence du notaire parmi eux et l'emploi d'un secrétaire chargé de tenir une matricule générale indiquant fidèlement tous les mouvements des engagés et de leurs

---

[121] CAOM, C. 406/3825, Délibération du Conseil privé de Bourbon, Saint-Denis, le 3 juillet 1829.

[122] CAOM, C. 406/3827, Correspondance du gouverneur de Bourbon adressée au ministre de la Marine et des Colonies, Saint-Denis, le 25 mars 1830.

familles dans la colonie, la véritable utilité de la commission consistait surtout à recenser le nombre d'Indiens sur les habitations et dans les rues et quartiers de l'île. Leur liberté de mouvement était certainement relative ou limitée, d'autant plus que le marronage avait également concerné les engagés indiens. Si l'engagé n'avait pas d'autorisation spéciale pour sortir de l'habitation, il était suspecté de vagabondage. C'était tout l'intérêt du système du livret que l'on retrouve aussi auprès des ouvriers de Métropole[123]. Nous verrons plus tard comment il fut mis en place pour les engagés à La Réunion.

Si la commission ou le syndic veillait à la liberté contractuelle, on imagine que ce sont les intérêts de l'engagiste qui étaient les mieux défendus d'autant plus que l'engagiste était totalement libre de « céder » ses engagés à un autre engagiste sans que le consentement de l'engagé n'ait été requis[124]. On s'aperçoit ici que l'administration n'avait pas eu son mot à dire non plus, le gouverneur de Pondichéry ne faisant qu'entériner les cessions d'un engagiste à un autre. La liberté contractuelle était bien réelle, mais du côté de l'engagiste. Cela confirme bien que ce genre de transactions appartenait exclusivement au domaine privé. On est donc très éloigné du service du roi des premiers temps de l'engagisme. L'engagement doit alors être vu comme un contrat de droit privé et aucunement public. Si la justice ne s'en mêlait pas, c'est parce que l'Indien était un étranger dans l'île, qu'il avait usé de sa capacité juridique une fois seulement depuis l'Inde. Il disposait d'un statut à mi-chemin entre celui de l'esclave et d'un paria sans droit véritable et qui pouvait être exclu à tout moment si jamais il avait un comportement déviant[125].

---

123 M. BOUVIER-AJAM, *Op. Cit.*, p. 77. Les arrêtés consulaires du 9 frimaire an XII (1er décembre 1803) et du 10 ventôse an XII (1er mars 1803) définissaient le système du livret de la manière suivante : chaque ouvrier ou chaque compagnon devait être muni de son livret, document délivré dans les grandes villes par le commissaire de police ou le maire. Il contenait la date d'embauche et la date de congé. L'intervention de l'autorité publique était toujours possible surtout si l'employeur refusait catégoriquement, « sans motif légitime ». Le système du livret fut aboli en France métropolitaine par la loi du 2 juillet 1890.

124 CAOM, C. 406/3855, Délibération du Conseil du gouvernement et d'administration des Etablissements Français dans l'Inde, Pondichéry, le 1er décembre 1828. Pour le gouverneur de Pondichéry, aucune plainte n'avait été formulée par les engagés indiens à Bourbon lorsqu'ils changèrent de maîtres. Ainsi, l'Indien était théoriquement d'abord engagé au service de l'administration pour être tout de suite après recruté au service d'un engagiste ou habitant puisque sa finalité, rappelons-le, restait la production sucrière. Cette liberté, cette puissance contractuelle laissait également envisager la possibilité de louer le service de ses engagés à quelqu'un d'autre pour une tâche bien précise ou pour la journée.

125 J. V. PAYET, *Op. Cit.*, p. 35. Déporter des personnes dangereuses hors de l'île était vue comme une sanction extrême qui ne pouvait être décidée que par le gouverneur. Elle fut prononcée à l'encontre de plusieurs esclaves récalcitrants pour un certain nombre d'années envoyés de force sur l'île de Sainte-Marie de Madagascar.

Le service du roi en 1828 avait servi de prétexte pour faciliter l'expérience de l'immigration indienne[126].

Si la commission devait prendre connaissance des engagements, c'était pour calculer ce que les engagistes devaient payer ou rembourser à tous les intermédiaires du trafic indien : frais de passage, nourriture pendant la traversée, avance sur solde, délégation familiale, etc. La commission ne se rendait sur une habitation qu'avec l'autorisation de l'engagiste. Elle pouvait dès lors vérifier par elle-même comment étaient traités les engagés. Et cela concernait d'abord et avant tout son entretien, c'est-à-dire sa nourriture journalière : 80 décagrammes de riz, 12 décagrammes de légumes secs, 15 grammes de sel ou de poisson salé ou une nourriture équivalente en racines ou autres graines nourricières. On imagine que la commission se montrait compréhensible et conciliante.

- Le syndic des Indiens

Dans les premiers temps de l'engagisme, le service du roi avait bien compliqué les choses, mais c'était dans un but précis. Paris avait demandé au gouverneur de Bourbon de prendre les mesures nécessaires pour que les engagistes remboursent les délégations familiales au gouverneur de Pondichéry. Le meilleur moyen d'y parvenir consistait pour le gouverneur de Bourbon de s'occuper lui-même de la distribution des engagés sur les habitations intéressées. Et avant de procéder, il en profitait pour bien établir l'identité des engagistes et leur réclamer le versement d'une caution auprès du secrétariat de la commission des Indiens[127]. C'est tout l'intérêt de la notion de service du roi. Si l'engagisme indien était encore faible, on peut dire qu'au regard de la multiplication des législations locales en la matière, il fallait bientôt s'attendre à des immigrations massives. Citons pour rappel le règlement du 8 août 1829 relatif à la composition de la commission, l'arrêté du 3 juillet 1830 sur les frais de gestion et de fonctionnement de la commission et de ses membres, l'ordonnance du 24 juillet 1829 qui institua le secrétariat de la commission, chargée d'obtenir le paiement des cautions, l'arrêté du 24 octobre 1829 qui chargea le contrôleur colonial et l'ordonnateur de recevoir les cautionnements des propriétaires dans le cadre du paiement des délégations. Quant au syndic, il fut nommé par arrêté du 16 mai 1831 par le

---

126 C. 406/3855, Dépêche du ministre de la Marine et des Colonies adressée au gouverneur des Etablissements Français dans l'Inde, Paris, le 27 février 1829 : « Aux termes de leurs engagements, les 15 Indiens devaient être attachés au service du gouvernement de l'île Bourbon. Le Conseil privé a su préférable de les placer sous des principaux planteurs de la colonie et dans les mêmes garanties afin qu'ils puissent s'y voir souvent ».

127 CAOM, C. 406/3856, Nouvelles conventions établies sur les mêmes bases que celles faites pour les 15 Thélingas envoyés à Bourbon sur la Goélette de S. M. La Turquoise corrigées par quelques habitants de Bourbon.

gouverneur en séance du Conseil privé. C'est l'arrêté du 27 mai 1831 qui était relatif aux frais de fonctionnement du syndic et de la commission des Indiens.

Contrairement à la commission, le syndic était un agent administratif qui jouait le rôle d'intermédiaire entre les engagistes et les engagés auprès de ladite commission et du département de la Marine. Par le passé, il y avait eu des engagés de la Marine et c'est sur cette logique-là qu'on avait fait ce rapprochement. La Marine, au même titre que l'Atelier colonial du Conseil général, pouvait recruter des Indiens. Alors pourquoi créer un autre organisme que la commission des Indiens ? En tant qu'agent public, ce syndic se présentait normalement de manière plus neutre et plus objective que les membres de la commission. Du moins, si la commission pouvait hésiter à faire pression sur les riches habitants, le syndic pouvait être plus ferme d'autant plus que ce sont des sommes considérables qui étaient dues au gouverneur de Pondichéry[128]. La création du syndic n'était pas une initiative du gouverneur mais du ministre directement et ce, par dépêche du 12 septembre 1830. L'important, c'était d'être le plus efficace possible pour que Pondichéry soit remboursé de toutes ses avances et d'éviter que les relations diplomatiques entre la France et l'Angleterre ne se dégradent au sujet de l'Inde.

Face aux suspicions britanniques, la France devait constamment se justifier et faire la démonstration que tout était mis en place pour distinguer l'engagé indien de l'esclave. Dès 1831, le syndic était dans la possibilité de saisir le juge de paix ou le juge correctionnel en cas de mauvais traitements physiques ou de non-paiement des soldes mensuelles. Dans chaque commune, les Indiens pouvaient en principe déposer plainte auprès des secrétariats de mairie. Il en ressort de cela un rapport de force entre les habitants et l'administration. Les engagistes accusèrent les autorités publiques d'encourager les engagés à porter plainte contre eux plutôt que de travailler. Et ce n'est pas de cette manière que l'Etat allait réussir à convaincre les habitants de cesser les recrutements esclaves. Au contraire. Pour l'heure, ils semblaient délaisser leurs engagés indiens, les abandonnant à leur sort. L'administration prétexta de nombreuses plaintes indiennes pour expliquer le nombre important d'abandon de travail et donc de vagabondage[129]. Le message des habitants était clair. Paris devait stopper tout excès de zèle dans la protection des engagés en ne leur octroyant aucune possibilité d'attaquer juridiquement et judiciairement les engagistes, en tous les cas, certainement pas avec l'aide du syndic ou tout autre organisme. C'est ainsi que le gouverneur Duval-Dailly fit marche arrière malgré les arrêtés des 16 et 27 mai 1831. Le syndic restait donc opérationnel mais inactif. Une certaine solidarité

---

[128] CAOM, C. 406/3831, Note sur les immigrations d'engagés indiens à l'île de Bourbon du 21 février 1832.

[129] CAOM, C. 406/3831, Extrait du mémoire remis par le capitaine de vaisseau Duval-Dailly à son successeur dans le gouvernement de Bourbon, le 8 septembre 1832.

joua en faveur des habitants, car les différents maires avaient tous rejeté les plaintes des engagés. C'est dire que le rôle du syndic fut réduit à néant. Aucun procès pénal ni civil n'était à craindre.

A partir de 1832, la législation relative aux engagés indiens changea de direction et de nature. Il ne s'agissait plus de les protéger eux, mais les habitants-engagistes. La situation s'était aggravée. Le vagabondage indien était florissant, les « désertions » nombreuses. L'engagisme n'était plus sous contrôle et pour cause, l'Etat avait d'une certaine manière encouragé les engagés à se plaindre, à se révolter. Il n'était pas question de les protéger mais de les surveiller et surtout de les obliger à travailler sur les habitations. Les engagistes étaient de plus en plus nombreux à réclamer au gouverneur et à l'Etat la reconnaissance légale de l'obligation de travail sur toute la masse des engagés. On passait alors d'un régime libre de travail à un régime autoritaire et forcé du travail. Il n'y avait plus grand-chose qui distinguait l'engagé de l'esclave, pas même en matière de frais de témoins[130]. Il restait peut-être encore l'hypothétique salaire de l'engagé.

## B/ Le traitement juridique de l'engagé indien chez l'habitant

Sans l'intervention de la commission des Indiens et du syndic, on peut penser que les habitants-engagistes auraient pris beaucoup de retard dans le remboursement de toutes les avances faites par le gouverneur de Pondichéry. Pour l'heure, le gouverneur de Bourbon ne leur était pas hostile, mais plutôt bienveillant. Par ailleurs, d'autres filières engagistes que celle de Pondichéry existaient sans doute. Avec le soutien de Paris, Pondichéry voulait très certainement conserver son monopole. En s'occupant de tout, ce comptoir français exigeait comme contrepartie le versement de la délégation familiale. On l'a vu. Celle-ci consistait à retenir une partie de la solde mensuelle des engagés, afin de la reverser à leurs familles restées en Inde. Or, la plupart

---

[130] CAOM, C. 406/3831, Arrêté local du 7 mai 1832 : « les frais de taxe à témoin fixés pour les hommes libres et pour les esclaves sont déterminés par le tarif contenu en la même ordonnance, les engagés indiens et autres ne peuvent être compris dans aucune de ces deux classes ». Cet arrêté reconnaissait officiellement que les engagés indiens ou travailleurs libres de couleur ne pouvaient pas être rangés dans la catégorie des personnes capables juridiquement, civiquement et civilement. Nous comprenons alors mieux le sens de l'article 322 de l'ordonnance du 19 décembre 1827, législation qui établissait le nouveau code d'instruction criminelle dans la colonie, qui disposait que « Les esclaves cités à charge ou à décharge ne pourront être entendus pour ou contre leurs maîtres qu'autant que l'accusé, le procureur général et la partie civile y auront consenti. En cas d'opposition, la cour pourra ordonner qu'ils seront entendus. Dans ces deux cas, leurs déclarations ne seront reçus qu'à titre de renseignements et sans prestation de serment ». Cela signifiait en réalité que l'engagé indien et l'esclave étaient assimilés au même régime, au même statut juridique, hormis le salaire théorique. Voir également, J. V. PAYET, *Op. Cit.*, p. 43.

d'entre eux avaient été très probablement recrutés en territoires britanniques. Rien ne nous indique non plus que les engagés retournèrent dans leur pays d'origine.

Sans accord de la part de Pondichéry, il n'y avait pas d'engagement possible. Cela expliquait pourquoi le gouverneur de Bourbon avait dû apporter toutes les garanties demandées par son homologue. C'était là tout l'enjeu de la clause de la délégation familiale. L'engagisme, sa filière de recrutement, était dans les premiers temps organisé sans aucune base légale. Ce qui l'était, c'était la manière qu'il convenait de réclamer aux habitants le remboursement des sommes payées par le gouverneur de Pondichéry. En tous les cas, l'intervention ou le monopole instauré par ce comptoir gênait les relations contractuelles entre l'habitant et les Indiens arrivés dans l'île. C'était comme si l'habitant ne pouvait pas être reconnu comme engagiste à part entière. Le gouverneur de Bourbon accepta de faire disparaître la notion de service du roi et de reconnaître les habitants-engagistes dans leurs droits, mais à condition toutefois qu'ils remboursent tous les frais réclamés par Pondichéry.

L'idée de faire surveiller l'exécution des termes des engagements pesa alors sur le gouverneur de Bourbon dans le seul but de veiller à ce que la délégation familiale soit effectivement remboursée par les engagistes. Il ne s'agissait pas du tout de protéger les engagés d'éventuels mauvais traitements, car sinon l'administration coloniale aurait su imposer le rôle du substitut du procureur en la matière. Nous l'avons vu, cela ne fut pas le cas. Quant au syndic chargé de réclamer ce que devaient les engagistes à Pondichéry, il n'était sans doute pas très actif ou zélé, puisqu'au final, que risquaient-ils si ce n'est la fermeture de la filière pondichérienne. Malgré la mise en place de la commission des Indiens et du syndic, les habitants ne paraissaient pas plus inquiets que cela. De cette manière, ils réussirent à imposer leur vue et affirmer que les véritables engagistes, c'était eux et non pas l'administration.

Dans les premiers temps de l'engagisme, une autre clause que celle de la délégation familiale perturbait les habitants. C'était celle qui concernait le « bien-être » des engagés. En effet, ces derniers pouvaient théoriquement résilier à tout moment leur engagement s'ils ne parvenaient pas à s'acclimater dans l'île. Dans un contexte aussi esclavagiste qu'à l'époque, comment accorder un tel pouvoir aux engagés indiens ? Au final, c'était là le meilleur moyen ou prétexte pour les engagistes de les encourager à rompre par eux-mêmes leurs relations contractuelles. Mais, les Indiens pouvaient-ils vraiment le faire ? Ils n'étaient certainement pas au courant d'une telle possibilité et surtout, ils avaient besoin qu'on subvienne à leurs nourritures, logement, entretiens, etc. Rompre le contrat d'engagement sans moyens de subsistance était inimaginable et très risqué.

### 1) L'habitant : le vrai contractant à l'engagement

Lorsque l'on étudie les contrats d'engagement issus des documents d'archives, ceux-ci se présentent plutôt comme des modèles contractuels types, comme si l'administration coloniale avait mis ce genre de formulaire à la disposition des capitaines de navire chargés de les recruter et de les embarquer. Nous l'avons vu. La liberté ou le consentement de l'Indien s'exprimait à un moment unique et exclusif : au moment où il embarquait à bord d'un navire en partance pour La Réunion. Arrivé dans l'île, on suppose que l'habitant qui en avait fait la commande examinait l'Indien sous toutes les coutures avant de valider « définitivement » l'engagement. Et lorsque l'on prend connaissance des modèles contractuels et des législations notamment locales, il ne fait aucun doute que l'habitant était l'engagiste de l'engagé indien, service du roi ou pas. Les faits à ce sujet sont désormais non-équivoques et c'est bien pour cela que toute l'administration coloniale, de Paris à Pondichéry en passant par Saint-Denis, s'efforça de faire payer les coûts et les surcoûts des recrutements indiens par les habitants.

A La Réunion, que les habitants aient abandonné leurs engagés, qu'ils les aient encouragés à rompre leurs engagements ou encore qu'ils les aient poussés à déserter, il y avait vagabondage et les colons commençaient à s'en plaindre, sans doute de mauvaise foi. Face à ce phénomène, les autorités locales étaient bien en peine de réagir efficacement, car sur les modèles contractuels, l'identité des engagistes faisait toujours défaut. Difficile dans ces conditions de renvoyer les Indiens chez leurs engagistes surtout si ces derniers ne les reconnaissaient ou ne les réclamaient pas. Difficile également de réclamer à tel habitant de payer les sommes avancées par Pondichéry au titre du recrutement et du transport des engagés.

- #### La question de la résiliation de l'engagement ou l'incapacité juridique de l'engagé

Sur la base juridique du service du roi, le gouverneur s'était initialement arrogé le droit de faire distribuer les Indiens sur les habitations des grands propriétaires agricoles[131]. Même si en réalité c'était eux les seuls et les vrais engagistes, l'administration intervenait comme intermédiaire obligé. Il faut croire que c'est ce schéma-là qui prévalait pendant les premières années de l'expérimentation, du moins théoriquement. Pour les raisons que l'on a évoquées plus haut, nous savons que le gouverneur était bien en peine de

---

[131] Copie de l'engagement de 1828, *Op. Cit.* L'article 6 du contrat d'engagement stipulait bien que le travail concernait principalement les travaux agricoles et d'usines dans les colonies : « Nous travaillerons à la terre ou à tous autres ouvrages qui nous seront donnés, moins toutes fois les bas ouvrages de la domesticité, tous les jours depuis le lever du soleil jusqu'à son coucher… ».

vérifier tous les contrats d'engagement et réclamer aux engagistes le remboursement des sommes avancées par Pondichéry. Malgré l'arrêté du 3 juillet 1829 qui exigeait de faire figurer le nom des engagistes sur les contrats, l'immigration indienne n'était semble-t-il pas maîtrisée. Et le pouvoir de faire résilier les engagements n'y pouvait rien. Au contraire.

L'engagé pouvait-il vraiment faire résilier son contrat ? *A priori*, il n'y avait aucune procédure particulière, ce qui nous parait assez étrange. Nous savons qu'il ne disposait pas de sa pleine capacité juridique en raison notamment de la barrière de la langue, de son statut d'étranger et de la précarité de sa situation. C'est vrai qu'il était écrit dans la Copie de l'engagement de 1828 que l'Indien pouvait rompre son engagement à tout moment, même au cours de son exécution en indiquant simplement qu'il ne ressentait aucun bien-être et qu'il ne s'acclimatait pas. Qui peut croire en la validité d'une telle stipulation même contractuelle dans une colonie où l'esclavagisme était de rigueur ? Cette copie contractuelle était-elle l'engagement définitif ? La réponse est négative. Etait-elle un modèle contractuel à suivre ? Peut-être, mais rien n'obligeait quiconque à reprendre toutes les clauses proposées. Les contrats d'engagement étaient-ils écrits ou verbaux ? Rien ne l'indique avec certitude pour la totalité des Indiens et encore, les chiffres qui nous sont parvenus ne semblent pas tout à fait exacts.

Difficile de croire que les Indiens aient eu connaissance du droit très hypothétique de résilier leurs contrats d'engagement. Et s'ils le faisaient, ne prenaient-ils pas le risque d'être abandonnés à leur sort ? De plus, si ce droit existait vraiment, le bien-être ou l'acclimatation dans l'île ne semblait pas vraiment suffisant pour stopper net des relations contractuelles. Il devait y avoir au moins une sorte de préavis ou une période transitoire. Mais rien de tout cela n'était stipulé dans le contrat, ce qui renforce la suspicion sur sa réalité.

Par ailleurs, si un engagé résiliait son contrat, il devait subvenir à ses propres besoins le temps qu'un navire puisse l'embarquer pour l'Inde. Un certain temps s'écoulait entre ces 2 moments et pendant cette période, si l'administration coloniale ne parvenait toujours pas à établir l'identité de l'Indien, si celui-ci n'était réclamé par aucun engagiste, l'Indien était systématiquement réputé vagabond et donc délinquant. Alors, il était peu probable qu'il embarque sur un navire de retour. Enfin, en se déliant de son contrat, l'engagiste était en droit de refuser de payer le billet retour de son ex-engagé. Dans de telles conditions, les frais de rapatriement n'étaient garantis par personne ni par aucune administration. Le piège de l'enfermement des Indiens dans la colonie se présentait ainsi et il était redoutable. Précisons que le livret de travail n'avait pas encore été institué. Nous verrons plus tard que sur ce livret étaient indiquées l'identité de l'Indien et les stipulations essentielles de son ou ses engagements successifs. Dans le cadre des futurs et rares rapatriements, le livret permettait de vérifier que la date de l'interpellation éventuelle de l'Indien coïncidait bien avec la date de l'expiration des 8 années d'engagement maximum.

Si les rapatriements étaient rares, cela ne signifiait pas pour autant que les Indiens étaient naturalisés. On pouvait les considérer comme des résidents temporaires ou définitifs, mais encore fallait-il qu'ils aient des papiers attestant de leur identité et du droit de pouvoir circuler librement dans la colonie. Le gouverneur pouvait également décider de les expulser s'ils représentaient un danger pour l'ordre public. Si leur travail ou leur comportement ne convenait pas, les habitants procédaient à des retenues sur salaire, ce qui pouvait conduire les engagés à être finalement redevables, ce qui signifiait que les salaires pouvaient présenter un solde négatif[132]. De tels faits pouvaient encourager les engagés à abandonner le travail et surtout fuir l'habitation du maître. L'engagiste était avant tout le propriétaire d'une habitation sucrière, un propriétaire d'esclaves. Cela se vérifie dès le convoi des 15 premiers engagés indiens distribués sur plusieurs habitations du quartier de Sainte-Marie[133]. Ce sont eux qui avaient payé tous les frais de transport[134]. Cela revient à dire que les habitants-engagistes les avaient payés comme s'ils avaient acheté des esclaves. Ils se considéraient comme les véritables propriétaires des engagés et c'est bien pour cela que la délégation familiale réclamée par Pondichéry leur était insupportable.

A moins de se rebeller ou faire du marronage, la toute-puissance de l'engagiste était telle que l'on imagine mal l'engagé résilier de lui-même son engagement d'autant plus qu'il pouvait assez facilement être mis en geôle pour délit de vagabondage. Quant à sa demande éventuelle de retourner dans son pays d'origine, encore fallait-il qu'il puisse clairement établir son identité auprès de l'administration et de son engagiste. Le rôle-clé des services coloniaux dans le recrutement encouragea les habitants à être très légers dans les avances et les paiements réclamés par Pondichéry. Comment l'administration pouvait-elle les contraindre à toujours plus de taxes ou de

---

132 Copie de l'engagement du 18 mars 1828, *Op. Cit.* Rappelons l'article 10 stipulant que : « Si par des circonstances quelconques dépendant de notre volonté, nous venions à ne point travailler de la manière déterminée par l'article 6. Il sera fait sur notre salaire, une retenue proportionnée au tems perdu ».

133 CAOM, C. 406/3855, Dépêche du ministre de la Marine et des Colonies adressée au gouverneur des Etablissements Français dans l'Inde, Paris, le 27 février 1829 : « Le Conseil privé a su préférable de les placer chez des principaux planteurs de la Colonie et dans les mêmes garanties afin qu'ils puissent s'y voir souvent ».

134 CAOM, C. 406/3855, Délibération du Conseil de gouvernement et d'administration de Pondichéry, Pondichéry, le 1er décembre 1828. Elle fut transmise au ministre de la Marine et des Colonies le 24 décembre suivant. Ainsi, les 15 premiers engagés indiens « ont été mis à la disposition d'habitants notables qui ont pris pour leur compte l'engagement que ces Indiens avaient pris à Yanaon avec le gouvernement par l'entremise du Capitaine de La Turquoise ».

droits financiers alors que l'avenir économique de l'île était en jeu ? Voilà le raisonnement qui pouvait se tenir dans la tête des habitants réunionnais.

- La question d'une taxe locale sur les « gens de travail libres »

Il est intéressant d'évoquer ici quelques rares documents d'archives concernant dès 1830 le projet d'une taxe sur les engagés indiens et qui devait peser sur chaque colon locataire de leurs services. Cette taxe ressemblait à une sorte de capitation perçue par l'administration sur tous les propriétaires d'esclaves. Avec les clauses de nature contraignante comme celle des délégations familiales ou encore celle des rapatriements, une taxe supplémentaire sur l'engagé démontrait clairement que le véritable engagiste, le véritable propriétaire, c'était l'habitant et en aucun cas l'administration. Par ailleurs, si jamais cette taxe devait s'appliquer, on imagine bien que les habitants allaient déclarer un très faible nombre d'engagés à leurs services.

Pour les autorités, cette taxe représentait une « *contribution dans la proportion de la richesse dont le nombre de travailleurs au compte de chaque propriétaire n'est à proprement parler que l'expression* »[135]. Notons que le directeur de l'Intérieur avait délibérément choisi d'éviter des termes comme capitation trop en lien avec l'esclavage et préféré le mot « *impôt* » ou « *taxation* ». Etrangement, cette taxe était une commande de la part des grands propriétaires et industriels du sucre. En effet, « *le Conseil privé appuie l'avis du Conseil général dont à l'établissement d'une taxation sur les gens de travail qui ont contracté un engagement avec les propriétaires* ». Le but ici était d'affirmer que les habitants étaient et devaient être les seuls grands pourvoyeurs de main-d'œuvre indienne. Par le biais de cette taxe, il s'agissait également pour les habitants de clarifier leurs droits : ils pouvaient en disposer comme ils l'entendaient en sous-louant leurs services ou en les vendant à d'autres colons sans leur demander leur avis ou leur consentement. On peut logiquement penser que dans le prix de vente de l'engagé, étaient compris : les frais du voyage, la délégation familiale, le cautionnement et le prix correspondant à la formation aux travaux agricoles et aux machines sur l'habitation. Et si la richesse de l'habitant se mesurait bien au nombre d'engagés à son service, cela signifiait que l'engagé était considéré comme une sorte de bien meuble, un outil de production, un élément composant factuellement son patrimoine.

---

[135] CAOM, C. 406/3828, Délibération du Conseil privé de Bourbon, Saint-Denis, le 8 janvier 1830. Il s'agissait de l'examen de la décision du Conseil général relative au budget de l'année 1831.

Le projet de cette taxe répondait aussi à un souci d'équité ou de justice sociale et fiscale entre propriétaires d'esclaves et propriétaires d'engagés[136]. Comme cette taxe était demandée par le Conseil général, on imagine qu'elle devait être levée par celui-ci. Cette taxe était sans doute nécessaire pour compenser le nombre d'esclaves qui allait diminuer d'année en année jusqu'à l'abolition de l'esclavage. Il fallait donc réfléchir au manque à gagner fiscal du Conseil général. Le Conseil privé du gouverneur décida d'instaurer cette taxe après avis favorable du Conseil général. Mais quelques années plus tard, le Conseil général fit pression pour en demander la suspension tant que les engagistes avaient à payer la fameuse clause de la délégation familiale à Pondichéry[137].

L'enjeu de l'engagisme était devenu politique, car il s'agissait pour le ministère de la Marine et des Colonies ainsi que pour le gouvernement bourbonnais de détourner les habitants de leurs habitudes liées à la traite esclavagiste. Du moins, il nous est permis de le supposer. L'administration avait admis dès 1831 des engagements exclusivement privés même si les habitants-engagistes demeuraient gênés par la clause de la délégation familiale. Le gouverneur avait démontré son parti pris en faveur des aristocrates du sucre en faisant du syndic un tuteur purement théorique. Quant à la commission des Indiens, elle était majoritairement composée de personnes tout à fait influençables par les habitants. Cela revenait à considérer la protection des travailleurs libres comme perfectible sinon déficiente. Au niveau judiciaire, le gouverneur avait toujours exclu la compétence des juges ordinaires, invoquant le statut étranger de l'immigrant. Aucune loi commune ne fut véritablement applicable, l'Indien demeurait un libre tout à fait

---

136 C. WANQUET, *Op. Cit.* tome 2, pp. 176-181. En 1795, à l'occasion de la réforme fiscale, « les sociétés populaires veulent surtout l'égalité devant les charges collectives… L'Assemblée explique ensuite pourquoi en adoptant le modèle français elle a choisi l'impôt direct sur les esclaves… L'Assemblée démontre enfin que la progression de l'impôt est socialement juste car les propriétaires de beaucoup d'esclaves sont également les gens qui disposent des plus grands moyens et du plus grand superflu… Dans un souci de justice fiscale, l'Assemblée arrête également une contribution industrielle sur tous ceux dont la richesse réelle, constituée surtout de rentes, salaires, traitements, commerces…. n'aurait pu être justement évaluée par le seul critère du nombre de noirs qu'ils possèdent… La contribution industrielle pèsera également – selon un système progressif très élaboré allant du 120e au 30e du revenu – sur tous les salariés de l'une ou l'autre administration ou d'un particulier… ». Cette réforme portait sur une perception généralisée à l'ensemble de la population blanche en fonction de la richesse de chacun, tous métiers et fonctions confondus.

137 CAOM, C. 406/3829, Délibération du Conseil général de Bourbon, 1re session de 1831 : « Le Conseil général est d'avis que l'administration locale use de la faculté qui lui est laissée par le département de la marine de suspendre la perception du droit de capitation établi sur ces cultivateurs ».

singulier, handicapé par son ignorance de la langue française et des dispositions légales. L'administration restait le seul référent de l'immigration et l'habitant le véritable engagiste.

Cependant, le phénomène du vagabondage s'amplifia. Toutes les concessions politiques faites ne suffirent plus aux habitants-engagistes. Ces derniers ne retenaient pas la main-d'œuvre indienne chez eux. La clause de la délégation familiale, voilà la cause de tous les soucis des engagistes réunionnais. Vraiment ? Et pourtant, il allait bien falloir s'éloigner à terme de l'esclavage.

## 2) Les contreparties conventionnelles de l'engagé indien

À partir de 1831, l'habitant fut conforté dans ses droits et libertés en tant qu'engagiste et c'est sur cette base qu'une taxe locale d'engagement fut instaurée. Cette clarification préparait sans doute une immigration indienne plus régulière et plus massive d'autant plus que 2 organismes, la commission et le syndic des Indiens, étaient théoriquement chargés de protéger et de représenter les intérêts des engagés. La seule ombre au tableau pour les engagistes était encore cette fameuse délégation familiale dont ils n'arrivaient pas à s'en défaire. D'un côté, on a les autorités coloniales à Paris qui voulaient maintenir un droit de regard sur le recrutement dans un contexte de fin programmée de l'esclavage et de l'autre côté, on a des habitants qui avaient besoin d'une forte main-d'œuvre pour la production sucrière, ce qui nécessitait une relation contractuelle exclusive, directe et abusive de l'engagiste sur son engagé.

Un certain lobbying colonial tentait de convaincre des bienfaits de la liberté conventionnelle, une vision un peu trop illusoire quand on sait l'extrême faiblesse, l'extrême fragilité juridique et sociale de l'Indien face aux industriels du sucre. Les blancs de l'île voulaient faire croire que l'Indien et l'habitant étaient désormais sur un même pied d'égalité juridique et que « *les nouveaux engagements s'effectueraient comme par enchantement et seraient exécutés avec fidélité* » [138]. Rappelons qu'en cas de conflit ou de difficulté

---

[138] CAOM, C. 406/3831, *Le Glaneur* du samedi 6 avril 1833. Article de Monsieur A. Fitau : « le propriétaire aura soin de ne leur faire aucune promesse qu'il ne puisse tenir s'ils contractent ensemble en même temps sur le prix et le travail dû ». Cela revient à considérer que même si le nom des engagistes apparaissait dans des contrats d'engagement avant 1848, les frais et salaire de l'engagé pesaient davantage sur l'administration locale puisque celle-ci s'était portée garante auprès de l'administration de Pondichéry. La question du salaire était fondamentale, car elle était théoriquement connue des engagés. Au lieu de rembourser l'administration, il n'était pas impossible que les engagistes abandonnent leurs engagés à leur sort pour se délier de toutes obligations vis-à-vis de l'administration pour ensuite les recruter plus ou moins temporairement, à la tâche, à la journée ou pour une campagne sucrière

entre les 2 parties, les engagistes pouvaient se prévaloir de l'article 1781 du Code civil en étant persuadés que leur bonne foi était toujours présumée alors que les Indiens demeuraient enfermés dans un mutisme en raison de leur statut d'étranger. Combien d'entre eux étaient-ils vraiment reconnus comme engagés ou travailleurs libres ? Comment s'assurer de l'identité exacte des uns et des autres ?

- Le traitement pécuniaire de l'engagé indien

C'est l'article 2 de la Copie de l'engagement de 1828 qui fixa le salaire des engagés[139]. Etablie à 7 roupies, la solde mensuelle équivalait à 17,90 Francs, salaire plutôt élevé comparé à l'évolution des salaires au cours de tout ce 19e siècle dont la moyenne était d'environ 12,50 Francs. L'engagé devait travailler 26 jours consécutifs par mois, du lever du soleil jusqu'à son coucher[140]. En Métropole, de 1800 à 1830, aucune réglementation générale relative à la journée de travail ne fut légalement adoptée. Une grille salariale était admise en fonction du métier et de la région dans laquelle travaillait l'ouvrier. A La Réunion, le gouverneur pouvait décider de surprotéger le principe de la liberté conventionnelle qui encadrait les relations entre habitants et Indiens. Autant dire que les engagistes étaient libres d'imposer notamment un salaire très bas.

Les débats sur le salaire ont animé le temps d'une séance le conseil privé du gouverneur. Ses membres avaient souhaité dès 1828 le fixer officiellement aux alentours des 5 Francs nets mensuels, sans doute pour éviter toute surenchère ou toute concurrence « déloyale » entre habitants-engagistes. Il s'agissait également de rendre la main-d'œuvre indienne à la fois attractive et stable, permettant ainsi d'assurer la productivité attendue et de maîtriser les coûts. Le salaire de 5 Francs était considéré comme un prix élevé « *pour que le gouvernement se charge de les faire venir, n'étant pas sûr de pouvoir les employer actuellement que tous les travaux sont mis à l'entreprise* »[141]. Il fallait intégrer au salaire les frais éventuels de rapatriement, le coût du

---

en contrepartie d'un logement, même sommaire, et de nourriture. En effet, un engagé abandonné était considéré comme un vagabond délinquant.

139 Copie de l'engagement du 18 mars 1828, *Op. Cit.* L'article 2 stipulait que : « Notre solde qui sera de sept roupies, commencera à courir un mois après le jour de notre débarquement, et trois mois d'avance nous seront payés pour en laisser une partie à nos familles ».

140 Copie de l'engagement du 18 mars 1828, *Op. Cit.* L'article 6 stipulait que : « Nous travaillerons à la terre ou à tous les ouvrages qui nous seront donnés, moins toutes fois les bas ouvrages de la domesticité, tous les jours depuis le lever du soleil, jusqu'à son coucher, sous la réserve de trois heures prises à notre volonté dans le courant de la journée qui nous seront laissées pour nos repas ».

141 CAOM, C. 406/3824, Délibération du Conseil privé de Bourbon, Saint-Denis, le 6 juin 1828.

transport, le prix de la délégation familiale, ce qui faisait qu'en bout de course, le solde restant était fortement amoindri.

Que fallait-il entendre par salaire ? Les conseillers privés estimaient la dépense mensuelle d'un engagement à 40 Francs tandis que l'article 2 de la Copie de l'engagement de 1828 fixa le salaire mensuel à 17,90 Francs. Or, il s'agissait là de salaire brut, car la délégation familiale n'était pas encore déduite et l'on sait qu'elle pouvait atteindre jusqu'à plus de la moitié du salaire[142]. Cela signifie bien que l'on se rapprochait davantage d'une fourchette comprise entre 9 et 5 Francs mensuels nets selon les qualifications et les métiers de l'engagé. Mais même 9 Francs paraissait certainement trop cher pour les habitants-engagistes. Retenons que 40 Francs représentaient la dépense mensuelle totale due par l'engagiste. Le gouverneur de Pondichéry estimait la dépense mensuelle de l'engagé plutôt à 30 Francs, mais le gouverneur de La Réunion considérait lui qu'il s'agissait là d'un « *taux inférieur au prix de la location ordinaire des esclaves* »[143]. En effet, en fixant la dépense mensuelle à 40 Francs, le gouverneur n'avait fait que l'aligner sur la moyenne de la dépense mensuelle due aux travailleurs affranchis[144]. Ainsi, avec un salaire mensuel de 7 roupies, l'engagé indien percevait « *une somme à peu près égale au prix du loyer d'un noir manœuvre* ».

Nous avons donc un ordre d'idée de ce que coûtaient un esclave, un affranchi et un engagé indien à La Réunion dans les années 1830. L'esclave occasionnait une dépense mensuelle de 30 Francs maximum, l'affranchi comme l'engagé, 40 Francs, vêtements et nourriture compris. Ici, sur la notion de dépense mensuelle, nous ignorons où situer l'esclave de l'Atelier colonial, mais il était plus proche des 30 que des 40 Francs. Si 7 roupies représentaient 17,90 Francs, une roupie était alors égale à 2,55 Francs. Déduction faite des 4 roupies, soit un peu plus de la moitié du salaire brut de l'engagé au titre de la

---

[142] CAOM, C. 406/3857, Correspondance du commandant de Yanaon adressée au gouverneur de Pondichéry, Yanaon, le 15 juin 1829. Les engagés indiens recrutés « auront la certitude que l'administration française paiera mensuellement à leur famille la moitié de leur solde ».

[143] CAOM, C. 406/3855, Correspondance du gouverneur des Etablissements Français dans l'Inde adressée au ministre de la Marine et des Colonies, Pondichéry, le 16 avril 1828.

[144] CAOM, C. 406/3824, Correspondance du gouverneur de Bourbon adressée au gouverneur des Etablissements Français dans l'Inde, Saint-Denis, le 29 juin 1828 : « Leurs salaires sont fixés à 7 roupies par mois, qui au change de la place, font 17,90 Francs ; leur nourriture, leur habillement, les frais d'hôpital, etc. sont évalués de 22 à 23 Francs par mois, c'est donc une dépense de 40 Francs par mois… ». Le Conseil privé de Bourbon devait toutefois veiller à ce que la « la dépense mensuelle qu'ils occasionnent n'excède guère les 30 Francs par mois, nourriture et vêtements compris » telle que fixée le 6 juin 1828. Cette dépense par engagé était 10 Francs moins chers que pour l'affranchi.

délégation familiale sur les 7 stipulées au contrat, il ne lui restait que 3 roupies, équivalant à 7,67 Francs[145]. Etant donné que l'on dépasse le seuil des 5 Francs mensuels, le salaire réel était peut-être moindre, car toutes les autres charges, dont la nourriture et les frais d'hôpital, n'étaient pas comprises. Si l'on retient le principe d'un salaire net de 7,67 Francs auquel on ajoute les 22 Francs afférents aux frais mensuels de nourriture, d'habillement et d'hôpital, cela faisait une dépense mensuelle de 30 Francs, soit une dépense équivalente à celle d'un esclave. Ce n'est que si la délégation familiale était effectivement payée que la dépense mensuelle correspondait aux 40 Francs annoncés. C'est dire que le sujet de la délégation familiale était important pour les engagistes et surtout pour le gouverneur de Pondichéry qui ne cessa pas de les réclamer[146]. Cela nous interroge sur la confusion voulue entre les notions de dépense mensuelle et de salaire effectivement versé à l'engagé. En tout état de cause, nous pouvons supposer que le salaire était plus proche des 7-10 Francs que des 17-20 Francs.

Notons qu'en principe, la dépense mensuelle de l'engagé indien ou de l'affranchi à La Réunion était proche du salaire d'un manœuvre aciériste de Métropole. Là-bas, ce sont les bottiers de haute spécialisation et les ouvriers d'art tels que les joailliers, les bijoutiers, doreurs et horlogers qui étaient parmi les mieux payés : entre 5 et 12 Francs par jour. Seuls les terrassiers et les manœuvres aciéristes étaient rétribués entre 1,25 et 1,50 Franc par jour, ce qui faisait un salaire mensuel compris entre 37,50 et 45 Francs, les dimanches compris. Avec une solde mensuelle nette de 7,67 Francs ou même brute de 17,90 Francs, l'engagé indien restait finalement très éloigné de la condition sociale des ouvriers de Métropole, le coût pour l'engagiste étant au moins 2 fois moins cher que celui d'un simple terrassier, cordonnier ou manœuvre aciériste métropolitain dont le salaire permettait tout juste de survivre[147]. Ajoutons enfin que La Réunion tolérait un système salarial qui pouvait aller du mensuel jusqu'au trimestriel tandis que la France métropolitaine commença à s'ouvrir dès 1825 au salaire horaire.

L'arrêté du 3 juillet 1829 fixa à 10 Francs le salaire minimum de tout homme ou chef de famille engagé indien. Le paiement devait se faire le premier dimanche de chaque mois en présence d'un fonctionnaire municipal. Cette mensualité n'était stipulée dans aucune des deux copies d'engagement, ce qui confirme qu'elles tenaient lieu de modèles contractuels. Avec un salaire

---

[145] Copie de l'engagement du 18 mars 1828, *Op. Cit.* L'article 3 stipulait que : « Pendant notre absence, il sera payé une somme de 4 roupies par mois, sur la présentation d'un titre qui sera donné et signé par le Capitaine Délarche (commandant du comptoir de Yanaon), et 3 autres roupies nous seront payés à Bourbon ».

[146] Citons pour mémoire l'ordonnance du 24 juillet 1829 et l'arrêté local du 24 octobre 1829.

[147] M. BOUVIER-AJAM, *Op. Cit.*, p. 88.

de 10 Francs, la condition sociale de l'engagé était bien pire que celle d'un ouvrier en France. Pour tous ceux qui n'étaient pas chef de famille, on peut penser que le salaire était inférieur. Précisons que la délégation familiale correspondait à 3 mois de salaire, soit environ 12 roupies ou 30 Francs. En vertu du principe de la liberté conventionnelle, l'habitant-engagiste pouvait décider de payer le salaire de l'engagé chaque mois ou alors tous les 2 ou 3 mois, le temps de former les engagés aux travaux du sucre, d'évaluer leurs capacités et de s'adapter à la productivité de l'établissement. N'oublions pas non plus de mentionner toutes les dépenses de mise en quarantaine et de vaccination. Comment ne pas supposer que les capitaines, négociants et habitants n'allaient pas se livrer à des pratiques purement commerciales concernant le marché des engagés indiens ?

Le salaire devait certainement courir à partir du jour de leur débarquement. En réclamant l'avance des 3 premiers mois de salaire, déduction faite de la délégation familiale, on peut penser que le capitaine du navire demandait là le prix qui correspondait à ses frais de transport en plus de ses diverses commissions. L'habitant intéressé par de la main-d'œuvre indienne devait déposer auprès du secrétariat de la commission des Indiens un cautionnement pour les avances faites en Inde.

- Le traitement lié à l'entretien de l'engagé indien

Si la nourriture faisait pleinement partie de l'entretien de l'engagé, rappelons qu'une parcelle de terre cultivable était mise à disposition des engagés sur le domaine de l'habitation. Nous ignorons si cette mise à disposition était véritablement gratuite ou sous condition. L'article 9 de la Copie de l'engagement de 1828 stipulait que la ration alimentaire devait être composée comme suit : « *une livre de riz par jour, poisson salé ou viande et ingrédients pour carry, etc.* »[148]. On peut penser par exemple que les ingrédients pour le carry étaient cultivés par les engagés. Notons qu'au début de l'engagisme, ces proportions n'étaient pour ainsi dire pas réglementées et ne figuraient dans aucune législation. Toutefois, la référence aux proportions spécifiques aux esclaves était explicite aux yeux des habitants[149]. Tout ce qui

---

[148] Copie de l'engagement du 18 mars 1828, *Op. Cit.* L'article 9 stipulait que : « Nos salaires continueront à notre débarquement à Bourbon. Le prix en sera le même que celui porté en l'article 2 moyennant ce prix l'habillement, deux pantalons, deux chemises et deux mouchoirs de tête par an, ainsi que la nourriture qui consistera en une livre de riz par jour, poisson salé, ou viande et ingrédients pour carry, etc. ».

[149] L'ordonnance du 18 juin 1726 du Conseil supérieur de Bourbon fixa la ration alimentaire des esclaves hommes de la compagnie à une livre et demie de riz par jour et à une livre pour les femmes et les enfants. Les esclaves du secteur privé voyaient leur ration réglementée par les ordonnances du 18 juillet 1735 et du 7 septembre 1767 reprenant celle du 18 juin 1726. Mais, le maître pouvait remplacer le riz par 2 livres

réglementait l'entretien des esclaves servait de base d'inspiration pour ce qui concernait les engagés.

Un an après le débarquement des 15 premiers engagés, l'arrêté du 3 juillet 1829 faisait mine de vouloir améliorer leur ration alimentaire en raison de leur statut de travailleurs libres. Conformément à cet arrêté, il était dû à chaque engagé 800 grammes de riz et 12 grammes de sel par jour ou une nourriture équivalente en racines et autres grains nourriciers si les engagés en étaient d'accord[150]. Là encore, on ne voit pas très bien comment l'engagé pouvait refuser. La nourriture en racines et autres grains indiquait qu'il s'agissait d'une alimentation principalement végétarienne. Avec peu de poisson et pauvre en viande, les racines étaient sans doute composées de songes, de patates et de brèdes[151]. Cette alimentation de base était un minimum vital et l'on peut imaginer que les habitants proposaient de compléter leur nourriture ou de répondre à des besoins spécifiques en contrepartie d'une retenue sur salaire. Du côté des esclaves, il a fallu attendre l'ordonnance du 5 juin 1846 pour augmenter les proportions et les voir se rapprocher ainsi de l'alimentation des engagés indiens[152].

En plus de la nourriture, l'engagé devait être soigné lorsqu'il tombait malade. Là encore, nous supposons que les soins, les frais de quarantaine et les médicaments pouvaient être déduits de son salaire. L'article 8 de la Copie de l'engagement du 18 mars 1828, lui, évoquait le cas des maladies « *dûment constatées* » pendant la traversée et la mise en quarantaine, situation dans laquelle les médicaments étaient fournis directement par l'administration, mais dont le prix était sans doute réclamé auprès de l'engagiste. C'est l'arrêté du 3 juillet 1829 qui posa le principe selon lequel « *les soins à donner aux malades, l'entretien des infirmes et le rapatriement des engagés étaient aux frais de ceux qui les employaient, sauf retenue des frais de maladie et de retour sur la solde des engagés qui n'avaient pas fait de stipulations contraires* »[153]. Il est donc clairement établi que l'engagiste faisait l'avance des frais et qu'il les retenait sur le salaire de l'engagé malade. Ici, il s'agissait des rapatriements d'Indiens tellement infirmes ou malades que les engagistes

---

de maïs, de haricots ou de manioc. Ces prescriptions légales furent rappelées par l'ordonnance du 25 décembre 1819.

150 CAOM, C. 406/ 3846, *Revue coloniale,* mai 1845, Règlements mis en vigueur à Bourbon, de 1826 à 1844 sur les introductions de travailleurs libres venant d'Asie. Voir également S. FUMA, *Op. Cit.*, p. 108.

151 ADR, 1 J. 15, Lexique des mots et expression du Journal de De Lescoubles. Feuille de morelle (solanacée) du bourgeon terminal des cucurbitacées, citrouille, potiron, courge cuite en bouillon assaisonnée ou en fricassée.

152 J.-M. DESPORT, *Op. Cit.*, p. 94.

153 CAOM, C. 406/3846, *Revue coloniale*, mai 1845, Règlements mis en vigueur à Bourbon, de 1826 à 1844 sur les introductions de travailleurs libres venant d'Asie, *Op. Cit.*

n'en voulaient pas ou plus. Deux solutions se présentaient : soit on les laissait à l'abandon, soit on les faisait rapatrier aux frais des habitants. On imagine que les rapatriements de ce type et même de façon plus générale étaient plutôt rares[154]. Les esclaves comme les engagés ne devaient faire preuve d'aucune faiblesse tant le travail et les conditions de vie étaient rudes[155].

Pour ce qui concerne l'habillement, c'est l'article 9 de la Copie de l'engagement de 1828 qui précisait qu'il fallait à l'engagé 2 pantalons, 2 chemises et 2 mouchoirs par an, ce qui n'était pas bien différent de ce à quoi avait droit l'esclave, hormis les 2 mouchoirs[156]. Sur la condition vestimentaire des travailleurs de couleur, l'opinion publique était très critique : les noirs libres des villes gaspillaient leurs pécules dans des achats superflus, les esclaves étaient généralement vêtus d'une toile en saison hivernale tandis qu'en saison chaude, ils se contentaient d'une simple chemise ou d'un pantalon. Et si jamais on pouvait observer que des esclaves étaient complètement nus, certains maîtres à Sainte-Rose avaient fait croire que c'était une démarche volontaire de leur part et qu'ils avaient échangé leurs vêtements contre d'autres biens. L'ordonnance de 1846 précitée voulut améliorer le sort vestimentaire des esclaves en obligeant les maîtres à leur offrir pantalons et chemises deux fois par an.

Quant à l'habitat de l'engagé, il n'était *a priori* pas pire que celui de l'ouvrier métropolitain. Le compagnon était généralement mal logé alors même qu'il faisait figure de privilégié. Dans certaines agglomérations métallurgiques et textiles, des dortoirs et cantines furent installés, mais

---

[154] CAOM, C. 406/3852, Délibérations du Conseil privé de Bourbon de 1843 à 1845. L'administration du gouverneur prenait en charge les frais de retour des engagés indiens. Pour cela, il fallait s'entendre avec des capitaines de navire en partance pour l'Inde. Le prix du voyage n'était pas inférieur à 50 Francs par Indien rapatrié.

[155] S. FUMA, *Op. Cit.*, pp. 48-55. L'auteur décrit notamment le travail des esclaves sur les habitations et usines sucrières entre 1811 et 1838 en se référant au Journal d'un planteur de Sainte-Suzanne, Monsieur De Lescoubles. Sur ce point, voir Journal de De Lescoubles, *Op. Cit.*, années 1811 à 1838. Cela était sans rappeler le rythme et les travaux du sucre sur les habitations guadeloupéennes décrits par C. SCHNAKENBOURG, *Op. Cit.*, pp. 36-46.

[156] C'est le règlement du 5 octobre 1819, complété par celui du 3 mars 1827, applicable aux noirs de l'Atelier colonial qui allait progressivement régir le sort des esclaves du secteur privé et ce, jusqu'à l'ordonnance du 5 juin 1846. Il ne faut pas oublier les 3 premiers articles de l'ordonnance royale du 18 mai 1819 limitant la qualité des vêtements réservés aux esclaves de Bourbon, ceux-là ne pouvant porter ni chaussures, ni souliers, ni mousselines, dentelles, gazes, soieries, rubans, châles de laine, aucun bijou autre qu'un anneau simple, aucune pierre fausse ou vraie, etc. Nous ignorons si l'engagé était soumis lui aussi à ce genre de prescriptions, mais ce qui parait certain, c'est que la colonie s'était fortement inspirée de la législation esclavagiste pour réglementer tout ce qui concernait l'habillement des engagés avec bien entendu quelques aménagements.

l'hygiène laissait à désirer[157]. Le logement ouvrier ressemblait à des taudis ou à de simples cabanes et pour cause, l'on sait qu'il était sous-payé, vivant misérablement dans un climat d'insécurité. Ce n'est qu'aux alentours de 1840 que quelques groupes industriels pensèrent à des cités ouvrières. A La Réunion, à son débarquement, l'engagé indien n'était pas assuré d'être immédiatement logé sous un toit, encore moins en dur. Il est vrai que son engagiste devait lui assurer pendant tout le temps de son contrat un terrain propice et proche d'une source d'eau, afin qu'il bâtisse lui-même en 8 jours une « *paillotte* », terme qui fait encore référence au sort des esclaves[158]. Pour des raisons pratiques et de place disponible sur l'habitation, le maître avait sans doute conduit ses engagés à rejoindre le camp de ses esclaves[159]. On peut imaginer dans le meilleur des cas qu'une portion du camp, un peu à l'écart, leur était réservée. Comme ils n'étaient pas nombreux dans les années 1820, les engagés ont dû s'adapter et composer avec les esclaves alors que leur statut était théoriquement différent. Dans une île comme La Réunion où les conditions climatiques ne sont pas toujours clémentes, les habitats des esclaves et des engagés devaient au moins tenir les rafales de vent, d'où les *calbanons* en bois ou en maçonnerie situés près des usines de l'habitation. Tout dépendait de leur nombre, mais on peut penser qu'ils étaient à l'étroit, vivant dans des conditions insalubres et peu hygiéniques au moins jusqu'en 1877. Non entretenus, les *calbanons* abritaient à la fois humains et animaux de campagne, dépourvus de mobilier. C'était des logements collectifs. Tout cela, c'était dans le meilleur des cas, parce qu'un tiers des esclaves n'était pas logé, couchant dans des débarras, voire « *à la belle étoile* »[160].

La durée journalière de travail n'était *a priori* pas plus excessive à La Réunion qu'en Métropole. L'ordonnance du 26 septembre 1806 fixa la moyenne nationale de travail chaque jour à 14 heures, qu'il s'agisse des travaux publics ou dans les bois. Cette moyenne avait cours jusqu'en 1824.

---

157 M. BOUVIER-AJAM, *Op. Cit.*, pp. 89-90.

158 Copie de l'engagement du 18 mars 1828, *Op. Cit.* L'article 4 stipulait que : « A notre arrivée dans la colonie, il nous sera donné à chacun un terrain convenable pour y bâtir une maison ditte Paillotte. Les matériaux nous seront fournis, et huit jours nous seront accordés pour ce travail, l'endroit qui sera désigné à cet effet, sera sain, et avoisinera une bonne source ». Le terme de paillote était généralement attribué aux esclaves. Ce n'est qu'à partir de l'ordonnance de 1846 que l'esclave bénéficia d'un minimum d'ameublement comme le lit avec sommier, table et banc. Voir à ce sujet, J. V. PAYET, *Op. Cit.*, p. 26-27.

159 S. FUMA, *Op. Cit.*, p. 113 : « Le logement des engagés indiens n'est guère différent de celui des esclaves. Les propriétaires ont souvent regroupé les *bandes d'Indiens* dans des bâtiments en maçonnerie ou en paille à proximité des usines. Ce type de logement, appelé *calbanon*, offrait des conditions d'hygiène déplorables. Il n'est pas rare que plusieurs hommes vivaient dans une pièce étroite, sans mobilier, couchant sur des nattes usagées sur le sol de terre battue ».

160 J.-M. DESPORT, *Op. Cit.*, pp. 92-93.

Elle était de 8 heures dans les métiers de serrurerie, de menuiserie et de maçonnerie. En 1830, une vague durée moyenne de 12 heures fut admise dans les provinces contre 11 heures à Paris. A La Réunion, les engagés indiens devaient travailler du lever jusqu'au coucher du soleil. Si l'on considère que le lever du soleil se fait aux environs de 6 heures du matin et que le coucher vers 18 heures, cela faisait environ 12 heures moins 3 heures de repos, soit 9 heures, ce qui classait les engagés indiens dans une catégorie sociale équivalente aux métiers de serrurerie, de menuiserie et de tannerie, les métiers les plus difficiles étant ceux des fabriques, des industries textiles et des mines. Tout comme les esclaves, les engagés étaient assignés aux travaux les plus durs dans la colonie, c'est-à-dire ceux de l'agriculture et de l'industrie du sucre. Est-ce à dire qu'ils travaillaient moins que les esclaves ? Dans ces conditions, les mesures annoncées pour assurer leur « bien-être » contractuel paraissaient dérisoires d'autant plus qu'ils avaient la charge des corvées[161]. Celles-ci étaient en plus du temps de travail contractuel. Le rythme et la charge de travail ne semblaient pas très différents du quotidien des esclaves. Cette cadence, nous la retrouvons parmi la classe des ouvriers sur le continent européen dans la même période. En France, les ouvrières étaient de service d'atelier « normal » entre 5 ou 6 heures du matin jusqu'à la tombée de la nuit, sans parler du travail qui les attendait en plus à leur domicile, notamment dans le textile où l'on louait ou prêtait le métier pour terminer l'ouvrage. Cela faisait pour elles des journées de 17 heures, moyenne semblable pour l'enfant de 8 ans en Alsace, toujours dans le domaine du tissu. Il a fallu attendre les ordonnances de 1839 pour que l'accès aux manufactures ne soit plus possible aux enfants scolarisés de moins de 14 ans. A La Réunion, les 15 premiers engagés de 1828 étaient âgés de 15 à 45 ans, avec un âge moyen de 20 ans[162]. Le travail colonial répondait au même rythme infernal que le travail des ouvriers en France, le salaire et la considération humaine en moins. Les colons et les habitants pouvaient également embaucher, sous-louer un esclave, un

---

[161] La loi Mackau du 18 juillet 1845 énonça les heures de travail des esclaves, soit entre 6 heures et 18 heures, à savoir 12 heures, moins deux heures et demi de repos, ce qui faisait des journées de 10 heures. Si le maître réclamait des heures supplémentaires, il était théoriquement passible d'une amende de 15 à 100 Francs, sauf pour des tâches considérées urgentes. Il y avait donc une certaine assimilation des conditions relatives aux horaires de travail entre engagés et esclaves. D'ailleurs, au moment de l'abolition de l'esclavage, les autorités réunionnaises ont tout mis en œuvre pour obliger les affranchis sélectionnés à signer un engagement temporaire de 2 ans pour assurer les travaux du sucre pendant une période de transition. Cette loi fut un échec aux Antilles. Voir C. SCHNAKENBOURG, *Op. Cit.*, pp. 186-187.

[162] L'émargement de la Copie de l'engagement du 18 mars 1828 précisait les noms et prénoms, l'âge, la caste, le lieu de naissance et le domicile de chacun des 15 engagés de Yanaon. L'Indien âgé de 45 ans, Gony Paty Palalou, faisait figure de « chef » tandis que le plus jeune, Chinta Soubadou, était âgé de 15 ans.

engagé, un vagabond incarcéré soit à la journée, à la tâche ou pour une durée temporaire plus ou moins courte.

Plus le vagabondage était important, plus il était crucial pour l'engagé qui s'éloignait trop du domaine de son maître de présenter une autorisation de circuler en ville attestant qu'il était bien au service de tel engagiste. À défaut, c'était un délit de vagabondage caractérisé et par conséquent, les autorités pouvaient l'incarcérer. La situation des immigrants indiens s'avérait donc très fragile. Sans sorte de passeport, de papiers d'identité ou de preuve écrite d'un engagement, leur sécurité statutaire et juridique n'était absolument pas assurée, ce qui les obligeait à s'installer durablement sur le domaine du maître. Cet enfermement physique et psychologique pouvait les contraindre à être moins exigeants dans le versement de leur salaire, à se contenter de ce que voulait bien consentir le maître. A terme, on pouvait s'attendre aussi bien à de la résignation qu'à des réclamations, voire à des mouvements de contestations plus ou moins virulents. Dès 1830, certains engagés se plaignirent auprès de la commission des Indiens du non-paiement de leurs salaires[163]. Mais à défaut de pouvoir les identifier eux et leurs engagistes, les Indiens étaient réduits à la mendicité et à la geôle. Il n'était pas question de les rapatrier sauf s'ils étaient devenus de grands criminels ou de dangereux délinquants. On imagine mal que les maîtres les laissaient partir sans les réclamer, car ils avaient payé leur transport, ils les avaient formés. Toute fuite, toute « désertion » représentait un coût, un manque à gagner. Il ne fallait pas non plus que ce phénomène ne se généralise et se répercute sur les esclaves. Des peines et des châtiments corporels leur étaient sans doute infligés une fois de retour sur l'habitation. Du côté de l'administration, la circulaire du directeur de l'Intérieur du 7 juillet 1830 tenta d'encadrer et de garantir le versement des salaires des engagés, mais sans succès, surtout si l'on ne retrouvait pas les contrats d'engagement correspondants[164].

Les autorités coloniales étaient bien conscientes que les habitants jouissaient d'une position privilégiée. Ils la défendaient même. Il était difficile sinon impossible de les assigner en justice surtout si le plaignant était un engagé. En cas de conflit, l'article 1er de l'arrêté local du 16 mai 1831 reconnaissait à l'engagé sa qualité de justiciable « *devant les tribunaux compétents* » uniquement si la commission des Indiens n'avait pas pu concilier les parties. Sur le principe, une telle disposition confirmait que l'engagé était un travailleur libre et que de ce fait, il avait des droits. En pratique, c'était très compliqué, car les frais du procès étaient à la charge exclusive de l'engagé concerné qui n'avait sans doute pas les moyens de

---

163 S. FUMA, *Op. Cit.*, pp. 104-139.

164 ADR, 168 M 3, Circulaire du 7 juillet 1830 du directeur de l'Intérieur adressée aux maires de la colonie. Il était rappelé et demandé que le salaire soit payé à la mairie de la commune sur laquelle se situait l'habitation concernée et ce, conformément à l'article 9 de l'arrêté local du 3 juillet 1829.

payer. Saisir un juge était de l'ordre de l'impossible ou presque[165], d'autant plus que l'engagiste n'allait pas prendre le risque de rémunérer un engagé qui s'était plaint.

Si les engagistes rechignaient à leur verser tout ou partie de leurs salaires, c'est parce qu'ils les assimilaient aux esclaves. Qu'est-ce qu'on ne leur avait pas promis en Inde pour qu'ils acceptent de monter à bord des navires en partance pour La Réunion ? Leur intégration sur les habitations fut sans aucun doute très dure. Les cas de mauvais traitements, de défauts de paiement des salaires, de défauts de nourriture n'étaient pas rares et à certains endroits de l'île, il y avait comme un air de révolte qui se leva parfois. Ce fut le cas des travailleurs indiens de Monsieur de Villèle à Saint-Gilles-les-Hauts au début de l'année 1830 ou encore la révolte des engagés de l'habitant Adam causée par les excès de zèle d'un commandeur noir. En 1831, plusieurs Indiens qui avaient été arrêtés préférèrent rester en prison, à la geôle de Saint-Denis plutôt que de subir les punitions corporelles que leur réservaient leurs maîtres. La même année, à Saint-André, des engagés de Monsieur de Laserve frappèrent le régisseur de l'usine pour se venger des mauvais traitements qu'ils avaient subis. Les Indiens avaient compris que ni la commission, ni le syndic, ni les tribunaux n'avaient l'intention de les défendre ou de les protéger. La résignation, la fuite ou la violence étaient leurs seules possibilités d'expression, sans parler de cas extrême comme le suicide. On peut également supposer que face à des révoltes qui pouvaient prendre de l'ampleur dans différents quartiers, les engagistes se résignaient à abandonner les plus récalcitrants d'entre eux à leur sort en les mettant à l'épreuve de leur propre liberté, c'est-à-dire en rompant toute relation avec eux, sans aucun moyen de subsistance. C'était peut-être là un stratagème pour les asservir. Et si le phénomène du vagabondage avait été monté de toutes pièces par les engagistes eux-mêmes ?

## Section 2 : L'ex-engagé indien : un vagabond délinquant

Au tout début de l'engagisme, le service du roi et la clause de la délégation familiale constituaient aux yeux de l'administration des Etablissements Français dans l'Inde les caractéristiques essentielles voire des conditions suspensives à la conclusion du contrat d'engagement proposé aux Indiens pour le compte du gouvernement de Bourbon. Avec une telle approche juridique, c'était affirmer la nature administrative de l'engagement ou la prépondérance de la responsabilité publique des autorités coloniales dans l'exécution des termes contractuels. Avec cette approche, c'est comme si les autorités de

---

[165] CAOM, C. 406/3846, *Revue coloniale*, mai 1845, Règlements mis en vigueur à Bourbon, de 1826 à 1844 sur les introductions des travailleurs libres venant d'Asie, *Op. Cit.*

Saint-Denis et de Pondichéry formaient une sorte d'écran entre l'habitant, véritable bénéficiaire des services de l'engagé, et l'engagé indien lui-même. Dès le débarquement des premiers *coolies* de La Turquoise, le gouverneur n'avait pas eu d'autre choix que d'admettre la délégation d'un service public qui consistait à mettre des engagés indiens à disposition des habitants. Au travers des deux modèles contractuels que nous avons étudiés dans nos développements précédents, il ne fait aucun doute que ce sont bien les travaux relatifs à la canne à sucre qui étaient exclusivement visés. A l'instar des esclaves du roi dont le camp était installé à Saint-Denis du côté de Petite Île, il est fait allusion à des engagés du roi, un engagement pour ainsi dire public. Mais était-ce bien la réalité ?

A partir de 1831, les engagements furent autorisés à prendre une forme et une nature purement privée, mais à cause du contexte esclavagiste, le statut de travailleur libre adossé à la personne même de l'engagé avait dû être renforcé. C'est ce qui explique la reconnaissance de sa qualité de justiciable au travers de l'arrêté du 16 mai 1831. Il n'était plus question de service du roi puisque les autorités coloniales reconnaissaient que les relations contractuelles entre les engagistes et les Indiens étaient pleinement privées. D'ailleurs, cela n'a jamais vraiment fait débat parmi les membres de l'administration locale. La principale difficulté pour les engagistes et le gouverneur, c'était la délégation familiale réclamée par Pondichéry. En fait, l'évidence s'imposait d'elle-même. L'engagement était bien entendu un contrat de droit privé entre un habitant sucrier à La Réunion et un engagé venu d'Inde. Ce dernier point est très important, car les habitants étaient forcément passés par un intermédiaire pour les recruter. Et c'est là que l'administration du gouverneur de Pondichéry intervenait. C'est sans doute lui ou ses agents qui traitaient en direct avec des négociants, des armateurs, des capitaines de navire. C'est ce qui explique la terminologie employée et imposée par le gouverneur de Pondichéry : service du roi. Pour que les recrutements et le transport ne s'apparentent pas à des procédés de traite négrière déguisée, la notion de service du roi apportait toute la garantie nécessaire à la licéité de ce genre de commerce. Et la clause de la délégation familiale, qu'il s'agisse d'un pécule permettant de subvenir aux besoins de la famille des Indiens partis pour La Réunion ou d'un pécule constitué et réservé aux Indiens si jamais ils n'avaient pas été convenablement payés par les engagistes, apparaît aux yeux de n'importe quelle autorité française ou étrangère comme une clause contractuelle généreuse, humaine, rien à voir avec le traitement réservé aux esclaves. Mais pour les habitants réunionnais, le gouverneur de Pondichéry n'avait pas à s'immiscer dans les relations exclusives entre eux et les engagés. Le rôle des Indes françaises consistait seulement et simplement à recruter des Indiens. Pour le reste, ce n'était pas son affaire.

La problématique soulevée par la délégation familiale a mobilisé 3 gouverneurs successifs. Mais c'est à partir du 16 juin 1834 que le gouverneur Cuvillier invita plus formellement les habitants à mieux respecter leurs obligations contractuelles dans notamment le versement effectif des montants correspondant aux délégations familiales[166]. Il a fallu 5 ans pour que l'administration réunionnaise se désengage de toutes les garanties qu'elle avait apportées dans les immigrations indiennes. Il était désormais temps que les engagistes assument pleinement leurs responsabilités et surtout vis-à-vis de Pondichéry. Si les engagistes avaient eu recours au gouverneur de Pondichéry pour introduire des Indiens à La Réunion, cela ne concernait plus le gouverneur de l'île. La mission principale de son administration consistait à veiller à ce que les organismes de protection des engagés soient opérationnels.

Entre 1830 et 1838, une grave crise à la fois économique, sociale et politique s'installa dans l'île. La concurrence du sucre de betterave français, le manque de numéraire dans la colonie, les difficultés de remboursement des dettes des habitants causées par les cyclones et les vents violents qui avaient ravagé leurs récoltes et leurs exploitations secouèrent fortement l'économie locale et l'avenir même du sucre de canne. Ce contexte n'était pas très favorable à l'accueil et à la stricte exécution des droits et libertés des engagés. Ce contexte pouvait servir aussi de prétexte aux engagistes pour ne pas respecter exactement les termes de leurs contrats. Il fallait s'attendre à des impacts sur les portions de nourritures, le salaire, l'habitat, etc. Cette nouvelle vague d'immigration indienne, les esclaves l'ont peut-être ressentie comme une sorte de « grand remplacement » d'autant plus que sur le papier, les engagés étaient de statut différent. Entre 1829 et 1832, des faits de marronnage et des désertions d'esclaves sont observés. Les esclaves étaient directement concurrencés sur les mêmes domaines d'habitation. Avaient-ils peur d'être très rapidement et totalement remplacés ? Mais, les mêmes causes pouvaient provoquer les mêmes conséquences. Des engagés indiens fuyaient eux aussi des habitations et comme ils n'avaient nulle part où aller, ils se retrouvaient à errer dans les chemins, dans les centres de plusieurs quartiers de l'île. Ils devenaient de cette manière des vagabonds, des mendiants.

Le vagabondage fut plus ou moins provoqué par les engagistes eux-mêmes, soit parce qu'ils ne pouvaient pas ou plus subvenir à leurs besoins, soit parce qu'ils voulaient leur démontrer qu'ils n'étaient rien et ne pouvaient rien en dehors des limites de l'habitation et en dehors de leur autorité, de leur ascendance, et donc des liens contractuels de l'engagement. L'engagement, la cadence infernale du travail et des corvées étaient un mal nécessaire pour l'engagé s'il voulait survivre. À aucun moment, le voyage du retour n'était

[166] Ce sont les arrêtés locaux du 16 juin 1834 et du 13 janvier 1835 qui rendaient exécutoires les sommes réclamées par Pondichéry auprès des habitants. Il fallait rembourser les montants avancés par Pondichéry envers les familles restées en Inde au titre des délégations familiales. A partir de 1835, le gouverneur refusa de garantir quoi que ce soit à ce sujet.

réellement envisageable. Le phénomène du vagabondage n'était pas bien vu dans l'opinion publique et Paris pouvait finir par émettre quelques soupçons sur les habitants. Et c'est là qu'intervint l'idée d'instaurer l'obligation légale ou réglementaire de faire travailler les Indiens pendant tout le temps de leur séjour. Le gouverneur avait le choix. Soit il rendait le travail des engagés obligatoire, ce qui signifiait une tolérance zéro à l'égard du vagabondage, soit il laissait le vagabondage prendre de l'ampleur avec tous les risques d'insécurité que cela induisait, ce qui signifiait que les délégations familiales n'étaient pas prêtes d'être remboursées à Pondichéry. Les Indiens arrêtés pour vagabondage accusèrent leurs engagistes de mauvais traitements et/ou se plaignirent de l'absence de tout ou partie de leurs salaires (§1). En réponse, les habitants firent pression sur le gouverneur. Il allait falloir qu'il choisisse clairement son camp et l'assumer auprès de Paris. Et c'est ainsi que le gouverneur Cuvillier finit par céder en adoptant le décret du 24 décembre 1838 relatif à l'obligation de travail sur tous les Indiens (§2).

## § 1 – La remise en cause de la clause de la délégation familiale

La délégation familiale figure à l'article 3 du premier modèle d'engagement du 18 mars 1828 : « *Pendant notre absence, il sera payé une somme de 4 roupies par mois, sur la présentation d'un titre qui sera donné et signé par le Capitaine Délarche (commandant du comptoir de Yanaon), et 3 autres roupies nous seront payés à Bourbon* ». Son article 2 stipulait que : « *Notre solde qui sera de sept roupies, commencera à courir un mois après le jour de notre débarquement, et trois mois d'avance nous seront payés pour en laisser une partie à nos familles* ». Pendant les 3 premiers mois de l'engagement et tout au long de son exécution, le montant de la délégation familiale était fixé à 4 roupies sur les 7 au total que représentait le salaire brut. Le capitaine commandant le comptoir de Yanaon percevait ses 12 roupies avant d'autoriser le départ des *coolies* vers La Réunion. Pendant toute la durée de l'engagement hormis ces 3 mois, c'est le gouverneur de Pondichéry qui réclamait aux engagistes réunionnais le versement des délégations familiales par l'intermédiaire du gouverneur de La Réunion. On peut penser que le flux des convois d'Indiens dépendait du bon vouloir du gouverneur de Pondichéry. C'est lui qui centralisait toutes les commandes et pour cela, il faisait appel au service des comptoirs placés sous son autorité. Yanaon avait eu un rôle actif et son commandant avait été semble-t-il bien récompensé. Mais verser chaque mois plus de la moitié du salaire brut de l'engagé au gouverneur de Pondichéry, cela, ce n'était tout simplement pas acceptable pour les habitants. Cette délégation familiale était trop coûteuse et menaçait dans un certain sens leur autorité, leur statut, leur positionnement social. L'engagé indien ne pouvait pas avoir 2 maîtres, 2 propriétaires en même temps, l'un à La Réunion, l'autre à Pondichéry.

Dès 1829, le gouverneur de Cheffontaines remit en cause les garanties financières imposées unilatéralement par Pondichéry. Les habitants étaient contractuellement liés envers ce dernier à travers le contrat de transport qui servait de modèle à suivre dans les relations attendues entre l'engagiste et l'engagé. Ces contrats avaient force de loi et pour l'heure, aucune loi ne pouvait rendre illégale la clause de la délégation familiale. Pour pouvoir exploiter la canne à sucre, les grands propriétaires et industriels de l'île dépendaient de Pondichéry. Difficile de s'écarter de leur dette (A). La seule possibilité pour eux de se débarrasser de la délégation familiale, c'était de faire disparaître leurs relations contractuelles avec l'engagé. C'est tout le sens et l'enjeu aussi d'avoir provoqué le phénomène de vagabondage. Pas d'engagement, pas de délégation familiale due à l'Inde française (B).

### A/ Le désengagement de la garantie de l'administration bourbonnaise dans le contrat

Après l'expédition des 15 premiers engagés vers La Réunion, par délibération du 1er décembre 1828, le Conseil du gouvernement et d'administration de Pondichéry réglementa l'organisation du recrutement et du transport des *coolies*. Il s'agissait de déterminer qui allait devoir faire l'avance des frais de recrutement et d'entretien des Indiens le temps d'embarquer dans un navire pour La Réunion[167]. Le gouverneur était prêt à investir dans la construction de plusieurs entrepôts, mais à condition que son homologue de La Réunion lui apporte toutes les garanties financières nécessaires. Pondichéry s'érigeait comme une sorte de directeur de la Compagnie des Indes orientales françaises qui n'existait plus, ce qui n'était plus du tout du goût des habitants réunionnais, très attachés à la liberté de commerce. Il n'était pas question de laisser l'administration prendre une participation quelconque dans la production de sucre. Conscient que les habitants y étaient opposés, Pondichéry fit tout peser sur le Trésor colonial de l'île. C'était devenu l'affaire du gouverneur de La Réunion.

C'est à l'occasion d'une nouvelle commande d'engagés, celle d'un négociant réunionnais, Monsieur Argant, que le gouverneur de Pondichéry précisa qu'il comptait bien imposer dans tous les contrats d'engagement la clause de la délégation familiale, ce qui ne fut finalement pas fait. En l'espèce, le Conseil de Pondichéry devait décider d'autoriser ou non l'embarquement

[167] A partir du 1er décembre 1828, Pondichéry n'autorisait l'émigration d'Indiens vers Bourbon qu'à une seule condition : que le gouverneur de Bourbon garantisse les frais d'entretien des engagés dans les comptoirs, leur transport et le système de la délégation pécuniaire pour leurs familles restées en Inde.

de *coolies,* étant donné que Monsieur Argant s'était refusé de verser les 3 mois de délégations familiales. Les membres du conseil acceptèrent l'embarquement sans réclamer leur dû, considérant qu'il revenait à l'administration du gouverneur de La Réunion de faire le nécessaire pour réclamer toutes les sommes relatives à cette délégation familiale aux engagistes[168].

Du 20 octobre 1826 au 4 juillet 1830, la politique du comte de Cheffontaines consista à maîtriser les finances publiques de la colonie. On comprend bien que dans ces conditions, il n'était pas du tout question d'accorder la moindre garantie financière à Pondichéry, surtout dans des relations de commerce. Au contraire, le gouverneur était décidé à désengager son trésor de ses nombreuses sûretés financières. Il était facile pour lui d'exiger de Pondichéry de faire effacer la mention « *pour le compte du gouvernement de Bourbon* », d'autant plus que c'était une initiative unilatérale de son homologue dans les Indes. Le gouverneur de La Réunion devait procéder par étape en faisant d'abord reconnaître qu'une garantie sur la délégation familiale ne pouvait logiquement peser que sur les engagistes bénéficiaires. Ce n'est pas parce que Pondichéry était directement impliquée dans le recrutement et le transport des Indiens que l'administration réunionnaise devait en supporter tous les risques. Dès lors, il fallait que le gouverneur de l'île commence par ne plus centraliser les commandes d'engagés émises par les habitants, mais cela n'était pas bien vu depuis Paris. Comment faire alors ? Fallait-il prendre le risque de minimiser le nombre d'engagés présent dans l'île ? Le gouverneur déclara à partir du 24 décembre 1829 ne plus pouvoir comptabiliser les arrivées ni présenter le détail des convois. C'est de cette manière que les diverses garanties allaient être sérieusement mises à mal. De leur côté, les habitants eux-mêmes ne déclaraient officiellement que très peu d'engagés à leurs services. Même si l'immigration n'était pas bien maîtrisée, l'on dépassa très certainement les 3 000 engagés indiens officiellement présents à cette période.

### 1) Le système de la délégation du 1er décembre 1828 : la complexité des liens contractuels de l'engagement

On l'a vu. La délégation familiale était une clause spécifique qu'exigeait l'administration de Pondichéry, terme qui conditionnait sans doute

[168] CAOM, C. 406/3855, Délibération du Conseil du gouvernement et d'administration de Pondichéry, Pondichéry, le 18 mars 1829 : « …il est bien certain qu'elle (l'administration de Bourbon) ne refusera pas de garantir … le Trésor de l'Inde de toutes les avances qu'il aura faites ».

l'embarquement des Indiens[169]. Nous avons également vu que, malgré l'obstacle du service du roi auxquels ils étaient en principe soumis, ce sont les habitants qui les faisaient travailler sur leurs domaines agricoles et ce sont tout naturellement eux et eux seuls qui devaient en principe les rémunérer. Les articles 2 et 3 de la Copie de l'engagement du 18 mars 1828 sont clairs.

Et pourtant, la pratique était bien différente de ce qu'on leur promettait par écrit : une fois les Indiens installés sur les habitations, les maîtres des lieux n'avaient très certainement aucune intention de verser à un lointain gouverneur des sommes correspondantes aux délégations familiales. Sous la surveillance de Paris, le gouverneur de Bourbon se retrouvait forcé de la leur réclamer et à défaut d'en faire l'avance. En effet, son administration s'en était portée garante. Ce schéma n'encourageait pas les habitants à engager les Indiens pendant toute la durée des 3 ou 5 ans prévus au contrat, mais plutôt les engager à la tâche, à la journée, le temps de la campagne sucrière. En contrepartie, ils les toléraient à vivre sur les camps d'esclaves et d'engagés de leurs habitations.

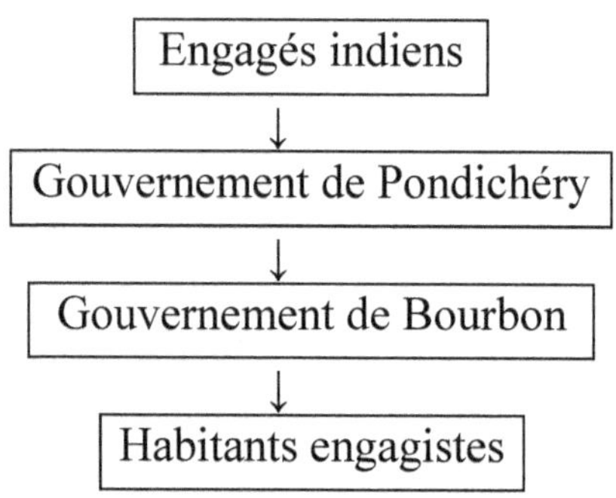


Dès le 1er décembre 1828, le positionnement du Conseil du gouvernement de Pondichéry fut clair. Les termes employés « *pour le compte du gouvernement de Bourbon* » suffisaient à reconnaître officiellement la sûreté financière du gouverneur de La Réunion. En juin 1829, le commandant du comptoir de Yanaon informa son autorité de tutelle à Pondichéry que le montant de la délégation représentait plus de la moitié de la solde mensuelle brute des engagés et que cette clause conditionnait la conclusion du contrat d'engagement à Bourbon[170]. Une clause de cette nature paraissait excessive

[169] Les capitaines de navire et les maisons de commerce agissaient auprès des 2 gouverneurs, ceux de Bourbon et de Pondichéry, afin de procéder à l'embarquement et au débarquement des engagés indiens.

[170] CAOM, C. 406/3856, Correspondance du commandant du comptoir de Yanaon au gouverneur des Etablissements Français dans l'Inde, Yanaon, le 15 juin 1829. Des Indiens ont bien été recrutés pour Bourbon, mais ils ne pouvaient embarquer que si les autorités françaises dans l'Inde « auront la certitude que l'administration française paiera mensuellement à leur famille la moitié de leur solde ».

sinon abusive et sans doute après s'en être plaints auprès des cabinets ministériels, les habitants réunionnais s'étaient vus répondre que ce qui faisait foi, ce n'était pas les exigences de Yanaon, mais uniquement les termes contractuels rédigés par Pondichéry[171]. Mais de quel contrat parlons-nous exactement ? Nous comprenons que le contrat de recrutement et de transport des *coolies* rédigé par Pondichéry et qui s'imposait à tous les comptoirs français dans l'Inde contenait des dispositions contractuelles claires comme la délégation familiale. Soit les habitants en acceptaient les termes, soit ils les refusaient et par conséquent, il n'y avait pas d'engagés. La difficulté, c'était le prix qu'exigeait Pondichéry. La moitié ou une partie importante de la solde mensuelle de l'engagé pendant tout le temps de son engagement à La Réunion paraissait excessive et contraignait la productivité et la rentabilité sucrière.

C'est ainsi que les habitants allaient s'attaquer à leur manière à cette clause. Pour cela, il fallait s'assurer du soutien plein et entier du gouverneur. Craignant que l'administration bourbonnaise ne refuse d'apporter la moindre sûreté financière, Pondichéry ordonna à son commandant de Yanaon d'interdire tout embarquement, sauf si le gouverneur de l'île avait bien stipulé dans sa commande qu'il en garantissait financièrement les opérations. C'est alors que se présenta l'affaire portée par Monsieur Argant devant le Conseil de Pondichéry à la fin de l'année 1828[172]. Exceptionnellement, ce négociant fut autorisé à embarquer des Indiens, les conseillers estimant que les termes « *pour le compte du gouvernement de Bourbon* » stipulés sur l'acte d'engagement rédigé par leurs soins suffisaient. Mais, ni l'administration ni les habitants n'avaient exprimé le moindre accord sur ce point. A partir d'octobre 1829, le gouverneur des Etablissements Français dans l'Inde, Monsieur de Mélay, exigea de Bourbon qu'à l'occasion de chaque commande, les capitaines de navire lui délivrent la preuve de la sûreté financière[173]. Dans un contexte d'abolition de la traite noire, il ne fait aucun doute que les demandes de main-d'œuvre indienne allaient devenir très importantes et donc

---

[171] CAOM, C. 406/3857, Correspondance du gouverneur des Etablissements Français dans l'Inde au ministre de la Marine et des Colonies, Pondichéry, le 9 octobre 1829.

[172] CAOM, C. 406/3857, Délibération du Conseil privé des Etablissements Français dans l'Inde, Pondichéry, le 22 juin 1829.

[173] CAOM, C. 406/3857, Correspondance du gouverneur de l'Inde adressée à Monsieur Lesparda, commandant du comptoir de Yanaon, Pondichéry, le 1er octobre 1829 : « ...des transactions dans lesquelles il aura été positivement mentionné ». Voir également dans la même côte, Correspondance du gouverneur de Bourbon adressée au gouverneur de l'Inde, Saint-Denis, le 14 août 1829 : « ...à ce que les fonds du Trésor de Pondichéry serait dans le cas d'avancer lui seraient remis par les soins et sous la garantie de l'Administration de l'Ile de Bourbon... Nous agirons de la même manière pour tous les Indiens qui seront engagés, il conviendra alors que des états nominatifs, semblables à ceux envoyés en 1828, soient dressés et visés par l'agent de l'administration française dans les comptoirs d'où ils seront expédiés ».

très lucratives[174]. C'est dans ce secteur de niche commerciale que l'Inde française espérait désormais se lancer et La Réunion se présentait comme bon client.

Pondichéry voulait s'imposer comme un centre névralgique dans le commerce de l'engagisme. Son administration organisa peu à peu le trafic et pour ce faire, les liens entre Pondichéry et Saint-Denis étaient essentiels. Mais au moment où le gouverneur de La Réunion, Monsieur de Cheffontaines, demanda à l'Inde française la transmission des états nominatifs des convois pour vérification des sommes avancées et réclamées, le gouverneur de Pondichéry ne cacha pas son embarras. Les documents étaient incomplets parce que facilement détachables du contrat d'affrètement. L'administration réunionnaise en profita pour contester l'exactitude des délégations familiales réclamées.

D'après le rapport Délarche de 1832, l'expédition des 15 premiers engagés s'était bien déroulée même si l'on a peine à croire que le convoi ne contenait que 15 Indiens. Dans le premier modèle contractuel, il était bien stipulé la clause de la délégation familiale. En acceptant les Indiens sur leurs domaines, les habitants consentaient *de facto* tous les termes de l'engagement, même si ceux-ci figuraient sur un simple contrat d'affrêtement (recrutement et transport jusqu'à La Réunion) puisqu'ils conditionnaient la conclusion de l'engagement lui-même. Que l'engagement soit détachable ou pas du contrat d'affrêtement, les habitants ne pouvaient pas faire croire qu'ils l'ignoraient. Soit le gouverneur acceptait d'apporter sa garantie au titre du service du roi et l'industrie sucrière pouvait se développer, soit il refusait et l'aventure sucrière pouvait s'arrêter net. En tout état de cause, les habitants se refusaient à verser la délégation familiale surtout si l'engagement n'avait duré que le temps de la campagne sucrière. Mais, il faut rappeler l'époque : nous étions en pleine abolition de la traite des esclaves et les bras n'allaient pas tarder à leur manquer. Pondichéry décida de rester ferme et exigea à partir d'octobre 1829 que tous les capitaines lui transmettent les actes ou commandes d'engagement présentés et garantis financièrement par le gouverneur de Bourbon, exactement dans les termes du modèle contractuel du 18 mars 1828. La clause de la délégation familiale était ainsi assurée. Et pour éviter que certaines commandes ne passent à travers son contrôle, le gouverneur de Pondichéry, Monsieur de Mélay, informa son homologue de Bourbon que toutes les commandes devaient être exclusivement centralisées auprès d'une maison de commerce déjà en activité pour l'île Maurice, la maison Blin et Delbrück[175].

---

[174] CAOM, C. 406/3828, Extrait d'une lettre d'un négociant de la côte du Coromandel adressé à un négociant de Bourbon, In. *Gazette de Bourbon* du 21 septembre 1829 : « Les émigrations pourront s'étendre autant que les besoins de votre colonie le demanderont… ».

[175] C. 406/3857, Correspondance du gouverneur de l'Inde adressée au gouverneur de Bourbon, Pondichéry, le 25 novembre 1829.

Malgré les plaintes des habitants, la clause de la délégation familiale restait pour l'instant indissociable de l'engagement. Dans sa dépêche du 27 février 1829, le ministre resta prudent, se contentant de souligner la nécessité de recourir au service de l'administration de Pondichéry pour organiser correctement l'émigration. L'Inde française était pour ainsi dire confirmée dans son rôle prédominant en matière d'engagisme. En aucun cas, la clause de la délégation familiale n'était exigée par Paris, mais si Pondichéry assurait que cette clause permettait de convaincre l'Indien de partir s'engager loin de chez lui, alors, il fallait la respecter. Pour l'heure, il n'y avait aucune autre alternative. Bourbon devait prendre les mesures légales pour garantir le paiement et le remboursement des délégations familiales. Par arrêté local du 24 décembre 1829, le contrôleur colonial et l'ordonnateur étaient en droit d'intervenir auprès des habitants, afin de réclamer et de recevoir le versement des cautions à ce titre[176]. Cela signifiait que l'administration et les habitants étaient caution solidaire. Pour ne pas faire trop alourdir le trésor, le contrôleur colonial et l'ordonnateur pouvaient accepter ou rejeter les cautions, ce qui revenait à confirmer ou pas les commandes d'engagés. Cette procédure fut renforcée par le second modèle contractuel que nous avons déjà étudié puisque l'identité des habitants demandeurs devait systématiquement figurer sur la copie de l'engagement. C'est dans ce contexte que le gouverneur proposa à son homologue de Pondichéry de favoriser l'installation de plusieurs maisons de commerce et de négoces dans l'île et qu'elles soient officiellement reconnues comme agences de l'émigration.

### 2) Le système de la garantie de la délégation compromise à partir du 24 décembre 1829

Dans sa séance du 24 décembre 1829, le Conseil privé de La Réunion décida d'interrompre toutes ses garanties pécuniaires, « *en raison de la prévention contre la sortie des sommes des délégations qui peuvent être consommées sur le sol de la colonie, les difficultés d'exécution des délégations consenties à défaut du consentement des engagés* »[177]. Ici, le gouverneur portait une accusation grave à l'encontre de l'administration de Pondichéry : les Indiens ignoraient tout de l'existence de la clause de la délégation familiale. Le prix qu'en réclamait le gouverneur de l'Inde française ne reposait sur aucun fondement juridique. Tous les contrats d'engagement la comportant étaient ainsi remis en cause. Les engagistes étaient donc en droit de ne pas la verser.

---

176 CAOM, C. 406/3826, Délibération du Conseil privé de Bourbon, Saint-Denis, le 24 décembre 1829.

177 CAOM, C. 406/3858, Correspondance du gouverneur de Bourbon adressée au gouverneur des Etablissements Français dans l'Inde, Saint-Denis, le 24 décembre 1829.

En refusant ainsi de rembourser les délégations familiales, c'est tout le système des garanties et des délégations qui s'effondrait. Toutefois, il fut décidé que toutes les délégations familiales antérieures au 24 décembre 1829 demeuraient exigibles, sauf si l'engagé était décédé[178]. Pour toutes les délégations ultérieures ainsi que pour tous les autres termes contractuels à l'engagement, c'était une affaire exclusive entre l'engagiste particulier et l'administration de Pondichéry[179]. C'est à se demander si l'engagé avait son mot à dire. Le gouverneur de Bourbon se retira de toutes ses garanties et cautions concernant l'engagisme en raison des nombreuses « *difficultés d'exécution* » dans la réclamation des délégations auprès des habitants et le manque de numéraire qui pesait sur l'économie locale. Il réaffirma auprès de son homologue de Pondichéry qu'il se réservait le droit de refuser tout débarquement de marchandise ou de main-d'œuvre indienne s'il ne reconnaissait pas la maison de commerce qui avait opéré, ce qui signifiait sa compétence en matière de privilège commercial.

À partir du 24 décembre 1829, le schéma contractuel de l'engagement se présenta de la manière suivante :

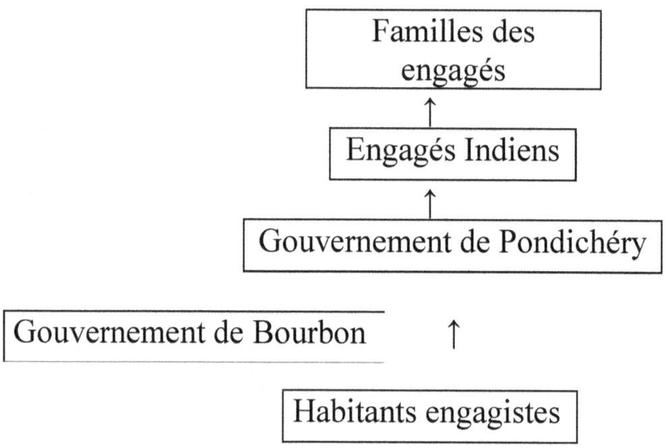


---

[178] *Ibidem* : « Elles seront acquittées jusqu'au jour où après avoir été informé du décès de l'Indien délégant, vous aurez pu en faire parvenir la nouvelle dans le lieu où s'acquitte la délégation ».

[179] L'administration de Pondichéry s'occupait du recrutement des Indiens sans qu'elle n'ait été réellement partie contractante. Les seuls documents relatifs à l'engagement indien concernent non pas le contrat d'engagement lui-même, mais plutôt une offre ou une promesse contractuelle, ou alors un modèle contractuel dans des termes standards. Nous n'avons retrouvé pour ainsi dire aucun contrat d'engagement indien en tant que tel aux Archives d'Outre-mer d'Aix-en-Provence même si l'intitulé peut être trompeur : « Contrat d'engagement ». L'identité de l'engagiste et/ou celle de ou des engagés manquait. Cela ne signifie pas que les relations contractuelles n'existaient pas, mais il faut les considérer plutôt verbales et très peu ou pas du tout écrites.

Le retrait de Bourbon dans les cautions solidaires au titre des délégations familiales comportait le risque de voir Pondichéry faire cesser toute émigration[180]. C'est à se demander si les habitants avaient vraiment besoin de travailleurs libres venus d'Inde. C'est à se demander aussi si cela n'était pas un argument supplémentaire à faire valoir auprès de Paris pour tolérer la traite négrière dont les comptoirs commerciaux étaient proches de l'île. Interrogé par le ministre sur le défaut de consentement des Indiens au sujet très spécifique des délégations familiales, le gouverneur de Pondichéry répondit que le retrait du gouverneur de La Réunion remettait en cause la crédibilité de toute son administration dans l'Inde[181].

Dans sa correspondance du 3 février 1830, Pondichéry tenta de faire revenir le gouverneur de La Réunion à la table des négociations en accusant les habitants de « *l'inexécution des clauses* » des contrats d'engagement. Selon Monsieur de Mélay, cela avait même un impact sur « *la tranquillité publique* » des comptoirs français. Quelques mois plus tard, soit le 1er juin 1830, Pondichéry adressa un avertissement : à défaut d'aucune garantie dans les opérations de recrutement et de transport, les embarquements pouvaient brutalement cesser. On peut dès lors supposer que depuis le 24 décembre 1829, plus aucune commande n'était préalablement passée par le gouvernement de La Réunion[182]. Le 3 février 1830, Pondichéry réclama au gouverneur de Bourbon non pas une caution de solidarité sur les délégations familiales mais une pour garantir la solvabilité des maisons de négoce qui avaient passé commande[183]. N'était-ce pas là un moyen de compenser les montants réclamés au titre des délégations familiales ?

---

180 J.-Y. CHOLEY, *Op. Cit.* Si l'auteur affirme à la page 202 que la nullité absolue du contrat était la sanction en cas d'omission de la forme écrite du contrat d'adhésion, il précise qu'il s'agissait d'une prescription datant des années 1970. Or en l'espèce, nous sommes dans la première moitié du 19e siècle. Cela renforce l'idée de relations contractuelles verbales plutôt qu'écrites concernant l'engagement indien.

181 CAOM, C. 406/3858, Correspondance du gouverneur de Pondichéry adressée au ministre de la Marine et des Colonies, Pondichéry, le 28 février 1830 : « …la formule des contrats d'engagement, car de telles modifications quant à la garantie des délégations par Bourbon compromettaient l'Administration de l'Inde toute entière ».

182 CAOM, C. 406/3858, Correspondance du gouverneur de Pondichéry adressée au gouverneur de Bourbon, Pondichéry, le 3 février 1830 : « …arrêter toutes les opérations d'extradition d'Indiens entreprises, soit par les agents des habitants ou négociants de Bourbon, soit par les Capitaines et Supercagnes de nos navires, mais, retenu par la considération des pertes que cette mesure aurait occasionnée… ». Ici, c'est la maison de négoce installée à Bourbon, la maison Camin et Argant qui avait passé commande des 153 Indiens à Yanaon auprès de la maison de commerce Courson et Linarès.

183 *Ibidem.* Pour garantir le remboursement des frais d'entrepôt dans les comptoirs indiens à Yanaon, le gouverneur de Pondichéry réclamait « les pièces contenant les ordres des négociants et habitants de Bourbon qui auront garanti leur solvabilité ».

Sur la base des documents en possession de l'administration de Yanaon, son commandant déclara que sur les 153 Indiens *thélingas* envoyés en décembre 1829 à Bourbon, 113 délégations restaient encore dues[184]. Le 5 février 1830, Pondichéry ordonna au commandant de Yanaon de modifier les termes de l'article 2 du contrat type d'engagement considérant que l'engagement « *sera dorénavant fixé en fonction des délégations consenties ou non, en fonction de l'âge, du fixe, du degré de vigueur et de capacité* » de l'Indien[185]. Tous les passages relatifs aux garanties apportées par la colonie réunionnaise furent supprimés.

Dans ses correspondances des 3 et 6 janvier 1831, le nouveau gouverneur de Bourbon, Etienne Duval d'Ailly, transmit à l'administrateur général de l'Inde française la copie des actes de décès des Indiens pour lesquels il ne pouvait plus y avoir de réclamation au titre de la délégation familiale. Il lui fit également remarquer que « *beaucoup d'Indiens ont vivement réclamé contre les retenues qu'ils subissent et ont déclaré que leur intention n'a jamais été de déléguer une partie de leur solde* » [186]. C'était clair. Les Indiens partis de chez eux pour venir travailler à La Réunion ignoraient tout de la délégation familiale. Elle ne pouvait donc faire l'objet d'aucune réclamation ni caution ni remboursement quelconque. Si le prédécesseur du gouverneur Duval d'Ailly avait affirmé que la crise économique était due aux sommes correspondantes aux délégations familiales, le gouverneur de Pondichéry dénonça à demi-mot la piètre gestion qu'il avait faite du service de sa Marine, mais sans autre précision. L'ambiance entre les 2 gouverneurs n'était pas au beau fixe.

Le 1er juillet 1831, le Conseil privé confirma le retrait de la colonie dans les garanties financières des contrats d'engagement, mais la Commission des Indiens pouvait demander à l'ordonnateur et au contrôleur colonial de réclamer les cautions des habitants pour garantir les opérations effectuées par les maisons de commerce[187]. Par ce moyen, l'engagisme disposait d'un cadre

---

[184] CAOM, C. 406/3858, Correspondance du commandant du comptoir de Yanaon adressée à la maison de Courson, Yanaon, le 9 janvier 1830 ; Correspondances de la maison de Courson adressées au commandant du comptoir de Yanaon, des 9 et 16 janvier 1830 ; Correspondance de Monsieur Linarès adressée au commandant du comptoir de Yanaon, Ingeram, le 19 janvier 1830 et correspondance du commandant du comptoir de Yanaon adressée au gouverneur de Pondichéry, Pondichéry, le 20 janvier 1830. Cette série de correspondances permet de retracer les responsabilités et les liens commerciaux entre différentes maisons de commerce et agents entre l'île de Bourbon et l'Inde.

[185] CAOM, C. 406/3858, Correspondance du gouverneur de Pondichéry adressée au commandant du comptoir de Yanaon, Pondichéry, le 5 février 1830.

[186] Délibération du Conseil privé de Bourbon, Saint-Denis, le 24 décembre 1829, *Op. Cit.*

[187] La commission pouvait désormais demander à ce que le paiement se fasse dans la première quinzaine de chaque trimestre, versé au trésor de la colonie avec inscription

légal suffisant pour que la délégation familiale puisse survivre mais sans la présence ni l'intervention directe du gouverneur de La Réunion[188]. A défaut de paiement, l'administration réunionnaise ne faisait que constater. Il appartenait désormais à la Commission des Indiens de veiller au recouvrement des sommes exigées par Pondichéry.

Avec l'abolition de la traite négrière, l'engagisme indien représentait un espoir considérable pour le développement économique d'une colonie insulaire comme La Réunion[189]. Mais le système des délégations familiales menaça dès 1830 de voir s'effondrer toutes les promesses de prospérité. Les menaces de Pondichéry ne devaient pas aggraver la situation financière de l'île. C'est ainsi que le gouverneur de La Réunion fut disposé à user de son pouvoir d'interdire ou d'autoriser l'embarquement de tout numéraire à bord de n'importe quel navire[190].

## B/ Vers le désengagement des engagistes particuliers bourbonnais

Entre 1829 et 1831, le Conseil privé de Bourbon freina les ambitions de l'Inde dans le développement de son projet de monopole commercial sur

---

sur les états nominatifs indiquant le nom, la caste, l'âge, le domicile natal de l'engagé indien ainsi que la quotité de la délégation stipulée.

188 CAOM, C. 406/3826, Délibération du Conseil privé de Bourbon, Saint-Denis, le 1er juillet 1831. Le gouverneur décida de garantir sous certaines conditions le paiement des délégations dues aux familles des engagés restées à Yanaon. Les délégations n'étaient remboursées que sur présentation des états attestant l'effectivité du travail des engagés. Le Conseil privé menaça les engagistes de renvoyer leurs engagés si les délégations et les salaires n'étaient pas payés et ce, à l'expiration de chaque trimestre. Cette nouvelle politique du gouverneur fut confirmée par la dépêche ministérielle du 13 janvier 1832 dans laquelle le ministre de la Marine et des Colonies affirmait qu'il tiendrait l'administrateur général de l'Inde française, Monsieur de Mélay, pour responsable de la question des délégations s'il ne présentait pas les états réclamés par la colonie de Bourbon.

189 CAOM, C. 406/3828, Extrait d'un rapport de Monsieur Tournesol du mois de février 1830 : « Comme la traite parait être totalement détruite dans ces contrées, ces mêmes navires français dont je viens de vous parler ont amené avec eux une grande quantité de noirs Malabars qui viennent à Bourbon s'y louer aux habitants pour le travail des plantations et autres ». Voir également Extrait d'une lettre d'un négociant de la Côte Coromandel à un négociant de Bourbon, In. *Gazette de Bourbon* du 21 septembre 1829 : « Je vous engage beaucoup, Monsieur, à bien recommander ces Indiens aux personnes qui les feront travailler. Les émigrations pourront s'étendre autant que les besoins de votre colonie le demanderont, car nous avons bien des malheureux dans ce pays ».

190 CAOM, C. 406/3828, Extrait du rapport du capitaine Castayne, commandant le trois-mâts La Thérèse du 22 juin 1830 : « ...une prohibition de l'argent à l'embarquement à Bourbon ... ».

l'engagisme. Le gouverneur de La Réunion avait repris à son compte les dires des habitants sucriers en affirmant que les Indiens n'avaient jamais consenti à la moindre délégation familiale. De son côté, le gouverneur de Pondichéry accusait à mots couverts les autorités réunionnaises de ne vouloir faire aucun recensement indien honnête. En l'absence de données officielles, les délégations réclamées par Pondichéry s'effondraient d'elles-mêmes, d'autant plus que les chiffres du vagabondage et des décès paraissaient étrangement importants. Dans sa séance du 24 décembre 1829, le gouverneur décida de cesser toute garantie financière sur tout ce qui concernait les engagés. Pondichéry contesta vigoureusement. Avec Paris et Pondichéry, ils s'étaient alors mis d'accord. Les autorités réunionnaises devaient d'une manière ou d'une autre structurer et encadrer les immigrations en provenance des comptoirs indiens.

Fort du soutien de Paris, Pondichéry n'interrompit pas les émigrations vers La Réunion, bien persuadé que le gouverneur de l'île allait réactiver ses garanties financières. De leur côté, les habitants protestèrent contre la mainmise du gouverneur de Pondichéry sur une main-d'œuvre indienne qu'ils avaient pourtant « achetée ». Pondichéry se montrait sans doute trop gourmand. Alors, les plaintes se multiplièrent : les Indiens affirmaient opportunément n'avoir jamais eu connaissance de la délégation familiale et beaucoup d'entre eux ne firent plus vraiment l'affaire. Pondichéry fut accusé de n'avoir pas correctement recruté, c'est-à-dire ne pas avoir fait suffisamment cas des besoins très spécifiques des habitants. Pondichéry et Yanaon changèrent alors de stratégie en affirmant que désormais, les Indiens qui s'engageaient consentaient à partir sans garantie financière de La Réunion. Par contre, ils ne pouvaient bénéficier de la délégation familiale que si les engagistes leur reconnaissent une fois débarqués dans l'île suffisamment d'aptitudes et de qualités physiques. Dorénavant, les capacités physiques de l'engagé étaient payées au prix fort, celui de la délégation familiale. Les habitants étaient pris au dépourvu et durent au moins dans un premier temps se résoudre à exécuter ces nouvelles conditions. Comment les habitants réunionnais allaient-ils bien pouvoir riposter ?

### 1) La responsabilité de l'administration de l'Inde française : le défaut de consentement de l'engagé

L'avocat général du Conseil de Pondichéry plaida avec conviction en faveur de l'engagisme indien, parce que ces « *cultivateurs libres* » ne pouvaient que convaincre et annoncer prochainement la « *suppression de la traite des nègres qui se fait encore au mépris de la loi et à la honte de l'humanité* ». Mais, il fallait que les habitants réunionnais se soumettent aux conditions que leur imposa le gouverneur de Pondichéry, car « *si le paiement des femmes déléguées pour les émigrants à leurs familles éprouve la moindre difficulté ou le plus léger retard, les enrôlements ultérieurs deviendront impossibles* »[191]. Il appartenait ainsi aux habitants d'assumer pleinement leurs responsabilités. C'était à prendre ou à laisser. Soit, ils voulaient développer leurs industries et devaient accepter les termes contractuels décidés par Pondichéry, soit ils devaient se résoudre à cesser leurs activités de production en se passant alors du service de la seule main-d'œuvre bientôt autorisée dans les colonies. Pour l'heure, dans le cas d'espèce, le gouvernement de Pondichéry accepta exceptionnellement d'avancer les sommes relatives aux délégations des engagés embarqués pour Monsieur Argant le 18 mars 1829[192].

Sur le premier modèle contractuel, aucune signature du gouverneur de Bourbon n'apparaissait. Pondichéry s'était engagé sans son autorisation ni délégation ou quelconque procuration de sa part. Peut-être que l'administration de Pondichéry s'était sentie en position de force pour pouvoir imposer ses conditions de manière unilatérale. Les autorités réunionnaises avaient le choix de refuser le débarquement des Indiens. Dans l'Inde française, sans doute qu'ils s'étaient fondés sur la dépêche ministérielle du 27 février 1829 qui accordait à son gouvernement et à celui de Bourbon le soin de se concerter en la matière. Les orientations posées par Paris étaient claires : que « *tout envoi d'Indiens ne se fasse que sous l'influence et par l'intervention de l'administration* »[193]. Et cela donnait un avantage certain à Pondichéry pour organiser et structurer toute la filière, mais de là à menacer l'économie réunionnaise et mettre en péril le trésor de la colonie, le gouverneur de La Réunion se résolut à affirmer clairement que l'engagisme était une affaire privée qui concernait très directement l'administration de Pondichéry et les habitants. Sa seule contrainte consistait à mettre en place quelques organes de protection et de représentation des intérêts des engagés indiens et de faire valoir les intérêts commerciaux de certaines maisons de négoce[194].

---

191 CAOM, C. 406/3828, Délibération du Conseil de gouvernement et d'administration des Etablissements Français dans l'Inde, Pondichéry, le 18 mars 1829. Il est fait allusion pour la première fois à des femmes engagées. En l'espèce, Monsieur Argant, négociant de Bourbon, demandait l'avancement des sommes au titre des délégations.

192 *Ibidem* : « Afin de prévenir les inconvénients attachés au retard d'exécution, moi, l'Avocat Général crois que l'Administration de l'Inde pourrait dès à présent s'engager à acquitter le montant des délégations à l'échéance convenue ».

193 Délibération du Conseil privé de Bourbon, Saint-Denis, le 24 décembre 1829, *Op. Cit.*

194 *Ibidem*. Le Conseil privé décida que toute personne devait être admise à traiter avec les Indiens pourvu que les engagements aient été soumis au contrôle de l'administration. Pour faire face à la demande et pour maîtriser les flux, le gouverneur expliqua au ministre dans sa correspondance du 21 janvier 1830 que son homologue de Pondichéry souhaitait désormais encadrer ce marché commercial en limitant le nombre de négociants autorisés à recruter et à transporter les engagés indiens. Et

Pour chaque convoi affrété par un négociant, Pondichéry s'assurait de la clause de la délégation familiale. Cette clause pesait sur le prix de l'engagement payé par l'habitant réunionnais. Les contestations n'allaient pas tarder à apparaître. C'est ainsi que selon le témoignage d'un grand propriétaire industriel, Monsieur Fréon, membre du Conseil privé de l'île, plusieurs engagés de chez lui avaient protesté contre les délégations insérées dans leur engagement, attestant n'avoir jamais consenti à une quelconque réduction de leur solde mensuelle[195]. A cela s'ajoutait la raréfaction du numéraire[196]. On peut également penser que les engagistes prétextaient de la part exorbitante de la délégation familiale pour ne verser aucun salaire à l'engagé. En bref, tout était de la faute de l'Inde française. Au début, le gouverneur de La Réunion tenta tant bien que mal de faire vérifier les délégations familiales en les réclamant aux habitants, mais il refusa de prononcer toute sanction à leur encontre[197]. L'inspecteur colonial conseilla alors de faire « *cesser pour l'avenir toutes les délégations des Indiens en partance pour Bourbon* »[198].

La crise d'autorité entre les gouverneurs de Bourbon et de Pondichéry était bien entamée. En plein mois d'octobre 1830, le ministre demanda au gouverneur de Pondichéry d'être plus attentif sur les qualités physiques des engagés qu'il envoyait à La Réunion surtout s'il ne voulait pas voir sa clause de délégation familiale être sans cesse remise en cause[199]. Et le mois suivant,

---

l'Inde française proposait d'accorder ce privilège à une seule maison de commerce, la maison Blin et Delbrück.

[195] *Ibidem.*

[196] CAOM, C. 406/3826, Correspondance du gouverneur de Bourbon adressée au ministre de la Marine et des Colonies, Saint-Denis, le 2 juillet 1831. Il lui demandait ici que l'Inde française lui envoie une avance de trésor d'un montant de 250 000 Francs sur le navire L'Héroïne.

[197] CAOM, C. 406/3828, Extrait du compte annuel de l'ordonnateur de Bourbon pour l'année 1830 : « Il existe 1005 Indiens qui ont délégué sur leurs salaires à leurs familles dans l'Inde une somme de 20 Francs par mois. Nous devons faire nos efforts pour arriver promptement à l'extinction des délégations en faveur de l'Inde. L'intervention de l'administration dans le paiement des délégations n'a fait que rendre plus compliquée et plus désavantageuse cette fâcheuse mesure, et compromettre les fonds du trésor colonial. Beaucoup d'habitans refusent d'acquitter les délégations d'un grand nombre de leurs engagés qui désertent journellement les ateliers ou font des maladies fort longues ».

[198] CAOM, C. 406/3828, Extrait du mémoire de l'inspecteur du 10 juillet 1830. A l'occasion de la prise de fonction du nouveau gouverneur Duval d'Ailly, du 15 juillet 1830 au 7 novembre 1832, ce rapport faisait le point sur la situation de l'engagement indien dans l'île.

[199] CAOM, C. 406/3828, Extrait d'une lettre du gouverneur de Bourbon du 10 octobre 1830 : « Mais beaucoup sont de constitution faible, peu susceptible d'être employés dans les usines à sucre. J'espère que, par suite des recommandations que j'ai faites à Monsieur le Gouverneur de l'Inde, relativement à la surveillance à exercer par l'administration sur les engagements des Indiens, dans les comptoirs français de la

le même ministre l'invita à s'entendre davantage avec le gouverneur de La Réunion sur le sujet[200]. Ce n'était pas faute d'avoir essayé. Les deux gouverneurs restèrent sur leurs positionnements respectifs. Pour Paris, la priorité affichée était d'assurer le bien-être des engagés et il le fit clairement savoir en mars 1831 au gouverneur de Pondichéry[201]. Celui-ci resta silencieux pendant près d'un an, ce qui accentua les suspicions sur lui, car cela faisait également près d'un an que le gouverneur de La Réunion réclamait à Pondichéry les états nominatifs des engagés embarqués à partir des comptoirs. À défaut de documents officiels, le gouverneur demanda l'autorisation au ministre d'éteindre toute réclamation au titre de la délégation familiale et souhaita son abrogation pure et simple pour tous les engagements futurs[202]. Dans sa séance du 1er juillet 1831, le gouvernement réunionnais décida de renvoyer tous les Indiens dans leur pays d'origine pour lesquelles les délégations restaient encore dues, considérant qu'il était préférable de payer 40 Francs pour les frais de rapatriement que 10 Francs mensuels au titre de la délégation familiale pendant 2, 3 ou 5 ans, voire plus. Il fut également décidé d'interdire le paiement de toute délégation familiale qui n'avait pas été dûment vérifiée et confirmée par les états certifiés du gouverneur de Pondichéry[203]. La position du gouverneur de La Réunion était ainsi bien établie.

En 1832, le ministre allait dans le sens de plusieurs réclamations réunionnaises : le décès de l'Indien empêchait toute réclamation de recouvrement de la délégation familiale et il ne pouvait y avoir aucune réclamation de ce type[204]. Par ailleurs, suite à l'incident du navire *La Valeur*, les autorités devaient désormais mieux encadrer le débarquement des engagés,

---

côte de Coromandel, ceux qui seront introduits par suite à Bourbon seront sains et rigoureux ».

200 CAOM, C. 406/3859, Dépêche du ministre de la Marine et des Colonies adressée au gouverneur de Pondichéry, Paris, le 23 novembre 1830.

201 CAOM, C. 406/3859, Dépêche du ministre de la Marine et des Colonies adressée au gouverneur de Pondichéry, Paris, le 8 mars 1831. Le ministre insistait sur : « la surveillance spéciale que le Ministère Public de la Colonie doit exercer sur tout ce qui intéresse le régime des engagés afin d'assurer autant que possible le bien-être des Indiens travailleurs à Bourbon ».

202 CAOM, C. 406/3826, Correspondance du gouverneur de Bourbon adressée au ministre de la Marine et des Colonies, Saint-Denis, le 2 juillet 1831.

203 CAOM, C. 406/3826, Correspondance de l'ordonnateur adressée au gouverneur de Bourbon, Saint-Denis, le 1er juillet 1831.

204 CAOM, C. 406/3859, Dépêche du ministre de la Marine et des Colonies adressée au gouverneur des Etablissements Français dans l'Inde, Paris, le 13 janvier 1832. Le principe dorénavant reconnu par le ministre faisait suite à l'incident sur le navire La Valeur, dont la plupart des engagés indiens embarqués fut emportée par la maladie. Malgré le drame qui n'en était pas moins un cas de force majeure, le gouverneur de Pondichéry réclama le remboursement de toutes les avances faites pour eux dans l'Inde.

c'est-à-dire être mis en quarantaine au lazaret de Saint-Denis avant de pouvoir être distribués sur les habitations. Toujours en 1832, un rapport vaut la peine d'être mentionné, celui du Capitaine Délarche. Celui-ci reprenait en fait les revendications des Français installés dans les comptoirs indiens qui insistaient sur « *l'exacte et entière exécution du contrat* » qu'ils étaient en droit d'exiger de la part du gouverneur de La Réunion. Selon le capitaine, quoi de plus rassurant pour les Indiens qui souhaitaient partir loin que les garanties apportées par le gouverneur de l'île[205] ? D'ailleurs, le commandant de Yanaon avait prévenu que sans délégation familiale, l'Indien ne partirait plus à La Réunion[206].

Autre point de discorde entre les 2 gouverneurs français : les fonds métalliques embarqués à Madras sur ordre du gouverneur de La Réunion, c'est-à-dire directement auprès d'une colonie britannique au titre de sa créance coloniale alors que ces fonds étaient *a priori* gérés par Pondichéry[207]. De prime abord, cela allait à l'encontre de la dépêche ministérielle du 8 août 1820 qui obligeait la colonie bourbonnaise à ne recouvrir sa créance qu'à Pondichéry. En faisant cela, le gouverneur de La Réunion voulait éviter que le gouverneur de Pondichéry ne ponctionne sur ces fonds métalliques les sommes qu'il réclamait au titre des délégations familiales et de la vente du riz. Le gouverneur affirma être dans son bon droit, car la dépêche ministérielle dont il était question l'autorisait à recouvrir sa créance à Chandernagor ou à Madras[208]. Et il avait choisi Madras.

Le gouverneur entendait affirmer son autorité et son autonomie par rapport à l'Inde française. Il appela le gouverneur de Pondichéry à faire davantage

---

[205] CAOM, C. 406/3859, Rapport commandé par le gouverneur des Etablissements Français dans l'Inde, Monsieur de Mélay, au capitaine Délarche, commandant le comptoir de Yanaon, relatif aux engagements des Indiens cultivateurs envoyés à Bourbon du 16 janvier 1832. Les dernières délégations consenties dataient du 5 février 1830, c'est-à-dire du temps où le comte de Cheffontaines était encore gouverneur. On qualifia ce rapport de Rapport Délarche.

[206] *Ibidem* : « Les Indiens refusèrent obstinément de partir si cette condition (la délégation) n'y était pas stipulée ».

[207] En vertu du traité de Londres de 1815, le gouvernement britannique devait une rente au gouvernement français qui s'exprimait en numéraire due par l'Inde anglaise au gouvernement de Bourbon pour ses frais de gestion et de fonctionnement. Cette rente passait par l'intermédiaire du trésor de Pondichéry.

[208] CAOM, C. 406/3826, Correspondance du gouverneur de Bourbon adressée au gouverneur de Pondichéry, Saint-Denis, le 15 juin 1831. Le gouverneur rappelait la dépêche ministérielle du 8 août 1820 : « J'informe l'administration de l'Inde que je vous autorise à fournir chaque année des traites… sur Chandernagor ou sur Madras, à votre choix, jusqu'à concurrence de 200 000 roupies. Les traites que vous tirerez sur Chandernagor seront financées sur l'administrateur du service, celles qui seront payables à Madras seront tirées sur le Gouverneur anglais de cette résidence ».

preuve de « *sagesse dans la compréhension* »[209] de la situation de l'île. A défaut, La Réunion allait très souvent réclamer sa créance à Chandernagor et acheter son riz dans une autre possession, mais plus du tout à Pondichéry. Le gouverneur de Bourbon négociait à sa manière avec Pondichéry en lui demandant de ne prélever qu'un quart seulement de la somme des délégations réclamées, soit 25 000 Francs[210]. Il voulait régler ainsi définitivement le solde des délégations familiales, mais pas la totalité, car cela représentait tout de même au premier semestre de l'année 1831 pas moins de 100 000 Francs.

### 2) La responsabilité de l'habitant : le lien de causalité entre vagabondage et délégation familiale

En 1832, divers témoignages de capitaines de navire commerçant avec Bourbon attestaient du phénomène du vagabondage indien. Si nous ignorons le nombre, nous pouvons considérer qu'il était relativement important pour qu'un capitaine de navire de passage l'ait signalé[211]. Soit les habitants avaient rompu leurs liens contractuels avec les Indiens, soit les engagés avaient déserté les habitations. Difficile d'envisager la notion de faute et de la vérifier quand on sait que l'engagement était principalement un contrat verbal. En tous les cas, le vagabondage était bien réel et pourtant, personne ne semblait réclamer son engagé. Il ne fallait pas croire non plus que cette masse de main-d'œuvre sans contrat ni maître apparent n'intéressait personne. Au contraire. Il s'agissait pour les habitants de les conserver sur leurs terres ou de les capter d'une manière ou d'une autre. N'oublions pas que l'Indien en tant que vagabond était délinquant et de ce fait, il pouvait à tout moment être emprisonné puis jugé. Or, la geôle municipale avait un coût. Il était alors envisageable de faire payer les frais de geôle par l'Indien incarcéré lui-même en louant ses services à des particuliers ou en accomplissant des travaux pour la collectivité.

---

[209] CAOM, C. 406/3826, Correspondance du gouverneur de Bourbon adressée au gouverneur de Pondichéry, Saint-Denis, le 21 avril 1831.

[210] CAOM, C. 406/3826, Correspondance du gouverneur de Bourbon adressée au gouverneur de Pondichéry, Saint-Denis, le 15 juin 1831.

[211] CAOM, C. 406/3828, Extrait d'un rapport du capitaine Berthault, commandant La Delphine, Nantes, 1832 : « Soit que la gêne dans laquelle se trouvaient les habitants, soit qu'on en reconnut trop tard qu'ils ne répondaient pas à l'idée qu'on s'était de leurs services, soit aussi que quelques-uns d'eux fussent mécontents du traitement qu'on leur faisait, ou que le Comité de surveillance n'étendit pas ses soins jusqu'à s'assurer qu'on remplit scrupuleusement envers eux toutes les conditions que portaient leurs engagements, ces malheureux erraient dans tous les quartiers de l'île sans occupation, en sorte que tombant en définitif à la charge de l'administration, elle ne pouvait mieux faire que de les renvoyer ».

Comment expliquer un tel phénomène ? Un habitant de l'île, Monsieur Lory, constata que sur ses 50 engagés indiens, il ne lui en restait plus que 18, ce qui voulait dire que 32 avaient déserté son domaine, apparemment, sans motif valable. Mais lorsqu'il précisa que les administrations de Pondichéry et de Bourbon lui avaient réclamé le remboursement de la totalité du montant des délégations familiales, nous pouvons penser qu'il décida de se séparer d'un certain nombre d'entre eux. Pour ne pas avoir à payer cette sorte de commission pondichérienne, c'était simple : ne plus les intégrer officiellement dans les actes de la propriété même s'ils logeaient et travaillaient encore sur l'habitation. Le refus de payer cette fameuse délégation familiale était un sentiment partagé par l'ensemble des habitants sucriers puisque le phénomène du vagabondage se généralisa jusqu'en 1839[212]. Est-ce à dire que pendant 10 ans les délégations familiales exonérèrent les engagistes même temporaires de payer le moindre salaire aux travailleurs indiens ? Entre 1832 et 1839, malgré ce qui se passait, les immigrations indiennes se poursuivirent, mais en dehors du canal officiel de l'administration coloniale, ce qui n'excluait pas non plus l'introduction d'esclaves[213].

Dans ces circonstances, le contrat d'engagement s'effondra, de même que les cautions et délégations. Il fallait que les autorités comprennent davantage la situation des habitants, car l'engagement était devenu trop lourd, trop coûteux, ce qui rendait le trafic d'esclaves encore plus attractif. Les habitants pouvaient se détourner définitivement de l'esclavage, mais à condition que l'engagisme soit facilité et compétitif. Et si la France ne voulait pas être accusée d'esclavagisme, il fallait que l'Etat prête davantage l'oreille aux habitants. La fin des cautions et des délégations familiales qui pesaient sur l'engagement devenait une priorité, mais encore fallait-il que les 2 gouverneurs concernés s'entendent à ce sujet. Les habitants avaient requis l'intervention du gouverneur pour qu'il plaide leur cause auprès des Etablissements Français dans l'Inde et du ministre de la Marine et des Colonies. Si Pondichéry persistait à maintenir les mêmes modalités de recrutement, à La Réunion, le gouverneur ne réunissait plus son conseil privé pour délibérer sur les immigrations indiennes. Il ne tenait *a priori* pas non plus de comptabilité scrupuleuse dès leur débarquement. Depuis que l'administration locale s'était retirée de ses garanties financières à partir du 24 décembre 1829, ce qu'elle confirma le 1er juillet 1831, sa seule responsabilité consistait à garder un œil protecteur à l'égard des engagés présents dans l'île et à réclamer les cautionnements auprès des engagistes.

---

212 CAOM, C. 406/3831, Correspondance du gouverneur de Bourbon adressée au ministre de la Marine et des Colonies, Saint-Denis, le 18 février 1839 : « ...encombré la colonie d'une foule de vagabonds recrutés dans les colonies anglaises et françaises de l'Inde... ».

213 En effet, depuis l'introduction des 15 premiers engagés indiens, nous n'avons noté aucune nouvelle commande officielle d'engagés.

Les relations avec l'Inde française étaient devenues de plus en plus tendues et dans le même temps, celles entre Pondichéry et l'Inde britannique se dégradèrent. Londres soupçonna sérieusement que certains de ses sujets en Inde commerçaient avec les Français en dehors de toute règle ou convention entre les 2 pays. Avec l'abolition de l'esclavage, l'engagisme était une niche économique importante sinon très prometteuse. Londres se fit de plus en plus menaçant et envisageait désormais de renforcer ses contrôles. Cela sonnait comme un avertissement à l'égard des habitants réunionnais qui refusaient obstinément de s'acquitter de la délégation familiale[214].

Les relations contractuelles au titre de l'engagement étaient très fragiles sinon extrêmement précaires à La Réunion. Il semblait très facile de se débarrasser officiellement de ses engagés qui, sans contrat écrit, pouvaient se retrouver dans une profonde misère. Le vagabondage les mettait dans une situation servile, à mi-chemin entre l'engagement de 3 ou 5 ans, le travail à la tâche ou à la journée, l'esclavagisme et l'abandon. Dans pareil cas, l'engagiste n'avait plus à régler la fraction du salaire au titre de la délégation familiale. Cela soulevait la problématique de la réalité du salaire de l'engagé.

En mars 1831, si on ignore le nombre exact d'Indiens présents, « *le nombre des Indiens engagés à Bourbon s'élève (aujourd'hui) à près de 3000* »[215] alors que 3 500 Indiens furent introduits en 1830 et 2 500 en 1831. Si l'on poursuit le raisonnement, on peut penser qu'il y avait d'une part, 3 000 engagés indiens et d'autre part, au moins 3 000 Indiens vagabonds à La Réunion. Avec une moyenne migratoire de 3 000 engagés chaque année, leur nombre atteignait peut-être déjà les 12 000, car l'immigration débuta dès 1828. Cette masse a conduit à faire émerger très tôt le projet commercial d'exporter les Indiens vers d'autres colonies françaises comme la Guyane[216].

Avec le phénomène du vagabondage, l'Indien était considéré avant tout comme un délinquant étranger potentiel sur le sol d'une colonie française à la charge de l'administration. Pour une partie d'entre eux, les frais de geôle étant supérieurs à celui du travail effectif, le plus simple était de les intégrer dans les ateliers coloniaux et de les faire travailler presque gratuitement, excepté la nourriture[217]. L'administration pouvait également les faire rapatrier en Inde, mais les relations avec Pondichéry étant très tendues, cette option n'était pas

[214] Extrait du rapport du capitaine Castayne, *Op. Cit.* : « Le collecteur des Etablissements Anglais à Jaggunasepousam, informé de mes projets fit prendre des dispositions pour empêcher l'émigration au-delà des limites du territoire français ».

[215] CAOM, C. 406/3829, Note pour les annales maritimes du mois de mars 1831.

[216] Extrait d'un rapport du capitaine Berthault, *Op. Cit.* : « Si on conduisait de ces Indiens à Cayenne, ce pays ayant plus d'analogie que Bourbon avec le leur, ils s'y plairaient davantage et pourraient y rendre de grands services ». Soulignons que dès 1832, les armateurs et négociants avaient l'idée d'organiser le commerce d'engagés indiens à l'échelle de l'Outre-mer français.

[217] CAOM, C. 406/3827, Délibération du Conseil privé de Bourbon, Saint-Denis, le 1er décembre 1830.

opportune. Il était plus évident de renvoyer des Indiens considérés comme dangereux pour l'ordre public ou considérés comme inaptes physiquement[218].

Dans les années 1830, il faut comprendre que l'engagement était assez nouveau et que les habitants ne les employaient que s'il leur manquait des esclaves[219]. L'engagisme prit un certain temps pour s'imposer et ce n'est pas la délégation familiale exigée depuis Pondichéry qui encouragea l'immigration indienne ou plutôt la formalisation officielle des contrats d'engagement. Pour un temps, on peut penser que la traite négrière se poursuivit de manière clandestine tout en faisant venir des Indiens dont une partie échappait aux données dûment enregistrées par les services coloniaux pendant qu'une autre partie des engagés était délibérément abandonnée afin d'exercer une certaine pression politique sur les autorités locales et nationales. Il fallait réagir vite, car sinon l'engagement prenait le risque de devenir massivement clandestin. Cela laisse supposer que certains navires ont pu débarquer aussi bien des Indiens que des noirs. Ce contexte ouvrait la porte à une liberté totale de commercer et de recruter en l'absence de toute convention avec les administrations françaises et britanniques. Il était nécessaire de faire un point d'étape et de rétablir l'ordre. Tout était sans doute parti trop vite. L'engagisme était appelé à être réglementé sur fond d'interdiction de traite des noirs.

## § 2 – La remise en cause du statut privilégié de l'engagé indien

A La Réunion, l'Indien ne disposait d'un statut privilégié par rapport à l'esclave que s'il était lié par un contrat d'engagement pluriannuel. Dans ces conditions, il était et devait être considéré comme un travailleur libre. Mais sur quel type de document reposait ce statut ? Jusqu'à présent, nous nous sommes surtout référés à plusieurs délibérations des conseils privés de Saint-Denis et de Pondichéry ainsi qu'à des dépêches ministérielles. Tous les documents officiels sont unanimes sur l'état de liberté des Indiens recrutés par

---

[218] CAOM, C. 406/3828, Extrait d'une lettre du gouverneur de Bourbon du 3 février 1831 : « La mission qu'a reçu la corvette L'Héroïne a facilité le renvoi à Yanaon de 120 Indiens, qui par leur infirmité ou leur inconduite étaient devenus des charges pour les colons qui les avaient pris à leur service. La gabare L'Infatigable a été expédiée le 26 du mois pour la même destination, ayant à bord 50 Indiens renvoyés à Yanaon pour des motifs semblables ».

[219] CAOM, C. 406/3828, Extrait d'un rapport de retour du Cap, de La Constance, Nantes, le 7 février 1830. Dès 1830, la main-d'œuvre esclave ne suffisait pas : « N'ayant plus de Noirs en quantité suffisante pour faire tous les travaux des habitations, quelques-uns des principaux ont eu l'idée de faire venir des Indiens qui s'engagent avec eux pour un certain temps au prix de 7 roupies par mois ».

les agents français de Yanaon et de Pondichéry. Or, nous savons bien qu'en réalité, cet état de liberté est complexe à appréhender surtout de nos jours, près de 200 ans après. La liberté était peut-être ce moment très éphémère où l'Indien acceptait de lui-même d'embarquer à bord d'un navire en partance pour La Réunion. Que les Anglais ou les Français engagèrent des Indiens cipayes pour garnir leurs régiments et défendre leurs intérêts nationaux importait peu, car le statut qui correspondait à ce genre de mission bien particulière ne pouvait pas être généralisé à l'ensemble de la population indienne d'autant plus que leur société était constituée d'une superposition de castes[220]. A l'intérieur de sa structuration, toujours d'actualité, nous retrouvons logiquement la « classe » des plus aisés et celle des plus infortunés, les parias, à savoir pour des Occidentaux, des corvéables à merci. La liberté n'était pas une condition évidente surtout lors de la domination grandissante des Britanniques en Inde. Rappelons que les 15 premiers engagés indiens introduits à Bourbon en 1828 étaient des « parias » thélingas, ce qui signifie que consentement ou pas, cela indifférait les autres castes. Les Français avaient tout de même assuré que les Indiens étaient tous consentants et, pour faciliter les recrutements à l'abri des autorités anglaises, aux abords des fleuves et des rivières, ils avaient demandé la reconnaissance du principe de leur neutralité, à savoir des zones de non-droit souverain des puissances coloniales.

Si nous disposons comme nous l'avons vu dans nos développements précédents de simples modèles de contrats d'engagement, les articles qui y étaient contenus devaient en toute logique être fidèlement retranscrits dans les contrats d'engagement définitifs. Or, dans un contexte de revendications de la part des habitants réunionnais, on peut se demander si toutes les promesses d'engagement se transformaient en contrats ou si la plupart d'entre elles ne tombaient pas dans la non-contractualisation ou plutôt dans leur simple verbalisation. La difficulté au sujet de l'engagisme, c'est que les contrats et les livrets d'engagement étaient des feuilles volantes que l'on pouvait facilement faire disparaître. Par ailleurs, les autorités policières ne pouvaient pas débarquer brusquement sur les propriétés des engagistes pour venir contrôler la bonne tenue de ce type de documents. Par ailleurs et non des moindres, on peut vraiment douter que les Indiens avaient parfaitement connaissance des clauses contractuelles promises d'autant plus qu'il s'agissait le plus souvent d'Indiens parias. Dans de telles circonstances, comment être sûr que les engagés allaient vraiment bénéficier d'un salaire, être bien traités,

---

[220] M. MARIMOUTOU-OBERLE, *Op. Cit.*, p. 19. L'auteur dénombre 14 castes ou classes de manière non-limitative. Nous y retrouvons le terme « Telinga » qui désignait généralement les Télégus occupant l'actuel Andra-Pradesh et « peut-être pour désigner la caste des cultivateurs télégus ». Le terme « Paria » y apparaît également pour signifier que ce sont des hors-castes. Ce nom vient *a priori* de parei (tambour). Les parias pouvaient avoir été autrefois des musiciens de villages.

etc., d'autant plus que les engagistes étaient obnubilés par les clauses pécuniaires exigées depuis Pondichéry. Tant que l'administration n'encadra pas légalement les obligations contractuelles dues aux engagés, leur statut apparaissait plutôt incertain.

Une réglementation officiellement admise n'était pas si évidente que cela, car l'Indien était d'abord un étranger sur le sol colonial français. En vertu de quelle législation ou de quel traité international allait-il pouvoir se fonder pour réclamer son dû devant les autorités administratives et judiciaires de l'île de La Réunion ? Même si une simple circulaire du directeur de l'Intérieur lui reconnaissait ce droit, cela posait la question du lieu du recrutement. En territoires français ou britanniques ? Quand bien même on lui reconnaissait des droits juridiques, l'Indien devait pouvoir couvrir personnellement les frais de son procès éventuel. Aucune législation n'avait prévu la possibilité pour lui de se plaindre judiciairement de cas de mauvais traitement ou de non-paiement de salaire. L'article 12 du modèle contractuel de l'engagement du 18 mars 1828 était *a priori* de rigueur, à savoir que toutes les questions relatives à cette convention devaient être réglées administrativement.

Ainsi, nous ignorons l'ampleur exacte du vagabondage, mais elle révélait en même temps la crise dans laquelle l'engagisme se trouvait désormais. Sans pouvoir garantir légalement l'exécution des stipulations contractuelles, l'administration coloniale était dans l'incapacité de contenir à elle seule un tel phénomène. C'est dire que des relations de travail d'ordre privé affectaient la tranquillité publique de l'île. Les habitants réclamèrent l'exclusivité de leurs rapports contractuels avec les immigrants indiens, souhaitant que Pondichéry se retire définitivement (A). De son côté, le gouvernement bourbonnais fut logiquement invité à régler au plus vite la problématique posée par le vagabondage. Il était évident que les engagistes ne recourraient plus à l'engagement dans les conditions conventionnelles fixées jusqu'alors par Pondichéry. Cela ne signifiait pas pour autant la disparition totale des embauches d'Indiens sur les habitations sucrières (B).

## A/ La crise du contrat d'engagement

Après une première vague migratoire, le gouverneur réussit à se dégager de toute garantie pécuniaire et de toute responsabilité vis-à-vis de l'engagement. De son point de vue, la délégation du service du roi ne pouvait pas s'envisager sur l'ensemble de tous les convois indiens. Il y avait bien eu des esclaves au service du roi et il pouvait en être de même pour les engagés indiens, mais leur nombre était sans doute limité. En aucun cas, le service du roi ne devait être généralisé à tous les Indiens présents dans l'île. Aucune loi ne disait que le contrat de travail devait nécessairement être de nature publique. Le ministre lui-même en avait abandonné l'idée. Malgré un interventionnisme public aux allures de celui de l'ancienne compagnie des Indes, l'engagement devait être de droit purement privé. Les habitants pouvaient penser que la clause de la délégation familiale était là pour enrichir certains agents de l'administration qui se croyaient encore au temps de l'ancienne compagnie. Or, cette période était bien révolue. L'heure du libéralisme était venue. Dire que les engagés indiens étaient au service du roi était désuet. En ce début du 19e siècle, les habitants réclamèrent la liberté totale de pouvoir commercer et de recruter qui ils voulaient. C'est la raison pour laquelle ils affirmèrent leur volonté d'être reconnus comme les propriétaires exclusifs du travail des Indiens. En tant qu'engagistes, ce sont eux qui payaient tous les frais de passage et d'entretien sur la base d'une rémunération mensuelle.

Les habitants réussirent à faire pression sur le gouverneur et lorsque celui-ci cessa de garantir la délégation familiale et les frais y afférant dès le 24 décembre 1829, ils durent affronter un adversaire récalcitrant à toute idée de changement, le gouverneur de Pondichéry appuyé de son administration. C'est dans ce contexte que le phénomène du vagabondage prit de l'ampleur. Les engagés, encouragés par leurs engagistes, pouvaient très bien avoir exprimé leur ignorance et leur désaccord sur la délégation familiale qui n'en était pas moins une retenue sur salaire. Et l'on peut comprendre qu'un certain nombre d'entre eux avaient fini par se délier de leur engagement. Mais, ces faits suffisaient-ils à expliquer l'importance du vagabondage ? En effet, des rumeurs persistaient concernant un grand nombre d'engagés qui se plaignaient de ne pas être rémunérés, d'être maltraités et mal entretenus. Que retenir de tels faits si ce n'est de l'esclavagisme ? En tout état de cause, il y avait eu des actes de désertion, ce qui signifiait ruptures conventionnelles, côté engagé.

Cette crise économique et sociale s'accompagna d'une crise politique entre d'un côté, les « *Conservateurs* », à savoir les grands propriétaires et industriels sucriers de l'île, et de l'autre, les *Francs-Créoles*[221], c'est-à-dire des habitants et colons non sucriers. Ces derniers reprochèrent aux « aristocrates » ou « Conservateurs » de monopoliser entièrement le service des Indiens. Cela veut dire que le vagabondage fut volontairement provoqué et peut-être artificiellement maintenu, car toute une autre partie de la société réunionnaise souhaitait engager à son service des Indiens. Là où tous les engagistes potentiels pouvaient tomber d'accord, c'est au sujet de la liberté contractuelle et plus précisément sur la liberté des termes contractuels sans passer par l'administration coloniale.

Pendant près de 10 ans, entre 1828 et 1838, la politique des gouverneurs qui se succédèrent à Bourbon consista à favoriser la liberté contractuelle au profit des intérêts du sucre.

---

[221] L. BRUNET, *Histoire de l'association générale des Francs-Créoles de l'Ile Bourbon*, Drouhet, Saint-Denis, 1884, 239 p.

### 1) Le vagabond indien : le nouvel ennemi de l'intérieur de Bourbon

Du temps de la Compagnie des Indes Orientales, la production de richesse à Bourbon était relativement négligeable et il n'était pas prévu de la développer davantage, ce qui explique pourquoi les autorités n'encouragèrent pas l'esclavage de type massif au début de sa colonisation. On assista tout de même à un début « d'industrialisation » du café et par la suite à celle du sucre. Si leur production commença à devenir importante, c'est grâce à de la main-d'œuvre abondante. C'est dire que la colonie n'était plus perçue comme une simple escale sur la route des Indes. Cela signifiait la nécessité de pourvoir l'île de tous les bras serviles utiles à un système devenu productiviste.

En pleine période d'incertitudes, entre 1794 et 1815, la colonie résista aux idées révolutionnaires trop gênantes, d'où la thèse de l'ennemi intérieur qui englobait toute personne de couleur. Le noir devait être perçu comme « naturellement » dangereux, non-civilisé et donc délinquant ou criminel en puissance. Son affranchissement ne pouvait être qu'individuel et jamais de masse. L'abolition de l'esclavage n'était donc pas tolérable. Les Indiens, eux aussi, pouvaient s'avérer être dangereux. Parce que privés de droits essentiels (non-versement de salaire, mauvais traitements, etc.), ils pouvaient se rebeller contre l'ordre établi. Dès 1829, face au vagabondage indien, on ne pouvait pas d'un côté les assigner à des travaux esclavagistes et de l'autre, leur accorder des droits ostentatoirement supérieurs à ceux des esclaves. Il fallait pouvoir parvenir à un point d'équilibre et rien de tel que la reconnaissance officielle de l'obligation de les faire travailler, de s'engager.

#### • Le premier recensement officiel : la dénonciation de la faute de l'engagé indien

La question du nombre d'engagés introduits dans l'île fait encore débat ou presque. Quels sont les chiffres ? Reflètent-ils la réalité quand on sait que les habitants voulaient les minimiser pour ne pas devoir payer les délégations familiales à Pondichéry ? En tous les cas, la problématique des statistiques faisait émerger plusieurs termes attribués d'habitude aux esclaves : déserteurs, vagabonds, etc. Les Indiens, c'était eux les nouveaux ennemis de la colonie. Au regard des premiers chiffres officiels, leur faiblesse absolue laissait penser que cet essai n'était pas un franc succès, à moins que les chiffres ne soient faux[222].

Quels sont les chiffres avancés par le gouvernement local ?
- 1er envoi de 1828 : 15 parias ;

[222] CAOM, C. 406/3831, Note sur les immigrations d'engagés indiens à l'île Bourbon du 21 février 1832 et Extrait du compte annuel de Monsieur l'inspecteur colonial pour l'année 1831 du 10 mai 1832.

- Fin de l'année 1829 : 1 200 (en majorité de la classe des parias) ;
- Fin de l'année 1830 : 3 426 (des deux sexes) – 549 renvoyés pour « *incapacité de travail* », 7 retournés en fin de contrat et 230 décédés ;
- Fin de l'année 1831 : 2 628 présents – 187 déserteurs (3 à l'hôpital et 18 en prison) ;
- En 1832, il semble que l'on ne dispose d'aucune donnée tangible. On reste alors sur le dernier recensement de l'année précédente[223]. Cela signifiait qu'aucune introduction officielle ne fut *a priori* enregistrée cette année-là.

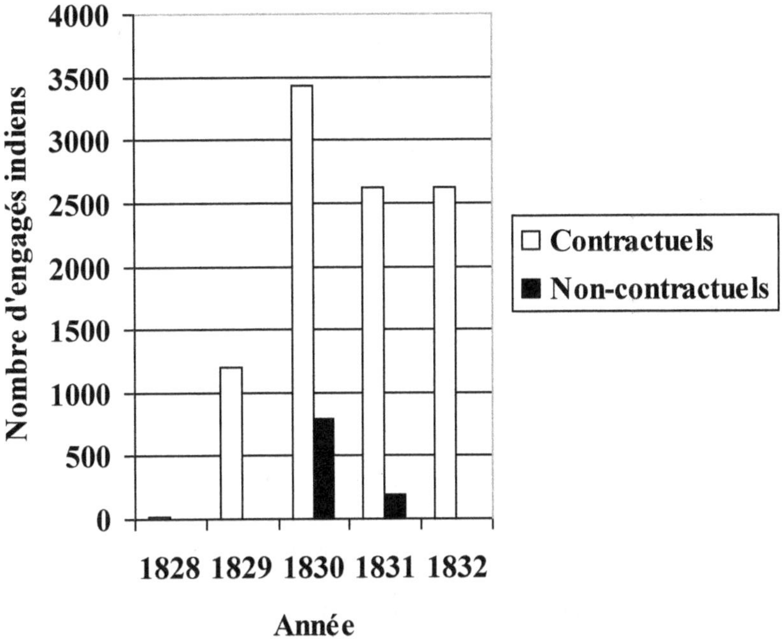


**Chiffres des premiers Indiens contractuels à Bourbon**

À travers ces premiers chiffres, on remarque qu'il est difficile d'établir des statistiques sûres, car par exemple pour 1830, le compte annuel tenu par l'inspecteur colonial établissait le chiffre de 3 426 Indiens contre 3 102, ce dernier chiffre étant avancé par L. Maillard[224]. Dans la *Revue coloniale* de mai 1845, l'auteur avançait pour 1830 le chiffre de 3 012 engagés volontaires indiens et déclara que par la suite, toute introduction cessa à cause du défaut

[223] Edith WONG-HEE KAM, *Les premiers engagés chinois de La Réunion et l'esclavagisme (1844-1862),* In. Cahiers des Anneaux de la Mémoire, n°2, *Esclavage et engagisme dans l'Océan Indien. La traite atlantique*, Nantes, 2000, pp. 179-212.
[224] L. MAILLARD, *Op. Cit.*, p. 190. Cette source est reprise par de nombreux auteurs dont S. FUMA, *Op. Cit.*

de discernement des agents recruteurs en Inde. Leur nombre n'avait donc cessé de baisser « *par le retour successif de ces individus dans leur pays* » pour n'atteindre en 1837 que 1 346 individus, puis 1 353 en 1842[225]. Ces chiffres sont assez semblables à ceux relevés dans les *Notes pour les annales maritimes* de mars 1831, mais ils ne correspondaient pas du tout à ceux mentionnés dans le rapport du capitaine Berthault en 1832. Ce dernier estimait pour 1830 à 3 500 le nombre d'Indiens introduits contre 2 500 en 1831, ce qui faisait un total de 6 000 rien que pour ces deux années-là. Nous sommes donc loin des 2 628 Indiens relevés dans les *Notes sur les immigrations d'engagés indiens à l'île de Bourbon* du 21 février 1832. Cela signifiait qu'au lieu de cumuler les chiffres, le gouvernement local confondait introduction annuelle et recensement officiel des Indiens. Par ailleurs, les autorités ignoraient tout de leur situation contractuelle d'autant plus qu'ils changeaient de propriétaires ou d'engagistes[226]. Rappelons que dès 1830, les habitants traitèrent directement avec l'Inde même si le gouverneur de Bourbon transmettait avec plus ou moins de rigueur les commandes à son homologue de Pondichéry. Il faut dire aussi que le Conseil privé de Bourbon ne se réunissait pas à chaque fois qu'un convoi d'immigrants se présenta en rade de Saint-Denis d'autant plus que les navires pouvaient très bien débarquer leurs passagers sur d'autres côtes littorales moins surveillées. Notons enfin que si nous ignorons la proportion exacte de femmes engagées, leur nombre était encore sans doute très faible.

Avec l'étude de telles statistiques, on note l'apparition de nouveaux termes comme par exemple celui « *d'incapacité de travail* ». Si certains habitants firent l'apologie de la main-d'œuvre indienne, d'autres s'en plaignirent en dénonçant leurs inaptitudes physiques[227]. Avec de tels handicaps, les engagistes ne pouvaient pas pleinement exploiter leurs engagés. Les agents de l'administration de Pondichéry furent alors invités à être plus souples, notamment concernant la réclamation des fameuses délégations familiales. Il fallait s'attendre à des répercussions sur le salaire de l'engagé. Peu importe les modèles contractuels, les engagistes ont dû faire les adaptations nécessaires pour proposer un salaire qui correspondait aux aptitudes physiques

---

225 CAOM, C. 406/3846, Revue coloniale de mai 1845, Règlements mis en vigueur à Bourbon, de 1826 à 1844 sur les introductions de travailleurs libres venant d'Asie, *Op. Cit.*

226 L'auteur L. MAILLARD relevait des anomalies dans la collecte des données statistiques officielles, les propriétaires ne respectant pas les règles du recensement : « l'administration veille avec plus ou moins de rigueur l'exactitude de ce moyen unique de recensement de la population ».

227 CAOM, C. 406/3831, Extrait du mémoire remis par le capitaine de vaisseau Duval D'Ailly à son successeur dans le gouvernement de Bourbon, Saint-Denis, le 8 septembre 1832 : « Messieurs Marcelin, Dejean, Fréon, Charles Desbassyns et Malavois, on n'a eu qu'à se louer de leurs services… ».

de chacun. Quant au rapatriement systématique des Indiens parce que totalement ou partiellement inaptes, nous en doutons fort, car cela avait un coût sur le budget du gouverneur. On peut penser qu'ils s'engageaient le plus souvent à la tâche ou à la journée. En 1830, ce sont 549 Indiens sur 3 426 qui furent « *renvoyés* » en Inde. Cela nous est confirmé par les statistiques établies plus haut. Seuls 7 travailleurs libres furent « *retournés* », mais nous ignorons tout des conditions et des motifs. Si ces 7 Indiens étaient arrivés au terme de leur engagement de 3 ans et qu'ils avaient choisi de retourner en Inde plutôt que de renouveler leur engagement, ils ne représentaient que 0,2 % des Indiens en 1830. Or, le premier essai datait de 1828 et non pas de 1827. Les 3 ans n'étaient pas encore effectifs. En 1830, le gouvernement local releva le décès de 230 Indiens sans que l'on en sache les causes exactes. Ce chiffre représente tout de même 6,7% de cette population, ce qui n'est pas rien. C'est dire que les chiffres de l'engagisme restent flous dès ses premières années.

En 1831, 187 déserteurs, soit 7,1 % de la population indienne, furent comptabilisés sans que l'on sache les mesures ou sanctions prononcées par le gouverneur pour réprimer ce phénomène de marronnage inquiétant. Notons que le terme de « *déserteurs* » s'adressait là à une catégorie de population considérée pourtant comme libre, mais qui n'en restait pas moins de couleur et surtout servile. Dans l'opinion publique coloniale, un engagé indien qui ne travaillait pas ou plus sur une habitation et ce, peu importait les raisons, n'était plus considéré comme travailleur libre. Et comme il n'était plus un travailleur libre, il devenait un simple étranger en situation irrégulière, de surcroît vagabond, c'est-à-dire un délinquant ou un déserteur. En tout état de cause, il manquait *a priori* à ses obligations contractuelles. Si l'Indien désertait, il n'en avait pas le droit, ce qui autorisait de fait son engagiste à le récupérer en organisant sa « chasse ». Dans l'hypothèse où le maître-engagiste réussissait à le « capturer », le déserteur retournait travailler sur l'habitation après avoir sans doute subi des punitions corporelles et salariales assez sévères, ce qui rapprochait dans les faits le statut de l'engagé de celui de l'esclave[228]. A La Réunion, que l'on soit esclave ou engagé, l'obligation de travailler et de servir le maître était puissamment ancrée dans l'opinion coloniale[229]. Le rythme et

[228] ADR, 16 K 1 et 16 K 2, Registres du Conseil privé de Bourbon des années 1826-1827 : « Les codes de police et de discipline punissent de mort la désertion et toutes les démonstrations hostiles de l'esclave envers son supérieur immédiat ». L'engagé indien déserteur ne se voyait pas punir de mort, car la législation à l'égard des esclaves tendait elle-même à s'améliorer surtout à partir de l'arrêté local du 4 octobre 1832 qui interdisait d'abattre les esclaves marrons. La question consistait plutôt à savoir comment la colonie pouvait lutter contre le vagabondage et la désertion des Indiens. A défaut de législation spécifique, pouvait-elle s'inspirer de la législation pénale relative aux esclaves, du moins en partie ? Au regard des tâches semblables qui leur étaient assignées sur les habitations sucrières, nous le supposons.

[229] M. BOUVIER-AJAM, *Op. Cit.*, p. 13. A la fin du 18$^{e}$ siècle, à l'occasion de la loi Le Chapelier de juin 1791, l'auteur évoque les prémisses de la modernité du régime

la dureté du travail sur les habitations étaient intenses et exigeaient beaucoup de force, d'endurance et de résilience. Parfois même, la loi du maître conduisait à la mort[230]. La toute-puissance et l'arbitraire étaient du côté exclusif de l'engagiste qui n'en était pas moins maître d'esclaves. En reprenant délibérément les termes de déserteur, de vagabond, de renvoyés, la notion d'incapacité de travail aussi, la colonie se forgeait un destin productiviste sur la base du servilisme, prenant clairement partie en faveur des habitants. En 1832, face aux interrogations de Paris et pour limiter les plaintes de Pondichéry, le gouverneur de La Réunion affirma que des contreparties correctes étaient accordées à n'importe quel engagé indien pour qu'il n'ait pas à souffrir d'une assimilation vers le bas[231]. L'année suivante, il prit soin de maintenir les tribunaux hors de portée des engagés. Aucune décision judiciaire ne fut nécessaire pour les emprisonner pour faits de vagabondage.

Le 4 mars 1833, le Conseil privé décida du sort de 2 Indiens arrêtés en possession d'argenterie « *dont ils ne peuvent justifier la provenance* »[232]. C'est dire qu'en matière pénale, c'est le gouverneur qui statuait pour tout ce qui les concernait, en se fondant notamment sur l'article 12 de la Copie de l'engagement du 18 mars 1828. Aucun tribunal ni aucun juge ne fut saisi. D'ailleurs, tout le monde savait que les Indiens ne disposaient d'aucun moyen pécuniaire pour payer les frais de procès. De son côté, le ministère public renonça à instruire des procédures pénales alors que « *les mêmes circonstances se reproduisent souvent à l'égard des Indiens qui habitent la*

---

légal du travail. Le consentement s'étendait même à la possibilité d'accepter les abus des employeurs : « Le travailleur acceptera ou n'acceptera pas de souscrire aux volontés patronales, qui varieront d'ailleurs selon l'état du marché du travail. Et, finalement, il faudra bien souscrire, pour ne pas mourir de faim. Les nobles imposaient hier leur loi en vertu de leurs privilèges ; les riches imposeront dorénavant le leur en vertu de leur détention des moyens de production ». Les engagés indiens devaient être considérés comme des contractuels qui, en dehors de tout engagement, étaient réduits au statut de vagabonds étrangers. La colonie ne leur donnait aucune chance d'échapper au régime du travail. Une telle situation était aggravée par le barrage naturel de la langue entre Indiens et Français. Quant à l'émergence de la classe des « riches » producteurs et industriels, elle était une réalité à La Réunion qui avait fondé sa prospérité économique sur l'industrie du sucre de canne.

[230] ADR, 152 ADR 73 M 3, Lettre n°638 du directeur de l'Intérieur adressée au maire de Saint-Paul concernant Monsieur Prudent Ricquebourg, accusé d'avoir tué plusieurs de ses esclaves et de les avoir enterrés sur sa propriété le 16 septembre 1834.

[231] Note sur les immigrations d'engagés indiens à l'île Bourbon du 21 février 1832, *Op. Cit.* : « un contrat d'engagement qui stipulait en leur faveur entre autres garanties, celui : 1° un état complet de liberté dans leur régime à qui devait être tout à fait distinct de celui des esclaves, soit dans les circonstances de leur culte et dans la pratique de leurs coutumes, 2° une solde… ».

[232] CAOM, C. 406/3831, Délibération du Conseil privé de l'Ile Bourbon, Saint-Denis, le 7 mai 1832. Il s'agissait des Indiens Rapacou PERIGADOU et Azzaza ARANA-SALAM.

*colonie et que la plupart sont presque toujours en état de vagabondage* ». Pour en revenir aux 2 Indiens arrêtés, le Conseil privé décida de leur renvoi de la colonie « *par la première occasion* » en précisant que « *le Trésor ferait l'avance des frais de passage sauf ensuite à faire rembourser par qui de droit* ». Notons tout de même une certaine disproportion entre l'acte délictueux et la décision de l'autorité. L'ordre public devait être préservé et n'oublions pas que désormais, les engagés indiens entraient eux aussi dans la catégorie des ennemis intérieurs de l'île.

- Le vagabondage : l'argument de la disparition de la délégation familiale

Selon les statistiques abordées plus haut, en tout, les Indiens déserteurs et décédés atteignaient 13,8% de la population indienne en 1831. Cela se répercuta forcément sur le contrat d'engagement et notamment sur les délégations familiales restant dues. Désertion ou pas, cette clause était l'une des conditions pour que l'administration française dans l'Inde organise les recrutements et le voyage vers l'île Bourbon. Entre le 1er mars et le 31 décembre 1831, l'administration réunionnaise réclama la somme de 91 145, 324 Francs au titre de la délégation familiale. Ce montant devait être expédié sous forme de numéraire alors que l'on sait que la colonie manquait de métal dans un climat de crise économique et politique[233].

En septembre 1832, le gouverneur Etienne Duval d'Ailly réaffirma que la délégation familiale était garantie par son administration alors qu'elle avait cessé dès le 24 décembre 1829 sous le gouverneur Achille de Cheffontaines[234]. Les pressions de Paris et de l'Inde française réussirent à percer la résistance des habitants. Le gouverneur avait pris son temps pour prendre cette décision puisqu'il occupa ses fonctions du 5 juillet 1830 au 7 novembre 1832, et pour soulager les engagistes, il avait finalement accepté de garantir leurs dettes au titre des délégations familiales[235]. C'est juste quelques mois avant de quitter définitivement l'île qu'il laissa à son successeur la difficile et délicate mission de régler la question. On assistait de plus en plus à une opposition frontale entre 2 classes sociales : les grands colons, propriétaires et industriels du

---

233 Extrait du compte annuel de Monsieur l'inspecteur colonial pour l'année 1831, *Op. Cit.*

234 Extrait du mémoire remis par le capitaine de vaisseau Duval d'Ailly à son successeur dans le gouvernement de Bourbon, *Op. Cit.* : « L'administration a commis de garantir dans l'Inde le paiement des délégations des Indiens au service des habitans ». Son successeur fut le contre-amiral Jacques Cuvillier qui prit ses fonctions de gouverneur de l'île à partir du 8 novembre 1832.

235 Le compte annuel de l'inspecteur colonial de Bourbon pour l'année 1831 précisait que la colonie avait payé d'avance à l'Inde 38 804 Francs, ce qui signifiait que les engagistes n'avaient pas encore remboursé lesdites délégations.

sucre, et les Francs-Créoles, petits industriels[236]. L'administration du gouverneur tenta tant bien que mal de rabaisser au maximum le montant dû au titre des délégations familiales en remettant en cause la clause elle-même puisque de nombreux Indiens ignoraient tout de leur existence. C'est bien de tromperie dont il était question[237]. Le gouverneur de Pondichéry mit les

---

[236] Le gouverneur Duval d'Ailly avait pris la succession du comte de Cheffontaines à partir du 5 juillet 1830. Si ce dernier cessa de garantir la délégation familiale le 24 décembre 1829, Etienne Duval d'Ailly la remit en vigueur, sans doute pour soulager les grands propriétaires et industriels de l'île, mais aussi pour contenter les réclamations du gouverneur de Pondichéry. Cela ne fit l'objet d'aucune législation particulière, mais d'une simple clause contractuelle au sein de l'engagement. Sans doute que la pression des grandes familles telles que les Desbassyns et Villèle y était pour quelque chose d'autant plus qu'une grande crise économique avait été causée suite au cyclone de 1828 et aux vents violents des années 1830 à 1832, ravageant les plantations de café et de girofle. Cela provoqua la ruine des petits propriétaires ou moyens producteurs comme l'usine du Colosse de Nicol Robinet de la Serve. La stagnation du cours du sucre, les droits excessifs taxant le sucre colonial et la concurrence du sucre de betteraves menaçaient la situation des habitants réunionnais. Le gouverneur adopta l'arrêté local du 7 août 1830, créant à Saint-Denis la Chambre de commerce qui devait défendre et représenter plus facilement les intérêts économiques de la colonie, dont principalement l'industrie sucrière. L'aristocratie locale disposa ainsi d'un organe de représentation. Cependant, la crise qui avait ruiné certains habitants, c'est-à-dire les exploitants de café et de girofle, fut aggravée parce qu'ils ne pouvaient plus rembourser leurs dettes à la Caisse d'Escompte. Sans aucune instance de représentation, cette *middle-class* économique commença alors à se rassembler et créèrent le 15 mars 1831 à Quartier Français, sous l'impulsion d'Auguste Vinson, l'association des *Francs-Créoles*. C'est Nicol Robinet de la Serve qui devint leur principal représentant. Il revendiqua l'harmonisation des lois locales sur celles de la métropole, à savoir les libertés politiques et l'autonomie de la colonie, considérant que les colons devaient décider du vote de leurs propres lois. Les *Francs-Créoles* s'organisèrent en comités directeurs élus dans chaque quartier avec un chef civil, un chef militaire et un suppléant. Les premiers militants aux côtés de Nicol Robinet de la Serve furent Bellier, Loupy, Lépervanche, Floris, Abadie, Beaumont, Sigoyer, Robert, Solesse, Elie, Perrichon, Cotteret, etc. Ils reconnaissaient l'égalité de tous les hommes libres nés sur le sol de Bourbon, s'ouvrant ainsi aux libres de couleur. Les *Francs-Créoles* s'opposaient au « clan » Desbassyns-Villèle et à l'entourage du gouverneur Duval d'Ailly, réputé composer avec les grands habitants sucriers de l'île. Ces derniers s'organisèrent également et créèrent sous l'égide de Madame Desbassyns, une des plus grandes fortunes de France, la société des *Chevaliers ou Amis du bon ordre*. Ces conservateurs accusaient les *Francs-Créoles* de vouloir établir brutalement l'abolition de l'esclavage et d'agiter la peur à travers la tragique expérience de Haïti. Pour eux, les *Francs-Créoles* troublaient l'ordre social de la colonie.

[237] Extrait du compte annuel de Monsieur l'Inspecteur colonial pour l'année 1831, *Op. Cit.* : « les Indiens ont été trompés par les spéculateurs qui les ont engagés en leur promettant beaucoup plus d'avantages qu'ils n'en devaient trouver ici… Au nombre

habitants devant le fait accompli. Soit, ils voulaient développer leur industrie et se pliaient à ses clauses et à ses exigences, soit ils s'enfermaient et se condamnaient dans l'illégalité de la traite négrière. C'est tout un système de monopole qui s'organisa progressivement et c'est cela qui accentua la tension entre les habitants et le gouverneur de Pondichéry ainsi qu'entre les habitants sucriers et les plus petits industriels.

L'engagisme indien était devenu une question politique majeure et ce, dès les premiers temps de son essai en 1828. Les habitants l'avaient bien compris, l'engagisme promettait d'être une ressource commerciale très lucrative tout comme l'était la traite des noirs. Mais voilà, le gouverneur de Pondichéry n'entendait absolument rien lâcher aux colons réunionnais. La Réunion n'avait pas à devenir la plaque tournante de la main-d'œuvre indienne à sa place. Les habitants tentèrent de convaincre Paris que les Indiens étaient trompés par l'administration pondichérienne. C'est ce qui expliquait selon eux la généralisation du phénomène du vagabondage[238].

Avec un vagabondage de masse, il appartenait au gouverneur de prendre les mesures nécessaires au maintien de l'ordre public. Et il n'y avait pas meilleur moyen que celui de reconnaître l'obligation d'occuper les Indiens aux travaux du sucre. En toute logique, avec un nombre si important, les prisons municipales ne pouvaient pas à elles seules supporter les frais de geôle et leur entretien journalier sans contrepartie. L'idée de les obliger à travailler pour le compte de particuliers ou de l'administration n'était pas extraordinaire. A Paris, sur une population totale de 714 000 habitants en 1807, il y avait 90 000 chômeurs dont une partie pouvait basculer dans le vagabondage. Conscient des risques, le gouvernement fit ouvrir des dépôts de mendicité avec astreinte au travail. L'idée d'obliger le vagabond à travailler pouvait bien s'étendre aux Indiens vagabonds dans les colonies. Les services de police à Bourbon avaient déjà procédé à des contrôles réguliers sur certains noirs affranchis qu'ils confondaient avec les esclaves. La police pouvait très bien les interroger et vérifier qu'ils avaient les moyens suffisants pour subvenir à leurs besoins. Leur nombre n'étant pas important, les contrôles furent finalement suspendus en 1800[239]. Les affranchis ne présentèrent pas de risque important contre l'ordre public.

---

de ces derniers sont les délégations que la plupart des Indiens déclarent n'avoir point faites et contre lesquelles ils protestent continuellement… ».

238 C. 406/3831, Délibération du Conseil privé de Bourbon, Saint-Denis, le 19 mai 1832 : « …un grand nombre d'Indiens en état de vagabondage qui tombent à la charge de l'administration… »

239 C. WANQUET, *Op. Cit.*, tome III, p. 386. L'administration à La Réunion était en charge de vérifier que les affranchis disposaient de moyens suffisants de subsistance. A défaut, ils pouvaient être considérés comme vagabonds. Le vagabondage était particulièrement préoccupant, car il pouvait être la cause de plusieurs délits comme le vol. Le gouverneur décida de lutter contre ce phénomène qui concernait de plus en

Dans la *Revue coloniale* de mai 1845, on y apprend comment le problème du vagabondage indien devait être réglé. Ce sont précisément les articles 2 et 4 de l'arrêté du 16 mai 1831 qui indiquèrent la marche à suivre[240]. Les vagabonds comme les déserteurs étaient conduits au bureau de police de la commune sur laquelle ils furent arrêtés pour y être interrogés par le syndic des Indiens. Celui-ci était chargé d'encourager le vagabond à retourner immédiatement chez son engagiste jusqu'à ce que les griefs opposables trouvent éventuellement une solution. Si l'Indien refusait pour une raison que le syndic estimait valable, il était confié à l'autorité administrative pour être employé aux travaux d'utilité publique soit auprès de l'atelier municipal, soit à l'Atelier colonial. Si le syndic considérait que l'Indien avait abandonné sans raison valable le service de son engagiste, l'Indien était reconduit *manu militari* auprès de lui. L'article 3 de l'arrêté précité prévoyait même que le « *maître* » était en droit de lui réclamer le double du prix de ses journées d'absence. La comptabilité exacte des jours de travail effectués et d'absence avec ou sans motif devenait cruciale, mais elle était totalement à la discrétion de l'engagiste et non pas de l'administration.

Ainsi, sans l'annoncer vraiment, l'arrêté du 16 mai 1831 posa le principe de l'obligation de travail. Soit l'Indien avait un engagiste privé, soit il devait travailler au service de l'administration coloniale. Cet arrêté était également important pour les engagistes privés, car il les autorisait à réduire plus ou moins fortement les salaires des engagés récalcitrants ou absents. La retenue sur salaire était multipliée par 2 par journée d'absence. Plus que jamais, l'engagiste se présentait comme le maître tout-puissant de l'engagé indien.

Avant de décider du sort des vagabonds, il fallait leur trouver une place en prison et l'on sait que les frais de geôle coûtaient relativement cher[241]. Si le syndic décidait de les renvoyer chez leurs engagistes, ce sont eux qui devaient payer la note. On trouva alors une solution plus économe ou plus rentable. Au lieu de remplir inutilement les geôles, les vagabonds étaient le plus souvent placés dans ce qu'on appelait les « ateliers de secours » du gouvernement, assignés aux travaux d'utilité publique en attendant de retourner chez leurs engagistes[242]. Dans ces ateliers, la discipline était de rigueur. Là, aucun salaire n'était versé.

---

plus d'Indiens. On peut citer par exemple le cas de l'Indien Pacquira signalé vagabond en octobre 1799. Personne ne put prouver à l'époque qu'il était libre.

[240] *Revue coloniale* de mai 1845, *Op. Cit.*

[241] Les frais de geôle ou d'hôpital, nourriture comprise, étaient estimés à 50 centimes environ par jour en 1845.

[242] *Revue coloniale* de mai 1745, *Op. Cit.* Les Indiens vagabonds ou déserteurs étaient mis à la charge de l'administration, logement et nourriture inclus et ce, jusqu'à ce qu'ils soient replacés chez leurs maîtres ou qu'ils contractent un engagement. La ration distribuée dans l'atelier de secours se composait de 800 grammes de riz, 15

2) La dégradation du sort de l'engagé indien : un travailleur et non pas un homme libre

On l'a vu. L'arrêté du 16 mai 1831 instaura un régime de travail contraint à l'égard de tous les Indiens. Cela allait en totale contradiction avec ce que l'on pouvait attendre du statut d'homme libre, à moins qu'il faille le distinguer du travailleur libre de couleur. Il faut croire que la réalité coloniale les avait rattrapés. Que l'on soit engagiste ou maître, que l'on soit engagé ou esclave, c'est tout un écosystème de servilisme qui était de rigueur. Tout cela pour satisfaire les nécessités de rentabilité qu'exigeait à l'époque la production de sucre dans les îles. Et c'est le vagabondage qui mit l'accent sur ce système colonial qui était dépendant de l'obligation de faire travailler toutes les populations serviles présentes. Mais entre l'esclave et l'engagé, il devait y avoir tout de même une distinction. C'est là toute la difficulté de cette période historique. Que faire de la notion de liberté à laquelle devait prétendre tout Indien ? Quand on sait que l'engagiste disposait du droit de récupérer ses Indiens déserteurs, c'était là une forme à peine déguisée d'une chasse aux esclaves marrons. En tout état de cause, l'arrêté du 16 mai 1831 constituait un tournant décisif sur leur traitement.

- Une assimilation progressive du sort de l'engagé à celui de l'esclave

Dans sa séance du 19 mai 1832, le Conseil privé modifia l'arrêté du 16 mai 1831 en revoyant à la baisse la ration journalière de riz due à l'engagé. Celle-ci passa de 80 à 60 décagrammes au motif que ces « *personnels ne travaillent que fort peu* ». Cette diminution conséquente dans son alimentation représentait sur une population de 2 628 Indiens recensés une économie de 52 560 décagrammes de riz multipliés par 365 jours, soit 1,918 tonne l'année. Cela ne ramenait-il pas progressivement à traiter l'engagé indien sur la même base que l'esclave ?

Le gouverneur Duval d'Ailly fut d'un grand secours pour les engagistes qui rechignaient à l'idée de payer les délégations familiales. Autre coup de pouce

---

grammes de sel et d'un kilogramme de bois à feu. L'atelier était placé sous la conduite de piqueurs libres qui ne pouvaient leur infliger comme punition ou sanction que la détention en salle de police pendant 24 heures ou pendant 2 dimanches. L'atelier de secours formait des escouades de discipline. En cas d'insubordination malgré 3 punitions successives, le récalcitrant devait travailler une heure de plus que les autres y compris les dimanches jusqu'à midi. En cas de fuite ou d'absence injustifiée, la commission de l'atelier de secours pouvait condamner le coupable à une détention qui ne pouvait pas excéder 10 jours. Nous ignorons combien d'ateliers de secours comptait la colonie, mais en principe, chaque commune pouvait voter sa création afin d'assurer des travaux d'utilité publique.

aux habitants, la baisse réglementaire de la ration de riz. Dans son rapport-bilan adressé à son successeur, le gouverneur était très clair : il n'y avait pas meilleur ouvrier que l'esclave pour les travaux exigés sur une habitation sucrière. Il appartenait alors à l'engagé de travailler aussi dur sinon plus que l'esclave pour pouvoir prétendre aux avantages offerts par le contrat d'engagement[243]. La question du salaire, du traitement et de l'entretien devait selon lui dépendre principalement du travail effectué et non pas du statut du travailleur. C'est sous cet angle que le gouverneur tenta d'expliquer le phénomène du vagabondage. Avec la diminution de la ration alimentaire, une pression supplémentaire fut exercée sur l'ensemble de la population indienne.

Dans un tel contexte, l'engagement temporaire était peut-être courant, surtout tant que la délégation familiale subsista. Le gouverneur conseilla à son successeur de se focaliser plutôt sur « *la libre expression de la volonté des parties* ». Autant dire que les engagistes avaient pleinement les mains libres dans le recrutement et l'engagement d'Indiens à leurs conditions et notamment, à la tâche, à la journée ou pendant une période limitée correspondant aux moments les plus forts des campagnes sucrières ou alors de manière pérenne, pour 3 ans[244]. L'autorité locale considérait que l'engagement était une affaire privée qui devait se régler entre l'engagiste et

---

[243] Extrait du mémoire remis par le capitaine de vaisseau Duval D'Ailly à son successeur dans le gouvernement de Bourbon, *Op. Cit.* : « L'humeur paresseuse et vagabonde des Indiens a dû nécessairement indisposer contre eux des cultivateurs habitués à la constante subordination avec laquelle le Cafre et le Malgache se portent au travail. La plupart même se sont vus dans l'impossibilité de rien payer du tout à leurs Indiens, ni même de leur fournir la quantité de vivres qui avait été convenue de part et d'autre, les conditions du contrat n'ont pas été régulièrement remplies... Les Indiens ont cru pouvoir s'en affranchir totalement... Les propriétaires enchantés de ne les avoir plus ni à payer ni à nourrir n'ont pas cherché à empêcher de quitter les ateliers où ils les avaient placés ».

[244] *Ibidem* : « Depuis quelques mois, les habitans auxquels ils appartenaient sont venus les réclamer, on les leur a rendus, mais lorsque la récolte sera faite, il est probable qu'on les laissera encore vagabonder ». Ces propos sont d'une importance capitale dans la compréhension de l'engagisme à La Réunion, car ils soulignent que les relations contractuelles étaient essentiellement verbales et surtout, elles ne duraient que le temps des campagnes sucrières, le reste du temps dépendait des travaux à la tâche ou à la journée. On peut supposer qu'une partie demeurait indéfiniment quelque part sur l'habitation sous surveillance bénéficiant d'une certaine manière « du gîte et du couvert », tandis qu'une autre partie était livrée à elle-même en vagabondant aux alentours de l'habitation bénéficiant de nourriture pour survivre en contrepartie de leurs services temporaires. Le salaire ou une forme de salaire plus pérenne était peut-être réservé aux plus fidèles des Indiens surtout dans un contexte constant de rareté de numéraire.

l'engagé. Il est peu probable que les rapatriements aient été massifs, car il fallait bien que quelqu'un paie le prix de la traversée[245].

Dès 1831, les chiffres du vagabondage explosèrent. Le directeur de l'Intérieur signala l'incarcération de 1 030 Indiens supplémentaires entre 1830 et 1831, ce qui représentait un accroissement de 187%, soit près de 54% de la population indienne[246]. La raison avancée était simple : les agents de Pondichéry recrutaient mal et pas dans les bonnes castes[247].

De 1828 à 1831, les hommes libres de couleur nés à La Réunion bénéficièrent de lois leur donnant accès à l'égalité devant la justice, le droit civil et à la milice locale[248]. Ce processus d'intégration des esclaves émancipés et de leurs descendants s'effectuait dans un temps long. Il devait sans doute en être de même pour les engagés indiens et leurs enfants, d'autant plus qu'ils étaient des étrangers. Les mots ont un sens bien précis et c'est ce que l'on observe à travers l'arrêté local du 7 mai 1832 qu'on distinguait l'homme libre de l'esclave et de l'engagé. En effet, « *les frais de taxe à témoin fixés pour les hommes libres et pour les esclaves sont déterminés par le tarif contenu en la même ordonnance*[249]*, les engagés indiens et autres ne peuvent être compris dans aucune de ces deux classes* »[250]. C'était clair. Pour le gouverneur Duval

---

245 C. 406/3831, Correspondance du gouverneur de Bourbon adressée au ministre de la Marine et des Colonies, Saint-Denis, le 18 février 1839 : « Le syndic des Indiens a fait de vains efforts pour obtenir le paiement des gages dus aux Indiens. Rarement il a réussi, les jugements qu'il avait obtenus n'ayant parfois abouti qu'à faire constater l'insolvabilité des maîtres locateurs ». C'est dire que le salaire était rarement versé et pour cause, il n'y avait peut-être pas ou très peu de contrats d'engagement sous forme écrite directement conclus entre un engagiste et un engagé bien identifiés.

246 C. 406/3831, Extrait du compte général du directeur de l'Intérieur pour l'année 1831. Il y eût cette année-là 1414 Indiens incarcérés pour vagabondage.

247 *Ibidem* : « …aux vices propres aux castes dans lesquelles ont été principalement choisis les Indiens qui ont été introduits ».

248 Le code pénal et les codes d'instruction civile et criminelle à Bourbon instaurèrent l'égalité civile et pénale devant la justice entre tous les hommes libres indépendamment de la couleur de leur peau. La loi du 24 février 1831 accorda aux libres de couleur la plénitude des droits civils, dont l'accès à la milice. Dans la colonie, les engagés indiens étaient des travailleurs libres, mais étrangers, bien distincts des affranchis. Cette logique les en excluait. Entre 1831 et 1832, le sort des esclaves fut amélioré : interdiction de les mutiler, affranchissement facilité, suppression de la taxe d'affranchissement, clarification des affranchis de fait non enregistrés et de leurs descendants. Les noirs découverts sur des négriers devaient être déclarés libres. On peut penser que la condition de l'engagé indien était à mi-chemin entre le régime légal de l'esclave et celui de l'affranchi.

249 Il s'agissait de la réglementation en matière de frais de justice pour les affaires de jugements criminels et de police, à savoir l'ordonnance royale du 21 août 1825 et l'ordonnance du commandant et administrateur pour le roi du 21 décembre 1824.

250 CAOM, C. 406/3831, Arrêté local du 7 mai 1832.

d'Ailly, il n'était pas question d'assimiler les engagés aux libres colons. On comprend mieux pourquoi l'accès à la médiation judiciaire ou au droit commun leur était difficile sinon impossible.

Avec le phénomène du vagabondage et des désertions, les agents de Pondichéry qui recrutaient *a priori* vite et mal, les délégations familiales trop coûteuses, etc., tout cela n'encourageait pas la conclusion d'engagements dans les conditions orchestrées depuis Pondichéry. Au contraire, l'entretien de l'engagé fut revu à la baisse avec une alimentation diminuée. En 1833, en plein vagabondage, il devenait urgent de légiférer à ce sujet[251]. Pour cela, il fallait d'abord convaincre le ministre.

- La requête Serres : la recherche d'une nouvelle forme d'engagement

Avant que le gouverneur Duval d'Ailly ne fût remplacé, Monsieur Serres proposa au Conseil privé la création pour 10 ans d'une « *compagnie de commerce* » dont les actionnaires allaient pouvoir disposer de « *tous les moyens d'exécution nécessaire à une aussi vaste entreprise* ». Cette requête s'apparentait à une demande de monopole ou de privilège commercial[252]. C'était l'occasion aussi de limiter la mainmise des agents de Pondichéry et de traiter directement avec les autorités anglaises et les négociants sur place. De cette manière, on pouvait espérer la disparition de la clause très coûteuse des délégations familiales. Le gouverneur et ses conseillers refusèrent catégoriquement. Ce n'était pas encore opportun.

Monsieur Serres demanda au gouverneur que sa compagnie fasse également office de « *médiateur, un tiers arbitre qui n'ait d'autre intérêt que celui de l'exécution légale du contrat* ». Cela revenait à considérer que les fonctions exercées par le syndic et la commission des Indiens seraient quasiment inopérantes, quasiment nulles. Cela signifiait également qu'avec cette compagnie, il n'y avait plus de relations directes entre l'engagiste et l'engagé indien, comme si Monsieur Serres voulait faire renaître une entreprise à l'instar de l'ancienne Compagnie des Indes orientales.

---

[251] CAOM, C. 406/3831, Bureau d'administration de Bourbon adressé au ministre de la Marine et des Colonies, Saint-Denis, le 30 mars 1833 : « ...l'absence de toute législation relative aux engagés indiens..., impossible alors de s'occuper, de préparer une législation spéciale pour ces engagés ». Notons ici l'absence totale de législation en matière d'engagement indien au niveau national, ce qui a forcé l'administration des gouverneurs à prendre des décisions et à adopter des arrêtés et réglementations au niveau local sur pression des habitations sucrières et des armateurs, simplement approuvés ou non par l'administration centrale à Paris.

[252] CAOM, C. 406/3832, Délibération du Conseil privé de Bourbon, Saint-Denis, le 23 octobre 1832.

Pour le directeur de l'Intérieur, cette requête était infondée et allait même à l'encontre de la dépêche ministérielle du 12 septembre 1830 qui excluait tout privilège ou monopole commercial concernant les engagés. Pour autant, la demande de Monsieur Serres présentait l'avantage de réfléchir et de débattre du sujet qui préoccupait une bonne partie des colons. Et pourquoi ne pas recruter ailleurs qu'à Pondichéry et Yanaon ?

Pour le procureur général, aux Antilles, la demande de main-d'œuvre était très forte. Pourquoi ne pas organiser et destiner le recrutement des Indiens aux Antilles ? Le procureur général proposa même de recruter et de transporter des engagés africains et malgaches[253]. Pourquoi aller sur l'Inde alors que plus près de La Réunion il y a l'Afrique australe et les îles du Sud-Ouest de l'océan Indien ? Grâce à l'engagement, la colonie pouvait faire accélérer le cours de l'histoire et contribuer activement à l'émancipation juridique et statutaire de milliers de personnes qui étaient condamnées jusque-là à l'esclavage[254]. L'inspecteur colonial était d'accord d'autant plus que, parmi les Indiens, il n'y avait ni chef de caste, ni chef religieux susceptible d'« *exercer ici cette discipline sévère à laquelle ils sont constamment soumis chez eux* »[255]. Les Indiens étant difficilement disciplinables, grâce aux engagés africains et malgaches, on pouvait « *remédier d'une manière efficace à ces inconvénients* » et « *ce sera donner à la colonie de Bourbon le moyen le plus certain qu'elle ait peut-être d'augmenter considérablement ses ressources* ».

On retrouva cette idée dans la presse locale. Qu'il s'agisse du *Glaneur* ou de *L'Indicateur colonial*, journaux plutôt conservateurs, il ne fallait pas en vouloir aux habitants de ne recruter que temporairement les Indiens à cause de la trop coûteuse délégation familiale[256]. Ils n'avaient pas eu d'autre choix que de renforcer la discipline sur les domaines d'exploitation et d'imposer l'obligation de faire travailler tous les Indiens et ce, sans que la commission ni le syndic ne puisse intervenir en quoi que ce soit pour les représenter ou les défendre[257]. En avril 1833, le *Glaneur* déclara que « *de droit ou de fait, les premiers engagements n'existent plus* », ce qui signifiait que les liens avec Pondichéry et ses délégations familiales étaient rompus. En 1833, il ne restait plus que 2 difficultés à régler pour les habitants : les frais de passage et le

---

[253] *Ibidem* : « Mais ici près de la côte d'Afrique et de Madagascar où l'on pourrait facilement se procurer des engagés ».

[254] CAOM, C. 406/3832, Correspondance du gouverneur de Bourbon adressée au ministre de la Marine et des Colonies, Saint-Denis, le 10 janvier 1833.

[255] CAOM, C. 406/3831, Extrait d'une lettre de Monsieur l'inspecteur colonial de Bourbon du 8 juin 1832.

[256] S. FUMA, *Op. Cit.*, p. 94, note 226.

[257] CAOM, C. 406/3831, *Le Glaneur*, samedi 6 avril 1833 : « La colonie pour suppléer aux forces dont on la privait, dut avoir recours aux engagements temporaires, mais ils s'effectuaient sur une échelle si exagérée…, ils hâtèrent sa déconfiture ».

salaire de l'engagé[258]. Et si l'engagisme indien était un échec ? Et si la solution était déjà de se diriger vers l'engagisme africain et malgache ?

À l'arrivée du nouveau gouverneur Cuvillier à La Réunion, la question lui fut aussitôt soumise. Les habitants voulaient absolument se voir confirmés dans leurs droits découlant du principe de la liberté commerciale et contractuelle, tant au niveau du transport que des conditions de l'engagement des Indiens. Dans le journal *Le Glaneur*, il était question d'une rémunération mensuelle « *raisonnable* » de 4 roupies par mois au lieu des 7 stipulées jusqu'alors, ce qui revenait tout simplement à faire disparaître la délégation familiale[259]. Par tous ces moyens, « *le propriétaire aura soin de ne leur faire aucune promesse qu'il ne puisse tenir* » et « *les nouveaux engagements s'effectueraient par enchantement et seraient exécutés fidèlement* ».

## B/ Vers la fin du contrat d'engagement ?

Avec les législations locales des 16 mai 1831 et 19 mai 1832, l'administration réunionnaise affirma son rôle dans les contrats d'engagement, afin d'apaiser le malaise des habitants. Cette forte implication s'expliquait par le phénomène inquiétant du vagabondage. Avec les esclaves et les engagés, les colons pouvaient se sentir menacés. Gardons en mémoire que le 4 mars 1833, le Conseil privé sanctionna 2 vagabonds indiens en ordonnant leur expulsion de la colonie bien que nous n'ayons retrouvé aucune trace administrative dans les archives étudiées pour l'affirmer. Rapatriement ou pas, le gouverneur a dû prendre les mesures nécessaires pour occuper une bonne partie de la masse des vagabonds à quelque chose d'utile. Déjà, l'arrêté du 16 mai 1831 permettait d'orienter par la contrainte les vagabonds vers les ateliers de secours. Avec l'arrêté du 18 janvier 1833, des ateliers municipaux pouvaient être spécialement créés pour accueillir et faire travailler les vagabonds en contrepartie d'un entretien sommaire. Nous n'étions pas très éloignés de la vraie mesure voulue par les colons : l'obligation de faire travailler indistinctement toute personne de couleur.

L'engagement aux conditions imposées par Pondichéry semblait disparaître de lui-même. L'administration devait d'un côté, occuper les vagabonds indiens pour qu'ils ne représentent aucune menace pour l'ordre public et de

[258] *Ibidem* : « l'importation des engagés à un prix exorbitant et les autres charges des engagements exténuèrent bientôt les propriétaires, et il se vit dans la nécessité de ne rien exiger de ces cultivateurs qu'ils ne pouvaient pas payer ... Si la tranquillité publique..., n'a pas besoin de l'intervention administrative dans l'établissement des conditions entre colon et l'engagé, elle la réclamera dans tout ce qui tient à l'exacte observation de ces conditions... ».

[259] Rappelons que les engagistes s'étaient plaints auprès du gouverneur que leurs Indiens n'avaient pas consenti à la clause de la délégation familiale.

l'autre, leur assurer un minimum de protection[260]. Les relations contractuelles apparaissaient pour le moins fragiles et très précaires.

Dès 1829, le marronnage des esclaves se développa surtout à partir des domaines sucriers, marronnage qui coïncida avec le vagabondage indien relevé entre 1830 et 1839[261]. De 1834 à 1837, pas moins de 714 condamnations judiciaires furent prononcées pour des faits de « grand marronnage », c'est-à-dire pour des désertions de plus d'un mois. En 1829, La Réunion comptabilisa en tout 4 403 marrons, dont 1 459 à Saint-Denis, 482 à Saint-Paul et 447 à Saint-Benoît[262]. Si le vol devenait plus fréquent, cela n'expliquait pas à lui seul l'augmentation des faits de marronnage[263].

Dans un contexte de travail à la fois contraint et concurrentiel entre plusieurs catégories de main-d'œuvre de couleur, l'administration ne voyait rien de vraiment choquant à autoriser la chasse aux vagabonds indiens comme les maîtres chassaient leurs esclaves marrons. Pour cela, il fallait faire entrer dans les mœurs le principe de l'obligation de travail fondé sur la ségrégation au travers donc des législations locales des 16 mai 1831 et 19 mai 1832. En parallèle, la création des ateliers municipaux fut autorisée par l'arrêté du 18 janvier 1833. Le travail contraint prit ainsi peu à peu une forme légale. Pendant ce temps, Paris resta muet.

### 1) La politique de recouvrement des créances liées à l'engagement

Sous l'autorité du gouverneur Duval d'Ailly, la colonie consentit de nouveau à garantir les délégations familiales réclamées par Pondichéry. Cette décision était en rupture avec la politique de son prédécesseur, Monsieur de Cheffontaines, qui avait suspendu tous types de sûretés publiques pesant sur les engagements et ce, dès le 24 décembre 1829. Ce revirement était un signe encourageant de bonne entente entre les gouverneurs de La Réunion et de Pondichéry, une base sur laquelle les immigrations indiennes pouvaient reprendre massivement.

---

[260] *Le Glaneur*, *Op. Cit.* Pour le colon A. Fitau, « l'autorité assurera aux Indiens sa protection contre l'injustice du propriétaire, et au propriétaire la présence des Indiens sur ses ateliers ».

[261] MILOCHE-BATY, *De la liberté légale et illégale des esclaves à Bourbon au XIXe siècle ou le problème des affranchissements et le phénomène de marronnage dans la société réunionnaise entre 1815 et 1848*, Thèse de doctorat, Université de Provence, 1984, 3 tomes, 1341 p.

[262] ADR, 173 M 1, Etat de la situation des marrons pendant l'année 1829.

[263] ADR, 5 J 14, Extraits du Registre de déclarations de la commune de Saint-André du 25 décembre 1832. Le maire s'inquiétait du développement des actes d'indiscipline sur la commune. Un propriétaire lui avait signalé le changement d'attitude d'esclaves. Il accusa plusieurs d'entre eux de lui avoir volé 2 livres de plomb et une douzaine de balles de fusil.

Deux ans après la prise de fonction du tout nouveau gouverneur et contre-amiral, Monsieur Jacques Cuvillier, la situation des Indiens dans l'île était catastrophique et ce, malgré la caution qu'apporta l'administration réunionnaise. Si un nombre considérable de *coolies* avait pu facilement débarquer, les délégations familiales demeurèrent le plus souvent impayées. Dans le même temps, le vagabondage explosa. Le gouverneur élabora un plan de recouvrement pour réclamer les fameuses délégations. La solution ne vint pas du côté des engagistes dont la responsabilité était évidente, mais des ateliers municipaux qui utilisèrent les vagabonds pour les louer à des particuliers. Ce système permit de réaliser un bénéfice suffisant pour rembourser les sommes réclamées par Pondichéry. Face à un tel phénomène, on s'interroge sur le rôle effectif de la commission des Indiens. Le 24 février 1834, le gouverneur commanda un audit dont les résultats furent présentés le 16 juin suivant[264].

- L'atelier municipal de 1833 : le nouvel engagement temporaire

Année après année, le nombre d'engagés indiens baissa comme si l'idée d'un salaire effectif en plus du montant réclamé au titre de la délégation familiale était de moins en moins supportable pour les engagistes[265]. Dans plusieurs correspondances, nous relevons que les auteurs parlaient d'Indiens « *en réclamation* » ou de « *réclamants* », mais beaucoup moins de « vagabonds ». Encore fallait-il pouvoir identifier chaque vagabond, ce qui n'était pas une mince affaire en l'absence de la généralisation de contrat écrit, de livret ou de tout document de même nature. Avec le principe de l'obligation du travail, les vagabonds étaient récupérés et redirigés vers les ateliers de secours ou les ateliers municipaux, voire même vers l'Atelier colonial ou encore chez leurs engagistes d'origine. Par ce moyen, le phénomène du vagabondage était maîtrisé et l'on comprend alors mieux le terme de réclamants indiens. Ajoutons enfin que certains engagistes n'hésitaient pas à offrir de l'alcool à leurs engagés et l'inscrivaient noir sur blanc dans leur contrat[266].

---

264 CAOM, C. 406/3834, Délibération du Conseil privé de Bourbon, Saint-Denis, le 16 juin 1834.

265 CAOM, C. 406/3834, Correspondances du gouverneur de Bourbon adressée au ministre de la Marine et des Colonies, Saint-Denis, les 25 août 1833 et 1er février 1834. Au 1er janvier 1832, la colonie comptait 2 646 engagés indiens contre 2 021 le 9 août 1833. Au 1er février 1834, ce chiffre tomba à 1 800 Indiens « engagés surtout à l'emploi agricole ».

266 Concernant le cas spécifique des Indiens engagés comme infirmiers, leur contrat prévoyait une clause qui leur faisait bénéficier d'une quantité de rhum. Nous n'avons pas retrouvé d'autre clause similaire dans les autres contrats d'engagement. Voir Infra, Chapitre second, Section 2, § 2, B.

En raison du coût que représentaient les délégations familiales, les habitants préféraient sans doute recourir à l'engagement temporaire, soit à la tâche, soit à la journée, y compris de vagabonds. Pour que ce système soit acceptable et fonctionne bien, il fallait décentraliser l'offre de service des Indiens, là où la demande de main-d'œuvre était forte, d'où la proposition du gouverneur de l'époque d'autoriser les ateliers municipaux. Celui-ci considérait que la question de l'engagement restait l'affaire des habitants et des maires. Les ateliers municipaux furent donc autorisés par arrêté du 18 janvier 1833.

Quelques mois après, en avril 1833, la première commune à formuler une demande de création d'un atelier municipal *a priori* exclusivement composé de vagabonds indiens fut Saint-Denis, le chef-lieu de l'île. Compte tenu de la situation de « *réclamation* » de nombreux Indiens, le directeur de l'Intérieur proposa au gouverneur d'autoriser la ville à « *prendre les mesures pour employer ces malheureux* »[267]. Pour ce dernier, il était inutile de soumettre cette demande aux autorités à Paris, considérant que « *tant qu'un homme est en état de faire un travail quelconque, ce n'est pas l'aumône qu'il faut lui donner, c'est le travail qu'il faut lui fournir* »[268]. Par ailleurs, les faire prendre en charge par les ateliers municipaux permettait de lutter efficacement contre le vagabondage et la délinquance.

Le directeur de l'Intérieur présenta le projet de création de l'atelier de Saint-Denis en se fondant sur l'ordonnance royale du 21 août 1825 et l'arrêté local du 16 mai 1831 relatif à l'atelier de secours. L'article 8 de l'arrêté du 18 janvier 1833 disposait qu'il était profitable à la colonie et plus particulièrement à son chef-lieu d'employer les Indiens en « réclamation », c'est-à-dire des vagabonds ou des engagés non-payés, pour faire avancer les travaux publics, dont notamment ses rues et pour combler les retards des « *journées des contribuables* ».

Toutes les autres communes étaient invitées à présenter une demande similaire. Dans son article 1$^{er}$, l'arrêté accordait aux colons retardataires un délai de 10 jours pour se libérer de leurs dettes. A défaut, ils devaient financer les ateliers municipaux[269]. Quant aux Indiens, ils étaient assignés aux « *travaux de la commune votés par le Conseil municipal* ». L'article 2 précisait bien que les ateliers municipaux étaient composés des « *Indiens renvoyés* », c'est-à-dire les Indiens déserteurs. L'article 3 de l'arrêté local du

---

267 CAOM, C. 406/3833, Délibération du Conseil privé de Bourbon, Saint-Denis, le 13 avril 1833.

268 M. BOUVIER-AJAM, *Op. Cit.*, pp. 32-33.

269 Délibération du Conseil privé de Bourbon, Saint-Denis, le 13 avril 1833, *Op. Cit.* L'article 5 du projet d'arrêté du 13 avril 1833 disposait que « les colons retardataires pour la ville de Saint-Denis, et qui ne rachètent pas leurs journées soit en journées de Noirs, soit en journées d'Indiens, seront poursuivis ». Remarquons qu'esclaves et engagés étaient assignés aux mêmes travaux.

13 avril 1833 détailla les contreparties de l'engagement spécial municipal[270]. L'Indien touchait un salaire de 30 centimes et bénéficiait d'une ration alimentaire de 60 décagrammes de riz par jour. On voit bien ici que tout était calculé sur la base de la journée de travail, mais en salaire mensuel, cela pouvait atteindre les 7,80 Francs pour 26 jours consécutifs de travail, ce qui équivalait à environ 3 roupies par mois. Ce salaire correspondait à peu près à celui mentionné dans les différents modèles contractuels de l'engagement de 1828. Concernant la ration de riz, l'arrêté avait repris celle de l'arrêté du 19 mai 1832 qui était une législation de sanction. Dans l'arrêté de 1833, il ne fut fait mention d'aucune portion de viande ou de poisson. Enfin, en vertu de l'article 4 de l'arrêté du 13 avril 1833, l'Indien de l'atelier municipal se voyait délivrer une carte individuelle sur laquelle devait figurer la signature du maire. A défaut de contrat d'engagement, cette carte se rapprochait du livret d'engagement.

Dans sa correspondance du 25 août 1833, le gouverneur Jacques Cuvillier, chevalier de Saint-Louis, expliqua au ministre les avantages du système de l'atelier municipal qu'il venait de mettre en place[271]. Les ateliers connurent sans doute un certain succès puisque le nombre de contrats d'engagement diminua fortement. Ils avaient également comme utilité de lutter contre « *des industries illicites* » auxquelles se livraient les Indiens sans emploi ni contrat déclaré[272].

- La commission de 1834 : pour une meilleure efficacité de la législation locale

C'est le rapport de la commission chargée de rendre compte des créances du syndic des Indiens[273] qui dénonça les défaillances du système de l'engagement. Les arrêtés locaux des 3 juillet 1829 et 16 mai 1831 n'avaient

---

[270] Nous pouvons qualifier ce contrat de contrat spécial, car la commune pouvait par ce moyen « racheter » le retard des contribuables de la ville. L'arrêté du 13 avril 1833 fut publié au *Bulletin des Actes administratifs* de la colonie. Jusqu'ici, l'engagement bénéficiait principalement aux colons et dans une moindre mesure au Conseil général.
[271] CAOM, C. 406/3833, Correspondance du gouverneur de Bourbon adressée au ministre de la Marine et des Colonies, Saint-Denis, le 25 août 1833 : « ...d'employer les Indiens sans travail, ce qui permettrait d'une part de les intégrer dans un atelier en contre-partie de vivres et d'une solde, et d'autre part cela permettrait de libérer les contribuables des journées de réquisitions pour la commune de Saint-Denis ».
[272] CAOM, C. 406/3833, Correspondance du gouverneur de Bourbon adressée au ministre de la Marine et des Colonies, Saint-Denis, le 1er février 1834.
[273] Conformément à l'ordonnance du 3 juillet 1829, le syndic des Indiens était compétent pour vérifier la conformité des contrats par rapport aux lois locales. C'est le président de la commission des Indiens qui délivrait le permis de résidence des engagés, document qui était remis au commissaire de police.

jamais vraiment été exécutés. Le montant de la créance du syndic atteignait les 47 936,39 Francs au seul titre de la délégation familiale, le dépôt de 200 Francs par engagé qui servait à garantir son rapatriement n'était pas versé. Le 16 juin 1834, le gouverneur prit connaissance de ce rapport et c'est bien la problématique des délégations familiales qui fut soulevée. Parmi les agents compétents en la matière, on retrouvait le syndic, la commission des Indiens, l'ordonnateur, le contrôleur colonial. Si le gouverneur pointa du doigt la responsabilité du syndic, ce sont les habitants eux-mêmes qui contestaient encore la clause de la délégation familiale, ce qui avait pour conséquence le fait que beaucoup d'Indiens étaient recrutés plutôt à la tâche ou à la journée.

Pour faire face à cette situation d'impayés à l'égard de Pondichéry, l'ordonnance du 24 décembre 1833 consolida les liens contractuels entre les habitants et les négociants par le biais d'un système de caution solidaire qui « *vaut tant pour le passé que pour l'avenir* ». Leur réponse ne se fit pas attendre. Les ruptures anticipées des contrats d'engagement se multiplièrent, le vagabondage s'aggrava et, sur les rades de la colonie, la commission de 1834 releva une véritable « *cohue* » des immigrants indiens, ce qui indiquait que les débarquements étaient abondants et peu maîtrisés par les autorités locales.

Dans ces conditions, les statistiques avancées par les services administratifs sont à prendre avec précaution[274]. Il existait de la traite négrière clandestine de même qu'il existait un chiffre noir de l'engagisme indien. Le ton se durcit entre le gouverneur Cuvillier et les habitants. Celui-ci menaça d'ordonner le rapatriement d'office de tous les Indiens, mais il avait besoin pour cela du dépôt des 200 Francs chacun pour le garantir. Il se fonda sur les dispositions de l'arrêté local du 16 mai 1831, mais l'ordonnateur signala l'indifférence totale des habitants concernés[275]. Ce silence s'expliquait aussi parce que le

---

[274] ROSAMEL, *Notices statistiques sur les colonies françaises*, Imprimerie Royale, Paris, 1838, 271 p. Selon l'auteur, en 1836, sur un total de 69 296 esclaves, 57 346 vivaient sur des habitations rurales contre 11 950 dans les bourgs et les villes. L'article 1er de l'arrêté local du 1er pluviôse an XII (22 janvier 1804) était clair : « Recensements des Noirs avec amende de 100 Francs par recensement infidèle ou défaut de recensement ». Ajoutons qu'il existait sans aucun doute un chiffre noir de l'engagisme indien, puisque seuls les engagés pendant les campagnes sucrières étaient comptabilisés, recensés.

[275] CAOM, C. 406/3835, Extrait du compte général de l'ordonnateur pour l'année 1831. Concernant les délégations familiales, l'ordonnateur constatait leur difficile recouvrement auprès des engagistes puisque « les démarches du Syndic des Indiens et des receveurs ne produisent jusqu'à ce jour aucun effet ».

gouverneur leur réclamait par la même occasion le remboursement des délégations familiales et ce, conformément à l'article 15 de l'arrêté précité[276].

Malgré le ton employé par le gouverneur, celui-ci n'envisagea aucune poursuite judiciaire, « *car il était à craindre que cette voie n'entraînât dans un chaos... le Syndicat des Indiens* »[277]. Ce n'est que lorsqu'il menaça les habitants de prélever une taxe supplémentaire que les receveurs et percepteurs réussirent à obtenir quelques remboursements au titre des délégations familiales. Cela donnait lieu pour chacun à un « *procès-verbal de carence* », mais aucun acte conservatoire ne fut prononcé contre eux. Par ailleurs, l'absence d'hypothèque sur les titres de créances rendait la mesure d'inscription auprès du conservateur des hypothèques pour le moins inefficace. Finalement, très peu de saisies furent décidées.

L'ordonnateur proposa la liquidation de la créance des délégations familiales en recourant à des mesures exécutoires et conservatoires sur les engagistes concernés. Cette proposition fut adoptée par le Conseil privé. Il revint au directeur de l'Intérieur d'orchestrer ces mesures auprès des receveurs de la colonie. 6 mois après, il demanda au gouverneur de prononcer la force exécutoire à l'égard des avances faites par le gouvernement local au titre des délégations familiales et des frais de rapatriement[278]. Il y en avait pour 26 031,34 Francs (les 3 mois d'avance des salaires des engagés et les 3 mois d'avance des délégations familiales versées aux familles en Inde) et pour 27 991,08 Francs au titre des délégations non avancées encore. La force exécutoire fut également demandée pour la somme de 115 907, 65 Francs au titre des frais de passage et de renvoi des Indiens déjà avancés par l'administration bourbonnaise[279]. Dans sa séance du 13 janvier 1835, le gouverneur accepta, mais il fut également décidé que dorénavant, il n'y ait plus aucune garantie pécuniaire publique relative à l'engagement indien. Cela valait aussi bien pour l'avenir que pour toute autre somme que pouvait réclamer Pondichéry. Ainsi, dès le début de l'année 1835, le gouverneur considéra avoir définitivement soldé toutes les réclamations de l'Inde

---

276 CAOM, C. 406/3834, Délibération du Conseil privé de Bourbon, Saint-Denis, le 16 juin 1834. L'article 15 de l'arrêté du 16 mai 1831 énonçait que : « ...les poursuites se feront dans la forme de celles qui sont suivies pour les contributions directes... ».

277 *Ibidem*.

278 CAOM, C. 406/3834, Délibération du Conseil privé de Bourbon, Saint-Denis, le 13 janvier 1835.

279 Pour le rapatriement d'un Indien, il fallait compter 200 Francs, montant à avancer par l'engagiste. Le directeur de l'Intérieur exigea le rapatriement de tout Indien qui ne trouvait pas d'engagement. En tout, les frais de rapatriement étaient estimés à 115 907,65 Francs, ce qui concernait environ 290 Indiens, soit le convoi moyen d'un navire.

française en matière d'engagement. A partir de ce moment, le gouvernement local n'intervenait plus qu'à titre exceptionnel[280].

2) La politique de répression à l'encontre des vagabonds indiens

Il apparaît fondamental de suivre avec attention la succession des législations relatives aux engagements à La Réunion, afin de comprendre le régime juridique contraint qui pesa sur l'engagé indien. Les arrêtés du 16 mai 1831 et des 18 janvier et 13 avril 1833 instaurèrent le travail contraint des déserteurs et des vagabonds indiens au sein des ateliers de secours et des municipalités. A partir du 13 janvier 1835, le Conseil privé se retira de toutes ses garanties financières. Si les délégations familiales étaient de loin la principale problématique, le gouverneur des Etablissements Français dans l'Inde considérait en mai de la même année « *l'impuissance dans laquelle se sont trouvés les habitans de cette colonie d'exécuter les conditions stipulées dans les actes d'engagement, tant pour la solde que pour le vêtement et même pour la nourriture des engagés* »[281]. En d'autres termes, du point de vue de Pondichéry, les habitants de Bourbon étaient trop pauvres ou trop cruels pour pouvoir engager de manière pérenne et durable des Indiens. A quoi bon alors leur livrer de la main-d'œuvre si c'était pour la retrouver à errer dans les différents quartiers de l'île sans engagiste fixe ? C'est tout le système économique de la monoculture du sucre vers lequel s'était orientée une partie des colons réunionnais qui était directement remise en cause par l'Inde française.

Malgré le phénomène du vagabondage, le gouverneur de La Réunion réaffirma le 14 juin 1836 que son administration n'intervenait pas dans les contrats d'engagement, matière qui relevait du droit privé[282]. Il appartenait aux habitants de bien négocier les termes contractuels du transport et des

[280] CAOM, C. 406/3834, Délibération du Conseil privé de Bourbon, Saint-Denis, le 16 juin 1836. Le gouverneur ne remit pas en cause les mesures exécutoires pour les créances au titre des engagements passés avant le 16 juin 1834. Les garanties n'existaient plus pour les nouveaux engagements depuis le 13 janvier 1835. Les décisions de dégrèvement étaient de la compétence du Conseil privé et ne devaient être qu'exceptionnelles. A cet égard, citons la délibération du 17 mai 1836 : c'est en cas de force majeur, en l'espèce « le dernier coup de vent », que le dégrèvement du montant des délégations dû au Trésor colonial par Monsieur Hipolyte Paris fut accepté mais conditionné par l'obtention d'une caution. Le gouverneur ne tenait pas que sa décision ouvre la voie à de nombreuses demandes de ce type. Il affirma que le dégrèvement était une mesure exceptionnelle. La demande de dégrèvement sans motivation ni justification de la part de Monsieur Dioré fut donc rejetée.

[281] CAOM, C. 406/3834, Extrait du mémoire de Monsieur de Mélay ou Domelay à son successeur, Pondichéry, le 8 mai 1835.

[282] CAOM, C. 406/3834, Délibération du Conseil privé de Bourbon, Saint-Denis, le 14 juin 1836.

recrutements des Indiens. Les délégations familiales, c'était leur affaire, pas celle de l'administration réunionnaise. Etant donné que l'engagement était un domaine juridique privé et que le gouverneur n'apportait plus aucune garantie financière, plus rien ne justifiait l'existence du syndic des Indiens qui avait, on l'a vu, la charge de relever et de réclamer aux engagistes le versement des frais de rapatriement.

- La suppression du syndic des Indiens

L'affaire Despeissis de juin 1836 présente l'intérêt de nous révéler que l'administration réunionnaise refusait d'intervenir judiciairement dans les litiges entre engagés et engagistes. En l'espèce, plusieurs engagés indiens au service de Monsieur Despeissis décédèrent. A la date de leur décès, Monsieur Despeissis leur devait la somme de 1 200 piastres. Leurs héritiers la lui réclamèrent dans sa totalité. Celui-ci négocia une somme plus basse et les héritiers refusèrent. Monsieur Despeissis fit alors intervenir le syndic qui joua son rôle de conciliateur et de conseil juridique. Monsieur Despeissis fit une dernière offre à 660 piastres qu'il fit enregistrer auprès du syndic. Les héritiers s'obstinèrent à réclamer la totalité des 1 200 piastres. La conciliation ayant échoué, les Indiens portèrent l'affaire devant le gouverneur à qui ils demandèrent l'autorisation de saisir le juge de 1re instance. Le Conseil privé se déclara incompétent le 14 juin 1836.

On sait que les affranchis nés sur le sol de la colonie bénéficiaient du droit civil commun et pouvaient de ce fait saisir les tribunaux[283]. Or, les Indiens étaient des étrangers sur le sol réunionnais.

Un an plus tard, en juillet 1837, les héritiers indiens dans l'affaire Despeissis se tournèrent vers le directeur de l'Intérieur pour trouver une solution amiable. D'autres Indiens s'étaient également plaints auprès de lui. Pourquoi le directeur de l'Intérieur ? Parce que le Conseil privé reconnut dans sa séance du 14 juin 1836 que les contrats d'engagement avaient valeur de loi[284], que les relations contractuelles étaient d'ordre privé et que leur statut d'étranger les empêchait de saisir le juge de 1re instance. Ils s'étaient résolus à solliciter le directeur de l'Intérieur.

Nous ignorons si l'affaire Despeissis aboutit à une solution satisfaisante, mais une chose était sûre : les Indiens réclamaient régulièrement leurs dus et que cessent les mauvais traitements physiques[285]. En février 1838, plusieurs

[283] Voir Supra, notamment sur l'instauration de l'égalité civile et pénale entre les hommes libres de couleur et les blancs devant les instances judiciaires depuis la promulgation du code pénal et des codes d'instruction civile et criminelle en 1828.

[284] ADR, 168 M. 3, Lettre du 17 juillet 1837 adressée au directeur de l'Intérieur.

[285] ADR, 168 M. 3, Correspondance du directeur de l'Intérieur adressée au syndic des Indiens, Saint-Denis, le 19 octobre 1831. Voir également, Etat des vagabondages du 25 novembre 1830. Les premières constatations concernaient des cas de mauvais

« représentants » indiens dénoncèrent auprès du gouverneur l'abandon de plusieurs d'entre eux par leurs engagistes et réclamèrent le droit d'être « *occupés de manière plus stable* »[286]. Les faits de vagabondage n'étaient pas systématiquement de leurs faits. Ils avaient besoin d'un contrat pérenne.

Le 1er juillet 1836, le Conseil colonial[287] délibéra pour débattre du problème du vagabondage qui s'était généralisé dans l'île puisque « *les lois sur le vagabondage sont insuffisantes pour ces étrangers* »[288]. Etant donné que cela constituait un délit, c'est en toute logique que les conseillers coloniaux réclamèrent « *l'urgence des dispositions répressives* ». Il ne faut pas croire que le vagabondage était une anomalie spécifique à La Réunion. Dans l'île voisine, sur l'île Maurice, des lois « policières » furent également adoptées[289]. Quelques mois plus tard, le directeur de l'Intérieur présenta au Conseil privé le projet de décret élaboré par le Conseil colonial[290]. Le gouverneur le rejeta au motif que le texte était « *incomplet* »[291]. Il voulait attendre les conclusions

---

traitements esclavagistes dès 1830. Sur 59 déclarations recensées, 41 faisaient mention de punitions corporelles parmi lesquelles 18 faisaient état de la peine du fouet, 2 le bloc et un les fers. Dès 1831, le directeur de l'Intérieur, les maires, les commissaires de police et le procureur furent informés du défaut de paiement des engagés indiens par leurs engagistes, In. ADR, 168 M. 3, Lettre du commissaire de Saint-Paul adressée au directeur de l'Intérieur du 3 février 1831, Lettre du maire de Saint-André du 13 juillet 1831 relative aux propriétaires qui ne payaient pas leurs engagés, Rapport du directeur de l'Intérieur du 22 octobre 1831 et Lettre du directeur de l'Intérieur adressée au maire de Sainte-Suzanne, année 1832 : « une lettre du Procureur m'informe que 23 Indiens de votre commune n'ont pas été payés par leurs engagistes ».

[286] ADR, 168 M. 3, Lettre de Sourapa, Soubasaidou, Natchiari et Voncalois adressée au gouverneur de Bourbon, le 2 février 1838. Les auteurs précisaient qu'ils lui avaient précédemment soumis des revendications du même type mais toujours sans réponse.

[287] C'est la Charte coloniale du 24 avril 1833 qui remplaça le Conseil général par le Conseil colonial, élu au suffrage universel censitaire, composé de 30 membres pour un mandat de 5 ans. Le Conseil colonial de Bourbon vota le budget de l'île à partir de 1841.

[288] CAOM, C. 406/3836, Délibération du Conseil colonial de Bourbon, Saint-Denis, le 1er juillet 1836. Il est fait mention de 1 500 Indiens présents dans l'île.

[289] *Ibidem* : « ...les règlements de police pour les Indiens sont un besoin universellement senti...le gouvernement de Maurice l'a si bien senti que tout récemment il a fait, pour cet objet, une loi qui contient des dispositions très énergiques ».

[290] Il faudra attendre juillet 1866 pour que le Conseil général dispose du pouvoir législatif. Le Conseil colonial semblait n'avoir qu'un rôle consultatif, pouvant proposer au gouverneur et plus spécifiquement au Conseil privé, des projets de législation locale.

[291] CAOM, C. 406/3836, Délibération du Conseil privé de Bourbon, Saint-Denis, le 20 octobre 1836.

de Monsieur Achille Bédier, parti en mission dans les comptoirs avant de se prononcer. Pour l'heure, les engagés restaient soumis au régime légal des arrêtés des 3 juillet 1829 et 16 mai 1831.

Le 4 février 1837, sur proposition du directeur de l'Intérieur et par décision du gouverneur, le syndic des Indiens fut remplacé par le secrétaire de police et de marronnage de Saint-Denis[292]. Précisons que le Conseil colonial refusait de payer le salaire de ce secrétaire par manque de budget[293]. Pour l'inspecteur colonial, « *l'action directe de la police* » était devenue nécessaire puisqu'un grand nombre d'Indiens était *« en dehors du droit commun »*[294]. Par ailleurs, supprimer le syndic permettait d'économiser 4 300 Francs annuels. Désormais, sous l'autorité du secrétaire de police et de marronnage, Indiens et noirs qu'on retrouvait dans les rues étaient présumés vagabonds, déserteurs ou marrons[295].

Le 10 novembre 1837, le directeur de l'Intérieur présenta un premier bilan des fonctions du « *Secrétaire du Marronnage* »[296]. De 1834 à 1837, plusieurs

---

[292] C'est l'article 5 de l'arrêté local du 1er pluviôse an XII (22 janvier 1804) qui institua la Caisse de marronnage à Saint-Denis. Etablie à Saint-Denis, elle devait percevoir la taxe annuelle d'1 Franc par esclave, les amendes infligées en cas de recensement omis portant sur les esclaves par leur propriétaire. Cette caisse ou bureau du marronnage prenait à sa charge ses dépenses de fonctionnement. Le secrétaire de police et du marronnage de Saint-Denis qui occupa la charge de syndic des Indiens ne coûtait rien de plus à l'administration. L'ordonnance locale du 12 avril 1819 annexa les bureaux de marronnage de Saint-Paul et de Saint-Pierre à celui de Saint-Denis.

[293] CAOM, C. 406/3835, Délibération du Conseil privé de Bourbon, Saint-Denis, le 4 février 1837 : « ... est nécessaire de le remplacer par un des membres de l'administration intérieure ».

[294] CAOM, C. 406/3835, Extrait d'une lettre de l'inspecteur colonial du 9 mars 1837 sur le vote du budget de l'année 1837.

[295] Si l'ordonnance du 4 octobre 1832 abrogea l'article 37 de l'ordonnance locale du 12 avril 1819 qui autorisait les détachements pour pouvoir abattre les noirs en fuite, le tribunal spécial issu de l'arrêté du capitaine Decaen du 1er pluviôse an XII (22 janvier 1804) fut également supprimé. Pour rappel, il était composé de 3 magistrats, de 3 officiers et de 3 notables compétents pour juger sans appel les noirs marrons arrêtés armés, en bande armée, suspectés de fuite par embarcation et les « grands marrons » (noirs en fuite depuis plus de 6 mois). A partir de 1832, seuls les crimes et incendies commis par les esclaves étaient de la compétence de l'autorité judiciaire. Pour les autres délits de vol et autres, le tribunal correctionnel demeurait compétent. A partir de l'ordonnance du 26 février 1833, c'est le gouverneur qui fixa chaque année les frais de capture des marrons jusqu'à l'arrêté local du 21 février 1844. La Caisse de marronnage, c'est-à-dire le secrétaire du marronnage de Saint-Denis, fut maintenue dans ses compétences.

[296] CAOM, C. 406/3835, Délibération du Conseil privé de Bourbon, Saint-Denis, le 10 novembre 1837.

condamnations judiciaires furent prononcées pour des faits de marronnage[297]. Quant à la chasse aux marrons, elle était structurée par l'intermédiaire de détachements des communes concernées[298]. En 1832, il y avait en moyenne 1 marron pour 231 esclaves contre 1 pour 366 en 1836. La lutte contre le marronnage n'était toujours pas efficace.

Le 19 juin 1838, il fut question du remboursement de la caution versée par l'engagiste initial à chaque fois que l'engagé changeait d'engagiste. Cette demande provenait du Conseil colonial. Le Conseil privé refusa, considérant que son administration « *trace seulement la marche à suivre* » [299]. Quoi qu'il en soit, signalons que l'on publiait régulièrement des offres de vente d'engagement comme cela se pratiquait à l'égard de la main-d'œuvre esclave[300].

- La question de la réforme locale de l'engagement indien : le décret colonial du 24 décembre 1838

Le 22 juin 1838, le Conseil privé délibéra sur un projet de décret du Conseil colonial relatif à la réforme de l'engagement indien, puisque « *l'ordre public est intéressé à ce qu'une législation spéciale règle les conditions de leur admission* »[301]. Pourquoi réformer l'engagement indien ? En quoi cela consistait-il ? Sans doute que les habitants voulaient libéraliser davantage le commerce des engagés et faire définitivement disparaître les clauses des délégations familiales. Il s'agissait aussi d'encadrer plus strictement les droits et libertés des Indiens et faire reconnaître officiellement le principe de pouvoir les obliger à travailler. Réformer l'engagement signifiait enfin donner la priorité de l'embauche des Indiens aux exploitants et producteurs de sucre et

---

[297] ADR, U 446, Rapport des années 1834-1837 de l'administration de la Justice concernant les affaires de marronnage.

[298] J. V. PAYET, *Op. Cit.*, pp. 56-79. Les détachements étaient formés par leurs chefs, chargés de récupérer vivant le marron pour percevoir du bureau du marronnage les frais de capture fixés entre 5 et 50 Francs si l'esclave était en fuite depuis au moins 2 mois. Avant le 4 octobre 1832, ils étaient autorisés à tirer sur les fuyards esclaves, ramenant leur poignet en guise de preuve.

[299] CAOM, C. 406/3836, Délibération du Conseil privé de Bourbon, Saint-Denis, le 19 juin 1838. L'habitant, Monsieur Chassagne, soutenait la requête présentée par le directeur de l'Intérieur en demandant clairement au conseil de bien vouloir légaliser cette pratique entre colons qui consistait à se rembourser du montant de la caution grâce au recours à l'engagement « successif ».

[300] S. FUMA, *Op. Cit.*, p. 110, note 268. La vente du contrat d'engagement, pour ne pas dire vente d'engagés, était une pratique courante. Nous la constatons dès 1830. Dans le journal *La Feuille Hebdomadaire de l'Ile Bourbon* du 26 juin 1830, plusieurs offres de vente d'Indiens y étaient publiées et ressemblaient fortement à de la vente d'esclaves.

[301] CAOM, C. 406/3836, Délibération du Conseil privé de Bourbon, Saint-Denis, le 22 juin 1838.

ce, au détriment des autres colons ou petits producteurs[302]. Une telle législation allait selon le directeur de l'Intérieur permettre d'éviter « *beaucoup de contestations avec les habitans et même des procès* ».

Pour les conseillers coloniaux, toute mesure qui mettait les engagés sous surveillance n'avait pas d'autre but que d'éviter tout risque de confondre ou d'assimiler engagés et esclaves surtout depuis 1833, date de l'abolition anglaise. Les fonctions dévolues au secrétaire du marronnage ne suffisaient pas[303]. C'est pourquoi le titre premier du projet de décret présenté au gouvernement local le 22 juin 1838 mettait l'accent sur le régime de surveillance et de répression des Indiens. Mais le gouverneur craignait que le ministre refuse. D'où l'idée de faire réapparaître le rôle du syndic des Indiens qu'on avait trop hâtivement décidé de supprimer. Il fallait qu'à Paris on prenne conscience que le statut de l'engagé était un statut protégé et non pas de réprimé. Le syndic devait être rétribué directement sur les fonds du Trésor colonial[304]. Chargé de « *la surveillance des gens de travail libres d'Asie* », il était pleinement compétent pour autoriser la chasse au marronnage des Indiens. Conformément à l'article 7 du projet de décret, le syndic allait pouvoir coopérer avec les commissaires de police qui disposaient d'un pouvoir véritablement coercitif surtout dans l'exécution des engagements. Ajoutons que le syndic devait être assisté par un secrétaire interprète.

Si l'article 30 du projet de décret énonçait la gratuité de la défense et de l'action judiciaire des engagés, le procureur général s'y opposa formellement en se fondant sur l'article 180 de l'organisation judiciaire relatif au régime spécifique des « *Indigènes* », craignant qu'ils « *ne manqueraient pas de réclamer et non sans raison* »[305]. L'article 30 fut donc modifié en ce sens.

L'article 14 interdisait tout groupement et toute réunion de travailleurs indiens. Il était dans le même temps accordé aux chefs de caste le pouvoir d'infliger des punitions similaires à celles qui étaient pratiquées en Inde. La fonction de chef de caste pouvait s'apparenter au rôle du commandeur chargé

---

[302] Nous supposons que les *Francs-Créoles* considérés pro-abolitionnistes soutenaient les engagés indiens dans leur démarche auprès des autorités de l'île, mais il fallait être un blanc lettré pour maîtriser le français et le vocabulaire juridique des contrats d'engagement. Il s'agissait surtout ici de pouvoir les conseiller pour qu'ils puissent réclamer l'exécution des termes contractuels et dénoncer les traitements esclavagistes qu'on leur infligeait.

[303] Délibération du Conseil privé de Bourbon, Saint-Denis, le 22 juin 1838, *Op. Cit.* : « Des renvois successifs ont réduit leur nombre à 1 200, cependant le service de surveillance qui les concerne est fait très incomplètement, nonobstant cette diminution, car il a été confié, après la suppression de l'emploi du Syndic, au Secrétaire du marronnage de Saint-Denis, qui n'a que peu de temps à y donner ».

[304] *Ibidem* : « les Indiens ne viennent ici que travailler à la prospérité de la colonie, c'est donc à elle qu'il appartient de supporter cette dépense ».

[305] *Ibidem*.

de la discipline des brigades des engagés sur les habitations. Les punitions physiques se faisaient en dehors des heures de travail. Cela affirmait la militarisation des habitations qui comprenaient des camps d'esclaves et d'engagés.

Le projet de décret chargeait le syndic d'ouvrir un registre de matricules enregistrant l'identité des engagés. C'est dire que ce système n'existait pas avant. C'est pour faciliter et mieux vérifier les ventes successives des engagements ou leurs locations entre engagistes que le registre des matricules des Indiens s'avéra utile. Le *syndic des gens de travail libres d'Asie* devait également tenir la comptabilité des cautions et délivrer conformément aux dispositions de l'article 13 du projet de décret les bulletins aux Indiens, afin de répertorier les engagements en cours. Ce registre permettait de ne plus confondre vagabonds et engagés indiens. Grâce au bulletin qui était théoriquement en possession de l'Indien, celui-ci apportait la preuve qu'il n'était pas vagabond et qu'il était engagé au service de tel engagiste. L'ordonnateur proposa de remplacer le bulletin par un « *livret semblable à ceux qu'on donne en France aux ouvriers* », ce qui permettait aussi d'y inscrire les plaintes et les réclamations des engagés. Le directeur de l'Intérieur s'y opposa parce qu'il ne fallait pas confondre les ouvriers français de Métropole aux engagés indiens qui n'étaient pas français. Il ne fallait pas confondre livret de travail et livret d'engagement. Pour le directeur de l'Intérieur, il n'était pas nécessaire non plus d'inscrire sur le livret d'engagement les plaintes et réclamations puisque le syndic et les commissaires de police remplissaient déjà cette fonction.

En vertu de l'article 9 du projet de décret, le syndic devait recevoir le dépôt de 125 Francs par engagé à titre de consignation ainsi que l'avance de 2 mois de solde, non pas en numéraire, mais en titres d'obligations. Cette disposition répondait au manque de numéraire régulièrement dénoncé dans la colonie. Le syndic était chargé de vérifier la solvabilité des engagistes. Par ailleurs, toute personne intéressée par de la main-d'œuvre indienne devait s'associer à au moins 2 autres personnes pour se lancer dans une opération de recrutement et de transport. Seuls les grands propriétaires et industriels sucriers disposaient de la surface financière suffisante pour faire venir des engagés. C'est dire que cette main-d'œuvre était réservée à une toute petite partie des notables de la colonie.

Le projet de décret fut adopté en Conseil privé le 22 juin 1838, mais en raison des modifications apportées par le gouverneur et ses conseillers, le Conseil colonial dut le réexaminer. Le 10 août 1838, le décret fut adopté[306].

---

[306] Ce projet de décret avait été élaboré par le Conseil colonial avant d'être présenté devant le Conseil privé. Le gouverneur l'avait finalement amendé et c'est pourquoi le texte devait retourner devant le Conseil colonial en dernière lecture. Dès que celui-ci

Pour le conseiller colonial Maingard comme pour d'autres membres, ce décret n'était pas assez répressif, car seule l'obligation de faire travailler les Indiens permettait de lutter efficacement contre le vagabondage[307]. Les débats du Conseil colonial furent alors suspendus et reprirent jusqu'à l'adoption finale du décret le 24 décembre 1838.

## Section 3 : Conclusion du premier chapitre

Sur l'île Bourbon, les colons fortunés décidèrent d'investir dans la production du sucre à contre-courant de la marche de l'Histoire vers la liberté. Ils avaient espéré pouvoir compter sur la main-d'œuvre esclave pour réussir le pari de l'industrialisation. Si la traite perdura un temps, il allait falloir recruter un grand nombre d'ouvriers libres de couleur en remplacement des esclaves[308]. Ce type de travail agricole et industriel sous les latitudes coloniales excluait idéologiquement les blancs. Les regards des bourgeois réunionnais se tournèrent alors vers l'Inde. Par le passé, il y avait déjà eu des Indiens esclaves. Ni tout à fait blanc, ni tout à fait esclave, les habitants tentèrent l'expérience des engagés indiens. Le choc causé par l'abolition de la traite négrière et celle de l'esclavage fut ainsi amorti à La Réunion comme à Maurice, 2 colonies concurrentes productrices de sucre de canne.

Les premiers enseignements de cette première période de l'engagisme indien à La Réunion montrent d'abord et avant tout le succès commercial d'une filière de recrutement et de transport qui s'instaura sous l'autorité du gouverneur de Pondichéry. Même si les recrutements se faisaient en territoires anglais, il y avait certainement eu des ententes ou des arrangements entre eux et les Français. Mais, ce que nous retenons, c'est que la filière était contrôlée par les autorités coloniales de Pondichéry. C'est dire qu'un monopole existait bel et bien, aucun navire ne pouvant quitter les rades des comptoirs français dans l'Inde avec un convoi d'engagés indiens sans que le Conseil privé du gouverneur de Pondichéry ne l'y autorise. Le colon réunionnais pré-engageait l'Indien avant même de l'avoir vu. La mainmise de Pondichéry pouvait facilement se vérifier au travers de la clause de la délégation familiale qui pesait sur chaque Indien. Du point de vue de Pondichéry, ce système était non-négociable, car c'est lui qui donnait son aval sur tous les recrutements. Si les Réunionnais voulaient développer leur production de sucre, ils devaient

---

n'émettait plus aucune réserve, le texte était définitivement adopté. Le gouverneur était en charge de faire publier le décret afin de le rendre exécutoire.

[307] CAOM, C. 406/3861, Délibération du Conseil colonial de Bourbon, Saint-Denis, le 10 août 1838 : la colonie « est actuellement dans un état de détresse dont elle ne peut sortir que par l'augmentation du travail ».

[308] Le ministre Phélipeaux soumit au roi Louis XV l'édit de décembre 1723 qui reprenait les lettres patentes relatives aux esclaves nègres des îles de France et de Bourbon, s'inspirant fortement du Code noir de 1685 des Antilles.

assurer et en payer le prix fort, eux qui disposaient de grandes facilités à se procurer des esclaves sur toute la zone du Sud-Ouest de l'océan Indien. Et voilà qu'on leur imposa une délégation familiale coûteuse. Cela leur était simplement insupportable. C'est ce qui explique en partie le phénomène du vagabondage indien. Du côté indien, une grande méfiance s'instaura durablement envers les blancs colons qui pouvaient à tout moment sortir de nouveaux arguments pour ne pas verser de salaire du tout : une taxe, une délégation familiale, une retenue sur salaire pour absence injustifiée ou maladie, etc. Le travail sans engagement déclaré semblait être également une réalité à prendre en compte.

Le combat entre les habitants réunionnais et le gouverneur de Pondichéry dura près de 10 ans, en réalité dès le début de l'engagisme en 1828, sur le terrain juridique, commercial et politique. La délégation familiale pouvait tomber seulement si le contrat d'engagement était rompu. Et lorsque l'engagé quittait ou fuyait l'habitation, cela signifiait qu'il rompait son contrat d'engagement. L'engagiste n'était alors plus redevable de la délégation familiale à partir de ce moment précis. On ne connaît pas exactement dans quelles proportions il y eut vagabondage ou pendant combien de temps l'engagiste conservait réellement ses liens contractuels avec ses engagés, mais les Indiens n'étaient sans doute jamais très loin des habitations pour leur réclamer quelques moyens de subsistance ou pour survivre en contrepartie d'un travail précaire à la tâche ou à la journée. On peut penser que le fait de voir beaucoup d'anciens engagés abandonnés à leur sort ait convaincu les Indiens à être plus obéissants, plus soumis et plus disciplinés au lieu de réclamer un salaire numéraire sans parler des punitions physiques qu'ils subissaient sur l'habitation. On l'a vu. A la fin des années 1830, les engagistes ont eu plus de facilité à imposer la discipline sur leurs habitations, une discipline soigneusement calquée sur celle des esclaves. La discipline des esclaves était assurée par des commandeurs tandis que la discipline des engagés indiens par des chefs de caste. En principe.

Si les habitants ont gagné le combat juridique pour mieux asservir les Indiens, le gouverneur de Pondichéry s'entendit avec ses voisins anglais dans l'Inde pour que plus aucun navire n'embarque le moindre Indien à destination de La Réunion. Le gouverneur s'était vengé de l'insolence et des attaques politiques sans cesse perpétrées par les habitants réunionnais. Officiellement, l'Inde française expliqua que les Britanniques suspectaient trop les Réunionnais de recruter en territoires anglais et de maltraiter les Indiens alors même que l'esclavage fut aboli dans leurs colonies. En même temps que les émigrations s'interrompirent, le sucre colonial français traversa un grand danger au profit de la toute-puissance économique anglaise.

# CHAPITRE 2

## L'engagement asiatique : le souci du réaménagement légal et disciplinaire du travail libre

*« Les colons ont l'air de croire que s'ils parvenaient à réduire au silence les hommes qui prononcent en ce moment en France le mot d'abolition, ou s'ils obtenaient du gouvernement l'assurance positive que toute idée d'abolition est abandonnée, l'esclavage serait sauvé et avec lui la vieille société coloniale. C'est se boucher les yeux pour ne point voir. Un homme sensé peut-il croire que deux ou trois petites colonies émancipées, puissent longtemps vivre dans une semblable atmosphère ? Est-ce que, d'ailleurs, l'abolition dans les colonies anglaises peut être considérée comme un accident ? »*
**Alexis de Tocqueville**, *Le Siècle*, le 22 octobre 1843

De 1838 à 1848 et plus particulièrement à partir des années 1840-1843, La Réunion est confrontée à la concurrence du sucre de betterave qui menaça toute la société coloniale de l'époque[309]. Pour pouvoir rester dans la course économique, les habitants ont dû moderniser leurs usines sucrières[310] tout en

---

[309] Suite aux plaintes de plusieurs planteurs antillais confrontés à la concurrence du sucre américain, la loi du 18 juillet 1837 taxa à 10 Francs le quintal de sucre de betterave brut. Cette année-là, sa production atteignait les 49 000 tonnes.

[310] *L'Outre-Mer* du 6 août 1840 et la brochure publicitaire du matériel Derosne & Cail *De la fabrication du sucre aux colonies*, In. C. SCHNAKENBOURG, *Op. Cit.*, pp. 200-209. En 1838, la Maison Derosne & Cail avait convaincu l'habitant bourbonnais, Monsieur A. Vincent, d'installer sur son domaine une usine de fabrication d'un sucre de bien meilleure qualité pour pouvoir être directement vendu. Ce type d'usine était déjà en service dans les raffineries de betteraves en métropole. Grâce à cet investissement, une très forte rentabilité était envisageable puisque l'amortissement se faisait en une campagne seulement. La production de Monsieur A. Vincent doubla. En 1839, elle atteignait 5 000 quintaux de sucre, puis 9 000 en 1840 et 10 000 en 1841. Précisons que ce ne sont pas moins de 2 installations Derosne & Cail que compta l'habitation. Ce procédé industriel connaîtra un vif succès dans les colonies du Mexique, de Java et de Cuba, mais il était très coûteux. A La Réunion, seules les grandes familles industrielles comme les Desbassyns pouvaient l'acquérir. Il fallait au moins 5 000 tonnes de cannes pour produire 5 000 quintaux de sucre prêts à l'exportation. Soit l'usinier disposait en son nom propre de la superficie agricole nécessaire et/ou soit il concluait un contrat d'exclusivité de fourniture de la récolte auprès de plusieurs agriculteurs qui avaient renoncé à produire leur sucre. En Guadeloupe, ce n'est qu'à partir de 1843, suite au tremblement de terre du 8 février, que le système industriel sucrier fut réorganisé, mais difficilement.

instaurant leur monopole sur les mains-d'œuvre esclave et engagée[311]. Tant qu'il était possible de recruter des noirs esclaves, ils n'hésitèrent pas à recourir à la traite illégale[312]. Le travail du sucre exigeait une main-d'œuvre considérable, constante et totalement disponible pour y être distribuée aussi bien sur les propriétés agricoles que dans les guildiveries et les nouvelles usines. Les habitants étaient beaucoup plus sensibles aux avantages procurés par l'engagement des Indiens dans des conditions serviles très dures qu'aux publications de la *Société française pour l'Abolition de l'esclavage*, dont les propositions abolitionnistes des députés Passy et Tracy et les rapports de Rémuzat ou de Tocqueville devant la Chambre entre 1838 et 1839. De 1840 à 1843, le duc de Broglie, abolitionniste chrétien plutôt modéré, s'était fait sa propre opinion. Pour lui, la productivité coloniale était relativement faible puisqu'elle devait faire face à une main-d'œuvre dont le coût était élevé et qui risquait même d'augmenter avec la généralisation du travail libre de couleur. Victor Schoelcher s'impatientait. De Broglie gagnait du temps. Il a fallu 3 ans pour que sa commission élabore son rapport et pose sur le papier ses propositions pour l'après esclavage. C'était bien trop. Les députés avaient eu l'opportunité de cristalliser leurs positions sur le sujet. C'est dire que le gouvernement Soult-Guizot réussit à maintenir jusqu'en 1845 une sorte de *statu quo ante* en ne tranchant rien des divisions entre la *Commission* et la *Société*.

A La Réunion, l'avenir de l'engagisme dépendait de tout ce qui allait pouvoir se décider au niveau national. Promettre du jour au lendemain la liberté à plus de 60 000 esclaves était plus qu'inquiétant pour la sécurité publique et pour les intérêts économiques et commerciaux de l'île. Il n'y avait pas d'autre choix que de réfléchir à une période de transition pour préparer ce passage à la liberté et accompagner les propriétaires d'esclaves à pourvoir à leur remplacement. C'est ce qui explique en grande partie pourquoi les

---

[311] Jusqu'en 1843, très peu de demande de main-d'œuvre fut officiellement soumise devant le Conseil privé.

[312] H. HAI QUANG, *Données Statistiques et hypothèses sur la traite, les affranchissements et le prix des esclaves à la Réunion (1837-1847)*, In. Cahiers des Anneaux de la Mémoire, n°2, *Esclavage et Engagisme dans l'Océan Indien, La traite atlantique*, Nantes, 2000, pp. 72-74. Les propriétaires ne déclaraient sans doute qu'une partie de leurs esclaves et de leurs engagés. Si le trafic des engagés indiens était interdit dans les Indes britanniques et françaises, il restait les Indes portugaises. On relève d'ailleurs des anomalies dans les recensements effectués entre 1835 et 1847. On passe de 70 400 esclaves en 1835 à 60 300 en 1847. Par ailleurs, on constate en 1839-1840 une augmentation alors que normalement, la mortalité dépassait la natalité sans que les affranchissements ne puissent modifier cet état des choses. Ces éléments tendent à démontrer que malgré l'interdiction de la traite des esclaves, leur nombre restait relativement important. C'est pourquoi les contrôles devaient être renforcés très rapidement. La signature de la convention franco-britannique du 29 mai 1845 avait pour objectif la suppression de la traite.

habitants insistèrent tant sur la légalisation de l'obligation de travail. Rien ne permettait dans un tel contexte abolitionniste d'obliger les futurs affranchis à travailler. Par contre, il était possible, nécessaire même, de pousser les Indiens au travail contraint, afin de compenser les manques prévisibles de main-d'œuvre. Dans l'opinion publique, les risques de révoltes d'esclaves, une fois libérés, étaient bien réels, car à titre de comparaison, sur le territoire national par exemple, entre 1830 et 1847, pas moins de 1 049 poursuites judiciaires furent portées à l'encontre de 5 384 ouvriers pour des faits de coalitions interdites par la loi. Une fois que l'ouvrier avait acté son consentement à son contrat de travail, il en acceptait absolument toutes les conditions de travail, y compris les pires.

Entre 1830 et 1840, avec l'arrivée des machines, l'ouvrier devait aux yeux des patrons s'estimer heureux de percevoir un salaire même faible[313]. Il était donc incompréhensible à l'égard des habitants que l'obligation de travail soit acquise à l'égard de l'ouvrier en France métropolitaine alors que dans les Outre-mer, celle-ci ne l'était pas à l'égard des engagés indiens. Mais voilà. A Paris, les milieux abolitionnistes savaient pertinemment que les vieilles habitudes esclavagistes persistaient et qu'elles se répercutaient vraisemblablement sur les Indiens. La France devait apporter la preuve que ses colonies avaient changé de doctrine, que la proclamation de l'abolition de l'esclavage était toute proche et ce, même s'il fallait compromettre les équilibres économiques et financiers avec les Outre-mer. Et si à cause du sucre de betteraves, le sucre de canne réunionnais n'était pas si indispensable que cela ?

Les milieux coloniaux ont fait comprendre aux hauts responsables politiques à Paris que sans leur soutien, l'abolition de l'esclavage pouvait se transformer très vite en un échec politique, ce qui menaçait à coup sûr leurs postes dans les différents ministères ainsi que le positionnement de la France sur la scène internationale. Qu'avaient-ils à perdre d'autant plus que les habitants pouvaient contribuer, façonner esclaves et engagés aux bienfaits de la civilisation européenne, les initier progressivement aux droits et libertés qui étaient jusqu'alors réservés aux colons ? Rien de tel que de proposer un modèle unique d'engagement aux noirs et aux Indiens. L'engagement, son succès, représentait la clé sociale et juridique permettant de passer de l'esclavage au travail libre en contentant à peu près tout le monde.

Avant 1848, l'opinion publique réunionnaise restait convaincue que les Indiens qui ne travaillaient pas pouvaient être dangereux voire être considérés

---

[313] M. BOUVIER-AJAM, *Op. Cit.*, pp. 118-125. A partir de 1835, les machines concurrençaient les petits ateliers industriels pour les remplacer totalement en 1841. Entre 1830 et 1840, pas moins de 5 millions d'ouvriers travaillaient dans les petites entreprises de l'artisanat : « A côté, le compagnonnage au sein des métiers de l'artisanat subit lui aussi sa décadence, réputé trop traditionaliste ».

comme des criminels. Tous ceux que les engagistes abandonnaient, il fallait les occuper par le biais du travail obligatoire auprès de nouveaux engagistes ou pour le compte d'ateliers publics. Sans travail, l'Indien était perçu comme un vagabond délinquant. Pendant 10 ans, les habitants et les gouverneurs successifs se sont entendus à les obliger à travailler. Cela leur paraissait tout à fait moral et normal. Lorsque l'ouvrier travaillait pour son patron, il en acceptait toutes les conditions parce qu'il était rémunéré pour ça. Si le gouvernement n'y trouvait rien à redire, il pouvait bien défendre la même logique à l'égard des Indiens à La Réunion. Pendant 10 ans, les responsables et les notables de l'île cherchèrent à tout prix à légaliser l'obligation de les faire travailler. Cela signifiait que leur force de travail était devenue exigible dès lors que leur consentement s'exprima au moment de leur recrutement et de leur embarquement en Inde (Section 1). Cependant, les gouverneurs de Madras et de Pondichéry décidèrent de faire bloc pour interdire le moindre convoi de *coolies* vers La Réunion. Le Royaume-Uni et sa *East India Company* entravèrent ainsi le développement économique et commercial du sucre colonial français. Les habitants durent prospecter plus loin, vers l'Indonésie et même en Extrême-Orient, pour sauvegarder leurs intérêts commerciaux (Section 2).

## Section 1 : La moralisation de l'engagement indien

La question de la moralisation est abordée du côté des engagistes qui considéraient comme utile et moral de s'assurer que chaque Indien travaillait à leurs services. Nous l'avons vu. Les exigences de Pondichéry à travers la clause de la délégation familiale ont constitué un obstacle majeur à l'exécution des engagements. Beaucoup d'habitants s'en étaient déliés, ne pouvant faire face au coût complètement exorbitant de l'engagement. Une solution. Abandonner bon nombre des engagés à un triste sort. Ces derniers ne furent sans doute jamais très éloignés des habitations pour s'engager plus facilement à la journée ou à la tâche, question de survie, mais ils étaient sans contrat en bonne et due forme écrite, mais vagabonds et de ce fait, délinquants. Une telle situation n'était pour ainsi dire pas morale. C'est pourquoi les conseillers coloniaux et les membres du Conseil privé ne ménagèrent pas leurs efforts pour propager l'idée et le principe de la moralisation des Indiens vagabonds et déserteurs.

Il est également possible d'appréhender la question de la moralisation de l'engagement sous l'angle de la religion et d'affirmer que les habitants n'étaient pas très favorables à faire de leurs esclaves de parfaits catholiques pratiquants, car comment la colonie allait-elle tenir en encourageant l'esclavage entre catholiques même s'ils n'avaient pas la même couleur de peau ? Comment fermer les yeux sur tant de mauvais traitements, de harcèlements, de punitions, d'humiliations et de meurtres[314] ? Comment s'assurer que de tels abus ne se commettaient sur aucun engagé ?

Entre 1838 et la veille de l'abolition de 1848, les conseillers coloniaux s'exprimèrent clairement contre tout projet abolitionniste qui venait de Métropole. Les habitants pouvaient bien accepter et entériner des améliorations nettes dans le traitement des esclaves, mais rien ne pouvait les convaincre de faire changer radicalement le régime juridique qui leur était réservé, pas même certains fonds secrets mis à la disposition des délégués et des conseillers coloniaux[315]. La société coloniale, sa prospérité, son développement, son aménagement reposaient sur un système servile non-équivoque. Et l'histoire n'allait pas se répéter cette fois-ci. Les colonies ne pouvaient pas empêcher indéfiniment l'abolition d'être proclamée. Les Anglais avaient déjà supprimé l'esclavage dans leurs colonies en 1833 et cette réforme s'était propagée partout en Europe depuis le Congrès de Vienne avec plus ou moins de succès.

À partir de 1839, après le bras de fer entre le gouverneur de Pondichéry et celui de La Réunion au sujet de la délégation familiale, l'Inde française s'entendit finalement avec les Anglais pour stopper les émigrations. Très opportunément sans doute, le gouverneur de Pondichéry se disait abolitionniste convaincu, ce qui n'était pas vraiment le cas du gouverneur de La Réunion dont les intérêts étaient tout autre. Recourir au service des Indiens, les entretenir, c'était sans doute déjà beaucoup. Malgré un tel climat abolitionniste et les difficultés des relations entre La Réunion et l'Inde, les habitants persévérèrent dans leur volonté d'officialiser le principe de l'obligation de travail.

---

[314] Les maîtres étaient très réticents à une éducation religieuse régulière, car tout le temps qui y était consacré ne l'était pas au service des travaux du sucre. Certains religieux comme l'Abbé Monnet ou Le Vavasseur s'étaient durement opposés aux industriels réunionnais entre les années 1844 et 1848 au sujet de l'évangélisation et même de l'émancipation des esclaves. Quant aux engagés indiens, ils pratiquaient leurs propres cultes, ce qui permettait aux engagistes de les faire travailler les dimanches et les jours de fêtes chrétiennes.

[315] Agenor de GASPARIN, *Esclavage et traite*, Paris, 1838, In. M. COTTIAS (Textes réunis et présentés par), *D'une abolition, l'autre*, Agone Editeur, Marseille, 1998, pp. 130-132. Dans une déclaration de la Cour des comptes de 1838, il avait été fait mention d'opérations non justifiées, de nouveaux comptes secrets créés aux colonies et qui furent dénoncés par le ministre de la Marine et des Colonies. Il s'agissait de « fonds à la disposition des délégués pour dépenses à faire en France dans l'intérêt des colonies » ou de « dépenses particulières du Conseil colonial ». Entre 1835 et 1838, la Cour des comptes les avait estimés à environ 448 000 Francs : 110 000 Francs pour la Guadeloupe, 105 000 pour La Réunion, 25 000 Francs pour la Guyane et 12 000 pour la Martinique. Avec ces montants, on voit quel degré d'importance donnait la France à chacune de ses colonies, sans doute en fonction des intérêts réels sucriers qu'elles lui procuraient.

Ainsi, le gouverneur décida de prendre clairement le parti des habitants en reconnaissant l'obligation de faire travailler les Indiens dont la force de travail appartenait en quelque sorte à l'engagiste. Ce positionnement faisait l'unanimité dans ces milieux d'autant plus que l'Indien, au même titre que le noir, pouvait facilement être traité de vagabond, de déserteur ou de paresseux. Dans un contexte instable et inquiétant à cause d'une abolition imminente, il fallait anticiper les évènements en sécurisant juridiquement l'obligation de travail (§1). Mais franchir ce cap ne servait pas à grand-chose tant que le gouverneur de Pondichéry s'entêtait à n'autoriser plus aucune émigration, ce qui pouvait gravement et très vite nuire aux intérêts des habitants (§2).

## § 1 – Les divergences politiques coloniales

Les rumeurs d'une abolition de l'esclavage avaient peut-être circulé sur certaines habitations sucrières. On peut imaginer qu'un domestique, un commandeur, un esclave ait surpris au détour de quelques conversations de l'inquiétude chez certains maîtres. Les rumeurs se confirmèrent d'autant plus que dans l'île voisine, l'esclavage y fut aboli depuis 1833. De 1837 à 1848, plusieurs révoltes éclatèrent à La Réunion, se traduisant le plus souvent par ce qu'il y avait de pire pour l'habitant : des incendies volontaires visant les exploitations, les usines sucrières. Cela était sans compter les actes de rébellion et des faits de grand marronnage. Relevés dans divers journaux, ces évènements avaient propagé la peur du noir[316]. Les révoltes ne diminuèrent même pas sous le coup des mauvais traitements ni des punitions aussi dures qu'elles furent[317]. Pour Victor Schoelcher, les rébellions et les incendies commis en Martinique entre 1811 et 1833 signifiaient que les esclaves exigeaient une libération immédiate. A La Réunion, les incendies furent considérés comme des actes criminels encore punis de mort[318]. Pour que le juge prononce la peine de mort, il fallait qu'il y ait eu complot, c'est-à-dire

---

316 Dans *L'Indicateur Colonial* du 27 mai 1837, on peut lire un article sur l'incendie des champs de cannes de J. Fourchon. Le 18 octobre 1839, l'esclave Pierre, reconnu coupable de crime d'incendie par la Cour d'assises, est condamné à une peine sévère : 30 coups de fouet, « exposition » et 20 ans de fers. *La Feuille Hebdomadaire de l'Ile Bourbon* du 13 avril 1842 publia un article sur les incendies perpétrés en décembre 1841 par 3 esclaves de l'usine sucrière Carradec. 2 furent exécutés à mort, l'autre condamné à perpétuité. Le 29 mars 1843, *La Feuille Hebdomadaire de l'Ile Bourbon* annonça la condamnation à mort de l'esclave Joseph, reconnu lui aussi coupable d'incendie, de tentative de meurtre et de grand marronnage. Ajoutons également que lors de séances du Conseil privé, les comptes-rendus des assises des régions du vent et sous-le-vent de l'île étaient parfois lus. Voir les côtes ADR, 16 K 21, 22, 25, 26.

317 S. FUMA, *Op. Cit.*, pp. 65-77.

318 Voir l'article 11 des lettres patentes de 1723, l'article 9 de l'ordonnance de 1769 et l'article 5 de l'ordonnance du 14 octobre 1819.

que plusieurs esclaves aient prémédité leurs actes[319]. En s'attaquant ainsi à la production sucrière, la prospérité et la stabilité de la colonie étaient mises en danger. La discipline devait être extrêmement sévère à l'égard des esclaves et sans doute aussi à l'égard des engagés. Il était alors tout à fait logique que les conseillers coloniaux proposent la légalisation de l'obligation de travail sur toute personne de couleur. Pendant toute la durée de leur 2e législature, soit du 28 juin 1838 au 9 février 1839, les conseillers coloniaux s'opposèrent fermement à tout projet d'abolition trop brutal[320].

A moins de recourir à la traite interdite, les habitants se sentaient piégés d'un côté, par l'imminence de la proclamation de l'abolition et de l'autre côté, par l'interruption de l'émigration indienne décidée par Pondichéry. Et comme si cela n'y suffisait pas, la concurrence du sucre de canne avec le sucre de betterave était très sérieuse voire préoccupante[321].

Que se passait-il avec la montée en puissance des droits que l'on reconnaissait de plus en plus aux esclaves ? Les habitants et le gouverneur ont bien entendu entériné les ordres de Paris en améliorant légalement leurs conditions de vie et de travail, mais au lieu d'accorder des droits et libertés supplémentaires aux engagés, la colonie voulut harmoniser les conditions de traitement entre esclaves et engagés. Les esclaves étaient appelés à être prochainement libérés. Ils restaient aussi utiles que les engagés aux travaux du sucre (A). Ce positionnement n'était pas du goût du gouverneur de Pondichéry qui refusait un peu trop catégoriquement la moindre assimilation

---

319 J. V. PAYET, *Op. Cit.*, pp. 62-63.

320 A la fin de cette session, le Conseil colonial devait se prononcer sur le rapport Rémuzat de la Chambre des députés alors que la volonté de maintenir l'esclavage était très forte dans l'île. Les conseillers coloniaux ont dû toutefois concéder à l'esclave la possibilité de disposer d'un lopin de terre à cultiver lui-même pour son propre compte. Or, aucune législation ne fut adoptée en ce sens par les instances locales. Le 1er février 1841, le Conseil colonial fut dissout par arrêté du gouverneur. Le roi lui avait demandé de soumettre devant l'assemblée coloniale 3 projets d'émancipation dont celui d'Alexis de Tocqueville. Les conseillers refusèrent catégoriquement et démissionnèrent en bloc. Après les élections du 10 mai 1841, le Conseil colonial de Bourbon fut renouvelé et dut aussitôt débattre des projets métropolitains.

321 E. BOIZARD et H. TARDIEU, *Histoire de la législation des sucres (1664-1891)*, Paris, BSIC, 1891, 393 p. En 1820, des industries sucrières de betterave réapparurent en France métropolitaine avec seulement 50 tonnes de production. En 1825, elle fut de 1 000 tonnes pour atteindre en 1830 les 5 500 tonnes et en 1837 les 49 000 tonnes. A partir de 1837, l'Etat commença à taxer le sucre de betterave. Précisons que le sucre de betterave était qualifié de sucre indigène en raison de sa mauvaise qualité, mais celle-ci s'améliora rapidement grâce aux nouvelles techniques de fabrication. En 1828, le coût de production du sucre était de 80 Francs pour 100 kg puis baissa à 60 Francs en 1840. En 1828, les raffineries s'approvisionnaient en sucre de betterave pour compenser le prix du sucre colonial et du sucre américain, bien plus chers. En 1837, le sucre de betterave représentait près de 41% des sucres bruts raffinés en métropole.

de l'engagé à l'esclave. L'esclave s'apprêtait à devenir libre. L'engagé indien l'était déjà théoriquement et devait se voir accorder plus de droits encore, comme par exemple celui de pouvoir saisir le juge pour défaut de paiement ou mauvais traitement, ce qui lui était impossible ou rendu extrêmement difficile à cause de son statut d'étranger. Pondichéry, sans doute surveillé de près par les Britanniques, restait intransigeant avec le gouverneur de La Réunion. Toute exportation de *coolies* restait formellement interdite (B).

### A/ La réforme bourbonnaise du décret du 24 décembre 1838 : le régime disciplinaire des engagés indiens

Les conseillers coloniaux et les délégués auprès du gouvernement royal représentaient des mandats politiques stratégiques pour servir et défendre leurs intérêts économiques. Pourtant, il y avait à La Réunion d'autres familles bien plus modestes ou encore des entrepreneurs autres que ceux qui produisaient du sucre tels que les *Petits-Blancs*[322] ou les *Francs-Créoles.* Au Conseil colonial, ce sont les plus grandes familles sucrières, conservatrices, anti-abolitionnistes qui occupaient les sièges. Et c'est bien le décret du Conseil colonial du 24 décembre 1838 qui adopta le principe de l'obligation de travail des Indiens[323]. Avec une telle législation, la colonie reconnaissait très clairement la nécessité de recourir à une forme de servilisme pour assurer la production et la fabrication du sucre en contrepartie d'un salaire modique et théorique librement fixé par les parties. Tout ce que l'on admettait comme améliorations des conditions de vie et de traitement des esclaves constituait le minimum que l'on puisse accorder aux engagés indiens. De même, le traitement salarial dont bénéficiait l'engagé allait sans doute s'étendre aux esclaves recrutés après la proclamation de l'abolition. Seuls les esclaves ayant

---

[322] On appelait *Petits-Blancs* les petits propriétaires d'habitations agricoles modestes assez éloignées des villes. Certains auteurs y intègrent également les affranchis noirs devenus propriétaires. Ils ne pouvaient pas se permettre d'acheter des esclaves et/ou des engagés, mains-d'œuvre inabordable et réservée aux travaux du sucre dont dépendaient la prospérité et le destin colonial de l'île. Le prix d'un esclave dépendait de sa spécialisation, car les maîtres et les commandeurs l'avaient formé aux travaux de la canne, du café, des diverses cultures, au jardinage ou à la domesticité. Cette formation et l'expérience acquises avaient sans doute des répercussions sur le prix de l'achat ou de location de l'esclave. Son prix unitaire était compris entre 1 100 et 2 500 Francs environ. Sur ce point, voir tableaux des années 1836 et 1845 relatifs aux variations du prix des esclaves, In. H. HAI QUANG, *Op. Cit.*, p. 85.

[323] Le décret de 1838 était un ancien projet qui avait été déjà rejeté par le gouverneur en 1836. Il fut finalement adopté le 22 juin par le Conseil privé, puis soumis aux débats devant le Conseil colonial le 10 août suivant pour être définitivement adopté le 24 décembre 1838. Cependant, le gouverneur de Hell, en fonction dans l'île du 5 mai 1838 au 14 janvier 1841, refusa de lui donner force exécutoire tant que Paris et Londres ne s'accordaient pas à autoriser l'émigration indienne.

été affranchis avant 1848 bénéficiaient d'un régime spécifique issu des diverses législations des années 1830 et qui tendait à les rapprocher des droits et libertés de la classe blanche[324].

Paris prit tout son temps pour accorder la force exécutoire qu'il manquait au décret réunionnais pour pouvoir s'appliquer, craignant sans doute les remontrances des Anglais. Pourtant, il n'y avait eu aucune ambigüité depuis l'arrêté local du 4 février 1837 qui remplaça le syndic par le secrétaire de la police et du marronnage de Saint-Denis. L'Indien déserteur ou vagabond était considéré comme « marron » alors que ce terme était plutôt réservé à l'esclave en fuite. L'arrêté local du 19 juin 1838 reconnut pour sa part la pratique des ventes et des aliénations aux contrats d'engagement. A partir de l'arrêté du 7 novembre 1838, le commerce des *coolies* indiens s'ouvrit à la libre concurrence.

### 1) Le principe de l'obligation du travail des ouvriers indiens

Légalement, les arrêtés des 24 décembre 1829 et 16 mai 1831 étaient toujours en vigueur, ce qui signifie que les engagés bénéficiaient de la protection du syndic et de la commission des Indiens. Par contre, tous ceux que l'on retrouvait sans situation, sans engagement étaient considérés comme vagabonds et là, ce sont les législations relatives aux ateliers publics qui s'appliquaient. Nous savons que la colonie propagea l'idée selon laquelle le vagabondage indien s'était généralisé pour mettre un terme aux délégations familiales réclamées par Pondichéry et pour obliger n'importe quel Indien à travailler au cas où celui-ci hésitait.

Les capitaines de navire transportaient désormais de simples « passagers » sans contrat ni même de promesse de contrat. Mais on imagine mal que les capitaines n'aient proposé aucun avenir meilleur à La Réunion. Rien ne garantissait qu'ils n'allaient pas être très vite confondus dans la masse des vagabonds contraints de travailler pour un salaire très bas. C'était soit cette possibilité, soit celle qu'offrait le décret colonial du 24 décembre 1838 qui qualifia l'Indien d'ouvrier[325]. Voilà maintenant que l'on promettait aux

---

[324] Rappelons la promulgation du code pénal et des codes d'instruction civile et criminelle instaurant l'égalisation devant la justice : la loi du 24 février 1831 (droits civils et accès à la milice pour les libres de couleur), plusieurs lois de 1831 et de 1832 (interdiction de mutiler les esclaves, facilités dans leur affranchissement en supprimant les taxes y afférentes) et la Charte coloniale du 24 avril 1833 (plénitude des droits politiques accordés aux affranchis mais avec un cens très élevé).
En 1788, l'île comptait 950 affranchis ; en 1804 : 2 700 ; en 1815 : 4 500 ; en 1826 : 6 000 et en 1848 : 8 000. La loi Mackau aura permis d'affranchir pas moins de 2 000 esclaves à La Réunion entre 1845 et 1848.

[325] M. COTTIAS, *Op. Cit.* Alexis de Tocqueville écrit : « Qu'est-ce que l'esclavage, dit un des premiers magistrats d'une de nos colonies, sinon un état de choses où l'ouvrier travaille le moins qu'il peut pour son maître sans que celui-ci ose lui rien

engagés le même statut que l'ouvrier en Métropole ? Doit-on considérer que l'Indien était libre de traverser l'océan pour venir proposer ses services sur une habitation sucrière ? Doit-on considérer que l'Indien s'engage librement auprès d'un habitant ? La réalité coloniale nous oblige à penser que cette traversée ne fut jamais le produit du hasard.

- L'immigré indien : un passager et un ouvrier comme les autres ?

Dans la séance du 7 novembre 1838 du Conseil privé, le gouverneur déclara que « *les Indiens peuvent arriver dans la colonie comme passagers sous quelque pavillon que ce soit* ». Cela signifiait qu'ils étaient libres de venir et de s'engager une fois sur place. Il n'y avait plus de délégation familiale exigible, les conditions relatives au transport étaient libres et les termes contractuels l'étaient tout autant. Fallait-il interpréter les mots prononcés par le gouverneur comme le signe du désengagement total des autorités publiques à l'égard de tout ce qui touchait de près ou de loin aux Indiens ? Pourtant, alors que l'abolition de l'esclavage était un sujet d'actualité majeur, personne n'ignorait que les usages serviles et la discipline régnaient sur les habitations. Par ailleurs, les cales des navires pouvaient cacher des esclaves achetés dans la zone de l'océan Indien alors que la traite était interdite. Les autorités devaient pouvoir inspecter les navires suspects et veiller au respect de l'arrêté local du 24 décembre 1829 relatif à la vaccination et à une quarantaine de 8 jours dans un lazaret à Saint-Denis. Cela représentait un coût certain pour les engagistes et le fait que les Indiens ne soient plus qualifiés d'engagés mais plutôt de simples passagers en disait long. Les intérêts économiques l'emportèrent donc sur la santé publique. Il fallait comprendre que personne ne voulut payer ces frais de tels surcoûts.

En reconnaissant que les Indiens débarquant dans l'île étaient de simples passagers, le gouverneur pensait convaincre qui exactement ? Il ne fait aucun doute qu'ils n'avaient pas les moyens de payer leur traversée, ce qui signifie que les capitaines de navire en faisaient l'avance et qu'ils en réclamaient le prix aux habitants réunionnais désireux les engager. Autant dire que cela ressemblait fortement à de la traite à peine déguisée, car les Indiens étaient sans le moindre sou. Quelles étaient les conditions de leur embarquement ? Avaient-ils été forcés ? Soumis aux autorités étrangères, ils ne parlaient ni le français ni l'anglais. Ils ne comprenaient pas bien ce qui leur arrivait, mais ils savaient que leur pays était sous domination des puissances européennes.

Si le Conseil privé se réunit le 7 novembre 1838, c'est très certainement parce que des engagés indiens débarquaient depuis quelques temps déjà sans

---

dire », In. *Le Siècle*, 22 octobre 1843. Voir également, H. HAI QUANG, *Contribution à l'histoire économique de l'île de La Réunion (1642-1848)*, L'Harmattan, Paris, 1998, p. 80.

autorisation préalable du gouverneur de Pondichéry. Les capitaines, les armateurs et les habitants cherchaient la protection spéciale des autorités locales. L'Indien, de condition libre contrairement à l'esclave, était un simple passager. Cet argument n'allait sans doute convaincre personne, mais il présentait l'avantage pour le gouverneur de La Réunion de n'en faire état nulle part dans ses archives et surtout d'amener son homologue de Pondichéry à dialoguer et à négocier avec lui sur de nouvelles bases.

Produire du sucre de canne et faire venir des Indiens contribuaient très fortement à la prospérité économique de La Réunion[326]. Ces 2 activités commerciales étaient interdépendantes, ce qui voulait dire que les passagers indiens n'allaient pas rester bien longtemps inactifs. Si l'on suit ce raisonnement, le passager indien allait pouvoir s'engager auprès d'un habitant en sa qualité d'ouvrier. L'on sait déjà que le décret réunionnais du 24 décembre 1838 reconnaissait à travers son article 15 le régime disciplinaire de l'habitation puisque des « *peines de discipline* » pouvaient être réclamées par les chefs de castes. En cas de désobéissance ou de travail mal fait, des punitions corporelles pouvaient être infligées. Or, de tels châtiments ne se pratiquaient pas sur les ouvriers. C'est dire que les engagés indiens n'étaient nullement traités comme des ouvriers blancs de France métropolitaine. La rentabilité d'une exploitation était plus qu'importante, elle était vitale, parce que la colonie était loin de tout, de ses infrastructures, de ses centres de pouvoir, de la civilisation européenne, de ses modes, de ses mœurs, etc. Pour attirer les investissements, l'esclavagisme apparaissait essentiel, ce qui explique un schéma disciplinaire extrêmement dur sur les habitations[327].

---

[326] J. M. CHASTEL, *Le rôle des institutions dans l'évolution de la filière canne à La Réunion*, Thèse de doctorat, Ecole Nationale Supérieure Agronomique de Montpellier, 1995, p. 114. De 1815 à 1861, la croissance de l'économie sucrière était fondée sur l'exploitation des esclaves et des engagés. La concurrence des mains-d'œuvre a sans doute limité le montant des salaires ou le traitement ou l'entretien des engagés.

[327] J. V. PAYET, *Op. Cit.*, pp. 80-86 : « A noter que dans les habitations importantes, les esclaves devaient se comporter d'une façon presque militaire, les commandeurs faisant office de caporaux responsables de leur absence, de leur discipline, de leurs travaux, voire de leur vie familiale. Les jugements sur Madame Desbassyns, jugements intervenus en raison de sa notoriété (belle-mère du premier ministre de Villèle, mère d'un Comte de Richemont) la font apparaître tantôt comme la bonne providence, tantôt comme une maîtresse implacable, maltraitant ses esclaves. Or, d'après son testament chiffré, les Noirs de pioche en bonne santé, de même race et de même âge ont des valeurs allant de 1 000 à 2 500 Francs, sans doute suivant leur rendement. S'il y avait eu des sévices corporels leur valeur eût été la même en raison de leur rendement identique sous le fouet ». Ajoutons que le mariage des esclaves était plus rare à La Réunion que dans les autres colonies françaises, In. M. COTTIAS, *Op. Cit.*, p. 153. Il ressort des *Notices statistiques sur les colonies françaises*, département

Même aux yeux de la justice, cette discipline, le système esclavagiste était vu comme nécessaire. Le procureur général parlait d'une « *juste* » discipline aussi bien sur les esclaves que sur les engagés indiens[328]. C'est dire que pour lui, le terme « ouvrier » ne faisait pas référence aux mêmes droits qu'en Métropole. Le terme ouvrier pouvait dans ce cas s'adresser aussi bien aux engagés qu'aux esclaves. Enfin, à l'instar des esclaves affranchis par leur maître, certains Indiens pouvaient s'installer à leur compte une fois que leur engagement était achevé et qu'ils avaient donné entièrement satisfaction. Il fallait bien qu'esclaves et engagés puissent espérer un meilleur avenir.

Le gouverneur, Monsieur de Hell, fit adopter le décret du 24 décembre 1838, mais décida de ne lui accorder force exécutoire qu'à condition que le gouvernement britannique autorise la reprise de l'émigration indienne[329].

- La contestation des fonctionnaires du gouvernement local

Plusieurs fonctionnaires locaux critiquèrent les méthodes immorales pratiquées par certains habitants. Cela a le mérite d'être souligné. C'est le cas du directeur de l'Intérieur qui donna une tout autre version du phénomène du vagabondage indien. Selon lui, il fut encouragé par les engagistes eux-mêmes, aggravant ainsi la précarité des Indiens et les rendant totalement serviles s'ils souhaitaient dormir quelque part, manger ou survivre[330]. Pour les habitants et la plupart des colons, l'engagé était privilégié par rapport à l'esclave, car il bénéficiait théoriquement d'un salaire en plus d'un logement, de vêtements et de nourriture. Mais encore faut-il qu'ils aient été à jour dans le paiement des salaires de leurs engagés. Comment les rétribuer si la colonie manquait de numéraire ? Par ailleurs, la discipline qui régnait était la même pour les esclaves et les engagés. Cela veut dire que les mauvais traitements, les punitions n'étaient pas rares. Les Indiens ont bien tenté de saisir les autorités

---

de la Marine, 4 volumes, 1837-1840, qu'à La Martinique, il y avait eu 14 mariages entre 1835 et 1836, 14 en Guadeloupe, 48 en Guyane et 0 à La Réunion.

328 CAOM, C.406/3836, Délibération du Conseil privé de Bourbon, Saint-Denis, le 24 décembre 1838 : « …dans un atelier bien tenu, il faut un régime sévère, et si vous ne donnez pas au maître l'action qu'il doit avoir sur les ouvriers qu'il emploie, il lui est impossible de donner à ses travaux l'activité et la direction qui lui semblent nécessaires ».

329 CAOM, C. 406/3837, Correspondances entre le gouverneur de Bourbon et Monsieur Henry Maingard, membre du Conseil colonial, Saint-Denis, le 14 janvier 1839. Le gouverneur de Hell préparait le projet de la mission Maingard, chargée de convaincre les autorités françaises et anglaises dans l'Inde de la reprise de l'émigration.

330 CAOM, C. 406/3836, Lettre du directeur de l'Intérieur, Saint-Denis, le 5 juillet 1838.

judiciaires, mais en vain[331]. Au contraire, cela n'a fait qu'accentuer la sévérité de la discipline ou un surcroît d'abandons des engagés. Si ces derniers avaient osé se plaindre auprès du gouverneur, du procureur ou d'un juge, c'est qu'ils n'étaient pas du tout satisfaits de leurs engagements, ce qui signifie que l'engagement était rompu par l'Indien. On peut donc comprendre pourquoi le directeur de l'Intérieur jugea le comportement des habitants comme étant de mauvaise foi[332].

Si les engagistes se débarrassaient de cette manière de leurs engagés, à quoi bon inscrire comptablement leurs services dans les dépenses de l'exploitation ? Pas de salaire, pas d'engagé, pas de trace de lui dans les documents du maître alors que la rentabilité de l'exploitation n'était pas mise en danger[333]. En fait, le directeur de l'Intérieur plaidait pour une certaine stabilité des relations contractuelles entre habitants et Indiens. Sans plus aucune menace de voir resurgir la délégation familiale, ils n'avaient plus aucun motif valable de ne pas déclarer leurs engagés[334]. Paris n'allait pas tarder à s'inquiéter des chiffres avancés par l'administration réunionnaise surtout quand ils découvrirent qu'il y avait moins d'engagés au travail que de vagabonds. Le directeur de l'Intérieur proposa alors un projet de décret qui fut rejeté. Ce dernier invitait les habitants à régulariser tous les engagements auprès de leurs vagabonds et des « passagers » indiens sous peine de les faire recruter par l'administration locale[335]. Or, les habitants voulaient pouvoir contrôler la masse des Indiens qui restaient aux alentours de leurs domaines. Il n'était pas question de les voir partir au service du gouverneur ou d'autres engagistes sans leur autorisation.

---

331 *Ibidem* : « … de nombreuses contestations s'élèvent devant les tribunaux sur la non-exécution des engagements ».

332 *Ibidem* : « Ce salaire est modique… qu'ils exécutent les clauses du contrat qu'ils ont passé avec eux ».

333 *Ibidem* : « C'est l'agriculture qui doit employer le plus grand nombre de travailleurs et qui a le plus besoin de bras, l'obligation d'employer au moins 10 travailleurs ne peut donc être onéreuse aux habitans ».

334 *Ibidem* : « Pour y arriver, l'obligation est imposée aux habitans qui ont aujourd'hui des engagés à leurs services de les déclarer et de faire au besoin régulariser leurs engagements devant les syndics ». Cela vient confirmer qu'une grande majorité des relations contractuelles entre les habitants et les Indiens ne se faisait pas sous forme d'un contrat d'engagement écrit.

335 *Ibidem*. En vertu de l'article 40 du projet de décret du 5 juillet 1838 du directeur de l'Intérieur, si dans un délai d'un mois, l'Indien n'avait pas contracté avec un particulier, il était considéré comme engagé du gouvernement « qui ne leur devra que la nourriture et les soins en cas de maladie jusqu'à ce qu'ils aient contracté ou pris un engagement ». Si l'administration du gouverneur ne versait aucun salaire numéraire, il est difficile de croire que les habitants le faisaient vraiment.

L'ordonnateur et l'inspecteur colonial dénoncèrent à leur tour le régime engagiste trop disciplinaire, trop esclavagiste du décret du 24 décembre 1838 du Conseil colonial qui, rappelons-le, était composé d'habitants notoires. L'inspecteur colonial affirma auprès du ministre que ce texte était en réalité « *plus nuisible qu'utile* »[336]. Nous ignorons si ces fonctionnaires étaient des abolitionnistes convaincus. La discipline employée à l'égard des engagés ne se justifiait pas si les engagistes respectaient leurs obligations contractuelles avec eux[337]. Le gouverneur devait donc être assez vigilant lorsque les hauts fonctionnaires sous son autorité s'exprimaient ainsi[338].

La toute-puissance des habitants était parfois contestée à demi-mot. Le maire de Saint-Paul avait par exemple rédigé un mémoire en se plaignant du phénomène du vagabondage provoqué par les engagistes eux-mêmes. La tranquillité publique pouvait être mise en cause dans ce quartier et le maire n'avait pas forcément les moyens matériels et humains de résorber ce phénomène. Il présenta son mémoire au gouverneur qui le mit à l'ordre du jour de son conseil privé le 2 février 1839[339]. Le maire s'opposait fermement

---

[336] CAOM, C. 406/3836, Correspondance de l'inspecteur colonial de Bourbon adressée au ministre de la Marine et des Colonies, Saint-Denis, le 3 janvier 1839. L'inspecteur souligna que les articles 14 et 15 « auraient dû motiver le rejet du décret par le gouvernement, qui cependant l'a adopté dans sa séance du Conseil privé du 24 de ce mois, malgré l'opinion de l'ordonnateur, du directeur de l'Intérieur et contrairement à mes objections ».

[337] *Ibidem* : « le maître ne sera pas moins exigeant envers eux qu'envers ses esclaves avec lesquels il pourrait les confondre pour l'exécution des plus rudes travaux lorsque leurs forces physiques se refuseraient à cette association ».

[338] En 1815, après la rétrocession de l'île Bourbon à la France, l'ordonnance du 25 septembre 1766 fut de nouveau en vigueur. Le gouverneur et l'intendant réclamèrent la restauration du Conseil supérieur. L'ordonnance du 11 mars 1818 supprima la fonction de l'intendant et tous les pouvoirs civils et militaires furent confiés au gouverneur, assisté d'un commissaire de Marine chargé du détail de l'administration. L'ordonnance organique du 21 avril 1825 organisa la colonie qui devait servir d'exemple pour les autres possessions d'outre-mer. Il n'y eût aucun grand bouleversement jusqu'en 1947. Le gouverneur de La Réunion disposa alors de pouvoirs très étendus, qu'il s'agisse du législatif que de l'exécutif. Il était assisté de 3 chefs de service (le commissaire-ordonnateur : administration de la guerre, de la Marine et du Trésor ; le directeur de l'Intérieur : police et contributions et le procureur général). Le contrôleur ou plus tard l'inspecteur colonial était chargé de la surveillance de toutes les parties de l'administration. Entouré d'un Conseil privé composé de 2 habitants notables proposés par le Conseil général et nommés par le roi, le gouverneur prenait les actes exécutifs du gouvernement local, mais pouvait également se transformer en Conseil du contentieux, ce qui amena à la suppression du tribunal terrier.

[339] CAOM, C. 406/3836, Délibération du Conseil privé de Bourbon, Saint-Denis, le 2 février 1839.

à l'exécution du décret colonial du 24 décembre 1838. Un vent de contestation pouvait très vite déstabiliser la colonie, ses institutions, ses habitants, ses négociants. Le gouverneur mit immédiatement un terme à ce mouvement qui avait fini par convaincre sa propre administration. Le directeur de l'Intérieur invoqua l'article 44 du décret d'organisation municipale qui interdisait aux conseils municipaux de « *s'immiscer dans des questions d'intérêt général* ». Tout rentra dans l'ordre. Le décret colonial du 24 décembre 1838 n'était pas dans le champ de compétences des municipalités et tout ce qui relevait des Indiens faisait partie des questions d'intérêt général. Et tout ce qui relevait de l'intérêt général était de la compétence exclusive du gouverneur. Même si les maires pouvaient en vertu de l'arrêté local du 13 avril 1833 créer des ateliers municipaux pour y recruter des vagabonds indiens, c'est le gouverneur qui en donnait l'autorisation préalable.

### 2) Le principe de la propriété du travail de l'engagé à l'engagiste

Dans son rapport du 16 février 1839, le gouverneur exposa au ministre tous les bienfaits du décret du 24 décembre 1838 qui étendait le régime disciplinaire des vagabonds aux engagés[340]. Pour le gouverneur de Hell, cette législation était « *un acte duquel on peut attendre des résultats avantageux au pays* ». Pourtant, dès la fin de l'année 1838, le gouverneur de Calcutta décida d'interrompre toute émigration vers La Réunion et ce, grâce à la « complicité » du gouverneur de Pondichéry qui ne voyait plus aucun intérêt à soutenir les Réunionnais tant qu'ils s'opposaient à la clause de la délégation familiale.

La presse locale reprit quelques extraits d'une délibération du Conseil colonial qui se faisait l'écho de ce qui se passait à Calcutta. Là-bas, plusieurs capitaines de navire avaient demandé à pouvoir embarquer des Indiens à destination de La Réunion, mais il n'en était pas question, « *l'île Bourbon étant un pays à esclaves, et ne sachant pas apprécier l'avantage du travail libre, il y avait lieu à empêcher l'émigration des Indiens pour cette colonie* »[341]. C'était clair. Toute l'Inde britannique se referma. Les émigrations furent stoppées net jusqu'à nouvel ordre. Seul le gouverneur de Pondichéry pouvait y remédier mais sans doute à ses propres conditions.

- Le discours esclavagiste des représentants coloniaux

Revenons sur le décret du 24 décembre 1838 pour dire que les habitants se préparaient déjà à l'abolition de l'esclavage et que ce sujet fondamental

---

340 CAOM, C. 406/3836, Correspondance du gouverneur de Bourbon adressée au ministre de la Marine et des Colonies, Saint-Denis, le 16 février 1839.

341 CAOM, C. 406/3836, Délibération du Conseil colonial de Bourbon, Saint-Denis, le 28 novembre 1838. Il parut dans *Le Conservateur* du 20 décembre 1838.

devenait indissociable de l'engagisme. L'on sait qu'une première version fut amendée par le Conseil privé du gouverneur le 22 juin 1838. Lorsque celle-ci retourna devant le Conseil colonial pour y être définitivement adoptée, les débats se focalisèrent à la fois sur la nécessité d'en renforcer le régime disciplinaire. Les débats ont duré 5 jours, soit du 28 novembre au 4 décembre 1838. Pour le Conseiller colonial Chassagne, en rendant obligatoire la mise en quarantaine des Indiens, c'était la preuve que la santé publique était un sujet prioritaire.

Selon lui, la discipline était nécessaire sur les habitations et dans les ateliers, au moins pour « *prouver à nos esclaves que la liberté n'est pas l'abolition du travail* »[342]. C'est dire que les colons organisèrent une certaine concurrence entre esclaves et engagés. Il ne fallait pas non plus qu'il y ait officiellement trop d'engagés, car cela aurait eu pour conséquence une baisse plus ou moins forte du prix de l'esclave et donc un effondrement du prix de son rachat par l'Etat lorsqu'il fut question d'indemniser les propriétaires[343]. L'on peut comprendre alors pourquoi le vagabondage indien, une certaine clandestinité aussi, fut encouragée[344]. D'ailleurs, c'est exactement ce que rapporta le directeur de l'Intérieur dans sa lettre du 5 juillet 1838. Les conseillers coloniaux savaient pertinemment qu'il était très difficile de faire marche arrière. La traite des noirs était formellement interdite et l'abolition de l'esclavage inévitable. S'ils faisaient officiellement et régulièrement état de leurs regrets de devoir prochainement s'en passer, c'était pour signifier à Paris que le prix de l'indemnité par esclave affranchi devait être le plus élevé possible, d'autant plus que le coût de l'engagé, le coût d'un engagement revenait cher[345]. L'immigration indienne était vitale. Le prix de l'engagement devait se définir en fonction du coût de la main-d'œuvre esclave et non

---

[342] *Ibidem.*

[343] *Ibidem.* Monsieur Chassagne déclara : « Si plus tard la France prononçait l'émancipation des esclaves après indemnité, cette indemnité pourrait être réduite par l'abaissement de la valeur de nos esclaves et du prix des journées si elle avait cette dernière base ».

[344] H. HAI QUANG, *Op. Cit.*, pp. 173-174. Pour l'auteur, l'engagement indien s'apparente au salariat contraint : « Les planteurs ne pouvaient qu'être intéressés par la mise en place d'un tel système. En effet, tandis que l'achat des esclaves correspondait à un investissement pour lequel ils devaient débourser en une fois un capital élevé, pour se procurer des engagés il leur suffisait d'avancer les frais liés à leur recrutement et à leur transport ». Quant au coût du travail, « il n'était pas plus élevé pour les engagés que pour les esclaves ». On peut penser que plus l'introduction d'engagés indiens était massive, plus le prix de l'esclave restait limité ou raisonnable. A partir de 1847, les autorités locales avaient préparé des documents types prêts à l'emploi pour l'engagement d'Indiens, de Chinois et de noirs.

[345] *Ibidem.* Monsieur Chassagne déclara : « Il y a plus d'économie à avoir des esclaves et de se passer d'Indiens ».

l'inverse[346]. Enfin, le Conseiller Chassagne expliqua que les salaires et la durée de l'engagement étaient une prise de risque pour tout propriétaire d'une habitation[347]. Il demanda à l'Etat de bien vouloir tolérer certaines pratiques d'engagement à la journée ou à la tâche de vagabonds indiens, d'où l'intérêt de ce fameux décret colonial du 24 décembre. Si le gouverneur avait décidé de soutenir les habitants, pourquoi l'Etat n'en faisait-il pas autant ?

- L'administration écartée du champ de l'engagement

Après le Conseiller Chassagne, ce fut au tour du Conseiller Dejean de la Bâtie de prendre la parole le 29 novembre 1838. Pour lui, l'engagé indien n'avait pas à disposer de plus de droits que l'ouvrier en Métropole. L'engagement, la liberté contractuelle ne se concevait qu'à un seul moment, celui de son recrutement en contrepartie d'un salaire. Si l'engagé refusait les tâches à accomplir, les conditions de travail et le traitement proposés, il n'avait plus qu'une seule option : fuir ou démissionner. Or, démissionner revenait à être démuni de tout, à être vagabond, sans salaire, sans subsistance, sans logement, sans voyage de retour pour l'Inde. Par ailleurs, il n'était pas rare que l'habitant ne le paie pas ou trop peu, ce qui aggravait sa précarité. Cela revient à dire que si l'engagé en tant que personne n'appartenait pas à son engagiste, en revanche, ce qui l'était c'est toute sa force de travail[348]. Le droit de propriété était l'un des piliers fondamentaux de la société coloniale. Il comprenait aussi bien l'esclave que la force de travail de l'engagé[349]. Cela signifiait pour le propriétaire, pour l'engagiste, pour l'habitant le droit de vendre, le droit de louer, le droit à une indemnité. C'était tout cela, toutes ces aliénations, le véritable enjeu du décret colonial du 24 décembre 1838.

---

346 *Ibidem*. Monsieur Chassagne déclara : « Ainsi, Messieurs, dans la supposition que l'émancipation de l'esclavage soit un jour prononcée, et que l'indemnité préalable sans laquelle elle ne peut avoir lieu, eût pour base, soit la valeur des esclaves, soit le prix de la journée à Bourbon, vous voyez que l'introduction des Indiens ne peut nous nuire ».

347 *Ibidem*. Monsieur Chassagne déclara : « Le travail de l'Indien pour 5 ans aura coûté 237 piastres, sans compter les frais de nourriture et de médecin, mais que reste t-il à l'habitan après l'expiration de l'engagement ? Rien ».

348 CAOM, C. 406/3836, Délibération du Conseil colonial de Bourbon, Saint-Denis, le 29 novembre 1838. Monsieur Dejean de la Bâtie déclara : « L'engagement a été contracté par les Indiens pour un terrain qu'ils ne connaissaient pas, pour une personne dont ils n'avaient jamais entendu parler. Pour ces raisons, vous devez admettre que la transmission de la location est inhérente à cette nature du contrat et que la propriété du travail est sacrée dans les mains de celui qui l'a acheté ».

349 L'article 9 de la Charte constitutionnelle du 14 août 1830 disposait que « L'Etat peut exiger le sacrifice d'une propriété pour cause d'intérêt public légalement constaté, mais avec une indemnité préalable ».

Ce décret n'avait pourtant rien de vraiment extraordinaire puisque dans les colonies anglaises, une mesure de ce type fut instaurée pour assurer une période de transition entre la proclamation de l'abolition de l'esclavage et la plénitude des droits et libertés des nouveaux affranchis. C'est donc exactement ce même schéma auquel se préparait La Réunion. Cette notion d'obligation de travail trouvait sa source dans le droit de propriété du maître, « *propriété à lui transmise à titre d'indemnité* »[350]. Il n'était pas plus honteux ni scandaleux pour l'époque de considérer le service des *coolies* comme étant la propriété du maître. Il fallait seulement que les habitants et le gouverneur s'entendent pour anticiper l'abolition de l'esclavage en prévoyant une période de transition ou d'apprentissage de la liberté tout en consacrant le principe de l'obligation de travail. Il s'agissait ni plus ni moins de garantir le contrôle des mains-d'œuvre serviles à partir du moment même de l'abolition. Le Conseiller Dejean de la Bâtie s'inspira de ce qui se passait dans les colonies britanniques et pour lui, il était nécessaire de l'acter le plus rapidement possible. Rien ne justifiait alors une quelconque opposition.

Pour l'heure, rien ne pouvait empêcher non plus les navires français de recruter des engagés en Inde. Le Conseiller de Richemont rappela la principale exigence des autorités britanniques, à savoir un engagement directement conclu entre l'engagiste et l'engagé. Il n'était pas question d'un contrat entre l'Indien et un capitaine de navire ou un négociant. Plus d'intermédiaire possible. Il n'était pas non plus question de la moindre garantie apportée par le gouverneur de La Réunion. Selon lui, si l'engagisme ne fut pas une franche réussite, c'était à cause de la clause abusive imposée par Pondichéry. D'ailleurs, l'identité des engagés n'était pas assurée. Les autorités anglaises à Calcutta ou à Madras se disaient en mesure de pouvoir prendre désormais la main sur l'organisation des émigrations.

Le 30 novembre 1838, les conseillers coloniaux affirmèrent que l'engagement était exclusivement destiné aux travaux agricoles, ce qui obligea

---

350 M. COTTIAS, *Op. Cit.*, pp. 116-122 et 68-88. Prévu par le *Bill* de 1833, l'apprentissage était le préalable à l'émancipation de l'esclave qui était soumis à l'obligation de travailler pour son maître pendant un certain nombre d'années. A l'expiration de cette période d'apprentissage, l'esclave devenait libre et salarié. Or, dans certaines colonies britanniques des Indes occidentales telles qu'à Saint-Vincent, Névis et à la Dominique, les esclaves avaient fui l'apprentissage, devenant ainsi des « marrons ». Les esclaves s'étaient rebellés et avaient occupé des terres pour la culture vivrière. La production sucrière s'effondra alors et le recours à de la main-d'œuvre européenne fut même envisagé. Ce système de l'apprentissage finit par être abrogé, les planteurs anglais avaient promis un tarif journalier, mais les affranchis ne furent pas nombreux à se présenter. On peut donc retenir que la France et le Royaume-Uni avaient expérimenté l'obligation de faire travailler les esclaves avant leur émancipation tandis que l'Espagne avait plutôt privilégié le biais religieux, comme par exemple l'évangélisation et le repos les jours de fêtes catholiques et les dimanches. Quant au salaire, il était fonction du sexe, de l'âge et de la force physique de l'ouvrier.

les différentes autorités et les acteurs concernés à être particulièrement vigilants sur les critères physiques et l'âge des Indiens qu'ils recrutaient. L'article 10 du décret reconnaissait clairement le principe de l'obligation de travail des engagés puisque « *le contrat n'a lieu que pour exiger le travail* ». L'article 14 débattu le 3 décembre précisa que les commandes de plus de 10 Indiens ne pouvaient se faire que s'ils étaient destinés aux travaux du sucre. Le lendemain, à travers l'article 21, le Conseil colonial affirma que le gouverneur n'autorisait plus aucun rapatriement indien aux frais du trésor de l'île, ce qui n'assurait plus aucun retour possible, sauf cas exceptionnel. L'obligation de travail étant posé, l'article 20 du décret disposa que « *toute coalition de la part des engagés pour déserter les travaux ou altérer les conditions d'engagement sera puni conformément à l'article 415 du code pénal et entraînera la résolution de l'engagement, ou dommages et intérêts envers le maître* »[351]. Il y avait donc une sanction d'emprisonnement qui était légalement prévue en cas d'abandon de travail ou fait de marronnage indien. L'article 22 prévoyait bien la possibilité pour l'habitant de rengager son engagé déserteur, mais rien ne l'encadrait précisément. Ainsi, une fois après avoir consenti à son engagement, l'Indien ne semblait plus pouvoir revenir sur son accord ni même démissionner. Il était obligé pendant toute la durée de son contrat. Si l'envie lui prenait de ne pas travailler, d'être indiscipliné pour motif ou raison illégitime, l'habitant pouvait le faire emprisonner, lui retenir une partie de son salaire. Il appartenait alors à l'habitant seul de décider de rompre l'engagement. À la lecture de cet article, aucune option n'était offerte à l'engagé.

Les Conseillers coloniaux étaient sans doute allés trop loin dans l'obligation de travail. À la différence des Indiens, les ouvriers en Métropole pouvaient stopper le travail et ne plus jamais retourner à l'usine. À La Réunion, le sort des Indiens était semble-t-il tout autre. L'Indien était un étranger en territoire français et pour pouvoir retourner chez lui, il devait traverser l'océan, ce qui avait un coût hors de portée pour lui. À Paris, les autorités ne furent pas très pressées de reconnaître la légalité de ce décret réunionnais.

---

[351] Z. MACAULAY, *Faits et renseignements prouvant les avantages du travail libre sur le travail forcé et indiquant les moyens les plus propres à hâter l'abolition de l'esclavage dans les colonies européennes*, TRS de Londres, Hachette, Paris, 1835, In. M. COTTIAS, *Op. Cit.*, p. 79. Cette idée de réprimer et de forcer le déserteur et le vagabond à travailler était très bien acceptée chez les Espagnols et les Anglais. Lors de ses visites en Haïti en 1828 et en 1829, l'amiral Fleming avait noté que « les ouvriers y étaient salariés et payés en nature… la loi leur allouait une certaine portion des produits… que l'on forçait à travailler les vagabonds et les déserteurs ». Cet état des choses permet de supposer fortement que le salaire numéraire était rarement versé aux engagés indiens à La Réunion.

## B/ L'arrêté de Pondichéry du 6 mars 1839 : l'émigration indienne officiellement interdite

Comment convaincre les Anglais en ce tout début d'année 1839 de rouvrir la destination réunionnaise aux négociants spécialisés dans la main-d'œuvre indienne ? Tel fut l'objet de la mission Maingard. C'est le Conseil colonial de l'île qui l'organisa avec un séjour prolongé sur Pondichéry et Calcutta. Cette mission diplomatique fut composée de Monsieur Maingard, conseiller colonial, du capitaine Laroque de Chanfray et de Monsieur Perrin[352]. Tous les 3 devaient examiner les causes de l'échec du premier essai indien auprès des différentes autorités en insistant tout particulièrement sur la mauvaise appréciation des critères physiques des émigrants. La mission était relativement confiante, car sur l'île voisine, des convois d'Indiens venaient récemment d'y être débarqués. Sur ordre du Royaume-Uni, l'île Maurice ne pouvait plus pratiquer la traite négrière, mais en contrepartie, elle était autorisée à introduire des *coolies* pour maintenir et développer sa production sucrière. La convention franco-britannique du 22 mars 1833 luttait contre la traite des esclaves. Les habitants mauriciens n'avaient pas d'autre choix que de privilégier l'engagement d'Indiens appelé *indentured labour* qui n'avait en fait pas cessé depuis 1829 malgré leur insatisfaction. Les habitants réunionnais, eux, espéraient une collaboration fructueuse entre la France et le Royaume-Uni et bénéficier ainsi de la main-d'œuvre indienne. Mais La Réunion n'en était pas moins une concurrente dans la production de sucre de canne.

Le recours aux engagés se fit à peu près au même moment dans les deux principales îles des Mascareignes, mais l'île Maurice était plus avantagée puisqu'elle partageait le même pavillon que la *East India Company*[353]. Pour les membres de la mission Maingard, il suffisait peut-être que les habitants assurèrent aux Britanniques la prise en charge des frais de retour au pays de tous les Indiens y compris les vagabonds. Mais, encore fallait-il que l'Indien soit condamné, ce qui fut rare. La mission Maingard proposa également que le gouverneur de La Réunion garantisse par avance le versement des 2

[352] CAOM, C. 406/3837, Correspondance du gouverneur de Bourbon adressée au ministre de la Marine et des Colonies, Saint-Denis, le 16 février 1839. Monsieur Henry Maingard, conseiller colonial, représentait les intérêts de la colonie, Monsieur Laroque de Chanfray, Capitaine commandant le navire *Le Lancier*, représentait les intérêts du gouverneur et Monsieur Perrin, chirurgien de deuxième classe, représentait en quelque sorte l'intérêt public sanitaire de l'île. L'utilité de cette modeste mission diplomatique fut confirmée dans le rapport de mémoire du capitaine du navire *Le Mascarin* adressé le 25 février 1839 à l'administration maritime de Marseille, In. CAOM, C. 406/3861.

[353] CAOM, C. 406/3837, Correspondance du gouverneur de Bourbon adressée à Henry Maingard et au capitaine Laroque, Saint-Denis, le 14 janvier 1839.

premiers mois de salaire des engagés. Pour tenter de convaincre les Britanniques, les membres de la mission emmenèrent avec eux deux Indiens exclus pour délit, à savoir Imidis Lobo rapatrié sur Pondichéry et Ramd'Ham Bengaly sur Calcutta[354]. Il ne faisait plus l'ombre d'un doute que les Indiens envoyés à La Réunion provenaient bien des territoires anglais. Précisons enfin que cette exclusion fut prononcée par le Conseil privé et non pas par un juge pénal. Cette démarche devait pouvoir suffire à convaincre les autorités que ni l'administration ni les habitants ne profitaient honteusement du vagabondage. Il n'y eut dès lors aucune raison d'empêcher la reprise des émigrations.

### 1) L'île de Bourbon : une colonie anti-abolitionniste

De 1838 à 1842, la colonie subit les conséquences de sa réputation esclavagiste. Malgré cela, on peut penser qu'un trafic officieux s'était organisé entre La Réunion et les Indes, sans oublier non plus la possibilité pour des navires de faire quelques escales en Afrique orientale et dans les îles du Sud-Ouest de l'océan Indien. Entre l'interruption de l'immigration indienne et l'interdiction de la traite négrière, il fallait que l'économie sucrière puisse continuer à fonctionner. Négocier une solution directement avec les autorités sur place, voilà ce que décida de faire le Conseil colonial en envoyant son émissaire, Monsieur Maingard.

Quelques mois plus tard, en juillet 1839, le gouverneur de Hell dut reconnaître l'échec de cette mission auprès de son ministre de tutelle. Aucun accord même temporaire ne fut trouvé entre Calcutta et Saint-Denis puisque c'est le gouvernement de Londres qui l'interdisait désormais formellement[355]. L'avenir économique de l'île était désormais suspendu aux décisions du Royaume-Uni. Le ministre de la Marine et des Colonies et le ministre des Affaires étrangères furent invités à négocier la reprise des émigrations auprès des plus hautes instances nationales[356]. Mais que représentaient pour le gouvernement les intérêts économiques d'une colonie aussi lointaine et aussi petite que l'île de La Réunion ?

#### • L'échec de la mission Maingard

Les 3 émissaires rapportèrent au gouverneur que les autorités indiennes étaient satisfaites de la législation de l'île qui répondait « *à tout ce que réclame*

---

[354] CAOM, C. 406/3837, Correspondance du gouverneur de Bourbon adressée au capitaine Laroque, Saint-Denis, le 14 janvier 1839.

[355] CAOM, C. 406/3837, Correspondance du gouverneur de Bourbon adressée au ministre de la Marine et des Colonies, Saint-Denis, le 15 juillet 1839.

[356] CAOM, C. 406/3838, Lettre de Monsieur Amédée Bédier adressée à Monsieur de Saint-Hilaire, Saint-Denis, le 31 janvier 1839 : « Si le Ministre de la Marine se décidait à intervenir dans cette affaire si importante pour notre avenir ».

*la justice et l'humanité* »[357]. Il appartenait désormais au parlement anglais de se prononcer sur le *Bill* relatif à la régularisation de l'exportation des laboureurs indiens tout en exigeant les « *mesures nécessaires pour empêcher des abus lors de la collocation des laboureurs à bord des navires et pendant la traversée* » ainsi que « *les dispositions propres à empêcher la réexportation* ». Derrière les conditions d'hygiène, de sécurité et d'humanité lors de leur transport, c'est bien de monopole commercial dont il était surtout question. Londres voulait le contrôle de la main-d'œuvre de ses colonies et pour cela, il fallait qu'elle l'organise elle-même très directement.

Comme les autorités indiennes n'étaient pas opposées à la législation réunionnaise, le gouverneur de l'île en profita pour demander quelques convois en attendant que les parlementaires anglais ne se prononcent définitivement sur l'organisation de ce trafic commercial. Mais, le gouverneur de Pondichéry, Monsieur de Saint-Simon, n'était pas du tout d'accord. Les plaintes des Réunionnais s'accumulaient et toujours aucune réaction ni décision des ministres à Paris. Les délégués de l'île décidèrent de prendre les choses en main. Il fallait débloquer au plus vite la situation. Ils multiplièrent les contacts et les requêtes auprès du ministre des Affaires étrangères[358]. Pour eux, quels que soient les reproches faits à l'encontre des producteurs réunionnais, ce sont les agents en charge du recrutement qui manquaient de discernement dans les critères physiques des engagés.

Le ministre de la Marine et des Colonies finit par approuver le décret du 24 décembre 1838, mais tant qu'il demeura dénué de sanction royale, le gouverneur ne pouvait pas l'exécuter[359]. C'est dire que d'un côté, le ministre comprenait la situation économique de l'île, mais de l'autre, il ne lui était pas possible d'accorder la moindre force exécutoire alors que les négociations débutaient à peine entre Paris et Londres. Quant au ministre des Affaires étrangères, le sujet était bien plus grave. L'engagisme n'était pas du tout concevable au niveau de la moralité. Certes, les plaintes des colons ne manquaient pas de fondement, mais selon lui, « *les Indiens ne sont volontaires que de nom, si l'on considère leur extrême ignorance, et l'impossibilité où ils sont d'apprécier la nature et de peser les conséquences des conventions qu'on leur fait souscrire* »[360]. Le duc de Dalmatie avait un positionnement clair. Pour lui, les contrats d'engagement étaient abusifs, révélant *de facto* une inégalité

---

[357] Correspondance du gouverneur de Bourbon adressée au ministre de la Marine et des Colonies, Saint-Denis, le 15 juillet 1839, *Op. Cit.*

[358] CAOM, C. 406/3839, Correspondances des délégués de l'Ile de Bourbon adressées au ministre des Affaires étrangères, Paris, le 11 juin 1839.

[359] CAOM, C. 406/3838, Dépêche du ministre de la Marine et des Colonies adressée aux délégués de l'Ile de Bourbon, Paris, le 6 septembre 1839.

[360] CAOM, C. 406/3838, Dépêche du ministre des Affaires étrangères, Paris, le 16 octobre 1839.

évidente au détriment des Indiens pourtant considérés comme libres. Le ministre dénonçait « *l'exploitation de l'Homme par l'Homme... même dans un intérêt tout à fait légitime à l'égard des travailleurs étrangers* ». La réticence partagée entre le duc et les Britanniques explique sans doute pourquoi le roi n'accorda toujours pas sa sanction au décret réunionnais du 24 décembre 1838.

Le 29 novembre 1839, les négociations franco-britanniques ne débouchèrent pas sur les résultats espérés, mais sur un accord mutuel entre Londres et Paris d'interdire toute exportation d'engagés indiens à destination de La Réunion[361]. La situation était dangereusement bloquée malgré les encouragements personnels du ministre de la Marine et des Colonies à l'égard des partisans du décret.

- L'interdiction française de toute émigration indienne

Avant que l'interdiction de l'émigration ne fut prononcée côté anglais, le 9 février 1839, le capitaine Delaye présenta une commande de 200 laboureurs devant le Conseil privé de Pondichéry[362]. Il s'agissait de la première reprise de contact sérieuse depuis la disparition de la clause de la délégation familiale. Cette commande était signée du négociant qu'il représentait, Monsieur Amalric. Pour le gouverneur, c'en était trop. Soit les producteurs réunionnais se pliaient à ses exigences maintes fois répétées, à savoir la garantie de la clause de la délégation familiale, soit ils devaient prospecter ailleurs. Pondichéry n'avait pas changé de positionnement. Le gouverneur en profita pour avertir le capitaine qu'un projet de loi du gouvernement britannique de Fort Williams, daté du 17 décembre 1838, punissait d'amende et d'emprisonnement toute personne qui engageait un Indien sans autorisation de l'administration anglaise. En toute vraisemblance, ce projet de loi fut déjà porté à la connaissance de l'ordonnateur de l'île sans que le gouverneur ne lui ait retourné ses remarques. Pour le capitaine, il ne s'agissait là que d'un projet de loi pas encore promulgué. Les producteurs réunionnais pouvaient donc faire librement venir des passagers indiens. Observons ici que le capitaine évoquait « *tous les passagers indiens qui consentiront* », termes qui allaient dans le droit fil de l'arrêté local du 7 novembre 1838.

L'ordonnateur de Pondichéry fit du zèle. Son refus fut catégorique, d'abord, en « *l'absence d'ordre du gouvernement français* » et ensuite, parce que le

---

[361] CAOM, C. 406/3838, Dépêche du ministre de la Marine et des Colonies adressée au gouverneur de Bourbon, Paris, le 29 novembre 1839.

[362] CAOM, C. 406/3861, Délibération du Conseil privé de Pondichéry, Pondichéry, le 9 février 1839. Le capitaine Delaye agissait pour le compte de la maison Amalric et Cie. Il demanda l'autorisation d'embarquer 200 Indiens suite aux commandes de 5 planteurs réunionnais. Il précisa au gouverneur de Pondichéry qu'à défaut d'autorisation, son opération était déficitaire.

gouverneur de Calcutta avait confié la mission de vérifier « *les mesures dans le but d'assurer le bon traitement des cultivateurs indiens qui s'engagent au service des colonies françaises* ». Tant que la délégation familiale n'était pas garantie, Pondichéry estimait que les Indiens n'avaient aucune assurance d'être bien traités. Dans le cas d'espèce, son administration refusa la commande du capitaine Delaye. Le 14 février 1839, il adressa au ministre une copie du projet de loi de Calcutta[363]. On y apprend que 12 000 Indiens avaient quitté Calcutta pour s'engager ailleurs. Le gouverneur de Pondichéry en profita également pour souligner les bonnes relations qu'il entretenait avec les autorités britanniques dans l'Inde, ce qui était un atout pour la France.

Monsieur Maingard intercéda alors en faveur du capitaine Delaye, mais le 6 mars 1839, la décision du gouverneur resta inchangée. Il rejeta cette « *demande de modération* »[364]. Pour Monsieur Maingard, cette obstination était injustifiée, d'abord, parce qu'il n'y avait toujours pas de législation britannique autorisant formellement les émigrations vers La Réunion et ensuite, parce que, à Chandernagor, Monsieur l'administrateur Bédier venait d'autoriser l'exportation de 50 Indiens. L'ordonnateur de Pondichéry précisa pour sa part que la fertilité des terres entourant son comptoir nécessitait de manière urgente l'emploi d'une main-d'œuvre abondante. Par contre, le procureur général signala l'existence de mouvements migratoires récents et constants d'Indiens sujets anglais vers les possessions françaises. Aussi, « *qu'ils soient Anglais ou Français, le fait est qu'ils sont déjà sur notre territoire et que les Anglais les considèrent déjà comme perdus pour eux ; ainsi, sous ce rapport leur exportation n'aurait aucune influence sur le chiffre actuel de la population de leur territoire, puisque ces Indiens sont aujourd'hui comme zéro à l'égard de cette population* ».

Le gouverneur de Pondichéry stoppa les débats et fit adopter en son Conseil privé l'arrêté du 6 mars 1839, interdisant officiellement toute sortie d'Indiens. Toutefois, de manière exceptionnelle et à titre de « *mesures transitoires* », il autorisa l'embarquement de 200 laboureurs et 10 cultivateurs d'indigo. A l'avenir, plus aucun Indien ne devait partir pour La Réunion[365].

---

[363] CAOM, C. 406/3861, Correspondance du gouverneur des Etablissements Français dans l'Inde adressée au ministre de la Marine et des Colonies, Pondichéry, le 14 février 1839. Le gouverneur, Monsieur Saint-Simon, justifia son refus en rappelant sa correspondance du 15 mars 1838, toujours d'actualité. La majorité des cultivateurs indiens provenait des territoires anglais. Il précisa également que 12 000 Indiens avaient jusqu'alors été exportés. On ignore les proportions destinées à Maurice et à La Réunion ou à d'autres colonies.

[364] CAOM, C. 406/3861, Délibération du Conseil privé de Pondichéry, Pondichéry, le 6 mars 1839.

[365] CAOM, C. 406/3861, Correspondance du gouverneur de Pondichéry adressée au ministre de la Marine et des Colonies, Pondichéry, le 12 mars 1839 : « Depuis longtemps, les exportations des cultivateurs indiens pour les colonies à sucre étaient,

- La reprise de l'émigration indienne : le *statut quo* imposé par Pondichéry

Avant l'interdiction des émigrations indiennes prononcée par les gouvernements à Londres et Paris, dans sa correspondance du 26 août 1839, le ministre de la Marine et des Colonies réagit face à l'interdiction décidée seul par le gouverneur de Pondichéry. Le ministre rappela que seul, « *le gouvernement français peut maintenir la sortie par nos possessions des Indiens qui pourront être engagés pour l'île Bourbon et plus tard, s'il y a lieu pour d'autres colonies* »[366]. C'est dire que le ministre était agacé de la décision du gouverneur de Pondichéry qui n'était pas pleinement justifiée ni défendable puisqu'il autorisa l'émigration de 20 000 Indiens vers Maurice, ce qui avait produit un bénéfice de 2 millions de livres[367]. Et l'on prenait ainsi le risque de faire l'impasse sur un tel commerce[368] ? Le ministre ordonna la reprise immédiate des flux migratoires et demanda au gouverneur de Pondichéry de régulariser avec son homologue de La Réunion le décret colonial du 24 décembre 1838.

Quelques mois plus tard, le gouverneur Saint-Simon fut remplacé par Monsieur Ducamper qui ne cacha pas ses difficultés dans sa mission d'abroger l'arrêté du 6 mars 1839. Ses conseillers privés étaient divisés. Certes, la fidélité des comptoirs envers Paris était indiscutable, mais au sujet des engagés indiens, ils venaient tous des territoires voisins britanniques et les responsables anglais commençaient sérieusement à s'en plaindre, ce qui fragilisait la stabilité même des possessions françaises. C'est la raison pour laquelle une partie de l'administration s'en était référée aux autorités anglaises

comme vous avez pu le voir, l'objet des attaques les plus fortes de la part de plusieurs journaux anglais de Madras et de Calcutta ».

[366] CAOM, C. 406/3862, Dépêche du ministre de la Marine et des Colonies adressée au gouverneur des Etablissements Français dans l'Inde, Paris, le 26 août 1839.

[367] CAOM, C. 406/3862, Extrait d'un mémoire sur la situation des Etablissements Français dans l'Inde, remis par Monsieur de Saint-Simon à Monsieur Ducamper, Pondichéry, le 20 avril 1840. Ce mémoire, transmis au ministre de la Marine et des Colonies par Monsieur Ducamper le 10 juin 1840, précise que « la population de Pondichéry composée de 80 000 Indiens auraient seuls fourni à la culture de Maurice et de Bourbon ».

[368] CAOM, C. 406/3862, Dépêche du ministre de la Marine et des Colonies adressée au gouverneur des Etablissements Français dans l'Inde, Paris, le 26 août 1839 : « Ces émigrations qui ont cessé pendant plusieurs années étaient sur le point d'être reprises lorsque Monsieur de Saint-Simon a cru devoir les prohiber par un arrêté qu'il a rendu le 6 mars dernier conformément à l'invitation de Monsieur le Gouverneur de Madras ». Ainsi, Monsieur de Saint-Simon « me parait avoir porté trop loin dans cette circonstance le désir d'entretenir avec les autorités de l'Inde anglaise des relations de bon voisinage ».

locales[369]. Dès le début de l'année 1840, le sujet de l'émigration fut apparemment maîtrisé par les autorités britanniques. Leurs monopoles commerciaux étaient bien établis[370]. Tout en rappelant ce contexte, le gouverneur de Pondichéry précisa que les demandes réunionnaises « *sont en ce moment fort minimes* ». Après 2 années de silence sur le sujet, il répondit au Conseiller colonial de La Réunion, Monsieur Dejean de la Bâtie, que l'arrêté du 6 mars 1839 restait toujours en vigueur[371]. Aucune émigration indienne vers cette colonie n'était encore permise.

Deux ans encore après, le Conseil général des Etablissements Français dans l'Inde fut invité à débattre du sort de l'arrêté d'interdiction[372]. La déception des producteurs réunionnais était grande. L'Inde française refusa de réviser son positionnement. Calcutta, Madras et Pondichéry étaient alignés sur une même politique : interdire toute émigration vers La Réunion. Pour les conseillers généraux de l'Inde française, « *l'esclavage ne peut être justifié au nom du rendement* »[373]. La seule exception admise le 7 janvier 1842 était « *le départ isolé et volontaire d'un domestique, d'un ouvrier...* ». Pour cela, le contrat d'engagement devait être conclu dans sa forme définitive par écrit en territoire indien avec la clause selon laquelle l'engagiste rapatriait systématiquement à ses frais l'engagé. On sait que cette exigence était impossible d'être tenue par les Réunionnais.

Le Conseiller général Couenard dénonça « *la perpétuation d'un trafic scandaleux et blessant à la fois les lois divines et humaines* » tandis que le conseiller Mottet souligna l'absence réelle de liberté individuelle des laboureurs indiens, « *une des classes la plus ignorante* ». Quant au conseiller

---

369 CAOM, C. 406/3862, Délibération du Conseil général des Etablissements Français dans l'Inde, Pondichéry, le 7 janvier 1842 : « Comment donc s'assurerait-on qu'ils sont nés dans nos établissements puisqu'il n'existe pas de registres d'état civil ou d'autres documents qui puissent le constater et l'entrée frauduleuse de coulis étrangers s'établirent, ce qui occasionnent de la part du gouvernement anglais des plaintes et des récriminations qui pourraient troubler nos relations amicales et de bons voisins ».
370 CAOM, C. 406/3862, Correspondance du gouverneur des Etablissements Français dans l'Inde adressée au ministre de la Marine et des Colonies, Pondichéry, le 8 juin 1840. Le gouvernement suprême de Calcutta avait rappelé aux autorités françaises dans l'Inde le monopole commercial de la Cie anglaise des Indes Orientales dans la traite des Indiens à destination des colonies britanniques alors même que Pondichéry avait réussi à exporter 16 000 Indiens vers l'île Maurice.
371 CAOM, C. 406/3862, Correspondance du gouverneur des Etablissements Français dans l'Inde adressée à Monsieur Dejean de la Bâtie, Pondichéry, le 20 décembre 1841.
372 Délibération du Conseil général des Etablissements Français dans l'Inde, Pondichéry, le 7 janvier 1842, *Op. Cit.*
373 P. HAUDRERE et F. VERGES, *De l'Esclave au Citoyen*, Hérissey, Gallimard, 1998, pp. 116-139. Cette expression est empruntée à Victor Schoelcher, In. *De l'esclavage des Noirs, et de la législation coloniale*, Paris, Paulin, 1833.

Rosière, il insista sur le bien-fondé de l'arrêté d'interdiction du 6 mars 1839 qui n'avait d'autre but que de « *protéger une classe malheureuse, pauvre et ignorante contre l'avidité des spéculateurs* ».

Malgré le positionnement aussi tranché des autorités françaises dans l'Inde, on comptabilise ici et là quelques convois vers La Réunion. Mais ils sont rares. Si elles estimaient à environ 147 Indiens seulement envoyés entre 1835 et 1839, ce qui faisait une moyenne de 29 *coolies* par an, on en doute fortement, car rappelons-nous de l'opération du capitaine Delaye qui, grâce à l'intervention de Monsieur Maingard, embarqua en un seul convoi 210 Indiens à Pondichéry. Est-ce à dire qu'il y avait un double langage de la part des autorités françaises et anglaises, loin de Paris et de Londres ? Nous pouvons raisonnablement tabler sur près de 20 000 Indiens introduits entre 1828 et 1838 à La Réunion d'autant plus que Pondichéry avait expédié assez rapidement un nombre équivalent sur l'île Maurice à partir de 1837. Si l'on considère qu'un navire transportait une moyenne de 500 individus, cela faisait 40 opérations de recrutement, ce qui revenait à l'embarquement de 1 500 à 2 000 *coolies* par mois sur une année seulement au moyen de 3 à 4 navires. Un navire pouvait faire près de 3 expéditions par an. Une simple traversée prenait environ 2 mois. Il fallait donc une activité commerciale de 13 à 14 navires pendant une seule année pour atteindre 20 000 passagers. Si une seule maison commerciale bénéficiait d'un tel monopole à raison d'une flotte de 5 navires, l'activité de l'émigration envisagée prenait environ 3 ans pour atteindre cet objectif. L'engagisme était un secteur commercial lucratif.

### 2) L'engagement indien : le fondement de l'abolitionnisme britannique ?

Depuis 1828, c'était surtout en territoires anglais que les engagés furent recrutés. Il est vrai que le Royaume-Uni avait été *leader* dans l'abolition de l'esclavage, mais la colonisation de l'Inde lui permettait de compenser ce manque à gagner, du moins, l'espérait-il. Il était alors relativement facile pour les Britanniques d'accuser leurs concurrents français d'assimiler honteusement les engagés indiens aux esclaves, notamment à La Réunion. Et ce n'est pas le décret colonial de cette possession française qui les contredisait. En effet, le décret du 24 décembre 1838 avait en quelque sorte transformé le régime de protection des engagés en un régime de type disciplinaire. Pour rappel, le travail était devenu obligatoire pour tout immigrant indien. Pour compenser sans doute ses pertes commerciales sur le marché réunionnais, le gouverneur de Pondichéry avait signé une commande d'exportation de 20 000 Indiens pour l'île Maurice. On comprend mieux le contexte dans lequel le gouverneur fit adopter son arrêté du 6 mars 1839 qui stoppa net l'émigration pour La Réunion.

Pondichéry n'était pas plus abolitionniste que les Anglais. Il avait simplement trouvé un intérêt commercial à ne plus envoyer d'engagés vers les plantations sucrières de La Réunion. L'argument de l'assimilation esclavagiste, même s'il était réel, n'était qu'un prétexte. Le vrai sujet était le contrôle de la main-d'œuvre indienne par les Anglais eux-mêmes. Dès 1840, les négociations franco-britanniques reprirent. Il s'agissait de trouver un accord pour réglementer l'émigration vers les colonies françaises. Le *Foreign Office* refusa catégoriquement d'insérer au *Bill* relatif aux conditions du *coolie trade* une autorisation de principe qui soit favorable aux Français[374]. La voie diplomatique allait être longue et pendant ce temps, les habitations sucrières réunionnaises pouvaient perdre en productivité et en rendement.

- L'engagé indien : un ressortissant britannique

L'Inde française réaffirma le 7 novembre 1842 le principe de l'interdiction de toute émigration indienne vers La Réunion. Le ministre avait pourtant relevé en début d'année que l'île Maurice n'était pas moins esclavagiste que La Réunion, apprenant par *La Gazette de Londres* que le Conseil anglais avait même ordonné la « *défense d'exporter des travailleurs libres de l'Inde pour l'île Maurice* »[375]. Sans doute que Londres voulait marquer les esprits en tentant de convaincre ses colons de perdre leurs habitudes esclavagistes pour en adopter de nouvelles, plus modernes, au travers du travail libre. D'ailleurs, le *Passenger's Bill* du 15 janvier 1842 venait de permettre légalement le travail libre des *coolies*. Cette manne constituait un avantage crucial pour les industries anglaises sur leurs concurrentes françaises.

L'argument abolitionniste des Anglais était une de leurs « *roueries* » pour prendre l'avantage à l'échelle mondiale dans les productions de denrées coloniales[376]. Pendant qu'ils faisaient bonne figure sur la scène internationale,

---

[374]CAOM, C. 406/3841, Lettre de Lord John Rufsell adressée à Monsieur Guizot, Downing Street, Londres, le 24 mars 1840 : « Je regrette que dans le degré actuel du travail parlementaire sur cette matière, il ne soit pas en mon pouvoir de donner suite à Son Excellence une assurance satisfaisante pour le gouvernement français ».

[375] CAOM, C. 406/3841, Dépêche du ministre de la Marine et des Colonies adressée au ministre des Affaires étrangères, Paris, le 18 mars 1842.

[376] L. C. (Avocat), *Du droit des gens comme l'entend et l'exerce l'Angleterre à l'égard des colonies françaises*, Paris, 1831, In. M. COTTIAS, *Op. Cit.*, pp. 61-67. L'auteur accuse les Anglais de faire double jeu : « Ainsi, le premier coup porté aux colonies fut l'abolition de la traite. Les Anglais n'en avaient plus besoin ; la population de l'Inde était sous leurs mains et à la portée des baïonnettes de leur *blackmen* ; mais les Français devaient-ils envisager du même œil un système fallacieux qui tarissait la source de l'ancienne et constante prospérité de leurs possessions sur nos mers ? ... L'abolition de la traite n'était donc plus aux yeux de nos ennemis un coup assez décisif ; et, tandis qu'ils feignent de pousser des hauts cris sur nos infractions prétendues à cette loi prohibitive, arrachée à la condescendance des derniers Bourbons... ils avisent froidement à des moyens de destruction plus efficaces, plus certains et plus prompts que toutes les prohibitions du monde... Ne croyez pas

grâce à l'abolition de 1833, les producteurs réunionnais, eux, ne trouvèrent toujours aucune solution en Inde. Monsieur Richy, un Français établi au Bengale, rapporta les propos de sir Prinsep, conseiller au gouvernement suprême de Calcutta. En réalité, ils ne se préoccupaient absolument pas des Réunionnais, « *cette affaire n'était plus sur le tapis* ». Non, ce qui préoccupait Londres, c'était peut-être le risque de voir une partie des Indiens s'enfuir vers les comptoirs français pour prendre les armes et se retourner ensuite contre les Anglais en cas de conflit notamment entre la France et le Royaume-Uni. Par ailleurs, toujours « *au cas de la guerre déclarée entre les deux pays, quelle garantie aurions-nous que ces hommes expédiés d'ici avec le titre de sujets britanniques, y seraient renvoyés comme dans leur patrie, ne seraient pas détenus à Bourbon comme prisonniers, l'intérêt des planteurs étant surtout de les conserver ?* »[377].

Quelle que soit leur origine, les *coolies* étaient principalement considérés comme « *sujets britanniques* ». Les Anglais s'inspiraient de ce qu'ils avaient réussi à imposer à Chandernagor à travers l'*Act* du 4 décembre 1816 qui reconnaissait tous les ouvriers indiens comme étant des ressortissants britanniques. Dès lors, « *ces résidents ne devront être considérés comme prisonniers, hors les cas d'agression* ». Cela signifiait clairement que les engagés indiens, qu'ils travaillent dans les comptoirs étrangers ou encore dans de lointaines colonies françaises, n'étaient pas la propriété de leurs engagistes et ne pouvaient pas être juridiquement assimilés aux esclaves. Or, nous savons que les colons réunionnais mettaient tout en œuvre depuis 1828 pour se les approprier[378].

---

cependant que les Anglais se soumettent aux conséquences des principes qu'ils imposent aux autres ; non, ils ouvrent les bras aux fauteurs des troubles qu'ils excitent, aux déserteurs qu'ils embauchent chez nous, ils ne laissent pas que de maintenir chez eux une discipline de fer, sous l'influence de la force active et permanente qu'ils y entretiennent au moyen de leur marine, et d'environner leurs administrations d'instructions *ad hoc* qui garantissent leurs établissements contre les effets d'un système dont ils ne sont que les prédicateurs bénéficiaires. Si l'effet de ces doctrines désorganisatrices déborde chez eux de précautions, rien alors d'exterminateur comme le régime de ces philanthropes ; la moindre insubordination de leurs esclaves les décime et dépeuple la campagne sous la hache et la fusillade. J'en atteste encore leur loi martiale, leur drapeau rouge ; j'en atteste encore l'histoire de la Barbade, de la Jamaïque et d'Antigues, d'Antigues dont les troubles sont, comme nos désastres, l'œuvre anglaise de cette année ».

[377] CAOM, C. 406/3841, Lettre de Monsieur Richy adressée à Monsieur Leconte, capitaine de corvette, commandant la Fortune, Calcutta, le 25 avril 1842.

[378] *Ibidem* : Pour les Anglais, les engagés indiens à La Réunion ont été « jetés sur le pavé, offraient le travail de leur journée pour 3 sous du pays… Ces hommes avaient été portés à Bourbon sous la promesse d'être reconduits dans leur pays, mais ils ne furent rapatriés en Inde longtemps après leur rejet par leurs maîtres ».

Pour qu'ils puissent bénéficier d'Indiens, peut-être fallait-il s'inspirer de ce qui se passait sur l'île voisine. Monsieur Richy précisa à Monsieur Leconte que là-bas, l'engagement ne pouvait faire l'objet d'aucune aliénation. Aucune vente, aucune location ni sous-location n'était admise, parce que l'on ne savait que trop bien qu'il s'agissait de pratiques esclavagistes. La colonie anglaise se dota dès 1842 d'un *Bureau du Protectorat des esclaves* chargé à la fois d'enregistrer les plaintes des noirs et d'exiger le dépôt des cautions personnelles pour assurer le paiement des frais de rapatriement des engagés. Même si les colonies françaises se soumettaient à toutes ces conditions, rien ne garantissait qu'elles allaient être rigoureusement appliquées[379]. La présence britannique dans les colonies françaises qui comptaient sur leurs sols des engagés indiens, voilà un tout nouvel argument qui allait pouvoir s'imposer dans les prochaines années, ce qui permit aux Britanniques de renforcer leur autorité et de rayonner davantage sur la scène internationale.

- La collaboration des autorités franco-anglaises dans l'Inde

Le *Passenger's Bill* du 15 janvier 1842 autorisa la reprise des convois indiens vers Maurice[380]. A La Réunion, le trafic voisin était l'occasion de renouveler ses propres demandes auprès des instances à Paris estimées à plus de 20 000 Indiens[381]. Quels allaient être les arguments des Réunionnais ? En les recrutant, le travail leur permettait assurément de sortir de la misère et de la famine[382]. Or, « *tout à coup, cet acte d'humanité fut assimilé à de la traite des noirs* ». Qui fallait-il croire d'autant plus que les versions ou les commentaires étaient souvent contradictoires ? Pour le consul de France à Bassora, « *la plupart des magistrats des colonies, chargés d'interroger les coulis dans les possessions britanniques, assurèrent que leur sort était heureux tandis que les magistrats de l'Inde affirmèrent le contraire* ». Quel que soit le schéma, il semblait le même, c'est-à-dire que les autorités en Inde

---

379 *Ibidem* : « on sait comment dans tous les temps, on rompt des traités et on se bat au besoin en exécution d'iceux pour témoigner de sa bonne foi ».

380 CAOM, C. 406/3841, Dépêche du ministre de la Marine et des Colonies adressée au consul de France à Londres, Paris, le 7 septembre 1842. Il s'agissait de la régularisation de l'acte du 15 janvier 1842 qui rétablissait dans les ports britanniques de l'Inde « la faculté des enrôlements et de la sortie des *coolies* destinés pour l'île Maurice en qualité de travailleurs libres ».

381 CAOM, C. 406/3842, Correspondance du gouverneur de Bourbon adressée au ministre de la Marine et des Colonies, Saint-Denis, le 4 juillet 1842. Il s'agissait d'une demande de privilège commercial pour le compte de Monsieur Vigneau dans les opérations de recrutements de 20 000 engagés indiens. Ce projet devait être soumis à l'examen de la Commission des affaires coloniales via le ministre de la Marine et des Colonies.

382 CAOM, C. 406/3844, Correspondance de Monsieur Fontanier, consul de France à Bassora, adressée au gouverneur de Bourbon, Bassora, le 6 octobre 1842.

voulaient garder le contrôle de la main-d'œuvre partie pour La Réunion ou l'île Maurice et une fois arrivée dans l'île, les habitants sucriers se l'appropriaient pleinement.

A cause de leur couleur de peau, Indiens et Africains étaient assimilés à de la main-d'œuvre esclave sinon servile[383]. Pour lui donner toutes les chances de succès, le consul conseilla au nouveau gouverneur de La Réunion, Monsieur Charles Bazoche, d'étudier et de s'inspirer au plus vite du régime légal mauricien. Le gouverneur refusa de s'y soustraire, la législation française ne devant pas plier devant une législation étrangère qui plus est une législation britannique[384]. Si les conseillers coloniaux venaient tout juste d'adopter le décret du 14 mai 1842 qui améliorait le sort de l'esclave, l'arrêté de police du 13 juin 1842, que nous étudierons un peu plus loin, en limita les effets et la portée. C'est dire que les colons réunionnais poussaient pour la reconnaissance officielle du principe de l'obligation de travail des Indiens, afin d'instaurer un régime disciplinaire clair. Les législations anglaises et françaises étaient donc opposées.

La situation semblait bloquée. Les habitants avaient pourtant un besoin crucial de renouveler leur main-d'œuvre. Il fallait trouver des alternatives au marché indien. Dans une note du 10 octobre 1842, le directeur des colonies présenta au ministre la requête du gouverneur Bazoche concernant l'introduction de travailleurs noirs en provenance de Madagascar et du Mozambique. Autant dire qu'il demandait une exception à la traite négrière. Peut-être qu'en autorisant à se fournir en Afrique australe, le gouvernement français pouvait négocier et convaincre les Anglais d'autoriser de nouveau les convois indiens. En février 1843, le ministre pressa son homologue des Affaires étrangères pour faire aboutir les pourparlers avec le Royaume-Uni[385]. Il en profita pour lui demander son plein soutien dans sa demande de sanction royale du décret colonial du 24 décembre 1838. Il était alors utile d'orienter dans ce sens l'avis que devait formuler le Comité de la Guerre et de la Marine du Conseil d'Etat. Le ministre des Affaires étrangères était disposé à ordonner la reprise de l'émigration à partir des comptoirs français « *puisque les Anglais ont pris l'initiative d'une révocation analogue, relativement à l'interdiction qu'ils avaient d'abord prononcée* » à l'égard de l'île Maurice, mais à condition que les Réunionnais cessent tout trafic illégal d'esclaves[386]. Cette

---

[383] *Ibidem* : « ... la disposition involontaire mais fort probable à traiter des cultivateurs libres comme des esclaves à cause de leur couleur ».

[384] CAOM, C. 406/3844, Délibération du Conseil privé de Bourbon, Saint-Denis, le 18 octobre 1842.

[385] CAOM, C. 406/3841, Dépêche du ministre de la Marine et des Colonies adressée au ministre des Affaires étrangères, Paris, le 3 février 1843.

[386] CAOM, C. 406/3841, Dépêche du ministre des Affaires étrangères adressée au ministre de la Marine et des Colonies, Paris, 16 mars 1843.

condition était d'ailleurs une exigence formelle de la part des Britanniques. Autres conditions de Londres : la remise en question du décret colonial du 24 décembre 1838 et la mise en conformité de la législation réunionnaise avec l'ordonnance du gouvernement de Maurice du 20 août 1842[387]. Sur ce point, nous savons que les colons réunionnais y étaient opposés, mais face au silence du ministre de la Marine et des Colonies, le ministre des Affaires étrangères insista[388]. Pourquoi La Réunion refusait de s'harmoniser avec Maurice alors que Pondichéry était enclin à adopter une législation qui reprenait largement les dispositions d'un règlement de Calcutta portant sur « *toutes les conditions et garanties désirables pour prévenir les abus* » ?

La levée de l'interdiction de l'émigration indienne dépendait davantage du ressort du ministre des Affaires étrangères que de son homologue de la Marine et des Colonies. A Pondichéry, les choses semblaient pouvoir évoluer vers une reprise imminente du trafic[389]. Malgré le soutien du ministre des Affaires étrangères et malgré la garantie publique du gouverneur de l'île, Pondichéry refusa toute exportation tant que la législation réunionnaise n'était pas conforme à celle de Maurice[390]. Pour lui, les habitants ne respectaient pas les termes du contrat d'engagement et rien ne pouvait justifier la « *propension au vagabondage* » qui lui paraissait à la fois suspecte et irréversible[391].

Entre 1835 et 1839, les Indiens étaient recrutés sur la côte Coromandel, concluaient un engagement auprès des autorités de police puis embarquaient à Pondichéry. Mais dès 1837, deux navires à destination de l'île Maurice avaient vu la majorité de leurs passagers emportés par une maladie développée à bord. Les autorités dans l'Inde avaient dû freiner voire interrompre les émigrations pour limiter la propagation d'un virus éventuel. Lord Elphinstone

---

[387] *Ibidem* : Il s'agit du rapprochement légal des « ...dispositions protectrices adoptées par nous à l'égard des coolies... de celles qui ont été promulguées dernièrement par le gouvernement anglais ».

[388] CAOM, C. 406/3841, Dépêche du ministre des Affaires étrangères adressée au ministre de la Marine et des Colonies, Paris, le 4 juillet 1843.

[389] CAOM, C. 406/3863, Délibération du Conseil d'administration de Pondichéry, Pondichéry, le 16 mars 1843 : « Ce silence de la législation de Bourbon, silence auquel l'Administration de l'Inde n'a pas le pouvoir de suppléer doit-il nous porter à empêcher les Indiens d'user d'un droit naturel qu'ils ont comme nous tous ? ».

[390] Le capitaine Prévert commandant le navire *Le Mazagran* agissait pour le compte de la maison O'Toole et Foucque. Malgré l'arrêté du 6 mars 1838, il demanda l'autorisation d'introduire des engagés indiens le 15 mars 1843. CAOM, C. 406/3863, Correspondance du gouverneur de Bourbon adressée au gouverneur de Pondichéry, Saint-Denis, le 14 janvier 1843. Cette lettre introduisait la demande des négociants de Saint-Denis, Messieurs O'Toole et Foucque pour l'introduction d'engagés indiens adressée à l'attention du gouverneur Ducamper.

[391] Délibération du Conseil d'administration de Pondichéry, Pondichéry, le 16 mars 1843, *Op. Cit.* : « L'état déplorable où les affaires étaient tombées à Bourbon ne permit pas aux habitants ni aux négociants de tenir à tous leurs engagements ».

ordonna à Pondichéry d'adopter une réglementation spécifique afin d'assurer la santé des *coolies* pendant toute la durée de leur transport. Le 9 janvier 1839, le gouvernement du Bengale ordonna à Pondichéry « *d'empêcher l'exportation des Indiens pour les colonies à sucre* ». C'est dans ce contexte bien particulier de santé publique que Fort William informa Pondichéry de son projet de loi interdisant toute émigration vers les Mascareignes. Et c'est dans ce contexte que le 6 mars 1839, Pondichéry interdit l'émigration vers La Réunion. Quelques mois plus tard, l'arrêté de Pondichéry du 30 décembre 1839 énonça des mesures spécifiques en matière de protection sanitaire à bord des navires[392].

Nous voyons bien que la version avait quelque peu évolué. Désormais, il faut comprendre que la suspension du trafic indien vers Maurice se justifiait pour des raisons sanitaires tandis que celle vers La Réunion se justifiait pour des raisons d'humanité et d'esclavagisme. Rappelons que dans nos développements précédents, l'île Maurice et La Réunion étaient 2 colonies où perduraient des usages esclavagistes sinon serviles. Il faut comprendre également qu'avec ces nouvelles réglementations sanitaires, les négociants anglais étaient mieux préparés dans ce genre d'opération commerciale que leurs concurrents.

- L'engagement indien à Maurice

Pour que les convois repartent vers La Réunion, Londres ne donna pas le choix aux autorités françaises. Il fallait qu'elles se coordonnent avec sa législation. Dans un article du *Overland Bombay Courier*, le retour d'expérience de l'engagisme à Maurice n'était pourtant pas brillant. Des rapports officiels datant de 1842 étaient même très défavorables et toujours sur les mêmes sujets, c'est-à-dire les conditions de vie et de traitements esclavagistes sur les engagés indiens[393]. Alors savoir dans quelle colonie des

---

[392] *Ibidem*. Il s'agissait de la correspondance de lord Elphinstone du 25 avril 1837. Il a fallu attendre 2 ans pour que le gouverneur de Pondichéry adopte l'arrêté du 30 décembre 1839 qui obligeait les navires transportant des engagés indiens à prévoir à bord une « précaution à médicaments et des vivres ». Les navires étaient désormais soumis à la visite d'un médecin avant le départ des *coolies* et devaient bénéficier « d'un médecin indien à défaut d'autre ». Du 30 décembre 1839 au 16 mars 1843, 3 917 Indiens y ont embarqué pour l'île Maurice. Ces éléments décrivent des conditions de voyage très dures, s'apparentant à de la traite négrière.

[393] CAOM, C. 406/3841, Dépêche du ministre des Affaires étrangères adressée au ministre de la Marine et des Colonies, Paris, le 7 décembre 1842. Dans un extrait de ce journal, un *coolie* indien avait déclaré qu'il « aimerait mieux être employé à casser des pierres qu'à travailler dans les plantations de cannes ». Pour d'autres ils étaient « cruellement maltraités par les surveillants, d'avoir été battus rien que pour les avoir regardés ». Enfin, « Les coolys de retour ne sont pas la centième partie de ceux qui se sont expatriés de l'Inde ».

Mascareignes les Indiens étaient mieux traités relevait d'une guerre d'opinion. En tout état de cause, les Anglais avaient su suspendre les émigrations vers La Réunion pendant qu'ils s'organisèrent et reprirent en main le trafic vers l'île Maurice. Le statut de l'Indien, sa nationalité, la persistance de l'esclavagisme, la traite illégale des esclaves, les nouvelles règles sanitaires pour le transport, etc., étaient autant de sujets qu'il fallait éclaircir, mais pendant ce temps, l'île Maurice bénéficiait de la main-d'œuvre indienne souhaitée. Les Britanniques voulaient peut-être que le destin de La Réunion dépende de l'île Maurice.

L'ordonnance royale du 15 janvier 1842, adoptée sur ordre du conseil rendu à Windsor, autorisa l'île Maurice à reprendre le cours normal des immigrations indiennes, mais à condition que des protecteurs des émigrants soient nommés en Inde et dans l'île. Ceux-ci étaient chargés de faire respecter la réglementation encadrant leur embarquement et leur transport. L'agent à Maurice devait délivrer un permis de débarquement au capitaine de navire qui se présentait en rade de Port-Louis. Cette ordonnance visait à une harmonisation des législations indiennes et mauriciennes. Le but consistait à protéger les laboureurs indiens pendant leurs 5 années de « *résidence* » dans l'île, à assurer leur rapatriement au moment ou même avant l'expiration de leur contrat en cas de mauvais traitements par exemple. Le protecteur des Indiens à Maurice se mettait alors en relation avec l'engagé avant de procéder au rapatriement. Ce même agent délivrait également le certificat de renouvellement du contrat d'engagement sous peine de nullité. Précisons qu'un « *Fonds d'émigration* » devait être mis en place afin de garantir le paiement des frais de rapatriement, sommes avancées par le Trésor colonial sur ordre du gouverneur.

Les agents anglais dans l'Inde et à Maurice étaient chargés de veiller au respect des formalités et des conditions de transport des *coolies*. Dans ce cadre, ils étaient pleinement habilités à engager des poursuites judiciaires à l'encontre des capitaines, des négociants et des armateurs tenus pour responsables de l'état sanitaire des Indiens débarqués à Port-Louis. A cet effet, l'administration mauricienne était en droit de confisquer tout navire. A défaut d'autorisation délivrée par le protecteur indien et le protecteur à Maurice, le capitaine encourrait une sanction pénale et pécuniaire de 100£ pour chaque émigré illégalement transporté.

Conformément à l'article 11 de l'ordonnance royale de 1842, tous les Indiens débarquant à Maurice devaient être inscrits sur une liste. A défaut, le capitaine ou le « *patron* » pouvait être poursuivi devant le tribunal de police correctionnelle, encourant une amende de 50£ pour chaque émigré non inscrit. Le patron devait faire inscrire sur un certificat le nom du port où le recrutement avait eu lieu ainsi que la destination, le nombre de passagers et les provisions prévues à bord. A défaut, le patron risquait une amende de 500£ en plus des poursuites pénales. Conformément aux articles 108 et 109 du code pénal, tout faux ou usage de faux pouvait entraîner une peine d'emprisonnement de 2 ans maximum. Par ailleurs, une peine d'emprisonnement d'une année maximum et une amende allant de 50 à 300£ pouvaient être prononcées par le tribunal de police correctionnelle en cas d'introduction illégale d'Indiens sur le sol mauricien.

L'ordonnance locale du 20 août 1842 accorda force exécutoire aux dispositions de l'ordonnance royale du 15 janvier. La création d'un fonds spécifique permettait d'assurer le rapatriement pendant que le protecteur des Indiens veillait au respect de leur dignité sur les habitations. Ces 2 éléments servaient d'indicateurs propres à démontrer la réalité de leur condition de travailleur libre.

En avril 1843, le gouverneur de Pondichéry transmit au ministre de la Marine et des Colonies une copie de l'ordonnance anglaise, afin que La Réunion s'en inspire et commence son travail de concertation[394]. Dans l'île, le syndic des Indiens pouvait très bien reprendre les fonctions du protecteur que l'on trouvait à Maurice. Or, l'ordonnance du 10 juin 1844 allait intervenir totalement à contre-courant des législations britanniques en condamnant tout vagabond à une obligation de travail de 60 jours maximum directement gérée par une maison de correction[395]. Le décret colonial du 24 décembre 1838 avait trouvé une législation d'appui qui allait dans le sens des exigences des habitants réunionnais. Rien de tout cela ne suffisait à convaincre les autorités françaises dans l'Inde de reprendre le cours normal des recrutements pour le compte de la colonie réunionnaise. La problématique de la prédominance des Anglais sur le sous-continent demeurait la même. Dans de telles circonstances et malgré quelques prétextes, Pondichéry avait dû s'aligner sur Calcutta et Port-Louis, ce qui expliquait les relations tendues avec La Réunion[396]. Et puis le gouverneur Ducamper pouvait bien se fonder sur les instructions ministérielles du 26 août 1839 pour imposer la prépondérance de son autorité sur celle du gouverneur de La Réunion.

Le 16 mars 1843, Pondichéry n'entendait toujours pas lever son interdiction du 6 mars 1839, du moins, tant que le travail de concertation réglementaire

---

394 CAOM, C. 406/3863, Correspondance du gouverneur de Pondichéry adressée au ministre de la Marine et des Colonies, Pondichéry, le 21 avril 1843.

395 *Revue coloniale* de mai 1845, *Op. Cit.*

396 Délibération du Conseil d'administration de Pondichéry, Pondichéry, le 16 mars 1843, *Op. Cit.* : « Le Gouverneur de Bourbon, se demande t-il si l'Inde française peut se priver de ses travailleurs ? Les intérêts des établissements ne peuvent être ainsi écartés ; si Monsieur le Gouverneur de Bourbon doit prendre à cœur le bien-être de la Colonie qu'il administre, Monsieur le Gouverneur ici a aussi reçu la mission de protéger et de veiller aux intérêts de l'Inde française ; et de cette obligation, il résulte dans mon opinion, qu'on doit s'opposer à toute mesure qui viendrait diminuer le nombre de nos cultivateurs ».

n'aboutissait pas[397]. Il appartenait au gouverneur de La Réunion de consentir à faire les efforts nécessaires.

## § 2 – L'urgence des compromis coloniaux

La production mondiale de sucre de canne fut dopée par la « crise » de Saint-Domingue. Les métropoles européennes décidèrent alors de favoriser les investissements dans leurs colonies ultramarines. Entre 1820 et 1840, on passa de 400 000 à 770 000 tonnes de sucre de canne. En 1847, Cuba, colonie espagnole, caracola avec une production de 267 000 tonnes. Du côté des Indes orientales britanniques et de l'île Maurice, la production fut multipliée par 3 en 6 années seulement, passant de 33 500 en 1835 à 93 200 tonnes en 1841. Sur l'île de La Réunion, des progrès furent bien réalisés avec le doublement de la surface cannière, mais sur une période de 20 ans. Entre 1820 et 1840, la production passa de 5 000 à près de 30 000 tonnes de sucre sur 23 000 hectares cultivés[398]. Pour gagner en productivité et en rendement, les habitants avaient dû étendre leurs domaines d'exploitation, aménager leurs terres dont la configuration était accidentée. Les besoins de main-d'œuvre étaient considérables et contrairement à l'île voisine, La Réunion ne bénéficia pas d'autant de bras qu'elle puisque la traite négrière était interdite et que les autorités indiennes avaient stoppé les émigrations indiennes vers les colonies françaises. Dans les années 1830, le Royaume-Uni affirma sa pleine puissance sur la scène internationale et notamment dans l'océan Indien en renforçant ses patrouilles dans la zone. Il s'agissait de lutter contre la traite négrière[399]. Il est très probable que les Français continuèrent leur trafic d'esclaves dans ce bassin maritime, ce qui expliquait pourquoi les conventions franco-britanniques des 30 novembre 1831 et 22 mars 1833 furent signées. 10 ans plus tard, on peut penser que la traite négrière persistait toujours, sans doute dans l'intérêt des habitants réunionnais, puisque le traité du 29 mai 1845 précisait dans son préambule : « *Sa Majesté le Roi des Français et Sa Majesté la Reine du Royaume-Uni de la Grande-Bretagne et d'Irlande, considérant*

---

[397] *Ibidem* : « Par suite d'ordres du Ministre ou de quelques nouvelles dispositions du cabinet de Londres..., nous prendrions préalablement ensemble, les mesures nécessaires pour assurer le sort des émigrants, soit pendant leur voyage, soit pendant le temps de leur engagement ou enfin pour leur retour dans l'Inde ».

[398] Tous ces chiffres proviennent du rapport de la Commission de Broglie et de J. DEFOS du RAU, *L'île de la Réunion, Etude de géographie humaine*, Union française d'impression, Bordeaux, 1960, 716 p. Ces sources sont citées par C. SCHNAKENBOURG, *Op. Cit.*, p. 147.

[399] H. HAI QUANG, *Données statistiques et hypothèses sur la traite, les affranchissements et le prix des esclaves de la Réunion (1837-1847)*, In. Cahiers des Anneaux de la Mémoire, n°2, *Esclavage et Engagisme dans l'Océan Indien, La traite atlantique*, Nantes, 2000, p. 73.

*que les conventions du 30 novembre 1831 et du 22 mars 1833 ont atteint leur but en prévenant la traite des noirs sous les pavillons français et anglais, mais que ce trafic odieux subsiste encore, et que lesdites conventions sont insuffisantes pour en assurer la suppression complète...* ».

Malgré la persistance de la traite négrière, de 1840 à 1847, la production sucrière diminua de près de 6 000 tonnes et le nombre de petites usines s'effondra, sans doute rachetées par de plus grandes structures. Tant qu'on ne régla pas la problématique de la main-d'œuvre, La Réunion était condamnée à rester une économie mineure de second rang contrairement aux colonies britanniques. Les habitants le vécurent comme une crise majeure qui ne pouvait être dénouée qu'au niveau national. A Paris, la rentabilité et l'intérêt des colonies posaient question surtout face au sucre de betteraves. La loi du 3 juillet 1840 taxa davantage le sucre de canne que le sucre de betteraves. Plus tard, même si la loi du 2 juillet 1843 fit augmenter de 5 Francs/an sur une période de 4 ans les taxes sur le sucre de betteraves, les droits d'entrée sur le sucre de canne restaient très élevés. Le sucre de betteraves avait réussi à devenir plus rentable, financièrement et fiscalement plus attractif et surtout plus moral que le sucre colonial qui nécessitait une main-d'œuvre servile en pleine période abolitionniste. A Paris, le sucre de canne n'avait plus la côte.

Ainsi, les autorités réunionnaises restèrent toujours préoccupées à faire du décret du 24 décembre 1838 une législation de référence dans le régime disciplinaire des Indiens qu'il fallait consolider. Pendant ce temps, les habitants multiplièrent leurs interventions politiques pour que les immigrations reprennent massivement. Cette requête productiviste allait à contre-courant de l'histoire puisque nous étions à la veille de l'abolition de l'esclavage. Pour les habitants, il n'y avait aucune richesse à produire localement sans qu'aucun arsenal juridique d'importance ne soit mis à leur portée. C'était tout l'enjeu d'instaurer au cœur même du contrat d'engagement le principe de l'obligation de travail sur toutes les mains-d'œuvre de couleur introduites à grands frais dans la colonie (A). Les autorités françaises dans l'Inde étaient quant à elles encerclées par les possessions anglaises qui ne leur donnèrent pas d'autre choix que de collaborer dans le sens de leurs intérêts économiques et commerciaux. Dominant les mers et les océans, dominant aussi le sous-continent, les Britanniques entendaient imposer leurs propres règles. Si les quelques industriels réunionnais souhaitaient de la main-d'œuvre indienne pour produire du sucre, les Anglais profitèrent de cette situation de faiblesse pour déstabiliser au maximum leur part de marché. Dans ces circonstances Londres imposa la prédominance de sa législation, ce qui s'apparentait à une forme d'extraterritorialité politique et juridique (B).

### A/ La question de la garantie de l'obligation du travail

A partir de 1840, les fabriques de sucre de betteraves dit sucre *indigène* de toute la région du Nord de la France menacèrent de fermer. Entre 1837 et 1840, les législations profitèrent surtout au sucre de canne qui représentait près de 69 % de la totalité de l'approvisionnement des raffineries métropolitaines. Sucres de betteraves et de canne étaient donc raffinés en France. Ces 2 types de sucre étaient produits différemment et venaient de zones géographiques diamétralement opposées. Les producteurs de betteraves et la Chambre de commerce d'Amiens réussirent finalement à faire plier le gouvernement à leurs revendications[400]. C'est ainsi que la loi du 3 juillet 1840 permit à l'industrie du sucre de betterave de relever la tête en maintenant l'écart fiscal entre les taxes sur le sucre indigène et le sucre colonial. Le parti colonial s'insurgea, car ce sont les grandes villes de négoce comme le Havre, Nantes et Bordeaux qui furent directement touchées. La production de sucre de betterave s'améliora rapidement et d'importants investissements furent réalisés dès la fin de l'année 1841. En janvier 1842, les 400 fabriques métropolitaines disposèrent d'une industrie suffisamment puissante et productive pour faire face à la concurrence du sucre de canne.

A La Réunion, c'est tout le système productif qui n'en finissait pas d'être menacé d'autant plus que l'ordonnance du 5 janvier 1840 autorisa désormais les enquêtes des procureurs royaux directement sur les domaines sucriers pour vérifier si les esclaves y étaient traités conformément à la législation en vigueur. Après l'échec de la proposition d'une loi abolitionniste par le député Tracy devant la Chambre des députés en juin 1839, une commission fut créée et c'est Monsieur de Tocqueville qui fut désigné comme rapporteur. Bien que favorable à l'abolition de l'esclavage, cette question ne parvenait toujours pas à être inscrite à l'ordre du jour de la chambre parlementaire. C'est dans ce contexte que le gouvernement français adopta l'ordonnance du 5 janvier 1840 relative au patronage des esclaves. La proclamation de l'abolition de l'esclavage allait intervenir tôt ou tard et sans doute que l'on s'y préparait progressivement. En attendant, les esclaves furent placés sous la protection spéciale des procureurs du roi chargés d'effectuer une tournée chaque mois sur les habitations « *afin de s'y assurer de l'exécution des règlements relatifs aux esclaves, ... y faire toutes les enquêtes et constatations à ce nécessaires* ». De telles enquêtes n'étaient pas les bienvenues et ne semblaient pas compatibles avec l'article 8 de la Charte constitutionnelle du 14 août 1830 qui disposa que « *Toutes les propriétés sont inviolables sans aucune exception de celles qu'on appelle nationales, la loi ne mettant aucune différence entre elles* ». En mensualisant de telles visites sur les habitations sucrières, il fallait

[400] N. MALET, *Sur le sucre colonial et le sucre indigène*, Imprimerie Duval et Herment, Amiens, 1839, 42 p.

s'attendre à une proclamation imminente de la libération générale des esclaves.

En ces temps d'abolitionnisme, beaucoup d'incertitudes planaient sur la viabilité des habitations. C'est dans ce climat particulier que les *Républicains* firent campagne en France pour une abolition de l'esclavage plus radicale encore et sans indemnité coloniale[401]. C'est dire que le décret réunionnais du 24 décembre 1838 se présentait mal alors même qu'un certain nombre de législations métropolitaines s'apprêtaient à améliorer les conditions de vie et de traitement des esclaves.

### 1) L'arrêté local de police du 13 juin 1842 : la réforme déguisée de l'engagement indien

En juin 1842, il ne resta plus officiellement que 1 200-1 500 Indiens dans l'île, dont presque la totalité était en situation de vagabondage. Ces chiffres justifiaient à eux seuls la demande présentée par le directeur de l'Intérieur qui proposa au gouverneur des mesures coercitives. Pour des raisons d'ordre public, il n'était pas possible de les abandonner à leur sort. L'urgence était donc de mise dans un contexte local très préoccupant de risques d'incendies et de vols récidivistes[402]. Rappelons que l'opinion publique craignait que noirs et Indiens unissent leurs forces dans des manifestations de violences contre des colons. Ce sentiment se fondait sur des considérations colonialistes puisque les conseillers privés visaient les Indiens « *dont l'état de civilisation est si arriéré* »[403].

- #### La régularisation de l'engagement indien

L'arrêté du 13 juin 1842 obligea la tenue d'un registre de matricule dans chaque bureau de police de la colonie, indiquant le nom des Indiens, le nom de la commune de résidence et la date de leur arrivée. Un extrait était adressé au syndic installé sur Saint-Denis pour la matricule générale. Il s'agissait de régulariser la situation de tous ceux qui ne bénéficiaient pas d'un contrat d'engagement. L'Indien avait un mois à partir de la publication du présent arrêté pour se voir délivrer son livret auprès du bureau du syndicat du chef-lieu ou du bureau de police de la municipalité au sein de laquelle il « résidait ». En fait, on imagine que ce sont les habitants eux-mêmes qui effectuèrent ces démarches pour régulariser la situation d'un certain nombre de leurs

[401] En 1842, le duc de Broglie n'avait toujours pas rendu son rapport de propositions devant le gouvernement royal. Victor Schoelcher publia cette année-là *Des colonies françaises, Abolition immédiate de l'esclavage.*

[402] CAOM, C. 406/3843, Délibération du Conseil privé de Bourbon, Saint-Denis, le 13 juin 1842 : « ...il faut combler le défaut de législation en ce qui concerne les ouvriers dont il s'agit ».

[403] *Ibidem.*

vagabonds. Grâce à ce nouveau livret, on pouvait retracer toutes les propriétés sur lesquelles ils avaient travaillé et servi.

L'article 5 ouvrait la possibilité d'étendre ce système de matricule aux noirs esclaves. Rappelons que le syndic occupait déjà les fonctions de secrétaire du marronnage et de police de Saint-Denis[404]. Ainsi, le syndic et les commissaires de police devaient garantir « *que ces engagements ne soient jamais moindres d'un mois... Les engagements antérieurs au présent arrêté seront inscrits pour le temps qu'ils ont encore à courir* ». A lire ces dispositions, on peut supposer que c'était soit le syndic de Saint-Denis, soit le commissaire de police qui avait autorité sur les Indiens vagabonds qui les plaçait au moins pour un mois au service d'un habitant. Sans doute que le système des ateliers municipaux posé par les arrêtés des 18 janvier et 13 avril 1833 ne fonctionnait pas correctement. En tout état de cause, la colonie acceptait désormais que l'engagement se fasse au mois et non plus sur une période continue de 3 ou 5 ans. Cet élément est important d'être souligné. Grâce ou à cause du vagabondage, la flexibilité des engagements était rendue possible. Le livret n'autorisait toujours pas l'engagé à décider par lui-même. L'article 4 lui interdisait formellement de s'engager auprès de quelqu'un d'autre qui ne figurait pas sur son livret. C'est le syndic ou le commissaire qui décidait directement avec les engagistes intéressés. Une fois l'expiration de l'engagement d'un mois, l'Indien se voyait obligé de travailler « *chez le maître avec lequel cet engagement était contracté, si celui-ci consent à le reprendre à son service* ». Nous comprenons mieux pourquoi le décret colonial du 24 décembre 1838 était si important. En fait, il ne s'agissait pas seulement d'obliger les vagabonds à travailler, mais de permettre de les engager plus facilement pour la durée ou le temps nécessaire à une tâche ou une mission bien précise et non pas en continu sur plusieurs années. Cela était bien trop cher pour l'habitant dans un contexte de raréfaction des convois et donc d'augmentation des coûts. Quel que soit le schéma proposé ou retenu par les autorités locales, il ne fut jamais vraiment favorable à l'Indien. Il était surtout question de propriété de toute sa force de travail, autant dire de sa personne[405]. Précisons toutefois que l'article 7 de l'arrêté du 13 juin 1842

[404] *Ibidem*. L'article 5 de l'arrêté du 13 juin 1842 disposait que « Tous les noirs en état de mutation seront adressés par chaque commissaire de police au Syndic des Indiens qui en apostillera la matricule générale ».

[405] J. WEBER, *Les conventions de 1860 et 1861 sur l'émigration indienne*, In. Cahiers des Anneaux de la Mémoire, n°2, *Esclavage et Engagisme dans l'Océan Indien, La traite atlantique*, Nantes, 2000, p. 139 : « ... dont certains auteurs comparent la condition à celle des esclaves ».

obligea l'engagiste figurant sur le livret à vérifier si son engagé n'appartenait pas à un autre propriétaire[406].

- L'immigré indien : un chercheur d'emploi

L'article 8 de l'arrêté du 13 juin 1842 définissait le statut de l'Indien en "séjour" dans l'île. Selon cette disposition, il n'y avait plus véritablement de vagabonds mais d'immigrants à la recherche d'un emploi. Les engagés dont le contrat n'était pas renouvelé devaient demander au commissaire de police de leur localité l'autorisation de se déplacer, afin de rechercher un emploi et ce, tous les 8 jours jusqu'à sa conclusion[407]. À défaut d'engagement sous les 2 mois, l'administration pouvait décider de les rapatrier en Inde puisqu'ils devenaient aussitôt vagabonds délinquants confirmés.

Conformément à l'article 14, c'est seulement au bout de 2 mois de recherche infructueuse, quand aucun habitant ne s'était manifesté, que les Indiens vagabonds pouvaient « *contracter un engagement avec les propriétaires ou entrepreneurs qu'ils jugeront convenables* ». Cette liberté était toute relative, car rappelons l'article 12 de l'arrêté du 13 juin 1842 qui précisait que la présence du syndic était requise au moment de l'engagement. Or, nous savons que c'était le syndic qui ordonnait à l'Indien de regagner l'habitation de son maître en cas de désertion ou de vagabondage. C'était également lui qui pouvait l'affecter à des travaux d'utilité publique soit pour la colonie, soit pour une commune. Sa parole pesait. Grâce à un minimum de concertation ou de relations entre syndic, commissaires, maires et propriétaires, la colonie s'assurait que les Indiens constituaient bien une masse d'ouvriers à la fois disponible, constante et régulière, principalement destinée aux travaux du sucre. Il n'y avait aucune ambigüité possible sur le régime de l'obligation de travail que l'on pouvait par ailleurs retrouver dans l'arrêté local du 18 janvier 1833.

Lors de la première session semestrielle de 1842 du Conseil colonial, le gouverneur décida de ne pas poursuivre avec l'Atelier colonial composé exclusivement de noirs. En pleine période de débats abolitionnistes, la

---

406 Délibération du Conseil privé de Bourbon, Saint-Denis, le 13 juin 1842, *Op. Cit.* Conformément à l'article 7 de l'arrêté du 13 juin 1842, « Les habitans qui recevront chez eux des Indiens pour les employer à quelque titre que ce soit, devront s'assurer qu'ils soient porteurs de leur livret, et que la cessation de leur engagement précédent a été apostillé par qui de droit ».

407 *Ibidem.* Article 8 de l'arrêté du 13 juin 1842 : « Tout Indien qui se trouvera sans emploi, devra se munir d'une autorisation du Commissaire de police ou du Syndic à Saint-Denis pour chercher à se placer ; cette autorisation devra être renouvelée tous les 8 jours. Si l'Indien, par défaut de conduite, paresse, incapacité ou tout autre motif, demeurerait plus de 2 mois sans trouver de l'emploi, il sera pourvu à son rapatriement ».

confusion entre noirs même libres et esclaves était de mise. Il valait mieux éviter, surtout que la réputation de l'île n'était pas bonne. L'article 9 de l'arrêté de 1842 procéda alors à la création d'un atelier composé d'Indiens soumis aux mêmes avantages alimentaires et salariaux que les noirs de l'Atelier colonial avec toutefois une retenue des 2/3 de leur solde mensuelle pour rembourser les frais d'arrestation, de geôle et d'hôpital. Les Indiens de l'Atelier étaient donc identifiés comme vagabonds. C'est l'ingénieur des Ponts-et-Chaussées qui était chargé de verser leur salaire[408]. Que percevaient-ils au juste ? Il y avait au moins 2 modes de calcul. Soit l'on retient comme base salariale les 7,80 Francs mensuels prévus dans les ateliers municipaux conformément à l'arrêté du 13 avril 1833 et l'Indien, n'en percevant qu'un tiers, avait droit à une solde de 2,60 Francs seulement pour 26 jours de travail. Soit l'on retient une solde journalière de 40 centimes comme le précisèrent les membres du Conseil privé, ce qui faisait un salaire mensuel de 10,40 Francs, l'Indien avait droit à une solde de 3,46 Francs sans compter la déduction des frais relatifs à une ration alimentaire de 600 grammes de riz par jour énoncée à l'article 11 de l'arrêté du 13 juin 1842. Les vêtements et autres fournitures devaient être déduits de ce montant. Les frais d'hôpital restaient cependant à la charge du Trésor colonial. L'Indien de l'Atelier colonial percevait donc un salaire maximum compris entre 2,60 et 3,46 Francs nets par mois.

L'arrêté du 13 juin 1842 permettait enfin aux autorités réunionnaises de contourner le décret colonial du 24 décembre 1838 toujours sans force exécutoire. Cela répondait aux besoins réclamés par les habitants. Obligation de travail, principe de propriété de l'engagiste sur ses Indiens, encouragement à déclarer et à régulariser la situation des vagabonds, engagement au mois, ateliers colonial et municipaux, tout cela constituait une véritable réforme de l'engagement au profit et dans le sens des intérêts du sucre. On note que la gestion de la masse des vagabonds revenait à l'autorité publique locale puisque celle-ci retenait les ⅔ de leur solde mensuelle.

### 2) La moralisation de l'Atelier colonial de Bourbon

L'Atelier colonial datait des années 1820 et on pouvait le retrouver dans l'ensemble des « 4 vieilles colonies » françaises. A l'origine, il était composé des noirs issus de la traite illégale que le gouverneur avait fait confisquer. Plus tard, les habitants eurent même la possibilité d'envoyer plusieurs de leurs esclaves y travailler pour payer leurs contributions fiscales. Les noirs de l'Atelier colonial étaient assignés à des travaux très durs dans une île particulièrement accidentée. Ils étaient placés sous l'autorité des Ponts-et-Chaussées qui dirigea par exemple la construction d'une route carrossable tout

---

[408] *Ibidem.* Article 9 de cet arrêté : « Leur solde sera réglée par les Ingénieurs des Ponts et Chaussées, elle sera soumise à une retenue des deux tiers ».

autour de l'île et des accès aux 3 cirques. La mortalité au sein de l'Atelier colonial est présumée forte par certains historiens ou chercheurs.

Ce calvaire diminua avec la loi du 4 mars 1831 qui réaffirma l'interdiction de la traite noire tout en proclamant la « *libération* » définitive de tous les esclaves confisqués au bout de 7 années « *d'engagement* » passées au sein de l'atelier. En 1842, le gouverneur reçut pour instruction de libérer et d'affranchir progressivement tous les noirs anciennement confisqués. Désormais, l'atelier devait être composé de travailleurs libres exclusivement indiens. La réponse des habitants ne tarda pas. Le Conseil colonial démissionna en bloc et fut dissout en mars de la même année. Pourquoi une telle réaction extrême ?

- L'affaire du Pocha : le sort des noirs issus de la traite illégale

Le gouverneur n'a jamais eu l'intention de faire disparaître l'Atelier colonial si utile aux travaux publics. Le tout nouveau conseil colonial enregistra le 14 mai 1842 le décret métropolitain relatif à l'amélioration des conditions de vie de l'esclave. A travers l'affaire du Pocha, le gouverneur et les habitants trouvèrent un compromis. L'Atelier colonial comme les autres ateliers municipaux étaient composés de noirs confisqués et d'Indiens vagabonds, tous 2 bénéficiant d'un engagement de 7 ans au terme desquels le noir était affranchi et l'Indien libre de décider pour quel engagiste il voulait travailler. A La Réunion, l'Atelier colonial comptait 660 ouvriers durant les seules années 1848 et 1849.

En 1842, après avoir repéré des actes de piraterie et de traite illégale dans le Sud-Ouest de l'océan Indien, le gouverneur fit confisquer les esclaves débarqués du navire espagnol, Le Pocha[409]. Ces derniers furent aussitôt conduits à l'Atelier colonial. Le Conseiller colonial Testard demanda de faire figurer au budget de 1844 les sommes relatives à l'entretien et à la solde de ces esclaves pour que le gouvernement rembourse tous les frais supportés par l'assemblée locale. Lors de la séance du 2 février 1843, le Conseil colonial décida de faire courir le début de l'engagement de 7 ans « *que lorsqu'ils auront été déclarés comme provenant de la traite* »[410]. Ce n'était qu'une question de temps puisque le tribunal maritime de Brest et le Conseil d'Etat

[409] CAOM, C. 406/3854, Délibérations du Conseil colonial de Bourbon, Saint-Denis, les 2 et 3 février 1843, In. *Le Conservateur* du jeudi 27 avril 1843. C'est Monsieur le conseiller colonial Bellier de Villentroy qui fut à l'origine de cette requête relative au statut des noirs. Ces derniers provenaient du navire espagnol *Le Pocha*. Le Conseil d'Etat avait reconnu la validité de la confiscation du Pocha par le bâtiment français *La Prévoyante* après que le tribunal maritime de Brest ait jugé coupables les officiers du navire espagnol d'actes de piraterie.

[410] La loi du 4 mars 1831 affranchissait automatiquement les noirs issus de la traite illégale. Elle fut enregistrée à La Réunion le 26 juillet suivant.

avaient déjà statué sur leur sort en reconnaissant la validité et la légalité de leur confiscation. Le Conseil colonial attendait simplement que le ministre le signifie au Conseil privé de La Réunion pour qu'il le fasse à son tour auprès du Conseil colonial. Il s'agissait de gagner quelques mois de travaux forcés supplémentaires avant d'enclencher leur période de 7 ans d'engagement.

Faire figurer au budget de la colonie le traitement et l'entretien des noirs du Pocha relevait finalement de l'impossible, car il apparaissait clairement qu'ils étaient affectés aussi bien aux travaux publics qu'aux travaux des habitations sucrières[411]. Engager noirs et Indiens auprès d'ateliers publics, soit à la tâche, soit sur une période courte comme le temps de la saison de la coupe de la canne à sucre revenait bien moins cher aux habitants qui devaient jongler avec leurs propres engagés indiens et leurs esclaves. Cette recherche de rentabilité était perçue comme nécessaire pendant tout le temps où il n'y eût plus aucun convoi d'Indiens et dans un contexte d'interdiction de la traite noire[412]. C'est ce qui explique pourquoi l'Atelier colonial présentait un excédent financier de 75 697,46 Francs. Retenons également que l'entretien de l'ouvrier était estimé à 1 Franc/jour.

Le Conseil colonial décida pour son prochain budget de faire figurer dans la partie *Compte de la Colonie* 2 colonnes concernant l'Atelier colonial, l'une pour les travaux publics, l'autre pour les travaux effectués pour le compte des entrepreneurs particuliers. Cette distinction permettait de visualiser clairement et de réclamer exactement au ministère le remboursement des sommes ayant servi à l'entretien et au paiement des noirs confisqués.

- L'utilité publique de l'Atelier colonial

Le 3 février 1843, le Conseiller colonial Patu de Rosemont demanda l'introduction urgente de 300 engagés pour les travaux de maintenance et de construction des routes de l'île[413]. Le directeur de l'Intérieur, Monsieur Brunet, ne s'y opposa pas, mais il rappela la crise politique traversée l'année précédente par le Conseil colonial suite au *veto* du gouverneur sur la question du rengagement des noirs de l'atelier. Au bout de 7 ans de service, tous les noirs de l'Atelier colonial devaient être affranchis. C'était la loi. Ils étaient libres de s'engager ensuite auprès des personnes de leur choix, sans doute affectés à des travaux bien moins pénibles que sur les habitations sucrières. Rien de tout cela n'était contraire au principe de l'obligation de travail des

---

[411] Délibérations du Conseil colonial de Bourbon, Saint-Denis, les 2 et 3 février 1843, *Op. Cit.* : « Aujourd'hui, cette appréciation est impossible par l'absence d'une distinction spéciale dans les comptes, et par l'application simultanée aux mêmes travaux des noirs de l'atelier et de ceux des entrepreneurs ».

[412] *Ibidem* : « Monsieur de Villèle a trouvé la preuve que les travaux effectués par l'Atelier colonial présentent une grande économie sur ceux du même genre qui ont été faits à l'entreprise ».

[413] *Ibidem*.

immigrants de l'arrêté du 13 juin 1842. Il fallait que les habitants s'ouvrent et se préparent davantage aux idées de progrès dans leurs relations avec les noirs et les Indiens[414]. D'un côté, il y avait la discipline et l'obligation de travailler pendant toute la durée du contrat d'engagement et de l'autre, noirs et Indiens étaient libres de s'engager ailleurs dès l'expiration de leur engagement.

Charles Desbassyns, membre du conseil et issu d'une des familles industrielles les plus puissantes de l'île, coupa la parole au directeur de l'Intérieur, insistant sur « *l'extrême utilité* » et la « *nécessité peut-être absolue* » de l'Atelier colonial qui manquait de bras[415]. Les ateliers publics devaient rester « *à l'abri de toute critique* » au risque de voir bon nombre d'entre eux démissionner et s'adonner à un « *état de liberté absolue* ».

À travers les interventions de Messieurs Patu de Rosemont et de Charles Desbassyns, on peut penser que les habitations voulaient pouvoir bénéficier pleinement du service des ateliers publics et ce, au détriment des *Petits-Blancs*, dont certains s'installèrent dans les cirques. Pour le Conseiller colonial Richemont, membre de la famille Desbassyns, le développement des hauts de l'île concernait plutôt l'agriculture vivrière et ne nécessitait pas forcément une main-d'œuvre de couleur. Il proposa pour le cirque de Salazie de favoriser par exemple l'introduction d'engagés européens dont les « *prédispositions* » lui semblaient les mieux adaptées[416].

## B/ La question de la prohibition de l'émigration indienne

Pour Monsieur Patu de Rosemont, l'un des grands partisans de l'engagisme, « *croire que les progrès techniques peuvent résoudre l'insuffisance de la main-d'œuvre est une utopie* »[417]. Est-ce à dire qu'il était exclu de vouloir moderniser les outils de production du sucre, de recourir à son industrialisation ? Peut-être que les habitants n'avaient pas encore atteint un

---

[414] *Ibidem.* Monsieur Brunet regrettait que les conseillers ne disent rien sur les nécessaires « progrès de la moralisation dans l'atelier, par suite de la discipline et de la religion ».

[415] *Ibidem.* Selon l'ordonnateur : « L'Atelier colonial est à l'abri de toute critique fondée. Cette institution, en servant utilement le pays, a en même temps profité aux membres qui la composent ».

[416] *Ibidem* : « Là, ils donneront l'exemple du travail aux fainéants, aux petits créoles. Par des alliances inévitables, ils croiseront cette race, et créeront un noyau de population centrale énergique, laborieuse. Les autres engagés, ceux de l'Inde, de la Chine, de la Malaisie, de Madagascar garderont la côte. A eux, la culture de la canne, le service des villes au moyen d'un salaire de 12 Francs par mois… L'engagement, il est vrai, sera contracté par des hommes libres, mais qu'il deviendra forcé pour tout le temps de sa durée ». Ces propos tendaient à justifier le travail forcé pendant toute la durée du contrat d'engagement.

[417] S. FUMA, *Op. Cit.* pp. 135-137.

seuil de rentabilité et de prospérité suffisant pour investir, mais il faut dire que le commerce relatif au trafic des mains-d'œuvre esclave et engagé était lucratif. Il n'était pas encore opportun pour les négociants et les habitants de s'en passer. Au contraire. Avec l'abolition de la traite des esclaves, la prospérité du sucre dépendait en partie du commerce des Indiens.

De 1837 à 1845, le conseiller souligna un certain « *malaise colonial* » malgré une production sucrière en progression grâce sans doute au trafic illégal de noirs et à la sortie d'Indiens. Leur abondance dans la colonie permettait de limiter ou de lutter contre l'augmentation prévisible des salaires une fois l'abolition de l'esclavage proclamée. Il s'agissait pour les habitants de faire en sorte que les régimes juridiques et les salaires s'alignent au niveau le plus bas possible. A cela s'ajoutait une concurrence sans merci entre le sucre de canne en provenance des colonies et le sucre de betteraves du Nord de la France. Et si tout compte fait, la France décidait d'abandonner le sucre de canne produit trop loin, trop cher et de façon trop immorale ? Dans le jeu de cette concurrence, la bataille était perdue d'avance tant que les Réunionnais restaient privés de main-d'œuvre abondante, esclave ou indienne.

En mars 1843, la Commission de Broglie finit par rendre enfin son rapport. Les divergences de point de vue entre abolitionnistes *Modérés* et *Radicaux* furent telles que le gouvernement devait choisir entre une émancipation générale et immédiate le 1er janvier 1853 et une émancipation partielle et progressive étalée sur 20 ans à partir du mois de mars 1843. Le gouvernement royal ne réussit pas à se décider. La Commission de Broglie, plutôt modérée, fut un échec. Pendant ce temps, la question de la reprise de l'émigration indienne vers La Réunion restait toujours sans solution. Le ministre de la Marine et des Colonies restait très prudent d'autant plus que la propagande abolitionniste plutôt radicale prenait de l'ampleur en France. Avec la tenue du congrès scientifique pour l'abolition immédiate de l'esclavage entre septembre et octobre 1844, la création de la revue *L'Abolitionniste français* sans compter les pétitions, les articles de presse dans divers journaux libéraux et républicains, les brochures et les débats devant la Chambre des députés, le parti colonial fut sérieusement menacé. L'engagisme n'était pas identifié comme sujet majeur à défendre et à promouvoir.

### 1) L'arbitrage du ministre de la Marine et des Colonies

Il ne faisait plus aucun doute que l'esclavage allait être prochainement aboli. Les habitants sucriers n'allaient pas pouvoir garder à leur service une main-d'œuvre aussi abondante et bientôt très coûteuse. Par ailleurs, sans l'arrivée massive et constante de nouveaux engagés indiens, la production sucrière était menacée de s'effondrer, les habitations pouvaient être pour la plupart abandonnées, le nombre de maisons de commerce fermer les unes après les autres. On n'allait bientôt plus pouvoir produire ni denrée ni richesse coloniale dans les îles françaises. Les colonies étaient-elles condamnées ? La France abandonnait-elle La Réunion ?

Pour que l'immigration indienne reprenne, le ministre insista auprès des gouverneurs de Pondichéry et de La Réunion pour qu'ils harmonisent leurs législations. D'un côté, Pondichéry avait aligné sa réglementation sur celle des Indes britanniques et de l'île Maurice. De l'autre, La Réunion ne voulait rien céder sur le principe de l'obligation de travail des Indiens. La situation restait bloquée.

- L'abrogation de la libre immigration indienne ?

En avril 1842, les habitants et le gouverneur durent rapidement résoudre la difficile problématique : reprendre le trafic indien sans aucun accord de Pondichéry. On se souvient que les maisons de commerce Amalric, O'Toole et Foucque s'étaient vues refuser de manière catégorique toute sortie d'Indiens par le Conseil général et le Conseil privé des Etablissements Français dans l'Inde. En avril 1842, nouvelle tentative. Cette fois, il s'agissait d'une demande de la maison Constant Roux et Cie présentée devant le gouverneur de La Réunion. Pour son directeur de l'Intérieur, tant que l'administration n'avait pas officiellement pris connaissance de l'interdiction anglaise, Pondichéry pouvait faire remplir les navires d'Indiens en partance pour La Réunion[418].

Les relations avec Pondichéry furent très compliquées pour les Réunionnais. Si La Réunion ne faisait aucun effort d'harmonisation de sa législation avec celle de Pondichéry, de l'île Maurice et de Calcutta, il n'y allait bientôt plus avoir aucun Indien autorisé à partir[419]. C'est ce qui décida le gouverneur à se rapprocher directement des autorités britanniques dans l'Inde. Mais rien n'y fit. En avril 1843, le gouverneur de Pondichéry conseilla son homologue de Saint-Denis de « *n'autoriser aucune expédition relative à l'émigration jusqu'au moment où nous aurons arrêté un règlement convenable mutuellement consenti et ratifié* »[420]. C'est également dans ces circonstances qu'il fit retourner à « *vide* » le navire Le Mazagran pour La Réunion. Le positionnement de l'Inde française demeura inchangé tant que le gouverneur n'adoptait pas « *des règlements analogues à ceux qui ont été faits par les autorités anglaises de Maurice, de Madras et de Calcutta* »[421].

---

[418] CAOM, C. 406/3843, Délibération du Conseil privé de Bourbon, Saint-Denis, le 27 avril 1842.

[419] CAOM, C. 406/3863, Correspondance du gouverneur de Pondichéry adressée au ministre de la Marine et des Colonies, Pondichéry, le 23 mars 1843.

[420] CAOM, C. 406/3863, Correspondance du gouverneur de Pondichéry adressée au gouverneur de Bourbon, Pondichéry, le 10 avril 1843.

[421] CAOM, C. 406/3845, Dépêche du ministre de la Marine et des Colonies adressée au ministre des Affaires étrangères, Paris, le 2 juin 1843.

Le 14 janvier 1843, le Conseil privé demanda au ministre de lever sous son autorité la prohibition indienne, mais celui-ci lui conseilla en guise de réponse « *d'établir des garanties à stipuler de part et d'autre* »[422]. En juin 1843, le ton du ministre se fit plus sévère vis-à-vis de l'Inde. Il lui reprocha « *d'emprisonner en quelque sorte cette population dans les limites de votre territoire, par le motif que la diminution du nombre des bras porterait préjudice à l'agriculture de nos possessions* »[423]. Il n'était pas question que les comptoirs français soient sous l'emprise des Britanniques. Or, le besoin crucial de main-d'œuvre à La Réunion « *l'emporte sur les inconvénients secondaires que nos comptoirs pourraient en éprouver* ». Le ministre ordonna au gouverneur de Pondichéry « *d'accéder jusqu'à nouvel ordre aux dispositions que l'Administration de Bourbon aura pu prendre* », ce qui signifiait que l'Inde française devait pourvoir aux commandes d'Indiens. En ce qui concerne le décret du 24 décembre 1838, Londres n'en voulut toujours pas. La voie diplomatique devait prochainement parvenir à la signature d'un traité bilatéral sérieux et durable[424].

- L'engagement indien : un régime légal nécessairement protecteur

Dans sa correspondance du 30 juin 1843, le ministre de la Marine et des Colonies, le baron de Mackau, voulut s'assurer auprès du gouverneur de La Réunion que les dépêches de son prédécesseur des 12 novembre 1830 et 1er mars 1831 relatives à l'exemption de peines corporelles sur les Indiens étaient scrupuleusement respectées sur les habitations. Nous savons que les chefs de caste avaient et usaient pourtant de ce droit. Il en était de même pour ce qui

---

422 CAOM, C. 406/3845, Dépêche du ministre de la Marine et des Colonies adressée au gouverneur de Bourbon, Paris, le 30 mai 1843 : « C'est une affaire à part sur laquelle j'espère être très incessamment à portée d'adresser à la fois des instructions à l'administration de Bourbon et à celle de Pondichéry ».

423 CAOM, C. 406/3863, Dépêche du ministre de la Marine et des Colonies adressée au gouverneur des Etablissements Français dans l'Inde, Paris, le 2 juin 1843 : « C'est assurément faire plus que ne le permet l'exercice équitable de la souveraineté. Il semble évident que l'appât de l'émigration déterminerait à s'expatrier à travers le territoire ou par les ports anglais. Il me parait donc que l'île Bourbon peut et doit être admise de nouveau à demander au territoire de nos établissements d'Asie les moyens de faire face aux besoins croissants de son agriculture ».

424 CAOM, C. 406/3845, Dépêche du ministre de la Marine et des Colonies adressée au gouverneur de Bourbon, Paris, le 30 juin 1843 et Dépêche du ministre de la Marine et des Colonies adressée au ministre des Affaires étrangères, Paris, le 30 juin 1843 : le ministre demandait à son homologue des Affaires étrangères de « suspendre toute communication avec le gouvernement anglais sur cette matière jusqu'à ce que nous soyons pourvus de documents plus complets », car le décret réunionnais du 24 décembre 1838 « renfermait des dispositions de nature à donner lieu, par leur tendance détournée, à de graves objections ».

concernait la tutelle effective du procureur général sur les engagés[425]. Or, nous savons que ce dernier en fut écarté au profit du syndic des Indiens qui cumulait cette fonction avec celle liée à la répression du marronnage. Le décret du 24 décembre 1838 était toujours en attente de sanction royale tandis que l'arrêté local du 13 juin 1842 s'en inspira fortement[426].

Le ministre avait beau soutenir le commerce indien qu'il lui fallait tout de même préparer des arguments solides et convaincants auprès du gouvernement britannique pour le pérenniser. Sans « *protection forte, active, étendue* » des engagés, les émigrations n'étaient pas assurées[427]. Pour cela, il n'y avait pas d'autre solution pour le gouverneur de La Réunion que d'adopter une législation qui reprenait les termes de l'*Act* du Conseil de la reine d'Angleterre du 15 janvier 1842. Le ministre avait joint à sa dépêche une copie et précisa que cette réglementation était déjà en vigueur à Maurice. Les îles française et britannique des Mascareignes pouvaient disposer de législations similaires en matière d'engagement permettant ainsi à leurs habitants réputés esclavagistes « *de mettre à l'abri de tous les actes préjudiciables à leurs personnes ou à leurs intérêts* ».

En tout état de cause, chaque commande devait faire l'objet d'une demande formalisée devant le Conseil privé. Le 8 septembre 1843, une demande de 20 Indiens fut formulée par Monsieur Périchon. Ces *coolies* étaient destinés à son entreprise de magnanerie installée dans le cirque de Salazie[428]. Sans doute que

---

[425] Dépêche du ministre de la Marine et des Colonies adressée au gouverneur de Bourbon, Paris, le 30 juin 1843, *Op. Cit.* Ici, le ministre rappela sa dépêche du 12 novembre 1830 : « S'il était vrai, comme cela a été rapporté à mon département, que des châtiments corporels furent infligés aux Indiens, ce serait un acte très blâmable, qui sous aucun rapport, ne saurait être toléré et auquel il devrait immédiatement être mis un terme. J'appelle sur cet objet que je considère comme important, toute votre attention ». Il rappela également sa dépêche du 1er mars 1831 : « Le Ministère Public doit considérer comme un de ses devoirs, d'exercer, dans l'intérêt des engagés indiens, une sorte de patronage et de tutelle d'office ».

[426] *Ibidem* : « Aussi, par l'arrêté que vous avez rendu en Conseil le 13 juin 1842, avez-vous, avec raison, préféré des mesures propres à prévenir et à réprimer les abus auxquels ces Indiens pouvaient se livrer ?... Vous n'ignorez pas non plus que l'on peut reprocher à ceux-ci des torts à leur égard, torts qui sont la cause, le prétexte ou l'origine des fautes commises par les Indiens ».

[427] *Ibidem.*

[428] H. HAI QUANG, *Contribution à l'histoire économique de La Réunion*, L'Harmattan, Paris, pp. 186-187. Face à la paupérisation de certains blancs, il fut proposé d'encourager la colonisation du cirque de Salazie grâce au colonat partiaire. Ce système permettait aux grands propriétaires dont les domaines s'étendaient du littoral jusqu'à la montagne de ne pas perdre leurs terres montagneuses désertes à cause de la prescription acquisitive. Les « gros blancs » louaient donc aux *Petits-Blancs* ce type de terres exploité de manière familiale, sans esclave, surtout pour de la production vivrière. Les propriétaires n'intervenaient pas dans le choix des cultures

le projet d'introduire des engagés européens spécifiquement dans les hauts de l'île n'avait pas été un franc succès. Rappelons que la colonisation des cirques faisait partie de la politique du gouverneur. Le gouverneur Bazoche transmit la commande de Monsieur Périchon à son homologue de Pondichéry.

Les habitants n'avaient aucune intention d'accepter la moindre législation particulièrement favorable au sort de l'engagé. Les enjeux étaient trop importants pour prendre le risque de fragiliser leurs marges commerciales. Ils n'avaient ni le temps ni l'envie de se conformer à une réglementation étrangère en la matière, encore moins anglaise. Les habitants mauriciens étaient leurs concurrents directs. Paris et Pondichéry leur demandaient donc l'impossible. Certes, le gouverneur de La Réunion avait bien entrepris ici et là quelques démarches pour se renseigner auprès des autorités mauriciennes, mais son conseil privé refusa tout net de se réunir pour en débattre. Pour eux, il n'y avait tout simplement pas de sujet. Pour le directeur de l'Intérieur, les arrêtés mauriciens ne servaient pas à grand-chose dans la protection des engagés[429]. En juillet 1844, le ministre s'impatienta et attendait toujours le rapport du gouverneur sur d'éventuelles avancées réglementaires[430].

### 2) L'obstination de la prohibition des Etablissements Français dans l'Inde

Dès le 5 juillet 1844, le ministre informa le gouverneur qu'il n'autorisait plus aucune demande d'introduction d'Africains et de Malgaches dans l'île. Or, nous savons que ce type de requête existait depuis au moins le mois de février 1843[431]. Comment le gouvernement pouvait-il autoriser les Réunionnais à s'approvisionner en main-d'œuvre esclave alors qu'elle était formellement interdite depuis 1817 ? Etait-ce sous forme de contrat d'engagement ? A ce stade de notre étude, nous n'en avons pas encore connaissance, ce qui signifie que les suspicions de traite négrière restaient fortes. On aurait cru que pour compenser les effets de l'abolition de la traite, les immigrations indiennes allaient bondir, sauf que, malgré les invitations du ministre, le gouverneur de Pondichéry demeura obstinément silencieux.

---

et recevaient en contrepartie un loyer proportionnel au montant de la récolte réalisée. La population recensée dans le cirque de Salazie était de 1 753 individus en 1848.

[429] CAOM, C. 406/3845, Délibération du Conseil privé de Bourbon, Saint-Denis, le 8 septembre 1843. Selon le directeur de l'Intérieur : « ces prétendues garanties offertes par la législation anglaise sont de nul effet… donnent des embarras aux propriétaires, sans assurer aucun avantage aux Indiens »

[430] CAOM, C. 406/3845, Dépêche du ministre de la Marine et des Colonies adressée au gouverneur de Bourbon, Paris, le 5 juillet 1844.

[431] Il s'agissait de la dépêche du ministre de la Marine et des Colonies adressée au ministre des Affaires étrangères, Paris, le 3 février 1843.

- Comment éviter l'interdiction franco-britannique ?

Dans sa correspondance du 14 juin 1843, le gouverneur insista auprès du ministre sur la nécessité d'une immigration permanente de laboureurs indiens[432]. Il lui exposa en quelques mots les lignes de la politique souhaitée par la colonie : d'une part, l'affirmation du principe de la liberté de commerce sur les Indiens tout en évitant à l'avenir de recruter parmi la classe des parias et d'autre part, la présentation de toute demande de main-d'œuvre devant le Conseil privé. Les autorités locales semblaient avoir trouvé un terrain d'entente avec les producteurs de sucre.

Tant que le gouverneur ne prenait pas les dispositions nécessaires à la protection des engagés, Pondichéry refusa tout embarquement. Face au refus obsessionnel de l'Inde, le gouverneur avait chargé son directeur de l'Intérieur d'étudier la législation mauricienne en la matière et plus précisément l'organisation des ateliers publics, le système de l'engagement local, la protection des Indiens ainsi que l'opportunité de recruter des travailleurs en provenance de Madagascar et de Chine. Pour le nouveau directeur de l'Intérieur, Monsieur Manès, dépendre de l'engagisme indien consistait pour la colonie « *à se mettre à la remorque du gouvernement anglais, d'autant plus que ce dernier permet maintenant la sortie des Indiens pour ses colonies* »[433]. Dans ce contexte bien particulier, les Réunionnais n'étaient pas prêts à se couper de Madagascar ni de l'Afrique australe. Dès le mois de mai 1843, habitants et négociants étudièrent la possibilité de les introduire officiellement sauf que le gouverneur n'y était pas totalement préparé. Les risques de condamnations et de sanctions de la communauté internationale et notamment des Britanniques étaient plus que probables. La pression locale étant forte, tant pis. Le gouverneur recommanda plutôt de recourir à la main-d'œuvre indienne et non pas africaine[434]. En attendant que la situation de blocus indien ne trouve une solution favorable aux habitants, Paris et les autorités locales semblaient avoir adopté une attitude tolérante si jamais des travailleurs africains et malgaches débarquaient de temps à autre en rade de Saint-Denis. Le Conseil privé ne délibéra pas à l'occasion de chaque convoi annoncé surtout si Indiens

---

432 Rappelons que cette demande fut formulée par les négociants O'Toole et Foucque devant le Conseil privé le 14 janvier 1843.

433 CAOM, C. 407/3847, Délibération du Conseil privé de Bourbon, Saint-Denis, le 14 janvier 1843.

434 CAOM, C. 406/3847, Correspondance du gouverneur de Bourbon adressée au directeur de l'Intérieur, Saint-Denis, le 22 mai 1843 : « Des renseignements sont recueillis dans ce moment sur plusieurs points des pays qui nous avoisinent et qui peuvent nous fournir des ouvriers libres… Mais jusqu'à ce que les circonstances permettent au gouvernement du Roi d'autoriser l'admission d'engagés provenant des côtes d'Afrique et de Madagascar, l'Inde sera le seul pays d'où il nous sera permis de tirer des travailleurs ».

et Africains débarquaient sur des points de l'île moins bien surveillés. Rappelons-nous de l'affaire du Mazagran dont le capitaine s'était vu refuser par Pondichéry l'embarquement d'Indiens alors que ce même comptoir s'était vu attribuer par les Anglais en 1837 le privilège d'exporter environ 20 000 Indiens sur l'île Maurice[435]. Cet accord commercial n'était pas acceptable par rapport aux demandes réunionnaises. Rien n'interdisait non plus aux Réunionnais de négocier directement avec les Anglais en faisant mine de s'intéresser un tant soit peu à la législation mauricienne[436].

La *Sedule* de la reine britannique du 15 janvier 1842 avait autorisé l'île Maurice à un nouvel essai indien mais à condition qu'elle adopte des « *mesures de prévoyance et de protection de nature à prévenir les malheurs et les désordres qui avaient précédemment eu lieu* ». Une fois les mesures légales adoptées, le recrutement s'organisa à partir des ports de Calcutta, de Madras et de Bombay et ce, sous la surveillance d'agents expéditeurs spéciaux. Pour ce qui concerne les demandes réunionnaises, elles n'étaient pas encore envisageables, « *qu'ils proviennent du Territoire anglais ou du nôtre* »[437].

- L'intransigeance de Pondichéry

Le sens de la dépêche du ministre du 2 juin 1843 était clair. Les intérêts économiques et commerciaux de La Réunion l'emportaient sur les considérations qu'avait le gouverneur de Pondichéry concernant l'état de liberté des *coolies*[438]. Sans en avoir pris encore connaissance, le gouverneur Ducamper réunit son Conseil d'administration le 24 juillet 1843 pour décider que « *les choses resteront dans l'état actuel jusqu'à ce que le gouvernement local ait reçu la réponse de Monsieur le Gouverneur de Bourbon, auquel il sera donné connaissance par la première occasion des instructions*

---

435 CAOM, C. 406/3847, Correspondance du gouverneur des Etablissements Français dans l'Inde adressée au gouverneur de Bourbon, Pondichéry, le 10 avril 1843.

436 CAOM, C. 407/3847, Correspondance de l'ordonnateur de Bourbon adressée au gouverneur de Pondichéry, Saint-Denis, le 14 janvier 1843.

437 Correspondance du gouverneur des Etablissements Français dans l'Inde adressée au gouverneur de Bourbon, Pondichéry, le 10 avril 1843, *Op. Cit.* : « …toute mesure qui aurait pour objet de permettre l'émigration d'Indiens laboureurs à Bourbon, de quelque territoire qu'ils proviennent, comme contraire aux intérêts de cette colonie ».

438 CAOM, C. 406/3863, Dépêche du ministre de la Marine et des Colonies adressée au gouverneur des Etablissements Français dans l'Inde, Paris, le 2 juin 1843 : « L'île Bourbon peut et doit être admise de nouveau à demander au territoire de nos établissements d'Asie les moyens de faire face aux besoins croissants de son agriculture ; que l'intérêt de Bourbon l'emporte sur les inconvénients secondaires de nos comptoirs ».

*ministérielles en ce qui est relatif aux règlements à instituer à Bourbon sur cette matière* »[439]. Tout fut suspendu à la décision du ministre.

Le 8 février 1844, la maison Amalric et Cie présenta une demande de 100 cultivateurs indiens au gouverneur de Pondichéry en prenant soin toutefois de l'informer des arrêtés des 3 juillet et 24 décembre 1829 et du 16 mai 1831 en vigueur dans l'île. Pour le gouverneur, il n'y avait rien d'officiel dans cette transmission d'autant plus que son homologue de La Réunion restait silencieux depuis 5 ans. Il rejeta alors la demande de la maison Amalric et Cie[440]. Pour autant, il demanda à son administration d'examiner la législation réunionnaise. C'est vrai que le décret du 24 décembre 1838 auquel faisait allusion le ministre dans ses différentes correspondances n'y figurait pas, ce qui rendait difficile toute coordination avec les législations britanniques. Par ailleurs, le gouverneur de La Réunion n'avait toujours pas indiqué à Pondichéry le régime de protection spécifique dont bénéficiaient les engagés indiens. Or, il fut signalé plusieurs cas de spéculations sur eux[441]. Pondichéry demanda au capitaine représentant la maison Amalric et Cie de signifier au gouverneur de La Réunion « *la résolution en principe de ne consentir à l'exportation des Indiens qu'après la promulgation de la législation qui doit être préparée de concert par l'administration des deux colonies* ».

Les maisons de négoce changèrent alors de stratégie. C'est ainsi qu'un armateur nantais, Monsieur Lecour qui agissait pour le compte de Monsieur Denisane, demanda en mai 1844 au ministre une lettre de recommandation l'autorisant à embarquer des engagés à Pondichéry pour La Réunion[442]. Sa requête était tout à fait justifiée et faisait suite au refus essuyé par le capitaine du Mazagran. Le commerce des Indes était-il résolument fermé aux négociants français ? La Chambre de commerce de Nantes critiqua vivement l'attitude des comptoirs et surtout la décision du gouverneur de Pondichéry du 6 mars 1839. Le ministre tenta de rassurer en affirmant que « *la libre sortie des Indiens de Pondichéry pour Bourbon est rétablie en principe* », mais

---

439 CAOM, C. 406/3864, Délibération du Conseil d'administration de Pondichéry, Pondichéry, le 24 juillet 1843.

440 CAOM, C. 406/3865, Correspondance du gouverneur de Pondichéry adressée à Messieurs Amalric et Cie, négociants à Pondichéry, Pondichéry, le 13 février 1844. Le gouverneur Ducamper motiva son refus devant le Conseil d'administration de Pondichéry le 12 février 1844 en insistant sur l'absence de communication avec le gouverneur de La Réunion, notamment en ce qui concernait le projet d'une législation commune en matière de protection des Indiens.

441 CAOM, C. 406/3865, Délibération du Conseil d'administration de Pondichéry, Pondichéry, le 12 février 1844 : il était fait allusion à la correspondance du gouverneur des Etablissements Français dans l'Inde adressée en ce sens au gouverneur de La Réunion le 24 juillet 1843.

442 CAOM, C. 406/3866, Lettre de Monsieur Lecour adressée au ministre de la Marine et des Colonies, Nantes, le 13 mai 1844.

précisa qu'elle restait « *subordonnée à l'émission des règlements nécessaires pour prévenir tant à Pondichéry qu'à Bourbon tout abus de cette émigration et dans l'emploi de ces émigrants* ».

En attendant d'être remplacé, le gouverneur Ducamper précisa dans son rapport d'activités que son positionnement vis-à-vis des habitants réunionnais s'inscrivait dans le droit fil de la politique de son prédécesseur, Monsieur de Saint-Simon, et des instructions du ministre de la Marine et des Colonies. Si les grands centres économiques anglais dans l'Inde avaient repris les émigrations pour l'île Maurice, La Réunion devait faire preuve de bonne volonté en adoptant une attitude identique, à savoir une législation validée d'une certaine manière par les Britanniques. Le ministre avait alors fait savoir au nouveau gouverneur de Pondichéry à la fin de l'année 1844, Monsieur Duval, qu'il souhaitait que la concertation législative se rapproche autant que possible des règlements en vigueur dans l'Inde anglaise[443]. Il confia au gouverneur Duval tout pouvoir de supervision et de vérification à ce sujet. Cette fois-ci, les Réunionnais ne semblaient plus avoir le choix.

Le remplacement de Ducamper par Duval à la tête de l'Inde française était l'opportunité pour lui de s'entretenir avec le gouverneur de La Réunion puisqu'il fit escale dans l'île avant de mettre les voiles sur Pondichéry. Le gouverneur Bazoche plaida en faveur de la nécessité de recourir à la main-d'œuvre indienne[444]. Mais en 1845, toujours aucun signe d'évolution en ce sens[445]. Les lois métropolitaines du 5 janvier 1840 et du 18 juillet 1845 annoncèrent chaque jour un peu plus l'imminence de la proclamation de l'abolition de l'esclavage. Désormais, l'esclave n'était plus qualifié de bien meuble, mais de personne civile. La France préparait les esprits à s'habituer au travail salarié de ce type. Ce sujet était essentiel dans les colonies comme La Réunion où les noirs représentaient toujours la principale ressource ouvrière. En attendant, un régime transitoire fut adopté à travers l'arrêté local du 2 mars 1846 qui obligeait désormais tous les propriétaires à payer les heures supplémentaires à leurs esclaves, ce qui représentait un surcoût brutal pour eux. La propriété du travail sur cette catégorie de main-d'œuvre n'était en principe plus absolue. On se souvient de la Révolution qui permit à des habitants contraints dominés par l'ancienne compagnie des Indes de devenir

---

[443] CAOM, C. 406/3867, Dépêche du ministre de la Marine et des Colonies adressée au gouverneur des Etablissements Français dans l'Inde, Paris, le 15 novembre 1844.

[444] Le gouverneur des Etablissements Français dans l'Inde avait coutume de séjourner quelques temps à La Réunion avant de reprendre la route vers Pondichéry pour y prendre ses fonctions.

[445] CAOM, C. 406/3868, Rapport du navire le Palladium, Marseille, le 17 mars 1845. Ce navire parti de Nantes le 12 février 1845 avait fait route vers Yanaon, comptoir gagné par une « profonde misère », pour embarquer 30 Indiens à destination de La Réunion. L'administration de Pondichéry s'y opposa.

de véritables propriétaires sucriers[446]. Face à cette évolution majeure, le Conseil colonial démissionna le 10 novembre 1845 et le gouverneur proclama sa dissolution. Un mois plus tard, le 22 décembre, le Conseil colonial fut renouvelé au suffrage universel censitaire. Les conseillers désignèrent comme délégués de l'île auprès du gouvernement de la France, Monsieur Dejean de la Bâtie, réputé pro-esclavagiste, et Monsieur Brunet, ancien directeur de l'Intérieur, réputé abolitionniste.

En 1846, pour le capitaine Cartagné commandant le navire Le Gol, il était légitime que les Britanniques interdisent aux navires français de « *prendre sur leur territoire des Indiens sous leur domination* » et ce, pour des raisons de souveraineté et de monopole commercial. Mais ce qui n'était pas acceptable, c'était l'alignement de Pondichéry sur cette politique qui « *blesse toute règle de justice et de légalité* » d'autant plus que les Indiens « *sont libres, ils ont le droit d'aller où bon leur semble* »[447]. Cette position était intenable d'autant plus que l'émigration indienne à destination des îles de la Sonde fut autorisée. Ni le soutien de la Chambre de commerce de Nantes, ni celui du gouvernement n'eut de prise pour apaiser l'intransigeance de Pondichéry[448]. La période que traversait la France était délicate : préparer au mieux l'abolition de l'esclavage et éviter le pire.

## Section 2 : Les nouvelles réglementations de l'engagement asiatique

A la fin de l'année 1844, on peut dire que les conseillers coloniaux s'organisèrent pour que leurs voix soient plus cohérentes, plus fortes et plus influentes auprès des instances nationales et locales. Le 1er décembre, ils provoquèrent la dissolution anticipée de leur assemblée. L'un de leurs adversaires, l'abolitionniste Sully Brunet, perdit son siège de délégué de l'île auprès du gouvernement royal à Paris. Il fut remplacé par Henri de Castellane tandis que son collègue Dejean de la Bâtie fut réélu. Il n'était plus possible de faire barrage à l'abolition de l'esclavage comme jadis, mais il était urgent d'anticiper tous les effets de sa proclamation pour maintenir les activités liées

---

446 H. HAI QUANG, *Op. Cit.*, pp. 71-74. Sous l'Ancien-Régime et sous l'ère de la Compagnie des Indes, les habitants réunionnais étaient d'une certaine manière des « salariés contraints », obligés d'exploiter les terres concédées par le Conseil supérieur de l'île. L'ordonnance de 1724 leur avait demandé de les valoriser et de les cultiver avec au moins 200 caféiers. Toute personne détruisant des caféiers était punie de mort.

447 CAOM, C. 406/3869, Rapport du capitaine Cartagné (ou Castagné), commandant le navire le Gol, adressé au ministre de la Marine et des Colonies, Nantes, le 22 mai 1846.

448 CAOM, C. 406/3869, Dépêche du ministre de la Marine et des Colonies adressée au gouverneur des Etablissements Français dans l'Inde, Paris, le 30 octobre 1846.

à la production de sucre. Toutes les voix comptaient. L'une des clés pour que tout cela fonctionne après l'abolition, c'était la reconnaissance du principe de l'obligation de travail des mains-d'œuvre libres de couleur. Il n'était plus du tout envisageable de faire marche arrière. Les esclaves allaient bientôt être libérés.

Le pape Grégoire XVI avait officiellement condamné la traite négrière dès 1839 et dans l'île, certains membres de l'Eglise s'attelèrent même à humaniser un peu trop l'esclave considéré pourtant comme bien meuble puis tout juste comme personne civile. A La Réunion, les habitants s'y opposèrent avec force. En juin 1842, le religieux Le Vavasseur fut emprisonné. En 1844, l'abbé Monnet et le délégué Brunet furent accusés par les habitants de vouloir la mort de la colonie. Le 28 septembre 1847, le gouverneur, Monsieur Joseph Graëb, finit par faire expulser l'abbé pourtant décoré de la Croix de la Légion d'honneur par le pape en personne et nommé vice-préfet apostolique de l'île. La vague abolitionniste avait produit une contre-réaction d'une telle violence qu'il fallait considérer les mains-d'œuvre noire et indienne comme relevant directement et quasi-exclusivement de l'autorité des producteurs de sucre et dans une bien moindre mesure comme des fidèles de l'Église. La question ne se posa pas encore pour les Indiens, de religion tamoule. La doctrine des habitants se radicalisait. Il n'était pas acceptable pour eux de perdre le contrôle sur ces catégories d'ouvriers y compris sur le terrain religieux qui devait rester dans la sphère privée et de l'intime de l'Indien ou du noir.

On peut penser que la colonie bénéficiait encore de la traite négrière à la veille de l'abolition de l'esclavage. Les patrouilles anglaises ont sans doute eu connaissance de cette pratique honteuse. La convention franco-britannique du 29 mai 1845 tenta d'y remédier en renforçant les moyens propres à supprimer plus efficacement la traite dans le bassin de l'océan Indien. De son côté, la loi Mackau du 18 juillet 1845 visait à améliorer les conditions de vie et de travail de l'esclave dans les colonies françaises[449]. Ces dispositions étaient totalement défavorables aux intérêts commerciaux des Réunionnais et du système économique colonial. Comment pérenniser et développer la production du sucre de canne dans ces conditions ? Entre 1839 et 1847, la surface agricole exploitée était comprise entre 22 et 24 000 hectares avec une main-d'œuvre esclave estimée à environ 27 000[450]. Info ou intox ? Car, au moment de

[449] La loi Mackau du 18 juillet 1845 tentait de démontrer que l'abolition de l'esclavage était de conception radicale et républicaine. Elle proclamait que l'esclave devenait une personne civile, que la durée de travail ne pouvait excéder les neuf heures trente journalières, établissant par la même occasion une sorte de grille salariale pour les heures supplémentaires. Grâce à ce système, Paris pensait que les esclaves allaient pouvoir acheter leur affranchissement.

[450] H. HAI QUANG, *Données statistiques et hypothèses économiques sur la traite, les affranchissements et le prix des esclaves à la réunion (1837-1847)*, In. Cahiers des

l'abolition de l'esclavage en 1848, La Réunion avait comptabilisé pas moins de 60 000 esclaves libérés. Sur ces 60 000, seuls 27 000 semblaient donc suffire aux travaux du sucre. Est-ce à dire que plus de 30 000 esclaves étaient des domestiques au service des particuliers et au service d'exploitants agricoles plus modestes qui n'avaient rien à voir avec la canne à sucre ? Le chiffre 60 000 n'aurait-il pas été surestimé pour que les propriétaires d'esclaves et surtout les habitants soient indemnisés au maximum par l'Etat, compensant ainsi la perte définitive d'une main-d'œuvre peu chère et rentable qui leur appartenait personnellement ?

Pendant cette période, la surface de production sucrière évolua peu. Faire venir de la main-d'œuvre indienne et noire était un problème sérieux auquel étaient confrontés les habitants. Il y avait bien quelques solutions, mais elles étaient temporaires, fragiles, interdites. Tant que les Réunionnais n'avaient pas l'assurance de bénéficier d'une main-d'œuvre indienne abondante et régulière, tant qu'ils n'obtenaient pas la reconnaissance par l'Etat du principe de l'obligation de faire travailler noirs et Indiens, la production sucrière restait limitée dans son développement. Il n'y avait aucune perspective d'avenir de prospérité durable dans la colonie.

A quelques exceptions près, on peut penser que les mains-d'œuvre indienne et noire faisaient l'objet d'un monopole et d'un contrôle de la part de leurs propriétaires, à savoir principalement les industriels du sucre. Il s'agissait sans doute là d'un véritable marché commercial très lucratif puisqu'on imagine qu'ils étaient loués ou vendus d'abord entre eux, ensuite aux producteurs vivriers et enfin à des particuliers pour des emplois domestiques.

C'est dans ce contexte assez complexe que l'opportunité d'expérimenter l'engagement chinois se présenta. Les autorités locales s'étaient préalablement entendues avec les habitants et les négociants concernés. On demanda notamment à ces derniers d'être beaucoup plus attentifs que par le passé concernant les conditions de transports des *coolies*. En contrepartie, l'administration coloniale se disait prête à tolérer le principe de l'obligation de travail sur les engagés chinois (§1). Cette expérimentation ne pouvait avoir que le titre d'essai dans une période de suspicion esclavagiste qui pesait sur les habitants. L'engagisme chinois était une solution intermédiaire, temporaire, d'autant plus qu'il s'arrêta net lors de la reprise des émigrations indiennes. Les Réunionnais allaient pousser au maximum pour la légalisation de l'obligation de travail sur toutes les mains-d'œuvre dites engagées (§2).

---

Anneaux de la Mémoire, n°2, *Esclavage et Engagisme dans l'Océan Indien, La traite atlantique*, Nantes, 2000, pp. 73-74.

## § 1 – L'essai de l'engagement chinois : une solution coloniale controversée

Le 22 octobre 1843, le nouveau consul de France aux Philippines, Monsieur Lefèbvre de Bécourt, se dit prêt à satisfaire les commandes d'engagés chinois pour le compte des habitants réunionnais. Les opérations de recrutement devaient se faire sur Manille. C'était également l'occasion de développer de nouvelles relations commerciales. Le consul savait les difficultés de s'approvisionner dans les Indes française et anglaise, mais pour lui, la main-d'œuvre était une « *question d'utilité et de moralité* »[451]. Pour convaincre le ministre d'autoriser de tels recrutements, le gouverneur insista sur l'urgence de la demande de bras ouvriers[452]. Le prix de la main-d'œuvre avait augmenté. Les besoins concernaient tous les domaines sucriers et les travaux publics. Grâce à la main-d'œuvre chinoise, les habitants allaient sans doute pouvoir mieux traverser la période de l'abolition de l'esclavage et préparer l'après, mais à condition qu'elle convienne à tout point de vue à leurs exigences. Ils voulaient également démontrer à Paris qu'ils avaient expérimenté avec succès le travail libre auprès des Indiens, des Chinois, et que rien ne devait s'opposer à ce qu'ils en fassent prochainement tout autant auprès des noirs d'Afrique, de Madagascar et des îles voisines.

En 1844, le ministre autorisa le recrutement chinois tout en exigeant des Réunionnais la plus grande vigilance[453]. En parallèle, plus rien ne faisait obstacle à la reprise de l'émigration indienne vers La Réunion. Mais, on note tout de même que le capitaine Williams, au service de la maison Sauger et Cie[454], fut confronté au refus toujours aussi catégorique de la part du

---

[451] CAOM, C. 406/3848, Correspondance de Monsieur Lefebvre de Bécourt, consul général aux Iles Philippines, adressée au ministre de la Marine et des Colonies, Manille, le 22 octobre 1843. Le consul avait fait escale à La Réunion avant de continuer son voyage vers Manille.

[452] CAOM, C. 406/3848, Correspondance du gouverneur de Bourbon adressée au ministre de la Marine et des Colonies, Saint-Denis, le 20 décembre 1843 : « L'importante question des travailleurs libres recrutés de l'extérieur devient de jour en jour plus urgente, non seulement les opérations agricoles souffrent considérablement de l'insuffisance et du prix excessif de la main-d'œuvre, mais l'exécution des travaux publics est entravée. La substitution graduelle du travail libre, par l'admission d'engagés de l'extérieur, au travail des esclaves, est le moyen le plus efficace et le plus facile d'arriver sans danger et sans perte à l'émancipation des esclaves de nos colonies ».

[453] CAOM, C. 406/3849, Dépêche du ministre de la Marine et des Colonies adressée à Monsieur le capitaine général, chef du service de Marine à Bordeaux, Paris, le 2 février 1844. Il lui demanda de « prévenir tout abus dans cette émigration et dans l'emploi de ces émigrants », surtout en ce qui concernait les Indiens.

[454] Pour rappel, Monsieur Sauger était à la fois habitant et membre du Conseil privé du gouverneur.

gouverneur de Pondichéry. Aucun Indien ne fut admis à sortir. Cette fois-ci, la raison invoquée était le défaut d'état civil, car on ne savait pas d'où venaient tous ces Indiens intéressés par un engagement à La Réunion[455]. Il était question de souveraineté et de monopole soit anglais, soit français si difficile à déterminer.

Avec l'essai chinois, le gouverneur de La Réunion fit adopter pour la première fois un règlement qui posa toutes les conditions nécessaires au recrutement. Même si cette législation ne fut sans doute pas respectée à la lettre, comment expliquer qu'il n'y eût aucune concertation ni harmonisation des textes entre La Réunion et Pondichéry ? L'affirmation de la super-puissance britannique dans l'Inde y compris au sein des comptoirs français était une explication (A). En parallèle, le gouverneur de La Réunion réussit à instaurer un régime disciplinaire sur l'ensemble des mains-d'œuvre engagées à travers notamment l'arrêté local du 13 juin 1842 (B).

### A/ L'arrêté local du 10 novembre 1843 : l'ouverture chinoise à l'engagement

Par l'arrêté du 10 novembre 1843, le Conseil privé autorisa l'engagement chinois dans des conditions bien précises. A l'instar de l'engagement indien, il était régi par le droit privé des contrats, mais comme il ne s'agissait pas de n'importe quel type d'ouvrier et que la colonie avait tendance à assimiler toutes les mains-d'œuvre de couleur entre elles, le gouverneur demanda aux négociants de reprendre et d'annexer aux engagements un extrait du règlement britannique du 27 octobre 1843 relatif au travail libre chinois[456]. En faisant cela, les Réunionnais apportaient la preuve qu'ils savaient s'aligner sur une législation britannique portant sur l'engagisme. Cela pouvait faciliter la reprise des immigrations indiennes. Il faut croire qu'un Chinois ou un Indien allait pouvoir voyager jusqu'à La Réunion ou une île britannique dans les mêmes conditions de transport. Cela signifiait également que les Anglais,

---

455 CAOM, C. 406/3849, Rapport du capitaine Williams, commandant le navire Salazes, de Nantes, Bordeaux, le 6 janvier 1844. Le capitaine rapporta les propos du gouverneur de Pondichéry : « ...je ne comprends pas pourquoi quand on refuse de s'entendre avec moi, on envoie des navires porteurs de lettres qui demandent la sortie des Indiens... il va falloir revoir la loi sur les Indiens et y ajouter s'il y a lieu, autant que cela sera dans les limites du pouvoir local... L'Indien n'a pas d'Etat civil, comment donc les Anglais pourraient-ils réclamer en faveur d'un homme, quand ils ne pourront pas dire à quel sol il appartient..., le territoire de Pondichéry est disposé de cette sorte qu'il n'y a ici ni Anglais, ni Français, mais seulement des Indiens ».

456 CAOM, C. 432/4597, Notes sur le règlement anglais du 27 octobre 1843 qui accompagnait l'arrêté réunionnais du 10 novembre 1843 : « Les personnes qui désireront introduire des émigrants chinois devront, pour obtenir la permission nécessaire, s'adresser au Secrétaire d'Etat des colonies ».

contrairement aux Français, dominaient les mers et océans jusqu'en Extrême-Orient. La prospérité économique de La Réunion dépendait désormais de la qualité des relations franco-britanniques.

Pourtant, lorsque les engagés chinois débarquèrent sur Saint-Denis, les délibérations du Conseil privé ne firent mention d'aucune réglementation britannique annexée à leurs engagements. Cela posa problème. En fait, seul l'arrêté local du 10 novembre 1843 était référencé. Pour que le gouverneur autorise quand même leur débarquement, les négociants ont dû insister sur le coût exorbitant de ce type d'opération commerciale effectuée très loin des côtes réunionnaises. Pire encore, les Chinois n'avaient pas été recrutés dans les conditions légales. Le débarquement comme les recrutements chinois furent quand même admis.

### 1) La réforme légale des conditions de transport de l'engagé chinois

Le Conseil privé autorisa le 8 novembre 1843 « *l'introduction des laboureurs chinois jusqu'à concurrence de 100 individus* », opération exceptionnelle accordée aux négociants Chassagne et Perrier d'Hauterive à partir de 3 centres : Pulo-Pinang, Singapour et Bally[457]. Pour anticiper la demande de main-d'œuvre, le gouverneur décida quelques jours après d'augmenter le quota et de le porter à 1 000 « *laboureurs chinois* », « *considérant que l'élévation constante croissante du prix de la main-d'œuvre est la preuve incontestable de la nécessité d'augmenter le nombre des bras appliqué à la culture et à l'industrie* »[458].

C'est Pulo-Pinang qui fut le premier port d'embarquement des Chinois du navire Le Suffren. Ce centre était sous domination britannique depuis le 11 août 1786 et sa population avait rapidement bondi. Les habitants et les négociants de La Réunion savaient que les Anglais voulaient le développer pour en faire « *un jalon sur la route de Chine* » et pour cela, ils avaient eu

---

[457] CAOM, C. 432/4597, Délibération du Conseil privé de Bourbon, Saint-Denis, le 8 novembre 1843. Dans une lettre adressée le même jour au gouverneur, plusieurs affréteurs demandèrent à ce que le capitaine Belliard, commandant le navire *Le Bourbonnais* ou tout autre navire travaillant pour leur compte soit autorisé à introduire 250 Chinois à titre d'essai en acceptant de les faire vacciner. Cette autorisation fut décidée par le Conseil privé dans sa séance du 24 décembre 1843. Nous pouvons également nous référer à la source ADR, 16 K 25, Délibération du Conseil privé de Bourbon, Saint-Denis, le 8 novembre 1843.

[458] CAOM, C.432/4597, Délibération du Conseil privé de Bourbon, Saint-Denis, le 10 novembre 1843. Le prix des mains-d'œuvre indienne et noire ne pouvait qu'augmenter dans de telles circonstances. Dans la séance du Conseil privé du 8 novembre 1843, le directeur de l'Intérieur précisa que « les noirs de pioche se louent aujourd'hui à des prix excessifs, qu'ainsi on ne peut pas empêcher que la spéculation ne s'empare du placement des engagés ».

recours au service de nombreux Cantonnais[459]. Précisons que le traité de Whampoo de 1844 autorisa les Français à accéder à 5 ports libres de Chine. De manière assez étrange, les premiers engagés chinois à avoir été enregistrés dans l'île furent ceux-là mêmes qui causèrent quelques troubles[460].

- Le rôle prépondérant de la commission sanitaire à Saint-Denis

Lors de la séance du Conseil privé du 8 novembre 1843, l'ordonnateur proposa une réglementation spécifique au régime disciplinaire des engagés chinois qui s'inspirait de ce qui se faisait sur l'île Maurice. Mais là-bas, l'expérience fut mitigée. Les Chinois s'étaient montrés récalcitrants et il n'était pas question que le droit commun s'applique à eux à La Réunion. Il fallait donc se montrer très strict[461], ce qui allait dans le sens voulu par les habitants avec le principe de l'obligation de travail sur toutes les mains-d'œuvre de couleur.

Les Chinois étaient-ils les seuls que les habitants pouvaient recruter comme engagés ? Si leur essai à Maurice n'était pas un franc succès, alors pourquoi persister dans cette voie-là ? Monsieur Chabrier dut s'y résoudre, car il était impossible d'introduire des esclaves ou des engagés noirs à partir notamment de l'île d'Anjouan. Monsieur Chabrier était donc favorable à l'introduction de 1 000 à 2 000 Chinois, mais à condition qu'on les soumette à un régime disciplinaire sévère. De quel régime disciplinaire était-il fait allusion ? Pour rappel, le décret colonial du 24 décembre 1838 était toujours sans effet tandis que l'arrêté de police du 13 juin 1842 ne concernait en principe que les

---

[459] E. WONG-HEE-KAM, *La diaspora chinoise aux Mascareignes : le cas de La Réunion*, Publication de l'Université de la Réunion, L'Harmattan, Saint-Denis, 496 p.

[460] Il s'agissait de l'affaire du Palladium ou de Gillot L'étang des années 1844 et 1845. Il a fallu attendre que la police centrale de Saint-Denis délivre des laissez-passer pour connaître le nom de certains engagés chinois en 1852. Notons que les recensements étaient encore très partiels.

[461] Délibération du Conseil privé de Bourbon, Saint-Denis, le 8 novembre 1843, *Op. Cit.* Selon l'ordonnateur, « On ne peut en introduisant ces émigrants les soumettre au droit commun ; les contestations qui naîtront de la non-exécution des engagements ne doivent pas être déférées aux tribunaux ordinaires, car les habitants, malgré le besoin de bras qu'ils éprouvent, ne voudront pas courir la chance d'avoir des procès à tous les moments d'une part, et de l'autre, de voir leurs plaintes sans résultats, attendu que les fautes contre la discipline de l'Atelier échapperont aux pénalités du droit commun et après avoir fait perdre du temps au propriétaire ». A l'île Maurice, « ni leur travail, ni leur conduite n'ont satisfait les engagistes, et après peu de temps, on a été obligé d'y renoncer et de les renvoyer… Lorsqu'on aura affaire à cette race turbulente, comment la maintiendra t-on au travail ? Faudrait-il avoir recours à une discipline particulière ? ».

vagabonds indiens[462]. Pour le procureur, le régime disciplinaire sur les Chinois était une nécessité absolue, car il fallait éviter de faire coïncider en même temps vagabondage indien, contestations chinoises et rébellions des esclaves affranchis au moment de l'abolition[463].

Il était urgent que « *la responsabilité de chacun soit à l'abri* ». C'est ainsi que lors de sa séance du 10 novembre, le Conseil privé donna comme base légale à l'engagement chinois l'article 11 de la loi du 24 avril 1833 et les articles 27 et 39 de l'ordonnance royale du 21 août 1825. Ce sont là des textes en matière de transport et de santé publique qui dataient un peu, mais « *il convient de prendre certaines mesures spéciales* ». Cela n'était pas sans rappeler non plus les dispositions du règlement anglais du 27 octobre 1843[464]. Il s'agissait de les transporter et de les traiter du mieux que l'on pouvait pour l'époque, mais en contrepartie, il leur était demandé d'être le plus rentable possible, ce qui exigeait une obéissance sans faille de leur part[465].

Le projet d'arrêté du 10 novembre 1843 comportait 19 articles dont le premier précisait qu'il s'agissait d'un « *essai* ». Pourquoi une telle mention ? Sans doute pour justifier la marge de manœuvre politique du gouverneur sans qu'il ne requière obligatoirement l'accord préalable du ministre avant une immigration massive et régulière[466]. Rappelons-nous que les Indiens avaient eux aussi fait l'objet d'un essai en 1828, même s'il n'avait concerné que 15 parias, chiffre dérisoire à peine croyable. L'essai était de toute façon limité, ce qui permettait aux autorités coloniales d'être plus indulgentes et pragmatiques.

Conformément aux articles 2 à 4, les habitants intéressés devaient en formuler la demande auprès du directeur de l'Intérieur[467]. Le gouverneur ne s'occupait ni du prix ni de l'armement. Les habitants devaient simplement

---

462 *Ibidem*. Selon le Conseiller privé Chabrier : « rien n'empêche en engageant ces Chinois de mettre dans l'engagement des conditions qui établissent la discipline à laquelle ils seront soumis ».

463 *Ibidem* : « Au reste, je déclare que je ne suis pas prêt à traiter cette question qui pour moi est plus importante que la question elle-même de l'abolition ».

464 Délibération du Conseil privé de Bourbon, Saint-Denis, le 10 novembre 1843, *Op. Cit.* : « Pour que l'engagement de ces travailleurs et leur transport sur des navires de commerce ne puisse donner lieu à aucun abus, il convient de prendre certaines mesures spéciales ».

465 *Ibidem*. La colonie devait « s'assurer que cette race d'hommes peut rendre les services qu'on en attend sans que l'ordre public en reçoive aucune atteinte ».

466 *Ibidem*. Article 1er du projet d'arrêté du 10 novembre 1843 : « Il pourra être introduit dans la colonie à titre d'essai par navires de commerce des laboureurs chinois jusqu'à concurrence du nombre de 1 000 ».

467 *Ibidem*. Article 2 de l'arrêté du 10 novembre 1843 : « Les propriétaires qui désireront prendre à leur service des laboureurs chinois, en adresseront la demande au Directeur de l'Intérieur dans le délai de 10 jours à partir de la publication du présent arrêté. Les demandes ne pourront être de moins de 20 individus ni excéder 30 ».

informer le directeur de l'Intérieur du nom du navire 10 jours avant qu'il ne quitte la rade de Saint-Denis[468]. Son rôle et ses fonctions pouvaient s'avérer extrêmement importants[469]. Ajoutons enfin que, d'après le rapport du capitaine du Suffren de 1844, les débarquements chinois ne faisaient l'objet d'aucune délibération du Conseil privé, sauf évènement exceptionnel. En fait, on peut penser que le gouverneur ne voulait pas contrarier davantage les habitants qui devaient déjà faire face à un manque considérable de main-d'œuvre. Les Indes, l'Afrique et les îles de l'océan Indien leur étaient en principe fermées. Les autorités pouvaient bien les laisser tranquilles dans leurs opérations en Extrême-Orient. Et puis, il ne s'agissait que d'un essai.

Dans ces conditions, le recensement était difficile sinon impossible à réaliser. Pourtant, l'article 7 prévoyait que chaque Chinois soit interrogé à son débarquement par la commission de santé pour s'assurer de la régularité de son recrutement[470]. Encore une fois, la barrière de la langue restait problématique même si l'arrêté local du 6 mars 1845 créa un poste d'interprète[471].

Pour pouvoir s'engager, il fallait être âgé au moins de 16 ans. A défaut, le jeune était accompagné d'un parent chargé de décider à sa place et d'en

---

468 *Ibidem*. Article 4 de l'arrêté du 10 novembre 1843 : « Dès que les demandeurs auront été avisés de la décision intervenue à leur égard, ils devront faire connaître dans le délai de 10 jours le navire qu'ils se proposent d'affecter au transport des laboureurs ».

469 A. SCHERER, *La Réunion*, PUF, Paris, 1980, 124 p. En vertu de l'ordonnance organique du 21 août 1825, le directeur de l'Intérieur était chargé de la police et de la régie des contributions. « Sous ce régime, le gouverneur ayant tous les pouvoirs était surchargé de détails et les chefs de service, n'ayant aucune responsabilité, pouvaient devenir les instruments passifs de la volonté du gouverneur, ou s'emparer, à l'abri de son nom, de la conduite des affaires ». Le directeur de l'Intérieur avait des fonctions importantes en matière de police et d'exécution des règlements relatifs à l'engagisme et en matière de discipline des esclaves. La commission sanitaire et le syndic étaient placés sous son autorité directe.

470 Délibération du Conseil privé de Bourbon, Saint-Denis, le 10 novembre 1843, *Op. Cit*. Article 7 de l'arrêté du 10 novembre 1843 : « A leur arrivée dans la colonie, les engagés seront interrogés individuellement par une commission nommée à cet effet qui examinera si les contrats ont été régulièrement passés. Dans le cas contraire, et s'il y avait soupçon de fraude, ou que les engagés n'eussent pas contracté en toute connaissance de cause, l'administration se réserve le droit de renvoyer les travailleurs aux frais des engagistes, ou de les placer sous d'autres habitations selon leur volonté formellement exprimée ».

471 CAOM, C. 432/4595, Délibération du Conseil privé de Bourbon, Saint-Denis, le 6 mars 1845. Sur proposition du directeur de l'Intérieur, le gouverneur créa un poste d'interprète chinois mis à la disposition du syndic des Chinois et rattaché au bureau central de la police.

prendre soin[472]. Pour limiter les plaintes des habitants, la commission de santé vérifiait que l'engagé ait bien les capacités physiques nécessaires aux travaux du sucre. A défaut, la commission pouvait proposer son rapatriement immédiat aux frais de l'armateur[473].

Concernant les conditions du transport des Chinois, le capitaine de navire devait informer le directeur de l'Intérieur du nombre d'engagés qu'il comptait faire embarquer[474]. Ils ne devaient pas être plus de 3 passagers par 5 tonneaux de jauge. Les engagés devaient disposer d'un minimum d'espace vital durant leur voyage[475]. Le navire était nécessairement pourvu d'un coffre à médicaments[476]. Une ration minimum de nourriture et d'eau était également prévue pendant la traversée[477]. La commission de santé devait vérifier tout cela tant au départ qu'à l'arrivée du navire concerné[478]. A défaut, le Conseil

---

[472] Délibération du Conseil privé de Bourbon, Saint-Denis, le 10 novembre 1843, *Op. Cit.* Article 6 de l'arrêté du 10 novembre 1843 : « Il ne sera admis à titre d'engagé aucun individu de moins de 16 ans, à moins qu'il ne soit accompagné de son père ou de tout autre parent proche chargé de le diriger ou d'en prendre soin ».

[473] *Ibidem.* Article 8 de l'arrêté du 10 novembre 1843 : les « immigrants qui seraient reconnus par la commission précitée impropres aux travaux pour lesquels ils auraient été engagés, soit par leurs infirmités, soit par leur mauvaise constitution, soit pour toute autre cause, seront rapatriés immédiatement aux frais de l'armement du navire qui les aura transportés ».

[474] *Ibidem.* Article 16 du projet de l'arrêté précité : « Avant leur départ, les Capitaines de navire feront la déclaration du nombre de passagers qu'ils comptent prendre à bord ».

[475] *Ibidem.* Article 12 de l'arrêté du 10 novembre 1843 : « Aucun capitaine de navire destiné au transport des passagers chinois ne pourra prendre à son bord plus de 3 personnes par jauge. Quel que soit le tonnage, le nombre des passagers devra être proportionné à l'espace destiné à leur usage, ou occupé exclusivement par leur bagage personnel. Il ne sera pas en conséquence embarqué plus d'un passager par un mètre 50 décimètres de superficie dans l'entrepont, et 3 m 50 décimètres dans le faux pont. Les passagers seront couchés dans des hamacs ou dans des couchettes. Ces derniers devront avoir au moins 2 mètres de long sur 50 centimètres de large. Il n'en pourra être établi plus de deux rangées superposées avec un intervalle de 15 centimètres entre le pont et la couchette inférieure. La hauteur entre les ponts devra être d'au moins un mètre 80 centimètres ». Cet article décrit les des conditions déplorables de voyage des engagés chinois.

[476] *Ibidem.* Article 15 de l'arrêté du 10 novembre 1843 : « Le coffre à médicaments du bord sera approprié aux besoins spéciaux de la campagne. La composition en sera déterminée par la commission de santé ».

[477] *Ibidem.* Article 13 de l'arrêté du 10 novembre 1843 : « Il devra être fourni à chaque passager au moins 3 litres d'eau par jour et une ration composée de 1 kilo de riz, 125 grammes de poisson salé, de légumes et de viande, 15 grammes de sel ».

[478] *Ibidem.* Article 18 de l'arrêté du 10 novembre 1843 : « La commission en l'article 17 se rendra à bord des navires au départ et à l'arrivée afin de s'assurer de l'exécution des dispositions ci-dessus prescrites ».

privé se réunissait en se réservant le droit de prononcer à l'encontre du capitaine une sanction pécuniaire de 100 Francs par infraction[479].

- Quelles mesures favorables à l'engagiste ?

L'importance du rôle du directeur de l'Intérieur se confirma, puisque c'est lui qui autorisait la distribution des Chinois auprès de leurs engagistes à l'expiration de leur séquestration sanitaire de 10 jours au lazaret[480]. Conformément aux articles 2 et 3 du projet d'arrêté, ils étaient exclusivement destinés aux travaux du sucre[481]. Seuls les grands propriétaires et industriels en avaient les moyens d'autant plus que selon l'article 4, les engagistes déposaient une caution validée par l'inspecteur colonial pour garantir leur commande[482].

L'article 11 définissait l'engagement comme étant un contrat de louage de service conclu en vertu du système de l'adhésion, ce qui plaçait l'engagiste en position de force par rapport à un engagé étranger. Que se passait-il au cas où l'engagement se déroulait mal ? L'administration procédait au rapatriement de l'engagé surtout en cas de désertion[483]. La notion de mauvaise conduite était suffisamment vague pour accorder à l'engagiste tous moyens de pression sur lui. Même si l'arrêté du 13 juin 1842 s'adressait aux Indiens, on pouvait s'attendre de la part des autorités locales qu'elles prennent des mesures similaires pour lutter contre le vagabondage chinois en les dirigeant eux aussi

---

479 *Ibidem.* Article 17 de l'arrêté du 10 novembre 1843 : « Toute infraction aux dispositions des articles 12, 13 et 14 ci-dessus sera puni d'une amende de 100 francs. Les capitaines seront tenus d'avoir à leur bord un exemplaire du présent arrêté ».

480 *Ibidem.* Article 9 de l'arrêté du 10 novembre 1843 : « Les laboureurs engagés seront à leur débarquement soumis dans un lieu destiné à cet effet et aux frais des engagistes à une quarantaine d'observation qui ne pourra être moindre de 10 jours. Ces frais seront acquittés avant la remise des engagés aux propriétaires. Faute de remboursement, l'administration se réserve le droit de poursuivre au placement desdits engagés ». Voir également CAOM, C. 406/3854, *Feuille hebdomadaire de l'île de Bourbon* du mercredi 24 décembre 1844. L'arrêté du 10 novembre 1843 s'inspirait de l'arrêté local du 24 décembre 1829 concernant le système du lazaret des engagés indiens qui y étaient séquestrés pendant 8 jours.

481 *Ibidem.* Article 3 de l'arrêté du 10 novembre 1843 : « Ne pourront être admises que les demandes faites par les propriétaires d'habitations rurales, ou de grands établissements industriels ».

482 *Ibidem.* Article 4 de l'arrêté du 10 novembre 1843 : « Ils fourniront en outre la garantie desdits frais une caution personnelle agréée par l'Inspecteur colonial. Les actes d'engagement et de cautionnement seront déposés entre les mains de ce fonctionnaire ».

483 *Ibidem.* Suite de l'article 4 précité : « Ils s'engageront à pourvoir aux frais de retour desdits laboureurs, soit à l'expiration du contrat de louage, soit dans le cas de mauvaise conduite de ces derniers obligerait l'administration à les rapatrier avant ce terme, soit dans le cas prévu par l'article 11, ci-après ».

vers l'Atelier colonial ou les ateliers municipaux. Tel était le système de l'obligation de faire travailler tous les immigrés de couleur. En cas de mauvais traitement ou de non-paiement des salaires pendant au moins 2 mois, le gouverneur était le seul disposé à annuler le contrat d'engagement[484]. L'autorité judiciaire était ici totalement écartée, absente, et l'on se rappelle que les conseillers privés avaient rejeté toute idée de droit commun qui pouvait favoriser les engagés chinois. Les désordres qu'ils avaient causés à l'île Maurice les avaient convaincus.

Les engagés de couleur n'avaient qu'une seule utilité pour les colons : les travaux du sucre. A défaut, il s'agissait de travaux agricoles, de travaux publics ou encore de domesticité. Sur ce point, soulignons que le Conseil privé, par arrêté du 15 mai 1840, confirma la décision du maire de Saint-Denis lorsqu'il refusa d'accorder une patente commerciale à un Indien au motif plus ou moins avéré qu'il avait commis par le passé un acte délictueux[485]. On suppose que les Chinois étaient eux aussi concernés[486].

Le ministre émit un avis réservé sur l'essai chinois[487]. Paris n'était ni tout à fait favorable ni tout à fait défavorable. Le contexte s'y prêtait, voilà tout. Au Bengale, les Anglais avaient adopté une loi en 1844, exécutoire dans toutes leurs possessions qui interdisait aux navires étrangers d'exporter tout Indien sans leur autorisation sous peine d'une amende de 2 500 Francs par sujet exporté[488]. Cela ne faisait que renforcer l'intérêt de l'engagisme chinois.

Parallèlement à l'arrêté du 10 novembre 1843 relatif à l'engagement des Chinois dans l'île, le gouverneur fit adopter l'arrêté du 24 juillet 1844 qui renforça le régime disciplinaire sur l'ensemble des engagés de couleur de l'Atelier colonial. Dorénavant, il était possible de retenir 1 ou 2 jours de solde par journée d'absence injustifiée ou à titre de punition pour manquement au travail[489]. Or, l'engagé chinois n'y avait en aucun cas adhéré puisque cette législation locale n'était annexée nulle part dans son engagement. C'est ainsi

---

[484] *Ibidem*. Article 11 de l'arrêté du 10 novembre 1843 : « En cas de mauvais traitements constatés ou de retard de plus de 2 mois dans le paiement des salaires, l'administration pourra prononcer la nullité de l'engagement ».

[485] En l'espèce, cet Indien avait été accusé de vol sans avoir pu le prouver. Le délit de vol aggravait le délit de vagabondage.

[486] *Feuille hebdomadaire de l'île de Bourbon* du mercredi 24 décembre 1844, *Op. Cit.* : « ...l'envahissement du commerce de détail et de demi-gros par les Chinois et les Indiens venus à Maurice. Aujourd'hui, cet état de choses est devenu intolérable, et il ne reste à nos marchands d'autres alternatives que de céder la place à leurs rivaux ».

[487] CAOM, C. 432/4595, Dépêche du ministre de la Marine et des Colonies adressée au gouverneur de Bourbon, Paris, le 24 novembre 1844.

[488] CAOM, C. 406/3850, *L'Indicateur Colonial de Bourbon* du 29 juin 1844.

[489] CAOM, C. 432/4603, Délibération du Conseil privé de Bourbon, Saint-Denis, le 24 juillet 1844. Cet arrêté confirmait la « pénalisation » de la législation engagiste chinoise. L'ordonnateur reconnut que « Bien que cette disposition ne figure pas textuellement dans l'acte d'engagement, j'ai cru pouvoir l'insérer dans l'arrêté ».

que le procureur « *craint que cette disposition ne soit quelque peu illégale* ». Pour éviter ce genre d'abus, le ministre approuva d'une part, la survie du système de l'Atelier colonial et d'autre part, la possibilité d'y être « *engagés pour le compte du gouvernement local* » sous la direction des Ponts-et-Chaussées. Pour cela, « *l'Administration se sera assurée d'avance de leur adhésion à ce changement dans les conditions de leur contrat* »[490].

### 2) La violation des nouvelles prescriptions en matière d'engagement chinois : un contentieux particulier

Une législation encore plus stricte devait encadrer les conditions de transport des engagés, car il n'était plus question de faire voyager Indiens et Chinois dans les mêmes conditions que les esclaves. Les Anglais y étaient dorénavant très attentifs d'autant plus que les poursuites judiciaires à l'encontre des capitaines incriminés étaient rares sinon inexistantes, voire sans effet[491]. Le gouverneur fit adopter l'arrêté du 10 novembre 1843, mais était-il vraiment appliqué ? Si ce n'était pas le cas, les Chinois ne pouvaient pas débarquer, ce qui pouvait causer des préjudices économiques et commerciaux importants. Avec l'arrivée des premiers engagés chinois, on apprend que les conditions de transport n'étaient toujours pas respectées ou si peu[492]. La rentabilité d'une opération de transport l'emportait toujours.

- #### La tolérance de l'administration locale

Le 13 avril 1844, les 54 premiers engagés chinois débarquèrent du navire Le Suffren à Saint-Denis. Le lendemain, le gouverneur ordonna la mise en quarantaine du navire et de ses passagers étant donné que les Chinois n'étaient pas vaccinés. Par ailleurs, il fut relevé que les rations alimentaires étaient en-dessous du seuil réglementaire. Aucune sanction ne fut prononcée. Sur

---

[490] CAOM, C. 432/4602, Dépêche du ministre de la Marine et des Colonies adressée au gouverneur de Bourbon, Paris, le 10 juin 1845.

[491] J.-L. MESTRE, *Retour de l'île de France et poursuites pénales en 1803*, In. Mélanges offerts à Hubert Gerbeau, *Peuplements, sociétés et condition humaine, XVIIe-XXe siècles*, Les Indes savantes, Nantes, 2006, pp. 45-50. L'auteur relate l'affaire Guiermere-Girardot-Sultran. Le capitaine Girardot était passible des peines énoncées à l'article 3 du règlement du 8 mars 1722 et à l'article 5 du règlement du 19 mai 1745 en cas d'embarquement de passagers et de matelots sans avoir mentionné leurs noms au rôle d'équipage. C'est le tribunal de police correctionnelle de Marseille qui fut saisi par le substitut du commissaire du gouvernement et qui prononça la relaxe du capitaine. Le passager Sultran fut acquitté par le même tribunal, bénéficiant du principe de la légalité des délits, à savoir qu'aucune loi ne réprimait le passage clandestin à bord d'un navire d'un individu non marin.

[492] CAOM, C. 432/4599, Note du 18 février 1845. Celle-ci reprenait les dispositions de l'arrêté du 15 avril 1844 du Conseil privé de La Réunion.

proposition de l'ordonnateur, le Conseil privé décida finalement une quarantaine au lazaret comprise entre 20 jours et 1 mois. Conformément à l'article 9 de l'arrêté du 10 novembre 1843, ils furent désormais placés sous la responsabilité du médecin en chef de la colonie, Monsieur Reydellet. Ajoutons que l'ordonnateur mentionna l'existence de 33 Indiens en plus des 54 Chinois à bord du Suffren, ce qui n'était absolument pas permis. Aucun membre du conseil ne souhaita intervenir sur le sujet.

Contrairement aux articles 2, 3 et 4 de l'arrêté du 10 novembre 1843, aucun contrat d'engagement ne fut retrouvé. Quelle sorte d'arrangement y avait-il entre l'habitant Sauger, commanditaire de l'opération, et le capitaine du Suffren ? La question du consentement des Chinois se posa aussi bien pour l'engagement en tant que tel que pour le régime disciplinaire qui leur était réservé dans l'île. L'engagisme chinois commençait mal. Malgré cela, le gouverneur et son Conseil privé constatèrent que le capitaine ignorait tout des dispositions de l'arrêté du 10 novembre 1843 et ce, de toute bonne foi. Pour ce qui concernait les stipulations du contrat d'engagement, « *ce sont là des détails dans lesquels l'Administration n'a pas à entrer* ».

Plusieurs mois après, dans sa séance du 8 juillet 1844, le Conseil privé autorisa le débarquement de 68 Chinois pour le compte du Conseil colonial destinés aux travaux de son atelier public[493]. Cette fois-ci, il y eut bien un acte d'engagement régulier rédigé dans les 2 langues. Le gouverneur accepta une semaine après, le 17 juillet 1844, de rembourser les frais que le capitaine commandant La Sarcelle, Monsieur Protet, avait dépensés pour nourrir les engagés à son bord. L'ordonnateur s'était fixé comme ligne budgétaire une dépense de 468 Francs par engagé et par an pour son traitement général. En l'espèce, on était à peu près dans les seuils moyens, avec une dépense de 500,50 Francs par travailleur[494]. L'Atelier colonial chinois s'installa sur Saint-Benoît[495]. Précisons que les Chinois n'étaient pas définitivement affectés au service de cet Atelier. Comme n'importe quel type d'engagé de couleur et comme n'importe quel engagiste particulier, les engagés de l'Atelier

---

[493] Il semble qu'un contrat type d'engagement avait été rédigé en français et en chinois, mais nous n'en avons retrouvé aucune trace, du moins pas au Centre des Archives d'Outre-Mer d'Aix-en-Provence. Faisons remarquer que si le nombre de Chinois recrutés et embarqués à bord de *La Sarcelle* fut de 75, seuls 68 furent comptabilisés lors de leur débarquement à Saint-Denis, le 5 juillet 1844 pour le compte de l'Atelier colonial.

[494] CAOM, C. 432/4598, Délibération du Conseil privé de Bourbon, Saint-Denis, le 17 juillet 1844. Le montant dont il s'agit était de 500,50 Francs. La gabare *La Sarcelle* débarqua des engagés chinois en provenance de Singapour.

[495] CAOM, C. 432/4606, Délibération du Conseil privé de Bourbon, Saint-Denis, le 6 septembre 1844. Le gouverneur décida sur proposition de l'ingénieur en chef de louer un terrain situé à Saint-Benoît à Monsieur Déran, afin d'établir le camp de la brigade des engagés chinois de l'Atelier colonial.

pouvaient être loués ou vendus à des habitants ou à des particuliers. C'est ce que l'on apprend à travers la situation de Monsieur Périchon[496].

Sur une commande initiale de 75 Chinois présentée par les négociants Georges et Deguiné, le Conseil privé décida de répartir 68 d'entre eux vers l'Atelier colonial, les 10 restants ayant été accordés sur proposition du directeur de l'Intérieur à Monsieur Périchon, industriel dans la magnanerie[497]. En 1845, le Conseil privé les lui avait vendus ou loués pour environ 1 770 Francs[498], ce qui correspondait plutôt à une pratique courante sur des esclaves[499]. Ce prix correspondait à quoi exactement ? A une vente ou à une location ? On peut remarquer que l'assimilation des populations serviles entre elles était bien réelle. Si l'on se réfère aux prix indiqués dans certains journaux comme la *Feuille Hebdomadaire*, à savoir un prix de vente fixé aux alentours de 400 Francs, ce qui paraissait excessif pour un engagé chinois mal réputé, réclamer 177 Francs par engagé à Monsieur Périchon correspondait plutôt au prix de location sans doute annuel[500].

Sur une habitation sucrière, l'esclave était jusqu'à tout récemment un bien immeuble par destination qui ne pouvait être saisi que si son fond était vendu. Contrairement à lui, l'engagé en tant que « libre » n'était pas forcément rattaché au domaine de l'habitant. L'engagiste pouvait vendre à n'importe quel moment son engagé, du moins sa force de travail et notamment au cessionnaire-créancier[501]. En 1847, la situation de Monsieur Périchon était

---

[496] Si le Conseil privé céda en juillet 1844 10 engagés chinois à Monsieur Perichon, le prix de leur location restait encore dû à l'administration en octobre 1845. L'ordonnateur lui avait d'ailleurs réclamé la somme, mais en raison de la situation délicate dans laquelle il se trouvait, le Conseil privé accepta le 9 octobre 1845 de faire figurer cette somme sur les 15 000 Francs empruntés au Trésor colonial.

[497] Monsieur Perichon était l'un des rares habitants du cirque de Salazie. En 1848, 72% des propriétaires de cette localité ne possédait aucun esclave, près de 15% possédait entre 1 et 5, 7% entre 11 et 20 et seulement 2% entre 21 et 50 esclaves. Sur ces chiffres, voir J. DEFOS DU RAU, *Op. Cit.*, p. 152.

[498] CAOM, C. 432/4605, Délibération du Conseil privé de Bourbon, Saint-Denis, le 9 octobre 1845. La cession de ces 10 Chinois s'élevait à 1 767,19 Francs, ce qui faisait environ 177 Francs par engagé.

[499] Les arrêtés des 28 avril 1808 et 15 septembre 1825 autorisaient les propriétaires d'esclaves à les louer soit à la tâche soit pour une durée limitée. L'esclave ne pouvait pas louer sa force de travail de lui-même pour son propre compte, à l'instar de l'engagé indien ou chinois.

[500] CAOM, C. 432/4598, *Feuille Hebdomadaire* du 16 octobre 1844 : « Nous considérons toutefois comme exorbitant le prix de passage d'introduction des Chinois qui s'élève de 350 à 400 Francs, lorsqu'à Maurice ce prix pour les engagés qu'on y introduit ne monte pas au-delà de 175 Francs ».

[501] L'article 48 du Code noir de 1685 des Antilles en vigueur jusqu'en 1847 avait été repris dans l'édit de 1723 spécifique aux îles des Mascareignes. L'esclave était réputé immeuble par destination et ne pouvait être saisi qu'avec le fond de l'habitation, afin de sauvegarder l'intégrité économique du domaine : « Enjoignons aux gardiens nobles

mauvaise et il n'avait plus les moyens de les louer à la colonie. Le gouverneur les fit récupérer d'autant plus que l'on apprend dans la séance du Conseil privé du 13 mars 1847 « *la difficulté de satisfaire aux conditions d'alimentation* »[502]. La santé, la survie des engagés chinois était en jeu. Le 15 avril 1844, Monsieur Périchon ne pouvant plus subvenir à leurs besoins, il proposa avant même l'expiration des 5 ans « *la résiliation des engagements qu'il a contractés avec les Chinois* ». Le 18 septembre 1847, le gouverneur fit constater le défaut de paiement des salaires des engagés de Monsieur Périchon[503]. Notons l'extrême indulgence à l'égard de cet engagiste de Salazie, pas loin de là où le gouverneur avait sa résidence d'été. Aucune sanction, aucune poursuite ne fut engagée contre lui.

- L'affaire du Palladium : la sanction administrative

Le 14 août 1844, le Conseil privé se réunit pour délibérer sur l'affaire du trois-mâts, Le Palladium. La veille, pas moins de 216 Chinois en provenance de Pulo-Pinang débarquèrent sur Saint-Denis. Ce navire appartenait à des armateurs nantais représentés dans l'île par la maison de commerce Gros Cadet et Cie qui fit appel aux services du capitaine Ravilly. Dans cette affaire, le capitaine fut accusé d'avoir surchargé son navire en dépassant la règle des 3 passagers par 5 tonneaux de jauge et surtout de les avoir fait embarquer sans

---

et bourgeois, usufruitiers amodiateurs et autres jouissants des fonds auxquels sont attachés des esclaves qui y travaillent, de gouverner les esclaves en bons pères de famille ». Conformément au contrat de liaison d'habitation, les créanciers de l'habitant pouvaient l'obliger à livrer toute sa récolte, mais en aucun cas saisir les esclaves qui appartenaient au fond de son habitation. Ainsi, on peut considérer *a contrario* que l'engagé, un travailleur contractuel de couleur, était logiquement plus facile à vendre, à louer et à saisir. Rappelons que la colonie manquait de numéraire. Voir également, C. SCHNAKENBOURG, *Op. Cit.*, pp. 124-131. L'auteur nous explique clairement l'évolution des rapports de dépendance juridique et économique entre l'habitant-producteur et les négociants locaux qui leur servaient de banque en avançant les fonds nécessaires à l'exploitation du domaine sucrier. On les appelait négociants-commissionnaires chargés d'établir un compte courant annuel au nom d'un habitant dont la situation était régulièrement fragilisée par les risques de tempêtes et de cyclones, mais aussi par tout incident d'indiscipline des esclaves. On peut penser que la fortune de certains industriels ou grands propriétaires réunionnais leur permettait de tenir ce rôle notamment à l'égard des exploitations voisines plus modestes, plus fragiles. N'oublions pas que la coutume de Paris du 24 août 1726 avait eu pour conséquence l'éclatement des habitations modestes qui n'avaient pas pu se développer à temps et faute d'investissement contrairement à d'autres.

[502] CAOM, C. 432/4605, Délibération du Conseil privé de Bourbon, Saint-Denis, le 13 mars 1847.

[503] CAOM, C. 432/4605, Délibération du Conseil privé de Bourbon, Saint-Denis, le 18 septembre 1847. Le gouverneur ordonna de payer les salaires des engagés chinois employés chez Monsieur Périchon, à savoir environ 70 Francs.

en avertir le directeur de l'Intérieur avant de partir de La Réunion[504]. Le capitaine déclara ignorer les dispositions de l'arrêté du 10 novembre 1843. Pour sa défense, il précisa qu'il avait tout de même dépassé les rations alimentaires réglementaires. Un coffre à médicaments était également à la disposition des engagés chinois à son bord.

Le Conseil privé devait décider quelque chose qui tienne la route. D'un côté, les négociants Gros Cadet et Cie acceptèrent de payer une amende, ce qui rendait inutile toute procédure devant les autorités judiciaires. D'un autre côté, le procureur s'interrogea sur le positionnement du Conseil privé en cas de récidive. Il fallait faire preuve d'une certaine fermeté. Pour le commandant militaire, s'il y avait amende, il y avait forcément faute et responsabilités, ce qui rendait logiquement impossible tout débarquement légal. Le Conseiller Sauger répondit que le montant des amendes était déjà versé auprès du receveur du domaine. En cas d'amendes supérieures à 100 Francs, les négociants avaient déclaré préférer renvoyer les passagers là où ils les avaient embarqués. Il fallait également envisager les dommages causés par ce rapatriement. Le gouverneur préféra ne prendre aucun risque. Le ministre trancherait plus tard. En attendant, le capitaine du Palladium fut suspendu pendant 3 mois. Sur proposition du Conseil privé, le ministre accepta qu'une amende inférieure ou égale à 100 Francs par contravention soit prononcée à son encontre[505].

Le 5 septembre 1844, le conseil se réunit de nouveau. Le ton était plus ferme. L'ordonnateur rappela que l'introduction des 216 Chinois était contraire à l'arrêté du 10 novembre 1843 tandis que le gouverneur se disait prêt à suspendre immédiatement le capitaine Ravilly de ses fonctions. En effet, suite à une visite d'inspection du navire, le commissaire-général ordonnateur avait relevé la violation de l'article 12. Le Palladium était autorisé à

---

504 CAOM, C. 432/4601, Correspondance du commissaire général ordonnateur de Bourbon adressée à Monsieur Guillaume Ravilly, capitaine commandant le navire le Palladium, Saint-Denis, le 16 août 1844 : « Les navires de commerce ne peuvent transporter des Chinois laboureurs dans la Colonie qu'après en avoir obtenu l'autorisation au départ et avoir satisfait à des conditions énumérées dans l'arrêt du 10 novembre 1843 » ; Correspondance de Monsieur Ravilly, capitaine commandant le navire le Palladium, adressée à l'ordonnateur de Bourbon, Saint-Denis, le 19 août 1844. Sur demande de l'ordonnateur, le capitaine Ravilly confirma qu'il avait particulièrement bien traité les Chinois pendant tout le temps de leur traversée.

505 CAOM, C. 432/4602, Dépêche du ministre de la Marine et des Colonies adressée au gouverneur de Bourbon, Paris, le 10 juin 1845. Tout en assurant qu'il n'avait nullement l'intention d'infliger au capitaine la moindre réprimande, le ministre considérait qu'une amende de 100 Francs par contravention représentait « un maximum de la pénalité susceptible d'être prononcé par arrêté local ».

embarquer 141 passagers et non pas 216[506]. En attendant de connaître la décision du ministre, l'ordonnateur proposa « *simplement une réprimande sévère au Capitaine* »[507].

En juin 1845, l'affaire du Palladium parvint au bureau du régime politique à Paris qui la transmit au *Maître des Requêtes*, directeur du personnel et des opérations maritimes[508]. Cette note signala que les armateurs nantais Boyer et Cie n'avaient déposé aucune plainte à l'encontre du capitaine Ravilly. Le conseiller d'Etat, Maître des Requêtes, s'interrogea aussitôt sur le degré de gravité de l'infraction étant donné que le gouverneur de La Réunion avait tout de même autorisé le débarquement des 216 Chinois[509]. La note comportait la délibération du Conseil privé du 5 septembre 1844 ainsi qu'un extrait des articles 12, 16 et 18 de l'arrêté local du 10 novembre 1843[510]. Dans son rapport

---

[506] CAOM, C. 432/5601, Délibération du Conseil privé de Bourbon, Saint-Denis, le 5 septembre 1844. Sur l'affaire du Palladium, l'ordonnateur précisa d'une part, qu'il y avait eu jusqu'à maintenant très peu de navires transportant des engagés chinois et d'autre part, que la plupart des navires avait débarqué non pas des Chinois, mais des Indiens. Cela signifiait que l'arrêté local du 10 novembre 1843 qui prévoyait des conditions de transport et de traitement plus humaines pouvait ne pas avoir été respecté puisqu'il ne s'agissait pas de Chinois.

[507] Aucune autorité ne projeta de porter l'affaire devant le juge judiciaire alors que l'infraction commise par le capitaine Ravilly pouvait le conduire devant le juge pénal. Le maître des requêtes du bureau du régime politique du ministère de la Marine et des Colonies s'empara du dossier et qualifia l'infraction dans le cadre strictement administratif. Il retint la proposition du gouverneur de La Réunion et du ministre de la Marine et des Colonies, à savoir une sanction consistant à le suspendre de son droit d'exercer pendant 3 mois.

[508] CAOM, C. 432/4601, Bureau du régime politique, note pour la direction du personnel et des opérations maritimes, Paris, le 20 juin 1845.

[509] CAOM, C. 432/4601, Note du maître des requêtes à la direction des colonies, Paris, le 12 juillet 1845 : « Cette infraction a eu lieu, à ce qu'il parait, à l'occasion du recrutement à Pulo-Pinang de 216 cultivateurs chinois qui ont ensuite été introduits dans la colonie ? ».

[510] CAOM, C. 432/4601, Bureau du régime politique au maître des requêtes, Paris, le 25 juillet 1845. Il est rappelé les dispositions de l'article 12 de l'arrêté du 10 novembre 1843 : « Aucun Capitaine de navire destiné au transport des passagers chinois ne pourra prendre à son bord plus de trois personnes par cinq tonneaux de jauge, y compris le Capitaine et l'équipage. Il ne sera pas en conséquence embarqué plus d'un passager par 1 mètre 50 centimètres de superficie dans l'entrepont et 3 mètres 50 centimètres dans le faux-pont… Les passagers seront couchés dans des hamacs ou dans des couchettes. Ces dernières devront avoir au moins deux mètres de long sur 50 centimètres de large, pas plus de deux rangées superposées avec un intervalle de 15 centimètres entre le pont et la couchette inférieure ».
Article 16 : « A leur départ, les Capitaines de navires feront la déclaration du nombre de passagers qu'ils comptent prendre à leur bord ».
Article 18 : « Au départ et à l'arrivée, une Commission se rendra à bord des navires afin de s'assurer de l'exécution des dispositions prescrites ».

d'août 1845, le conseiller d'Etat, Maître des Requêtes, considéra que les faits reprochés à l'encontre du capitaine étaient de nature à caractériser une faute grave, mais au regard des soins prodigués à son bord, une réprimande sévère suffisait[511]. Ce rapport lui fut notifié[512].

Un mois après cette affaire, le gouverneur souhaita montrer au gouvernement que l'arrêté local du 10 novembre 1843 était connu de tous et bien respecté. C'est ainsi qu'il autorisa le débarquement des 178 engagés chinois du navire Le Nouveau Tropique en provenance de Singapour[513]. C'est *a priori* l'une des dernières fois ou sinon la dernière fois que le Conseil privé se réunissait pour délibérer sur le sujet.

## B/ L'engagement chinois : la nécessité d'un régime disciplinaire

Les Conseillers privés et les Conseillers coloniaux ainsi que les délégués de La Réunion veillaient de plus en plus à ce que le régime juridique des travailleurs de couleur, hormis les affranchis, soit fondé sur la discipline et l'obligation de travail. Ce régime s'adressait surtout aux habitations sucrières, là où l'on retrouvait à coup sûr un rythme militaire au sens de la rentabilité souhaitée sur l'exploitation[514]. Ce régime sévère concernait également l'Atelier colonial et les ateliers municipaux qui en avaient besoin pour mener des travaux publics essentiels aux infrastructures de l'île. Alors, les esprits ou les sentiments abolitionnistes n'avaient pas vraiment leur place. C'est pourquoi les habitants se montrèrent particulièrement violents contre certaines grandes figures politiques telles que Sully Brunet ou religieuses comme l'abbé Monnet ou Le Vavasseur[515]. La colonie avait vu son économie décoller grâce

---

[511] CAOM, C. 432/4601, Rapport de la direction du personnel, bureau de l'inscription maritime et de la police de la navigation, Paris, le 6 août 1845. Le conseiller d'Etat signala dans ce rapport que le ministre de la Marine et des Colonies avait suivi son avis.

[512] CAOM, C. 432/4601, Note du 9 août 1845 du conseiller d'Etat, maître des Requêtes, directeur du personnel au bureau du régime politique.

[513] CAOM, C. 432/4600, Délibération du Conseil privé de Bourbon, Saint-Denis, le 10 octobre 1844.

[514] J. V. PAYET, *Op. Cit.*, pp. 80-90. Comme contre-exemple, on peut citer une habitation non-sucrière assez modeste, celle de François de Lescoubles entre 1810 et 1835, propriétaire d'une superficie approximative de 20 hectares entre Sainte-Marie et Sainte-Suzanne : « Comme tous les petits propriétaires, de Lescoubles commandait lui-même ses esclaves, travaillant avec eux, manant pioche machette et grattoir. Un esclave désirant servir sous ses ordres, avança 300 livres, tout son savoir, pour parfaire son prix d'achat de 500 livres, elle savait qu'elle serait mieux traitée chez de Lescoubles ».

[515] Sully Brunet, ancien directeur de l'Intérieur, avait été délégué de Bourbon du 22 décembre 1845 au 5 août 1847.

aux productions de café et de sucre. D'importants investissements furent nécessaires dans un contexte de rude concurrence avec le sucre de betterave. Pour être au minimum rentable, l'industrie coloniale avait un besoin permanent, abondant et peu cher de main-d'œuvre. La plus intéressante était la main-d'œuvre noire, puis indienne. Les relations commerciales s'étaient tissées et développées avec les grandes villes portuaires de France, d'Afrique et d'Asie. Et le gouvernement prenait le risque historique, universaliste et dogmatique de tout renverser avec un mouvement abolitionniste ? Les colons n'y avaient pas totalement cru au début, mais plus on se rapprochait de 1848, plus les signes politiques s'annoncèrent forts. Il n'y avait plus de doute sur l'imminente proclamation de l'abolition de l'esclavage. Et les Anglais y tenaient beaucoup pour asseoir leur propre domination mondiale.

Il était important d'anticiper, de s'organiser davantage et d'assurer la pérennité des activités économiques et commerciales à La Réunion. Le décret du 24 décembre 1838 restait suspendu à Paris. Pourtant, l'essai chinois avait démontré toute la nécessité et toute la légitimité d'instaurer clairement un régime disciplinaire sur l'ensemble des mains-d'œuvre de couleur. A Maurice, les engagés chinois s'adaptaient mal à l'autorité. Il en était de même à La Réunion. Pourquoi les Chinois n'admettaient-ils pas qu'on puisse les assimiler à une catégorie de main-d'œuvre noire, esclave, maltraitée, méprisée ? Est-ce parce que le travail du sucre était trop dur ? Est-ce parce que finalement, les salaires étaient rarement payés en monnaie sonnante et trébuchante ? L'opinion publique coloniale considérait que les Indiens étaient « naturellement » des délinquants tandis que les Chinois étaient qualifiés de personnes dangereuses et indisciplinées. Cela paraissait grave dans une île où l'ordre devait régner aussi bien dans les rues que sur les habitations. Les colons étaient bien moins nombreux que les immigrés de couleur. Une bataille d'opinions était lancée. Le dogme colonial s'affrontait au progrès humain.

### 1) L'amélioration infondée des conditions de travail de l'engagé chinois à Bourbon

On retrouve dans les années 1840 un certain nombre de rapports qui vantaient les mérites de l'engagement expérimenté aussi bien en Asie, à Maurice qu'à La Réunion. Il était même fait parfois allusion aux progrès sociaux réalisés sur cette main-d'œuvre. La transition vers l'après abolition était ainsi assurée. Dans ce domaine, les habitants avaient un temps d'avance de 20 ans puisque les premiers engagés étaient arrivés en 1828. Or, en 20 ans, les autorités avaient réussi à constituer et à consolider une catégorie sociale bien particulière, entièrement soumise à un régime disciplinaire, ségrégationniste, et, tant bien que mal, au principe de l'obligation de travail. Cette classe sociale était composée des engagés indiens, des engagés chinois et bientôt de toute la masse des affranchis noirs de 1848. A l'époque, cette catégorie est plus connue sous la dénomination de « travailleurs libres ».

Si les engagés étaient des travailleurs dociles et serviles qui donnaient entièrement satisfaction à leurs maîtres, encore fallait-il qu'ils les traitent correctement avec humanité, en respectant leur statut de travailleur libre, et qu'ils les rétribuent comme cela était convenu dans leur contrat d'engagement même verbal. A moins qu'il ne fût fictif. Il y eut une constante depuis les premiers temps jusqu'à la fin de l'engagisme à La Réunion. Ce sont les plaintes pour mauvais traitements et non-paiement des salaires. Dans ces conditions, comment faire régner durablement la discipline sur une habitation ?

- L'habitation Donadieu : l'exemple du progrès social colonial

Le rapport Mackau de mai 1845 dénonça certaines pratiques esclavagistes sur les engagés asiatiques à l'île Maurice, puisque ces travailleurs « *à leur arrivée, se plaignaient... qu'ils avaient été traités dans cette colonie, où disaient-ils, ils avaient été frappés, mal vêtus, mal nourris et mal payés* », « *confondus avec les noirs des ateliers !* ». Il fut alors décidé d'en renvoyer entre 400 et 500 par le navire La Saline[516]. Tant que les engagés chinois étaient assimilés aux esclaves, leurs engagistes devaient affronter des mouvements de contestations. Pour que l'engagisme chinois fonctionne bien à La Réunion, les habitants devaient s'assurer qu'ils restent en contact avec leur pays d'origine, seul moyen pour eux de subvenir aux besoins de leurs familles restées sur place[517].

Le domaine de Monsieur Donadieu pouvait utilement servir d'exemple aux habitants réunionnais intéressés par la main-d'œuvre chinoise[518]. La brutalité

---

[516] CAOM, C. 432/4596, Rapport du baron vice-amiral de Mackau, Brest, mai 1845 : « Aussitôt que là où on recrute ces engagés, on saura que dans la colonie qui en demande, ils sont bien traités, que l'on respecte les engagements contractés, qu'ils n'y sont pas confondus avec les esclaves, qu'ils y trouvent protection dans l'administration, appui auprès de leurs maîtres, facile communication avec leurs pays, les travailleurs ne manquent pas au travail et les engagements seront fait dans des conditions bien plus avantageuses ».

[517] *Ibidem* : « une condition de bien-être pour les Chinois qui ne manquent jamais d'envoyer chaque année à leurs familles, ce qu'ils ont pu économiser. Ils regardent ce devoir comme tellement sacré, que bien s'adressant pour faire parvenir chez eux ce petit pécule à des matelots qu'ils connaissent à peine ou qu'ils ne connaissent pas du tout, on ne cite pas un exemple dans toute la Malaisie que ces sortes de commissions n'aient pas été fidèlement remplies, que leur confiance ait été trompée ».

[518] *Ibidem*. Vers les années 1837-1838, Monsieur Donadieu quitta l'île Maurice alors en pleine crise économique à destination de Penan, là où le gouverneur lui accorda une « concession de terrain avec l'engagement de le mettre de suite en culture ». Si en 1844, ce colon avait produit 2 000 000 de sucre, il comptait atteindre les 3 000 000 dès l'année suivante : « Il a d'abord commencé à engager des cultivateurs chinois à 3 piastres un quart par mois, il a fait défricher et planter… puis il a monté une sucrerie ».

et donc l'esclavagisme étaient totalement exclus. Pour faire travailler les Chinois, il valait mieux faire preuve de « *douceur et de persuasion* » et payer exactement ce qui était convenu. Monsieur Donadieu en avait fait l'expérience et force était de constater qu'ils « *paraissent se livrer par goût aux travaux intérieurs des sucreries, dont ils supportent facilement la fatigue depuis 4 ou 5 heures du matin jusqu'à 8, 9 heures du soir* » [519]. Rien ne s'opposait à les soumettre à la discipline tant que les termes de l'engagement étaient respectés et qu'on ne les traitait pas sur un même pied d'égalité avec les esclaves.

Selon le rapport de Lemauff de Kerdural, le « *mandar* » ou sans doute petit mandarin, servait d'intermédiaire entre l'engagé et l'engagiste, veillant ainsi à la cadence du travail. Ce mandar s'apparentait peut-être au commandeur d'esclaves dans ses attributions[520]. Ainsi, on peut penser que sur une même habitation il y avait un chef de famille pour diriger les Indiens, un mandar pour les Chinois et un commandeur pour les esclaves. Rappelons dans ce même état d'esprit qu'il y avait au sein de l'Atelier colonial une brigade d'Indiens, une brigade de Chinois et une brigade de noirs[521]. La colonie évitait de mélanger de trop Indiens, Chinois et noirs. Ces communautés ne s'entendaient pas forcément entre elles alors qu'elles travaillaient sur une seule et même habitation qui pouvait s'évertuer à être quasiment autonome[522].

---

Avec de tels bénéfices de l'ordre de 56 000 piastres, engager des Chinois procurait un avantage certain d'autant plus que ce sont « des hommes sobres, travailleurs faciles à conduire par la douceur et la persuasion. Ils ont des habitudes qu'il faut respecter, des besoins qu'il faut satisfaire... mais ils perdent toutes ces précieuses qualités aussitôt qu'ils sont en but à de mauvais traitements... ».

519 CAOM, C. 432/4595, Extrait d'un rapport de Monsieur Lemauff de Kerdural, lieutenant de vaisseau, commandant le brick le Messager du 6 octobre 1844, publié dans la *Revue coloniale* de juin 1845 : « L'emploi du travail est ainsi réglé : à 05H30, le nombre exact des ouvriers est inscrit sur un livre de journée, puis chaque bande se rend à l'ouvrage qui lui a été assigné. A 11H00, un signal fait cesser le travail, qui est repris à 13H00 pour ne cesser qu'à la nuit ».

520 Les conditions de travail des engagés européens à titre de commandeurs de brigades d'esclaves n'avaient pas convaincu. Lemauff de Kerdural proposait plutôt de recourir à des mandars.

521 CAOM, C.432/4595, Délibération du Conseil privé de Bourbon, Saint-Denis, le 4 février 1845. Le gouverneur ordonna le paiement de 2 345,75 Francs au titre des vivres de la brigade des engagés chinois au service de l'Atelier colonial de Saint-Benoît.

522 C. SCHNAKENBOURG, *Op. Cit.*, pp. 27-32 : « Les habitations, surtout les plus grandes d'entre elles, sont pratiquement autonomes, tant du point de vue administratif qu'économique. Chacune d'elle forme un monde clos, une société à part, qui cultive ses vivres, construit, fabrique pour elle-même ; une société soumise à des règles particulières, où la justice s'administre à un certain degré selon des formes qui lui sont propres ; un Etat au petit pied, qui a son culte privé, sa prison..., sa salle d'asile..., son infirmerie, son hospice ». Le rapport de la Commission de Broglie de 1843, instituée par décision royale du 26 mai 1840 pour l'examen des questions relatives à l'esclavage et à la constitution politique des colonies, était cité. Parmi les grandes

Sur l'habitation de Monsieur Donadieu, un laboureur était payé entre 3 et 3,5 piastres par mois, à savoir 10 Francs, le « *mandar* » ou chef de bande 5 piastres, c'est-à-dire 16,50 Francs. Une *bande* était composée de 12 à 15 hommes dont la rémunération atteignait 11,50 Francs maximum par ouvrier à Singapour[523]. Monsieur Donadieu avait accordé aux mandars une sorte de prime d'intéressement, ce qui avait assuré une cadence performante et une discipline rigoureuse dans l'organisation du travail tout au long de l'année[524]. Par ailleurs, le mandar était chargé de tenir le « *livre de journée* » de sa brigade pointant l'assiduité de chaque engagé. C'est lui qui retenait 2 Francs par journée d'absence. En cas d'absence de plus de 3 jours, il était réputé avoir définitivement abandonné la bande et le mandar procédait aussitôt à son remplacement. Quant au logement, il s'agissait le plus souvent d'un « *hangar en paille ou en feuilles qu'ils habitent en commun, par bandes* ». Les frais de nourriture, de vêtements et les soins médicaux étaient par contre à la charge des engagés eux-mêmes[525]. Les conditions assez sommaires du logement étaient acceptables sur une durée limitée, puisque les Chinois de l'habitation de Monsieur Donadieu s'étaient engagés pour un an renouvelable.

Ce système paraissait bien fonctionner et ce, grâce notamment au mandar ou chef d'équipe d'une même ethnie. Etait-il transposable aux habitations sucrières réunionnaises où l'esclavagisme était prégnant ? Il fallait y réfléchir d'autant plus que la loi du 18 juillet 1845 annonça l'obligation de rétribuer le travail de l'esclave[526].

---

familles réunionnaises, on pense aux Kervéguen, à qui le gouverneur « accorda l'incroyable privilège de battre monnaie, ou peu s'en faut. Les Kerveguen utilisèrent en effet sur leurs terres, pendant une vingtaine d'années, une monnaie privée, faite de pièces de vingt kreutzers démonétisés, d'origine viennoise, qu'on appelait à Bourbon des *Kervéguen*. La puissance de cette famille et la confiance qu'inspirait sa fortune étaient telles que les kreutzers furent bientôt admis en paiement dans toute l'île… », In. M. LEGUEN, *Histoire de l'Ile de la Réunion*, L'Harmattan, Paris, 1979, pp. 128-129.

523 Rapport de Lemauff de Kerdural, *Op. Cit.* Selon le rapport de Mackau, la solde prévue sur les habitations sucrières près de Singapour dépassait rarement les 11.50 Francs par jour et par engagé.

524 Rapport de Mackau, *Op. Cit.* : « Libres sont ces chefs ouvriers de prendre tel nombre de travailleurs qu'ils veulent, de défricher et de planter comme ils l'entendent, d'entretenir les cannes et de les soigner à leur manière ; quand elles sont à maturité ; ils les coupent et les portent sur le bord du chemin d'exploitation. Monsieur Donadieu les envoie prendre par des charrettes, les manipuler, et donne à ses commandeurs une piastre et demie par chaque pickles de sucre fabriqué ou 12 000 piastres pour chaque million ». Cette prime versée au « commandeur » ou au mandar chinois « dépasse tout ce que l'on peut voir dans nos colonies à esclaves ».

525 Concernant sa santé, son logement et sa nourriture, rien n'avait été signalé dans le rapport de Mackau de mai 1845 : « Le propriétaire n'est chargé ni de son entretien, ni de son logement, ni de sa nourriture ».

526 A partir de l'arrêté local du 2 mars 1846, l'esclave âgé de 14 à 60 ans devait être rétribué entre 0,75 centimes et 2 Francs selon l'activité par journée de travail, ce qui

- Les engagés chinois ou le faux argument d'une socialisation

Dans la *Feuille Hebdomadaire* du 17 juillet 1844, la population réunionnaise réclamait la réouverture d'au moins un lazaret pour y séquestrer les engagés chinois qui venaient tout juste de débarquer. Les capitaines du navire Le Suffren et de la gabare La Sarcelle n'avaient pas fait vacciner leurs passagers, ce qui constituait un risque sanitaire majeur pour la colonie[527]. Cette précaution était pourtant vitale et rien ne pouvait les excuser, ces derniers pouvant assez facilement se mettre en quarantaine au large de Saint-Denis et procéder à la vaccination de leurs passagers. Il fallait agir avec efficacité et le laxisme des capitaines justifiait un lazaret ou « *un lieu fermé de toute part et soumis à une surveillance active et de tous les moments* ». Le lazaret pouvait donc remplir les fonctions suivantes : séquestration sanitaire avec vaccination – stockage de la main-d'œuvre – formation à la discipline. Tout cela avait un coût. Qui payait ? L'engagiste ? Sans aucun doute. Ces frais étaient-ils retenus sur le salaire de l'engagé ? Certainement.

*L'Indicateur colonial* du samedi 20 septembre 1845 critiqua le projet de la loi Mackau en pleine discussion devant les 2 chambres le 4 juin précédent. Ce texte concernait « *la transformation sociale aux colonies avant d'avoir organisé le travail libre* »[528]. Tant que l'abolition n'était pas proclamée, c'était ça de gagné en temps et en argent pour les habitants. Les colons et tous leurs appuis politiques luttaient point par point contre chaque législation pro-abolitionniste. Il leur importait de faire passer une réforme fondamentale : l'obligation de travail des mains-d'œuvre libres de couleur. Les habitants craignaient que le gouvernement ne proclame une émancipation radicale sans aucune mesure d'accompagnement ou de compensation en leur faveur, surtout que le ministre avait déjà présenté un projet de loi sur l'émancipation des noirs le 14 mai 1844 devant la Chambre des Pairs. Les sujets relatifs à l'engagisme étaient donc prioritaires à leurs yeux.

Dans le même article de presse, l'auteur affirmait que les Indiens et les Chinois étaient « *les pires travailleurs dans l'échelle des engagés libres* ».

---

faisait sur 26 jours un salaire compris entre 19,50 et 52 Francs. Un engagé chinois était rémunéré durant les années 1844-1847 entre 20 et 30 Francs mensuels.

[527] CAOM, C. 432/4598, *Feuille Hebdomadaire* du 17 juillet 1844. Pendant la période révolutionnaire, il existait un lazaret à la Ravine à Jacques et à Petite-île (commune de Saint-Denis). Avec l'essai engagiste chinois, la question de la réouverture d'un lazaret revenait à l'ordre du jour. Voir également CAOM, C. 432/4598, Délibération du Conseil privé de Bourbon, Saint-Denis, le 8 juillet 1844. Le capitaine Guérin commandant la corvette *La Sabine* formula une commande d'engagés chinois pour le compte des négociants Georges et Deguiné. Finalement, c'est le navire *La Sarcelle* qui embarqua la commande avec 75 Chinois recrutés dans le détroit de Malacca.

[528] CAOM, C. 432/4606, *L'Indicateur colonial*, samedi 20 septembre 1845, Partie non-officielle, Saint-Denis, le 19 septembre 1845.

Quoi qu'il en soit, les engagés devaient être régis par une législation qui leur était propre, que leur « *condition normale* », à savoir celle de l'obligation de travail[529]. Il était hors de question qu'ils soient « *assimilés aux citoyens français, élèvent des prétentions exorbitantes, et essayent de secouer le joug de la discipline* ». Que l'engagé soit de statut libre ou pas, peu importait. La société coloniale fonctionnait principalement selon la couleur de la peau. Les Asiatiques étaient considérés comme appartenant à des « *civilisations inférieures* »[530]. Ce dogme colonialiste, on le retrouvait dans les journaux locaux. Il y avait la peur du noir, la peur de l'Indien et la peur du Chinois. Tous étaient perçus comme dangereux pour l'ordre public[531]. De nombreuses « *manifestations d'insubordination* » d'origine indienne étaient également dénoncées. Cela fut le cas des engagés indiens qui avaient gravement blessé leur engagiste, Monsieur Piveteau[532]. Qu'il s'agisse du journal *L'Indicateur colonial* ou du *Courier de Saint-Paul*, la propagande contre les Asiatiques était flagrante, ce qui empêcha toute possibilité à court terme de les assimiler à des citoyens français[533].

---

[529] *Ibidem* : « La paresse et l'insubordination des Indiens et Chinois étaient connues depuis longtemps par l'expérience des colonies anglaises émancipées. Il fallait donc que l'introduction de ces hommes dans notre pays fut précédée de lois répressives et contraignables. Ce qu'il faut faire au plus tôt dans l'intérêt de la tranquillité publique, dans l'intérêt de l'agriculture, du commerce et de l'industrie, c'est une législation exceptionnelle qui tout en respectant la qualité et les droits d'hommes libres respectables partout, astreigne les engagés à leur devoir et les fasse rentrer dans leur condition normale ».

[530] CAOM, C. 432/4606, Correspondance de Monsieur Massot, lieutenant par intérim de juge, Ile de Bourbon, adressée à Monsieur Durand pour le bureau de la direction des colonies, le 28 avril 1846 : « Si la civilisation peut se mesurer à la corruption, la Chine doit être le pays le plus civilisé… une législation spéciale pour les engagés, gens fort embarrassants ; on ne peut les traiter comme des esclaves, et cependant leur appliquer la même loi qu'à l'homme libre, c'est presque une duperie ».

[531] *L'Indicateur colonial*, *Op. Cit.* L'auteur ne donna pas la date exacte des évènements relatifs à la mutinerie des 160 engagés chinois provenant du navire *Le Nouveau Tropique* à Saint-Denis, ni celle des 35 Indiens sur les établissements de Messieurs Roux, Piveteau et Cie.

[532] E. WONG-HEE-KAM, *Op. Cit.*, pp. 200-203. L'industriel sucrier, Gabriel de Kervéguen se plaignait de la violence de ses engagés chinois. Un pharmacien de Saint-Denis signala au directeur de l'Intérieur leur état déplorable surtout qu'ils avaient la « funeste » habitude de fumer de l'opium sans compter la prostitution. Les engagés chinois étaient accusés d'être maladifs, infirmes ou chétifs et mendiants.

[533] CAOM, C. 432/4606, *Courrier de Saint-Paul*, le 30 septembre 1845. A La Possession, l'engagé chinois de l'atelier du gouvernement, Yapsonne, n'obéissait pas aux ordres du conducteur des travaux, le dénommé Bourré. Ce dernier fut blessé de plusieurs coups de bâton, lui fracturant le bras. Le commissaire de police, Monsieur Jourdonnet, fit alors arrêter 5 Chinois soupçonnés d'être les complices de Yapsonne. Ce dernier s'enfuit avec un certain Goderan. Les 2 chinois furent arrêtés par le

## 2) Les conditions de travail de l'engagé chinois : entre dégradation et sanction

Les habitants réunionnais n'étaient pas du tout convaincus « *des bienfaits de l'introduction de cultivateurs européens* » comme aux Antilles. Au contraire. Mais, pour pouvoir prétendre au fonds spécifique du gouvernement sur ce type de main-d'œuvre, la colonie était prête à l'expérimenter. Des engagés européens pouvaient bien aller s'installer dans les hauts de l'île, y cultiver des produits vivriers dans le cirque de Salazie. Si l'engagement d'Européens était envisageable et même encouragé, pourquoi ne pas tenter l'engagement de noirs africains ? La presse nous apprend qu'en 1845 il y avait déjà eu des recrutements d'engagés libres en provenance d'Afrique orientale et des îles de Sainte-Marie et de Mayotte[534]. Nous y reviendrons dans nos développements suivants. A la lecture des documents d'archives, nous constatons que ces opérations échappèrent en grande partie au contrôle du gouverneur et de son administration. Et ce n'est pas faute d'avoir essayé.

Avec l'engagement chinois, une certaine traçabilité des responsabilités était clairement établie. Conformément à l'arrêté du 10 novembre 1843, le nom des engagistes devait apparaître sur l'acte d'engagement, à condition qu'il soit bien entendu écrit. Le directeur de l'Intérieur devait être parfaitement informé des commandes. Or, rappelons que le gouverneur ne convoquait son conseil privé que lorsqu'une difficulté ou un problème particulier était soulevé lors du débarquement d'un navire, d'où le rôle important du directeur de l'Intérieur.

### • La dégradation du salaire de l'engagé chinois de l'Atelier colonial

En octobre 1845, soit un an après le débarquement des premiers engagés chinois, Monsieur Boquet demanda l'autorisation d'introduire 250 Chinois[535]. En principe, il suffisait d'en informer simplement le directeur de l'Intérieur. Alors, pourquoi présenter cette demande devant le gouverneur ? On peut imaginer que le quota des 1 000 laboureurs de l'essai chinois fut atteint. Pour le procureur général, la demande de Monsieur Boquet s'inscrivait toujours dans le cadre de l'essai. Pour le directeur de l'Intérieur, le nombre demandé lui paraissait excessif, « *car les résultats de celles qui ont eu lieu jusqu'à*

---

commissaire de police, assisté de 2 chasseurs d'ordre à la Petite Ravine Les Lataniers. « Depuis ce jour, grâce à l'activité déployée par Monsieur Jourdonnet, l'atelier est rentré dans la discipline ».

[534] *L'Indicateur colonial*, *Op. Cit.* : « La première pensée de la Colonie s'était portée sur les travailleurs libres de la côte orientale d'Afrique, que l'expérience a démontré les meilleurs de tous ».

[535] CAOM, C. 432/4604, Délibération du Conseil privé de Bourbon, Saint-Denis, le 27 octobre 1845.

*présent n'ont pas été satisfaisants sous tous les rapports* ». C'est dire que l'engagement chinois était perçu comme à Maurice, à savoir comme un échec puisque le « *mal* » « *réside dans l'absence de moyens de répression* ». Il valait mieux arrêter là l'expérience d'autant plus que la création d'un poste d'interprète en mars 1845 s'était avérée inutile ou si peu productive[536].

Le directeur de l'Intérieur voulait convaincre le gouverneur de la poursuite de l'engagisme chinois avec toutes les difficultés que cela représentait. C'était l'occasion d'ajuster les salaires des Chinois de la brigade de l'Atelier colonial sur les salaires les plus bas[537].

Sur ce point, lors de la mutinerie de 1845, les 160 engagés chinois du navire Le Nouveau Tropique se révoltèrent à cause du niveau trop faible de leur salaire, à savoir 10 Francs mensuels, alors que ceux qui travaillaient à l'Atelier colonial gagnaient 27,50 Francs[538]. On peut penser que c'est pour éviter des réclamations de ce type que le directeur de l'Intérieur demanda une harmonisation des salaires du public sur le privé[539]. Le Conseil privé donna son accord et autorisa la commande de Monsieur Boquet.

Un mois après, le compte-rendu de l'ordonnateur fut présenté devant le Conseil colonial. Sur les 68 Chinois débarqués du navire La Sarcelle, 58 furent dirigés vers l'Atelier colonial. Or, « *l'engagement de ces Chinois a eu lieu dans des conditions peu favorables, c'est-à-dire que les conditions d'engagement et de solde ont été très élevées* »[540]. C'est dire que les engagés avaient *a priori* « signé » pour un salaire trop avantageux. Or, il n'était pas question de leur demander leur avis. Il revenait plutôt aux 2 conseils de trancher et d'en assumer la responsabilité politique. Conformément à l'arrêté du 24 juillet 1844, l'engagiste ne disposait légalement que du système de la retenue sur le salaire pour sanctionner l'indiscipline ou la désobéissance.

---

[536] *Ibidem*. D'après le directeur de l'Intérieur : « Il est de fait que les Chinois ne veulent pas travailler chez leurs engagistes et qu'ils donnent lieu ainsi à une foule de difficultés. Accroître leur nombre en l'état, serait donc une mesure peu convenable dans l'intérêt de l'ordre public ».

[537] *Ibidem*. Le directeur de l'Intérieur ajouta que « la différence qui existe entre le prix de tel ou tel engagement parce que les nouveaux arrivants ont été engagés à un prix inférieur, ils se croient en droit de réclamer ».

[538] *L'Indicateur colonial*, *Op. Cit.* : « A leur arrivée à Bourbon, ces Chinois s'étaient mis en rapport avec leurs compatriotes de la Brigade de l'Atelier colonial qui reçoivent 27,50 Francs par mois. Tous ont été depuis expédiés chez leurs engagistes, à l'exception de 3 ou 4 des plus mutins qui sont détenus dans la geôle ».

[539] Pour rappel, l'engagement était un contrat d'adhésion en vertu duquel il n'était absolument pas possible pour l'engagé de négocier son salaire. L'engagiste, lui, pouvait très bien ajuster le salaire après une période d'essai. La liberté et la capacité juridique n'étaient envisageables que d'un côté.

[540] CAOM, C. 432/4602, Compte-rendu de l'ordonnateur de Bourbon à présenter devant le Conseil colonial, Saint-Denis, le 8 novembre 1845.

Etait-ce un argument suffisant pour revoir unilatéralement à la baisse son salaire ? Pour l'ordonnateur, à raison de 2,26 Francs par journée de travail, l'engagé chinois de l'Atelier colonial percevait un salaire bien trop élevé de 67,80 Francs maximum pour 26 jours de travail[541]. Relevons que ces montants ne correspondaient pas au salaire de 27,50 Francs mensuels évoqué plus haut. C'est dire qu'une certaine confusion régnait sur le sujet d'autant plus que le salaire était librement fixé par les parties, rappelons-le.

- L'affaire Gillot L'Etang : entre incompétence judiciaire et rapatriement-sanction de l'engagé chinois

Le 6 septembre 1844, le directeur de l'Intérieur présenta au Conseil privé le cas particulier de 3 Chinois engagés au service de Monsieur Julien Gillot L'Etang « *mis en geôle... en attendant d'être rapatriés sur Singapour* ». On relève ici que le juge judiciaire n'était toujours pas compétent d'autant plus que le gouverneur avait déjà eu l'occasion de se prononcer sur une affaire similaire concernant des engagés indiens. Dans cette affaire, l'engagiste *« a déjà payé les frais de rapatriement* » des 3 Chinois accusés d'être « *paresseux et incapables d'aucun service* »[542]. Sur la base de l'article 11 de l'arrêté du 10 novembre 1843, les dépenses relatives aux frais de rapatriement des « *mauvais sujets* » étaient remboursables à l'engagiste. C'était donc tout l'objet de cette séance.

Les discussions s'engagèrent. Pour l'ordonnateur, seule l'autorité judiciaire était habilitée à statuer, surtout s'il s'agissait de prononcer l'annulation ou la rupture du contrat d'engagement. Ce n'est qu'après cette étape que l'administration coloniale pouvait être saisie d'une demande de remboursement des frais de rapatriement. Le procureur général était du même avis tout en rappelant la vigueur de l'ordonnance royale de 1827 relative à l'organisation judiciaire qui reconnaissait la compétence du juge de paix pour tous les litiges relatifs aux engagements des gens de gages, donc *a fortiori* les contrats d'engagement des Asiatiques[543]. Le directeur de l'Intérieur rappela que les engagés étaient avant tout des étrangers sur le territoire réunionnais, ce qui excluait le droit commun et donc la compétence du juge judiciaire. Selon lui, « *ils ne peuvent comprendre le système légal et judiciaire en vigueur* » d'autant plus qu'il était « *difficile de les empêcher de troubler*

[541] *Ibidem.*

[542] CAOM, C.432/4595, Délibération du Conseil privé de Bourbon, Saint-Denis, le 6 septembre 1844. En fait, un Chinois engagé par Monsieur Gillot l'Etang avait été « retourné » sur Singapour.

[543] Ce n'est pas la première fois que se posait la question de la compétence du juge judiciaire et de la vigueur du droit commun.

*l'ordre public, si l'administration n'intervenait pas* »[544]. Concernant les 3 engagés chinois, il était urgent que l'administration intervienne « *pour ordonner leur dépôt à la geôle* ». Le conseiller Sauger rappela qu'il était toujours possible d'incarcérer n'importe quel vagabond qui plus est un ancien engagé[545]. Mais, le procureur n'était pas de cet avis. Pour lui, une incarcération sans jugement judiciaire représentait une « *détention arbitraire* ». L'ordonnateur proposa alors que Monsieur Gillot L'Etang fasse résilier le contrat d'engagement par le juge de paix avant de procéder au rapatriement. Le directeur craignait que cette procédure ne soit victime de son succès et qu'elle soit la cause de nombreux troubles et de nombreux abandons de travail. Il tenta de rassurer les membres du Conseil en précisant qu'une commission était d'ores et déjà chargée de préparer un projet d'arrêté sur la question. En attendant, le gouverneur prononça l'incarcération des 3 Chinois. Ils devaient être rapatriés aux frais de leur engagiste. Le gouverneur évitait ainsi, de manière assez habile, à la fois la question des finances publiques et la problématique de la compétence du juge judiciaire. C'était pourtant bien la colonie qui remboursa les frais de rapatriement de 44 vagabonds indiens en 1843[546]. La maison de commerce Moreau et Manès avait effectivement affrété un navire au prix de 50 Francs par Indien[547]. L'année d'après, ce sont 43 vagabonds indiens qui furent rapatriés et cette fois-ci, l'administration avait fait directement appel à des capitaines de navire[548]. En 1845, seuls 4 Indiens furent rapatriés pour un prix fixé à 60 Francs par passager[549]. Si La Réunion procédait de temps à autre à quelques rapatriements, on estimait à 1 500 le nombre d'Indiens vagabonds dans l'île tandis qu'à Maurice, au 1er janvier

---

544 Délibération du Conseil privé de Bourbon, Saint-Denis, le 6 septembre 1844, *Op. Cit.*

545 *Ibidem* : « on ne peut considérer ces individus comme vagabonds, si leur maître ne les a pas renvoyés, qu'il y a alors rupture d'engagement et qu'on peut les condamner pour ce fait ».

546 CAOM, C. 406/3852, Délibérations du Conseil privé de Bourbon, Saint-Denis, les 28 janvier et 22 mai 1843. Parfois, le Conseil privé approuvait le marché en fixant le prix à une maison de commerce, d'autres fois, il accordait le marché directement à des capitaines de navire qui s'apprêtaient à lever l'ancre à destination de l'Inde, ce qui justifiait quelque peu la variation des prix du rapatriement.

547 Notons que le prix de 50 Francs était sans comparaison avec les 500,50 Francs annoncés par l'ordonnateur lors de la séance du Conseil privé du 17 juillet 1844. Le prix du passage ne dépassait généralement pas les 100 Francs. Les 500 Francs correspondaient plutôt au prix de cession de l'engagé.

548 CAOM, C. 406/3852, Délibérations du Conseil privé de Bourbon, Saint-Denis, les 10 février, 26 juillet, 31 août et 29 octobre 1844.

549 CAOM, C. 406/3852, Délibération du Conseil privé de Bourbon, Saint-Denis, le 3 décembre 1845.

1844, la population indienne comptait près de 35 000 cultivateurs[550]. L'échelle n'était pas la même.

Ce n'est pas uniquement auprès des habitants que les engagés chinois semblaient poser problème. L'arrêté du Conseil privé du 14 novembre 1845 ordonna le renvoi de 16 Chinois sur les 58 de la brigade de l'Atelier colonial[551]. L'ingénieur colonial, Monsieur Maillard, consigna dans son rapport qu'il avait demandé le renvoi de 10 « *mauvais sujets de la bande* » pour servir d'exemple[552]. Dans ce document, on relève qu'ils étaient identifiés non pas en fonction d'un nom et/ou d'un prénom, mais d'un numéro de matricule. C'est le cas du numéro 30 qui était semble-t-il le plus grave. Celui-ci était réputé « *paresseux, arrivant toujours à l'appel une demie heure après les autres, quittant souvent le travail, insolent, ayant déjà 38 jours de convalescence, 32 jours d'hôpital, 43 de geôle, 23 jours de punition* ». Le numéro 40, lui, « *doit plus qu'il ne gagnera dans tout son engagement* ». Quant au numéro 19, il avait déjà « *11 jours de marronnage* » à son actif. Le numéro 11 était « *maladif et infirme, exactement bon à rien* » tandis que le numéro 39 était « *bagarreur* » tout comme les numéros 7, 5, 8, 36, 38, 45 et 53. L'administration recourait comme les engagistes privés au système de la retenue salariale en cas de mauvaise conduite. Face aux « *mauvais services des Chinois de la Brigade de l'Atelier colonial* », la compétence du juge de paix était écartée. L'intervention du Conseil privé paraissait largement suffisante dans l'optique de « *prendre une mesure administrative pour rétablir l'ordre dans cette brigade indisciplinée* ». D'ailleurs, il semble que « *la justice n'a pu parvenir à établir la culpabilité et aucune suite n'a été donnée* »[553]. Les arguments pour exclure le droit commun et la compétence du juge judiciaire paraissaient solides d'autant plus que les engagés chinois étaient toujours soumis aux « *Règlements en usage dans la colonie* », à savoir les arrêtés du 10 novembre 1843 et du 24 juillet 1844[554].

En prononçant leur expulsion, le gouverneur entendait affirmer la discipline et l'obligation du travail. Même si le Conseil colonial se félicitait parfois de la discipline des Chinois, cet engagisme se révéla être un véritable échec. Les

---

550 CAOM, C. 406/3852, *Le Havre*, le 9 mai 1844.

551 Il s'agissait de la délibération du Conseil privé du 14 novembre 1845.

552 CAOM, C. 432/4603, Délibération du Conseil privé de Bourbon, Saint-Denis, le 14 novembre 1845. Selon l'ingénieur colonial en chef : « Si un exemple sévère ou leur renvoi était ordonné, j'ose espérer que nous tirerions un bien meilleur parti du reste de la Brigade ».

553 *Ibidem*.

554 CAOM, C. 432/4602, Délibération du Conseil privé de Bourbon, Saint-Denis, le 24 juillet 1844. Il s'agissait des jours de retenue en cas d'absence injustifiée ou en cas de punition pour manquement au travail. L'arrêté du 10 novembre 1843 était la seule législation en vigueur. Il faut croire que la mention « soumis aux Règlements en usage dans la Colonie » figurait sur leur « contrat d'engagement ».

Chinois se plaignaient beaucoup trop de la dégradation du niveau de leurs salaires et ils avaient certainement décidé d'y répondre à leur manière. On releva dans l'île plusieurs actes de mutinerie, des faits de marronnage et de mendicité, phénomène qui touchait également les Indiens sans parler de la misère dans laquelle se trouvaient certains blancs[555]. Notons la pratique selon laquelle l'engagiste retenait les jours d'absence et autres éléments de traitement directement sur le montant (fictif ou indicatif ?) du salaire de l'engagé, ce dernier se retrouvant en position même de devoir de l'argent à son employeur.

Concernant l'expulsion des 15 ou 16 Chinois, les chiffres exacts n'étant pas très clairs, il semble qu'ils restèrent au service de l'Atelier colonial. En effet, il ressort de la délibération du Conseil privé du 6 mars 1847 qu'il n'y eût aucun navire en partance vers Singapour depuis environ 2 ans[556]. Selon l'ordonnateur, sur les 69 engagés chinois du navire La Sarcelle, il y eut 5 morts et 2 condamnés, ce qui faisait un total de 51 Chinois actifs au sein de cette brigade puisqu'il y avait encore un interprète affecté au bureau du syndic et de marronnage de Saint-Denis. 10 furent remis à monsieur Périchon. 30 devaient être prochainement renvoyés par le navire La Sarah, considérés comme des « *hommes inutiles à la Colonie, étant toujours dans les hôpitaux ou refusant le travail lorsqu'ils sont sur les ateliers* ». Le capitaine proposa de les embarquer à destination de Singapour au prix de 75 Francs chacun, ce qui faisait un total de 2 250 Francs. Le Conseil privé prit un arrêté en ce sens[557]. Mais encore fallait-il qu'ils partent vraiment.

## § 2 – L'engagement asiatique à Bourbon : vers une réforme légale ?

En 1844, sur un total de 799 nouveaux immigrants, on dénombrait 461 Chinois, 310 Indiens dont une partie provenait de l'île Maurice ainsi que 28

---

[555] ADR N, Procès-verbaux du Conseil colonial, Année 1844. Délibération du Conseil colonial de Bourbon, Saint-Denis, le 27 décembre 1844.
H. GERBEAU, *Les minorités chinoises de La Réunion*, Minorités et sociétés coloniales, XIXe-XXe siècles, IPHOM, Aix-en-Provence, 1988, pp. 177-180.

[556] CAOM, C. 432/4603, Délibération du Conseil privé de Bourbon, Saint-Denis, le 6 mars 1847.

[557] *Ibidem*. Article 1er de l'arrêté local du 6 mars 1847 : « 30 Chinois de ceux venus par la Sarcelle seront embarqués sur le navire la Sarah pour être rapatriés à Singapour, lieu de leur provenance. Le Chef de l'Atelier colonial doit adresser une liste nominative au Consul de France de Singapour » ; Article 2 : « Ces hommes recevront leur solde due jusqu'au moment de leur départ » ; Article 3 : « L'Ordonnateur est chargé de l'exécution du présent arrêté ».

noirs des îles de Sainte-Marie de Madagascar et de Mayotte[558]. C'est dire que malgré l'interdiction de la traite négrière et l'interdiction d'exporter des Indiens vers La Réunion, cette colonie continuait à accueillir toutes ces ressources d'immigrants. Pour chaque origine d'engagés, le gouverneur prenait soin d'adopter une ou plusieurs législations spécifiques qui allaient toutes dans le même sens, le principe d'obliger les engagés à travailler depuis le moment où ils débarquèrent. Ce fut tout l'enjeu du décret du Conseil colonial de La Réunion du 24 décembre 1838 toujours pas validé par Paris. Pour les Indiens, les législations se multipliaient sans doute en raison de leur importance numérique : arrêtés des 24 décembre 1829, 16 mai 1831 et 13 juin 1843. Pour les Chinois, on peut citer comme législations spécifiques les arrêtés du 10 novembre 1843 et du 24 juillet 1844.

Il faut relever la persévérance des grands propriétaires et industriels pendant toutes ces années qui, face aux hésitations de Paris et de Pondichéry, ont forgé un argumentaire solide pour tenter d'imposer le principe de l'obligation de travail sur tous les immigrants de couleur, à commencer par les vagabonds indiens. Aucune autorité ne pouvait prendre le risque de les laisser à l'abandon. L'ordre public pouvait être mis en danger à tout moment. Et c'est là tout l'enjeu de l'arrêté du 13 juin 1843. Il n'y avait aucune catégorie d'engagé qui n'avait pas posé problème à son engagiste. Avec l'arrivée des premiers engagés chinois, certaines rumeurs, certaines pratiques esclavagistes se confirmèrent sur l'ensemble des mains-d'œuvre engagées pourtant considérées comme libres. Combien d'entre elles se plaignaient d'être maltraitées, battues, punies, mises en geôle, mal payées, pas du tout payées et même redevables envers leurs engagistes ? Certes, le travail sur une habitation sucrière demandait une rigueur implacable tournée vers une productivité mortelle. Entre rentabilité économique et humanité sociale, ce sont les relations de travail qui étaient appelées à être profondément changées. Le travailleur n'était plus tout à fait un esclave, un bien meuble ou un simple outil, mais une personne humaine qui s'inscrivait dans une relation sociale avec son employeur. Une révolution que le monde colonial n'était pas prêt à accueillir. Nous verrons que les engagistes ont tout fait pour ralentir voire stopper ce processus.

Les relations commerciales avec les pays étrangers étaient une nécessité absolue pour une île comme La Réunion. Les engagistes réclamèrent la libre immigration chinoise même s'ils se plaignaient régulièrement d'indiscipline qu'il convenait de corriger dans un contexte très particulier tel que celui de l'imminente abolition de l'esclavage (A). Pour des raisons de coût, parce que le transport des Chinois était plus cher que celui des Indiens, il fut assez facile d'instaurer comme contrepartie la légalité de l'obligation de travail des engagés chinois puis indiens et peut-être prochainement africains (B).

---

[558] Voir tableau du recensement de l'année 1844 ci-après.

## A/ L'expérience chinoise : la seule mesure légale de préparation à l'abolition de l'esclavage

La France devait de toute urgence s'inspirer de l'abolition de l'esclavage proclamée par le Royaume-Uni même si elle n'était pas un franc succès en Sierra Léone et à la Jamaïque où l'on comptait de nombreux abandons de travail chez les nouveaux affranchis[559]. La moralisation de leur travail n'avait pas convaincu, pas plus que la multiplication des missions protestantes[560]. Dans les colonies françaises, il fallait éviter le pire en assurant le maintien de la plupart des futurs affranchis dans le giron des habitations sucrières. La Chambre de commerce de Nantes vanta au ministre de la Marine et des Colonies les mérites des missions catholiques dans les comptoirs africains dont le message était axé sur les valeurs morales et sacrées du travail[561]. Paris était convaincu d'une chose : il lui paraissait important de préparer l'abolition de l'esclavage dans les meilleures conditions possibles et notamment dans l'intérêt des producteurs de sucre[562]. Pour le ministre Mackau, il n'était pas question d'autoriser une proclamation radicale et brutale sans qu'aucune mesure préalable n'ait été adoptée. Pour autant, ce n'était pas une raison non plus pour permettre aux Réunionnais de pratiquer en toute liberté l'engagisme africain ou noir.

En théorie, cela faisait près de 20 ans que La Réunion expérimentait le travail libre auprès de populations de couleur, principalement indienne et tout récemment chinoise. Les habitants étaient parvenus à imposer une relation contractuelle à leur avantage : Indiens et Chinois étaient libres de s'engager mais, une fois embarqués, ils avaient « signé » pour s'obliger à travailler, peu importe ce qui les attendait. Forts de cet engagement contractuel, les engagistes pouvaient vendre ou louer à l'envi leurs services. Si les documents officiels ne relèvent pas plus de 5 000 engagés à l'époque, sans doute qu'ils étaient plus nombreux puisque l'administration était assez peu regardante. Il

---

559 Le gouverneur de la Jamaïque décida le 7 décembre 1841 d'autoriser les noirs de devenir tenanciers. Le 20 mai 1843, le Juge Walkers signala la multiplication des petits champs mis en culture par des artisans et des cultivateurs.

560 CAOM, C. 406/3850, Correspondance des membres composant la Chambre de commerce de Nantes adressée à Monsieur le ministre de la Marine et des Colonies, Nantes, le 11 juillet 1844 : « …ils ne limitent pas leur œuvre à la prédication seule, ils admettent comme missionnaires des charpentiers, des forgerons, des constructeurs, des agriculteurs et pendant qu'ils moralisent les hommes, ils introduisent les arts, les commodités de la vie ».

561 *Ibidem*. Le gouvernement français devait réfléchir à « des centres d'émigration, et lorsque le moment sera venu, où cette liberté, si chère aux abolitionnistes, sera proclamée ; les colons comme le commerce ne verront pas disparaître immédiatement la production sur laquelle est basée nos échanges ».

562 CAOM, C. 406/3850, Dépêche du ministre de la Marine et des Colonies adressée aux membres composant la Chambre de commerce de Nantes, Paris, le 19 octobre 1844.

n'était pas difficile non plus de faire débarquer noirs esclaves et Indiens à différents endroits de la colonie. L'urgence consistait à reprendre les immigrations indiennes de manière officielle et massive surtout dans un contexte historique et politique d'incertitudes. Le vice-amiral de Mackau s'était rendu à Pondichéry, à Madras puis à Maurice, afin de rétablir les relations de politesse avec La Réunion[563]. Cette mission diplomatique fit l'objet d'un rapport à la fois politique et économique sur la situation de l'Asie et la question de l'engagement d'étrangers dans cette région du monde[564]. N'y avait-il pas dans ces expérimentations certaines idées et certaines règles qui pouvaient inspirer les habitants réunionnais ? Le rapport Mackau de 1845 tenta d'y répondre dans l'intérêt de toutes les colonies françaises. Par ailleurs, nous pouvons également citer le rapport du lieutenant de vaisseau Lemauff de Kerdural de 1844 qui traitait surtout de l'organisation du travail chinois à Singapour. L'engagement pratiqué à La Réunion pouvait là encore s'en inspirer[565].

### 1) De la libre immigration asiatique au libre marché de toutes les mains-d'œuvre

Avant de présenter son projet de loi devant la Chambre des Pairs le 14 mai 1844, le ministre recueillit l'avis des Chambres de commerce en relation avec les colonies[566]. Celle de Nantes était sans aucun doute intéressée par le commerce des mains-d'œuvre noires dont les colonies avaient tant besoin. Dans l'océan Indien, les lieux de recrutement sur les côtes d'Afrique orientale et de Madagascar étaient bien connus et l'on sait que ce trafic persistait encore[567]. Mais voilà que la proclamation de l'abolition de l'esclavage était

---

563 Rapport du baron vice-amiral de Mackau adressé au ministre de la Marine et des Colonies, Brest, mai 1845, *Op. Cit.* : « Pour moi… qui revenais de Madagascar et qui m'étais nullement occupé de la question, tout ce que j'entendais me jetait dans la complète incertitude et je remis au temps où je verrais les hommes et les choses par moi-même pour me former une opinion ».

564 *Ibidem*. Le baron de Mackau avait œuvré avec succès au rétablissement des bonnes relations entre La Réunion, l'Inde anglaise et l'île Maurice. C'est le commandant du navire *La Sarcelle* qui arriva en premier en Extrême-Orient pour y engager une centaine de Chinois. On retrouve également dans ce long rapport l'historicité de la cession de l'île de Mayotte à la France le 1er juillet 1844.

565 Extrait d'un rapport de Monsieur Lemauff de Kerdural, lieutenant de vaisseau, commandant le brick le Messager du 6 octobre 1844, *Op. Cit.*

566 Correspondance des membres composant la Chambre de commerce de Nantes à Monsieur le ministre de la Marine et des Colonies, Nantes, le 11 juillet 1844, *Op. Cit.* Pour eux, le projet de loi du ministre avait pour but d'améliorer « la condition morale et matérielle des esclaves afin d'assurer à l'émancipation ».

567 CAOM, C. 432/4596, Quelques renseignements sur les cultivateurs chinois adressés au contre-amiral, gouverneur de Bourbon, Monsieur Bazoche, Rapport sur

toute proche, ce qui ouvrait en grand la perspective de voir la voie de l'engagisme s'offrir aux immigrations indienne et chinoise. Les centres d'émigration devenaient une nécessité vitale pour les colonies à sucre, ce qui permettait à Singapour de servir de modèle aux recrutements et aux engagements chinois. L'ouverture commerciale de La Réunion sur cette partie du monde laissait envisager davantage de prospérité économique. D'ailleurs, le capitaine du Suffren s'était plaint qu'il n'y avait pas suffisamment de rades à La Réunion pour désengorger et fluidifier le trafic portuaire des marchandises et des mains-d'œuvre[568]. Pendant cette période, le gouverneur devait veiller à ne pas encourager le trafic d'Africains, « *même en faisant bien constater et établir leur liberté* » par les autorités locales. Il faut dire que la législation malgache prohibait toute « exportation » de ses ressortissants et d'esclaves[569]. C'est pourquoi, du moins en apparence, les habitants réunionnais durent se rabattre sur l'engagisme asiatique.

- Singapour : l'unique centre d'émigration chinoise ?

Au 16 octobre 1844, La Réunion compta officiellement 584 Chinois dont 484 étaient engagés pour une durée de 5 ans, soit au service des habitants, soit au service de l'Atelier colonial pour un salaire maximum de 30 Francs mensuels. Comme pour les Indiens, nous constatons qu'aucune femme chinoise ne fut transportée[570]. Il n'était pas question de leur permettre de faire souche, mais de servir exclusivement de bras ouvriers. Quels sont les chiffres

---

l'accomplissement de sa mission du 1er juillet 1844 : « Les habitants toujours préoccupés et menacés de l'abolition, cette grande et fausse idée de philanthropie et d'humanité que des hommes éminents d'Europe défendent avec conviction, par cela, seul qu'ils ont cru ce qu'on leur a dit, ce qu'ils ont lu et qu'ils n'ont pu voir que d'autres non moins éminents, mais beaucoup moins intéressés soutiennent avec la chaleur d'une ambition rivale et qui aurait déjà affaibli notre marine et ruiné nos colonies, si l'on ne s'était arrêté devant les observations judicieuses qu'ils ont fait entrevoir ; les habitants, dis-je, qui ne peuvent oublier l'orage que l'esprit dominant en France tient suspendu sur leurs têtes, voyaient avec reconnaissance les efforts que vous vouliez bien faire pour en amoindrir le coup, mais ils n'avaient pas dans l'épreuve que pour eux vous alliez, tenter la confiance qu'ils auraient dû avoir et sans laquelle les difficultés attachées à la question des engagés augmentent et sans laquelle aussi des résultats certains peuvent être compromis ».

568 CAOM, C. 406/3851, Extrait du rapport du capitaine du navire le Suffren, Nantes, le 9 septembre 1844. L'armateur de ce navire était Monsieur Paul Dupuy.

569 Voir nos développements suivants.

570 CAOM, C. 432/4598, *Feuille Hebdomadaire* du 16 octobre 1844 : « Nous avons été étonné de n'avoir pas rencontré de femmes parmi les Chinois transportés dans la Colonie. Ce mode d'immigration est peu moral et contraire à tout principe civilisateur. D'ailleurs, ces femmes auraient bien vite trouvé leur place dans les maisons particulières, et l'on eut préféré les avoir à son service au prix de 20 ou 30 Francs, que des négresses que l'on ne peut louer que moyennant 50 et 60 Francs ».

exacts de l'engagisme chinois ? Comme pour n'importe quel type de main-d'œuvre servile dans l'île, ils sont loin d'être clairs. Prenons par exemple ceux que l'on retrouve dans la séance du Conseil privé du 5 septembre 1844. L'ordonnateur les estima à 340 entre janvier 1844 et la date du débarquement du navire Le Palladium, à savoir le 13 août 1844[571]. Au 31 décembre de cette année-là, 442 Chinois furent recensés sur un total de 461[572]. Or, nous relevons une contradiction entre le chiffre avancé par la *Feuille Hebdomadaire* du 16 octobre 1844 et l'extrait de la population pour l'année 1844, document officiel du gouvernement local. Ce journal indiquait la présence de 584 Chinois contre les 461 évoqués plus haut, ce qui faisait tout de même une différence de 123 Chinois, soit une marge d'erreur de près de 21% sur les 584 introduits. Etaient-ils devenus vagabonds ? Pourquoi le nombre de Chinois débarqués ne correspondait pas à la réalité ?

À bord des navires, il n'y avait pas nécessairement qu'une seule catégorie d'ethnie d'engagés. Par exemple, plusieurs documents témoignent de leur pluralité : 310 engagés indiens, 19 engagés malgaches de Sainte-Marie et 7 engagés malgaches de Mayotte ainsi que les 340 engagés chinois introduits entre janvier et août 1844[573]. Certains Indiens provenaient aussi de l'île Maurice. Notons que des relevés trimestriels devaient désormais préciser les chiffres exacts des différentes immigrations de « *travailleurs libres de toute provenance* », Africains et Malgaches compris, mais il ne s'agissait là que de

---

571 CAOM, C. 432/4601, Délibération du Conseil privé de Bourbon, Saint-Denis, le 5 septembre 1844 : 1 seul Chinois fut débarqué à Saint-Denis le 28 janvier 1844 par le navire *L'Auguste et Marie* ; 54 Chinois du navire *Le Suffren* le 13 avril 1844 ; 69 Chinois de la gabare *La Sarcelle* le 5 juillet 1844 et 216 Chinois du navire *Le Palladium*, arrivé le 13 août 1844.

572 CAOM, C. 432/4602, Extrait de l'état de population de la Colonie pour l'année 1844. Il est fait allusion à la perte de 19 Chinois, dont 3 rapatriés et 16 morts au cours de l'année même, ce qui faisait 442.

573 Délibération du Conseil privé de Bourbon, Saint-Denis, le 5 septembre 1844, *Op. Cit.* Selon l'ordonnateur, 32 Indiens ont été introduits par *L'Auguste et Marie* le 28 janvier 1844, 33 Indiens par *Le Suffren* le 13 avril 1844, 76 Indiens par *L'Olympe* le 19 mai 1844, 25 Indiens par le *Lutin* en provenance de Trinqebar le 19 mai 1844, 54 Indiens par *L'Abeille* en provenance de Goa le 27 mai 1844, 4 Indiens de l'île Maurice par le navire *La Chimère* le 1er juillet 1844, 50 Indiens de Karikal par le navire *Le Gol* le 2 août 1844, 20 Indiens de Trinqebar par le *Robert le Diable* le 9 août 1844 et 16 Indiens de Karikal par *Le Sans Souci* le 19 août 1844. Les 19 engagés malgaches avaient débarqué dans la colonie le 21 janvier 1844 par le navire *L'Indien* en provenance de l'île Sainte-Marie. Ce navire avait également débarqué 7 Malgaches de l'île de Mayotte.

modèles types encore vierges de toute écriture[574]. On imagine la réticence des capitaines et des habitants à vouloir tout déclarer.

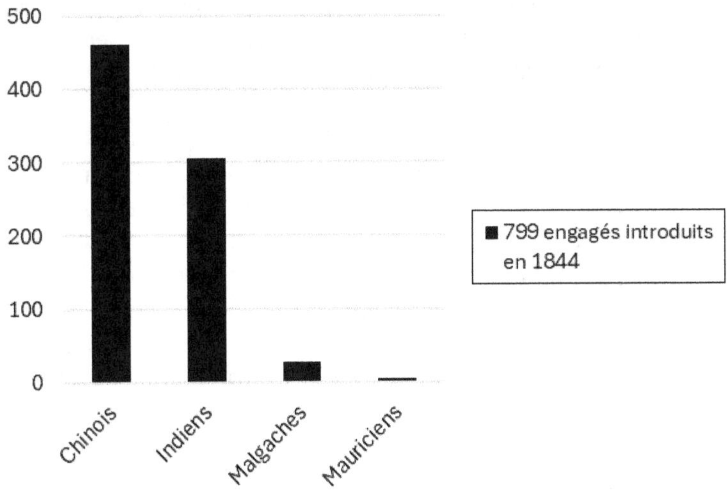


**Statistiques de l'immigration à Bourbon en 1844**

Le 12 avril 1844, le navire Le Suffren débarqua à La Réunion les 53 premiers engagés chinois en provenance de Qinang, auxquels il fallait ajouter 35 Indiens, à des conditions contractuelles pécuniaires avantageuses[575]. Son capitaine avait présenté au ministre une demande de monopole commercial sur l'immigration chinoise, sans aucun quota, pour le compte de l'armateur nantais Paul Dupuy. Il souhaitait faire réviser l'arrêté réunionnais du 10 novembre 1843 pour autoriser les navires à transporter plus de 3 Chinois par 5 tonneaux de jauge.

Lors de leur débarquement, nous avons également noté la présence d'un certain nombre d'Indiens, ce qui semblait relativement courant. Dans le rapport de bord, le capitaine l'avait clairement évoqué. Il signala par exemple le débarquement de 40 Indiens par le navire L'Auguste-et-Marie, 60 Indiens

[574] CAOM, C. 432/4602, Relevé trimestriel des immigrations de travailleurs libres de toute provenance. Le gouverneur refusait un relevé trop détaillé qui aurait indiqué le nom de tous les navires transportant des immigrants, leurs ports d'attache, les lieux de provenance des immigrants, les individus de moins de 14 ans selon leurs sexes, les individus de 14 à 30 ans, les individus de 30 à 40 ans, les individus de 40 à 50 ans et les totaux. Ce modèle aurait dû faire état d'un récapitulatif des immigrants selon leurs « races », leurs sexes et le genre d'industrie ou de culture auquel ils étaient destinés.

[575] Extrait du rapport du Capitaine du navire le Suffren, de Nantes, Nantes, le 9 septembre 1844, *Op. Cit.* : « …les conditions d'engagement pour les Chinois étaient 5 années de durée, 15 Francs par mois les deux premières années et 20 Francs par mois les trois dernières années. Ce sont les premiers Chinois qui avaient été introduits à Bourbon ».

par L'Olympe, 30 Indiens de la côte du Coromandel par le navire Le Lutin et 54 Indiens par L'Abeille issus de la côte Malabar durant la période où il assura deux allers-retours seulement entre les Mascareignes et l'Asie, c'est-à-dire du 20 octobre 1843 au 5 juin 1844. Le capitaine déclara qu'il s'était procuré en tout et pour tout 95 Indiens et 253 Chinois embarqués à Qinang.

Dans la *Revue coloniale* de juin 1845, on retrouve un extrait du rapport du lieutenant de vaisseau du Messager, Monsieur Lemauff de Kerdural, datant du 6 octobre 1844. Singapour se présentait comme une véritable plaque tournante commerciale pour tout l'Extrême-Orient avec plus de 4 000 arrivées de navires annuelles. L'île de La Réunion se mettait déjà à rêver de lui ressembler et de l'imiter[576]. Celle-ci comptait à l'époque 40 000 Chinois, 10 000 Arabes, Arméniens, Malais et autres tandis que les Européens n'étaient que 1 500 environ[577]. Les mains-d'œuvre étaient toutes tournées vers la production et l'exportation de denrées coloniales[578]. L'engagement se faisait à l'année contrairement à ce qui se pratiquait à La Réunion. Le lieutenant de vaisseau précisa que les propriétaires étaient soit des Chinois, soit des Européens[579].

Singapour pouvait devenir pour les Réunionnais un centre majeur d'émigrations chinoise et indienne, d'autant plus que les populations des provinces méridionales de Fujian et du Guangdong étaient à la fois importantes et très pauvres[580]. Face à Singapour, les Britanniques avaient

---

[576] Rapport de Lemauff de Kerdural, *Op. Cit.* Jusqu'en 1844, l'île Maurice comptait très peu de main-d'œuvre chinoise, mais la majeure partie d'entre elle provenait d'Annoy et de Canton. Le sultan de Soumenar disposait sous son autorité des îles Kalkoons ou Turquey, Pondy et autres îles situées à l'est de Madura proposant à des habitants européens établis à Singapour des employés réputés pour leur douceur et leur travail pour un prix intéressant. Flores vantait les conditions physiques des travailleurs à des prix attractifs, ce qui était moins le cas du Timor.

[577] Ces chiffres sont approximatifs, car dans le rapport Mackau, on dénombrait à Singapour non pas 40 000, mais 45 000 Chinois, 7 à 8 000 Indiens et 4 à 5 000 Malais pour un total de 55-56 000 travailleurs.

[578] Rapport de Lemauff de Kerdural, *Op. Cit.* Singapour produisait du gambier pour être exporté sur la Chine, le Royaume-Uni et l'Amérique. Ce produit était utile à la fabrication des cuirs, mais il était également consommé par les Asiatiques comme une sorte de tabac à mâcher avec de la chaux. La canne à sucre, les muscadiers, les girofliers et les cocotiers n'étaient cultivés que par de rares Européens.

[579] *Ibidem* : « Les Chinois propriétaires de culture n'emploient que leurs compatriotes, dont ils louent le travail pour très peu de chose ». Les Européens « emploient à la culture des Chinois et des Indiens dont l'engagement se passe pour un an... ».

[580] E. WONG-HEE-KAM, *Op. Cit.*, pp. 179-212. Pendant la 1re moitié du 19e siècle, l'émigration chinoise s'explique par une forte paupérisation du monde paysan. Seuls 2% de la population recevaient 23% du revenu national. Voir aussi, L. BIANCO, *Les origines intellectuelles de la Révolution chinoise*, Gallimard, Paris, 1967, p. 63. Selon l'auteur, dans la région du Guangdong, 54% des terres étaient « claniques », propriétés collectives usurpées par les familles les plus riches. Dans cette région,

forcé l'empire de Chine à ouvrir leur commerce via 5 ports libres[581]. On retrouvait encore une fois la domination des Anglais sur le marché spécifique de l'engagisme indien et chinois. C'est dire qu'ils contrôlèrent dès cette époque une bonne partie du commerce asiatique.

Les rapports Mackau et Lemauff de Kerdural indiquaient que les Réunionnais étaient autorisés à faire sortir entre 4 et 5 000 Chinois de Singapour maximum. Sans doute qu'il était question de concurrence entre plusieurs maisons de commerce françaises. Le ministre décida le 23 mai 1845 la libre immigration chinoise et indienne. Il demanda au gouverneur de bien vouloir se référer au rapport Lemauff, rapport qui lui fut transmis dans sa correspondance du 17 octobre 1844. Pour lui, « *les détails fournis par cet officier sur le mode de recrutement d'engagés chinois et indiens à Singapour paraissent de nature à être consultés utilement par les habitants de notre colonie* »[582]. Cela signifiait que les Réunionnais pouvaient désormais recruter des Indiens non pas directement en Inde, mais via le comptoir de Singapour, en plus des Chinois.

### • La demande des aristocrates industriels de Bourbon : un lobbying économique fort

En 1844, la Chambre de commerce de Nantes se disait favorable à l'évangélisation des Africains destinés aux colonies sucrières françaises. A La Réunion, l'instruction religieuse catholique n'était pas vue d'un très bon œil, car on se souvenait de l'action menée collectivement contre certains abbés comme Alexandre Monnet, accusé alors de traîtrise envers la colonie[583].

---

s'opposèrent les Hakka aux Puntis. De 1851 à 1867, c'est ce qu'on appelle la révolte des Taïping (« Royaume Céleste de la Grande Paix »). Pour, F. WAKEMAN, *Les sociétés secrètes du Guangdong, 1800-1856*, Maspéro, Paris, 1970, p. 114, les Hakka étaient défavorisés par le gouverneur de Canton qui organisa leur émigration surtout à destination de l'île Maurice.

[581] Le décret impérial de 1718 interdisait l'émigration de tout sujet chinois. Le traité de Nankin de 1842 obligea la Chine à ouvrir 5 ports au commerce anglais : Canton, Amoy, Fuzhou, Ningbo et Shanghaï.

[582] CAOM, C. 432/4595, Dépêche du ministre de la Marine et des Colonies adressée au gouverneur de Bourbon, Paris, le 23 mai 1845.

[583] Alexandre Monnet (1812-1849) était réputé abolitionniste. Nommé vicaire du chef-lieu de l'île, il débarqua à Saint-Denis le 9 juin 1840. Il fonda le catéchisme pour les esclaves et le catéchisme pour les persévérants. Il fut surnommé le « *tambour major* » des prêtres de l'île. Sa politique d'évangélisation fut freinée par la réticence de plusieurs habitants, mais certains le laissèrent aller à la rencontre de leurs esclaves, directement dans leurs cases. L'abbé organisa des messes en plein air pour eux à la Rivière des Pluies et entreprit la construction d'une chapelle. Selon l'abbé Monnet, sans l'émancipation, l'évangélisation devenait inutile, car les esclaves étaient totalement soumis à leurs propriétaires. Il devint très vite l'ennemi des colons, car c'est toute la société, tout son fonctionnement qui était menacé. Les habitants firent

Même si cette accusation était excessive, il n'en demeure pas moins que le gouverneur, Monsieur Joseph Graëb, finit par l'expulser le 28 septembre 1846.

Le 2 juillet 1846, le gouverneur réunit son Conseil privé suite aux demandes d'immigrations chinoises formulées d'une part, par Monsieur de Rontaunay[584] et d'autre part, par Messieurs Roux et Piveteau[585]. L'engagisme asiatique était clairement soutenu par les grands notables de l'île, tels que Messieurs Desbassyns, de Villèle, Kervéguen, Vinson (ou Vincent), Magnan de Bellevue, de Jouvencourt, Dagay, Gautier, Rochéry, Hoareau, Piveteau, Boyer de la Girodais et Cadet. Ceux qui se présentaient comme les plus intéressés par les Chinois étaient les établissements suivants : Deguigné Fils et les Ker Anval à Saint-Denis, déjà propriétaires de plus d'une centaine d'esclaves[586]. Même la ville de Saint-Denis envisagea sérieusement de les recruter pour composer son atelier public[587]. Après le phénomène du vagabondage indien, voilà maintenant le directeur de l'Intérieur qui les mit en garde. Selon lui, « *jusqu'à ce jour, au sujet des Chinois précédemment introduits ne sont nullement favorables, et ce sont eux qui par leur vagabondage alimentent l'atelier de travail* ». Est-ce à dire que la majorité des Chinois était vagabonde ? Etait-ce la raison pour laquelle le directeur de l'Intérieur affirmait ici que les ateliers de travail, publics comme privés, étaient composés de vagabonds chinois et indiens ? Dans les ateliers municipaux, l'arrêté local du 13 juin 1842 touchait aussi bien les Indiens que les Chinois. Pour rappel, cette législation obligeait les vagabonds à travailler auprès des particuliers ou au sein des ateliers publics pour un salaire très faible, à savoir 10 Francs

---

savoir que la religion appartenait exclusivement au domaine privé, et pour ménager les blancs, Monnet proposa un clergé spécifique aux noirs. Il rédigea un catéchisme en créole. En juin 1842, Le Vavasseur débarqua et fut impressionné par tout le travail effectué. L'abbé Monnet fut nommé curé à Saint-Paul en 1843 et reçut la croix de la légion d'honneur en 1845. Il fut reçu par le pape Pie IX qui le nomma vice-préfet apostolique de Bourbon.

[584] M. LEGUEN, *Op. Cit.*, pp. 143-144. Les législations en matière de lutte contre la traite, « c'était pour les Négriers de Saint-Denis la fermeture définitive d'un marché traditionnel, inestimable, de main-d'œuvre servile. Mais ce n'était pas la fin de la traite… Impossible à Madagascar, elle se poursuivit, plus ou moins franche, sur les côtes orientales de l'Afrique pendant une quarantaine d'années encore, et s'achève par le voyage mémorable du navire à vapeur *Madagascar*, propriété d'un riche commerçant créole : Julien Gaultier de Rontaunay ».

[585] CAOM, C. 432/4607, Délibération du Conseil privé de Bourbon, Saint-Denis, le 2 juillet 1846.

[586] D. DURAND, *Les Chinois de La Réunion*, Australe Editions, Capetown, 1981, p. 32.

[587] AMSDR, Délibérations du Conseil municipal de Saint-Denis, séance du 8 avril 1845.

amputés des deux tiers[588]. Sans doute que par ce moyen, les habitants réussirent à casser les engagements chinois pour lesquels le salaire était jugé *a posteriori* comme trop attractif. C'est dire que l'on avait trompé les Chinois.

Toutes les personnalités mentionnées plus haut étaient unanimes. Le seuil maximum de l'essai chinois n'était pas encore atteint[589]. Leur affirmation n'avait pas convaincu le gouverneur qui ordonna une tournée d'inspection, afin d'établir à partir « *des renseignements sur les habitations qui emploient des Chinois* » un recensement exact. Il semble assez peu probable que les habitants aient accepté une telle intrusion sur leurs domaines privés. Une simple déclaration de leur part pouvait suffire. C'est le cas du conseiller privé du gouverneur, Monsieur Sauger, qui reconnut employer sur ses 2 établissements de la Nouvelle Espérance et du Bernica 70 Chinois payés 10 Francs mensuels, soit « *un travail libre à bon marché* ». Le directeur de l'Intérieur rappela que l'introduction d'engagés indiens en provenance des possessions anglaises « *est défendue et que le gouvernement de Pondichéry a refusé son concours aux opérations de cette nature* ». Malgré cette interdiction, pas moins de 300 Indiens débarquèrent dans l'île en 1844. Concernant les engagés chinois, le gouverneur les estima à environ 200, ce qui était loin du compte. Le directeur de l'Intérieur proposa « *d'attendre que l'expérience ait fait connaître les avantages ou les inconvénients de l'emploi de ces travailleurs* ». Le procureur et le commandant militaire connaissaient bien les trafics des mains-d'œuvre opérés dans la région. Ils n'étaient pas d'accord sur les chiffres du recensement des engagés chinois ou du moins, les chiffres annoncés. Le gouverneur déclara finalement que le seuil de l'essai chinois était atteint[590].

Suite aux requêtes formulées par Messieurs de Rontaunay, Roux et Piveteau, le ministre autorisa en avril 1847 le gouverneur à poursuivre l'immigration chinoise[591]. Cette décision était destinée à venir compenser les conséquences de l'interdiction de toute sortie d'Indiens des comptoirs français depuis 1839[592]. Quant à la reprise de l'immigration chinoise, elle fut conditionnée au strict respect de l'arrêté du 10 novembre 1843 dont

---

588 Voir Supra, nos développements relatifs à l'arrêté de police du 13 juin 1842.

589 CAOM, C. 432/4607, Délibération du Conseil privé de Bourbon, Saint-Denis, le 2 juillet 1846 : « Cependant l'arrêté rendu pour autoriser ces opérations fixe à 1 000 le nombre des Chinois qui pourront être introduits… ».

590 CAOM, C. 432/4604, Arrêté du 2 juillet 1846.

591 CAOM, C. 432/4607, Dépêche du ministre de la Marine et des Colonies adressée au gouverneur de Bourbon, Paris, le 19 avril 1847.

592 *Ibidem* : « … provient uniquement de ce que les règlements concernant le régime des coulis n'ont pas été refaits à Bourbon ainsi que je l'avais prescrit ».

notamment les dispositions en matière de transport. A ce propos, le gouverneur ne toléra plus aucun écart de conduite de la part des capitaines[593].

## 2) L'exemple de l'habitation Méven-Kanval ou les arguments en faveur de l'engagement disciplinaire

Pendant près de 20 ans, les habitants expérimentèrent l'engagisme asiatique. Le bilan était assez contrasté tant que le principe qui consistait à obliger les engagés de couleur à travailler n'était pas officiellement acté par Paris. Les appuis politiques et les relations de commerce avec la France étaient importants, mais les débats abolitionnistes annoncèrent pour bientôt la fin de l'esclavage, ce qui ne signifiait pas franchement la fin du système esclavagiste dans lequel s'était immiscé l'engagisme pendant toutes ces années. C'est dire que le sujet de l'engagisme était crucial. Il allait peut-être permettre, une fois l'abolition proclamée, d'utiliser la main-d'œuvre engagée de manière totalement servile. D'ailleurs, esclaves et engagés se côtoyaient déjà sur les mêmes habitations sucrières. Ils avaient un point commun : ils étaient effectivement serviles. Ils l'étaient à tel point que l'on se demande si le sort de l'engagé ne s'améliora pas lorsque Paris fit adopter une loi ou un règlement qui traitait un peu mieux l'esclave.

- ### L'assimilation des mains d'œuvres

Monsieur Kanval, ancien exploitant sucrier, avait dû lui aussi faire face à l'irrégularité du travail qu'il rencontrait avec la main-d'œuvre engagée, celle-ci étant répartie en ateliers de 20 à 25 travailleurs chacun[594]. Il avait même expérimenté l'engagement sur des anciens esclaves, ce qui se révéla être là aussi un échec. Pour lui, aucun doute possible. Les noirs africains et malgaches n'étaient pas encore prêts pour le travail libre. Contrairement à lui, son associé, Monsieur Méven, avait bien l'intention de demander au ministre l'autorisation d'introduire d'Abyssinie des engagés noirs.

---

593 *Ibidem*. Le ministre demanda des renseignements concernant le navire *Le Joseph et Claire* dont le capitaine avait souhaité être exonéré de manière exceptionnelle des prescriptions de l'arrêté du 10 novembre 1843.

594 Monsieur Kanval était anciennement vice-président du Conseil colonial avant d'être procureur général à Saint-Paul.
CAOM, C. 406/3854, Notes de Monsieur Méven pour servir à faire un rapport au ministre de la Marine et des Colonies du 4 août 1847 : « Le travail n'était pas suivi et ne put jamais compter sur ces gens… qui finirent par ne plus reparaitre sur l'établissement à moins qu'ils n'eussent quelque besoin pressant d'argent s'ils disparaissaient aussitôt que ces besoins étaient satisfaits. Monsieur Kanval eut été ruiné s'il n'avait eu la précaution de se pourvoir de quelques esclaves qui lui permirent de réaliser au moins une partie de ses frais ».

Monsieur Kanval n'en était pas moins procureur à La Réunion, ce qui ne l'empêcha pas de confondre ou d'assimiler engagés et esclaves alors que leur régime juridique était *a priori* différent. Dans les colonies, l'esclavage ou le système esclavagiste garantissait aux propriétaires une certaine rentabilité sinon prospérité. À ce propos, Monsieur Kanval affirma qu'il aurait été ruiné s'il n'avait pas possédé plusieurs esclaves, surtout dans une période d'interdictions et d'abolitions de la traite négrière qui fit monter les prix de la main-d'œuvre. Le cas des Antilles n'était donc pas exceptionnel[595]. Le procureur avait ensuite expérimenté l'engagement d'Indiens et de Chinois chez qui il avait remarqué une propension à se rebeller plus facilement, d'où des risques élevés de troubles et de désordres disciplinaires, voire même des comportements dangereux[596]. Monsieur Kanval loua entre 25 et 30 esclaves « *pour parer aux éventualités d'un refus de travail* » de la part de ses engagés. Ce sont tous les colons réunionnais qui devaient se préparer à subir les conséquences de la proclamation de l'esclavage comme par exemple d'éventuelles désertions massives. Ce fut le cas dans les colonies britanniques[597].

Monsieur Méven, lui, insista plutôt sur les conditions et la forme physiques de ses engagés. De sa propre expérience, il disait que les Chinois de Macao convenaient davantage au travail des plantations sans surveillance particulièrement renforcée, alors que les Indiens issus du Bengale exigeaient plus d'attention, contrairement aux Indiens de la côte Malabar qui étaient plus aptes au gardiennage des plantations[598].

---

[595] C. SCHNAKENBOURG, *Op. Cit.*, p. 231. Face au manque de main-d'œuvre, les habitants antillais se louèrent entre eux leurs esclaves. Certains usiniers embauchaient marginalement des marrons qu'ils salariaient. Les usiniers louaient aux habitants voisins un esclave à 2 Francs la journée. Mais, ces solutions étaient loin d'être satisfaisantes en Guadeloupe surtout entre 1845 et 1846 où le prix de vente des esclaves atteignait des montants considérables. Le système des usines centrales fut globalement positif, permettant d'anticiper les conséquences de l'abolition de l'esclavage.

[596] Notes de Monsieur Méven pour servir à faire un rapport au ministre de la Marine et des Colonies du 4 août 1847, *Op. Cit.* : « ...il fut très satisfait de ses Indiens et un peu moins des Chinois, hommes supérieurs pour le travail et l'intelligence aux Indiens ».

[597] *Ibidem* : « ...le problème est tellement résolu en faveur du travail libre qu'ils refuseraient des esclaves si on leur en offrait en échange de leurs engagés ».

[598] *Ibidem* : « Parmi les Chinois, les Macao sont les meilleurs, ils sont doux, plus soumis à la discipline, bons travailleurs et intelligents. Les Malabars venant de la côte Coromandel ne sont pas forts, mais d'excellents hommes, n'ayant jamais donné lieu à aucune plainte, bons pour le gardiennage des plantations et propres à la culture. Les Bengalis...ayant besoin d'être pressés dans l'ouvrage. Parmi les Indiens, on trouve d'excellents commandeurs, des hommes sur lesquels on peut compter, il n'en est pas de même des commandeurs chinois, lorsqu'on les a employés comme tels il y a eu des désordres qui n'ont cessé que lorsque eux-mêmes ont cessé d'être commandeurs ».

- La nécessaire légalité de l'obligation de travail de l'engagement

Gustave Méven était à la fois armateur nantais et co-propriétaire d'une usine sucrière à Saint-Paul avec le procureur Kanval entre 1844 et 1845. Pour lui, « *c'est par le système de l'esclavage que les colonies ont prospéré jusqu'à ce jour* » tandis que l'engagement « *sur une grande échelle* » bénéficiait déjà du « *concours franc et sincère des colons* »[599]. Pour que l'engagisme soit compétitif, il fallait contenir et lorgner sur les salaires, provoquer des désertions de masse mais maîtrisées pour mieux les rengager à des conditions encore plus avantageuses qu'avant ou alors pour les engager à la tâche ou à la journée. Par ailleurs, une main-d'œuvre abondante et disponible permettait de limiter et de contrôler les prix des engagés.

L'engagisme chinois fut un échec tant à La Réunion qu'à Maurice[600]. Les habitants réunionnais se tournaient désormais plus franchement vers les comptoirs africains et malgaches où la main-d'œuvre était réputée meilleur marché[601]. Ils ne s'en étaient jamais cachés. Madagascar et la côte orientale d'Afrique « *sont les seules et véritables pépinières de nos ateliers coloniaux : Nossi-Beh, Sainte-Marie, Zanzibar, l'Abyssinie* ». Monsieur Méven souhaita leur ouverture commerciale le plus rapidement possible avec comme objectif celui d'importer des engagés noirs réputés « *doux et patients, travailleurs, libres et chrétiens* », réunissant la « *double garantie, propre à satisfaire aux exigences les plus ombrageuses* ». Le contrat d'engagement des Abyssins devait être totalement libre[602]. Avec un engagement de 5 ans, les habitants s'assuraient une certaine stabilité et pérennité contractuelles[603]. Il s'agissait

---

599 CAOM, C. 18/111, Notes sur l'introduction des travailleurs libres à l'Ile Bourbon fournies par Monsieur Gustave Méven, Armateur à Nantes, co-propriétaire d'une usine à sucre à l'Ile Bourbon : « La Métropole prend des mesures pour arriver à émanciper les esclaves des colonies françaises. Mais sa volonté peut être longtemps encore paralysée par de légitimes obstacles ». Ces notes datent sans doute du mois d'août 1847.

600 *Ibidem* : « Maurice aussi, après avoir essayé des travailleurs chinois, s'est vu contraint de renvoyer ceux qui y avaient été introduits ».

601 *Ibidem* : « Les frais d'engagement et d'introduction de ces travailleurs sont trop élevés pour que le colon puisse user des ressources qu'elle présente ».

602 *Ibidem* : « Nous réclamons donc liberté de conditions pour les parties contractantes ; que le traitant et l'Engagé puissent faire toutes stipulations à leur convenance ; qu'ils puissent notamment étendre à 5 ans au moins la durée de leurs conventions ».

603 *Ibidem* : « Nous réclamons, comme condition essentielle de la bonne organisation du travail libre, qu'il soit fait un règlement pour la discipline des ateliers, et le maintien de l'Engagé au travail... Il faut donc que l'immigration soit indispensablement accompagnée d'une législation spéciale qui fasse disparaître l'inégalité d'une situation à l'avantage du travailleur de mauvaise foi. L'étranger qui visite nos possessions d'Outre-Mer mérite bien aussi quelque faveur, et, pourtant une législation

pour eux de maîtriser au maximum leurs engagés au moment de la proclamation de l'abolition de l'esclavage. Faire reconnaître l'obligation de travail, voilà ce qui devait permettre d'éviter la ruine de l'économie réunionnaise[604]. La discipline n'était absolument pas négociable. L'abolition invitait tous les travailleurs à participer « *d'eux-mêmes dans la réforme du travail* », les *Petits-Blancs* compris[605]. La colonie tendait à assimiler Indiens, Chinois, Africains et même, d'une certaine manière, *Petits-Blancs*, dans des conditions de vie misérables, corvéables et serviles, que l'on pouvait facilement engager à la tâche, à la journée ou autre.

Dans sa séance du 31 mai 1847, le Conseil privé fit état de 5 288 engagés « *libres du pays* » au 22 janvier 1847 contre 165 Européens seulement[606].

---

spéciale l'entoure d'une ombrageuse suspicion... le cultivateur asiatique et africain, protégé par une insolvabilité notoire, en position de se jouer impunément des lois, de la foi jurée et de l'ordre public ».

604 *Ibidem* : « ...de faire naître la concurrence du travail... contraindre l'engagé par de bons règlements à l'accomplissement de ses devoirs ».

605 *Ibidem*. Monsieur Kanval avait engagé des indigènes et des *Petits-blancs* qui lui donnaient pleinement satisfaction : « La fusion des différentes classes de travailleurs devient de jour en jour plus facile ».

606 ADR, 16 K 25, Délibération du Conseil privé de Bourbon, Saint-Denis, le 31 mai 1847.

| Engagés de l'île de Bourbon | Au 22 janvier 1847 | Au 31 mai 1848 |
|---|---|---|
| Engagés de couleur | 3 161 | 3 328 |
| Chinois | 714 | 878 |
| Indiens | 1 785 | 1 788 |
| Atelier colonial | 662 | 662 |
| Engagés « libres » ou blancs | 5 453 | 6 662 |
| Européens | 165 | 154 |
| Du pays | 5 288 | 6 508 |

**Engagés de Bourbon à la veille de l'abolition de l'esclavage (1847-1848)**[607]

En 1847, la population esclave était estimée à 60 300 individus tandis qu'on comptait environ 5 000 travailleurs libres. Dans ces 5 000 individus, rien n'indiquait si les *Petits-Blancs* étaient concernés, pas plus d'ailleurs que les affranchis. Remarquons également que les engagés indiens et chinois ne figuraient pas dans la catégorie des engagés libres, mais dans les 3 000 engagés de couleur.

L'habitation de Monsieur Méven donnait « *l'exemple permanent d'une usine sucrière fonctionnant sans esclaves* » et sans les 5 ans, « *l'engagement ne serait le plus souvent qu'une cause de ruine et de déception pour le colon qui, soumis à des frais onéreux d'introduction, serait privé des moyens de se récupérer par un temps de travail suffisant* ». Monsieur Méven sollicita la participation de l'Etat sous forme d'aides financières pour alléger les charges des engagistes. Grâce à cette aide, il pouvait être en mesure de maintenir les « *usages en vigueur à Bourbon* », à savoir que « *le propriétaire loge, nourrit, habille l'Engagé, et lui paie, en outre, un salaire moyen de 20 Francs par mois* ». Nous savons par expérience que l'engagé malgache de Sainte-Marie n'allait pas percevoir plus de 5 Francs mensuels en 1852 alors que la moyenne salariale des engagés indiens et chinois ne dépassait pas les 10 Francs par mois dans les années 1840. Avec l'abolition de l'esclavage, fallait-il s'attendre à l'effondrement des salaires des engagés de couleur ?

Les notes de Monsieur Méven s'adressèrent au ministre via le bureau du directeur du département de la Marine à Paris[608]. Puis le sous-directeur de ce service, Monsieur Mestro, répondit au commissaire-général de Nantes,

[607] Nous nous sommes largement inspirés du tableau de S. FUMA, *Op. Cit.*, p. 132. Ces chiffres sont assez proches de ceux de L. MAILLARD, *Op. Cit.*, p. 295.

[608] CAOM, C. 406/3854, Correspondance de Monsieur Portier adressée au directeur du département de la Marine à Paris, Nantes, le 5 août 1847. Monsieur Portier était commissaire-général de la Marine à Nantes. Pour lui, les notes de Monsieur Méven relevaient d'un « intérêt général ».

Monsieur Portier. Concernant les opérations commerciales liées à l'engagisme à La Réunion, l'administration centrale était disposée à « *leur donner tout l'appui moral qu'elle mérite* », mais à condition que le gouverneur s'assure bien que les engagés soient effectivement libres et dûment payés[609]. La Chambre de commerce de Nantes encouragea la reprise massive des opérations de recrutements[610]. Le ministre céda et autorisa l'immigration d'engagés abyssins[611]. La France, ses colonies et tout particulièrement La Réunion se dirigeaient dangereusement sur la voie de l'engagisme africain, objet de toutes les interdictions britanniques dans un contexte historique abolitionniste grave.

## B/ L'avis de l'arrêté local du 13 janvier 1846 : la question de la légalité de l'engagement indien

Malgré l'arrêté de Pondichéry du 6 mars 1839, les capitaines de navire réussirent à embarquer des Indiens pour les faire engager à La Réunion. Etait-ce directement auprès d'agents dans l'Inde ou indirectement auprès de quelques ports libres de Chine, d'Indonésie, de Malaisie ou à Singapour ? Il faut croire que des engagés indiens et chinois débarquèrent en même temps sans que cela ne provoque la moindre contestation administrative. Au contraire. Les habitants, eux, restèrent focalisés sur la période qui allait suivre l'abolition de l'esclavage et ne ménagèrent aucun effort sur le principe de l'obligation de travail de toutes les mains-d'œuvre de couleur. Si les Anglais proposaient leur main-d'œuvre indienne à un prix trop élevé, les Réunionnais allaient à coup sûr recruter en Afrique et à Madagascar, ce qui était déjà le cas, mais à quelle échelle, nous l'ignorons. En 1844, 275 Indiens seulement furent officiellement introduits. De 1843 à 1845, l'engagisme indien fut relativement peu soulevé par les instances locales. Le régime disciplinaire préoccupa le gouverneur qui voulait armer les engagistes d'un bloc législatif à la fois utile et solide[612].

---

[609] CAOM, C. 406/3854, Correspondance du sous-directeur du département de la Marine à Paris adressée au commissaire-général à Nantes, Paris, le 9 août 1847.

[610] CAOM, C. 18/111, Correspondance des membres composant la Chambre de commerce de Nantes adressée au ministre de la Marine et des Colonies, Nantes, le 29 novembre 1847 : « Le moyen le plus efficace pour assurer le maintien de la production de nos colonies, qui est d'un si haut intérêt pour notre commerce maritime, serait, dans notre opinion, l'introduction de travailleurs libres, dont le travail, à part les résultats directs qu'il produirait, serait d'un excellent exemple pour les nègres émancipés… afin d'obtenir que l'introduction d'Engagés libres à Bourbon soit facilitée et réglementée de manière à ce que les droits de ces travailleurs et ceux des habitants qui les prendront à gages se trouvent également garantis ».

[611] Voir chapitre suivant.

[612] L'arrêté du 10 novembre 1843 concernait la nouvelle réglementation en matière de transport des *coolies* chinois, l'arrêté du 24 juillet 1844 était relatif au système de la

## 1) Vers un régime pénal préventif

Nous l'avons vu. Le sujet de l'engagement chinois fit l'objet de plusieurs rapports alors que le nombre d'engagés chinois fut limité. Toute cette littérature était destinée à démontrer à Paris la nécessité d'un régime ou d'un traitement disciplinaire très strict. C'est tout le sens de l'arrêté du 13 juin 1842. Quant à l'arrêté du 10 novembre 1843, rappelons qu'il était relatif aux conditions de transport des *coolies* chinois et non pas, du moins en principe, des Indiens. Même si l'obligation de faire travailler n'importe quel engagé de couleur était admise dans l'île, elle n'était toujours pas validée par Paris[613].

En 1846, l'ordonnateur réclama le recrutement d'un certain nombre d'infirmiers pour couvrir les besoins des deux hôpitaux de l'île installés à Saint-Denis et à Saint-Paul. Les infirmiers devaient être exclusivement composés « *d'hommes de condition libre* », d'Indiens, « *de négresses engagées de l'Atelier colonial* » et « *de noirs esclaves loués à des particuliers* » placés sous l'autorité du médecin en chef[614]. A l'occasion de la séance du Conseil privé du 13 janvier 1846, le gouverneur décida de maintenir le principe de la libre immigration contractuelle mais aux risques et périls des opérateurs concernés[615].

### • L'engagé indien : un élément inscrit dans la spécialisation ethnique des métiers ?

L'ordonnateur présenta devant le Conseil privé une demande urgente d'infirmiers qui devaient tous être issus de la catégorie des engagés indiens, au motif que les autres groupes ethniques étaient soit trop « *indisciplinés* », soit « *peu habitués à donner des soins* »[616]. Y avait-il des tensions ou des

retenue à l'égard de leurs salaires et l'arrêté du 6 mars 1845 concernait l'interprète chinois affecté au service du marronnage de Saint-Denis.

613 Le décret colonial du 24 décembre 1838 restait dépourvu de sanction royale et l'arrêté du 13 juin 1842 visait exclusivement les vagabonds indiens engagés dans les ateliers publics et privés de l'île.

614 CAOM, C. 406/3853, Délibération du Conseil privé de Bourbon, Saint-Denis, le 13 janvier 1846. Selon l'ordonnateur, les 2 hôpitaux de l'île comptaient 81 infirmiers pour une dépense annuelle de 35 249,48 Francs.

615 Cette notion de « risque et péril » était surtout utilisée par l'administration locale après 1848 pour responsabiliser les capitaines et commanditaires des opérations de transport et de recrutement d'engagés.

616 Délibération du Conseil privé de Bourbon, Saint-Denis, le 13 janvier 1846, *Op. Cit.* : « Le mélange de condition des infirmiers, quoique insignifiant en apparence, fait que de temps à autre, le service des malades souffre de la différence des habitants d'hommes appelés à faire un même service… Cette dépense qui s'est tellement accrue depuis que l'on a pris des noirs en location en remplacement des noirs de l'Atelier a augmenté le prix de la journée d'hôpital d'une manière notable. Malgré l'élévation du

rivalités particulières pour que les infirmiers ne soient à l'avenir que d'origine indienne ? Le système de location d'esclaves ou d'engagés auprès d'habitants coûtait-il trop cher aux hôpitaux ? En tous les cas, sous l'empire de l'engagisme, il semble que la doctrine coloniale se dirigeait résolument vers l'acception du principe d'une spécialisation des métiers en fonction de l'ethnie d'appartenance y compris dans un contexte de pénurie de main-d'œuvre[617]. On se demande également si cette commande d'engagés n'était pas un prétexte pour reprendre contact avec les Indes et tenter de réaliser au moins une opération commerciale.

Selon le rapport de l'ordonnateur, l'Atelier colonial nécessitait une main-d'œuvre exclusivement noire, car l'emploi de travailleurs libres ou d'engagés, lui, était trop coûteux. Pour rappel, il existait une brigade chinoise de l'Atelier colonial installée à Saint-Benoît, ce qui paraissait une exception. En affirmant que l'Atelier colonial ne devait être composé que de noirs, l'ordonnateur voulait peut-être signifier que noirs et Indiens composaient les mêmes brigades et que cette assimilation n'était pas satisfaisante, qu'il fallait désormais veiller à bien les séparer[618]. Cela nous ramène finalement au tout début de l'engagisme indien en 1828 puisque la copie de cet engagement prévoyait la nécessité de séparer les esclaves des Indiens pendant leurs travaux.

D'où venait cette commande particulière d'infirmiers indiens ? Le médecin en chef fit savoir qu'il avait besoin urgent de 24 hommes âgés de 30 à 40 ans et de 8 femmes de 25 à 30 ans pendant au moins 5 ans[619]. L'ordonnateur

---

loyer et les soins que l'on met dans le choix des infirmiers, il n'est pas rare de les voir renoncer à ce travail… ».

617 Notes de Monsieur Meven, *Op. Cit.* Voir également, S. FUMA, *Op. Cit.*, pp. 39-44. Les colons évaluaient les capacités physiques des esclaves selon leurs régions d'origine. Le « Cafre » par exemple était réputé « travailleur par excellence, toujours gai et heureux quand on le nourrit bien » pour les travaux des grandes plantations.

618 L'ordonnateur rappela l'interdiction prononcée en 1842 par le gouverneur sur le réengagement des noirs de l'Atelier colonial sous peine de le faire dissoudre. Il savait que l'Atelier colonial n'allait bientôt plus pouvoir compter d'esclaves, mais il s'avérait être toujours utile aux travaux publics et nécessitait d'être régulièrement alimenté en hommes, d'où l'idée de subdiviser l'atelier en groupes ou en brigades en fonction de l'ethnie d'appartenance.

619 Délibération du Conseil privé de Bourbon, Saint-Denis, le 13 janvier 1846, *Op. Cit.* : « Monsieur le médecin en chef, peu après avoir pris son service, n'a pas tardé à être frappé de cet état des choses, il m'a demandé à composer les infirmiers d'Indiens que l'on pourrait faire venir d'Inde, en les engageant pour un certain nombre d'années, cinq ans par exemple, il en résulterait une économie notable pour la journée d'hôpital et une véritable amélioration pour les malades qui n'auraient plus auprès d'eux des hommes toujours prêts à les quitter. J'ai eu l'honneur de vous entretenir différentes fois, Monsieur le Gouverneur, de la nécessité qu'il y avait pour le bien-être de nos

proposa au gouverneur d'attribuer ce marché à la maison Merlo et Chabrier qui s'apprêtait justement à faire voile vers la côte Malabar. Mais le gouverneur Bazoche préféra que ce soit vers Pondichéry[620]. Pour le directeur de l'Intérieur, même si les habitants se procuraient directement, sans aucune autorisation préalable ni officielle du gouverneur de là-bas, les choses avaient évolué depuis, et ce dernier était prêt à autoriser la reprise du trafic indien[621]. D'ailleurs, les Anglais renforcèrent leur surveillance sur la côte Malabar. La maison Merlo et Chabrier en avait fait déjà la difficile expérience[622]. Le gouverneur l'autorisa finalement à opérer directement à ses risques et périls en fixant toutefois à 400 Francs le prix du passage par Indien. Ce prix était très élevé comparé aux 50 Francs usuels qui correspondaient au prix d'un retour indien[623]. Comment expliquer un tel montant ? Etait-ce parce que la main-d'œuvre était rare et chère ? A moins que cela ne représentait le prix moyen de l'achat d'un Indien ?

- L'engagé indien : un vagabond obligé ou un contractuel contraint ?

Le régime juridique qu'il convenait d'appliquer à l'égard des infirmiers posa question, mais rappelons le schéma proposé par le Conseil privé du gouverneur. Les futurs infirmiers allaient être recrutés en Inde pour un engagement de 5 ans. Ceux-ci étaient destinés dans un premier temps au service de l'Atelier colonial pour être ensuite placés sous l'autorité du

---

malades de s'occuper d'un semblable projet. Les renseignements que j'ai pris auprès des Sœurs m'ont entièrement rassuré sur le service avantageux que l'on retirerait d'Indiens engagés que l'on emploierait à l'hôpital ».

620 *Ibidem*. Le gouverneur de Bourbon répondit que : « nous avons un agent naturel pour faire ces engagements, dans la personne du Gouverneur de l'Inde française. Il est possible qu'il soit mieux disposé aujourd'hui à nous seconder. Le ministre ne manquerait pas de faire observer que nous devions d'abord employer cette voie, d'autant plus que je ne crois pas qu'il y ait péril en la demeure ».

621 *Ibidem*. Le directeur de l'Intérieur déclara que « Or, puisque le Gouverneur de l'Inde parait peu disposé à seconder les vœux de l'administration de Bourbon, il convient d'employer un autre moyen et celui qu'on propose aujourd'hui parait assez convenable. Avant mon départ de France, j'ai eu moi-même l'occasion de traiter de cette question avec Mr le Ministre ; il est disposé à approuver les engagements des travailleurs libres indiens ou chinois, pourvu que les choses fussent faîtes régulièrement. Il vaudrait mieux avoir un agent spécial, mais en son absence, on peut profiter de l'occasion qui se présente ».

622 *Ibidem*. L'ordonnateur informa que « Merlo et Chabrier tentaient une opération d'engagement sur la côte Malabar, mais une frégate anglaise a fait échoué les contrats d'engagés ».

623 Délibérations du Conseil privé de Bourbon, Saint-Denis, les 10 février et 29 octobre 1844, *Op. Cit.* Le gouverneur fixa le prix pour le rapatriement d'un Indien entre 50 et 75 Francs.

médecin en chef. Fallait-il leur appliquer le régime de principe de protection des arrêtés des 3 juillet et 24 décembre 1829 et du 16 mai 1831 ou le régime disciplinaire de l'arrêté du 13 juin 1842 propre aux vagabonds indiens ? C'est le Conseiller privé, Monsieur Dauvin, qui suggéra de préférer le régime disciplinaire au motif que les Indiens étaient réputés abuser de l'alcool pendant leurs temps libres. Il convenait donc de renforcer leur surveillance et de les autoriser à ne sortir que rarement du périmètre de l'habitation[624].

La question du régime disciplinaire était cruciale pour faire figurer sur l'acte d'engagement des futurs infirmiers toute la vigueur de l'arrêté du 13 juin 1842. Dès lors, plus rien ne pouvait s'opposer à l'exécution d'un tel régime. Le gouverneur avait d'ailleurs bien confirmé cette orientation en demandant à son ordonnateur de lui préparer spécifiquement un projet d'arrêté.

Les débats du Conseil privé se focalisèrent ensuite sur la généralisation du régime disciplinaire à l'ensemble des mains-d'œuvre sans distinction des métiers. Le conseiller Sauger était opposé à la réforme de la loi Mackau du 18 juillet 1845 qui limitait la durée journalière de travail de l'esclave à neuf heures et demie[625]. Il craignait que cette disposition ne soit étendue aux engagés, ce qui pouvait provoquer beaucoup de désordres dans l'organisation du travail sur les exploitations sucrières. Le temps de travail devait pouvoir être librement fixé par les habitants et sur ce point, il fut proposé que les commandeurs d'esclaves et d'engagés puissent fixer eux-mêmes le nombre d'heures à effectuer par chaque ouvrier selon les tâches à accomplir[626].

Le conseiller Riot proposa une grille salariale allant de 10 à 25 Francs en fonction de l'ancienneté de l'engagé[627]. On imagine que le salaire n'était pas librement discuté. On sait également qu'avec le système de la retenue d'une partie du salaire pour absence ou maladie, son montant pouvait être fortement réduit. Et l'on sait enfin qu'il pouvait y avoir beaucoup d'abus sur ce point.

---

[624] Délibération du Conseil privé de Bourbon, Saint-Denis, le 13 janvier 1846, *Op. Cit.* Monsieur Dauvin dénonça que « Les infirmiers déjà employés à l'hôpital, ceux à qui l'on permet de sortir, même les meilleurs sujets, rentrent presque toujours ivres-morts, je pense donc qu'il faudrait restreindre le plus possible la faculté de sortir pour les nouveaux engagés ».

[625] Si cette législation nationale limitait à 9h30 la durée quotidienne de travail, le ministre de la Marine et des Colonies, Monsieur Mackau, l'avait rabaissé à 7h30 en rendant obligatoire 2 heures de repos. L'arrêté réunionnais du 2 mars 1846 ne la prit pas en compte, préférant fixer à 10h30 la durée réglementaire du travail de l'esclave.

[626] L'arrêté local du 2 mars 1846 fixa à 2 Francs par jour le salaire des commandeurs et des chefs d'ateliers.

[627] Délibération du Conseil privé de Bourbon, Saint-Denis, le 13 janvier 1846, *Op. Cit.* Le conseiller privé Riot proposa 4 niveaux de salaire : 10, 13, 20 et 25 Francs mensuels « et la dernière fixation que j'indique n'est pas trop élevée puisqu'elle atteint tout au plus la moitié de ce qu'on paie pour la location d'un noir ».

D'ailleurs, ce qui gênait le directeur de l'Intérieur dans cette grille salariale c'est qu'elle s'établissait selon l'ancienneté de l'engagé, critère difficile à vérifier pour nous. En tout état de cause, il décida de remplacer l'ancienneté par le mérite de l'engagé[628]. 10 Francs plutôt que 25 correspondaient davantage à la réalité des salaires pratiqués dans l'île, car d'une part, on se souvient que la Copie de l'engagement de 1828 fixa le salaire mensuel à 7,67 Francs et d'autre part, l'atelier municipal proposait un salaire de 7,80 Francs[629]. Il y avait donc des situations très disparates. Rappelons-nous que les vagabonds indiens que l'on avait dirigés vers l'Atelier colonial percevaient entre 2,60 et 3,46 Francs mensuels après une retenue de deux tiers d'un salaire brut compris entre 7,80 et 10,40 Francs[630]. Peut-on considérer que les engagés indiens percevaient théoriquement et en moyenne entre 3 et 4 Francs par mois ?

### 2) La spécificité d'une légalité locale

La séance du Conseil privé du 13 janvier 1846 fut l'occasion de rappeler la vigueur des dispositions des arrêtés des 16 mai 1831, 18 janvier et 13 avril 1833 ainsi que celles du 13 juin 1842, toutes faisant référence à l'obligation de travail des vagabonds notamment indiens. Mais ce qu'il faut comprendre, c'est qu'elle ne concernait *a priori* que les vagabonds et pour des raisons bien particulières d'ordre public. Seule l'autorité publique pouvait décider de diriger les vagabonds vers l'Atelier colonial et les ateliers municipaux. C'est la raison pour laquelle il y eut beaucoup d'impatience de la part des habitants à faire valider par Paris le fameux décret colonial du 24 décembre 1838. C'est cette législation qui les autorisait à forcer les vagabonds à travailler pour eux. En attendant, le sort des futurs engagés indiens recrutés pour les hôpitaux fut scellé. Ils étaient soumis au principe de l'obligation de travail.

#### • La double question de la légalité de l'engagement et de l'obligation de travail

Comment s'assurer que l'engagé était effectivement rémunéré ou du moins, lui restait-il encore quelques pièces en fin de mois après tout ce que son engagiste lui prélevait ou retenait ? A moins que le montant du salaire n'était donné ou précisé qu'à titre indicatif puisque la colonie manquait de numéraire ? Si l'on suit à la lettre la loi Mackau du 18 juillet 1845, l'esclave

---

[628] *Ibidem* : « Cette augmentation serait accordée seulement à ceux qui le mériteraient ».

[629] L'arrêté du 13 avril 1833 fixa le salaire mensuel des engagés de l'atelier municipal à 7,80 Francs.

[630] Il s'agissait de l'article 9 de l'arrêté du 13 juin 1842 relatif à l'obligation de travail des engagés indiens de l'Atelier colonial.

devait travailler gratuitement pour son maître pendant 9h30 par jour. Et si l'esclave travaillait en dehors de ces horaires, pouvait-il prétendre à une rémunération ? L'arrêté du 2 mars 1846 y répondait favorablement puisqu'il instaura une grille tarifaire pour les heures et les jours supplémentaires. La loi Mackau avait abaissé la durée quotidienne de travail de l'esclave à 9h30 au lieu de 10h30, ce qui constituait un léger progrès, mais difficile à vérifier dans les faits.

Avec cette grille tarifaire, si chaque heure supplémentaire représentait une rémunération de 10 centimes, cela revenait à verser, une fois l'abolition proclamée, un salaire de 19,50 Francs au noir de pioche, 28,60 Francs à l'ouvrier qualifié ou sous-commandeur et 52 Francs au commandeur ou chef d'atelier de couleur et ce, pour 26 jours de travail consécutifs[631]. Ces niveaux de rémunération nous semblent assez élevés surtout aux yeux des maîtres dans un contexte où l'engagé gagnait théoriquement en moyenne entre 10 et 25 Francs seulement. Cela revient à dire qu'en louant le travail d'un noir de pioche à 25 Francs le mois, le maître dégageait un bénéfice net de 5,50 francs contre 25 Francs avant l'arrêté du 2 mars 1846[632]. Précisons que les prix des heures supplémentaires de l'esclave furent finalement abaissés au moment de la proclamation de l'abolition de l'esclavage.

Grille salariale pour l'engagé, grille salariale pour l'esclave qui travaillait en dehors de ses heures obligatoires, il n'était plus utile de faire figurer un salaire précis sur le contrat d'engagement. C'était du moins l'avis du directeur de l'Intérieur en 1846. Pour lui, l'engagiste était totalement libre de fixer comme il le souhaitait le salaire d'autant plus qu'il pouvait très bien décider de l'augmenter pour « *encouragement au travail* ». Concernant les infirmiers, le gouverneur évoqua la possibilité de les déplacer ailleurs que dans les hôpitaux s'ils ne convenaient pas. Alors, à quoi bon de préciser le métier d'appartenance des Indiens transportés à bord des navires ? Peu importe la spécialité du travailleur libre de couleur, l'engagé qui ne convenait pas ou plus devait rester corvéable à merci et pouvait être recruté pour n'importe quelle tâche sur demande de n'importe quel habitant intéressé[633]. N'oublions pas que

---

[631] J. V. PAYET, *Op. Cit.*, p. 31. Pour chaque heure supplémentaire au-delà des 10h30 journaliers, le noir de pioche devait être payé 10 centimes, l'ouvrier qualifié 15 centimes et le commandeur 25 centimes. Les femmes noires pouvaient prétendre aux mêmes salaires.

[632] A La Réunion et aux Antilles, l'esclave coûtait en moyenne 1 Franc d'entretien par jour et était loué 2 Francs par jour.

[633] Délibération du Conseil privé de Bourbon, Saint-Denis, le 13 janvier 1846, *Op. Cit.* : « Il convient de se réserver pour ceux qui, mal à leur place comme infirmiers, pourraient être utilisés autrement, la faculté de les employer préalablement à un autre service ».

le gouverneur se réservait le droit de faire rapatrier tout engagé indésirable ou inutile. Le rapatriement était perçu comme la pire des sanctions. C'est pourquoi il était essentiel de réserver le régime disciplinaire aux engagés indiens comme étant leur « *loi commune* », à bien distinguer du droit commun réservé aux blancs colons. La loi commune était bien entendu l'obligation de travail. Cela écartait *de facto* les anciens arrêtés des 3 juillet et 24 décembre 1829, le système de la retenue sur le salaire restant en vigueur.

En réalité, il faut dire que l'Indien qui embarquait pour La Réunion ne savait pas grand-chose ou ne savait presque rien de ce qui l'attendait. Seuls les capitaines de navires étaient informés des conditions de transport, de recrutement et d'engagement puisqu'ils servaient d'intermédiaires. Il leur était même conseillé d'en dire le moins possible[634]. Cependant, comme Paris refusait toujours de valider le décret colonial du 24 décembre 1838, le gouverneur donna un avis favorable à l'arrêté du 13 juin 1842 spécifique aux vagabonds délinquants[635]. Par ce moyen, les habitants furent invités à régulariser la situation de leurs engagés abandonnés à leur sort.

- Le nouvel engagement indien : un régime d'exception

Le 17 juin 1846, le gouverneur fit réunir son conseil pour statuer sur le sort de 22 engagés en provenance des comptoirs portugais dans l'Inde. Jusqu'à présent, nous savions que la plupart d'entre eux étaient originaires des territoires sous domination britannique, mais avec les mesures prises à la fois par les autorités françaises et anglaises, aucune émigration vers La Réunion ne fut tolérée. C'est pour cela que certaines maisons de commerce se tournèrent opportunément vers les comptoirs portugais. Nous ignorons combien d'Indiens en étaient sortis depuis 1828. En tout état de cause, à leur arrivée, le gouverneur décida de leur appliquer le régime commun à tous les Indiens, à savoir l'avis du Conseil privé du 13 janvier 1846 qui reprenait en fait le principe de l'obligation de travail de l'arrêté local du 13 juin 1842.

Les 22 Indiens sujets portugais annoncés répondaient en principe à la commande des hôpitaux de Saint-Denis et de Saint-Paul, mais nous constatons

---

634 *Ibidem* : « Il suffit de mettre dans la note les conditions qui offrent des avantages aux engagés, que les autres pourraient les effrayer, et que sans en faire mention ici, on pourra toujours y recourir, puisqu'elles sont dans le droit commun. Indépendamment de ces conditions d'engagement à remettre à l'agent chargé de l'opération, vous devez traiter avec l'affréteur du navire. Or, c'est avec lui que vous devez régler le salaire à accorder aux engagés, et il est inutile que ces derniers aient à l'avance connaissance de nos intentions à cet égard. Je ne pense donc pas qu'il y ait lieu de le mentionner dans les conditions d'engagement ».

635 CAOM, C. 406/3853, Délibération du Conseil privé de Bourbon, Saint-Denis, le 17 juin 1846. Les actes d'engagements se référaient à l'avis du gouverneur du 13 janvier 1846.

que la commande fut lancée par Monsieur Camille Lescoubles pour les affecter au service de son hospice ou hôpital particulier installé sur son habitation à Saint-Philippe[636]. En affirmant avoir besoin de main-d'œuvre indienne pour les infirmeries ou hospices des habitations sucrières, l'engagisme trouvait là un prétexte de présenter d'importantes nouvelles commandes.

Rappelons-nous que ces Indiens devaient être d'abord affectés à l'Atelier colonial pour ensuite être alloués pendant 5 ans au service des 2 hôpitaux publics de l'île. En fait, il faut croire que ce schéma fut abandonné, que le gouverneur en avait décidé autrement. Au lieu d'être loués à l'Atelier colonial, un habitant privé, Monsieur Lescoubles, avait finalement obtenu la possibilité de les acheter ou de les récupérer et de les louer aux hôpitaux de Saint-Denis et de Saint-Paul[637]. C'est bien chez lui que devaient théoriquement revenir chaque soir les Indiens infirmiers. Or, la distance qui sépare Saint-Philippe de Saint-Denis et de Saint-Paul ne le permettait aucunement et l'on peut penser qu'ils logeaient plutôt sur place. A vrai dire, sur ces 22 Indiens, on ignore presque tout. Rien n'indiquait s'ils avaient été mis en quarantaine à leur arrivée. Rien n'indiquait non plus leurs horaires ni combien de femmes indiennes avaient débarqué en même temps. Ce que l'on sait, c'est qu'elles devaient travailler pendant 9h30 chaque journée avec toutefois 30 minutes de pause pour le déjeuner et 2 heures pour le dîner. Cela était sans compter les travaux de couture, de lavage et de blanchissage des linges des malades à prendre sur leurs heures de temps libre. Quant aux travaux supplémentaires, ils donnèrent lieu à des gratifications qui n'étaient pas précisées. Nous remarquons que le sort de l'engagée indienne correspondait à la lettre à la loi Mackau du 18 juillet 1845 relative aux conditions de travail de l'esclave.

Concernant le traitement des 22 engagés, ce sont les rations alimentaires de l'arrêté du 16 mai 1831 modifié par celui du 19 mai 1832 qui s'appliquaient, soit 600 grammes de riz, portion qui correspondait à celle réservée au

---

[636] Le médecin en chef de l'île avait réclamé 24 hommes et 8 femmes issus de la « caste » indienne pour en faire des infirmiers.
Délibération du Conseil privé de Bourbon, Saint-Denis, le 17 juin 1846, *Op. Cit.* Monsieur Lescoubles avait commandé des engagés « pour le service de l'hôpital de Saint-Philippe ». Or, il n'y a jamais eu d'hôpital public, ce qui nous pousse à penser qu'il s'agissait sans doute d'un hôpital ou hospice privé établi sur le domaine de Monsieur Lescoubles. Un modèle contractuel spécifique aux futurs infirmiers était annexé au procès-verbal de la séance du Conseil privé du 17 juin 1846. Il s'agissait de 22 engagés indiens portugais « employés dans les hôpitaux de Saint-Denis et de Saint-Paul » en leur qualité d'infirmiers, mais aussi pour « tous les autres services dans l'intérieur de ces établissements ».

[637] CAOM, C. 406/3853, Exemple type du contrat en annexe à la séance du 17 juin 1846, Conseil privé de Bourbon : « Il leur sera alloué en outre le salaire convenu (16 Francs/mois) entre eux et l'engagiste, Monsieur Camille Lescoubles, payable par l'administration à la fin de chaque mois ».

vagabond indien. Il faut croire qu'il n'y avait pas de petites économies pour les habitants. A noter tout de même que les infirmiers avaient droit à 3 centilitres de rhum par jour. Ce dernier élément mérite d'être relevé, car il allait en contradiction avec les remarques des Conseillers privés lors de la séance du 13 janvier 1846 selon lesquelles il n'était pas tolérable que les Indiens soient régulièrement retrouvés dans un état d'ébriété. En tout état de cause, « *il leur sera alloué en outre le salaire convenu* », à savoir 16 Francs mensuels. Précisons ici que les hôpitaux pouvaient verser le salaire soit chaque mois, soit tous les 2 ou 3 mois, selon leur convenance. Là encore, nous relevons une contradiction, car en vertu de l'arrêté du 10 novembre 1843, l'administration pouvait annuler les engagements au bout de 2 mois de non-paiement du salaire de l'engagé chinois.

Enfin, en cas de « *bonne conduite* » de l'infirmier indien, l'engagiste pouvait décider d'augmenter sa solde, mais en cas d'absence injustifiée, une retenue était tout aussi possible. Pour résumer, nous pouvons affirmer ici que leur régime disciplinaire était assez similaire à celui de l'esclave. A cet égard, on peut citer l'interdiction faite à l'engagé de s'éloigner de l'habitation sans la permission de son « maître » ou engagiste. Pour limiter les risques de désordres, un « *tour de rôle* » fut pratiqué. Dernière précision et non des moindres. Soulignons que le rapatriement n'était envisagé qu'au terme des 5 ans d'engagement si l'engagiste ne le renouvelait pas. Là encore, nous le savons, il s'agissait d'un rapatriement purement théorique.

## Section 3 : Conclusion du deuxième chapitre

Dans la correspondance de Monsieur Pacot adressée au ministre de la Marine et des Colonies en 1845, il était fortement recommandé d'éduquer certains Chinois à la mode européenne. L'enjeu était important, car il s'agissait de faciliter et d'anticiper d'éventuels projets expansionnistes en Extrême-Orient. La mission prétendue civilisatrice et salvatrice de la France, à l'instar d'autres nations colonialistes européennes, pouvait parfaitement s'inscrire dans le principe et la généralisation des contrats d'engagements à l'égard des Indiens, des Chinois et pourquoi pas même des Africains que l'on retrouvait déjà à La Réunion. Pour Monsieur Pacot, les Chinois étaient encore trop « *asservis à leurs vieilles coutumes, portant le joug d'une abrutissante servitude* »[638]. Mais si le Chinois était « *séparé de la masse inerte de ses compatriotes, dégagé des entraves qui pèsent sur son intelligence et arrêtent l'essor de son génie, il sera bien moins soumis à l'influence de ses préjugés nationaux et de ses vieilles mœurs, et bien plus accessible aux enseignements et aux exemples de la civilisation européenne* ».

---

[638] CAOM, C. 406/3870, Correspondance de Monsieur Pacot adressée au ministre de la Marine et des Colonies, Ile de Bourbon, le 22 avril 1847.

La France pouvait d'une certaine façon avoir la conscience tranquille en voulant étendre son influence jusqu'en Extrême-Orient, même si la domination anglaise ne faisait désormais plus aucun doute là-bas. Certains esprits français se mettaient à rêver de puissance en proposant même de manipuler un certain Runjet-Sing, « *ce Bonaparte indien qui a conquis sa couronne sur l'anarchie, la tendance des évènements actuels est évidemment de restaurer l'ancien empire mogol au profit d'un monarque asiatique et d'écarter toute puissance européenne du territoire indien* ». Ce rêve ou ce fantasme de contrecarrer le processus de conquête britannique devint de plus en plus pressant, car en raison de la démographie asiatique, il fallait craindre tôt ou tard le « *réveil de l'Orient* »[639]. En attendant, le Chinois colonisé, éduqué aux mœurs individualistes de la civilisation européenne pouvait peut-être servir de formidable ambassadeur ou d'intermédiaire-clé au service des nations coloniales dans toutes ces régions du monde qui promettaient tant de richesses encore inexplorées et/ou inexploitées[640]. En ce sens, l'Asie et l'Afrique représentaient des enjeux économiques et commerciaux considérables[641].

---

[639] *Ibidem* : « Mais en jetant l'Asie, pour ainsi dire, dans le moule de la civilisation européenne, l'Angleterre pose de ses propres mains les fondements du futur empire indien : elle prépare le sol à l'établissement de la vaste puissance qui doit lui succéder en Orient et s'étendre sur tout l'espace qu'elle occupe dans cette partie du globe. Sa mission civilisatrice une fois remplie, elle s'éclipsera de l'Asie et en disparaissant sans retour… Les évènements qui se passent en Orient sont d'une telle importance et peuvent exercer une si grande influence sur les destinées futures de l'Europe ».

[640] *Ibidem* : « Malgré les vices et les défauts qui lui sont particuliers, le Chinois est de sa nature très éducable… et il n'est pas douteux que son éducation bien dirigée ne portât d'heureux fruits. Il serait donc important que nombre de jeunes gens de cette nation fussent amenés en France où leur éducation aurait des résultats peut-être plus avantageux que celle des jeunes Arabes que nous envoie le Vice-roi d'Egypte. Nos élèves chinois pourraient devenir de très utiles agents dans toutes nos relations avec l'Océanie pour nous y créer une vaste clientèle… L'on nous assourdit de ces mots : organisation du travail : quel en est le sens et la portée, je les cherche vainement ».

[641] *Ibidem* : « … entreprendre l'éducation des peuples neufs et lointains et de répandre les lumières de sa civilisation dans ces régions barbares. L'Afrique et la Malaisie sont deux parties du monde qui méritent de fixer nos regards… Les Barbares insulaires de la mer des Indes ouvriront les yeux à la lumière si on prend à tâche de les éclairer, leurs mœurs se modifieront comme leur état social. Avec les lumières de notre civilisation, les avantages d'une éducation européenne, ces peuples de pirates deviendront une nouvelle espèce d'hommes ».

# CHAPITRE 3

## La grande abolition de 1848 : la crise du travail dans une colonie sucrière

*« L'abolition de l'esclavage, cette grande réforme sociale suspendue sur les colonies, soulève des intérêts si grands, si étendus, si divers, elle devient chaque jour si imminente, que les gouverneurs de ces colonies, pleins de sollicitude pour des intérêts dont ils semblent les gardiens, ne négligent aucune occasion d'amoindrir le coup qui va leur être porté, en cherchant à les allier avec des exigences d'une civilisation plus avancée qui a éveillé en nous d'autres idées, des sentiments nouveaux qu'il faut suivre si l'on veut les diriger et pour lesquels comme dans un incendie il faut faire la part du feu »*
**Rapport Mackau**, mai 1845

La violence de la Révolution de 1789 trouve une explication dans le refus obstiné des nobles de l'Ancien-Régime d'ouvrir leur rang à « *d'autres classes éclairées de la nation* » et aussi à un absolutisme royal qui s'essoufflait. Monsieur de Tocqueville voyait sans doute dans l'imminente abolition de l'esclavage une formidable source d'inspiration intellectuelle. Pour lui, il n'y avait pas grande différence entre les nobles d'Ancien-Régime confrontés à la Révolution et les nobles et les bourgeois établis dans les colonies confrontés à une proclamation de l'abolition de l'esclavage. Ces derniers allaient se montrer tout aussi intolérants que bornés. Et cela laissait présager une poussée de violences extrêmes suivie d'une inexorable consumation des colonies à laquelle l'Etat ne put rien faire[642]. Les colonies étaient-elles irrémédiablement perdues ?

Avec l'avènement de la 2e République, le changement idéologique se vérifia par rapport à la question coloniale. La République était-elle plus fédératrice que la monarchie[643] ? Le nouveau sous-secrétaire d'Etat aux Colonies présida la *Commission d'abolition de l'esclavage* chargée dès le 4 mars 1848 de réfléchir aux modalités d'application du décret abolitionniste.

---

[642] A. de TOCQUEVILLE, *Résistances des colons et menaces de révoltes : l'équilibre de la peur aux Colonies*, *Le Siècle*, Paris, le 22 octobre 1843.

[643] P. HAUDRERE et F. VERGES, *De l'Esclave au Citoyen*, Gallimard, Hérissey, 1998, pp. 141-142 : « C'est aussi au nom de l'abolitionnisme que certains républicains vont justifier et défendre l'expansion coloniale. Le 12 novembre 1848, la même République qui avait aboli l'esclavage, proclame l'Algérie partie intégrante de la France. Schoelcher, l'auteur du décret du 17 avril, défend l'expansion coloniale au nom même du principe républicain de l'assimilation qui lui avait servi à attaquer l'esclavagisme ». Voir également N. BANCEL, P. BLANCHARD et F. VERGES, *La République coloniale, Essai sur une utopie*, Albin Michel, Paris, 2003, 172 p.

C'est dire que l'idée de programmer une émancipation progressive n'avait pas survécu. L'humanisme chrétien de Broglie fit place à la générosité de la République scholchériste, une abolition immédiate proposée depuis 1842. C'est ce qu'avait retenu le premier rapport de la commission. Pour Alexis de Tocqueville, le combat de la liberté était une question d'éthique et de morale aux mains d'une civilisation européenne qui se devait d'être exemplaire, mais fallait-il s'attendre à ce que la liberté des futurs affranchis soit équivalente à celle des ouvriers de France métropolitaine ? Plusieurs intellectuels, hommes politiques et ouvriers qualifièrent l'esclavage de « *lèpre* » institutionnelle qui avait malheureusement survécu à la Révolution. La République offrait la possibilité d'en guérir à travers le droit naturel à la dignité humaine[644].

Du point de vue de Paris, une fois l'abolition de l'esclavage proclamée, on s'attendait à ce que les nouveaux affranchis reviennent assez vite proposer leurs services pour « *une juste rémunération...source de bien-être* ». Plusieurs possibilités allaient bientôt s'offrir à eux : le travail à la tâche, à la journée, l'association libre[645] ou encore le colonage partiaire. Il ne s'agissait en aucune manière d'amoindrir la puissance contractuelle des colons[646]. Il fallait moraliser le travail auprès des futurs affranchis. C'est dans cet ordre d'idée que Schoelcher et ses commissionnaires proposèrent d'instituer la fête du travail au cours de laquelle des prix allaient pouvoir être décernés aux ouvriers les plus méritants[647].

Il n'y eut pas un, mais 3 décrets du 27 avril 1848 : le premier d'abord, celui le plus connu, qui proclama la libération des esclaves dans les colonies ; le deuxième ensuite, celui qui avait repris la formule du rédacteur Lancy de la *Démocratie pacifique*, à savoir le « *droit au travail* » destiné à punir en correctionnel les vagabonds, les mendiants et gens sans aveu ; enfin le

---

644 Pétition des ouvriers de Paris en faveur de l'abolition de l'esclavage, Paris, le 22 janvier 1844, Julien Galle, n°1, rue Neuve-des-Mathurins & 1 505 signatures, In. M. COTTIAS, *Op. Cit.*, pp. 127-128 : « Les soussignés, ouvriers de la capitale, ont l'honneur, en vertu de l'article 45 de la Charte constitutionnelle, de venir vous demander de vouloir bien abolir, dans cette session, l'esclavage. Cette lèpre, qui n'est plus de notre époque, existe cependant encore dans quelques possessions françaises... Quels que soient les vices de l'organisation actuelle du travail en France, l'ouvrier est libre... L'ouvrier s'appartient ; nul n'a le droit de le fouetter, de le vendre, de le séparer violemment de sa femme, de ses enfants, de ses amis ».

645 Cela renvoie à l'idée de coopérative émise par Victor Schoelcher que l'habitant réunionnais, Monsieur Charles Desbassyns proposa au Conseil privé en octobre 1848.

646 Premier rapport de la *Commission de l'abolition de l'esclavage*, signé de V. Schoelcher et H. Wallon.

647 A La Réunion, la fête du travail fut reportée au 4 mai. La première fête du travail eut lieu le 4 mai 1850.

troisième, celui qui institua la fête du travail célébrée chaque année dans les chefs-lieux et les cantons des colonies[648].

On remarque que le travail constituait un fondamental économique vital qui cherchait une sorte de sacralité par la loi. Aux Antilles, certaines sociétés-associations bénéficièrent de l'appui de Victor Schoelcher pour que les affranchis n'aient pas d'autre choix que de travailler[649]. En Martinique et en Guadeloupe, les craintes de soulèvements d'esclaves étaient tellement fortes que la date de la proclamation de l'abolition fut avancée[650]. L'affranchissement concernait 58% de la population martiniquaise, 87% de la population guadeloupéenne et 60% de la population réunionnaise, soit environ 250 000 esclaves en tout, la Guyane comprise. Contrairement à La Réunion, la Guyane et les Antilles n'avaient pas encore expérimenté l'engagisme asiatique ou africain. Il n'y a pas eu de concurrence entre esclaves et engagés. Il a fallu attendre le décret du 27 mars 1852 pour s'offrir les services coûteux d'engagés indiens[651] lorsque les Antilles furent confrontées à une pénurie considérable de main-d'œuvre. L'abolition déstabilisa gravement leur situation économique, politique et sociale.

Quant à La Réunion, la période la plus difficile et délicate fut celle comprise entre 1848 et 1852. La date de l'abolition ne fut ici certainement pas avancée, au contraire, elle fut reportée après la fin de la campagne sucrière. Ce fut le 20 décembre 1848, soit 7 mois après les proclamations aux Antilles. Cela ne signifiait pas qu'à La Réunion, il n'y eût aucune désertion ni menace de trouble. Les interventions et les discours du commissaire-général se multiplièrent et encouragèrent sur un ton très paternaliste, il faut le dire, la nécessité voire l'obligation de les faire travailler[652]. Pour que les nouveaux affranchis puissent rester plus ou moins longtemps sur les terres de leurs

[648] Concernant le deuxième décret du 27 avril 1848, le gouvernement provisoire s'était engagé dès le 25 février à garantir l'existence de l'ouvrier par le travail. Son article 2 énonçait en outre que les cases et les terrains affectés aux esclaves ainsi que les arbres fruitiers dont ils jouissaient, restaient la propriété des maîtres qui ne pouvaient priver les affranchis des fruits et récoltes pendant par branches et racines.

[649] P. HAUDRERE et F. VERGES, *Op. Cit.*, pp. 154-155. La société des *Femmes schoelchéristes* de Fort-de-France fut fondée le 1er mai 1848 : « Notre société… a propagé et propage légalement dans toutes les familles de sa sphère vos doctrines pleines de sagesse, de libéralisme et de perfectionnement. Elle prêche l'ordre et le travail… ».

[650] A la Martinique, le gouverneur proclama l'abolition le 23 mai 1848, suivie par la Guadeloupe le 27 mai 1848, déclarée en Conseil privé.

[651] Ce texte fut applicable aux vieilles colonies françaises de la Martinique, la Guadeloupe, la Guyane et La Réunion. Il leur permit de recruter des *coolies* exclusivement indiens.

[652] Discours des 20 décembre 1848 et 7 février 1849 du commissaire-général de la Réunion, Monsieur Sarda Garriga à Saint-Denis.

maîtres pour y loger et espérer manger, il fallait qu'ils consentent à continuer d'y travailler.

Ainsi, lorsque le décret abolitionniste débarqua dans l'île, les autorités locales réussirent à repousser au maximum l'échéance, le temps que le travail de la canne à sucre soit achevé. L'abolition fut donc décalée. Sur la base des 3 décrets, le Conseil privé adopta un arrêté qui consista à étendre le régime de l'engagement aux 60 250 futurs affranchis qu'on pouvait considérer comme potentiels engagés intérieurs (Section 1). L'élément central de l'engagement était, on l'a vu, l'obligation de faire travailler l'engagé à des conditions très dures une fois que le consentement était exprimé. Mais cela n'était pas sans risque pour les habitants qui craignirent que les esclaves ne rejettent massivement et violemment toute idée de travailler. Les autorités locales ont su faire preuve d'anticipation. Dès 1847, ils avaient commencé à remplacer leurs esclaves par des engagés, d'abord ceux qu'ils désiraient garder le moins (Section 2).

## Section 1 : La réforme légale de l'esclavage aboli : l'engagement intérieur

L'idée de proposer aux futurs affranchis un contrat similaire à celui des engagés se justifiait sans doute par l'expérimentation que les habitants en avaient depuis 1828. Cette idée était d'autant plus urgente que la proclamation de l'abolition menaçait très directement la prospérité de l'île[653]. Dans son mémoire à l'attention du nouveau gouverneur, Monsieur de Graëb prit soin de faire le bilan des engagismes en soulignant notamment que ces étrangers semblaient plutôt bien s'intégrer. C'est dire que globalement l'engagement était suffisamment positif pour l'étendre aux futurs affranchis. Si engagés de

[653] En France, une commission extraparlementaire étudia les conditions dans lesquelles l'esclavage pouvait être aboli dans les colonies quand éclata la révolution qui conduisit Louis-Philippe à s'enfuir le 24 février 1848. Le même jour se constitua le gouvernement provisoire composé des membres de diverses associations politiques reconnus par la Chambre des députés, tels que Lamartine, Garnier-Pagès, Arago, Dupont, Crémieux, Ledru-Rollin, Marie, Albert, Marrast et Flocon. Le 25 février 1848, la République fut proclamée par voies d'affiches et ce fut le retour du drapeau tricolore. Le 4 mars suivant, l'abolition de l'esclavage fut décrétée et le 7 mars 1848, l'île de Bourbon devint l'île de la Réunion. Ces nouvelles parvinrent à l'île Maurice le 24 mai 1848 et à l'île de la Réunion le 8 juin 1848, plus spécifiquement à Saint-Denis par le navire les Deux-Sœurs. Si le gouverneur de Graëb fit un rapport sur l'état moral, politique, économique et social de la colonie, il affirma que l'abolition pouvait se faire sans incidents. Mais, les incidents étaient surtout attendus du côté des engagistes ou propriétaires. A Saint-Louis, la milice voulait même interdire l'entrée du représentant du gouvernement provisoire dans la colonie.

« l'extérieur » et engagés de « l'intérieur » allaient pouvoir former une seule et même classe d'ouvriers, seuls ces derniers étaient promis un jour à la citoyenneté française. Cette perspective offrit aux futurs affranchis le droit de bénéficier prochainement du régime de droit commun réservé jusqu'alors aux blancs ou aux libres. Mais il fallait être prudent, car s'ils contractaient un engagement sur le modèle juridique qu'on connaît, l'engagé de l'intérieur allait être soumis au même principe de l'obligation de travail dont on sait la dureté. La constitution de cette classe commune d'ouvriers fut d'autant plus crédible que les engagés de l'extérieur furent rarement rapatriés dans leurs pays d'origine. Ils demeurèrent pour la plupart dans l'île. Engagés de l'extérieur et engagés de l'intérieur avaient la même utilité pour les habitants.

La problématique ou l'urgence à régler consistait pour les habitants à imposer le même régime disciplinaire sur les futurs affranchis que sur les engagés. Et là, toutes les constructions intellectuelles racialistes abondèrent. On se souvient de l'Indien et du Chinois réputés dangereux. On se souvient également des noirs considérés comme les ennemis de l'intérieur surtout s'ils formaient à eux seuls la majorité de la population réunionnaise. La peur, les troubles, les révoltes, les incendies, voilà ce qu'agita le procureur général, Monsieur Barbaroux, pour établir la preuve selon laquelle les travailleurs libres de couleur et les esclaves ne pouvaient pas jouir des mêmes droits que les blancs. Les statistiques étaient selon lui sans appel. 1 esclave sur 300, 1 Indien sur 60 et 1 Chinois sur 13 était soit un délinquant, soit un criminel[654]. Ici, tous ceux qui furent affranchis avant 1848 n'étaient pas pris en compte et aucune statistique de cette nature ne fut établie.

Pour les notables, la colonie devait renforcer son régime répressif et disciplinaire sur le contrat d'engagement en étant clair sur ce qu'il représentait, à savoir le travail contraint[655]. Toute personne de couleur sans contrat d'engagement était considérée comme vagabond et donc délinquant, ce qui justifiait le principe de l'obligation de travail pendant toute la durée de son séjour à La Réunion ou jusqu'à ce qu'elle y meure. Autant dire que les engagistes pouvaient se rendre propriétaires et maîtres de toute la force de travail de leurs engagés.

---

654 CAOM, C. 432/4614, Extrait du Mémoire de remise de S. de Monsieur Graeb, Gouverneur de l'Ile de la Réunion, Saint-Denis, le 14 octobre 1848 : « D'après un relevé dressé par le procureur général Barbaroux sur les registres de la Cour d'assises et de la police correctionnelle, il résulte que les crimes et délits référés à la justice ont été commis par les individus de cette catégorie, dans la proportion suivante : Pour les esclaves : 1/300, Pour les Indiens : 1/60, Pour les Chinois : 1/13 ».

655 *Ibidem* : « Jusqu'à présent, l'introduction des engagés de l'intérieur n'a pas été satisfaisante à quelques rares exceptions près. Les Indiens n'ont répondu qu'en petit nombre à ce qu'on attendait d'eux. La position est encore plus mauvaise en ce qui concerne les essais tentés sur la population chinoise. Il faut sans doute attribuer à fâcheux résultat à ce que les choix ont été faits trop légèrement sur les lieux d'émigration ».

Ainsi, l'expérimentation du régime juridique servile réservé aux Indiens, aux Chinois et aux Africains depuis 1828 a servi de modèle à l'engagement que les habitants proposèrent à tous les esclaves qu'ils souhaitaient conserver à leurs services, juste avant la proclamation de l'abolition (§1). A l'instar des engagés étrangers, toutes les législations consacrées aux engagés de l'intérieur allaient constituer ensemble une sorte de bloc légal dont la priorité fut bien de préserver le sucre colonial réunionnais (§2).

## § 1 – L'enjeu historique de l'arrêté local du 24 octobre 1848 : l'obligation du travail des futurs affranchis

Les habitants étaient très préoccupés par la rupture historique et sociale qu'allait provoquer l'abolition sur leurs domaines sucriers. Il y avait une logique juridique imparable d'assurer l'obligation de travailler dès lors que leurs engagés donnèrent leur consentement. Mais, pour l'heure, l'urgence immédiate était de sauver la campagne sucrière de cette année-là[656]. Comment concilier cette nécessité économique vitale avec l'exécution du décret d'abolition ? C'était tout le sens de l'arrêté adopté par le gouverneur le 24 octobre 1848. Deux jours de discussion et de réflexion furent nécessaires aux membres de son conseil pour désamorcer la puissance attendue par la proclamation de l'abolition de l'esclavage. Cet arrêté ne s'adressa pas à « *d'autres individus que ceux qui sont appelés à la liberté par le décret d'émancipation. C'est un acte purement transitoire* ». Cela signifiait que la liberté du futur affranchi allait être suspendue pendant une période de transition au terme de laquelle sa liberté allait être totale. Si les esclaves affranchis avant 1848 en étaient exemptés, c'est sans doute parce qu'ils étaient plus ou moins déjà intégrés à la société réunionnaise. Il s'agissait de contraindre au travail du sucre tous les futurs affranchis sélectionnés par leurs maîtres. Il n'était pas question de confondre les esclaves affranchis avant 1848 avec les esclaves affranchis grâce au décret abolitionniste[657]. Il était prévu et voulu que les esclaves affranchis de 1848 soient confondus avec les engagés indiens, chinois et africains pour constituer une classe d'ouvriers commune soumise à un régime juridique commun ou similaire. En leur offrant un engagement, c'était aussi l'occasion pour les maîtres, nous le verrons plus loin, de se « débarrasser » des esclaves les plus récalcitrants, les plus malades,

---

[656] En 1848, la production sucrière de La Réunion était de 19 800 tonnes contre 19 000 tonnes en 1850.

[657] J. V. PAYET, *Op. Cit.*, p. 115 : « Ainsi, le Noir était moins bien traité que sous l'esclavage pendant lequel il était vêtu, exempté d'impôt, sa famille était entretenue ; quand il obtenait son émancipation, il avait droit à une dotation d'au moins 2 000 Francs. Certains esclaves avaient conçu l'espoir d'obtenir semblable donation à prélever sur les indemnités à leurs maîtres ».

les plus fragiles et les plus âgés qui représentaient un coût forcément insupportable pour les colons.

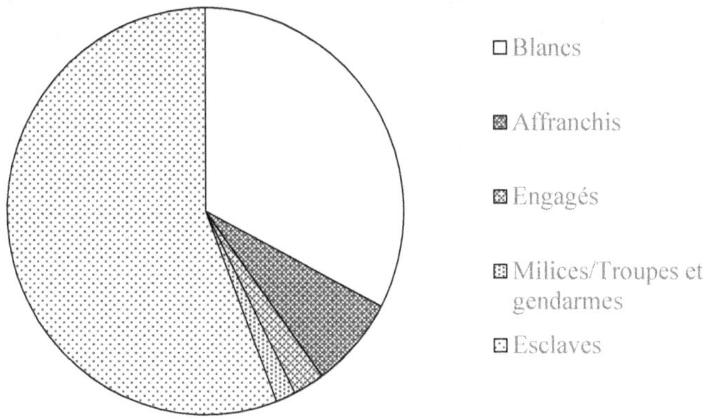


**Population recensée en 1847**

Lorsque le commissaire-général président, Monsieur Sarda Garriga, débarqua à Saint-Denis le 14 octobre 1848, l'un des décrets du 27 avril lui intimait l'ordre de dissoudre aussitôt le Conseil colonial[658]. Il s'exécuta. Les 23 et 24 octobre 1848, il convoqua le Conseil privé en prenant soin d'y inviter les habitants les plus importants de la colonie : Charles Desbassyns, Martin Flacourt, Gustave Manès, maire de Saint-Denis, et l'avocat Philippe Rayneau de Saint-Georges. Tous devaient prendre part aux discussions sur la nouvelle organisation du travail « *avant le jour où la liberté sera définitivement acquise aux noirs* »[659]. Cette séance était historique, d'abord, parce qu'il s'agissait d'adopter un arrêté local exclusivement adressé aux futurs affranchis et ensuite, parce qu'il s'agissait de « *dispositions intermédiaires* » pour assurer la continuité et la pérennité des travaux des ateliers privés et publics. Pour les notables, il fallait sécuriser à tout prix le passage de l'esclavagisme à

[658] Il est dit que Sarda Garriga avait débarqué un vendredi 13.

[659] CAOM, C. 18/113, Délibération du Conseil privé de La Réunion, Saint-Denis, le 23 octobre 1848. Il faut bien préciser qu'il s'agissait du commissaire-général président, car il y avait un autre commissaire-général, le commissaire-général ordonnateur, Monsieur A. Bédier. Monsieur A. Brunet, avocat à la Cour d'appel, fut nommé par Sarda Garriga directeur de l'Intérieur, Monsieur Massot ou Masson (l'écriture est assez illisible quant à ce patronyme) occupa la fonction de procureur général, Monsieur Brunot étant le commandant militaire par intérim et Monsieur Le Chauvalon tenant la charge de contrôleur colonial. Les conseillers privés étaient en l'espèce au nombre de trois : Messieurs Sauger, Lebeaud (parfois ce patronyme apparaît « Lebeau ») et Hudic. La dissolution du Conseil colonial de Bourbon n'avait pas empêché les 104 grands propriétaires de l'île de se réunir pour soumettre leur projet. Ces derniers trouvèrent certainement dans la personnalité de Charles Desbassyns le meilleur « représentant » dans la défense de leurs intérêts sucriers.

l'engagisme. Sarda Garriga l'avait bien compris et il n'était pas question d'une abolition proclamée avec « brutalité » dès son arrivée. Il fallait avant tout consulter et préparer au mieux les habitants. Il s'agissait de canaliser les mouvements « sociaux » de 60 318 ou 62 151 esclaves, dont 43 060 ou 47 000 actifs[660].

Ainsi, l'arrêté local du 24 octobre 1848 fut la première pierre du bloc législatif de l'engagement intérieur à être posée permettant aux habitants d'imposer à leurs esclaves la généralisation du système de l'association dans le but de limiter les pertes et de contrôler les coûts d'exploitation (A). Il y avait là l'opportunité majeure de convaincre de gré ou de force tous les futurs affranchis de la nécessité de travailler ou de s'engager aux conditions du maître, ce que le ministre ne pouvait pas refuser (B).

## A/ L'engagement des futurs affranchis : la proposition de l'association

Lors de la séance du Conseil privé du 24 octobre 1848, on insista sur le fait qu'avec l'abolition, les habitants n'avaient plus aucune obligation d'entretenir leurs futurs affranchis. Seul le contrat d'engagement leur permettait de bénéficier de rations alimentaires, de vêtements, d'un logement, de soins en cas de maladie, etc. C'est sous cet angle que se définissait l'association entre le maître et son esclave, c'est-à-dire entre le futur engagiste et son futur engagé. Le futur affranchi pouvait théoriquement choisir entre l'association, le système du colonage et le salaire en numéraire même si cette dernière option n'était pas réaliste à cause de sa rareté dans l'île.

Quelle que soit l'option envisagée, il est certain qu'avant le 20 décembre 1848, les futurs affranchis n'en étaient pas moins esclaves. Ils ne jouissaient d'aucune liberté réelle, d'aucune capacité juridique, ce qui exclut le fait même qu'ils aient pu choisir quoi que ce soit. Les maîtres ont sans doute retenu leurs meilleurs éléments, les plus dociles, les plus performants en leur imposant l'association. C'est vrai que ce type d'engagement allait pouvoir être contractualisé[661]. C'est donc aux alentours du 24 octobre 1848 que les esclaves

---

[660] J. V. PAYET, *Op. Cit.*, p. 113.

[661] Ce terme d'association n'était pas neutre, car dans le premier rapport de la *Commission de l'abolition de l'esclavage*, Messieurs Schoelcher et Wallon écrivaient : « Quant à l'organisation du travail, il faut s'entendre sur le mot. Pour les colons, c'est l'association forcée, c'est-à-dire une forme de l'esclavage. Nous la repoussons. La contrainte dans le travail a toujours été une cause de dépérissement et de ruine ; le progrès n'est possible qu'avec la pleine liberté… Cette contrainte dans l'association, repoussée par le droit, condamnée par l'histoire, n'aurait pas même aujourd'hui l'excuse de la nécessité. Le nègre se livrera au travail s'il y trouve un profit convenable. Le travail à la tâche ou à la journée, l'association libre, le colonage

ont pu consentir à travailler pour leurs maîtres pour une durée d'un an à partir de la proclamation de l'abolition de l'esclavage, le 20 décembre. La valeur de ce consentement posait théoriquement problème, parce que les esclaves n'avaient *a priori* aucune idée de la date exacte de leur libération. S'il y avait bien eu consentement, les éléments contractuels restaient vagues. En tout état de cause, les autorités à Paris ne se sentaient pas de faire annuler des engagements contractés entre esclaves et maîtres, et ce, pour des raisons évidentes de tranquillité publique dans un contexte de grande instabilité politique nationale.

### 1) Le contrat d'association : des obligations pragmatiques pour l'engagiste

Charles Desbassyns était pleinement conscient que le décret d'abolition mettait face-à-face une masse considérable de futurs affranchis et la minorité blanche privilégiée[662]. On se souvenait encore de la psychose suscitée par le soulèvement d'esclaves à Saint-Leu en 1811[663]. La peur du noir, de l'Indien, du Chinois était régulièrement relayée par la presse et l'opinion publique pour imposer toute la distance sociale nécessaire entre blancs et gens de couleur. C'est ce même Charles Desbassyns qui proposa de recourir massivement à l'engagement par association. Ce type de contrat permettait de contenir et d'apaiser les relations sociales avec comme objectif principal la sauvegarde de l'industrie du sucre. D'esclave à associé, le progrès était théoriquement indéniable, mais à y regarder de plus près, il ne s'agissait rien d'autre que d'une « *simple avance des vivres et des autres prestations en nature* » en guise de salaire.

---

partiaire sont autant de modes qui pourront se produire et se faire concurrence au profit de la société même... ».

662 Le décret du 27 avril 1848, fait à Paris en Conseil du gouvernement, énonçait que « Le gouvernement provisoire, Considérant que l'esclavage est un attentat contre la dignité humaine ; Qu'en détruisant le libre arbitre de l'homme, il supprime le principe naturel du droit et du devoir ; Qu'il est une violation flagrante du dogme républicain : Liberté, Egalité, Fraternité. Considérant que, si des mesures effectives ne suivaient pas de très près la proclamation déjà faite du principe de l'abolition, il en pourrait résulter dans les colonies les plus déplorables désordres, Décrète : Article Premier – L'esclavage sera entièrement aboli dans toutes les colonies et possessions françaises deux mois après la promulgation du présent décret dans chacune d'elles. A partir de la promulgation du présent décret dans les colonies, tout châtiment corporel, toute vente de personnes non libres, seront absolument interdits ».

663 M. LEGUEN, *Op. Cit.*, pp. 113-119.

• L'engagement par association ou le droit facultatif du régime salarial

Il ne faudrait pas croire que l'engagement par association ouvrait droit pour le travailleur de couleur à un quelconque intéressement sur la récolte sucrière. L'association consistait à convertir tout ou partie du salaire en nature, non pas en canne à sucre, mais en vivres, vêtements, logement, etc.[664]. Pour que le maître puisse continuer à entretenir ses futurs affranchis, le système de l'association était le meilleur moyen. C'est ce que proposa Charles Desbassyns au nom de « l'amour du travail »[665]. Avec l'institution de la fête du travail, les futurs affranchis devaient être convaincus que leur niveau de vie dépendait entièrement du travail « offert » par l'industrie sucrière[666].

L'engagement par association permettait de soulager les habitants en leur évitant de devoir payer le salaire de leurs engagés en numéraire. Pourtant, rien d'objectif ne justifiait cela. Sans doute qu'il y avait un traitement différencié,

---

[664] C. SCHNACKENBOURG, *Op. Cit.*, pp. 52-57. En Guadeloupe, les esclaves complétaient leur alimentation en cultivant quelques de lopins de terre. C'est dire que les rations légales alimentaires qui leur étaient distribuées s'avéraient insuffisantes. L'auteur évoque une situation de sous-nutrition et de misère antillaise. Durant cette première moitié du 19e siècle, surtout aux alentours des années 1840, les habitants antillais semblaient s'être résolus à respecter le Code noir et l'ordonnance de 1786, celle-ci faisant passer le temps de travail de 14-16 heures à 9-10 heures par jour. Cela permit à l'esclave de cultiver son lopin de terre. Toutefois, l'esclave demeurait un « investissement à rentabiliser », souvent réquisitionné aux moindres exigences du maître. A La Réunion, nous l'avons déjà précisé, c'est l'édit du 13 septembre 1724 qui faisait office de code noir. L'esclave disposait d'un lopin de terre pour compléter son alimentation, mais il lui était possible de vendre une partie de sa récolte à son profit. En effet, l'édit de 1724 énonçait clairement que l'esclave « ne peut vendre les produits de son travail effectué en dehors des heures dues à son maître, qu'avec l'autorisation de ce dernier », In. J. V. PAYET, *Op. Cit.*, p. 22. Ce sont les ordonnances locales des 18 juillet 1735 et 7 septembre 1767 qui autorisèrent les maîtres de remplacer la ration d'une livre et demie de riz par esclave mâle par deux livres de maïs, de manioc ou de haricots pour unique ration alimentaire obligatoire fixée par l'ordonnance du Conseil supérieur du 18 juin 1726. Cette prescription fut confirmée par l'ordonnance locale du 25 décembre 1819. Précisons aussi que l'ordonnance locale du 10 avril 1771 obligeait le propriétaire d'esclaves à planter 100 pieds de manioc par esclave et par an, afin de prévenir d'éventuelles disettes. Au regard de toute cette législation, quelles mesures supplémentaires allaient bien pouvoir être annoncées par Monsieur Desbassyns ?

[665] N. BANCEL, P. BLANCHARD et F. VERGES, *Op. Cit.*, pp. 125-128.

[666] J. V. PAYET, *Op. Cit.*, pp. 111 et 120. C'est le troisième décret du 27 avril 1848 qui institua à Saint-Denis et dans tous les chefs-lieux des cantons de l'île la distribution d'un prix de 200 Francs ou 30 ares de bonne terre au meilleur travailleur. A Saint-Denis, le prix était de 600 Francs ou un hectare de bonne terre et une bourse dans un lycée. Pour rappel, la première fête se déroula le 4 mai 1850.

une discrimination entre engagés de couleur et salariés blancs, ces derniers étant très certainement rémunérés en numéraire. Mais voilà que sur la base de préjugés moraux et racialistes, Monsieur Desbassyns estimait qu'il était de « *fait notoire* » que « *le noir dépense son salaire aussitôt qu'il le reçoit* ». Cet argument ne valait rien surtout si la colonie devait faire face à l'absence constante de numéraire et de crédit envers les personnes de couleur. Aucun habitant ni aucune autorité locale n'avait mis en place de dispositif ou de solution alternative pour que le numéraire circule abondamment dans les mains de toute une catégorie de la population réunionnaise. C'est à se demander si cet état des choses n'était pas voulu. Priver les engagés de couleur, Indiens, Chinois et noirs, sauf peut-être les affranchis avant l'abolition de 1848, d'un salaire en numéraire consistait à les rendre totalement dépendants de la volonté et de l'ascendance de leurs maîtres, de leurs engagistes, de leurs employeurs. Et puis, à croire Monsieur Desbassyns, il ne servait à rien pour le nouveau gouverneur de vouloir changer les choses puisque l'engagement par association était plébiscité par les colons[667]. Les habitants étaient libres de payer une partie du salaire en numéraire et l'autre partie en nature comme on l'a précisé plus haut ou alors dans les proportions qui les arrangeaient. Tout dépendait du maître.

- L'abrogation du traitement obligatoire de l'ancien esclave

Sans aucune garantie d'être payé en pièces de monnaie, voilà que les engagés n'étaient même plus du tout assurés de bénéficier comme dans les premiers temps de l'engagisme de vêtements et de nourriture. Les habitants comme Monsieur Desbassyns considéraient que « *si on impose cette obligation de la leur fournir, les noirs la regarderont comme une chose qui leur est due et n'en tiendront pas compte comme devant entrer dans la composition du salaire* ».

On assista alors à un important paradoxe : avant l'abolition, l'esclave ou l'engagé bénéficiait d'un logement, de vêtements et de nourriture certes insuffisants, mais avec l'abolition, rien de tout cela n'était acquis. Seule la vente, la location ou la mise à disposition gratuite d'un lopin de terre pouvait permettre d'espérer survivre[668]. Anciens esclaves et engagés étaient pris au piège dans un cycle de dépendance où la volonté du maître prédominait. Les

[667] Délibération du Conseil privé de La Réunion, Saint-Denis, le 23 octobre 1848, *Op. Cit.* : « D'autres, en grand nombre, ont dû se prononcer en faveur du système d'association par nécessité, car en ce moment, il y a généralement absence de numéraire et de crédit ».
[668] J. V. PAYET, *Op. Cit.*, p. 118. Notons que les nouveaux affranchis allaient pouvoir acquérir 1 205 lopins de terre entre 1848 et 1852. Cependant, nous ignorons de quelle manière se produisirent ces acquisitions.

habitants restaient les seuls à offrir massivement du travail, y compris aux *Petits-Blancs*[669].

Monsieur Desbassyns proposa de limiter le système de l'association à un an pour la domesticité, les travaux industriels et les cultures autres que ceux de la canne et 2 ans pour les travaux du sucre. Cette différence se justifiait « *pour que les opérations de cette culture se fassent à temps* ». Les durées de l'engagement étaient relativement courtes, sans doute parce que personne ne savait vraiment comment l'abolition de l'esclavage allait être vécue. Les habitants cherchaient tous les moyens de maîtriser les mains-d'œuvre serviles, esclaves et engagées surtout, mais aussi les *Petits-Blancs* ou *Petits-Créoles* dans cette période de tension particulière. Pour Monsieur Saint-Georges, les salaires devaient eux aussi être « *fixés très bas* »[670]. Il rappela que l'île Maurice a dû faire face après l'abolition de 1833 à des résultats déplorables.

Pour l'ordonnateur, le système de l'association restait le meilleur moyen de traverser la crise de l'abolition en mettant tous les « *candidats* » en concurrence. Pourquoi ne pas imaginer que les habitants puissent désormais négocier à leur avantage des conditions contractuelles au cas par cas avec chacun des engagés retenus ? De cette façon, le marché du travail et donc celui de la main-d'œuvre restait sous leur contrôle total.

### 2) Le contrat d'association : des obligations strictes pour l'engagé intérieur

Le système ou le contrat d'association permettait à l'engagiste de ne retenir parmi la masse de ses anciens esclaves que les plus qualifiés, les plus aptes et les plus dociles. Ces derniers ne disposaient toujours pas de la faculté de s'exonérer de l'obligation de travail profondément ancrée dans l'opinion et la réglementation locale. Pour l'historien Sudel Fuma, sur 45 698 esclaves actifs en 1848, seuls 17 713 avaient conclu un engagement-association sur les grandes propriétés contre 15 583 en 1849 au moment de leur rengagement. L'engagement des affranchis représenta 39% de la population active sur les habitations sucrières pour tomber à 34% l'année suivante.

---

[669] Délibération du Conseil privé de La Réunion, Saint-Denis, le 23 octobre 1848, *Op. Cit.* : « Si au contraire, ils sont obligés d'y pourvoir eux-mêmes, ils réfléchiront, surtout en voyant auprès d'eux cette malheureuse population des petits créoles en proie à la plus grande misère ».

[670] P. HAUDRERE et F. VERGES, *Op. Cit.*, p. 157 : « Le salaire d'un laboureur en 1848, avant l'émancipation, était au minimum de 35 Francs par mois. Depuis l'immigration, le prix d'un engagé étant descendu à 12,5 Francs par mois, le salaire courant est descendu à ce taux ». Le prix de 35 Francs en plus de l'entretien de l'esclave ou de l'engagé nous semble plutôt théorique d'autant plus que le système de l'association permettait de neutraliser le versement d'un salaire numéraire.

| Année | Sexe | Moins de 14 ans | 14 à 60 ans | Plus de 60 ans | Total |
|---|---|---|---|---|---|
| 1847 | Masculin | 7 006 | 28 123 (65,3%) | 2 007 | 37 136 |
| | Féminin | 6 792 | 14 932 (34,7%) | 1 400 | 23 124 |
| Total | | 13 798 | 45 055 (100%) | 3 407 | 60 620 |

**Tableau de population, de culture, de commerce et de navigation sur les colonies françaises**[671]

D'après le tableau ci-dessus, au nom d'une certaine « *rationalité économique* », les habitants n'avaient pas hésité à exclure de leurs services les 3 407 futurs affranchis de plus de 60 ans, une bonne partie des enfants de moins de 14 ans, surtout ceux qui n'étaient pas pubères, ainsi que les femmes. En tout, cela représentait au bas mot 12 000 personnes. On peut imaginer qu'une masse aussi importante d'individus ne restait pas très loin des habitations ou des villes pour pouvoir s'engager à la tâche ou à la journée faute d'un engagement plus stable[672].

Le directeur de l'Intérieur, Monsieur Brunet, souligna la « *toute liberté aux contractants* », « *l'engagement peut être convenu, soit moyennant salaire, soit comme association ou colonage* ». Ne perdons pas de vue que l'arrêté local du 24 octobre 1848 restait en vigueur, à savoir le double principe suivant : le principe de l'obligation de travail issu de la pleine propriété de la force du travail de l'engagé et de l'ancien esclave et le principe pour le moins étonnant de contraindre la solidarité entre gens de couleur dans le but d'abaisser les obligations d'entretien du maître à l'égard de son esclave et de son engagé.

- L'affirmation du principe de l'obligation de travail

Le nouveau procureur général, Monsieur Massot, souligna que grâce à la loi du 18 juillet 1845, le salaire généré par les heures supplémentaires permit aux esclaves de réaliser quelques économies. Mais en réalité, ils furent bien peu nombreux, ce qui signifiait que le système des heures supplémentaires n'avait pas été mis en place sur la plupart des habitations. Pour autant, le procureur ne leur imposa pas la grille de salaires réservée aux engagés, la liberté contractuelle demeurant la règle. Par contre, rien ne l'empêchait de conseiller, de suggérer et d'accompagner de tels termes contractuels surtout

---

[671] H. HAI QANG, *Histoire économique de la Réunion (1849-1881), Engagisme, croissance et crise*, L'Harmattan, Paris, 2004, p. 66.

[672] J. V. PAYET, *Op. Cit.*, p. 117 : « Les autres émancipés, rejetés par leurs anciens maîtres essayèrent de survivre. Les uns se réfugièrent dans les cirques de Cilaos, de Salazie et de Mafate. Ceux qui restèrent sur les côtes contractèrent des engagements fictifs auprès des petits propriétaires ».

dans les « *premiers instants* » de l'abolition. Le procureur proposa néanmoins de recourir à l'engagement-association pour une durée de 5 ans sans pouvoir changer de métier. Il s'agissait de stabiliser « *pour le moment la position des travailleurs vis-à-vis des propriétaires afin de prévenir une solution de continuité du travail* ». Cela signifiait que ce contrat était proposé à ceux qui arrivaient à l'expiration de leur premier engagement-association de 2 ans maximum ainsi qu'à tous ceux qui n'avaient pas encore contracté d'engagement. On sait qu'ils étaient très nombreux. Il s'agissait de pouvoir maintenir un maximum d'affranchis sur les habitations sucrières.

Pour Monsieur Lebeaud, l'administration ne devait pas seulement autoriser les engagements des affranchis, mais les « *exiger, car ici la contrainte est salutaire* ». C'est l'ensemble des membres du Conseil privé qui officialisa le système de l'association même si théoriquement l'esclave pouvait choisir entre 3 types d'engagement : le salariat, l'association ou le colonage. Selon le directeur de l'Intérieur, « *il faut laisser toute liberté à cet égard à la population noire* » d'autant plus que « *pour assurer le travail, vous vous armerez de la loi sur le vagabondage, vous aurez les ateliers de discipline* »[673]. Mais le Conseiller Lebeaud était plus d'avis que les vagabonds, les *marrons*, esclaves ou engagés, retournent chez leurs anciens propriétaires[674]. Pour mieux

---

[673] J. V. PAYET, *Op. Cit.*, 1990, pp. 33-35. L'atelier de discipline s'adressait aux esclaves publics et privés « récalcitrants ». Sous l'ère de la Compagnie des Indes, on dut recourir à la traite des noirs pour assurer les divers travaux publics nécessaires. Ces « ouvriers » étaient logés dans des camps ou « nègreries ». Ce n'est qu'en 1771 qu'ils prirent le nom d'Atelier colonial. Lorsque la traite fut interdite, tous ceux qui avaient été saisis et dirigés vers l'atelier furent « libérés » mais au terme de 7 ans d'engagement auprès de celui-ci et ce, conformément à la loi du 4 mars 1831. La colonie réunionnaise adopta l'arrêté du 11 août 1838, afin de les réengager pour 4 ans supplémentaires. C'est dire que cette libération fut difficile à mettre en œuvre. Entre 1820 et 1827, l'Atelier colonial était composé d'une main-d'œuvre d'environ 1 200 ouvriers divisés en plusieurs « brigades » de 80 travailleurs environ, dirigés par 2 blancs : un chef de brigade et un sous-chef. Un commandeur à étoiles et des simples commandeurs assistaient les chefs blancs. L'atelier de discipline fut créé par l'arrêté du 4 mai 1830 pour y affecter des esclaves récalcitrants, coupables de paresse, de voies de fait, de vols ou de marronnage. La commission de discipline, créée par l'arrêté du 3 mars 1827 qui plaçait les ateliers coloniaux sous l'autorité du sous-commissaire de la Marine, pouvait décider comme peine maximum l'envoi de l'esclave délinquant ou fautif sur l'île de Sainte-Marie pendant une durée de 5 ans à l'expiration de laquelle il pouvait être rendu à leur maître.

[674] La généralisation du vagabondage touchait certainement la plupart des Indiens et des Chinois dès les premiers mois de leur introduction dans l'île. Le vagabondage constituait un délit constamment soulevé, moyen également judicieux par lequel on plaçait le vagabond en atelier de discipline. L'esclave et l'engagé ne pouvait donc pas échapper au régime servile instauré au profit de l'économie sucrière coloniale. On

contrôler les flux des travailleurs et lutter efficacement contre le vagabondage, Monsieur Manès rappela que le livret restait exigible auprès de tous les travailleurs en précisant que toute personne non titulaire de ce document était immédiatement placée au sein d'un atelier de discipline[675].

- Le principe de solidarité entre engagés de couleur

Si les esclaves étaient théoriquement obligés de contracter un engagement, il était hors de question pour les habitants de rémunérer sur les mêmes critères les vieillards et les infirmes. Monsieur Saint-Georges proposa que ce soit l'Etat qui les prenne directement en charge au nom du « *principe de solidarité* »[676]. Il s'agissait pour les habitants de s'exonérer de toutes les charges ou presque relatives à leur entretien. A défaut, ils ne trouvèrent aucun engagement durable. Selon les estimations, la moitié de la main-d'œuvre servile était composée de vieillards et d'infirmes. Sans doute que les colons exagéraient ici.

En 1847, sur les 60 318 esclaves que comptait l'île, 2 007 étaient répertoriés comme vieillards, les infirmes ne figurant sur aucun registre particulier[677]. C'est dire que les affirmations de Monsieur Saint-Georges étaient incorrectes. Sur les habitations de Messieurs Nairac et Desbassyns, la moitié seulement des esclaves, 200 sur 400, donnaient pleinement satisfaction, 100 étant des enfants, 60 des vieillards, des malades ou des invalides, sans compter les esclaves affectés à la domesticité. Difficile dans ces conditions que l'Etat les prenne entièrement à sa charge alors qu'il y avait tout de même un travail rendu[678]. Comme le phénomène du vagabondage était relativement important, l'idée consista alors à faire supporter la prise en charge des vieillards et des

---

comprend alors tout l'intérêt de l'atelier colonial, des ateliers de discipline et des ateliers municipaux : maintenir le régime de l'obligation de travail.

675 Délibération du Conseil privé de La Réunion, Saint-Denis, le 23 octobre 1848, *Op. Cit.* : « il s'agit ici d'une population peu intelligente en général, et que du moment qu'elle saura que l'engagement n'est pas obligatoire pour elle, elle ne s'y soumettra pas ; les noirs afflueront à Saint-Denis, sur les grands centres et il peut en résulter des dangers pour la continuité du travail d'une part et de l'autre, pour le maintien de l'ordre public ».

676 *Ibidem* : « Sur un atelier de 150 noirs, il y en a la moitié tout au plus à l'ouvrage ».

677 J. V. PAYET, *Op. Cit.*, pp. 112 et 115.

678 Nous savons que la situation économique et financière de la France était telle que le versement de l'indemnité coloniale fut retardé. La *Commission de l'abolition de l'esclavage* assurait pourtant que : « le décret répare les iniquités de l'esclavage ; il donne l'amnistie à ceux pour qui la servitude a pu aggraver la vindicte des lois. Un décret spécial confie à la garde de l'Etat, et, sous sa garantie, au dévouement de leurs frères, les vieillards, les orphelins, les infirmes, tous ces délaissés de l'ordre social qui tombe ; les nègres que nous avons entendus nous en ont donné l'assurance : ils seront recueillis ».

infirmes sur le travail des vagabonds placés dans les ateliers de discipline et les ateliers municipaux[679]. Pour le procureur général, imposer ce schéma n'était pas une mince affaire[680]. Mieux valait peut-être recourir auprès des esclaves à un « *acte librement consenti* ». Pour l'ordonnateur, rien ne s'opposait à un système de solidarité entre esclaves puisque « *le décret d'émancipation faisant appel aux sentiments de fraternité des travailleurs, les considère comme devant prendre en grande partie à leur charge les vieillards et les infirmes* ». Bien évidemment, les habitants refusaient de participer financièrement à cette solidarité. C'était une affaire entre gens de couleur. Il appartenait donc « *à l'administration de l'imposer* » et à l'engagiste de la prévoir très clairement dans les termes des nouveaux engagements des noirs[681].

Le gouverneur porta une attention particulière à la question d'autant plus que ce sont environ 15 000 personnes qui étaient directement concernées, même si ce chiffre ne donna pas ses sources. Pour Monsieur Desbassyns, ce ne sont pas 15 000, mais 1 500 à 2 000 esclaves vieillards et infirmes, chiffres que l'on peut facilement recouper avec le recensement de 1847. Encore une fois, on assiste à une bataille de chiffres.

De quelle solidarité était-il question ? Nous savons qu'elle s'imposait par principe aux esclaves valides qui s'apprêtaient à signer un engagement et qu'une partie de leur salaire théorique ou à titre indicatif contribuait à prendre en charge l'entretien des esclaves vieillards et infirmes. Mais cette solidarité était d'abord et avant tout de famille. En vertu de cette solidarité, les nouveaux engagés devaient pourvoir aux besoins de leurs ascendants directs infirmes et/ou vieillards ainsi qu'à ceux des enfants mineurs orphelins qui n'avaient plus de parent vivant[682].

Le gouverneur rappela que « *l'administration est démunie des moyens de venir en aide aux propriétaires* ». C'est dire que le schéma d'une solidarité entre gens de couleur fut plus qu'opportun.

---

679 Délibération du Conseil privé de La Réunion, Saint-Denis, le 23 octobre 1848, *Op. Cit.* : « Si l'atelier valide accepte en s'engageant d'abandonner une portion de ses salaires pour subvenir aux besoins des vieillards et des infirmes, l'avenir serait garanti ».

680 *Ibidem.* Selon le procureur général, il était impossible que « le maître puisse dire à ses anciens esclaves : vous êtes libres, engagez-vous pour travailler avec moi, mais prenez à votre charge les vieillards et les infirmes. Ce serait un leurre pour les noirs, ce serait continuer l'esclavage ».

681 *Ibidem.* L'ordonnateur proposa que « l'obligation de subvenir aux besoins de ces malheureux peut être une des conditions de l'engagement des travailleurs ».

682 Selon le recensement de 1847, on comptait 7 056 garçons et 6 792 filles de moins de 14 ans. Nous ignorons le nombre d'orphelins.

## B/ L'engagement obligatoire des futurs affranchis : une mesure transitoire et préventive

En 1848, le travail devait absolument être indissociable de la proclamation de l'abolition de l'esclavage. Beaucoup de colons craignaient un mouvement de rébellion ou de soulèvements, d'où la nécessité de réaffirmer le principe de l'obligation de travail de tous les engagés issus de la catégorie des futurs affranchis. C'était tout l'enjeu de l'arrêté du 24 octobre 1848 qui, grâce à l'engagement-association, permettait aux maîtres d'imposer leurs conditions contractuelles. Conformément à l'article 8 du décret abolitionniste, les colonies françaises disposaient d'un délai de 3 ans pour faire aboutir une liberté totale des esclaves. Nous verrons que même si l'engagement était défini comme un contrat de travail entre personnes libres, la situation des affranchis de 1848 ne s'améliora que difficilement dans le temps. C'est vrai qu'une fois les engagements contractés, les habitants se considéraient comme les propriétaires exclusifs de toute leur force de travail. Cela fut le cas envers les engagés indiens et chinois, il en allait de même envers les esclaves.

Dès l'arrivée du tout nouveau gouverneur ou commissaire-général de la République, les « aristocrates » du sucre se sentaient en position d'affirmer clairement leurs intentions d'autant plus que contrairement aux autres membres de la Commission abolitionniste de Schoelcher, Sarda Garriga était relativement peu connu[683]. Comment garantir alors l'ordre et la tranquillité publique ? La Réunion n'était pas les Antilles[684].

---

683 Le député de la Martinique, Victor Schoelcher, fut nommé sous-secrétaire d'Etat aux colonies et président de la *Commission d'abolition de l'esclavage* qui commença ses travaux le 6 mars 1848. Schoelcher désigna Auguste Perrinon, futur commissaire-général de la République pour la Martinique, Alexandre Gatine, avocat parisien et futur commissaire-général pour la Guadeloupe, Mestro, directeur des colonies au ministère et ancien membre de la Commission de Broglie de 1840, Charles Gaumont, rédacteur antillais du journal *L'Union ouvrière* et auteur de la pétition des ouvriers de 1843, Louis Percin et l'historien Henri Wallon. Le travail de cette commission concernait les modalités d'exécution du décret abolitionniste. Aussi, la nouvelle république française expédia à La Réunion, un « simple » receveur des finances du nom de Sarda Garriga, inconnu de la politique et de l'abolitionnisme.

684 A la Martinique, l'abolition fut proclamée le 23 mai 1848 par le gouverneur provisoire, Monsieur Rostoland, le lendemain d'incendies de demeures de plusieurs colons par des esclaves qui manifestaient pour leur libération immédiate. A la Guadeloupe, l'émancipation fut promulguée le 27 mai 1848 par le Conseil privé. A La Réunion, elle fut proclamée le 20 décembre 1848.

### 1) L'engagement intérieur : un moyen de prévention sociale réciproque

Avec l'abolition de l'esclavage, rien n'obligeait plus les maîtres à continuer à les entretenir sans contrepartie. On suppose que les habitants offrirent un engagement uniquement à ceux qu'ils avaient sélectionnés tandis que d'autres allaient pouvoir être recrutés le temps de la campagne sucrière ou à la tâche. Beaucoup d'esclaves se retrouvèrent bientôt abandonnés sans ressource ni logement. Les colons avaient toutefois intérêt à ne pas rompre trop brutalement le lien avec ceux qui ne bénéficiaient d'aucun engagement durable. Les législations pénales sur le vagabondage, la lutte contre le marronage et l'obligation légale de faire travailler tout engagé ou tout vagabond permettaient de disposer assez facilement d'une importante main-d'œuvre servile, corvéable, à disposition, ne serait-ce que par l'intermédiaire des geôles et ateliers divers de la colonie.

- Le sort du futur affranchi : entre engagement et vagabondage

Tous les membres du Conseil privé furent unanimes. L'obligation de faire contracter un engagement à tous les esclaves était une nécessité d'ordre public, le meilleur moyen aussi de lutter efficacement contre « *l'oisiveté* »[685]. Seul le directeur de l'Intérieur considérait qu'il y avait un « *contresens* » à vouloir proclamer leur liberté tout en les obligeant à s'engager auprès des mêmes maîtres. Le procureur tenta de le convaincre en affirmant « *qu'il n'y a rien d'illégal à imposer l'obligation du travail à des individus qui ne justifient d'aucuns moyens d'existence par eux-mêmes* ». Le directeur de l'Intérieur s'insurgea quand il fut question de réviser à la baisse le salaire des futurs engagés. En fait, c'est lui qui avait rédigé le projet d'arrêté examiné devant le Conseil privé. Mais ses membres voulaient le dénaturer complètement en proposant aux futurs affranchis un engagement dans des conditions peu avantageuses alors qu'ils devaient dorénavant être considérés comme des personnes libres. Le directeur de l'Intérieur, conscient qu'ils tournaient en ce moment même une page de l'histoire de La Réunion, refusa d'en prendre la responsabilité. Il espérait un peu plus de considération à l'égard des « *noirs émancipés par la République* »[686].

---

[685] Délibération du Conseil privé de La Réunion, Saint-Denis, le 23 octobre 1848, *Op. Cit.* : « Il faut craindre de la résistance, des désordres et alors il faut se prémunir contre ces fâcheuses éventualités. Vous le reconnaissez tous, la conservation du travail est un bienfait pour l'esclave, car après son affranchissement, s'il se livre à l'oisiveté au lieu de s'élever au rang de citoyen, il se dégrade et s'avilit ».

[686] *Ibidem.* Le directeur de l'Intérieur « ne peut accepter la responsabilité d'un arrêté qui repose sur d'autres bases que celles sur lesquelles le projet a dû être préparé par lui d'après la demande qui lui a été faite ».

Monsieur Lebeaud rappela au directeur de l'Intérieur qu'il n'avait aucun pouvoir décisionnaire. Quant à l'ordonnateur, s'opposer à l'obligation de travail, « *c'est protester contre les principes de la Métropole* », car le vagabondage pouvait devenir très vite incontrôlable. Monsieur Saint-Georges tenta de relativiser en soulignant que le projet d'arrêté n'avait rien de définitif puisqu'on « *n'est pas encore arrivé au moment où la liberté sera définitivement acquise ; qu'il s'agit de régler le passage de l'esclavage à la liberté* »[687]. Comment allait se dérouler l'abolition sur les habitations ? Les grands propriétaires voulaient, disaient-ils, maintenir les esclaves qu'ils jugeaient utiles à la production pendant 3 ans maximum, le temps de les préparer à leur nouveau statut d'hommes libres et de les convertir à « *l'amour du travail* »[688]. Il s'agissait d'assurer au mieux la transition vers la liberté, vers leur statut d'hommes et de femmes « civilisés ». Et qu'en était-il de l'exécution de la loi du 2 août 1848 qui reconnaissait le droit de vote à tous les hommes majeurs sans distinction de couleur. On sait que lors des élections des 2 députés de l'île, les nouveaux affranchis s'abstinrent tous de voter. En réalité, en avaient-ils été vraiment informés, encouragés ? Il n'y avait pas de grande volonté de la part des blancs de considérer les noirs affranchis comme leurs égaux devant la loi. A La Réunion, le suffrage censitaire ou l'attachement à l'idée du suffrage censitaire permettait de réserver les droits civiques et politiques aux seuls notables de la colonie, ceux-là mêmes que l'on retrouvait dans les fauteuils des différentes instances administratives locales.

À travers l'arrêté du 24 octobre 1848, les Conseillers privés avaient pour objectif d'adopter le principe de l'obligation de travail de tous les engagés, principe laissé à la discrétion des maîtres-engagistes. Une fois fait, rien ne s'opposait à ce qu'ils revoient certaines clauses comme le salaire, l'entretien, etc., à la baisse. Propriétaires et affranchis étaient désormais des parties co-contractantes[689] ?

---

[687] L'article 8 du décret abolitionniste du 27 avril 1848 énonçait que : « A l'avenir, même en pays étranger, il est interdit à tout Français de posséder, d'acheter ou de vendre des esclaves et de participer, soit directement, soit indirectement, à tout trafic ou exploitation de ce genre. Toute infraction à ces dispositions entraînera la perte de la qualité de citoyen français. Néanmoins, les Français qui se trouvent atteints par ces prohibitions au moment de la promulgation du présent décret auront un délai de trois ans pour s'y conformer… ».

[688] Délibération du Conseil privé de La Réunion, Saint-Denis, le 23 octobre 1848, *Op. Cit.* Selon le citoyen Saint-Georges, « il convient que le noir reste sur le sol qu'il cultivait et dans la famille du maître. C'est ainsi que doit commencer pour lui la civilisation. Il faut lui inculquer avec force l'amour du travail ; et en parlant ainsi, je crois servir l'intérêt du noir bien plus que celui de son maître ».

[689] *Ibidem*. Selon l'ordonnateur, « on peut donc reproduire cette obligation dans un arrêté local. Ensuite, l'engagement qu'il s'agit d'imposer n'a pas des conditions fixées à l'avance ; il sera librement discuté par les parties et sous les sanctions pénales déjà édictées par la législation en vigueur ; on ne sort donc pas de la légalité ».

- L'engagement des futurs affranchis : un contrat écrit ?

Monsieur Desbassyns demanda au directeur de l'Intérieur de revoir sa copie concernant l'article 10 du projet d'arrêté portant sur les durées maximale et minimale de l'engagement-association. Pour lui, fixer une durée minimum à l'engagement était « *inutile* » d'autant plus que le principe de la liberté contractuelle ne pouvait en aucun cas contrarier l'habitant. Nous pouvons remarquer encore une fois que la liberté ou la puissance juridique était envisagée du côté du maître, de l'engagiste et jamais ou rarement du côté de l'engagé alors qu'ils devaient être considérés comme étant tous 2 des personnes libres disposant de leur pleine capacité juridique.

L'article 13 de l'arrêté était capital, car il s'agissait de se prononcer sur « *la moralité et les moyens d'existence de chacun* », de l'autoriser oui ou non à s'engager au service du maître pendant les prochaines années. Le procureur général proposa que le maire puisse apprécier au cas par cas tandis que le directeur de l'Intérieur préféra que ce soit le juge de paix qui intervienne. Or, dans les faits, le plus facile était sans doute que le maître décide de n'engager que ceux qu'il avait préalablement sélectionnés avec ses commandeurs, ses chefs de caste, ses chefs de camps et d'usine, ses chefs d'ateliers. Une fois le tri effectué, l'article 14 prévoyait la procédure d'enregistrement des engagements, mais il ne fallait pas que cette procédure soit payante et surtout à la charge du plus faible. Le commandant militaire précisa « *qu'en France, les livrets des ouvriers ne sont même pas soumis au timbre* ». C'est ainsi que les esclaves qui s'engageaient furent exonérés des droits d'enregistrement[690]. On peut penser que sans aucun enregistrement, il ne pouvait pas y avoir de statistiques ni de chiffres officiels dûment vérifiés. Autant dire que les maîtres disposaient finalement d'une trop grande liberté. C'est comme si le sort des 60 000 esclaves dépendait exclusivement d'eux.

Les conditions de l'engagement, le traitement qui leur était réservé ne semblaient pas si satisfaisants que cela. Quelques mois à peine après la proclamation de l'abolition de l'esclavage, Sarda Garriga menaça tous ceux qui abandonnaient déjà les habitations[691]. On releva des soulèvements et des

---

[690] CAOM, C. 18/113, Délibération du Conseil privé de La Réunion, Saint-Denis, le 24 octobre 1848. L'article 14 du projet d'arrêté disposait que « Sont exempts de la formalité du timbre de l'enregistrement tous les engagements contractés en vertu du présent arrêté ». Nous pouvons également citer l'article 9 du projet d'arrêté qui fixait 4 tarifs d'inhumation en fonction des 4 classes d'enterrement. La classe des esclaves n'était pas énoncée par le tarif de 1828. L'église exigea en dehors de toutes ces règles la somme de 25 Francs et ce, sans en rendre compte à la fabrique.

[691] P. HAUDRERE et F. VERGES, *Op. Cit.*, pp. 155-156. Citons également Sarda Garriga dans la proclamation du 20 décembre 1848 et dans sa déclaration adressée aux travailleurs le 17 février 1849 : « Je ne suis pas content de vous. Est-ce ainsi que

tentatives d'attentat à Saint-Paul, des hésitations d'engagement à Sainte-Marie, Saint-Leu, Saint-Joseph, etc., ainsi qu'une volonté plus forte encore des habitants de recourir massivement à de la main-d'œuvre étrangère. Sarda Garriga avait pourtant effectué une grande tournée dans l'île, du 18 novembre au 7 décembre 1848.

### 2) L'engagement intérieur : un moyen de maintenir le travail libre

Dans son rapport du 10 avril 1849, le directeur de l'Intérieur embellit la proclamation de l'abolition en la décrivant comme un évènement heureux qui encouragea les affranchis à disposer librement de leur droit contractuel en s'engageant massivement pour leurs maîtres. Toutefois, ce n'est pas là précisément la version retenue par les historiens réunionnais[692].

Pour rappel, conformément aux dispositions de l'article 8 du fameux décret métropolitain, les autorités locales disposaient d'un délai de transition de 3 ans, ce qui signifiait que l'engagement-association pouvait perdurer dans le temps sous une forme ou sous une autre. Quelle part ou quelle forme exactement accorder à cette liberté générale face au productivisme qu'exigeait l'économie sucrière ? Nous savons que ce type d'engagement était le seul moyen pour les affranchis de survivre. Pour écarter tout risque d'ambigüité, le gouverneur proposa de réfléchir à la possibilité de recourir au bon mensuel.

- Une exception au droit commun

Si aux Antilles les commissaires généraux venus porter la bonne parole avaient dû faire face à plusieurs révoltes, à La Réunion, Sarda Garriga, ancien receveur fiscal, avait tout fait « *pour rechercher et adopter des combinaisons propres à faciliter au point de vue du maintien du travail rural la transition*

---

vous comprenez la liberté ? Je vous l'ai dit : sans le travail, elle ferait le malheur. Heureusement que je suis là pour récompenser les travailleurs et punir les paresseux. Enfant de la mère-patrie, je suis venu vous donner la liberté en son nom : m'inspirant de la sollicitude pour ce beau pays, en son nom je frapperai ceux qui troubleraient l'ordre en abandonnant le travail. Mes enfants, croyez-moi bien, le travail c'est l'ordre… Ne vous flattez pas de me cacher votre mauvaise conduite, et d'éviter le châtiment qu'elle mériterait ; je la connaîtrai tôt ou tard, et la punirai. D'ailleurs, vous réussiriez à me tromper, qu'une justice autrement sévère que la mienne, celle qu'aucun homme ne peut fuir, devant laquelle tous les mortels doivent passer, vous atteindra toujours, Dieu est éternel, et sa justice peut être lente !... Ainsi, mon cœur et ma protection aux travailleurs ; l'atelier de discipline pour les paresseux ! ».

[692] Voir à ce sujet les ouvrages de plusieurs historiens réunionnais, tels que S. FUMA, H. HAI QUANG, S. SANTA-GOVINDIN, J. - F. SAMLONG, M. MARIMOUTOU-OBERLE. Dans le projet de la construction de la Maison des Civilisations et de l'Unité Réunionnaise porté par le Conseil régional de La Réunion sous la présidence de Paul Vergès, l'un des quatre thèmes-programmes essentiels était celui de l'engagisme.

*de la servitude à la liberté* »[693]. L'arrêté du 24 octobre 1848 s'inscrivait bien dans cette voie qui avait eu l'approbation du directeur des colonies à Paris d'autant plus qu'il « *lui a semblé qu'il était d'un intérêt de premier ordre de maintien le travail libre dans le cadre de l'ancienne organisation des noirs en ateliers* ».

En soutenant cet arrêté, les autorités françaises admettaient du même coup les principes auxquels il se référait : la propriété ou l'exclusivité du travail au profit de l'employeur, l'obligation de travail et les ateliers de discipline. Tout ceci définissait et encadrait la liberté conventionnelle des engagés de couleur[694]. Mais comment définir ou prendre la mesure exacte de la liberté des nouveaux affranchis ? L'article 2 dudit arrêté disposait de manière non-équivoque que « *les futurs affranchis sont mis dans l'obligation de contracter leur engagement avant le 20 décembre, époque annoncée pour la libération* ». Cela signifiait qu'au moment de s'engager, ils n'étaient certainement pas encore libres. Il n'y avait donc aucun choix possible, du moins de leur côté. Dire ou considérer que cet engagement était un contrat synallagmatique « signé » par les 2 parties, c'est faire preuve de raccourci intellectuel. Le régime disciplinaire qui pesait sur le travail des esclaves était loin d'être aboli. N'oublions pas qu'il était question de faire fonctionner les ateliers de discipline. En retournant la réflexion, on peut considérer aussi que même si l'arrêté du 24 octobre 1848 « *présente de véritables confusions de principe* »[695] qui dérogent « *au droit commun* », l'engagement proposé était difficilement mis en cause puisqu'il était consenti.

Depuis la loi du 18 juillet 1845, « *la personne civile de l'esclave* » disposait de « *la faculté de disposer* », ce qui lui permettait théoriquement de discuter d'une rémunération pour les heures supplémentaires effectuées. Or, nous savons que les autorités locales se plaignaient du manque de numéraire et de crédit dans la colonie. Bénéficier d'un salaire ou d'une rémunération en

---

[693] CAOM, C. 18/113, Rapport du directeur des colonies adressé au ministre de la Marine et des Colonies, Paris, le 10 avril 1849.

[694] *Ibidem*. Le commissaire-général président de La Réunion « a pris sous la date du 24 octobre dernier, un arrêté par lequel après avoir conféré aux non-libres le droit de contracter, il les autorise à souscrire la période transitoire, des engagements de travail, exécutoire après leur libération effectuée… ces contrats sont synallagmatiques, c'est-à-dire que les conditions en sont librement discutées entre l'engagé et l'engagiste, et que l'obligation est mutuelle ».

[695] Selon le directeur des colonies, cet arrêté présentait deux confusions de principe, deux dérogations peu importantes au droit commun : d'une part, l'autorisation de contracter décidée par les maires ou les juges de paix entre les non-libres et les libres pendant l'esclavage et d'autre part, l'obligation de contracter des engagements à remplir après la libération acquise. Il est difficile d'établir la réalité de leur liberté lorsque l'on évoque le consentement surtout dans un contexte colonial où le régime de l'obligation du travail avait cours.

numéraire n'était pas facilement accessible à cette catégorie de main-d'œuvre[696]. D'ailleurs, les déclarations du procureur, notamment celles du 23 octobre 1848, allaient dans ce sens puisqu'il releva que très peu d'esclaves seulement bénéficièrent d'une rémunération pour leurs heures supplémentaires.

Que dire de la liberté effective des affranchis ? L'article 13 de l'arrêté du 24 octobre 1848 disposait que « *le défaut d'engagement constitue seulement une présomption de vagabondage et entraîne le renvoi devant le tribunal compétent* », c'est-à-dire que les lois pénales relatives au vagabondage et au travail forcé via les ateliers de discipline s'appliquaient. C'est dire aussi que la liberté des noirs ou des autres personnes de couleur était présumée délictuelle et qu'elle était sanctionnée. On peut alors se demander si les tribunaux furent vraiment saisis. En vérité, on en doute, car les frais de justice avaient un coût exorbitant pour le vagabond. Nous pouvons supposer que dans pareil cas, il était dirigé *manu militari* vers un atelier de discipline ou renvoyé devant son ancien maître. Ce n'est qu'en cas de trouble caractérisé à l'ordre public ou de contestation portant sur l'identité du maître que le tribunal était saisi[697]. Il faut considérer aussi que les maîtres n'allaient pas se risquer à entretenir des affranchis si leur liberté n'était pas strictement encadrée. Bien conscient de cette situation tout à fait singulière, le directeur des Colonies pouvait bien espérer que « *cet acte ait fait naître aucune complication, malgré les objections de droit qu'il soulève* ». Ce bon sentiment ne pesait rien face à la dure réalité qui attendait les affranchis réunionnais et ce, au nom de l'économie sucrière coloniale.

L'obligation de travail énoncée par l'arrêté du 24 octobre 1848 était à l'époque interprétée comme participant à « *l'apprentissage de la liberté* ». Les parties contractantes étaient supposées libres une fois l'expiration des 2 années d'engagement obligatoire[698]. Pendant cette période transitoire, « *une clause spéciale doit stipuler une somme de travail que chaque engagiste s'oblige à apporter à la masse pour l'entretien des orphelins, vieillards et infirmes* ». Alors que ces 2 années d'engagement étaient l'occasion pour eux d'économiser pour acquérir éventuellement un lopin de terre, voilà que cette clause de solidarité entre valides et invalides compromettait fortement leur

---

[696] *Ibidem* : « … la situation de la Réunion, au point de vue des subsistances et au milieu de la crise commerciale et financière qui pesait et pèse encore sur la colonie ».

[697] Nous nous rappelons que les engagés indiens et chinois devaient justifier leur sortie hors des limites de l'habitation par une autorisation écrite, un billet de leur engagiste. Cela signifiait que l'engagé étranger voyait sa liberté de circuler être plus strictement limitée comparée à celle de l'engagé intérieur, ce dernier ne devant être en possession que de son livret sur lequel devait être inscrite la preuve de son engagement.

[698] Rapport du directeur des colonies adressé au ministre de la Marine et des Colonies, Paris, le 10 avril 1849, *Op. Cit.* : « La durée de l'engagement est également conventionnelle, mais ne saurait en aucun cas dépasser deux années ».

avenir d'autant plus que les heures supplémentaires à effectuer n'étaient ni encadrées ni limitées. C'était la porte ouverte à de nombreux abus. Dès lors que le nombre d'heures supplémentaires au titre de la solidarité était fixé, le meilleur moyen consistait à les faire mentionner directement sur le livret d'engagement[699]. Mais cela, au profit de qui ?

- Le système des bons mensuels

Entre mars et mai 1849, le commissaire-général président Sarda Garriga ne manqua pas de rapporter au ministre de la Marine et des Colonies une « *situation inespérée* » quant à « *la plus parfaite tranquillité* » dans l'île, « *les nouveaux affranchis se maintenant au travail* ». Une fois l'abolition de l'esclavage proclamée, il était inenvisageable de faire marche arrière[700]. N'oublions pas que Sarda Garriga s'était pleinement mobilisé, notamment le 17 février 1849, pour contenir les mouvements de contestations des engagés. Que se passait-il ? Il semble qu'en raison de la pénurie de numéraire les maîtres étaient dans l'impossibilité de verser les salaires, ce qui n'était pas une grande nouveauté. À cet égard, le commissaire-général précisa à son ministre de tutelle qu'il avait formé une commission chargée de « *préparer un travail pour indiquer les moyens d'assurer le paiement des engagés dans l'avenir* ». Celle-ci allait bientôt lui proposer un mode de paiement original : « *l'émission par les propriétaires de bons mensuels de 1, 2 ou 3 piastres..., dont le paiement serait garanti d'abord par le privilège sur la récolte et aussi sur l'indemnité* »[701].

---

[699] *Ibidem*. Au sujet du livret des engagés anciennement esclaves, le rapport reprit l'arrêté local du 24 octobre 1848 : « Chacun des travailleurs engagés doit porter un livret qui constate son engagement et mentionne les avances qu'il recevra de son co-contractant et qui seront précomptés en fin de campagne sur la part lui revenant dans les produits. Les maires, adjoints et conseillers municipaux de la commune donnent par leur intervention validité à ces stipulations. Les tribunaux doivent reconnaître ces contrats et en admettre la validité ».

[700] CAOM, C. 18/113, Correspondance du commissaire-général de La Réunion adressée au ministre de la Marine et des Colonies, Saint-Denis, le 5 mai 1849. Il faut sans doute ne pas prendre à la lettre tous les propos rassurants de Sarda Garriga sur cette période de transition pendant laquelle l'abolition se déroula dit-on dans le plus grand calme. Cette apparente tranquillité à la veille et après l'abolition n'était que relative dans toutes les colonies françaises à sucre. Citons pour exemple le calme relevé à la Martinique par le contre-amiral Mathieu le 31 mars 1848 adressé au ministre de la Marine et des Colonies. Nous savons que des incendies s'étaient pourtant produits le 23 mai 1848, In. P. HAUDRERE et F. VERGES, *Op. Cit.*, pp. 150-155.

[701] La valeur d'une piastre équivalait à l'époque à 3,30 Francs. Cela signifiait que les salaires des engagés intérieurs étaient compris entre 3,30 et 9,90 Francs, ce qui représentait un salaire inférieur à celui des engagés extérieurs Indiens et Chinois. Nous retenons cette estimation du rapport Lemauff de Kerdural de 1844.

Dans les faits, nous ignorons le montant exact du salaire mensuel moyen de l'engagé, mais on peut raisonnablement l'établir entre 4 et 10 Francs environ. Sur cette base, il fallait sans doute déduire les frais d'entretien, le logement et l'habillement éventuel ainsi que les 6 Francs d'impôt annuel appelé « *côte personnelle* »[702]. Le recours aux bons mensuels s'apparentait au privilège de battre monnaie, privilège qui fut accordé à la famille Kervéguen. Cette émission de numéraire était garantie par leur patrimoine et du coup, par la prospérité assurée grâce au succès des campagnes sucrières. Sans doute aussi que le manque de numéraire s'expliquait cette fois-ci en raison du versement tant attendu de l'indemnité coloniale. Les nouveaux libres étaient eux aussi appelés à patienter. On comprend alors mieux l'intervention publique de Sarda Garriga en février 1849 qui encouragea les affranchis-engagés à prendre leur mal en patience et à continuer le travail en l'absence même de toute rémunération mensuelle. En tous les cas, pour pouvoir payer les engagés, il fallait mettre en circulation toute la quantité de pièces de monnaie nécessaire, ce qui tardait, sans doute de manière volontaire. Peut-on imaginer que les engagistes privilégiaient leurs chefs de camps, leurs chefs d'ateliers, leurs commandeurs en consentant à leur verser quelques pièces de monnaie, afin de les motiver dans l'organisation et le fonctionnement des habitations ? Quant aux ouvriers, aux engagés de base, l'accès au salaire numéraire dépendait de leurs états de service et surtout lorsqu'ils remplaçaient leurs commandeurs ou chefs.

Les propriétaires semblaient avoir conclu un engagement avec la simple promesse d'un salaire sans doute à titre indicatif puisqu'ils défalquaient tout ce qui était possible de l'être. Les engagistes refusèrent de s'engager sur le long terme avec les esclaves dans une période historique aussi improbable. A la fin de la campagne sucrière en 1848, l'abolition fut proclamée et quelques mois après, les nouveaux engagés réclamèrent leur salaire. Il ressort des premiers travaux de la commission l'idée de faire dépendre le paiement des salaires du versement de l'indemnité coloniale, ce qui allait prendre un certain temps avant d'être effectif. Si tel était le cas, nous imaginons mal que l'engagé les utilise en dehors des lieux de l'habitation, car les commerçants des villes pouvaient très bien ne pas les reconnaître comme moyen de paiement. Le bon

[702] J. V. PAYET, *Op. Cit.*, pp. 115-116. En vertu de l'arrêté du 24 octobre 1848, l'engagé intérieur devait s'habiller à ses frais et vêtir sa famille, payer l'impôt personnel de 6 Francs. Il bénéficiait d'un logement et d'une ration alimentaire hebdomadaire de 5,250 kilos de riz ou 6 kilos de maïs, manioc ou patates, 105 grammes de sel et d'un salaire à débattre. « Ainsi, le Noir était moins bien traité que sous l'esclavage pendant lequel il était vêtu, exempté d'impôt, sa famille était entretenue ». La côte personnelle frappait les blancs comme les noirs au même taux de 6 Francs pour les chefs de famille, les célibataires, les femmes séparées de biens et les mineurs de plus de 16 ans jouissant d'un salaire ou d'un revenu personnel.

mensuel n'avait *a priori* de valeur que sur le lieu même de l'habitation. C'est dire que l'habitant pouvait ouvrir quelque commerce de vivres, d'alcools, de prostitution et autres et qu'il récupérait de cette manière ses bons mensuels.

L'absence de salaire pécuniaire en monnaie légale courante ou usuelle (piastre, roupie, franc) permettait aux engagistes de garder leurs engagés sous contrôle, de les empêcher de s'émanciper socialement puisque tout était conditionné au versement de l'indemnité coloniale et donc de l'État. Tout était de la faute de l'Etat qui tardait à verser l'indemnité coloniale et donc à faire circuler dans l'île toutes les pièces de monnaie correspondantes à son montant. Cette situation aggrava les conditions de vie des petits propriétaires[703]. En attendant, l'émission des bons mensuels permit aux engagistes de monopoliser toutes les dépenses des engagés intérieurs et sans doute dans un cercle vicieux d'une consommation interne à l'habitation. Le salaire était en quelque sorte amorti, voire annihilé, car on imagine que les engagés demandaient crédit à l'habitant pour pouvoir consommer davantage certains produits ou services développés au sein de l'habitation, sans compter les heures de jour de retenue en cas d'absence au travail. Cela représentait un formidable moyen supplémentaire d'asservissement. Les engagistes demeuraient les maîtres. Fut-ce là le prix de « *la plus parfaite tranquillité* » ? Il n'en demeure pas moins que Sarda Garriga entendait réussir à faire accepter ce mode de règlement dont le caractère provisoire restait à définir[704]. Si l'engagement intérieur ne pouvait dépasser les 2 ans pour toutes les activités sucrières, rien n'interdisait son renouvellement.

Nous ignorons combien d'engagements contractés comportaient la clause de solidarité entre gens de couleur, mais il n'est pas improbable que la centaine de familles propriétaire et industrielle de l'île disposait au même titre que les autres propriétaires de la pleine et entière puissance contractuelle. On peut dire que les esclaves engagés étaient « privilégiés » face à ceux qui furent chassés progressivement des habitations, car eux continuèrent à être entretenus. Les autres se livrèrent au vagabondage et nous pouvons penser qu'ils composèrent au mieux les ateliers disciplinaires des municipalités. Ces institutions qui survécurent à l'abolition révélaient la complexité des conséquences et d'une

---

[703] La loi du 30 avril 1848 et son décret d'application du 24 novembre 1848 fixèrent l'indemnité à 704 Francs par esclave au lien des 1 560 escomptés. Entre 1848 et 1852, le paiement fut différé à cause de la crise financière française. En attendant l'attribution de titres de rente, des bons esclaves furent réalisés, mais leur cours était plus faible, atteignant difficilement les 300 Francs, loin des 704 Francs.

[704] Correspondance du commissaire-général de La Réunion adressée au ministre de la Marine et des Colonies, Saint-Denis, le 5 mai 1849, *Op. Cit.* : « Je ne me dissimule pas que cette combinaison présente bien des difficultés dans l'exécution… J'userai de toute mon influence sur les nouveaux affranchis pour leur faire accepter ce mode de règlement provisoire, et je n'ai pas la moindre crainte à cet égard ».

libération récente. Les villes ne pouvaient supporter tout le poids du vagabondage, toute une catégorie de gens vieux et infirmes issue de l'ancienne population esclave. Une grande partie tomba dans le misérabilisme pendant que les engagés intérieurs assistaient à la dégradation de leur sort sur les habitations.

Pour l'heure, ils n'étaient toujours pas assurés de percevoir un salaire pécuniaire réel. En faisant garantir les bons mensuels par l'indemnité coloniale, le commissaire-général fit dépendre l'engagement intérieur et la paix sociale de la pleine et la plus directe des responsabilités de l'Etat[705]. Sarda Garriga insista alors sur la bonne gestion de son administration qui ne présentait qu'un déficit modéré compris entre 20 000 et 30 000 Francs, contre 1 600 000 Francs pour la seule colonie de la Guadeloupe[706]. Paris pouvait lui faire pleinement confiance.

## § 2 – Vers un bloc de légalité du privilège des engagistes sucriers

L'arrêté du 24 octobre 1848 avait totalement cédé aux intérêts du parti engagiste au travers notamment du droit d'obliger les esclaves à poursuivre le travail une fois l'abolition proclamée. La majeure partie des responsables et autorités de la colonie s'orienta vers une acception définitive du caractère privé de l'engagement, du caractère sacré du travail et de la souveraineté de la liberté conventionnelle. Cela signifiait qu'au nom du droit des contrats, l'administration dut abaisser sa vigilance quant au respect idéologique de la libération des affranchis voulue par les révolutionnaires républicains de 1848 en se retirant presque entièrement de ce champ juridique d'ordre privé.

Cette législation locale annonçait la volonté d'une nouvelle organisation du travail libre réservée dans les faits aux engagés d'origines africaines ou asiatiques. A l'échelle de la production sucrière mondiale, La Réunion entendait peser de toutes ses forces. Et pour cela, Paris accorda une dérogation sociale au droit commun de la métropole en accordant à l'engagiste les moyens légaux de contraindre l'affranchi au travail, en fixant lui-même un taux salarial grâce à l'association assorti d'un bon mensuel et en imposant à l'engagé intérieur la clause de solidarité à l'égard des vieillards, infirmes et

---

[705] *Ibidem* : « Nous avons reçu depuis quelques jours par Maurice, la malle du 24 février : son arrivée a été une nouvelle déception pour toute la colonie qui espérait apprendre que la question de l'indemnité était enfin vidée. C'est avec un profond découragement qu'elle a appris que non seulement rien n'avait été fait pour la solution de cette question, mais qu'elle était ajournée jusqu'à la Réunion de l'Assemblée législative ».

[706] Le commissaire-général se référait aux chiffres parus dans le journal officiel de la Guadeloupe.

orphelins. Cela faisait beaucoup en contrepartie de l'entretien ou de la survie des futurs affranchis.

Personne en réalité ne savait comment l'abolition de l'esclavage allait être vécue dans l'île, d'où le rappel à maintes reprises par les conseillers privés du caractère transitoire du droit du travail engagé à La Réunion. Les habitants eux-mêmes observèrent que les désertions et les abandons de travail n'étaient pas aussi nombreux qu'ils ne l'avaient imaginé et que l'annonce de l'émancipation générale se déroula dans le calme[707]. La liberté ne devait donc pas être perçue comme une idéologie au sens des clubs et courants politiques métropolitains, le contrat d'engagement représentant un moyen pragmatique à la survie de toute une masse de la population esclave.

Ainsi, plusieurs législations locales furent adoptées dans le but de conforter la vision et l'objectif capitaliste des aristocrates de la colonie. Nous pouvons qualifier cet ensemble de bloc légal relatif à l'instauration de l'obligation du travail auquel se confronta à terme l'éthique de la liberté civile et civique promise à l'ancien esclave. Dans cette perspective, il convenait au moins d'instituer un organe protecteur et/ou représentant les intérêts des anciens esclaves, mais l'intention du gouverneur fut modifiée en faveur d'exigences purement économiques, éloignant le nouveau syndic de son rôle primordial (A). Les conseillers privés œuvrèrent avec acharnement pour éloigner l'affranchi-engagé de tout espoir d'accéder à des droits juridiques et juridictionnels, agitant le thème du vagabondage pour contraindre le rengagement de l'ancien esclave (B).

[707] Calme ne signifie pas pour autant absence totale d'incidents ou de manifestations. On peut supposer que beaucoup d'esclaves s'interrogèrent sur leur devenir et surtout sur leurs moyens de subsistance puisque leurs maîtres pouvaient décider de ne pas les employer à quoi que ce soit. Comment allaient-ils pouvoir survivre ? Il fallait *a minima* se nourrir. L'expérience de l'engagisme sur des personnes libres de couleur comme les Indiens et les Chinois datait de près de 20 ans déjà. Un grand nombre était vagabond dont la majorité était « satellite » d'une ou plusieurs habitations. L'habitation les employait à la tâche ou à la journée en contrepartie d'un repas, de rations alimentaires ou autre. Ils dormaient soit dans le camp des engagés, soit aux alentours des villes. Sur les camps des engagés, on peut imaginer une certaine hiérarchisation : des domestiques et des chefs d'engagés qui vivaient à proximité de la maison du maître, des calbanons ou paillottes réservés aux engagés les plus fidèles au maître de l'habitation avec ou sans lopin de terre à leur disposition situés plus éloignés de la maison du maître, et enfin tous ceux qui étaient engagés à la tâche ou à la journée qui vivaient à la belle étoile sur une partie du camp. Comment les camps d'esclaves se distinguaient exactement des camps des engagés ?

## A/ L'arrêté local du 24 mai 1849 : la création du patronage du syndic municipal

Le salaire d'un travailleur libre tel que l'engagé était crucial dans une économie comme La Réunion. La commission de travail chargée de proposer un système satisfaisant au sujet de la rémunération de l'affranchi-engagé occasionna la longue séance du Conseil privé du 19 au 24 mai 1849. Les autorités locales finirent par reconnaître à l'engagiste de larges pouvoirs pour négocier et traiter directement avec le syndic municipal plutôt qu'avec l'engagé lui-même. En tant que médiateur, il permit d'éviter tout risque de procès. Et comme le syndic s'occupait de tout ce qui était relatif au salaire, les engagistes s'adressèrent à lui pour être plus facilement exonérés de la taxe sur une partie de leur production cannière. L'idée de légiférer sur le système du bon mensuel s'évanouit alors quelque peu.

Mais, il nous faut insister sur l'échelon municipal envisagé pour le syndic[708]. Le gouverneur pouvait prévoir un syndic pour chacun des 2 arrondissements composant le territoire réunionnais, ce qui suffisait administrativement. Ce ne fut pas le cas. C'est un syndic par quartier qui fut proposé. Cela supposait qu'il y avait matière à traiter, c'est-à-dire que les réclamations pour non versement de salaire ou pour mauvais traitements n'étaient pas rares. La menace de révolte n'était peut-être pas excessive, et la présentation du projet d'arrêté présentait l'occasion de prévenir de tels risques en bornant davantage l'engagé, le déserteur et le vagabond de couleur pour qu'ils reprennent tous le chemin de l'habitation du maître. C'est clairement un système contraignant voire répressif qui fut progressivement instauré, de même qu'un quadrillage administratif de toute la colonie au travers des syndics.

### 1) Le syndic municipal : une maison locale de l'emploi

C'est le 19 mai 1849 que fut présenté devant le Conseil privé le rapport de la commission[709] chargée de « *recherche les moyens de suppléer d'ici à la*

[708] Les nouveaux commissaires-généraux des colonies remplacèrent les gouverneurs pendant toute la période critique de l'abolition de l'esclavage. Agents de confiance de l'autorité centrale, les commissaires de la République étaient habilités à prendre toutes les mesures d'ordre public, disposèrent de pouvoirs très étendus pouvant aller jusqu'à réquisitionner l'armée et destituer des maires, leurs adjoints et conseillers municipaux en les faisant remplacer à leur gré. Les municipalités de La Réunion étaient entièrement dévouées aux intérêts du sucre, car lorsque le Conseil colonial fut dissout, ce sont elles qui composèrent une assemblée de 102 membres chargée de proposer des projets d'application adaptés des décrets du 27 avril 1848.

[709] Cette commission fut formée par arrêté du commissaire-général Sarda Garriga du 20 avril 1849.

*réalisation de la récolte prochaine au défaut du numéraire pour le paiement des salaires des engagés* »[710]. Les obliger à travailler sur les mêmes habitations au service des mêmes maîtres sans aucune rémunération en numéraire, c'était ne pas les considérer du tout comme des personnes libres et prendre le risque de réclamations ou de révoltes. Comment et surtout pourquoi l'Etat n'avait-il pas anticipé le manque de numéraire dans ses colonies à pareille époque ? Les peurs de révoltes, d'abandons de travail et d'un éventuel désastre économique justifiaient-elles le versement décalé dans le temps de l'indemnité coloniale de la même manière qu'un flux trop important de numéraire pouvait attiser des tentations trop fortes de la part de la masse des nouveaux affranchis ?

Comme l'indiquait la correspondance du commissaire-général du 5 mai 1849, la commission proposa 2 modes de garantie pour payer les salaires des engagés intérieurs : l'indemnité coloniale et la garantie découlant de la vente des récoltes sucrières. Rien n'indiqua que la colonie allait assurer tous les soldes, car la commission rappela que l'engagement était un contrat de droit privé. Qu'il s'agisse d'assurer le paiement des salaires ou de proposer le système des bons mensuels, l'idée d'un agent de médiation s'avéra plus que nécessaire. Or, nous savons que le syndic de Saint-Denis ne pouvait pas matériellement se charger d'une telle mission. Il fallait rechercher un agent plus apte à défendre vraiment les intérêts des affranchis. Mais, était-ce seulement possible ?

- Un médiateur public « volontaire »

A l'image du syndic des engagés indiens et chinois intégré, il faut le souligner, au sein du bureau du marronnage du chef-lieu, l'article 1er du projet d'arrêté proposa la création dans chaque commune d'un syndic spécial « *pour la surveillance des intérêts des engagés en ce qui concerne leurs salaires* ». Les autorités locales connaissaient parfaitement l'état d'illettrisme et la faiblesse juridique des nouveaux affranchis, ce qui justifiait l'établissement des syndics municipaux, mais quel en était le but[711] ? Les conseiller, les accompagner ou servir plutôt les intérêts des maîtres ? Même si ces agents étaient nommés en Conseil privé, ils dépendaient sur le terrain de l'autorité et de l'influence des notables dont les maires qui avaient proposé leurs noms. Il ne faisait aucun doute que les syndics étaient à leurs services et donc acquis à

[710] CAOM, C. 18/114, Délibération du Conseil privé de La Réunion, Saint-Denis, le 19 mai 1849. Ce texte était un projet important puisqu'il s'agissait de réfléchir à des moyens permettant de compenser le non-paiement des salaires des affranchis engagés.
[711] *Ibidem*. Le syndic était un agent public chargé de remédier à « cette ignorance des engagés suite nécessaire de leur état social précédent et qui peut leur être si préjudiciable dans leurs discussions d'argent ».

la cause du parti des engagistes sucriers et rien d'autre[712]. Rappelons que de tels agents n'étaient toujours pas habilités à enquêter sur les domaines des habitations[713]. Si, lors de sa tournée de 1848, Sarda Garriga a pu visiter les camps d'esclaves, c'est sans doute sur autorisation expresse des habitants[714].

On peut penser que ces agents publics représentaient une sorte d'agence ou d'intermédiaire de l'emploi à l'échelon de la commune. Du moins, la colonie en fit l'expérience. En effet, « *ce ne sera plus celui-ci qui aura à s'adresser à celui-là, mais bien le Syndic qui le représentera* ». Il s'agissait de faire entendre raison à toute la population ouvrière de couleur qu'elle n'allait finalement recevoir à la fin du mois aucune pièce de monnaie ! Comment les convaincre et les faire patienter ? Et jusqu'à quand ? Le comble du paradoxe, c'est l'article 21 dudit projet d'arrêté. Les syndics municipaux étaient, eux, payés par les habitants chargés de prévenir leurs engagés qu'ils n'avaient pas suffisamment de numéraire pour les rémunérer. Si des troubles apparaissaient, le gouverneur pouvait à tout moment révoquer n'importe quel syndic, responsable ou bouc émissaire tout désigné[715].

L'article 5 lui conférait la tâche essentielle de « *débattre les comptes de journées des engagés* », ce qui permettait de déterminer et/ou de négocier leur salaire peut-être à la baisse en fonction de la somme de travail accompli moins toutes les dépenses d'entretien et/ou les éventuels « mini-crédits » de consommation sur l'habitation. Cet agent jouait un rôle comptable. Officiellement reconnu créancier de l'engagiste, l'engagé devait selon l'article 13 se présenter chez le syndic pour toucher ses salaires arriérés, mais « *l'administration devra décider si les paiements doivent être opérés sur un simple état d'émargement revêtu de la signature unique du Syndic ou s'ils doivent être effectués devant témoins* ». Selon l'article 7, il revenait à l'engagiste de « *fournir à la fin de chaque mois... un état détaillé des salaires échus et dus par lui* ». C'est dire que c'est ce document qui détaillait le montant exact de la dette envers les engagés. Ensuite, sur la base de l'article

---

712 *Ibidem*. L'article 3 du projet d'arrêté discuté disposait que : « Cet agent qui sera revêtu d'un caractère public et qui agira dans l'intérêt d'une classe nombreuse de citoyens, fût à la nomination exclusive du gouvernement », c'est-à-dire du gouverneur.

713 *Ibidem*. L'article 2 énonçait que : « le Syndic ne devra être qu'un agent volontaire, il n'aura à s'imposer à personne, ni à porter des investigations tracassières dans les ateliers où il n'aura point été appelé ». Il était donc invité à ne pas contrarier les intérêts des habitants sucriers de l'île.

714 J. V. PAYET, *Op. Cit.*, p. 114.

715 CAOM, C. 18/114, Correspondance du commissaire-général de La Réunion adressée au ministre de la Marine et des Colonies, Saint-Denis, le 18 juin 1849 : « Ces agents ne seraient nommés par le gouvernement local que sur une liste de candidats fournie par le Conseil municipal de chaque localité » tout en lui reconnaissant (au gouverneur) « un droit absolu de révocation » sur les syndics.

6, le syndic décidait d'accorder ou non tel ou tel délai de paiement en fonction de la date ou de la période de la récolte[716].

Le syndic municipal disposait alors d'un pouvoir extrêmement important puisqu'il pouvait « *modifier les stipulations de l'acte d'engagement* ». Telles étaient ses prérogatives en tant que médiateur[717].

- Le privilège du gage sur la récolte de l'engagiste

L'état nominatif des salaires était *a priori* un document obligatoire, le but consistant à imaginer un système légal de garantie et de droits permettant aux engagés de percevoir leurs dus. Ce document devait permettre à l'administration de connaître exactement les salaires de chacun et de lever éventuellement des taxes et impôts plus facilement. Or, le gouverneur considérait que cela était de « *peu d'importance* ». Il ne fallait pas trop brusquer la bourgeoisie locale à qui l'on venait d'annoncer la fin de l'esclavage. Pour l'heure, l'état nominatif salarial ne servait que de base de travail pour requalifier la masse salariale en créances prioritaires directement retenues sur le produit de la vente de la récolte sucrière de l'engagiste débiteur[718]. L'article 9 du projet d'arrêté en précisa la procédure. Il fallait avant tout qu'il y ait vente des récoltes et que la vente soit effectivement enregistrée auprès de l'administration. L'engagiste devait ensuite se démunir de la portion de récolte correspondant au montant de la masse salariale due dont le prix définitif était converti en denrées équivalentes mises en vente sur la place de Saint-Denis[719]. Mais surtout, la vente de cette portion de la récolte

---

[716] Délibération du Conseil privé de La Réunion, Saint-Denis, le 19 mai 1849, *Op. Cit.* Le syndic n'octroyait à l'engagiste un délai de paiement qu'à la condition « que la récolte la plus prochaine offrira… la certitude que l'engagiste pourra se libérer dans un avenir qui ne sera pas trop éloigné ».

[717] *Ibidem* : « Il ne faudrait pas que des articles de peu d'importance et qui ne concerneraient peut-être qu'un ou deux individus, arrêtassent la liquidation des salaires de tout un atelier ».

[718] *Ibidem* : « Une fois la somme due pour salaires mensuels fixée et arrêtée entre le Syndic et l'engagiste, celui-ci paie avec les seuls moyens dont il puisse disposer, c'est-à-dire avec sa récolte ».

[719] *Ibidem.* L'article 10 disposait que : « Les ventes de sucre étant effectuées et enregistrées, les droits des engagés se trouvent garantis ; l'acte commun à tous les ouvriers d'un établissement reste aux mains du Syndic qui est chargé d'en opérer le recouvrement et de réaliser dans l'intérêt de la masse. Mais, il peut convenir à un nombre plus ou moins grand d'engagés d'avoir immédiatement à leur disposition la preuve qu'ils sont créanciers et surtout qu'ils seront payés. Aussi, le syndic aura à remettre à chaque engagé qui le requerra un certificat de sa créance personnelle. Ce titre, ce billet ou ce bulletin mentionnera la somme due et la date de la vente de denrées qui assure le paiement du créancier : il portera de la sorte avec lui la justification de la certitude du paiement qui l'attend ».

était totalement exonérée de taxes. C'est dire l'importance de ce nouvel acteur dans une période très incertaine de l'économie sucrière réunionnaise[720].

Nous ignorons la part de responsabilité et d'initiative de Sarda Garriga dans cette législation qui s'apprêtait à être promulguée, mais au lieu de garantir la défense des intérêts des affranchis, la procédure que nous venons de retranscrire mettait en exergue la volonté politique de préserver la production sucrière qui atteignait en 1849 les 19 000 tonnes. Cela s'imbriquait parfaitement à l'arrêté du 24 octobre 1848 qui avait déjà officialisé l'obligation du travail pesant sur toute la classe d'ouvriers de couleur : les engagés. Quand on sait que les syndics municipaux étaient nommés par le gouverneur et payés par les habitants eux-mêmes, il n'y avait aucun risque qu'ils les dénoncent de quoi que ce soit.

### 2) Le syndic municipal : un agent permanent au service des engagistes

Après 4 jours de débats, le Conseil privé délibéra le 23 mai 1849. L'idée du syndic municipal avait convaincu. L'ordonnateur proposa même que sa création devienne « *une mesure comme un moyen permanent à la disposition des habitants d'autant plus qu'il est facile à tous de l'employer ou non* » [721]. L'enjeu était important, car la production sucrière était en berne, menacée sans doute par l'instabilité économique prévisible suite à la proclamation de la libération des esclaves[722].

---

[720] *Ibidem*. L'article 11 énonçait que : « Le Syndic devra toujours se tenir au courant de l'état des récoltes et réclamer sur les premiers produits disponibles la livraison de ce qui leur aura été vendu à la fin de chaque mois ». Selon l'article 17, « le fabricant est instruit que les premiers sucres de la manipulation n'appartiennent pas à l'engagiste… ».

[721] CAOM, C. 18/114, Délibération du Conseil privé de La Réunion, Saint-Denis, le 23 mai 1849.

[722] Entre 1840 et 1844, la production sucrière de la colonie était en moyenne annuelle de 28 936 tonnes contre 22 460 pour la période 1845-1849, In. H. HAI QUANG, *Op. Cit.*, p. 178. Selon J. V. PAYET, *Op. Cit.*, p. 122, la production sucrière passa de 19 800 tonnes en 1848 à 19 000 tonnes en 1850. Il s'agissait là d'une baisse de près de 10 000 tonnes. Nous pouvons expliquer cette chute par la ruine des moyennes et petites sucreries qui ne parvinrent pas à rentabiliser leurs exploitations. On assista en même temps à leur modernisation permettant d'assurer le meilleur rendement, la meilleure productivité. Un nombre limité de sucreries modernes marginalisa alors les sucreries archaïques. Précisons que la modernisation de ces établissements nécessitait désormais le broyage d'une masse de cannes à sucre bien plus importante. En 1830, on comptait 189 sucreries et en 1847, 110. Ce phénomène accompagna l'émergence de la « classe » des planteurs. A partir de 1848-1849, les habitations devinrent de plus en plus industrielles écrasant les propriétaires-producteurs de café et de girofle.

Il n'était absolument pas question pour la classe bourgeoise réunionnaise d'accorder la moindre capacité juridique réelle aux nouveaux engagés intérieurs, du moins, tant que le marché du travail n'était pas entièrement contrôlé ni sécurisé. Après que le commissaire-général ait proposé que « *les Syndics soient payés dans la proportion de leur travail* » sans retenir d'ailleurs le moindre critère, les conseillers privés ne manquèrent pas de donner leur avis.

- L'engagé intérieur : une personne civile libre mais incapable

Monsieur de Villentroy interprétait les articles 3 à 6 du projet d'arrêté comme trop permissifs puisque l'engagé restait « *maître de refuser le mode de règlement proposé* », ce qui lui ouvrait la possibilité de rompre unilatéralement et à tout moment son contrat d'engagement. Le procureur général proposa d'y remédier et demanda aussitôt « *d'imposer aux travailleurs l'obligation d'accepter cet arrangement* »[723]. Il était parfaitement clair, y compris du côté de la justice, que l'engagé de couleur n'était pas un travailleur libre comme n'importe quel salarié blanc et qu'il fallait par tous moyens le maintenir en situation de quasi-incapacité juridique.

Pour le citoyen Pajot, le système de la réserve légale n'était pas exclusivement offert aux engagistes en difficulté de trésorerie, mais à tous ceux qui avaient des travailleurs sous contrat d'engagement. C'était une niche fiscale attractive puisqu'il s'agissait d'une exonération de taxes sur la récolte sucrière qui correspondait au montant total des salaires des engagés[724]. Le directeur de l'Intérieur fit part de sa crainte qu'il n'y ait en réalité aucune vente de récolte, que tout se fasse sur une simple « *promesse de vente* » et que l'engagiste ne fasse que « *profiter de la mesure proposée pour employer ailleurs l'argent qu'il aurait entre les mains* ». L'ordonnateur fit mine de ne rien entendre et rappela au gouverneur que « *le but de l'arrêté en discussion est de venir en aide aux propriétaires* ». Quant au procureur général, la priorité consistait à réserver toute la masse des engagés à l'économie réunionnaise, à

---

[723] Délibération du Conseil privé de La Réunion, Saint-Denis, le 23 mai 1849, *Op. Cit.* Le procureur général justifia sa proposition : « Il serait nécessaire d'imposer aux travailleurs l'obligation d'accepter cet arrangement, car leur laisser la faculté de le repousser serait n'avoir rien fait, et le risque demeure que le travail sera bientôt abandonné ».

[724] *Ibidem.* Selon le citoyen Pajot, « Il est peu probable qu'un propriétaire ayant les moyens de s'acquitter envers ses travailleurs cherche à ne pas le faire. Son intérêt évident est de payer, afin d'éviter de passer un marché qui fait intervenir un tiers dans les affaires de sa sucrerie et de payer une commission de 5%. Celui qui pourra échapper à cette obligation le fera certainement ».

savoir la production sucrière[725]. C'est dire que nous restons encore en 1849 dans l'affirmation idéologique de la servitude des engagés de couleur.

Le citoyen Pajot partagea de nouveau sa crainte en considérant que le système de la réserve légale allait sans doute trop loin et qu'elle finisse par être rapidement dénoncée par le ministre lui-même. Tout cela rendait finalement le salaire de l'engagé très sinon trop théorique, ce qui « *amènerait les travailleurs à considérer comme attentatoire à leur liberté* ». Il ne fallait pas prendre le risque d'encourager désertions et révoltes. Mais, le commissaire-général président se voulait rassurant et était sûr de convaincre « *par la seule persuasion* » les engagés. Pour la majorité des membres du Conseil privé, « *la mesure doit être facultative* » même si dans les faits, elle était imposée aux engagés. Sur demande du procureur général, en cas de refus, l'engagiste pouvait tout de même obtenir un délai de paiement. En réalité, il s'agissait de sécuriser et de légaliser le non-paiement des salaires de sorte que les engagés restent quand même au service de leurs engagistes mauvais payeurs ou pas du tout payeurs.

Les conseillers privés écartèrent le projet d'article 5 tel qu'il était rédigé et qui prévoyait la compétence des juges de paix sur tous ces sujets. Seuls les syndics municipaux intervenaient.

L'article 9 fut adopté tel quel. Nul besoin pour l'engagiste de payer ses engagés exclusivement en numéraire puisque « *les aliments peuvent être considérés comme faisant partie des salaires* ». On entre alors dans une certaine complexité juridique hors de portée des engagés. Rappelons que la masse globale salariale était convertie en une portion de la récolte de l'engagiste et qui faisait l'objet d'une exonération de taxe sur le sucre. Les conseillers privés définissaient la vente de cette portion comme étant une sorte de « *gage* » sous forme de « *contrat mixte* » sans aucune autre précision. Cela signifiait qu'en cas de mauvaise récolte et donc de mauvaise vente, il n'y avait plus aucune garantie que les engagés perçoivent les salaires prévus théoriquement dans leur contrat. Tout dépendait du prix de vente des récoltes qui allaient intervenir après des mois et des mois de travail sur les champs de canne. En cas de défaut de paiement, les engagés pouvaient théoriquement réclamer les arriérés de salaires devant le juge judiciaire[726].

---

[725] *Ibidem* : « On sait quel esprit de changement domine parmi elles. En général, les travailleurs préfèrent les petits propriétaires chez lesquels ils ne sont pas astreints à une règle, à un travail continu et régulier comme sur les grandes habitations, il en est qui abandonnent la culture pour se livrer à une foule de petites industries qui leur offrent une existence plus indépendante qui les séduit. C'est là un grand inconvénient contre lequel il faut se prémunir et ce n'est qu'en imposant la mesure proposée comme une obligation que l'administration pourra y parvenir ».

[726] *Ibidem* : « Ou la vente sera bonne, ou elle ne le sera pas. Si elle est bonne le but sera atteint ; si elle ne l'est pas, le travailleur retombera à son rang de privilégié, et ne pourra s'en prendre qu'à la loi civile ; la Commission lui aura donné une chance d'être payé sans difficulté ». L'engagé était donc *a priori* un créancier privilégié par rapport

Nous comprenons alors tout l'intérêt du système de la réserve légale sur la récolte et tout l'intérêt de l'arrêté du 23 mai 1849. En fait, l'industriel sucrier faisait entièrement peser le paiement des salaires des nouveaux affranchis sur le prix de la vente de sa récolte, d'où les termes employés comme *gage* ou *contrat mixte*. En attendant la récolte et surtout la vente, on suppose que les engagés étaient logés et nourris et que tous ces frais étaient certes avancés mais déduits de leurs salaires futurs.

Le lendemain, Monsieur de Villentroy proposa au conseil de modifier l'article 13 du projet d'arrêté, afin d'augmenter la part des récoltes sucrières à vendre et susceptible de bénéficier de l'exonération des taxes. En passant d'1/10e à 1/5e du produit net de la vente, il s'agissait d'exonérer fiscalement pas moins de 20% de la récolte totale de l'habitant. Le but consistait à « *réserver des fonds que des créanciers pourraient saisir et qui seraient nécessaires à son exploitation* ». Si l'indemnité coloniale n'était certes pas encore versée, cette niche fiscale était considérable et compensait en partie son retard.

En cas de décès de l'engagé, à qui l'engagiste devait payer le salaire ? Monsieur Pajot proposa que « *ces sommes reviennent en droit au gouvernement* » et qu'elles soient spécifiquement affectées aux frais généraux des syndics. Rappelons ici que les syndics devaient être rémunérés par les engagistes et non pas par l'administration. Le directeur de l'Intérieur s'y opposa, car « *ce serait en quelque sorte briser la famille* » de l'engagé. Il fut néanmoins décidé que ces sommes soient versées au Trésor colonial si et seulement si l'engagé n'avait effectivement aucune famille connue. Mais, comment s'en assurer vraiment ?

- L'engagé intérieur : l'otage social des propriétaires sucriers ?

L'article 22 du projet d'arrêté plaçait les syndics municipaux sous l'autorité administrative du directeur de l'Intérieur. Ils avaient pour fonction de tenir un journal mentionnant toutes les opérations ainsi qu'un livre de caisse, tous deux côtés et paraphés par le receveur de l'enregistrement de leurs cantons. Ces syndics devaient soumettre leur comptabilité et la tenue de leur caisse aux vérifications des agents du domaine, car il s'agissait de veiller à ce que le seuil des 20% de la récolte ne soit pas dépassé. Chaque trimestre, les syndics devaient dresser la situation financière de leurs activités.

Avant d'adopter l'arrêté, le conseil décida sur proposition de l'ordonnateur d'y ajouter un 24e article qui retira au syndic qui existait déjà à Saint-Denis ses pouvoirs de police dans la lutte contre les désertions ou le marronnage des engagés indiens. Désormais, celui-ci ne s'occupa que de leur immatriculation

---

aux autres créanciers du propriétaire-engagiste, « le privilège du fournisseur de vivres étant admis avant tous autres ».

à leur arrivée dans l'île. Il n'y avait donc plus aucun risque de hiérarchie entre l'ancien syndic de Saint-Denis et les nouveaux syndics municipaux[727]. Désormais, il y avait d'un côté le Syndicat de Saint-Denis en charge des immatriculations des engagés venus de l'extérieur et de l'autre côté, les syndics municipaux en charge de l'exonération des taxes sur la vente d'une partie de la production sucrière.

Moins d'un mois après, le commissaire-général président de La Réunion demanda à son ministre de tutelle d'approuver l'arrêté du 24 mai 1849 en précisant qu'il s'agissait de « *suppléer jusqu'à la réalisation des récoltes, à l'absence du numéraire, et conserver les travailleurs à la grande culture en assurant le paiement des salaires* » même si un certain nombre d'engagés s'était déjà plaint de défauts de paiement quelques mois à peine après la proclamation de leur liberté[728]. Selon Sarda Garriga, l'arrêté du 24 mai 1849 présentait l'avantage de « *la création dans chaque commune d'un Syndic spécial chargé d'intervenir, sur réquisition des parties, entre l'engagiste et l'engagé pour résoudre toutes les difficultés relatives au paiement des salaires* » et à « *assurer d'abord une protection efficace aux intérêts des engagés en suppléant par un patronage éclairé à leur ignorance des affaires* ». Or, soulignons que ce n'est pas du tout ce qui ressortait des échanges vus plus haut entre les membres du Conseil privé. La préoccupation du gouverneur était d'éviter au maximum les conflits entre les producteurs sucriers et leurs anciens esclaves et par conséquent, de limiter des « *investigations arbitraires* »[729]. L'ordre public était en jeu quel qu'en fût le prix[730].

---

727 CAOM, C. 18/114, Délibération du Conseil privé de La Réunion, Saint-Denis, le 24 mai 1849. L'article 24 disposait que : « A dater de la promulgation du présent arrêté, les fonctions de Syndics de gens de travail, provenant de l'extérieur se borneront aux opérations d'immatriculation et de vérification des actes d'engagement ».

728 CAOM, C. 18/114, Correspondance du commissaire-général de La Réunion adressée au ministre de la Marine et des Colonies, Saint-Denis, le 18 juin 1849 : « L'impossibilité où se trouvaient les propriétaires d'acquitter régulièrement les salaires de leurs engagés donnait lieu déjà à de vifs mécontentements à d'impérieuses réclamations, à des plaintes réitérées et les travaux d'agriculture étaient menacés de désertion ». Et il poursuit dans ces termes : « J'ai la confiance d'avoir su atteindre, dans les limites du possible, le but vers lequel ont tendu mes efforts ».

729 *Ibidem*. Le syndic municipal avait pour but de « prévenir ensuite les conflits en confiant à la médiation pacifique d'une sorte de magistrat toutes les transactions qui pourraient intervenir entre le travailleur et le propriétaire ».

730 *Ibidem* : « En stipulant expressément que le Syndic ne pouvait intervenir que sur la réquisition soit de l'engagiste, soit de l'engagé, j'ai voulu prévenir les investigations arbitraires qui tracassent les uns, excitant les autres, auraient nui au travail et à la discipline ».

Le 23 juin 1849, le gouverneur fit adopter plusieurs instructions sur demande de son directeur de l'Intérieur. L'une d'entre elles rappela clairement et sans aucune équivoque possible qu'il ne fallait encourager aucune mesure qui pouvait irriter les intérêts des habitants. Les syndics municipaux étaient sommés de rester à l'écart des domaines et de faire exactement ce que leur demandaient les engagistes, c'est-à-dire traiter leurs demandes d'exonération de taxes[731]. Quant au Syndicat de Saint-Denis, le gouverneur nomma le 18 juillet 1849 Monsieur Chenot pour occuper les fonctions de commis de bureau du syndicat. Sa maîtrise de plusieurs dialectes indiens fut déterminant[732]. La colonie disposait donc en 1849 de toute l'organisation nécessaire au maintien de l'ordre public tel qu'il se définissait à La Réunion. L'engagisme était ainsi verrouillé, la prospérité sucrière assurée.

Du côté de l'opinion, la peur était là. Nous pouvons citer l'article d'un auteur anonyme paru quelques mois après, le 17 novembre 1849, dans la partie non-officielle du *Moniteur de l'Ile de la Réunion*. Pour lui, « *il est incontestable que la plupart des travailleurs libres se jouent insolemment de leurs obligations* »[733] alors que le contrat d'engagement obligeait les 2 parties[734]. Pour que les nouveaux affranchis respectent les termes de leur engagement, cet auteur proposa de dresser de manière exhaustive la liste de toutes les tâches qui leur incombaient. C'était la seule manière selon lui de lutter efficacement contre leur mauvaise volonté[735].

---

731 CAOM, C. 18/114, Délibération du Conseil privé de La Réunion, Saint-Denis, le 23 juin 1849. La mission qui incombait à ce type d'agents était on ne peut plus claire : « conciliation des intérêts… et que dès lors tout ce qui pourrait créer de l'irritation et donner lieu à des débats fâcheux doit être soigneusement évité ». Cela souligne la volonté coloniale d'écarter la pleine capacité juridique des engagés dont notamment en matière contractuelle.

732 CAOM, C. 432/4614, Délibération du Conseil privé de La Réunion, Saint-Denis, le 18 juillet 1849.

733 CAOM, C. 18/114, Journal *Le Moniteur de l'Ile de la Réunion*, samedi 17 novembre 1849, Partie non-officielle, Saint-Denis, le 16 novembre 1849 : « Monsieur le commissaire-général de la République prépare, dit-on des mesures spécialement destinées à prévenir la crise industrielle dont la mauvaise volonté des travailleurs indigènes semble menacer le pays ».

734 *Ibidem* : « Quel est le but du contrat d'engagement ? C'est de préciser les droits comme les obligations des deux parties contractantes, afin de sauvegarder leurs intérêts réciproques et de faciliter l'arbitrage en cas de contestation ».

735 *Ibidem* : « … ne voit-on pas certains propriétaires justifier cet abus, en ne remplissant pas eux-mêmes toutes les obligations qui leur sont imposées envers leurs travailleurs ? ». L'auteur proposa ainsi « d'exiger que l'acte d'engagement renferme l'énonciation la plus précise, la plus complète, de toutes les charges acceptées par le propriétaire comme par le travailleur ».

On observe bien cette crainte de voir s'émanciper trop rapidement toute une classe d'ouvriers de couleur. Les usages colonialistes persistaient. Le contrôle des « *travailleurs indigènes* » était une question d'ordre public et c'était tout l'intérêt de leur avoir imposé un « *passe-port* » pour conditionner leurs déplacements, sorte de « *corollaire du livret* » ayant pour seul but « *d'opposer un frein à l'humeur vagabonde de l'affranchi, de le fixer autant que possible sur le lieu de ses travaux* ». Le danger de l'indigène dans les rues des quartiers semblait bien prégnant dans la société bourgeoise réunionnaise[736]. Le passeport avait l'utilité de faciliter « *l'action de la police contre ceux qui sont atteints d'un incurable besoin de locomotion...* ». Les mentalités coloniales de l'époque n'avaient pas changé. Avant 1848, l'esclave ou l'engagé indien ou chinois devait être en possession d'une autorisation écrite spéciale du maître pour pouvoir circuler en ville. En 1849, c'est exactement le même schéma qui se reproduisait avec le passeport des nouveaux affranchis. Ce système s'adressait exclusivement aux engagés de couleur, ce qui confirme et renforce la réalité d'un système ségrégationniste et servile à La Réunion.

Cet article précisa enfin que le commissaire-général avait dû intervenir pour insérer dans le code rural de la colonie l'obligation de travail et le passeport pour les femmes engagées, afin de lutter contre « *l'impudique vagabondage* »[737]. Est-ce à dire qu'avant 1849, les femmes de couleur étaient plus ou moins autorisées à circuler librement pour se livrer plus facilement au commerce de la prostitution ? C'est ce qui semble être dit.

## B/ Les mesures légales du réengagement intérieur

Dès 1848, La Réunion sut faire taire des idées trop émancipatrices. Avec les syndics municipaux, l'île était structurée, quadrillée en localités de gestion et de stockage des mains-d'œuvre de couleur qui pouvaient s'éparpiller un peu trop suite à la proclamation de l'abolition de l'esclavage. Les syndics étaient là pour les convaincre et les contraindre de retourner au service de leurs maîtres. Nous supposons qu'ils intervenaient seuls ou avec les principaux chefs et/ou régisseurs des domaines sucriers comme intermédiaires ou médiateurs avec les engagés. Tout cela, sans doute, à la discrétion ou la surveillance particulière des habitants. En 1849, l'habitation fonctionnait

---

[736] *Ibidem* : « Personne ne contestera que depuis le 20 décembre de continuelles migrations ont singulièrement éclairci les rangs des travailleurs indigènes, et qu'une partie considérable de l'ancienne population esclave a, pour ainsi dire, fondu dans ce déplacement ».

[737] *Ibidem* : « si elles ne peuvent justifier d'un mari, qu'elles justifient d'un moyen d'existence, si elles ne peuvent justifier ni de l'un ni de l'autre, qu'elles prennent un engagement de travail qui répondra pour elles ». Il semblerait donc nécessaire que ces « femmes mariées elles-mêmes soient tenues de se fixer dans la même localité que leurs époux ».

exactement de la même manière qu'avant 1848. Elle avait toujours autant besoin de main-d'œuvre et pour pouvoir fonctionner correctement, il fallait l'assurance d'une organisation impeccable et d'une discipline de fer. Celle-ci était à présent garantie par un régime juridique qui rabaissait fortement la potentielle puissance juridique de l'engagé. Il n'y avait pas plus de salaire qu'au temps de l'esclavage, nous l'avons vu, et de ce fait, il fallait bien que les affranchis puissent survivre. Comment le pouvaient-ils ? Fuir les habitations, mais pour aller où et en vivant de quoi ? Il fallait bien se loger, manger et boire tous les jours de travail. Alors oui. L'abolition de l'esclavage s'est plutôt « bien » déroulée dans une certaine tranquillité. La Réunion n'était pas Saint-Domingue et aucune armée de gens de couleur n'avait été formée.

Pour les raisons évoquées, peu importait l'époque, les aristocrates réunionnais entendaient peser de toute leur influence pour freiner tant qu'ils le pouvaient toute réforme, tout progrès social. Jusqu'à quand les travailleurs libres de couleur allaient-ils être empêchés de saisir les autorités judiciaires pour faire valoir leurs droits ? Comment le pouvaient-ils alors que l'obligation de s'engager fut proclamée ? Comment le pouvaient-ils alors qu'ils étaient sans le sou ou presque, sans terre ni toit à eux ? Comment le pouvaient-ils alors qu'ils n'étaient pas libres de circuler dans la colonie sans passeport délivré non pas par l'administration mais par leur employeur ? Les personnes de couleur, exception faite des affranchis d'avant 1848, étaient considérées comme ayant le statut d'engagés, de travailleurs obligés de s'engager auprès des industriels du sucre, « enfermés » sur les mêmes habitations et les mêmes anciens camps d'esclaves. Ils n'avaient d'autre choix que de se soumettre ou de fuir. En fuyant, ils devenaient vagabonds, ce qui était un délit. Là encore, le droit vint à la rescousse de la bourgeoisie coloniale. Qui dit délit, dit compétence du tribunal correctionnel. Or, il n'était pas souhaitable que l'engagé puisse venir à la barre exposer sa vie de misère et de maltraitance devant l'opinion. Pour éviter tout scandale, le vagabondage devait être déclassé en simple contravention. Et c'est le procureur général qui s'y attela. Une fois fait, il ne restait plus qu'à profiter de tout le système mis en place avec les syndics municipaux pour contraindre les affranchis de se rengager auprès de leurs maîtres.

### 1) La circulaire Massot du 24 février 1849 : la question du délit de vagabondage

La discipline n'était pas réservée au passé esclavagiste, car en assurant la continuité du travail forcé. La Réunion instaura le principe de la servitude sur toute la classe d'ouvriers de couleur : les engagés. L'abolition de l'esclavage ne fit pas disparaître les ateliers de discipline, pas plus d'ailleurs que le régime autoritaire ou disciplinaire qui régna sur les habitations sucrières. Pour que ce régime autoritaire perdure, il fallait absolument contraindre la théorique liberté de circulation. Les industriels trouvèrent en la personne du procureur général, Monsieur Massot, l'autorité à même de convaincre et d'instaurer le principe selon lequel toute personne de couleur qui n'était pas en possession de son livret d'engagement ou d'un passeport était présumée vagabond délinquant[738].

Pour éviter la saisine du tribunal correctionnel, le vagabondage ne devait plus être qualifié juridiquement de délit mais de simple contravention. Cela devait faciliter les opérations et les manœuvres de la police ou de toute personne habilitée pour ramener les engagés vagabonds sur les habitations de leurs maîtres. C'était tout l'objet de la circulaire que fit adopter le procureur général Massot le 24 février 1849. Désormais, les juges devaient considérer le vagabondage comme une simple infraction, une simple contravention. Avec cette seule circulaire, n'importe quel habitant pouvait récupérer certains de ses affranchis réfractaires, soit directement, soit après un séjour plus ou moins long au sein de l'atelier de discipline du quartier. Il n'y avait là rien d'extraordinaire, car cette circulaire n'était qu'une redite des anciennes législations locales sur le vagabondage portant sur les engagés indiens[739].

- Une circulaire conforme au bloc de la législation de l'engagement intérieur

Signalons qu'en décembre 1849, Sarda Garriga fut démis de ses fonctions de commissaire-général pour être remplacé par le commandant militaire, Monsieur Louis Hilaire Doret[740]. On ignore les raisons officielles, mais dans les faits, Sarda Garriga s'était déjà heurté au commandant de la Station navale au sujet du principe du libre commerce des migrations et il s'apprêtait à ce moment-là à organiser le renouvellement des conseils municipaux. Le ton de la classe des aristocrates du sucre était monté.

Dans son premier rapport[741], le procureur général Massot indiqua le régime « *dérogatoire aux règles ordinaires des contrats purement civils* » issu de

---

[738] Rappelons que le 2e décret du 27 avril 1848 avait pour objet de punir les mendiants, gens sans aveu et vagabonds, tous considérés comme délinquants, principe repris par l'arrêté du 24 octobre 1848. Cela correspondait au premier rapport de la *Commission de l'abolition de l'esclavage* : « Toutefois, en respectant le droit de chacun à disposer de soi, le gouvernement a pour devoir d'imposer à tous le respect des règlements qui partout protègent l'ordre public. Telle est la loi contre le vagabondage et la mendicité. La Commission vous propose de la renouveler aux colonies par un décret spécial ».

[739] Il s'agissait des arrêtés locaux des 16 mai 1831, 18 janvier 1833 et 13 avril 1833 relatifs à « l'incarcération » des vagabonds indiens dans les ateliers municipaux jusqu'à ce qu'ils retournent travailler au service de leurs engagistes.

[740] Il fut gouverneur de La Réunion du 15 février 1850 au 8 août 1852.

[741] En l'espèce, il y avait 2 rapports du procureur général. Le premier était relatif à l'exécution de l'arrêté du 17 février 1849 en matière de discipline des ateliers ; ce premier rapport est indexé dans l'archive CAOM, C. 18/114. Le second était relatif à

l'arrêté du 24 octobre 1848 sur l'obligation de travail des engagés et de l'arrêté du 17 février 1849 relatif à la discipline des ateliers. Les affranchis s'attendaient certainement à terme à plus de liberté, à plus de droits et surtout à un salaire en numéraire, mais la réalité était toute autre, ce qui ne les encouragea pas à se rengager[742]. Jusqu'à présent, « *la dislocation des ateliers* » avait pu être évitée, mais pendant combien de temps encore[743] ? Un an après l'abolition de l'esclavage, le travail dans les colonies n'était toujours pas vraiment libre, ce qui venait en contradiction avec l'esprit même du décret abolitionniste et de la toute nouvelle République française[744]. Mais avec le descendant héritier de Napoléon Bonaparte bientôt propulsé président de la deuxième République et une chambre parlementaire plutôt monarchiste, la question sociale et les idées révolutionnaires étaient ralenties. D'ailleurs, n'était-ce pas l'aïeul de Louis-Napoléon Bonaparte qui avait finalement rétabli l'esclavage ? À La Réunion, les industriels du sucre décidèrent de maintenir leur position aussi radicale vis-à-vis du travail.

Le rôle du procureur général était important. Rappelons que l'article 3 de l'arrêté du 24 octobre 1848 l'autorisait à connaître mensuellement les registres des habitations sur lesquels étaient inscrites toute décision et toute sanction disciplinaires prononcées par l'engagiste, son régisseur ou ses chefs d'ateliers. Ici, il faut souligner que les juridictions n'avaient pas à être saisies par l'une ou l'autre des parties contractantes. Cela nous interroge sur les activités des syndics municipaux qui devaient en principe assurer le dialogue entre

l'arrêté du 24 octobre 1848 en matière d'engagement obligatoire des affranchis ; il est indexé dans l'archive CAOM, C. 18/115.

742 CAOM, C. 18/114, Rapport du procureur général de La Réunion, Monsieur Massot, adressé au commissaire-général, Saint-Denis, le 3 décembre 1849 : « Toute cette population de travailleurs qui au 20 décembre, devait sortir de l'esclavage accourait en foule pour se soumettre volontairement à l'engagement de travail. Après ce premier élan, les embarras se produisirent : les affranchis demandaient fréquemment la rupture de leurs engagements souvent pour des motifs futiles, plus souvent sans motifs aucun ».

743 *Ibidem* : « Les propriétaires se plaignaient de la désorganisation imminente du travail. C'est dans cette situation, dont il était impossible de méconnaître la gravité que vous avez adopté à l'unanimité du Conseil privé, un système de répression, destiné à maintenir l'ordre et le travail sur les ateliers ».

744 Projet pour une société sans esclaves, In. M. COTTIAS, *Op. Cit.*, pp. 170-172. « Le nègre se livrera au travail s'il y trouve un profit convenable… Les nègres ne sauraient pas comprendre que l'on pût tout à la fois être libre et contraint. La République ne saurait vouloir leur arracher d'une main ce qu'elle leur a donné de l'autre ; aux colonies comme dans la métropole, le temps des fictions est passé… L'affermissement et le développement de la France par le travail vraiment libre, tel a été, après le décret d'abolition, la pensée dominante de la Commission… ».

l'engagiste et l'engagé. Les syndics municipaux, fermaient-ils les yeux sur les pratiques honteuses qui perduraient encore après l'abolition de l'esclavage ?

Le procureur général était pleinement habilité pour intervenir dans les décisions disciplinaires du maître en les rejetant ou en les amendant. Mais nous n'avons connaissance d'aucune action en ce sens. Sa circulaire du 24 février 1849 avait pour but de convaincre à la fois les maires et les juges de paix de ne surtout pas intervenir pour des faits de vagabondage[745]. Le procureur usa ainsi de toute son influence pour exclure la compétence de ses collègues juges de paix au profit des habitants eux-mêmes et des syndics municipaux. Nous pouvons très bien imaginer que, légalement et juridiquement, les juges de paix pouvaient intervenir dans les questions touchant au contrat d'engagement, qu'il s'agisse de la défaillance de l'une ou l'autre des parties, sauf que le procureur les en dissuada par simple circulaire, sans oublier l'arrêté du gouverneur du 24 octobre 1848. Les juges de paix ne disposaient pas de l'influence nécessaire ni d'aucun soutien politique majeur pour s'immiscer dans les affaires des habitants. Ils avaient certes été exclus de tout ce qui touchait au contrat d'engagement, mais ils s'excluaient eux-mêmes aussi.

- La contravention de vagabondage : pour une sanction adaptée

Nous le voyons bien. La circulaire du procureur général Massot était une simple instruction dont la valeur juridique hiérarchique à l'égard notamment des juges de paix était discutable. Il est vrai que Victor Schoelcher reconnaissait lui-même la nécessité pour les affranchis de travailler, et pour se conformer à l'esprit de liberté et d'égalité, un délai légal de 3 ans fut octroyé aux colonies. Au lieu de préparer l'opinion et les engagés à davantage de droits sociaux, les producteurs réunionnais avaient pris le parti inverse, celui de limiter au maximum le droit contractuel commun des engagés de couleur. Le gouverneur Doret transmit le rapport du procureur Massot au ministre de la Marine et des Colonies, rapport « *sur l'exécution de l'arrêté local du 17 février 1849 relatif à la discipline des ateliers et à l'exécution du contrat d'engagement* »[746].

---

745 Rapport du procureur général de La Réunion, Monsieur Massot, adressé au commissaire-général, Saint-Denis, le 3 décembre 1849, *Op. Cit.* : « Par ma circulaire en date du 24 février, j'ai fait connaître aux juges de paix et aux maires, le but que le gouvernement local voulait atteindre : raffermir la discipline et le travail partout où ils étaient ébranlés, assurer la production coloniale en disciplinant les travailleurs, sauvegarder les affranchis de leur propre faiblesse… la juridiction répressive appliquée à des faits placés dans la catégorie des contraventions de police, apparaît naturellement aux juges de paix ».

746 CAOM, C. 18/114, Correspondance du commissaire-général adressée au ministre de la Marine et des Colonies, Saint-Denis, le 31 décembre 1849.

On imagine que les vagabonds étaient des engagés de bonne constitution et de bonnes conditions physiques que les engagistes voulaient à n'importe quel prix récupérer, de gré ou de force. Mais le phénomène du vagabondage pouvait également être composé de vieillards, d'infirmes et d'enfants en bas âge. Sur le terrain, dans les rues, ce sont la police et les maires qui étaient les premiers à être confrontés à ce genre de situation. Que faisaient-ils ? Les incarcérer pour vagabondage ? Aux frais de qui ? Les engager occasionnellement à la tâche ? On se souvient que Sarda Garriga ordonna aux municipalités de prendre en charge tous les anciens esclaves exclus des habitations. A cet effet, il leur fut alloué les 3/5e des 6 Francs de la côte personnelle perçus sur les affranchis engagés[747].

Toujours dans l'esprit d'asservir toute la classe des engagés de couleur, le procureur général Massot ordonna à tous ses procureurs par sa circulaire du 3 décembre 1849 de ne pas saisir le juge d'instruction pour des faits de vol commis par les engagés[748]. Au pire, le procureur acceptait la possibilité de saisir le juge de police, ce qui revenait à requalifier le délit de vol en simple contravention[749]. Juge de police et syndic municipal avaient l'utilité de diriger les engagés vagabonds et coupables de vol vers les ateliers de discipline du quartier ou chez leur engagiste. Avec sa circulaire, le procureur disait vouloir assurer « *un mouvement de décroissance des poursuites criminelles* ». D'ailleurs, il affirmait ne pas se préoccuper des plaintes des engagés. Ce n'est qu'en cas de vol aux conséquences graves qu'il acceptait d'instruire le dossier en l'adressant non pas au juge d'instruction mais à un simple juge de paix[750].

---

747 J. V. PAYET, *Op. Cit.*, p. 117.

748 Rapport du procureur général de La Réunion, Monsieur Massot, adressé au commissaire-général, Saint-Denis, le 3 décembre 1849, *Op. Cit.* : « Monsieur le juge de paix, de sérieuses obligations destinées à maintenir l'ordre et le travail, qu'il ne devienne jamais un instrument de tracasseries et de vexations pour les travailleurs ! Plus tard, j'ai pensé qu'on pouvait donner aux dispositions pénales de l'arrêté une extension que la logique ne repoussait pas absolument… ». Le procureur général a alors demandé à ses procureurs « moins d'empressement à saisir le juge d'instruction et plus de réserve dans la qualification des faits incriminés. Beaucoup étaient si peu graves au moins par la minimité du préjudice causé qu'il m'a paru possible de les assimiler ou à des larcins ou à des infractions à la discipline des Ateliers, pouvant ainsi être déférés à la juridiction des juges de paix et des Maires conformément à l'arrêté… D'un autre côté, le Trésor menaçait de succomber sous le poids des frais de justice occasionnés par cette nature de procédure toujours volumineuse et compliquée. Si les choses avaient continué sur ce pied, le personnel des magistrats instructeurs serait devenu insuffisant ».

749 *Ibidem* : « Ils auraient pu trouver leur répression dans les définitions du Code pénal, mais qui, *humanitatis causa*, étaient renvoyés à la juridiction du juge de police ».

750 *Ibidem*. Pour le procureur général, la parole de l'engagé ne suffisait pas à instruire une procédure devant le juge pénal. Il estimait être de son devoir « de ne juger que sur preuves et témoignages sans pouvoir jamais se contenter des allégations de la partie plaignante ».

C'est dire que les intérêts économiques restaient supérieurs. En 1849, le procureur général fit tout pour écarter la saisine de n'importe quel juge de la colonie, comme en 1836, date à laquelle le gouverneur écarta tout pouvoir de médiation et d'arbitrage sur les engagements[751].

Il est difficile de croire qu'au lendemain de l'abolition les propriétaires d'esclaves aient transmis tous leurs actes d'engagement en mairie ou auprès des juges de paix[752]. Pourquoi l'auraient-ils fait ? Il n'y avait aucun intérêt à le faire pour percevoir l'indemnité coloniale puisque celle-ci se basait sur le nombre d'esclaves et non pas sur le nombre d'engagés qui pouvait être certainement différent. Si des documents tels que des contrats ou des livrets d'engagement étaient effectivement enregistrés dans les mairies, il n'y avait aucune mention précise portant sur la garantie de l'identité des engagés concernés. Et cela pour une raison très simple et finement calculée : en évitant d'identifier tel ou tel engagé, en n'apposant aucune signature de l'engagé, il n'y avait aucune preuve de l'engagement et par conséquent, aucune action judiciaire contre un engagiste ne pouvait être instruite. A moins que l'engagiste n'ait été sûr de la loyauté de tel ou tel engagé, l'engagement restait sans doute simplement et très majoritairement verbal, le plus souvent à la tâche ou à la journée, le tout pour une bouchée de pain et le droit de dormir près du camp.

### 2) L'arrêté local du 5 décembre 1849 : le réengagement des affranchis engagés

Dans le second rapport qu'il adressa au gouverneur, le procureur général aborda l'urgence de l'arrêté du 24 octobre 1848 « *dont une dépêche ministérielle toute récente vous a apporté l'adhésion du gouvernement métropolitain* ». Il s'agissait d'anticiper sa prorogation puisque son terme était

---

[751] Rappelons l'arrêté du Conseil privé de Bourbon du 14 juin 1836 selon lequel le gouvernement local s'interdisait d'instruire et de juger les plaintes relatives aux contrats d'engagements des Indiens.

[752] Rapport du procureur général de La Réunion adressé au commissaire-général, Saint-Denis, le 3 décembre 1849, *Op. Cit.* : « Beaucoup de propriétaires avaient déposé à la mairie ou à la justice de paix l'acte d'engagement de leurs travailleurs, et les livrets ne portaient que cette mention : Engagé pour tel temps aux conditions de l'acte déposé à la mairie. De là des difficultés sans nombre quand l'engagé avait recours à la justice, il était souvent difficile de retrouver l'acte d'engagement, souvent aussi le juge était obligé de se déplacer pour en prendre connaissance ». Cela renforce le principe selon lequel le contrat d'engagement était principalement verbal et que le livret d'engagement ne valait absolument pas contrat d'engagement. C'est la raison pour laquelle le juge décidait de se déplacer en cas extrême pour établir la réalité des relations contractuelles entre l'engagiste et son engagé. Mais une telle vérification était rare.

*« actuellement épuisé »*[753]. C'est en ce sens qu'il proposa avec le concours du directeur de l'Intérieur le rengagement des esclaves engagés en 1848 pour assurer le succès des prochaines campagnes sucrières.

La question qui se posa alors concernait les conditions et les modalités de ce rengagement. Allait-il s'agir d'un rengagement par tacite reconduction ? Les engagés allaient-ils pouvoir enfin négocier les termes de leur contrat ? Avaient-ils vraiment la possibilité de ne pas renouveler leur engagement quand on sait la puissance juridique et l'influence politique des habitants ? Pour l'heure, le parti engagiste et le procureur général présentèrent le sujet sous l'angle du désordre public en affirmant que le non-emploi ou le vagabondage des engagés était la cause de nombreux cas de violences et de troubles.

- Le principe de la sacralité du travail réaffirmé

Pour le procureur, les choses étaient claires : il fallait s'employer à obliger les anciens esclaves de 1848 à se rengager encore une fois pour lutter contre le vagabondage[754]. Ce n'était pas parce que l'abolition fut proclamée que La Réunion n'était plus une terre colonialiste. Sa législation sociale ségrégationniste en vigueur était encore en rupture avec les belles annonces idéalistes venues de Métropole aux premiers temps de la deuxième République. Et tous espéraient que cela le reste le plus longtemps possible[755].

Dans l'île, il était hors de question « *d'abandonner le sort du travail, en d'autres termes l'existence de la communauté coloniale d'une part à la bonne volonté des affranchis qui constitue la classe de nos travailleurs, et de l'autre*

---

[753] *Ibidem*. L'arrêté du 24 octobre 1849 « a eu pour principal objet en imposant l'engagement de travail aux affranchis incapables de justifier de moyens suffisants d'existence, de les soustraire aux misères inséparables du vagabondage et de les sauvegarder contre leur faiblesse et leur ignorance par l'intervention protectrice de l'autorité publique dans des contrats qui appartiennent par leur nature au domaine des intérêts privés ».

[754] *Ibidem* : « En France et dans tous les pays où les rapports du maître et de l'ouvrier sont depuis longtemps établis d'une manière normale, la puissance publique s'est toujours gardée d'intervenir dans les contrats privés qui règlent les conditions du travail et sa juste et équitable rémunération... Le gouvernement n'apparaît que lorsqu'il s'agit de sauvegarder l'ordre public : de là l'institution du livret et toute la législation qui l'impose à une nombreuse catégorie d'ouvriers sous peine d'être réputée vagabonde, arrêtés et punis comme tels ».

[755] A savoir, les lois du 23 nivôse an II et du 22 germinal an XI, les arrêtés du 23 messidor an V, du 10 ventôse an XII et du 9 frimaire an XII et les décrets du 3 octobre 1810 et du 25 septembre 1813 qui « forment un code presque complet sur la matière ». Rappelons que la pétition des ouvriers de Paris de 1844 déjà citée déclarait que « L'ouvrier s'appartient ; nul n'a le droit de le fouetter, de le vendre, de le séparer violemment de sa femme, de ses enfants, de ses amis... ».

*à la convention des parties dépourvue de toute surveillance administrative* » [756]. Les intérêts économiques et commerciaux liés au sucre prédominaient tellement que le procureur parlait ici de communauté, c'est-à-dire d'une élite bourgeoise locale soudée et solidaire. Le rôle de l'État, de la République et de toute son administration était de s'y conformer et non pas de contraindre. Et c'était précisément le reproche que les grandes familles réunionnaises firent à l'encontre de Sarda Garriga, ce qui lui coûta son poste[757].

En l'absence de données et de statistiques précises sur la situation des engagements, l'urgence consistait à obliger le maximum d'affranchis à se rengager auprès de leurs maîtres[758]. D'ailleurs, pour le procureur, « *l'abondante récolte que la colonie doit à une année qu'aucun désastre atmosphérique n'est venu affliger et qui va prendre bientôt sa place sur les marchés de la Métropole* » le prouvait parfaitement. Restreindre la liberté des engagés au moyen du système du livret s'était avéré « *un excellent moyen d'ordre de police* ». Par conséquent, il fallait selon lui renforcer davantage l'arrêté du 24 octobre 1848 « *sous peine de compromettre les intérêts sacrés du travail et du travailleur* ».

Le procureur prétexta de la nécessité de rengager les anciens esclaves pour clarifier certaines clauses de leur engagement. Il insista sur le principe de « *la libre convention des parties* » pour faire supprimer le §2 de l'article 9 de l'ancien arrêté, ce qui avait pour conséquence d'ouvrir la possibilité pour l'engagiste de fixer le salaire de son engagé non pas en montant numéraire, mais en nature, c'est-à-dire en nourriture et autres, même s'il « *est à souhaiter*

---

[756] Rapport du procureur général de La Réunion adressé au commissaire-général, Saint-Denis, le 3 décembre 1849, *Op. Cit.* La spécificité des intérêts de la communauté coloniale, sans doute celle des habitants sucriers, reposait sur « la source d'obligations dont l'administration locale ne peut décliner l'accomplissement… L'obligation de contracter un engagement de travail sous peine d'être poursuivi comme vagabond, l'obligation de se munir d'un livret qui puisse faire foi de cet engagement et en constater les conditions, telles sont Monsieur le commissaire-général, les mesures que l'intérêt bien entendu du travail et du travailleur sollicitent ».

[757] Le commissaire-général président, Monsieur Joseph Sarda Garriga, fut relevé de ses fonctions le 10 novembre 1849 tandis que son remplaçant, le capitaine de vaisseau Doret fut nommé par le président de la République trois jours avant, soit le 7 novembre 1849. En attendant son arrivée, Sarda Garriga transmit ses pouvoirs au colonel Barolet de Puligny. Il quitta définitivement l'île le 12 mai 1850.

[758] Rapport du procureur général de La Réunion adressé au Commissaire-Général, Saint-Denis, le 3 décembre 1849, *Op. Cit.* : « Un grand nombre d'engagements contractés en exécution de l'arrêté du 24 octobre 1848 pour une année seulement, vont expirer dans quelques jours même si beaucoup d'engagements ont été souscrits pour 18 mois ou deux ans ». Nous ignorons cependant le nombre exact des engagements conclus pour un an, ceux conclus pour 18 mois et ceux conclus pour deux ans. C'est tout l'objet du présent projet d'arrêté qui figure à son article 1er, ce dernier « consacre l'obligation de contracter de nouveaux engagements pour les individus, dont les engagements expirent au 20 décembre courant ».

*qu'il soit toujours stipulé en argent* »[759]. On voit bien la stratégie voulue par les engagistes : disposer d'une main-d'œuvre servile en contrepartie de leur seul entretien, comme au temps de l'esclavage. La condition de liberté du travailleur de couleur était-elle toujours fictive un an après l'abolition ? Il n'y avait peut-être plus d'esclavagisme comme aux pires heures, mais la servitude semblait être bien réelle.

Les articles 2 et 3 du projet d'arrêté traitaient du cas particulier des mineurs noirs de moins de 15 ans qui devaient théoriquement recourir au consentement de leurs parents pour s'engager. Dans ce cas, ils ne bénéficiaient pas de salaire, mais du tiers de la ration alimentaire d'un engagé adulte de sexe masculin[760]. Or, ils étaient en pleine croissance.

Le procureur général Massot dénonça de nombreux faux mariages pour échapper au contrat d'engagement, car « *en dispensant la femme mariée de l'obligation de l'engagement personnel, l'arrêté du 24 octobre avait voulu venir en aide à la constitution et à la moralisation de la famille des anciens esclaves* »[761]. Il s'agissait là de les obliger elles aussi à contracter un engagement. Il n'y avait rien d'immoral selon lui puisque les femmes dans les départements du Midi et de la Bretagne « *où les travaux les plus rudes sont spécialement dévolus aux femmes* » étaient soumises aux tâches industrielles. A travers l'article 4 du projet d'arrêté, le procureur proposa de n'autoriser le mariage de couleur que s'il s'agissait de « *ne pas séparer le mari et la femme* », sans doute les couples et familles déjà installés sur l'habitation du même maître. Encore une fois, l'autorisation et/ou la décision du maître-engagiste étaient déterminantes.

L'engagé n'avait de son côté aucun moyen de rompre son engagement, mais seulement de demander une dispense temporaire de travail et ce, pour deux raisons possibles : grossesse ou faiblesse/incapacité physique. Il s'agissait là « *d'une contestation sur l'exécution d'un engagement dont la connaissance est attribuée au jury cantonal par l'article 5 du décret du 27 avril 1848* »[762]. Pour éviter toute massification des recours judiciaires, la

---

[759] *Ibidem* : « Ainsi constitué, l'engagement est simple, d'une facile exécution et à la portée de toutes les intelligences puisqu'il se résume dans ces termes : prestation en nature des choses indispensables à la vie, salaire franc et quitte de toute retenue pour les prestations en nature ».

[760] J. V. PAYET, *Op. Cit.*, p. 116.

[761] Rapport du procureur général de La Réunion adressé au commissaire-général, Saint-Denis, le 3 décembre 1849, *Op. Cit.* Cette double dispense avait « ouvert la porte à des abus et à des désordres. Beaucoup de mariages se sont contractés et se contractent encore dans la seule pensée de dispenser la femme de tout travail ». Selon J. V. PAYET, il n'y eût pas moins de 5 000 mariages d'affranchis entre 1849 et 1852.

[762] L'article 5 du décret du 27 avril 1848 disposait que : « L'Assemblée Nationale règlera la quotité de l'indemnité qui devra être accordée aux colons ». Depuis l'abolition, la municipalité s'érigeait comme l'échelon ou la circonscription de

République avait entériné l'exclusion de la compétence des juges de paix au profit des syndics municipaux et des jurys cantonaux. C'est ce que reprenait l'article 7 du projet d'arrêté qui écartait à la fois les juges de paix et les conseillers municipaux[763].

Les articles 8 et 9 ouvraient la possibilité pour l'engagé de ne pas se rengager, mais à condition de disposer « *des moyens suffisants d'existence* », c'est-à-dire être propriétaire de son domicile et exercer un métier[764]. Ces 2 critères devaient être strictement et régulièrement vérifiés. Et, c'est une commission qui accordait après enquête une dispense temporaire. On peut se poser beaucoup de questions sur la neutralité ou plutôt sur le parti pris d'une telle commission. Sa composition était sans doute très éloignée de l'esprit du décret abolitionniste[765].

En tout état de cause, une carte de dispense temporaire pouvait théoriquement être délivrée à l'engagé reconnu comme affranchi autonome. Il devait ensuite déposer ce document au bureau de police de sa résidence et « *l'échanger contre un livret sur lequel la dispense sera inscrite avec la mention de sa durée* ». Toute infraction à cette disposition était considérée comme une contravention de police au motif de la présomption de vagabondage. C'est dire qu'à travers le vagabondage, la colonie ne faisait aucune distinction entre gens de couleur et qu'elle confondait les déserteurs, les marrons, les engagés, les affranchis, tous ayant pour trait commun d'être

---

référence. Le rôle du maire s'était vu être renforcé, car il disposait directement sous son autorité d'une police et de l'atelier municipal.

763 Rapport du procureur général de La Réunion adressé au commissaire-général, Saint-Denis, le 3 décembre 1849, *Op. Cit.* : « l'intervention des conseillers municipaux n'a pas été heureuse partout, et les juges de paix chargés de se prononcer sur la validité ou l'exécution des engagements doivent par cela même être exclus de leur confection ».

764 *Ibidem.* L'engagement était de rigueur dans la colonie, mais il était tout aussi « juste dès lors d'en décharger ceux qui justifient d'un domicile certain et de moyens de subsistance résultant soit d'une petite propriété dont il faut apprécier les ressources, soit de l'exercice d'une profession manuelle joint à une régularité de conduite qui peut seule rendre cet exercice continu et réellement profitable ». Notons ici que la plupart des engagement devait se faire au profit des travaux du sucre.

765 Dans le premier rapport de l'abolition de l'esclavage, nous pouvons lire : « Désormais, un mutuel accord réglera, entre le propriétaire et le travailleur, ce que le pouvoir absolu du maître imposait jadis à son esclave, et l'on devra surtout s'appliquer à résoudre de la manière la plus équitable et la plus prompte les difficultés que ce nouveau régime peut susciter entre les deux parties. C'est pour arriver à cette fin que la Commission, citoyen ministre, vous propose l'institution de jurys cantonaux formés, par portion égale, de propriétaires et de travailleurs, magistrature permanente que l'on renouvellera par tiers tous les deux mois, afin de la répandre davantage entre tous et d'en rendre les obligations moins lourdes pour chacun. Un article de ce décret prévoit le cas de coalition pour sauvegarder la sûreté publique, sans porter atteinte au droit sacré de l'association naturelle ».

non-Blanc, non Européen[766]. L'administration avait choisi la voie répressive, car il s'agissait de faire respecter la liberté conventionnelle, son caractère sacré[767].

- Les affranchis par rachat : l'exception à l'obligation de travail

Le 5 décembre 1849, le projet d'arrêté du procureur et du directeur de l'Intérieur fut soumis au débat. Pour le conseiller Lafond, en l'absence de versement des salaires en numéraire, les engagistes prenaient le risque de voir un certain nombre d'engagés abandonner leurs postes. Et si l'arrêté en discussion autorisa la conversion du salaire en nature, il semble que toute une catégorie d'engagistes n'avait simplement pas les moyens de les rétribuer. Il qualifia ce type d'engagement d'emplois fictifs et ce sont tous les engagistes non-sucriers qui étaient ici particulièrement visés[768]. Ce « détournement » de main-d'œuvre ne servait en rien les intérêts économiques de la colonie.

Le procureur Massot insista sur les avantages de l'arrêté du 17 février 1849 relatif à l'obligation de faire travailler les engagés. L'attention de l'ordonnateur et du conseiller Desprez porta sur les différents temps de travail des engagés domestiques et des engagés cultivateurs. 26 jours contre le mois entier. C'est dire que les engagés cultivateurs n'avaient en réalité aucun jour de repos, ce qui donnait droit pour leur engagiste de retenir le salaire des jours chômés comme par exemple le dimanche et les jours fériés. Tout semblait être prétexte à une retenue sur salaire, ce qui renforce encore une fois la servitude des gens de couleur à La Réunion. Pour le procureur, il n'y avait aucun sujet de discussion puisque l'engagement était un contrat de droit privé. L'ordonnateur n'insista pas et reconnut « *que les jours de maladie ne*

---

[766] Rapport du procureur général de La Réunion adressé au commissaire-général, Saint-Denis, le 3 décembre 1849, *Op. Cit.* : « Les gens de travail et domestiques qui n'en seraient pas munis seront par ce seul fait placés sous une prévention de vagabondage et pourront être poursuivis en vertu du décret du 27 avril 1848. L'article applique la même pénalité aux individus porteurs de livrets sur lesquels sont inscrits des engagements dont la durée est expirée et non renouvelés. Être porteur d'un engagement expiré ou n'en avoir aucun, c'est évidemment une seule et même chose ».

[767] *Ibidem* : « Il serait sans doute bien désirable que l'autorité publique pût se dispenser de toute intervention dans les actes d'engagement et s'en rapporter à cet égard à l'intérêt des parties contractantes si clairvoyant d'ordinaire. L'état de la Colonie, je l'ai déjà expliqué, ne permet pas qu'il en soit ainsi : pendant quelques temps encore la main de l'autorité devra se faire sentir pour pousser l'ouvrier au travail et pour stipuler ses intérêts ».

[768] CAOM, C. 18/115, Délibération du Conseil privé de La Réunion, Saint-Denis, le 5 décembre 1849. Le conseiller privé, Monsieur Lafond, déclara : « La plupart de ces engagements fictifs ont lieu par des personnes qui sont le plus souvent dans l'impossibilité de rémunérer le travail des affranchis par le paiement du salaire qu'ils promulguent ».

*donnaient droit à aucun salaire* ». On peut affirmer que les frais d'un médecin et les soins prodigués aux engagés malades étaient également déduits de leurs salaires.

Le projet d'arrêté fut alors discuté article par article. Il était prévu que l'on accorde aux engagés arrivés au terme de leur contrat un délai de 10 jours pour qu'ils se rengagent auprès du même maître. Même si cela paraissait assez court, le conseiller Desprez était persuadé que « *presque tous les affranchis sentent la nécessité de contracter des engagements de travail* ». Le ton du procureur général se fit plus martial, car passé ce délai, « *les retardataires seront alors recherchés pour régulariser leur position : les insoumis seront poursuivis* ». Il n'y avait donc clairement aucune liberté, aucun droit de ne pas se rengager, sauf volonté contraire du maître.

Un autre sujet tout aussi important fut ensuite débattu, celui de l'affranchi par rachat qui se distinguait de l'affranchi par l'effet de la libération du 20 décembre 1848[769]. Pour le conseiller Lebeaud, il fallait préserver le sort des personnes affranchies avant l'abolition qui « *ont vécu jusqu'ici sans engagement* ». Or, avec toute la série de législations locales que nous venons de voir et qui obligeait le travail de la classe des travailleurs de couleur, les affranchis d'avant 1848 n'étaient plus à l'abri d'être confondus avec tous les autres. Le procureur Massot acquiesça d'autant plus que les affranchis par rachat occupaient des métiers bien utiles à la colonie, composant ainsi « *la classe des petits propriétaires, des petits industriels, des prolétaires, d'ouvriers...* », c'est-à-dire des « *petits-créoles* »[770]. Il n'y avait pas d'égalité réelle ni en fait ni en droit des affranchis d'avant l'abolition et des affranchis du 20 décembre 1848[771]. La société coloniale craignait fort que la liberté accordée aux esclaves ne finisse par aboutir à moyen terme à l'émergence d'une classe importante de petits propriétaires terriens qui viendrait remettre en cause notamment le monopole foncier détenu par la classe blanche[772]. Le

---

[769] J. V. PAYET, *Op. Cit.*, p. 112. Le recensement de 1847 faisait état de 7 893 affranchis et noirs libres, 2 784 étrangers (2 076 Indiens, 778 Chinois) et de 60 318 esclaves (dont 28 123 hommes et 14 937 femmes).

[770] Délibération du Conseil privé de La Réunion, Saint-Denis, le 5 décembre 1849, *Op. Cit.* Selon le procureur général, co-auteur du projet d'arrêté, « cette classe nombreuse de petits créoles qu'il faudrait ranger nécessairement dans la catégorie des gens de travail et qui vivent tranquillement et paisiblement du produit de leur pêche ou de petites industries » ne devait pas être concernée par l'obligation d'engagement visant les affranchis du 20 décembre qui « sont pour la plupart des mineurs dont l'administration doit prendre en main la tutelle ».

[771] J. V. PAYET, *Op. Cit.*, p. 119 : « les nouveaux affranchis ne furent pas admis sur un pied d'égalité par les anciens ou Noirs libres ».

[772] Délibération du Conseil privé de La Réunion, Saint-Denis, le 5 décembre 1849, *Op. Cit.* Pour le conseiller Lebeaud, « En entrant d'une manière trop large dans la voie de la dispense pour les affranchis qui possèdent quelques carreaux de terre, c'est peut-

gouverneur décida que l'obligation de rengagement « *ne sera applicable qu'aux affranchis du 20 décembre* ».

L'article 2 concernait la protection des enfants mineurs de moins de 15 ans. En principe, il n'était pas possible de les séparer de leurs parents, mais les conseillers Desprez, Lebeaud et Rontaunay demandèrent à ce qu'ils le soient, afin de les mettre « *en apprentissage* ». Le gouverneur trancha en laissant cette question à la discrétion des maîtres-engagistes. Quant au sort des enfants de couleur retrouvés orphelins, ils devaient être confiés à la tutelle d'un magistrat, sans aucune précision. L'article 4 du projet d'arrêté visait le cas des femmes mariées qui devaient désormais « bénéficier » de la même durée d'engagement que leurs époux engagés, afin, selon les dires des conseillers privés, de favoriser l'union conjugale. A travers l'article 5, le gouverneur décida de fixer à 6 mois la durée minimale des engagements de domesticité ou de travaux non-sucriers contre un an pour l'engagement sucrier et ce, pour faire face « *aux exigences du roulement agricole* ».

L'entretien et le salaire de l'engagé furent abordés à l'article 6. Il était fait référence à l'ordonnance de 1847 pour déterminer la ration alimentaire, ce qui illustrait parfaitement l'opinion de la société coloniale envers les travailleurs de couleur. Précisons par ailleurs que le salaire, le logement, les soins médicaux et les frais d'inhumation étaient définis « *de gré à gré* »[773]. Le gouverneur décida que « *la nature et la quantité d'aliments devront être fixées d'une manière identique pour les cultivateurs indiens et pour les affranchis engagés* », car « *si l'on établissait quelque différence dans cette fixation, ce serait s'exposer à des réclamations qui seraient fondées de la part d'individus*

---

être encourager ces sortes d'acquisition, c'est créer des embarras à venir à la société et à l'administration. Il est incontestable qu'ils possèdent le droit d'acquérir, mais si la loi ne donne pas les moyens de restreindre cette faculté, il ne semble pas convenable de chercher à l'étendre et d'encourager ces sortes d'acquisition en concédant trop largement des dispenses d'engagement ».

[773] *Ibidem*. L'article 6 énonçait que : « Les engagés conviendront à peine de nullité l'obligation par l'engagiste de fournir en nature à l'engagé : 1°la ration alimentaire suivant l'usage de la Colonie 2°le logement 3°les soins médicaux 4°les frais d'inhumation. Le salaire qui sera stipulé de gré à gré en sus de ces prestations en nature, devra être franc et quitte de toute retenue, si ce n'est pour avances faites dans le courant du mois… La nature du travail, sa durée par jour et les heures de repos, ainsi que la quotité et le mode de paiement des salaires devront être clairement exprimés… La ration de sel devra toujours faire partie de la nourriture stipulée ». Précisons que l'ordonnance de 1847 fixait la composition de la ration alimentaire comme suit : 5,25 kilogrammes de riz ou 6 kilos de maïs moulu, 105 grammes de sel en nature. Les enfants de moins de 14 ans ont droit au 2/3 de cette ration. Enfin, parmi les racines alimentaires, l'engagiste est susceptible de remplacer le 1/3 de cette ration de riz ou maïs moulu par des pommes de terre, du manioc, des patates, des ignames ou cambarès ».

*vivant ensemble et occupés aux mêmes travaux* ». C'est dire que l'engagiste pouvait à tout moment négocier le salaire de son engagé, lui retenir des frais d'habillement, de logement, de soins médicaux, d'alcool, etc., jusqu'à ce qu'il devienne son débiteur. Cela ne semblait pas rare comme situation pour que le procureur général le souligne en plein conseil privé[774]. Mais cela signifie également que les noirs et les Indiens n'ont jamais été vraiment séparés dans leurs travaux et même sur les camps des habitations alors que le premier modèle d'engagement de 1828 le prévoyait très explicitement.

Sur son livret, l'affranchi engagé devait indiquer l'ensemble de ses obligations réglementaires, ses heures de travail et « *les heures auxquelles devront finir les corvées les dimanches et jours de fêtes, afin que les affranchis puissent assister avec régularité aux instructions religieuses fixées par mandement Guéret, Vice-préfet apostolique* »[775]. Est-ce à dire que pour pouvoir assister à la messe ou aux séances d'instruction religieuse catholique, il fallait que l'engagé le paie d'une certaine manière, à savoir en exécutant au préalable toutes les corvées qu'il devait fournir lui ou son maître à titre de contribuable de l'administration ? Précisons que ce tableau ne mentionnait pas les corvées du matin. Au sujet de l'instruction religieuse, son aménagement fit l'objet d'instructions du directeur de l'Intérieur. Citons à cet égard, un article paru dans le journal *Le Moniteur* le samedi 17 novembre 1849 annonçant que le commissaire-général de la République autorisa le Trésor colonial à accorder un prêt de 15 000 Francs à la commune de Saint-Denis, afin d'acquérir un emplacement destiné à une seconde école des *Frères de la Doctrine Chrétienne*. Il s'agissait de pourvoir à l'accroissement de la population indigente de la ville[776]. Le nouveau maire du chef-lieu, Monsieur Candide Azéma, avait effectivement souhaité améliorer l'instruction publique notamment auprès de la population la plus défavorisée[777]. Pour l'auteur de cet article, il n'était ni juste ni opportun que l'Etat rembourse ce type d'emprunt alors même que les dépenses relatives à l'enseignement étaient supportées par

[774] *Ibidem*. Le procureur général faisait état « … des dangers de la mauvaise foi ou de la cupidité de certains propriétaires qui, au moment de lui compter son salaire, lui opposait à l'aide de la faculté de précompter des compensations qui réduisaient ce salaire à rien ; quelques fois même l'engagé s'est trouvé débiteur de l'engagiste après avoir longtemps travaillé pour lui sans avoir touché aucune rémunération ».

[775] Il faut attendre la bulle pontificale de Pie IX du 22 juin 1850 pour que la préfecture apostolique de La Réunion se transforme en évêché. C'est Julien Desprez qui fut nommé le 21 mai 1851 premier évêque de l'île.

[776] *Le Moniteur de l'Ile de la Réunion, Op. Cit.* L'acquisition visée concernait le terrain de Monsieur Varigault situé au Butor, à Saint-Denis.

[777] Le maire Candide Azéma souhaitait agrandir les écoles de Saint-Denis qui totalisaient cette année-là près de 300 élèves indigents. C'est l'institution des Frères installée à Varigault qui s'en préoccupa. Le maire créa dès 1848 la « Société ouvrière », à savoir une société de secours mutuels. Il instaura également une maison de santé au profit des indigents de la ville.

l'institution religieuse[778]. Notons que Théodore Drouhet fut nommé le 1er mai 1848 proviseur du lycée de La Réunion, anciennement Collège royal, ce qui ne l'empêcha pas de fonder juste à côté l'école Joinville, sorte de formation préparatoire aux grandes écoles telles que Polytechnique, Centrale, l'école navale ou l'école militaire[779]. Dans un autre article du même numéro, Monsieur Aimable Sigoyer protesta fermement contre la décision du conseil municipal de la ville de Sainte-Suzanne qui avait interdit à l'abbé Levavasseur d'y fonder une école agricole gratuite sous prétexte de limiter l'influence des congrégations religieuses[780]. Pour cet auteur, cela revenait tout simplement à « *priver toute la jeunesse actuelle du bienfait de l'instruction* ».

Pour qu'il ne reste pratiquement plus rien à verser à l'engagé à la fin du mois, notons que l'arrêté du 5 décembre 1849 l'avait soumis à l'impôt relatif à « *la côte personnelle* », équivalent à 1/12e de son salaire, ce qui représentait 6 Francs environ par an. Cette somme était prélevée directement par l'engagiste.

---

778 J. V. PAYET, *Op. Cit.*, p. 24. Rappelons que la loi du 10 août 1839 accordait chaque année un crédit de 200 000 Francs pour la construction à Bourbon de chapelles destinées à l'enseignement religieux des esclaves. Or, l'auteur de notre article du journal *Le Moniteur* fit part de son mécontentement parce que le commissaire-général avait accordé un crédit de 15 000 Francs pour l'enseignement dispensé par l'autorité religieuse alors même que l'abolition de l'esclavage avait été abolie.

779 M. LEGUEN, *Op. Cit.* Sous la gouvernance du baron Milius à partir de 1818, il y eût l'ouverture du Collège royal, mais fermeture du Collège Saint-Cyprien tenu par les Pères Lazaristes qui datait de 1756. Il s'agissait d'une sorte d'école polytechnique, sa réputation dépassant les frontières de l'île puisqu'on y accueillit des étudiants venant du Portugal, de l'Inde et de l'île Maurice. On compte parmi les anciens élèves certains poètes, tels que Evariste Parny et Antoine de Bertin. L'ouverture du Collège Royal fut inaugurée le 7 janvier 1819 avec pour premier directeur d'établissement, le colonel Maingard, patronyme connu du Conseil privé de Bourbon. En 1841, Théodore Drouhet fonda l'institution Drouhet à la place de l'actuelle école Les Flamboyants à Saint-Denis. Cette institution se transforma en école Joinville (sous protection du prince de Joinville). Il y avait ainsi concurrence entre l'école Joinville et le Collège royal qui dispensaient tous deux des matières communes dans l'optique de former aux grandes écoles. Le gouverneur était d'avis que l'école Joinville se contente de l'enseignement général et approuva la nomination de Monsieur Drouhet à la tête du Collège royal qui devint lycée de la colonie le 22 juin 1848, ce qui entraîna un mouvement de manifestation des nouveaux lycéens les 27 et 28 novembre 1848, peu friands des discours politiques progressistes de Drouhet. Le lycée ferma le 19 décembre 1848 pour rouvrir le 1er février 1849. L'école Joinville, payante, ne fut pas véritablement inquiétée et garda sa réputation et son prestige dans la préparation aux grandes écoles.

780 Monsieur Aimable Sigoyer était notaire à Sainte-Suzanne. Il protesta contre la décision du conseil municipal de ladite ville qui s'était prononcé à l'unanimité moins une voix.

L'article 8 fit l'objet de vives discussions entre Monsieur Desprez et le procureur général Massot. Il s'agissait de nommer un religieux comme membre du jury cantonal. Le gouverneur refusa catégoriquement. Le maire et les habitants sucriers devaient conserver l'avantage dans ce type de commission. Le principe se confirmait. Toutes les questions touchant de près ou de loin aux intérêts sucriers, ici, le sort de l'engagé, devaient être du ressort exclusif des engagistes.

Le seul moyen d'échapper aux camps de travail liés au sucre était prévu à l'article 9. Seuls les ouvriers et autres employés aux travaux du gouvernement étaient dispensés de contracter un engagement auprès d'un engagiste privé. Pour ne pas les confondre avec les engagés du sucre, ils devaient eux aussi être en possession d'un livret sur lequel les ingénieurs, les conducteurs et autres dirigeants de travaux publics avaient dûment constaté leur présence. Ce livret était visé par le commissaire de police du lieu de résidence des intéressés au moins une fois par trimestre. A défaut de pouvoir prouver leur situation dans un délai d'un mois, le livret était considéré comme non valable. Etaient-ils pour autant obligés de s'engager auprès des producteurs de sucre ? Il revenait au jury cantonal de le décider. Ce dernier pouvait les exempter des travaux du sucre pendant un an maximum. Cela ressemblait en quelque sorte à une remise de peine.

Avant de clore la séance du conseil privé, plusieurs de ses membres, à savoir le procureur, le directeur de l'Intérieur et Monsieur Desprez, souhaitaient que l'ancien commissaire-général Sarda Garriga fasse une deuxième tournée dans l'île pour « *pousser les affranchis au travail* ». Cela pouvait convaincre utilement l'opinion des engagés sur tous les aspects "positifs" de l'arrêté du 5 décembre 1849[781].

Dans sa dépêche du 22 septembre 1851, le ministre de la Marine et des Colonies constata que la plupart des anciens affranchis avaient finalement abandonné les habitations et ce, en dépit du principe de l'obligation de travail[782]. Les grands propriétaires et industriels de l'île disposaient pourtant

781 Pour le contrôleur colonial, ni l'ordonnance du 12 février 1826 concernant le traitement des gouverneurs, ni l'arrêté du gouvernement métropolitain du 23 mai 1849 relatif au traitement des commissaires-généraux n'énonçait de traitements spécifiques à ce genre de tournée. Le Conseil privé soumit une réclamation en ce sens au ministre de la Marine et des Colonies. Le commissaire-général président décida de ne pas différer « une tournée que chacun s'accorde à trouver nécessaire » et comptait la débuter dans quelques jours, en commençant par l'Arrondissement Sous-le-Vent. Cette question fut soulevée, car Sarda Garriga fut relevé de ses fonctions.

782 Rappelons seulement pour mémoire la loi du 18 juillet 1845 qui imposa le salariat obligatoire aux affranchis qui, en l'absence de profession, devaient contracter un engagement, surtout qu'en 1845, la colonie ne pouvait toujours pas recruter d'Indiens. Les arrêtés du 24 octobre 1848 et du 5 décembre 1849 généralisèrent le système du

de tout un arsenal juridique pour les contraindre au travail. Nous ignorons ce qui s'était vraiment passé, mais si les propos du ministre étaient avérés, on peut penser qu'ils avaient réussi à remplacer les affranchis-engagés par des nouveaux engagés étrangers venus d'Inde, d'Afrique et d'ailleurs. En tous les cas, il était hors de question d'encourager l'engagisme d'Européens suite à « *l'indiscipline et du mauvais esprit de plusieurs cultivateurs transportés de France à l'île de la Réunion sur le navire la Perle* ». L'engagisme blanc conduisait fatalement à l'échec dans une société coloniale ségrégationniste.

Quant à l'indemnité coloniale, elle fut fixée à 704 Francs par esclave au lieu des 1 560 Francs escomptés. Si le ministre Chasseloup-Laubat demanda au gouverneur de lui rendre compte de la situation des affranchis de 1848[783], il prévoyait tout de même de soumettre prochainement au parlement un projet de loi sur les engagements et la police du travail. Il s'agissait d'aller dans le sens des intérêts des habitants d'autant plus que le Conseil d'Etat « *a écarté l'idée de créer pour les engagés aux colonies (y compris ceux qui proviennent de l'immigration) un protectorat spécial et une juridiction distincte de celle des juges de paix* ». Cela signifiait 3 choses : d'abord, l'Etat ne considérait pas utile d'instaurer un régime de protection spécifique pour les engagés après l'abolition de l'esclavage ; ensuite, l'Etat confondait comme les colons eux-mêmes les engagés venus d'Inde et d'ailleurs depuis 1828 et les esclaves affranchis en 1848 ; enfin, le ministre semblait ignorer ou indifférent concernant les instructions transmises par le procureur général Massot à tous ses juges de paix pour qu'ils ne s'occupent pas des affaires touchant de près ou de loin des habitants sucriers.

Le 11 juillet 1851, l'opinion coloniale n'avait toujours pas évolué puisque le gouverneur demanda au ministre d'autoriser la vente de contrats d'engagement entre engagistes. Les pratiques esclavagistes perduraient de manière non-équivoque à travers l'engagisme. Précisons que les ventes ou

---

travail obligatoire tant à l'égard des hommes que des femmes affranchis avant et après 1848.

[783] CAOM, C. 432/4618, Dépêche du ministre de la Marine et des Colonies, Monsieur de Chasseloup-Laubat, adressée au gouverneur de La Réunion, Paris, le 22 septembre 1851 : « Se font-ils petits propriétaires ? A quelles autres cultures accessoires, telles que café, girofle ou cacao, les voit-on s'adonner ? ». Le ministre souhaitait être « renseigné aussi exactement que possible, car ils sont, dans l'étude de la situation des colonies, les accessoires naturels de la question principale, celle du maintien ou de l'abandon du travail des grandes habitations par les noirs ». Entre 1837 et 1847, la culture vivrière occupa la majeure partie de l'activité agricole des affranchis, vint ensuite la culture de rente du tabac pour le marché local. Cette activité fut délaissée par les habitants à cause de la concurrence américaine et par manque de perspective d'exportation. Sur ce point, voir H. HAI QUANG, *Données statistiques et hypothèses économiques sur la traite, les affranchissements et le prix des esclaves à la Réunion (1837-1847)*, In. Cahiers des Anneaux de la Mémoire, n°2, *Esclavage et Engagisme dans l'Océan Indien, La traite atlantique*, Nantes, 2000, pp. 61-93.

locations de cette nature étaient publiées sous forme d'annonces dans différents journaux de l'île. Par peur de représailles britanniques, le ministre fit mine de s'y opposer en soulignant qu'il s'agissait « *d'assimilation du régime des engagés à celui de la servitude abolie* » et en demandant « *de faire intervenir plus directement l'action du Ministère Public contre ces insertions d'avis* »[784]. Rien n'y fit. Pire encore. Au début de l'année 1852, toute « *l'attention publique* » se focalisa sur l'affaire de La Serve. Un engagé indien succomba aux coups portés par le frère de l'un des propriétaires et régisseur de l'établissement : Monsieur Albert de La Serve. Sans pouvoir affirmer qu'il s'agissait là d'un cas isolé de mauvais traitement, des poursuites judiciaires furent instruites ou étaient en passe de l'être à l'encontre du régisseur de cette habitation située à Saint-André. Les 150 engagés indiens avaient interrompu le travail et s'étaient même dirigés vers le chef-lieu en guise de protestation[785]. Le gouverneur Doret, voulant éviter tout scandale, conclut que la mort de l'Indien fut causée par une « *affection maladive ancienne* », ce qui expliquait selon lui l'écoulement abondant de sang par le nez et la bouche. L'ordre fut très vite rétabli et les autorités finirent par convaincre les manifestants de retourner sur l'habitation de Monsieur de La Serve sans craindre quoi que ce soit.

Retenons tout de même cet élan de solidarité entre engagés indiens qui n'en pouvaient plus de subir tant de mauvais traitements ou d'en être témoins. Retenons également la nullité ou la cessation des poursuites judiciaires dès l'intervention du gouverneur. Là encore, il fallait éviter les scandales par la voie judiciaire qui auraient dénoncé trop facilement les pratiques esclavagistes à La Réunion après la proclamation de l'abolition de l'esclavage.

---

[784] *Ibidem.*

[785] CAOM, C. 432/4619, Correspondance du gouverneur de La Réunion, Monsieur Doret, adressée au ministre de la Marine et des Colonies, Saint-Denis, le 4 février 1852. Un Indien engagé sur la propriété de Messieurs de La Serve et Tourris située sur la commune de Saint-André « aurait succombé sur le lieu même du travail à des coups qui lui auraient été portés par le jeune Albert de La Serve, frère de l'un des propriétaires de cet établissement, par ailleurs travaillant comme régisseur ». Cette accusation fut portée par plusieurs Indiens de la propriété. Pour l'autre partie, le jeune Albert avait seulement donné quelques coups sans gravité et sans violence particulière, « provoqués par le mauvais vouloir du travailleur et son attitude arrogante ». Le gouverneur précisa pour sa défense que le jeune Albert était réputé être « d'un caractère doux », ce qui laissait penser qu'aucune charge ne fut par la suite retenue contre l'accusé.

## Section 2 : La nécessaire réforme de l'engagisme : l'engagement extérieur

Dès 1843, le Conseil colonial de La Réunion avait envoyé une adresse au roi des Français pour qu'il approuve le projet d'introduire dans l'île des engagés aussi bien asiatiques qu'africains[786]. L'immigration contractuelle de couleur était le seul moyen d'assurer la production de sucre. Il s'agissait sans doute aussi de régulariser le trafic de la traite noire qui persistait encore. D'ailleurs, la société coloniale s'était déclarée prête à faire venir des engagés africains dont le coût de transport devait moins dépendre des « *hasards des saisons* »[787]. A écouter la classe blanche, La Réunion pouvait devenir ainsi un territoire majeur d'émancipation sociale pour tous ceux qui venaient d'Afrique et de Madagascar par le biais de l'engagement contractuel[788]. Il s'agissait également d'affirmer une spécialisation des métiers, des rôles et fonctions dans la colonie selon la communauté ethnique d'appartenance des ouvriers de couleur. Sur ce point, notons qu'Indiens et Chinois avaient développé un commerce réputé « indigène » formellement interdit mais dans les faits toléré[789]. Cette tolérance s'expliquait par le manque d'offre

---

786 CAOM, C. 432/4598, Correspondance du gouverneur de Bourbon adressée au ministre de la Marine et des Colonies, Saint-Denis, le 24 décembre 1843 : « Je rappelle ce que j'ai souvent écrit à Votre Excellence : la substitution graduelle du travail libre, par l'admission d'engagés de l'extérieur au travail des esclaves de nos colonie. C'est une question vitale ».

787 CAOM, C. 432/4598, *L'Indicateur Colonial* du samedi 12 octobre 1844, n° 498. Avant de développer cette « nouvelle » idée, l'article fit état des débats au cours desquels certains estimaient la population indienne à 40 000 alors que d'autres à 10 000 et ce, pour une dépense totale annuelle de 3 672 000 piastres et une production de 120 millions de sucre. Nous savons que la population recensée à titre d'engagés ne prenait pas en compte les très nombreux vagabonds indiens. C'est ce qui peut expliquer en partie cette différence de 1 à 4.

788 *Ibidem* : « Tous les avantages qu'il fait ressortir d'une immigration de travailleurs de la Côte d'Afrique sont positifs et importants. Oui, l'Africain est plus docile, plus laborieux, moins tracassier que l'Indien ; Oui, la femme africaine se vouerait volontiers aux travaux des champs ; Oui, notre pays deviendrait leur patrie d'adoption, et ils y dépenseraient le fruit de leurs sueurs. Ce sont là des vérités indéniables pour quiconque connaît les habitudes des Africains et le passé du pays. Que le gouvernement donc pousse activement à l'introduction de cette race que nous préférons à tous ces titres, et notre concours ne lui fera pas plus faute que notre reconnaissance. Nous n'avons jamais varié d'opinion sous ce rapport, et en outre des preuves que nous avons déjà données dans ce journal de l'importance que nous attachons à l'autorisation ministérielle nous ouvrant ces nouvelles ressources d'immigration, nous nous proposons d'en fournir d'autres ».

789 *Ibidem* : « Il va sans dire que la concurrence que font au commerce régulier de notre place les Chinois et les Indiens vagabonds… ».

commerciale suffisante sur l'ensemble du territoire de l'île. Pour l'heure, il devenait urgent de convaincre Paris d'autoriser l'engagement d'Africains, et pour justifier cette source d'immigration, les habitants n'hésitèrent pas à affirmer que les Chinois étaient dangereux pour l'ordre public. Il était nécessaire de stopper tout convoi en provenance d'Extrême-Orient et de les faire remplacer par des convois d'Afrique et de Madagascar.

Les habitants n'étaient pas du tout partisans d'une abolition trop brutale pour eux, car même si elle semblait « *réellement utile* », « *l'acheminement lent vers le régime de la liberté ne s'improvise pas* ». Une abolition progressive devait être envisagée d'autant plus que de nombreuses désertions ou beaucoup d'abandons de travail étaient prévisibles. Au lieu de proclamer l'abolition de manière immédiate, il fallait plutôt étudier le projet déposé à la Chambre des Pairs sur la faculté de rachat des esclaves. Cela consistait pour les maîtres à affranchir leurs esclaves au bout d'une période transitoire de 5 ans d'engagement. Devant le Parlement, la commission coloniale exposa 2 choses : d'abord, le prix de l'affranchissement de l'esclave était fixé par un jury composé du président de la Cour royale, de 3 conseillers royaux et de 3 conseillers coloniaux ; ensuite, le futur affranchi devait travailler encore pendant 5 ans pour son maître moyennant un salaire fixé par ledit jury. C'est sans doute avec ce salaire que l'esclave payait finalement son affranchissement. Pour les habitants, ce moyen était le seul « *capable de maintenir la prospérité respective de la France métropolitaine et de la France coloniale dont les intérêts sont communs* ».

A La Réunion, les autorités devaient se préparer aux pires conséquences d'une abolition de l'esclavage mal préparée. On avait insisté à maintes reprises sur le caractère sacré du travail, de la liberté contractuelle et de la propriété. Le destin colonial s'apparentait à un destin capitaliste ségrégationniste et il s'agissait pour les habitants de l'affirmer et de le garantir à contre-courant des idées révolutionnaires et républicaines. Le pacte colonial et toutes ses relations commerciales à travers la France, l'Europe et le monde étaient menacés par l'annonce prochaine de l'abolition. La production de sucre de canne ne pouvait plus entièrement reposer sur la main-d'œuvre esclave qui pouvait se rebeller. Le contexte international n'était pas non plus favorable au sucre réunionnais. Les Britanniques devenaient de plus en plus maîtres de l'Inde et fermaient progressivement le continent africain aux négociants français toujours avides semblait-il de main-d'œuvre esclave. Paris n'était pas en mesure d'affronter Londres et c'est la raison pour laquelle le ministre de la Marine et des Colonies autorisa la reprise de l'immigration contractuelle chinoise malgré les réticences des habitants réunionnais[790]. Ces derniers

[790] Nous rappelons que le gouvernement local adopta l'arrêté du 2 juillet 1846 qui stoppa officiellement l'immigration chinoise, mais face à la menace de l'abolition et au regard du besoin de main-d'œuvre, le ministre de la Marine et des Colonies l'autorisa de nouveau par dépêche du 19 avril 1847.

entendaient peser de toute leur influence pour forcer Paris à autoriser l'engagisme noir issu de tout le bassin du Sud-Ouest de l'océan Indien. N'ayant pas du tout confiance en Sarda Garriga, ils préférèrent miser sur les bonnes prédispositions du commandant de la Station navale, personnage-clé et si utile pour les habitants dans le contrôle des trafics maritimes.

Ainsi, malgré le contexte international abolitionniste, les habitants réussirent à imposer le sujet de l'engagisme noir au travers du projet abyssin fondé sur un traité commercial conclu entre eux et l'iman de Mascate, projet placé sous la protection du commandant de la Station navale (§ 1). Du côté de l'Inde française, l'interlocuteur privilégié n'était pas le commandant, mais plutôt le gouverneur de La Réunion, seul habilité à négocier avec son homologue. On comprend alors pourquoi les habitants s'empressèrent de faire remplacer Sarda Garriga par Monsieur Doret (§2).

## § 1 – La tolérance politique de l'engagisme noir par rachat

Malgré la fin de la traite des esclaves et l'annonce prochaine de l'abolition, le commerce colonial restait bien ancré dans un système ségrégationniste solide. En 1847, Monsieur Savignon, négociant breton, rappela au ministre : « *L'axiome proclamé et malheureusement accepté : pas d'esclaves, pas de colonies !* »[791]. Il s'agissait pour lui d'organiser le commerce de la main-d'œuvre noire à partir de l'Abyssinie. Les colonies françaises partageaient avec les villes portuaires métropolitaines des intérêts économiques communs. Les colonies produisaient du sucre et pour cela, il leur fallait de la main-d'œuvre abondante et servile, et tant pis si nous étions à la veille de l'abolition de l'esclavage. Et pourtant, il allait falloir composer avec les Républicains Wallon et Schoelcher qui conditionnaient le travail colonial à un contrat clair tant sur la durée que sur le salaire.

De 1844 à 1848, les habitants réunionnais et les autorités locales n'ont eu de cesse de promouvoir l'engagisme et de préparer surtout l'opinion à la reprise prochaine des immigrations noires pour assurer à la fois la production du sucre et la prospérité sinon la garantie du fonctionnement de leur société coloniale. L'Inde étant fermée, l'engagisme africain via le projet abyssin, s'imposa de lui-même. Toutefois, en l'autorisant, Paris prenait le risque d'encourager la reprise de tous les anciens trafics de traite négrière dans tout le bassin du Sud-Ouest de l'océan Indien. Entre 1847 et 1850, le personnage-clé des mouvements maritimes de cette région fut sans conteste le commandant de la Station navale, Monsieur Lefèbvre, puis Monsieur

---

[791] CAOM, C. 18/111, Correspondance de Monsieur Savignon adressée au ministre de la Marine et des Colonies, Paris, le 3 décembre 1847.

Febvrier-Despointes, en charge du contrôle des flux migratoires et donc des trafics engagistes à destination de La Réunion. Personnage très précieux pour les habitants et les négociants.

A la veille de la proclamation de l'abolition de l'esclavage, l'engagisme noir qui était sous-jacent au projet abyssin chercha à être régularisé et officiellement lancé par les autorités à Paris (A). Mais, les hésitations et les incertitudes politiques eurent raison d'un tel projet et l'engagisme noir n'eut d'autre choix que de rester officieux sinon à terme d'être condamné à disparaître (B).

## A/ La question de l'engagement abyssin : la prévention à l'imminente abolition

Jusqu'en octobre 1848, l'Etat français toléra le recrutement d'esclaves malgaches et africains pour s'engager à La Réunion à condition d'avoir fait racheter leur liberté définitive. Notons qu'entre la prohibition indienne du 6 mars 1839 et octobre 1848, il n'y eût aucune autorisation officielle de l'engagisme noir. Les négociants métropolitains et réunionnais avaient profité d'une certaine confusion politique au niveau national pour développer ce type de trafic. Le projet abyssin n'avait fait l'objet ni d'une autorisation ni d'une interdiction officielle. S'il est vrai que les esclaves devaient provenir d'Ethiopie, on suppose également que ceux du Mozambique, de Madagascar et des îles de l'océan Indien étaient embarqués dans les mêmes cales des navires en route pour La Réunion. Après tout, les négociants et les habitants justifièrent de tels actes par le fait qu'ils devenaient enfin libres par rachat en attendant la proclamation générale de l'abolition de l'esclavage. Mais, comment pouvaient-ils être vraiment considérés comme travailleurs libres alors qu'ils pouvaient redevenir esclaves une fois rapatriés chez eux au terme des 5 années de contrat ? Comment les autorités françaises pouvaient-elles leur garantir leur statut d'hommes libres de retour chez eux ? Il était impossible de le vérifier. A moins de ne plus jamais retrouver l'Afrique.

Les possessions françaises dans le canal du Mozambique et à la pointe Nord-Est de la Grande Ile de Madagascar servirent de nouveau comme comptoirs ou centres d'émigration de mains-d'œuvre serviles. Les îles de Mayotte, de Nossi-Bé et de Sainte-Marie n'étaient pas très peuplées, ce qui signifiait clairement que les engagés que l'on y recrutait n'étaient pas des autochtones et encore moins des personnes libres. Ils pouvaient très bien venir d'Afrique de l'Est, de Madagascar, de l'archipel des Comores, de Zanzibar, de Mascate, d'Abyssinie, etc. On peut supposer que dès que des boutres arabes ou des navires français débarquaient ces « passagers » sur une possession française soumise à l'autorité du commandant de Mayotte et Dépendances, ils devenaient aussitôt affranchis par rachat de l'Etat français et en même temps engagés destinés, réservés aux habitations sucrières réunionnaises[792]. Le « *miracle du sol français* », expression que nous empruntons ici à Gatine[793], proclamée lors des deux abolitions de 1794 et 1848, consistait à régler le sort des esclaves issus de pays étrangers. Rappelons la loi du 12 nivôse an VI (1er janvier 1798) qui disposa que tout « *individu noir, né en Afrique ou dans les colonies étrangères, transféré dans les îles françaises, sera libre dès qu'il aura mis le pied sur le territoire de la République...* ». C'est sur cette base légale révolutionnaire que le parti colonial français entendait légitimer l'engagisme noir à La Réunion, soit par le rachat de l'esclavage soit par la proclamation de l'abolition de l'esclavage en date du 20 décembre 1848. A leurs yeux, l'Etat ne pouvait pas s'opposer à l'engagisme noir puisque le noir était de toute façon promis à la liberté sur le sol colonial français. Cela allait dans le sens du décret abolitionniste en préparation. Pour Schoelcher, l'affranchissement était immédiat pour tout esclave touchant le sol français. Selon Perrinon, ce miracle était utile au « *civilisationnisme* » des peuples serviles[794].

À La Réunion, même en leur imposant un engagement contraignant de 5 ans, les esclaves africains pouvaient espérer manger à leur faim et être logés, entretenus. Entre 1847 et 1848, les négociants firent savoir qu'ils s'intéressaient fortement à l'Ethiopie et à Mayotte comme plaque tournante du commerce des mains-d'œuvre. Les Français pouvaient ainsi très vite s'assurer d'un monopole si utile aux colonies sucrières une fois l'abolition proclamée et ce, d'autant plus que les Anglais allaient asseoir durablement leur autorité sur les populations indiennes.

### 1) L'engagement africain ou le principe de la présomption de l'esclavage

L'idée de recruter massivement des engagés en provenance d'Afrique demeura intacte au moins jusqu'en 1847, l'échec de l'engagisme chinois servant de prétexte. C'est l'Abyssinie, région d'Afrique orientale, qui était clairement visée, car la population y était d'une « *race équivalente* » à celle des *Caffres*. L'autre avantage était juridique. La colonie réunionnaise

---

792 L'article 7 du décret abolitionniste du 27 avril 1848 disposait que : « Le principe que le sol de la France affranchit l'esclave qui le touche est appliqué aux colonies et possessions de la République ».

793 Cette expression fut employée pour la première fois au sein de la commission d'abolition par l'avocat aux conseils, Monsieur Gatine, In. *Abolition de l'esclavage. Procès-verbaux, Rapports et projets de décrets de la commission instituée pour préparer l'acte d'abolition immédiate de l'esclavage*, Imprimerie Nationale, Paris, 1848, 7 mars 1848, p. 9.

794 A. GIROLLET, *Victor Schoelcher, abolitionniste et républicain*, Karthala, Paris, 2000, pp. 233-234.

disposait déjà de tout un arsenal et de l'expérience de l'engagisme indien. L'engagement était sans doute déjà « signé », bien conservé entre les mains du ou des capitaines de navire. Le modèle contractuel spécifiquement rédigé à l'occasion, retrouvé aux archives d'Aix-en-Provence, date du mois de février 1847 et était rédigé en 7 articles, à la fois en français et en abyssin[795]. Encore fallait-il que les Abyssins concernés soient lettrés.

Nous ignorons combien d'engagés abyssins allaient finalement être envoyés à La Réunion, mais précisons que cet essai fut suspendu, et non pas stoppé, à la veille de la proclamation de l'abolition de l'esclavage. Cette source de l'engagisme était en attente de l'accord du ministre pour pouvoir s'intensifier officiellement, notamment à l'égard des Britanniques qui patrouillaient dans cette région maritime.

- Le modèle contractuel de l'engagement abyssin : un contrat-cadre

Remarquons avant tout que l'engagement noir ou africain n'était pas directement conclu avec l'engagé abyssin contrairement à l'engagé chinois, mais entre le consul de France ou représentant du gouvernement français et « *le sieur* » untel, capitaine, négociant ou habitant[796]. C'est donc son représentant qui s'engageait pour lui[797]. En stipulant que « *L'Abyssin contractant s'engage…* », nous restons dans l'incertitude la plus totale quant à l'exacte connaissance de ce pour quoi l'engagé donnait son accord. D'ailleurs, rien ne garantissait un consentement non vicié. Il semble que les règlements locaux étaient en vigueur, mais encore fallait-il que l'on mette à sa disposition des extraits ou un exemplaire dans une traduction compréhensible.

En vertu du long article premier, l'Abyssin embarquait au port de Messoah. Il partait s'engager pour La Réunion pendant un certain nombre d'années convenu entre les 2 parties, à savoir l'administration du gouverneur de l'île et l'habitant engagiste.

L'article 3 du modèle contractuel stipulait que l'Abyssin allait devoir fournir 10 heures de travail chaque jour, sauf les dimanches et jours de « *grandes fêtes religieuses* »[798], mais nous savons la toute-puissance de la

---

[795] CAOM, C. 18/112, Contrat d'engagement pour les travailleurs libres abyssins, février 1847, Imprimerie royale.

[796] *Ibidem* : « L'an_, le_. Entre M._ actuellement en Abyssinie, agissant par ordre et pour le compte du Gouvernement français, d'une part, Et le sieur_, né à_, demeurant à_, d'autre part. Il a été convenu ce qui suit : ».

[797] *Ibidem*. L'article 2 stipulait que « L'acquiescement de l'engagiste qui acceptera les services du contractant, à toutes les clauses du présent contrat, sera déterminé par le seul fait de sa signature y apposée ».

[798] Si les Abyssins n'étaient pas catholiques, il fallait les convertir avant de pouvoir bénéficier de repos lors des grands jours de fêtes religieuses dans l'île. Il appartenait

liberté conventionnelle aux mains des engagistes. Sur le principe, l'engagé ne pouvait pas travailler plus de 12 heures par jour. Notons que chaque heure supplémentaire était théoriquement payée double. Le salaire n'étant pas précisé, nous ne pouvons pas proposer une estimation de l'heure supplémentaire. Rappelons que l'engagé chinois devait travailler 16 heures par jour. C'est dire que, sur le papier, l'engagé abyssin était plutôt privilégié par rapport même à l'ouvrier métropolitain[799]. La réalité qu'il nous faudrait peut-être retenir est que l'habitant catégorisait le travail et le seuil des rémunérations pour qu'il n'y ait pas trop de réclamations. L'engagé noir était sans doute renvoyé à sa propre grille tarifaire. L'arrêté local du 2 mars 1846 avait fixé pour l'esclave le temps minimum de travail à 10 heures 30 minutes par jour, toute heure supplémentaire étant rémunérée[800]. On peut supposer que l'engagement noir imposait un quota de 10 à 12 heures de travail par jour. Ajoutons que les frais de maladie étaient à la charge de l'engagiste, mais rien n'interdisait à ce qu'il s'agisse là d'une simple avance.

L'article 4 précisait que pour pouvoir être rapatrié en Afrique, l'Abyssin devait en manifester le désir 3 mois avant l'expiration de son engagement. Mais, encore fallait-il qu'il sache exactement la date de son contrat et qu'il s'en souvienne à temps. Le rapatriement était une démarche assez complexe, car l'engagé devait se signaler auprès du syndic qui en informait l'engagiste pour qu'il règle le voyage de retour, frais répartis selon les cas entre l'engagiste et l'administration du gouverneur de La Réunion[801]. Notons que si l'engagé souhaitait rester sur l'habitation, l'Abyssin bénéficiait d'une prime de renouvellement, prime qui n'était pas déterminée.

---

aux maîtres de pourvoir à leurs obligations religieuses. L'article 5 dudit contrat posait le principe selon lequel l'engagiste devait respecter la religion de l'Abyssin.

799 H. HAI QUANG, *Histoire économique de l'île de la Réunion (1849-1881), Engagisme, croissance et crise*, L'Harmattan, Paris, 2004, p. 15 et J. BRUHAT, In. F. BRAUDEL et E. LABROUSSE, *Histoire économique et sociale de la France*, tome 3 (1789-1880), p. 782. Après la révolution de 1848, un décret du 2 mars fixa la durée légale du travail journalier à 10 heures pour Paris et 11 heures en province. Le décret du 9 septembre 1848 fixa la durée légale du travail à 12 heures, mais précisons qu'une journée de travail de 13 à 15 heures n'était ni rare ni exceptionnel.

800 J. V. PAYET, *Op. Cit.*, p. 31. S'il s'agissait d'un « manœuvre » ou d'un ouvrier non qualifié, l'heure supplémentaire devait être rémunérée 0,10 Franc, 0,15 Franc pour l'ouvrier qualifié ou sous commandeur et 0,25 Franc pour le commandeur ou chef d'atelier.

801 Contrat d'engagement pour les travailleurs abyssins, février 1847, Imprimerie royale, *Op. Cit.* L'article 6 stipulait que « Dans le cas de force majeure, les frais de rapatriement du contractant seront, si la moitié de la durée de l'engagement écoulée, à la charge de l'engagiste, sinon à la charge de la colonie. Dans tous les autres cas de résiliation qui ne proviendraient pas du fait de l'engagiste, cesdits frais se partageraient par moitié entre l'engagiste et la colonie ».

L'article 5 disposait que l'engagé abyssin était logé dans « *une case meublée* » sur l'habitation du maître, libre de cultiver quelques ares de terre autour, sans aucune autre précision. L'engagiste devait également lui fournir chaque année des vêtements et chaque jour des matières alimentaires, sans aucune autre précision non plus. Enfin, l'engagiste devait respecter la religion de l'engagé en ne le gênant pas dans sa pratique, quitte à compléter les heures de travail manquant.

L'article 6 affirmait la compétence des juges de paix en matière d'engagement puisqu'ils étaient les seuls habilités à prononcer la rupture du contrat en cas de force majeure, de refus de paiement, de mauvais traitements, de maladie prolongée, d'incapacité physique de l'engagé, d'inconduite, de refus de travailler ou d'indiscipline. Nous savons que quelques années plus tard, le procureur général Massot demanda aux juges de paix de se dessaisir de toute question relative au contrat d'engagement. Précisons également qu'au moment où le ministre suspendit l'essai abyssin, il semble qu'ils ne furent officiellement pas plus de 200 à La Réunion.

- Un contrat de transport et de marché commercial pour cause d'utilité publique

Il se passa 8 mois entre la rédaction du modèle contractuel et la demande officielle d'engagés abyssins. Le 16 octobre 1847, Monsieur Savignon interpella en effet le ministre des « *circonstances graves où se trouve cette colonie menacée comme toutes les autres d'une émancipation nouvelle* ». Il s'agissait de servir les intérêts des grands propriétaires et industriels réunionnais, les « *partisans les plus ardents de l'émancipation* »[802]. Ce sont de très nombreux esclaves venus d'Afrique qui pouvaient espérer y trouver la liberté. Monsieur Savignon fonda avec Monsieur Malavois, un des premiers acteurs de l'engagement indien de 1828, un établissement à Massourah et un autre à Arméra, tous deux situés sur la côte d'Abyssinie. Cette entreprise fut même encouragée par le ministre du Commerce. Le système économique abyssin était « *maintenant convenablement organisé* », ce qui promettait d'assurer une certaine stabilité nécessaire aux investissements français.

Avec le soutien obtenu le mois d'après du député Bignon de la Loire Inférieure, Monsieur Savignon insista auprès du nouveau ministre pour accélérer désormais « *la transformation sociale des colonies, sans trop de*

[802] CAOM, C. 18/111, Correspondance de Monsieur Savignon adressée au ministre de la Marine et des Colonies, Paris, le 16 octobre 1847 : « Tous les colons... s'accordent à reconnaître que le moyen le plus certain de vaincre les répugnances et de faciliter à l'émancipation un avènement heureux, est de trancher préalablement à toute réforme la question des engagés ».

*perturbations* »[803]. Dans un contexte d'incertitude, il y avait urgence et l'ancien ministre, le baron de Mackau, n'avait pas réussi à imposer l'engagisme noir au gouvernement[804]. Si le ministère autorisa au début de l'année 1847 le lieutenant de vaisseau Lefèbvre, commandant de la Station navale, « *un essai d'introduction d'Abyssins à Bourbon et d'y conduire 200 travailleurs de cette nation, engagés librement* », un an plus tard, il n'y eut toujours aucune instruction pour l'organiser et encore moins pour en autoriser le libre commerce[805]. Cela avait pour fâcheuse conséquence d'avoir fait patienter 200 Abyssins dans le bassin de la mer rouge « *qui n'attendent pour se rendre à la Réunion que le bâtiment qui doit les transporter* »[806]. En parallèle, il fallait traiter la demande des négociants. Le nouveau ministre de la Marine et des Colonies finit par conseiller à Monsieur Savignon de se rapprocher du gouverneur pour que celui-ci prenne des mesures réglementaires propres à les faire transporter et à les accueillir. Le ministre précisa que toutes les opérations de recrutement et de transport des Africains restaient sous le contrôle du commandant de la Station de Bourbon et de Madagascar, ce qui occasionna bien quelques conflits d'autorité avec le gouverneur que nous évoquerons un peu plus loin.

Pour être clair sur le sujet, Paris avait timidement autorisé l'essai de l'engagisme noir en provenance d'Abyssinie placé sous la surveillance et la responsabilité du commandant Lefèbvre. Les négociants Savignon et Malavois souhaitaient eux aussi y prendre part tout en étendant les points de

---

[803] CAOM, C. 18/111, Correspondance de Monsieur Savignon adressée au ministre de la Marine et des Colonies, Paris, le 3 novembre 1847.

[804] CAOM, C. 18/111, Correspondance de Monsieur le député Bignon adressée au ministre de la Marine et des Colonies, Paris, le 7 novembre 1847 : « Tout le monde veut le développement du travail dans les colonies et tous réclament la solution de cette grande question de l'émancipation, le moyen le plus facile de la préparer, c'est d'introduire largement le travail libre dès aujourd'hui dans nos colonies ».

[805] CAOM, C. 18/112, Correspondance du capitaine de vaisseau adressée au ministre de la Marine et des Colonies, Paris, le 20 février 1848 : « En attendant que, après des essais partiels, l'immigration fut reconnue féconde en résultat favorable », le capitaine demanda au ministre si le gouverneur pouvait affréter des navires de commerce pour la rendre plus active, le fret restant à la charge de la métropole ou soldé par la caisse coloniale. Le Conseil colonial devait pouvoir déroger et modifier le texte dès la promulgation de la loi du 18 juillet 1845 relative à l'organisation du travail dans les ateliers coloniaux. Le capitaine de vaisseau savait que des projets de décret étaient en préparation. Citons également CAOM, C. 18/112, Mémoire d'un employé du régime politique de la direction des Colonies adressé au secrétaire d'Etat à la Marine et des Colonies, Paris, le 31 mars 1848 : « Je reconnais que des actes coupables ont été commis sous le couvert de l'immigration, que des fraudes ont été pratiquées ».

[806] CAOM, C. 18/112, Mémoire d'un employé du bureau du régime politique de la direction des Colonies au secrétaire d'Etat à la Marine et des Colonies, Paris, le 31 mars 1848.

recrutement sur toute la zone du Sud-Ouest de l'océan Indien, car l'essai de 200 Abyssins demeurait largement insuffisant « *pour offrir des résultats concluants* »[807]. Les négociants français ne remettaient nullement en cause les missions de la Station navale dans le contrôle maritime des immigrations noires. Au contraire[808]. Mais, il ne fallait pas exagérer non plus, les clauses contractuelles devant rester sous l'empire du principe de la liberté contractuelle. Par conséquent, la rémunération « *ne peut pas être tranchée a priori par le gouvernement* ».

Si 200 Abyssins débarquèrent à La Réunion, nous ignorons tout d'eux. A croire qu'ils se noyèrent dans la masse des esclaves de l'île. En mars 1848, Monsieur Savignon demanda une dernière fois au ministre d'autoriser le libre commerce de l'engagisme noir pour que les colonies sucrières supportent « *les rudes épreuves que leur prépare une réforme juste et nécessaire* »[809]. Mais, la priorité de Schoelcher n'était pas celle-là. L'épisode de l'essai abyssin n'avait fait que confirmer l'autorité de la Station navale française du bassin du Sud-Ouest de l'océan Indien dans la difficile sinon impossible mission de vérifier que les Africains envoyés à La Réunion n'étaient pas esclaves, ce qui s'apparentait à de la traite négrière déguisée.

---

[807] CAOM, C. 18/111, Correspondance de Monsieur Savignon adressée au ministre de la Marine et des Colonies, Paris, le 3 décembre 1847 : « Ce n'est qu'après avoir examiné des faits nombreux au milieu des variétés que présentent des circonstances dissemblables, qu'on peut, fortifié par des probabilités, se former une opinion sérieuse et raisonnée ».

[808] *Ibidem* : « L'engageant a pour lui la supériorité intellectuelle, la connaissance personnelle ou tout au moins communiquée du pays où il veut attirer l'émigrant. Celui-ci au contraire a vécu dans l'ignorance des mœurs, des habitudes, des besoins, des avantages de ce pays : il ne le connaît point ; et, privé le plus souvent de lumières, il contractera sans renseignements précis, ou il acceptera ceux qui viendront d'un co-stipulant, intéressé à cacher la vérité. D'où suit qu'il pourra être victime de fallacieuses promesses, de manœuvres déloyales, sans rencontrer auprès de lui une autorité respectable qui le sauve de sa faiblesse ou de son ignorance ».

[809] CAOM, C. 18/111, Correspondance de Monsieur Savignon adressée à Messieurs les membres du gouvernement provisoire, Paris, le 14 mars 1848 : « L'émancipation des esclaves, admise, sera bientôt proclamée. Cette mesure fera cesser le travail dans tous les ateliers coloniaux ; Et il en résultera : des pertes de récoltes ; des crises financières qui frapperont de mort le crédit public. La ruine des colons, des Ports de mer et tout ce dont le sort se rattache à la prospérité des Colonies ; La suspension de tous armements pour les voyages au long cours ; autrement dit, la privation pour la France, de sa meilleure école de marins. Ces résultats peuvent être, sinon évités, du moins affaiblis. Il faut pour cela que la France donne des travailleurs aux Colonies ; qu'elle cherche à y rouvrir les sources déjà taries du crédit public ».

## 2) Mayotte et Dépendances : un nouvel acteur administratif dans l'engagisme bourbonnais

Les habitations sucrières nécessitaient une main-d'œuvre abondante. Mais, à la veille de l'abolition de l'esclavage, il était devenu très difficile de s'en procurer. L'Inde s'était refermée et Madagascar interdisait toute émigration de ses populations vers La Réunion. Les grands propriétaires et industriels du sucre luttèrent à leur manière contre l'abolition de la traite négrière de 1817. Les mœurs ayant quelque peu évolué, alors pourquoi ne pas se procurer de nouveau de la main-d'œuvre noire même si elle était esclave ? En effet, le gouvernement français pouvait encourager le recours systématique à la faculté de rachat de l'esclavage dès lors que l'esclave embarqué s'engageait pour un contrat d'engagement de 5 ans. Ce moyen ou ce subterfuge permettait d'éviter de tomber dans l'interdiction de la traite négrière ou du moins, de l'atténuer fortement. Et c'est sur la base de cette argumentation que les possessions et les comptoirs français dans le bassin du Sud-Ouest de l'océan Indien pouvaient espérer tirer profit d'une activité commerciale lucrative.

Mais déjà les rivalités s'accentuèrent entre le gouverneur de La Réunion et les différents responsables de l'administration française dans les dépendances autour de Madagascar[810]. Chacun prétendait vouloir affirmer son autorité ou imposer son intéressement personnel dans le commerce des immigrations contractuelles de couleur. Le transfert d'engagés noirs des dépendances françaises vers La Réunion dépendait de la bonne volonté des « petits » gouverneurs ou commandants supérieurs des îles et non pas du seul « grand » gouverneur de l'océan Indien, le gouverneur de La Réunion.

### • L'engagisme interne ou le principe du transfert des populations libres entre colonies françaises du Sud-Ouest de l'océan Indien

Dire que le trafic de mains-d'œuvre noires dans le Sud-Ouest de l'océan Indien était strictement interdit est vrai, mais la pratique était toute autre. Une fois que les navires quittaient les principales rades de Saint-Denis et de Saint-Paul, leurs destinations pouvaient très bien comprendre des comptoirs esclavagistes. Il n'était pas rare que les navires de retour d'Inde et de Chine y fassent escale. Par exemple, dans les années 1843-1844, des engagés de

---

[810] L'ordonnance royale du 21 août 1825 concernait le gouvernement de Bourbon et dépendances. L'île de Sainte-Marie ainsi que les établissements français de Madagascar étaient considérés comme dépendances de Bourbon et ce, en vertu de l'article 190 de ladite ordonnance. Furent ensuite ajoutées à la liste des dépendances, les îles de *Nos-Bé* et de *Nos-Cumba* par arrêté du 13 février 1841 et enfin l'île de de Mayotte par arrêté du 27 mai 1843. Ce n'est qu'à partir du mois d'août 1843 que les dépendances « malgaches » françaises furent exclues de l'administration bourbonnaise.

Maurice, de Mayotte et de Sainte-Marie débarquèrent en même temps que des engagés chinois et indiens. Les autorités réunionnaises ne s'en cachaient pas puisqu'il s'agissait là d'opérations privées. C'est dans un tel contexte que, le 23 juin 1847, le gouverneur interrogea le commandant supérieur de Mayotte et Dépendances sur l'éventualité « *relative aux enrôlements de travailleurs libres, qu'il serait possible d'effectuer à Sainte-Marie et à Nossi-Bé pour les besoins de la colonie de Bourbon* »[811].

Selon le commandant basé à Dzaoudzi, il ne fallait pas compter sur l'île de Sainte-Marie qui avait besoin de toute la main-d'œuvre disponible pour développer en priorité sa propre économie. Selon les autorités locales, il n'y avait aucun doute possible sur son origine puisque « *l'état civil de cette dépendance est tenu avec un soin tel qu'aucune confusion ne serait à craindre, quant à la condition des individus qui accepteraient des engagements* »[812]. Quant à Nossi-Bé, les recensements étaient assez imprécis surtout depuis que les Malgaches de la côte Nord-Ouest de la Grande Île avaient fui les Hovas[813]. Dans la dépêche du ministre du 17 février 1847, il est fait état de 10 179 libres contre 4 999 esclaves. C'est ce qui attisa l'intérêt des habitants réunionnais.

---

[811] R. LAVOUX, *Le statut administratif de Mayotte (1841-1976) ou à la quête d'un impossible statut*, pp. 55-65, In. *Mayotte dans la République*, Actes du Colloque de Mamoudzou du 15 au 16 septembre 2002, Montchrestien, Paris, 2004, 715 p. Les îles de Sainte-Marie, de Nossi-Bé et de Mayotte étaient placées sous l'autorité française du commandant supérieur de Mayotte et Dépendances. A partir de l'ordonnance royale du 29 août 1843, Mayotte, Nossi-Bé et Sainte-Marie ne dépendaient plus de Bourbon, de même que le commandant supérieur de Nossi-Bé et Dépendances n'était plus délégué du gouverneur de Bourbon. Ce commandant fut installé à Mayotte à partir de l'ordonnance du 10 novembre 1844 qui devint commandant supérieur de Mayotte et Dépendances et ce, dans le cadre de la politique des points d'appui de Guizot destinée à favoriser le commerce et la puissance maritime de la France, les Comores faisant l'objet d'un projet d'annexion.

[812] CAOM, C. 18/112, Correspondance du commandant supérieur de Mayotte et Dépendances adressée au ministre de la Marine et des Colonies, Dzaoudzi, le 12 septembre 1847. Le commandant informa le ministre de la demande du gouverneur de Bourbon en expliquant que l'île de Sainte-Marie de Madagascar « aurait besoin certainement plus d'immigrants que d'émigrants ».

[813] CAOM, C. 18/112, Correspondance du commandant supérieur de Mayotte et Dépendances adressée au gouverneur de l'Ile Bourbon, Dzaoudzi, le 6 septembre 1847. Dans l'île de Sainte-Marie de Madagascar, la population libre se composait au 1er juin 1847 de 1 004 hommes et de 1 191 femmes, âgés de 15 à 50 ans. Le commandant précisa que la population esclave, composée de 403 hommes et de 735 femmes, se répartissait sur les 57 825 cocotiers, 38 310 girofliers, 9 218 cafiers et ce, en dehors de la culture du riz et de l'exploitation du bois. Quant aux Malgaches, ils « s'adonnent plus volontiers à la navigation qu'à la culture », ce qui avait conduit naturellement 800 d'entre eux à s'inscrire dans les armements du cabotage local et aux bâtiments de la Station de Mayotte et Dépendances.

Les négociations entre les 2 administrations s'engagèrent alors. Le gouverneur de La Réunion demanda au commandant supérieur de désigner immédiatement un agent de recrutement sur place, mais celui-ci refusa, car il considérait que « *le droit à percevoir par tête de travailleur engagé* » était encore trop bas[814]. C'est dire qu'il y avait concurrence entre plusieurs agents d'émigration voire une accumulation d'intermédiaires dont le coût se répercutait sur le prix final de vente de l'engagé[815]. Cela ne convenait pas du tout aux habitants réunionnais et c'est la raison pour laquelle le commandant supérieur de Mayotte souhaita désormais traiter directement avec eux, sans passer par le gouverneur. Le commandant se proposa de s'assurer lui-même de l'état de liberté des engagés[816]. Ce système n'était pas sans rappeler la clause de la délégation familiale perçue il y a quelques années sur le salaire mensuel de l'engagé indien[817].

---

814 Correspondance du commandant supérieur de Mayotte et Dépendances adressée au gouverneur de l'Ile Bourbon, Dzaoudzi, le 6 septembre 1847, *Op. Cit.* : « …parce que à moins de trop élever le montant du droit à percevoir par tête de travailleur engagé, je ne suppose pas que le produit de ce droit serait annuellement de nature à indemniser dans de justes limites, l'agent qui serait chargé des enrôlements ».

815 CAOM, C. 18/112, Correspondance du commandant supérieur de Mayotte et Dépendances adressée au gouverneur de Bourbon, Dzaoudzi, le 16 mars 1848. Il semble que l'île de Nossi-Bé comptait déjà un agent d'émigration au service de la colonie bourbonnaise, Monsieur Sonolet. Aussi, le commandant supérieur de Mayotte et Dépendances demanda au gouverneur de désigner son remplaçant, sans justifier du moindre motif.

816 Correspondance du commandant supérieur de Mayotte et Dépendances adressée au gouverneur de l'Ile Bourbon, Dzaoudzi, le 6 septembre 1847, *Op. Cit.* Le commandant comptait informer la population libre de Nossi-Bé de chaque demande ou commande de recrutement pour Bourbon et ce, « par tous les moyens de publicité qui exigeront que tout individu admissible doive justifier de sa qualité de libre en faisant une déclaration à l'autorité locale ». Ce n'est qu'un mois après cette déclaration qui valait inscription que l'individu était autorisé ou non à sortir de Nossi-Bé. L'administration mahoraise était en charge de « contrôler au besoin, les témoignages des déclarants quant à leur condition sociale et par conséquent la faculté de mettre à l'abri sa responsabilité ». Ainsi, « ces enregistrements préalables donneraient la facilité de fournir, à la première demande, les renseignements qu'on pourrait désirer sur le nombre de travailleurs disponibles pour l'émigration. Dans cet ordre des choses les engagistes n'auraient besoin que de s'adresser directement à l'autorité locale, dont la tâche se bornerait à faire rallier les travailleurs inscrits, suivant leur rang d'ancienneté sur le registre, et à les faire comparaître devant l'engagiste, ou son fondé de pouvoir qui acquitterait avant de partir, les frais auxquels sa demande aurait pu donner lieu, pour la recherche des individus ou pour toute autre cause ». Ici, le commandant se réservait le droit d'augmenter le prix de l'engagement.

817 Voir Supra, Chapitre premier.

Suite à la suspension de l'essai abyssin, il fallait faire vite[818]. En janvier 1848, le gouverneur accepta les conditions du commandant supérieur de Mayotte et Dépendances figurant dans ses correspondances des 6 septembre et 20 novembre 1847[819]. L'île de Nossi-Bé pouvait envoyer chaque année entre 500 et 600 Malgaches. A titre de comparaison, en 1847, La Réunion avait accueilli 450 Indiens engagés pour 5 ans et pour un salaire de 12,50 Francs par mois[820]. Pour le gouverneur, les Malgaches pouvaient prétendre à un salaire maximum de 15 Francs. C'est dans ces circonstances que La Réunion confirma un essai sur 100 engagés en provenance de Nossi-Bé. En parallèle, le gouverneur demanda au commandant particulier de l'île de Sainte-Marie, Monsieur Vergès, de lui envoyer de manière urgente 12 femmes[821]. Tout dépendait du nombre de navires disponibles dans la région. En mars 1848, le commandant supérieur attendait toujours le retour du navire Le Mayottais parti recruter 150 ouvriers indiens pour le compte des habitants de l'île de Sainte-Marie[822]. En attendant, le recensement de Nossi-Bé venait de s'achever. Sur une population totale estimée à 23 610 individus, 16 307 étaient de condition libre. « *Tout porte donc à penser qu'il sera possible de recruter pour votre colonie quelques milliers de travailleurs* ». Le commandant supérieur demanda au gouverneur de lui transmettre dans les plus brefs délais un modèle d'acte d'engagement et de garantir leur

---

818 CAOM, C. 18/112, Correspondance du gouverneur de Bourbon adressée au commandant supérieur de Mayotte et Dépendances, Saint-Denis, le 14 janvier 1848 : « Les espérances » données par le commandant sur le recrutement possible des travailleurs de Nossi-Bé deviennent importantes suite à la décision d'ajourner l'opération recommandée par Monsieur le ministre de la Marine et des Colonies au sujet d'un engagement de laboureurs abyssins, opération qui devait être très onéreuse ».

819 Le commandant supérieur de Mayotte proposait au gouverneur de Bourbon dans sa correspondance du 20 novembre 1847 de recourir aux services du navire le Mayottais pour le transport des engagés de Nossi-Bé.

820 *Ibidem* : « Il ne s'agirait pas au reste d'engager un très grand nombre d'individus, il suffirait plus tard d'en obtenir 5 ou 600 par an ; pour le moment, et en raison de l'incertitude où l'on est ici sur le caractère et les habitudes de cette population, on se bornerait à faire un essai sur une centaine seulement ».

821 CAOM, C. 18/112, Correspondance du gouverneur de Bourbon adressée au commandant supérieur de Mayotte et Dépendances, Saint-Denis, le 5 février 1848 : « Monsieur le Commandant Vergès m'ayant fait entrevoir la possibilité d'engager quelques femmes à Sainte-Marie de Madagascar, je lui ai écrit en l'invitant à en réunir douze, qui seraient expédiées par le premier bâtiment de l'Etat faisant voile de ce point pour Bourbon ».

822 CAOM, C. 18/112, Correspondance du commandant supérieur de Mayotte et Dépendances adressée au gouverneur de Bourbon, Dzaoudzi, le 16 mars 1848. Le Mayottais partit le 29 février 1848 pour l'Inde afin d'engager 150 ouvriers de diverses professions. Son retour était prévu pour le mois de mai de la même année.

rapatriement une fois leur engagement terminé, car Mayotte avait elle aussi besoin de bras pour développer son agriculture[823].

Si le commandant supérieur promit d'envoyer de la main-d'œuvre noire à La Réunion, il n'était pas question de recruter des engagés parmi les populations malgaches installées à Nossi-Bé, mais plutôt directement à Madagascar, car « *la population de Nossi-Bé déborde déjà sur Madagascar* », notamment suite à l'avènement de Racout[824] au trône de sa mère[825]. Le décret abolitionniste adopté, le gouvernement français était dans l'hésitation. D'abord, en août 1848, le ministre confirma le libre commerce des mains-d'œuvre noires dans le Sud-Ouest de l'océan Indien[826] pour ensuite, au mois d'octobre suivant, demander de « *tenir compte de la prohibition qui frappe l'introduction dans nos colonies de travailleurs africains préalablement rachetés. Cette interdiction s'étend à la côte orientale d'Afrique et à Madagascar, aussi bien qu'à la côte occidentale* »[827]. Face à la pression britannique, il fallait désormais stopper l'engagisme noir[828].

- La question de la gérance du sujet de l'engagisme noir ou le souci de « vigilance républicaine »

Au 12 février 1848, La Réunion comptait 2 233 engagés indiens et 885 engagés chinois, soit un total de 3 118 travailleurs libres de couleur. Le gouverneur Graëb précisa qu'il n'y avait eu aucun engagé abyssin. Pour lui, il n'était pas du tout question non plus de tenter le moindre engagisme européen surtout suite à son échec aux Antilles. Les Européens n'étaient pas *a priori* « faits » pour le travail sur les habitations sucrières et ne représentaient donc

---

[823] T. FLOBERT, *Evolution juridique et socio-politique de l'archipel des Comores*, Thèse Doctorat en Droit, Université de Droit, d'Economie et des Sciences d'Aix-Marseille, 1976, tome 2, p. 362 : « on se fait beaucoup d'illusions sur les possibilités agricoles et stratégiques de Mayotte ».

[824] Racout s'écrit Rakoto.

[825] Correspondance du commandant supérieur de Mayotte et Dépendances adressée au ministre de la Marine et des Colonies, Dzaoudzi, le 16 mars 1848, *Op. Cit.*

[826] CAOM, C. 18/112, Dépêche du ministre de la Marine et des Colonies adressée aux commissaires de la République à La Réunion, à Mayotte et Dépendances, Paris, le 2 août 1848 : « Par suite de l'abolition de l'esclavage, la libre faculté d'émigration est maintenant devenue de droit commun pour toutes les populations émancipées et ne peut comporter désormais d'autres restrictions que les mesures d'ordre et de police réclamées par la matière… Quant à l'immigration des populations africaines à l'île de la Réunion, elle ne pourra être autorisée que lorsqu'il aura été statué par un règlement sur les garanties que ces enrôlements doivent offrir ».

[827] CAOM, C. 18/112, Dépêche du ministre de la Marine et des Colonies adressée au commissaire de la République à Mayotte et Dépendances, Paris, le 3 octobre 1848.

[828] *Ibidem* : « Je vous recommande donc de veiller à ce que Nossi-Bé et Sainte-Marie ne deviennent pas des intermédiaires pour des opérations de cette nature ».

pas « *une ressource sérieuse* »[829]. Le gouverneur n'avait pas d'autre choix que d'insister sur la nécessité de recruter des engagés de couleur, dont notamment des noirs, des Malgaches. Le sort de l'industrie sucrière en dépendait totalement.

L'engagisme chinois fut un véritable échec à La Réunion, suscitant un « *vif sentiment de mécontentement* » surtout face à « *des actes d'une violence déplorable* ». Il fallait éviter de s'en procurer de nouveau et ce, d'autant plus que le procureur général rapporta lors des séances du Conseil privé des 4 et 9 février 1848 pas moins de 7 incendies sur les 6 dernières semaines, toutes commises dans l'arrondissement Sous-le-Vent. De tels actes étaient apparemment prévisibles puisque le gouverneur fit stopper dès 1847 toute opération de recrutement d'engagés en Chine[830]. Il appela désormais à la plus grande prudence. Dès lors, « *la seule mesure véritablement efficace à prendre, c'est de constituer, par un acte du pouvoir, le régime de l'engagement, de manière à assurer :*

- *1° le choix des sujets introduits*
- *2° la bonne foi et la régularité des engagements*
- *3° les conditions et l'exécution scrupuleuse de ces engagements*
- *4° la surveillance et la discipline des Ateliers* »

Avant que l'abolition de l'esclavage ne soit proclamée, le gouverneur devait s'assurer que le régime juridique de l'engagement serve pleinement les intérêts commerciaux de l'île[831]. C'est La Réunion et non pas une petite dépendance française près de Madagascar qui comptait un nombre important d'habitations sucrières. Il fallait également éviter une multitude d'interlocuteurs et d'intermédiaires aussi nuisibles qu'inutiles. Le gouverneur était invité à jouer un rôle pivot. Pour convaincre Paris ou Versailles, on pouvait très bien instaurer d'un côté, « *l'organisation d'un Syndicat de surveillance pour l'appel, pour l'introduction et l'immatriculation des*

---

[829] CAOM, C. 18/113, Correspondance du gouverneur de Bourbon adressée au ministre de la Marine et des Colonies, Saint-Denis, le 12 février 1848 : « L'on ne peut donc compter avec quelque certitude que sur de nouvelles introductions d'Asiatiques et surtout d'Africains pour rendre à l'agriculture et à la production l'énergie qui leur manque ». Nous retrouvons par ailleurs la même correspondance In. CAOM, C. 432/4614.

[830] Rappelons que c'est l'arrêté local du 2 juillet 1846 qui stoppa temporairement et officiellement l'immigration chinoise. Elle fut autorisée de nouveau par la dépêche ministérielle du 19 avril 1847.

[831] *Ibidem* : « Plus l'esclavage marche vers son terme, plus il devient urgent de constituer sur des bases larges et solides le travail libre afin de le substituer au travail esclave. C'est même le plus puissant auxiliaire qu'on puisse employer pour arriver à l'émancipation complète ».

*engagés* » et de l'autre côté, un système disciplinaire pour garantir la production sucrière[832].

La direction des colonies était pleinement acquise à la cause du parti colonial[833]. Pour limiter les effets de l'abolition de la traite négrière, il y avait eu les lois des 18 et 19 juillet 1845, favorisant ainsi « *l'immigration des populations intertropicales* ».

Sous la révolution de 1848, pas moins de 171 décrets furent adoptés au nom d'une certaine idée de progrès social[834]. L'abolition de l'esclavage était imminente, mais il était nécessaire de bien la préparer, car en face, le parti colonial restait particulièrement puissant. Le nouveau gouvernement devait ménager de nombreuses villes portuaires dont les relations commerciales avec les colonies étaient intenses. Au Havre, à Rouen, à Saint-Malo, à Nantes, à Marseille ou à Bordeaux, il s'était déjà produit des « *manifestations fâcheuses* ». Fallait-il pour des raisons purement idéologiques stopper net l'engagisme noir dont les colonies sucrières avaient tant besoin ? Le gouverneur de La Réunion ne cessa de s'interroger même à la fin de l'année 1848[835]. Et pourquoi ne pas imaginer un système qui garantisse le bon

---

[832] *Ibidem* : « … la concession d'un régime disciplinaire qui assure l'ordre des ateliers et garantisse la sécurité du pays ».

[833] CAOM, C. 18/112, Correspondance d'un employé du bureau du régime politique, direction des Colonies, adressée au citoyen ministre de la Marine et des Colonies, Paris, le 24 mars 1848 : « L'un des effets de l'abolition spontanée de l'esclavage est de rendre plus urgente et plus nombreuse l'introduction de travailleurs libres dans nos colonies ».

[834] CAOM, C. 18/112, Mémoire d'un employé du régime politique de la direction des Colonies, adressé au secrétaire d'Etat à la Marine et des Colonies, Paris, le 31 mars 1848 : « Lorsque la République pourvoit 171 décrets en 30 jours aux ardentes nécessités d'une reconstitution sociale, voudrez-vous citoyen secrétaire d'Etat, attendre pour y répondre que les Colonies vous aient fait connaître les nouveaux besoins que va leur occasionner le nouvel état des choses. Prévoir et pourvoir en même temps, ne sont-ils pas la saine politique que nous imposent les évènements », car il se passe « huit mois pour l'île de la Réunion entre l'arrivée du remède et l'invasion du mal ».

[835] CAOM, C. 18/112, Extrait du mémoire de remise de service de Monsieur Graëb, gouverneur de l'Ile de La Réunion, Saint-Denis, le 14 octobre 1848. Le gouverneur rappela le projet relatif à « l'introduction de travailleurs provenant de l'Abyssinie auquel il n'a pas été possible de donner suite jusqu'à présent ». Face au silence de Paris, le gouverneur accorda en juillet 1848 au capitaine Lefebvre-Grandmaison du navire le Jules et Aglaé une lettre de recommandation à faire valoir auprès du consul de France à Massouah, afin de recruter 40 engagés abyssins. S'il parait difficile d'établir la preuve de leur arrivée effective dans l'île, la question relative à leur statut et à leur régime demeurait entière. On peut dès lors remettre en cause l'exécution même du modèle du « Contrat d'engagement pour les travailleurs abyssins » datant

traitement des engagés noirs recrutés un peu partout dans le Sud-Ouest de l'océan Indien ? Une sorte de « *notaire de l'immigration* » pouvait très bien convenir avec pour mission le soin de vérifier la sincérité des contrats et de « *sauvegarder à la fois les droits et les intérêts des engagistes et des engagés* ». L'auteur du mémoire dont il est question se proposait même de candidater sur ce poste qu'il occuperait volontiers à Massouah, « *point central où les embarquements doivent s'opérer* »[836]. Les mœurs avaient changé dans les colonies, il en était certain, car depuis 1845, l'esclave « *possède des animaux, un jardin dont la culture d'un jour peut suffire à la nourriture d'une semaine* ». Même si la Commission de l'abolition n'avait pas encore statué, l'immigration contractuelle de couleur était selon lui « *une mesure de Salut Public pour les colonies* »[837]. Ce fonctionnaire déclara ainsi :

*« Depuis 200 ans, les préjugés coloniaux ont fait du travail de la terre, le lot et l'emblème de la servitude »*

Et pourquoi ne pas imaginer des ateliers nationaux au sein des colonies ? N'oublions pas que les ateliers nationaux étaient destinés à fournir notamment du travail aux chômeurs après la révolution de 1848. L'Etat pouvait veiller très directement au traitement des engagés[838]. Une certaine « *vigilance républicaine* » était de mise pour lutter efficacement contre la « *similitude d'origine, de couleur, de travaux* » [839]. On suppose que les habitants y étaient

---

de février 1847, car nous sommes dans la situation de la suspension de l'essai abyssin, ce qui remettait en cause la validité de cette lettre de recommandation.

836 Correspondance d'un employé du bureau du régime politique, direction des Colonies adressée au directeur du régime politique, Paris, le 24 mars 1848, *Op. Cit.* Cet employé demandait au directeur du bureau du régime politique son appui.

837 Mémoire d'un employé du bureau du régime politique adressé au secrétaire d'Etat de la Marine et des Colonies, Paris, le 31 mars 1848, *Op. Cit.* Ce fonctionnaire précisa que les colonies totalisaient 230 000 esclaves, dont 55 000 pour La Réunion. Il proposa que les immigrés engagés puissent être directement gérés par les ateliers agricoles nationaux, « où les planteurs ne pourraient venir demander leur service à la République qu'en justifiant de leurs besoins ».

838 M. COTTIAS, *Op. Cit.*, p. 172. Nous retrouvons cette idée chez le socialiste Louis Blanc qui théorisa l' « Atelier social », afin de résorber le chômage. Parmi les conséquences inévitables de l'abolition de l'esclavage, nous avions celle du chômage ou plutôt du vagabondage des nombreux esclaves vieillards ou infirmes. Par ailleurs, cette idée se retrouva au sein de la *Commission de l'abolition de l'esclavage*, car dans son premier rapport, il était prévu que « Deux arrêtés spéciaux règlent l'organisation et des ateliers nationaux et des ateliers de disciplines avec les différences qu'exige la destination si diverse de ces deux établissements : le premier refuge libre de l'homme qui vient chercher du travail ; le second, séjour forcé de l'homme qui n'en a pas voulu ».

839 Mémoire d'un employé du bureau du régime politique de la direction des Colonies adressé au secrétaire d'Etat de la Marine et des Colonies, Paris, le 31 mars 1848, *Op.*

fortement opposés et on suppose également que le fonctionnement d'ateliers nationaux nécessitait des dépenses considérables surtout dans un contexte où les propriétaires d'esclaves attendaient le versement de l'indemnité coloniale qui n'intervint qu'en 1852. En tous les cas, des ateliers nationaux à La Réunion n'étaient pas utiles. Les ateliers de discipline et les ateliers municipaux sans compter l'Atelier colonial faisaient déjà sans doute l'affaire.

Il fallait agir sur plusieurs ressources d'engagisme en même temps, car pour l'heure, seuls les recrutements chinois étaient autorisés. En mai 1848, le ministre recommanda au commissaire-général de la République de La Réunion de reprendre contact avec son homologue de Pondichéry en se référant à la dépêche de son prédécesseur en date du 22 novembre 1847[840]. Il lui conseilla d'effectuer la même démarche auprès du commandant supérieur de Mayotte alors que la pratique du rachat d'esclavage était interdite.

Les discussions ont semble-t-il fonctionné puisqu'entre mai et septembre 1849, 803 engagés indiens débarquèrent à La Réunion[841]. Notons qu'il n'y eût aucun problème sanitaire rapporté devant le conseil privé du gouverneur[842]. Alors que l'engagisme noir d'Abyssinie était suspendu et celui en provenance des dépendances françaises autour de la Grande Île encore interdit, comment

*Cit.* : « On dit encore qu'en recrutant des travailleurs dans des pays à esclaves, ces travailleurs n'auront ni l'intelligence, ni les notions suffisantes pour distinguer, pour apprécier la distance qui sépare le travail libre du travail esclave ».

[840] CAOM, C. 432/4614, Dépêche du ministre de la Marine et des Colonies adressée au citoyen commissaire-général de la République à l'île de La Réunion, Paris, mois de mai 1848.

[841] Si nous pouvons constater la régularité de l'introduction du convoi indien en octobre 1849, celle du mois de mai de la même année n'était pas rattachée à la réouverture de cette source d'immigration légalisée par l'arrêté pondichérien du 18 juin 1849.

[842] CAOM, C. 432/4614, Dépêche du ministre de la Marine et des Colonies adressée au ministre de l'Agriculture et du Commerce, Paris, le 3 décembre 1849. En l'espèce, plusieurs plaintes d'armateurs furent adressées au ministre de l'Agriculture et du Commerce à l'encontre de l'arrêté de Pondichéry du 18 juin 1849 qui n'autorisait pas plus de 4 individus par 5 tonneaux de jauge à l'embarquement, proportion qui rendait difficile la rentabilité du transport des *coolies* indiens à destination de La Réunion. Signalons le cas éventuel des navires la Julie et le Jupiter qui avaient transporté 1 200 individus, soit 600 par navire. Ces débarquements furent évoqués par le Conseil privé dans sa délibération du 19 mai 1849, car les capitaines s'étaient plaints de leur mise en quarantaine et de leur vaccination alors que la ville de Saint-Denis ne disposait pas de locaux suffisamment importants susceptibles de contenir autant de séquestrés, In. CAOM, C. 432/4614, Délibération du Conseil privé de La Réunion, Saint-Denis, le 19 mai 1849.

expliquer cet article du *Courier du Havre* du 7 octobre 1850 qui annonça l'introduction prochaine de 20 000 Malgaches à La Réunion [843] ?

Il faut croire que le commerce des mains-d'œuvre noires et indiennes avait pleinement repris son cours après la parenthèse de l'abolition de l'esclavage que traversèrent les habitants. Le potentiel était très important puisque les armateurs réunionnais envisageaient de vendre de la main-d'œuvre jusqu'aux Antilles françaises. Le 16 octobre 1850, le gouverneur n'hésita pas à demander au ministre « *l'autorisation de faire contracter dans nos possessions de Madagascar, soit à Sainte-Marie, Mayotte et Nossi-Bé, aux Naturels qui habitent les susdites Iles et de leur propre volonté des engagements pour la Martinique, la Guadeloupe et la Guyane pour un terme de quatre ans au moins et de huit ans au plus avec les salaires d'usage* », tout en recrutant des engagés pour la colonie réunionnaise[844]. Le gouverneur avait conscience que le recrutement se faisait auprès des populations malgaches qui avaient *a priori* fui la guerre, notamment vers Nossi-Bé en avril 1849. Nous assistons donc à des mouvements migratoires plus ou moins intenses vers les îles entourant Madagascar. C'est sans doute la raison pour laquelle le gouverneur utilisa le terme « *Naturels* », notion bien différente de « sujets » malgaches.

La Réunion pouvait dès lors devenir une plaque tournante internationale en matière de commerce des engagements de couleur à destination de n'importe quelle colonie sucrière et notamment française[845]. Il s'agissait dans un premier temps de décrocher l'accord du ministre sur « *5 000 travailleurs, les femmes*

---

843 CAOM, C. 18/112, Extrait du *Courier du Havre*, le 7 octobre 1850 : « Je vous annonce que 20 000 Malgaches vont être introduits, d'après un arrêté du Gouverneur. Cette autorisation, sans délai pour placer les engagés de l'Inde, a eu pour but de réduire de 150 Francs l'engagement qui était précédemment de 250 à 275 Francs ».

844 CAOM, C. 432/4613, Correspondance du gouverneur de La Réunion adressée au ministre de la Marine et des Colonies, Saint-Denis, le 16 octobre 1850. Le gouverneur se référa à la dépêche de l'ancien ministre du 2 août 1850, « les instructions relatives à l'introduction dans notre île des Malgaches libres, engagés dans les comptoirs français de Madagascar... Aux Indiens viendront s'ajouter les Malgaches et c'est à cette double émigration que notre grande culture devra à la fois sa conservation et sa prospérité. Les traversées de Sainte-Marie, Mayotte et Nossi-Bé, à la Martinique, la Guadeloupe et Cayenne pourraient facilement s'opérer en 60 jours environ, délai qui permet d'espérer la réalisation de ce transport sans accident aucun pour les émigrants, alors surtout que des précautions hygiéniques seraient minutieusement prises à cet égard. J'ose espérer, dis-je, que vous accorderez aux colonies de l'Ouest le bénéfice alloué à l'Ile de la Réunion, en leur laissant comme à celle-ci, la faculté de tirer des travailleurs libres de nos comptoirs français de Madagascar ». Il poursuivit en déclarant que « L'émigration des Malgaches pour nos colonies de l'ouest serait une mesure de bonne politique en ce qu'elle assurerait à l'industrie sucrière, les bras nécessaires à son exploitation ».

845 CAOM, C. 18/112, Correspondance du gouverneur de La Réunion adressée au ministre de la Marine et des Colonies, Saint-Denis, le 4 février 1851.

*comprises* ». Le voyage vers les Antilles étant long, les conditions de transport devaient respecter la règle d'un individu embarqué par tonneau de jauge.

Les chiffres révélés dans la presse notamment dans le *Courier du Havre* avaient retenu l'attention du ministre de la Marine et des Colonies. Il demanda aussitôt au gouverneur de s'en expliquer. Celui-ci confirma qu'il avait bien autorisé l'introduction de 20 000 Malgaches au motif que l'île n'avait introduit que 652 Africains et Malgaches en 7 ans, soit de 1843 à 1850. Pour cela, il se fondait sur les dépêches ministérielles du 2 août 1848 et du 22 novembre 1850. Mais comment justifier une telle commande quand l'on sait que 10 000 Indiens dans l'île étaient réputés vagabonds ou sans emploi au début de l'année 1851[846] ? Ce chiffre dépassa toutes les statistiques officielles portées jusqu'alors à notre connaissance. Le gouverneur se voulait rassurant. C'est lui qui faisait vérifier que les engagés noirs recrutés étaient libres et que les engagements contractés étaient réguliers. Or, ces 2 points pouvaient facilement être contournés. D'une part, l'habitant pouvait très bien avoir acheté des esclaves directement venus d'Afrique ou de Madagascar qui devenaient aussitôt libres en touchant le sol réunionnais et d'autre part, la régularité des contrats d'engagement se vérifiait en vertu du silence même des engagés. Tant qu'ils ne se plaignaient pas, cela signifiait que leurs engagements étaient réguliers et qu'ils étaient bien traités.

La base légale de référence de l'engagisme noir était l'arrêté local du 28 juin 1850 autorisant le recrutement de travailleurs libres issus des dépendances françaises de Madagascar. Le conseil privé du gouverneur venait d'autoriser le débarquement de 31 engagés dits « Arabes » du navire Le Matinal, opération réalisée par la maison de négoce A. Thomas. Voilà comment l'interdiction de la traite négrière fut contournée : la façade du commerce de main-d'œuvre entre îles françaises.

### B/ La question de l'engagement de Mascate : une tolérance politique officieuse

Le poids du parti engagiste n'avait pas été neutre dans la volonté de libéraliser la politique migratoire surtout en visant ostensiblement les comptoirs d'Afrique et de Madagascar. Les mésententes et les rivalités personnelles entre le commissaire-général et le commandant de la Station

[846] *Ibidem*. Selon le gouverneur, les 10 000 Indiens sans emploi trouvaient rapidement leurs placements auprès d'engagistes, car « il est sans exemple qu'on ait vu ces immigrants attendre leur placement plus de quelques jours ». Il n'en autorisa pas moins le recrutement immédiat de 20 000 Malgaches dont une partie sans doute était destinée aux Antilles. Dans ces circonstances, le prix de l'engagement n'allait pas tarder à s'effondrer à moins que ces quotas ne soient effectivement destinés et réservés aux seules colonies antillaises.

navale avaient placé au second plan, du moins pendant un temps, la problématique de la condition libre ou servile des Africains et des Malgaches que l'on faisait venir dans l'île, sans parler même du droit que s'accordaient les capitaines et les négociants français dans la zone. Quelle attitude devait adopter l'Etat dès lors qu'on lui présentait un contrat d'engagement en bonne et due forme sur la base de traités commerciaux non écrits et non ratifiés par Paris ? Quelles recommandations donner aux Réunionnais ? Le gouverneur devait-il ordonner le renvoi des quelques engagés noirs en provenance de Mascate alors qu'ils étaient sur le point de débarquer à Saint-Denis ? Avec de telles pratiques, La Réunion tenait là sa réputation confirmée d'île esclavagiste[847].

En 1849, l'immigration noire qui englobait aussi bien les Africains, les Malgaches que les insulaires de tout ce bassin géographique demeurait encore illégale. Après l'échec de l'expérience abyssine, le gouverneur était tenté de tolérer l'immigration d'engagés placés sous l'autorité de l'iman de Mascate. C'est dire que la demande de main-d'œuvre restait toujours forte. S'il revenait au gouverneur de décider, précisons que le commandant de la Station navale de l'océan Indien accepta de représenter personnellement une maison commerciale dionysienne pour établir des bases juridiques et diplomatiques avec une localité étrangère de la zone. Or, pour pouvoir recruter des engagés noirs, il fallait qu'ils soient de condition libre depuis au moins 10 ans. Et seul, le Conseil privé du gouverneur était habilité à s'en assurer par des modalités de vérifications plus ou moins contraignantes. Le gouverneur et le commandant de la Station navale étaient donc rivaux dans le même domaine du commerce de l'engagisme.

### 1) Le régime de la prohibition noire à La Réunion

Les habitants n'étaient pas rassurés de disposer au quotidien d'une main-d'œuvre certes libérée mais qui pouvait se révéler tôt ou tard dangereuse et menaçant la pérennité de leur production sucrière, sans compter les vieillards, les infirmes, les femmes et les enfants en trop bas âge insuffisamment rentables. Il fallait les remplacer par une main-d'œuvre exclusivement masculine, de bonne constitution physique et dans un laps de temps relativement court. Ce sont les habitants qui commercialisaient les services de leurs engagés étrangers introduits à grands frais dans l'île en partenariat avec des négociants, des capitaines et des agents d'émigration. Or, le coût de l'immigration chinoise restait considérable tandis que les Indes françaises et britanniques paraissaient toujours aussi fermées aux demandes récurrentes réunionnaises, ce qui en accentua également le coût.

---

[847] Rappelons que l'île de Bourbon devint l'île de La Réunion par l'arrêté du ministre Arago du 7 mars 1848. La proclamation de la République eût lieu le 9 juin 1848 par le gouverneur de Graëb.

L'Afrique australe et orientale étaient des lieux plus faciles d'accès, permettaient des transactions plus rapides et bien plus rentables que l'Asie. Mais, la prohibition noire était en vigueur dès le début de l'année 1849. Les armateurs et les commerçants d'engagés ne parvenaient pas à obtenir du gouverneur le soutien politique inconditionnel tant espéré. Ils trouvèrent en la personne du commandant de la Station de l'océan Indien un interlocuteur de choix qui leur était bien plus favorable.

- Le principe de l'interdiction de l'engagement par rachat : l'obstacle à l'engagisme noir

Lors de sa séance du 12 janvier 1849, le Conseil privé délibéra sur la demande des armateurs Manès et Moreau pour recruter au Mozambique des engagés noirs qui devaient embarquer à bord du navire Le Courrier de Manille[848]. Selon l'ordonnateur, les Africains et les « Arabes » allaient pouvoir bénéficier d'un engagement après qu'on leur ait racheté leur liberté alors que la dépêche ministérielle d'octobre 1848 interdisait formellement cette pratique[849]. Leur requête consistait à faire reconnaître officiellement la légalité du rachat d'esclaves en contrepartie d'un contrat de travail libre une fois arrivés dans l'île. Dans un premier temps, le conseil préféra la rejeter.

Un mois après, les mêmes armateurs reformulèrent leur demande, ce qui nous amène à considérer la délibération du 12 janvier comme étant un sursis accordé à Messieurs Manès et Moreau, le temps pour eux de présenter au conseil des arguments et des motifs plus solides. Le 7 février suivant, l'ordonnateur rappela les préjudices commerciaux engendrés par l'échec d'un traité relatif au transport et à l'engagement d'autochtones entre l'iman de Mascate et les autorités locales de La Réunion, échec causé et imposé par la

[848] Notons que Monsieur Manès, ancien maire de Saint-Denis, se « convertit » en armateur pour pouvoir faire fortune dans le commerce des engagés africains. C'est Monsieur Candide Azéma qui le remplaça dans ses fonctions de premier magistrat du chef-lieu de la colonie à partir du 16 octobre 1849.

[849] CAOM, C. 18/112, Délibération du Conseil privé de La Réunion, Saint-Denis, le 12 janvier 1849. Même si les armateurs Manès et Moreau assuraient le service à bord d'un agent de l'administration pour veiller au respect de toutes les garanties entourant les engagements, l'ordonnateur considérait que la colonie ne respectait pas les « instructions du Ministre qui n'ont pas pour objet de prévenir la continuation de l'esclavage impossible désormais, mais le renouvellement des guerres que se faisaient les peuples de la Côte d'Afrique, et qui pourraient recommencer pour fournir des engagés comme pour livrer des captifs ». A cette date, le gouvernement local avait parfaitement connaissance de la dépêche ministérielle d'octobre 1848 interdisant l'engagement d'esclaves africains et malgaches par rachat de leur liberté.

Métropole[850]. Il souligna que des tribus se livraient pourtant à des guerres et ramenaient de nombreux captifs sur les côtes.

L'habitant-conseiller Monsieur de Rontaunay soutint la requête des armateurs tout en alertant le conseil sur le fait que le Royaume-Uni n'interdisait pas de manière aussi ferme et définitive l'émigration indienne puisque La Réunion bénéficiait encore de quelques convois. Il considérait que le recrutement d'engagés africains et malgaches après le rachat de leur liberté sur place représentait une opportunité commerciale et économique vitale jusqu'à ce que les contrôles maritimes par les autorités françaises et britanniques soient renforcés. Le commissaire-général Sarda Garriga semblait désemparé et décida d'ajourner la séance, ce qui ne signifiait pas pour autant le rejet définitif de la requête des 2 armateurs. Il ne pouvait pas autoriser officiellement la pratique du rachat et il leur appartenait donc de prendre leurs responsabilités s'ils venaient à décider d'introduire des engagés noirs. Le commandant de la Station de l'océan Indien, Monsieur Febvrier-Despointes, avait alors tout pouvoir sur la question de l'engagisme noir.

En septembre 1849, le commandant de la station fit savoir au ministre qu'il avait directement traité et négocié avec l'iman de Mascate pour le compte des habitants et ce, sans aucune instruction du commissaire-général. Il s'agissait de prospecter sur la côte orientale de l'Afrique pour l'engagement de travailleurs arabes et africains qui devaient embarquer à Zanzibar[851]. Personne n'ignorait que le commissaire-général refusait d'autoriser administrativement de telles introductions. Les rivalités entre ces 2 personnages trouvaient leur source sans doute dans le fait que le ministre avait jadis proposé le poste de gouverneur au commandant de la station avant de porter son choix sur Sarda Garriga. C'est dire que Monsieur Febvrier-Despointes s'autorisait à défier assez opportunément certaines décisions de Sarda Garriga. Un mois après, Sarda Garriga fut relevé de ses fonctions. Les habitations sucrières firent logiquement appel au commandant de la station qui disposait de sa frégate pour pouvoir agir sur toute la zone.

---

850 CAOM, C. 18/112, Délibération du Conseil privé de La Réunion, Saint-Denis, le 7 février 1849.

851 CAOM, C. 18/112, Extrait d'une correspondance adressée au ministre de la Marine et des Colonies par le commandant de la Station de l'Océan Indien, en rade de Zanzibar, à bord de la frégate la Reine-Blanche, le 25 septembre 1849 : « Les renseignements qui m'ont été fournis me portent à penser qu'il n'y a pas à établir la moindre comparaison entre les travailleurs de l'Inde et ceux pris sur la côte d'Afrique. Ces derniers sont en général plus forts, plus actifs, moins sujets aux maladies et souvent se fixent dans la colonie, ce qui jusqu'à présent n'a jamais eu lieu pour les Indiens… Néanmoins, dépourvu d'instructions ayant trait à cette question, je me propose de la résoudre verbalement seulement. Je me réserve à mon retour à Saint-Denis, de vous soumettre un plan plus circonstancié, avec prière de vouloir bien me faire connaître les modifications que vous croirez devoir y apporter. Tout me fait préjuger que mes négociations verbales sur ce sujet seront menées à bonne fin ».

C'est dans un tel contexte que dans l'une de ses correspondances, le commandant Febvrier-Despointes proposa au ministre de traiter directement et verbalement avec l'iman de Mascate pour l'engagement d'Africains et d'Arabes pour une durée comprise entre 5 et 7 ans maximum et pour un salaire de 15 Francs mensuels, sans se préoccuper de la compétence du Conseil privé en matière de réglementation des engagements. Est-ce à dire qu'il n'y avait rien d'officiel puisqu'il s'agissait d'un simple traité ou arrangement verbal ? Plutôt que de les faire rapatrier en Afrique au terme de leur engagement et de prendre le risque de retourner à leur ancien statut d'esclave, le ministre avait remarqué qu'une partie d'entre eux s'installait définitivement dans la colonie[852]. Paris avait finalement réagi. Le commandant Febvrier-Despointes ne devait rien conclure sans son avis[853]. Ajoutons que ce traité « verbal » n'eût aucune conséquence juridique[854].

- L'engagement de Mascate : une traite illicite ou illégale ?

Au sujet de la question de la prohibition noire, le ministre se voulait rassurant auprès de son homologue des Affaires étrangères en affirmant toute sa vigueur. Mais en même temps, il plaida en faveur des intérêts du parti engagiste et des armateurs. Il était d'avis de lever l'interdiction de recruter des engagés en Afrique puisque l'abolition de l'esclavage était proclamée[855]. Dès la fin de l'année 1849, les propos du ministre étaient clairement favorables à

---

[852] Précisons que nous n'avons retrouvé aucun document officiel prouvant l'engagement d'Africains ni aucune réglementation spécifique aux engagés africains et malgaches.

[853] CAOM, C. 18/112, Dépêche du ministre de la Marine et des Colonies adressée au commandant de la Station navale de l'île de La Réunion et de Madagascar, Paris, le 30 novembre 1849. Le ministre affirma expressément que le commandant ne devait rien conclure sans son avis et rappela que « les recrutements de travailleurs africains pour l'île de la Réunion ne sont point encore permis... Dans une dépêche du 22 octobre 1844, n°466, les instructions les plus détaillées sur la conduite à tenir du point de vue de l'immigration africaine dans nos possessions de l'Océan Indien ».

[854] CAOM, C. 18/112, Délibérations du Conseil privé de La Réunion des 19 juin et 30 décembre 1850. La première autorisa l'introduction de 27 travailleurs arabes pour ne pas aggraver les relations avec l'iman de Mascate et la seconde refusa l'introduction de 31 cultivateurs arabes, parce que le gouvernement local n'avait pas pu vérifier leur état de liberté au départ et ce, conformément aux instructions ministérielles du 22 octobre 1844 et d'octobre 1848. Dans les faits, le gouverneur les autorisa.

[855] CAOM, C. 18/112, Dépêche du ministre de la Marine et des Colonies adressée au ministre des Affaires étrangères, Paris, le 30 novembre 1849 : « Tant qu'a duré l'esclavage dans notre colonie, cette immigration rencontrait des obstacles tels que mes prédécesseurs ont dû l'interdire... L'émancipation, sans lever toutes les difficultés que peut faire naître l'introduction d'Africains dans nos établissements coloniaux, les a considérablement diminué. Dans l'intérêt même du succès de cet acte philanthropique, nous ne saurions trop nous hâter de les écarter définitivement ».

l'immigration noire, car si l'état de liberté ne pouvait pas être garanti du côté africain ou arabe, les autorités françaises pouvaient bien accepter l'achat de la liberté des esclaves recrutés auprès des chefs locaux et ce, dans des conditions de transport, de sécurité et d'hygiène qui ne pouvaient être pires que celles pratiquées lors de la traite négrière. D'ailleurs, la position britannique paraissait se débloquer depuis un moment en faveur de l'immigration noire par rachat[856]. En effet, le gouvernement anglais avait demandé une concertation sur le sujet avec la France dès le 15 janvier 1849.

Le 21 décembre 1849, le commandant de la Station navale de l'océan Indien correspondit avec le gouverneur de Mascate, à savoir le fils du sultan iman de Mascate, afin de « *traiter des conditions auxquelles les bâtiments de commerce français pourront prendre de vos sujets en qualité de travailleurs libres à la Réunion* »[857]. Le commandant lui affirmait que lors de sa rencontre avec le sultan, il lui avait paru plutôt enclin à accéder à sa requête. En l'espèce, il s'agissait de recruter 45 travailleurs pour les embarquer à bord de La Panthère. Il précisa que « *les actes d'engagement de ces hommes devront certifier qu'ils sont libres depuis au moins 10 ans* » et que le consentement des autorités locales devait être attesté par la signature du gouverneur et du cadi de Mascate. Il le rassura ensuite sur le rapatriement des « Arabes » à l'expiration de leur engagement. Pour le commandant, le « bien-être » « *qu'ils ne peuvent obtenir dans leur pays* » leur était garanti. Le sultan Ben Saïd répondit qu'il avait bien reçu « *les caisses* » de Monsieur de Rontaunay[858] et il l'en remercia. Pour autant, il se voyait obligé de rejeter sa requête et ce, conformément à un traité dont on ignore tout, peut-être conclu avec les Anglais. Le sultan se disait dans l'impossibilité de vendre aux Français les

---

856 *Ibidem* : « Ils se sont bornés à étudier avec soin les phases de l'immigration africaine dans les colonies anglaises avec le dessein de profiter, dès que l'occasion serait favorable, de l'expérience faite par nos voisins... Le Gouvernement anglais par suite d'une modification de l'opinion publique, qui a trouvé de l'écho dans le Parlement lors de la dernière discussion de la loi sur les sucres, et qui se prononcerait en faveur du rachat sous certaines réserves de noirs esclaves qui seraient libérés et envoyés, ensuite, dans les colonies, comme travailleurs libres ».

857 CAOM, C. 18/112, Correspondance du commandant de la Station navale de l'Océan Indien adressée au gouverneur de Mascate, Saint-Denis, le 21 décembre 1849.

858 M. LEGUEN, *Op. Cit.*, pp. 143-144 : « Mieux, le 31 mai 1823, l'ambassadeur de sir Farquhar obtenait de Radama l'autorisation pour les Anglais de se saisir de tout bâtiment suspecté de se livrer à la traite des Noirs sur les côtes de la Grande Ile. C'était pour les négriers de Saint-Denis la fermeture définitive d'un marché traditionnel, inestimable, de main-d'œuvre servile. Mais ce n'était pas la fin de la traite... Impossible à Madagascar, elle se poursuivit, plus ou moins franche, sur les côtes orientales de l'Afrique pendant une quarantaine d'années encore, et s'achève par le voyage mémorable du navire à vapeur « Madagascar », propriété d'un riche commerçant créole : Julien Gaultier de Rontaunay ».

marchandises dont Mascate disposait, à savoir de l'ivoire, de la gomme copal et des esclaves[859]. A aucun moment, il ne parla de travailleurs libres ou d'Arabes, mais d'esclaves.

Les archives nous fournissent un exemplaire de l'engagement de 2 « Arabes » de Mascate. Nous pouvons imaginer toutes les hypothèses possibles relatives au nombre des engagés issus des territoires de l'iman débarqués à Saint-Denis. Le capitaine pouvait déclarer un chiffre fictif ou fantaisiste alors qu'une proportion plus importante d'esclaves était débarquée dans des rades moins fréquentées. L'exemplaire du contrat signé entre le capitaine de La Panthère et les négociants arabes Assouf et Leia Bagnans auquel nous venons de faire allusion concernait 2 engagés. Il s'agissait de Ben Ali, âgé de 28 ans et de Ben Amar, âgé de 30 ans. Est-ce à dire que le capitaine s'était contenté d'établir un contrat d'engagement pour 2 engagés seulement ? Nous savons que ce navire ne débarqua pas moins de 27 cultivateurs « arabes » en provenance de Zanzibar à Saint-Denis en juin 1850, le contrat conclu avec les 2 engagés de Mascate datant du mois de mai[860]. Or, le contrat demeurait silencieux sur les 27 Arabes de Zanzibar, ce qui nous interroge sur la réalité de l'état de liberté des 2 engagés de Mascate, liberté difficile à vérifier, car, on le sait, elle devait dater depuis au moins 10 ans avant leur engagement effectif. Relevons également qu'à côté du nom des deux Arabes fut ajouté « *etc, etc* », ce qui laissait entendre l'embarquement d'autres engagés dont le nom et le nombre nous sont inconnus. Nous sommes là en face de la caractérisation d'une forte probabilité de traite illicite ou illégale par un navire français après l'abolition de l'esclavage. Soulignons-le.

Mascate et Zanzibar demeuraient encore et toujours des comptoirs esclavagistes. De même, nous pouvons supposer des pratiques similaires à Mayotte et dans les autres dépendances françaises de l'océan Indien. Ni le

---

[859] CAOM, C. 18/112, Correspondance de Saïd Ben sultan, traduite par Vignard, adressée au commandant de la Station navale, le 23 de redjenb 1265. Nous supposons que Monsieur Vignard était le capitaine du navire la Panthère, supposition la plus évidente et logique pour une réponse « immédiate » du fils du sultan au commandant de la Station navale de l'océan Indien.

[860] La délibération du Conseil privé de La Réunion du 19 juin 1850 ne faisait aucune allusion à ces deux engagés de Mascate, mais bien aux 27 Arabes de Zanzibar, dont le sort devait être décidé par le gouvernement local. Précisons également qu'entre le 21 décembre 1849, date à laquelle le commandant recommanda au fils du sultan d'autoriser le navire la Panthère de recruter 45 travailleurs de Mascate, et les mois de mai-juin 1850, il se passa environ six mois alors que le départ de ce même navire semblait imminent. Or, nous imaginons mal que ce navire ait rejoint La Réunion les cales vides de travailleurs. En effet, le contrat était prêt dès le 21 décembre 1849 puisque l'engagement de deux travailleurs de Mascate avait bien été contracté.

nom du navire, ni celui du capitaine ne fut mentionné dans l'acte[861]. Nous sommes donc *a priori* en présence d'un « *contrat d'engagement* » non pas pour 2 Arabes, mais « *pour les Arabes de Mascate à la Réunion* ». Ici, l'identité des engagistes réunionnais n'est pas précisée, ce qui remet en cause le formalisme juridique nécessaire à tout contrat d'engagement entre un engagiste bien identifié et son engagé bien identifié. C'est très exactement ce qui se pratiquait déjà pour les engagés asiatiques.

### 2) L'engagement de Mascate : un contrat illégal

L'engagement de Mascate posait la question de sa légalité. Il faut dire que c'est le commandant de la Station qui en était le principal auteur même s'il agissait dans l'intérêt de quelques habitants réunionnais. Or, tout au long de nos développements précédents, nous avons vu que l'introduction d'engagés étrangers faisait l'objet d'une précaution particulière via une délibération spécifique du Conseil privé, ne serait-ce que pour rappeler ou préciser les conditions et le régime juridiques. Ici, le commandant agissait en totale contradiction avec la position du commissaire-général Sarda Garriga.

Celui-ci était plutôt préoccupé par des questions purement intérieures. Il fallait maintenir l'ordre dans la colonie et sa priorité se focalisait sur les esclaves affranchis de 1848. Les habitants s'étaient alors tournés vers les services du commandant de la station, plus conciliant et sans doute plus intéressé. Il n'en fallut pas plus. Sarda Garriga fut démis de ses fonctions. Son intransigeance à l'égard de l'engagisme noir lui avait valu son fauteuil à l'Hôtel du gouvernement à Saint-Denis. Sans doute qu'il ne voulait pas faire un saut historique en arrière. Il avait tout de même proclamé l'abolition de l'esclavage et cela ne l'autorisait certainement pas à proclamer le contraire avec l'engagisme noir, une forme à peine déguisée de la traite négrière et de l'esclavagisme.

---

861 CAOM, C. 18/116, Contrat d'engagement pour les Arabes de Mascate à La Réunion, Mascate, le 5 mai 1850. Ce contrat reprenait les termes de la copie du projet de forme d'engagement pour les Arabes, signé par le commandant de la Division navale de l'océan Indien, basée à La Réunion, datée du 21 décembre 1849. En l'espèce, l'engagement ne stipulait pas le nom du capitaine, ni celui du navire : « Par devant nous Cadi de la ville de Mascate ont comparu Capitaine du navire français __, assisté de ses consignataires Assouf et Leia Bagnans négociants domiciliés à Mascate ». Ce contrat semblait avoir retenu une durée d'engagement de 5 ans, mais nous avons retrouvé le modèle contractuel d'engagement pour les travailleurs de Mascate sans aucune date. Aussi, le modèle offrait la possibilité pour le travailleur libre de Mascate de s'engager pour 3, 5 ou 7 ans. Telle fut la principale remarque que l'on pouvait apporter à titre de comparaison entre ces deux actes, In. CAOM, C. 18/112, Copie du projet formé d'engagements pour les travailleurs arabes (de Mascate).

- Un contrat spécial sous autorité du commandant de la Station navale de l'océan Indien

L'article 1er introduit une première spécificité. Si les engagés restaient essentiellement réservés aux travaux de culture et à la fabrication du sucre, l'engagement s'ouvrait au « *métier de la Marine et tout métier que l'engagiste voudra leur confier* ». Il s'agissait de s'engager pour 5 ans à partir de « *l'entrée au travail à l'Ile de la Réunion* »[862]. L'article 3 précisait que « *tout mois est composé de 26 jours de travail* », la journée débutant au lever du soleil et s'achevant à son coucher. L'engagé bénéficiait de 2 heures de repos par jour en été et de 3 heures en hiver. Aux périodes de « *la manipulation des cannes* », l'engagiste pouvait exiger un surplus de travail payé en heures supplémentaires. Celles-ci étaient conçues par blocs de 12 heures supplémentaires chacun. Est-ce à dire que l'engagé n'était pas du tout rémunéré pour un quota d'heures supplémentaires inférieur à 12 ? Il semble que non, car nous avons retrouvé des contrats d'engagement, plutôt des modèles contractuels, adressés à des Indiens qui stipulaient l'absence de rémunération des heures supplémentaires.

L'article 4 était relatif aux corvées auxquelles l'engagé était soumis au même titre que l'affranchi engagé. Elles avaient lieu tous les jours dès la fin du travail diurne ainsi que tous les dimanches, du lever du soleil jusqu'à 9h00 du matin. Selon le contrat, les corvées consistaient notamment au transport des paquets de fourrage, mais rien n'interdisait aux engagistes et à leurs familles de disposer de leurs engagés comme ils l'entendaient, qu'il s'agisse de menus travaux ou de domesticité. Nous sommes amenés à nous demander si le rythme et la dureté du travail dans les champs, les fabriques, sans compter les tâches domestiques, se distinguaient véritablement de ceux de l'ancien esclave. En ce sens, rappelons qu'une forte et légitime présomption d'esclavage pesait sur la condition d'origine des engagés de Mascate. Les anciens camps d'esclaves étaient restés à l'identique après la grande abolition, le statut de l'esclave ayant seulement été remplacé par celui de travailleur libre ou engagé. On imagine mal que l'habitant ait séparé l'engagé intérieur ou ancien esclave de l'engagé de Mascate qui était lui aussi un ancien esclave. Tous les engagés d'où qu'ils provenaient, cohabitaient ensemble sur une partie de l'habitation du maître. Tout comme pour l'engagé intérieur, l'engagiste avait le devoir de le soigner en cas de maladie, mais il n'avait pas à prendre en charge les frais d'hospitalisation. Or, le terme « hospitalisation » pouvait paraitre ambigu si l'on croit qu'il s'agissait de soigner l'engagé malade dans l'un des deux hôpitaux publics de la colonie. Nous savons que sur les

---

862 Sans doute que les services locaux de la Marine manquaient de main-d'œuvre depuis la proclamation de l'abolition de l'esclavage, ce qui expliquait en partie cette clause.

habitations, un bâtiment faisait office d'hospice. On peut donc dire que l'engagiste le soignait mais en se remboursant sur son salaire en plus des jours de travail défalqués de sa solde pour les jours d'inactivité.

Quant à l'article 5 du contrat de l'engagé arabe, il était relatif au cas où il s'absentait sans la permission du maître. Le prix de 2 jours de travail par jour d'absence était retenu sur son salaire, ce qui rendait comme nous l'avons vu concernant l'engagement intérieur le système du livret tout à fait inutile. Il est très peu probable que l'engagé quel qu'il fût disposait à la fois d'une copie de son contrat de travail et d'un livret. Enfin, si l'engagé de Mascate s'absentait avec la permission de son engagiste ou s'il devait rester dans son logement pour maladie, seules ces journées étaient décomptées de son salaire.

L'autre spécificité de l'engagement de Mascate apparaît à l'article 6 qui précisa les modalités de paiement du salaire de l'engagé. Le salaire mensuel, fixé à 2 piastres[863], était divisé en deux moitiés : l'une payable à la fin de chaque mois, à condition d'avoir atteint concrètement les 26 jours de travail diurne et les corvées sans aucune journée de maladie ou d'absence, l'autre moitié étant retenue par l'engagiste à titre de garantie afin de s'assurer de la fidélité et de la ferveur du travailleur. Cette somme lui était théoriquement rendue à la fin de ses 5 ans d'engagement. Pour rendre cela possible, encore fallait-il que l'engagé se soit totalement soumis aux moindres exigences de l'engagiste, du régisseur et de son chef d'atelier et ce, sans aucune désertion, ni jour d'absence ou de maladie. Dans ces conditions, 5 ans, c'était long. Considérons que l'engagé ne perçoive qu'une piastre par mois[864], il restait à défalquer les jours de maladie, d'absence ou encore pour des travaux mal faits. N'oublions pas que la colonie manquait de numéraire et que dans ce contexte, il est difficile d'imaginer que tous les engagés soient effectivement payés. D'autres modalités étaient donc à l'œuvre. L'habitation pouvait ouvrir ou héberger certaines activités lucratives ou quelques commerces de fortune qui rendaient l'engagé encore plus redevable envers son engagiste. Il est évident qu'en cas de désertion ou de vagabondage, l'engagé perdait définitivement l'autre moitié de son salaire. C'est dire que la réalité d'un salaire en numéraire était loin d'être acquise. Qui pouvait bien défendre les intérêts des engagés de Mascate ? Personne, car le rôle du syndic municipal chargé d'établir une comptabilité des journées de travail ne concernait que les engagés intérieurs.

---

[863] Une piastre équivalait à 3,28 Francs, ce qui représentait le salaire mensuel de l'engagé de Mascate, l'autre piastre faisant l'objet d'une retenue de la part de l'engagiste qui devait être théoriquement reversée à l'engagé à l'expiration de son engagement.

[864] Rappelons pour mémoire que les habitants pouvaient très bien payer leurs engagés tous les mois ou alors tous les 2 ou 3 mois.

L'article 7 était relatif à la ration alimentaire de l'engagé qui *a priori* s'ajoutait à la piastre mensuelle. Elle se composait journellement de 750 grammes de riz et de 100 grammes de légumes secs ou de poisson[865].

L'article 8 stipulait clairement que « *le travail est obligatoire pour les engagés, dès qu'ils seront arrivés sur le lieu du travail et à partir de ce moment, leurs salaires commenceront à courir* ».

L'article 9 sanctionnait les engagés d'une amende en cas de violation des règlements du pays, mais encore fallait-il que l'engagiste et les autorités françaises aient fait le nécessaire pour les en informer dans leur propre langue. Il était également prévu de faire une retenue sur le salaire de l'engagé au titre de la garantie de l'article 6 du présent contrat, montant correspondant aux « *débours pour affaire de justice de quelque nature que ce soit* », de même que l'impôt personnel qui se basait sur la « côte personnelle » que nous avons déjà évoquée concernant l'engagé intérieur[866].

L'article 10 était spécifique à la religion des Arabes de Mascate, car il était prévu « *un jour de libre* » à l'occasion de la fin du ramadan et à l'occasion de la fête de la Hid-el-Kibir. On suppose que cet article était un acte de courtoisie et de grand respect à l'égard de l'iman de Mascate, mais il n'est pas certain que les engagés de Mascate étaient de confession musulmane. D'ailleurs, l'article 11 du contrat d'engagement leur offrait le privilège d'élever des volailles, des lapins et même des porcs et ce, à la double condition que l'engagiste les y autorise et que la moitié de tout l'élevage lui revienne. On peut imaginer que l'engagiste rétribuait en majeure partie son engagé de cette manière.

Selon l'article 12, le capitaine qui recrutait les engagés arabes de Mascate se réservait le droit de céder « *le présent engagement commun à tous* ». C'est dire que l'identité de l'engagiste était encore inconnue sans doute parce que l'habitant voulait s'assurer de leurs pleines capacités physiques. En tous les cas, cela posait la question de la valeur du consentement, de la liberté et des droits de l'engagé une fois débarqué, car un contrat d'engagement ne se conçoit sérieusement que lorsque l'identité des 2 parties était parfaitement connue et clairement établie sur un acte juridique faisant foi. En effet, tant qu'il n'y avait pas d'engagiste bien identifié, le contrat d'engagement

---

865 La ration alimentaire réservée à l'engagé de Mascate était apparemment exactement identique à celle de l'affranchi engagé et ce, en vertu de l'arrêté local du 24 octobre 1848.

866 J. V. PAYET, *Op. Cit.*, p. 115. Rappelons que le projet d'un impôt portant sur les premiers engagés indiens fut abrogé, car les engagistes avaient fait valoir qu'ils étaient déjà redevables d'un impôt sur leurs esclaves et qu'ils devaient supporter les frais d'introduction des engagés. Or, l'arrêté local du 24 octobre 1848 touchait toutes les populations de couleur soumises au principe de l'obligation de travail qui fixa un impôt de 6 Francs par an. Rien n'interdisait l'engagiste de retenir ce montant directement sur le salaire de son engagé.

n'existait pas. Il n'y a pas de versement de salaire. Nous sommes dans tout ce qui a trait au pré-contrat mais pas au contrat d'engagement à proprement parler. En l'état actuel des choses, l'engagé était perçu de manière collective, par lots. Une fois que le recruté avait consenti, il perdait tous ses droits et libertés. Aucune rétractation de son côté n'était possible. Son consentement était définitif. Son travail appartenait totalement à un engagiste fictif. Celui-ci et le capitaine étaient les seuls à même de conclure ou non l'engagement[867].

Conformément à l'article 13, chaque engagé reconnaissait avoir reçu 6 piastres d'avance correspondant à 3 mois de salaire. Cette somme était en réalité due par l'engagé au capitaine qui l'avait transporté et « vendu » à un habitant. Elle correspondait sans doute au prix du passage. Pour rembourser cette somme, l'engagé allait devoir travailler sans percevoir le moindre salaire pendant 3 mois[868]. Avec un tel système, on doute que l'engagé pouvait espérer toucher bientôt un salaire entier ou partiel en numéraire.

Enfin, notons que ce contrat d'engagement était reconnu comme un « *Engagement conforme à celui donné par Monsieur Février Despointes, Chef de la station à la Réunion* »[869].

---

867 Récapitulons le rôle des capitaines introducteurs :

- le capitaine de navire est tenu pour responsable du trafic auquel il s'adonne ;
- le capitaine de navire introducteur vend directement aux colons de La Réunion le contrat des engagés qu'il a recrutés (liberté contractuelle).

Les frais de cette introduction :

- Frais de recrutement et d'introduction : environ 6 piastres/tête, ponctionnés sur le salaire de l'engagé par l'engagiste ;
- Vente du pré-engagement, qui vaut contrat d'engagement, « signé » sur les lieux du recrutement par les engagés.

Salaire de l'engagé étranger : en principe 2 piastres brut :

- 1 piastre retenue par l'engagiste pour garantir aux engagés un pécule à la fin de leur contrat ;
- Une retenue indéterminée sur le salaire de l'engagé par l'engagiste afin de rembourser le capitaine de ses frais d'introduction et peut-être même de la vente du contrat d'engagement à l'engagiste ;
- la côte personnelle de 6 Francs par an.

868 Contrat d'engagement pour les Arabes de Mascate à La Réunion, Mascate, le 5 mai 1850, *Op. Cit.* L'article 13 stipulait que « Chacun des Arabes sus dénommés reconnaît avoir reçu du capitaine la somme de 6 piastres d'avance ou le paiement de trois mois de travail, somme qui sera remboursée au capitaine par l'engagiste par les travailleurs par une retenue mensuelle de la moitié des appointements ».

869 Contrat d'engagement pour les Arabes de Mascate de La Réunion, Mascate, le 5 mai 1850, *Op. Cit.* Ajoutons que la stipulation « Les sus nommés étant sains d'esprit et de corps ont déclaré formellement qu'ils consentaient à toutes ces conditions, après lecture à eux faite dans leur langue » faisait suite à la formule mentionnée. Cela confirmait que le consentement des engagés n'était exprimé qu'une seule et dernière fois pour toute la durée théorique de son contrat. Contrairement aux premiers engagés indiens, la question du « pré-engagement » ne se posait plus. Une fois que le

- Un contrat servile inhumain pendant la vacance du pouvoir

Dans une note anonyme d'octobre 1850, l'auteur osa quelques critiques et s'interrogea au sujet du contrat d'engagement des Arabes de Mascate. Sur l'article 3, il était demandé si l'engagé disposait de la faculté de refuser d'effectuer des heures supplémentaires, étant donné que le régime général de l'engagement était disciplinaire et « *obligatoire* ». Quant à l'article 4, il demeurait une certaine ambigüité, car l'engagement arabe ne donna pas de définition précise aux « *soins médicaux* ». Sans doute que l'auteur était un engagiste non-sucrier et qu'il ne souhaitait pas donner plus que ce qui était contractuellement et légalement prévu. Nous assistons peut-être là à des revendications de colons plus modestes face au monopole des engagistes sucriers sur l'ensemble de la main-d'œuvre de couleur.

L'auteur anonyme évoqua à travers l'article 6 la possibilité de retenir jusqu'à la moitié du montant du salaire. Une autre retenue était effectuée pour rembourser les capitaines de navire des frais afférents à leur recrutement. Tout cela faisait que l'engagé percevait moins d'une piastre par mois. L'auteur de la note attira l'attention sur les difficultés auxquelles l'engagé risquait d'être confronté pour subvenir à ses besoins et à ceux de sa famille, si famille il y avait. Et sur ce point, l'engagisme extérieur n'avait jusqu'ici jamais favorisé la constitution de familles. Les seules mesures légales et locales qui furent adoptées et qui démontraient une certaine attention à l'égard des familles indigènes concernaient celles des affranchis engagés[870].

Enfin, l'auteur anonyme mit l'accent sur quelques incohérences qui n'existaient pas aux Antilles. Il reprocha aux autorités locales de ne pas avoir prévu de salaires gradués en fonction de l'âge et du sexe de l'engagé, « *comme dans les contrats des travailleurs des Antilles* ». De plus, les engagés étrangers à La Réunion ne bénéficiaient d'aucune stipulation contractuelle pour couvrir éventuellement leurs dépenses de retour dans leur pays d'origine, à savoir Mascate. Ce silence, volontaire ou non, accentuait la dérive de l'engagisme vers un trafic avéré d'esclaves. Si La Réunion ne prévoyait pas légalement ou contractuellement le retour des « Arabes » dans leur pays d'origine après l'expiration des 5 ans d'engagement, ces derniers ne disposèrent certainement pas de la somme nécessaire pour leur assurer le chemin du retour. Nous atteignons ici un point fondamental, car les engagistes savaient que les autorités de Mascate vendaient une main-d'œuvre africaine principalement

---

consentement était exprimé, les engagistes successifs étaient libres de le sous-louer à leur gré.

[870] Les articles 2 à 4 de l'arrêté du 5 décembre 1849 énonçaient l'obligation du travail des femmes indigènes anciennement esclaves. Si elles étaient mariées, leur engagement devait expirer au même moment que l'engagement de leur époux. Notons que l'engagiste exerça le rôle de tuteur à l'égard des enfants de moins de 15 ans. Quant aux orphelins, ils étaient placés sous la tutelle d'un magistrat.

esclave, les Arabes n'ayant pas cessé non plus à cette époque ce genre de trafic[871].

Dans l'île, il existait après 1848 un véritable marché commercial d'engagés dont le contrat était cédé au plus offrant par les capitaines de navire. Aux Antilles, tout portait à croire que les prix de cession étaient fixes, afin de rendre le trafic plus régulier et plus moral qu'il ne l'était dans les Mascareignes[872]. Cela ne signifiait certainement pas qu'aux Antilles le Conseil privé ait décidé de manière définitive un prix fixe, mais sans doute qu'en autorisant l'introduction de tel navire, le prix en avait été préalablement déterminé à l'occasion de chaque commande de convois. C'est dire qu'un minimum de contrôle de la part de l'autorité gouvernementale fut instauré dans les colonies françaises occidentales.

A La Réunion, les autorités y compris celles de la Marine étaient en crise alors qu'elles devaient veiller de concert à ce que la législation engagiste s'applique dans un contexte historique particulier. Il était semble-t-il légitime que l'engagement de Mascate échappe à l'autorité du gouverneur parce qu'il reposait sur la liberté et la souveraineté conventionnelles. Or, l'engagisme noir de Mascate ressemblait davantage à une législation voire à un pré-contrat mais certainement pas à un contrat d'engagement.

Enfin, notre auteur anonyme réclamait que soient décrites toutes les obligations de l'engagiste, car « *le contrat en un mot parait avoir tenu à l'écart la majeure partie des intérêts de l'engagé pour ne s'occuper que de ceux de l'engagiste* » qui pouvaient « *donner matière à de nombreuses interprétations* ». Il appelait le commissaire-général par intérim à réagir sur la dérive de l'engagement de Mascate et sur la politique menée dans l'île. Sarda Garriga n'était plus le chef officiel de la colonie et si le capitaine Barolet de Puligny le remplaça en attendant que le nouveau gouverneur, Monsieur Doret, n'arrive pour y prendre ses fonctions, l'homme fort était le commandant Febvrier-Despointes, le supérieur hiérarchique du capitaine en sa qualité de commandant.

Nous pouvons considérer d'une part, que cette courte période de crise politique institutionnelle (novembre 1849-février 1850) fut favorable à

---

[871] Est-ce à dire que la vente d'esclaves africains par les Arabes de Mascate pouvait être un moyen puissant de les convaincre de se convertir à la religion du sultan et iman de Mascate, afin d'échapper à cette condition esclave ? Cet état des choses nous amène à considérer qu'aucun Arabe de confession musulmane ne fut en réalité vendu à titre d'engagé aux capitaines français à destination de La Réunion. D'ailleurs, l'article 11 du contrat d'engagement de Mascate stipulait que l'engagé pouvait élever des porcs, hypothèse impensable si l'engagé était musulman. Il faut donc bien distinguer l'Arabe du musulman.

[872] CAOM, C. 18/116, Note anonyme du mois d'octobre 1850 : « Le marché est cessible au plus offrant », article qui ne figurait pas dans « les contrats faits jusqu'à ce jour à l'occasion des immigrations de travailleurs dans les Antilles ».

l'introduction d'engagés noirs dits de Mascate et d'autre part, que cette politique migratoire fut conduite sous l'autorité d'un chef officieux avant la prise de fonction du nouveau gouverneur, c'est-à-dire le commandant avant le 15 février 1850.

## § 2 – La nécessaire restauration de l'engagisme indien

L'introduction de travailleurs étrangers dans la colonie reprit au cours de l'année même de l'abolition de l'esclavage et ce, malgré la vigueur des prohibitions noire et indienne. Certains navires débarquèrent leurs convois interdits alors que le gouverneur n'avait pas encore réglementé la transformation légale du statut de l'esclave en celui de l'engagé ou de travailleur libre. Les chiffres qui nous parviennent à ce sujet ne sont pas éloquents mais, les 17 rades que comptait l'île pouvaient connaître de nombreux débarquements d'immigrants et l'on sait qu'un bureau des douanes devait y être établi à condition que les activités de batelage ou de bornage fussent reconnues importantes en l'absence de port véritable. De 1848 à 1852, des engagés majoritairement indiens sont introduits sans que l'on sache exactement leur nombre sous le régime de liberté commerciale[873]. Durant la courte période 1848-1849, un certain conflit d'autorité opposa le commandant de la Station navale au commissaire-général. Lorsque l'on connaît les attributions du commandant dans son rôle de contrôle des côtes, nous comprenons pourquoi certains habitants firent appel à lui pour négocier avec l'iman de Mascate dans le projet de conclure un traité commercial relatif à l'engagisme noir. L'autorité de Monsieur Febvrier-Despointes pouvait s'avérer menaçante à l'égard de certains grands habitants dont les domaines gagnaient sur l'océan Indien avec ou sans voie carrossable satisfaisante qui les reliaient aux autres quartiers. Les maisons de commerce, les entreprises de cabotage et eux semblaient bénéficier de l'appui du commandant. Le sujet de l'immigration échappa ainsi un temps à l'autorité du gouverneur et ce, d'autant plus que les différents contrats abyssins et de Mascate eurent l'aval du commandant de la station.

Quant à la main-d'œuvre indienne, elle provenait essentiellement des territoires britanniques, ce qui écartait la question de l'affranchissement, de la naturalisation et de la citoyenneté françaises, surtout que l'engagement devait prévoir son rapatriement. Avec les Indiens, les habitants pouvaient exclure l'exécution de la loi du 12 nivôse an VI (1er janvier 1798) et de l'article 7 du décret d'abolition du 27 avril 1848. Ils pouvaient tirer profit d'un vide juridique sur une population dont la nationalité n'était ni certaine ni démontrée.

---

[873] Le décret du 27 mars 1852 organisa le marché de l'engagisme indien placé sous la surveillance des gouvernements coloniaux de la Martinique, de la Guadeloupe, de la Guyane et de La Réunion.

Avec les arrêtés des 24 octobre 1848 et 24 mai 1849, le parti engagiste fut rassuré. Le régime de l'obligation de travail des affranchis et des immigrants fut même renforcé par l'arrêté du 7 février 1849 relatif à la survie du système des ateliers de discipline soutenu par Paris. Les engagés clandestins ne pouvaient facilement réclamer des droits et libertés fondamentaux puisque le principe commun de la classe des ouvriers de couleur était celui de l'obligation disciplinaire du travail. La formidable logique juridique paraissait clairement favorable aux activités développées par des engagistes sucriers et des maisons de commerce. Aucune législation ne pouvait être raisonnablement adoptée par le gouverneur et ses conseillers puisque les chiffres officiels portant sur les engagés présents dans l'île étaient très ou trop faibles. Il y avait donc confusion des mains-d'œuvre entre elles, même si elles étaient d'origines distinctes. Cet état des choses privilégia la liberté de commerce. Cependant, à l'occasion de l'arrivée imminente de plusieurs convois d'Indiens dans le chef-lieu, le Conseil privé dut délibérer en se fondant sur la notion d'ordre public, dont la santé, pour réinvestir la matière de l'immigration temporairement délaissée. La santé publique pouvait être mise en danger à cause des épidémies ramenées par des navires et leurs nombreux passagers ou *coolies* et cela faisait partie intégrante de la compétence du gouverneur à laquelle personne, pas même le commandant de la station, ne pouvait faire obstacle.

Ainsi, grâce à la thématique de la santé et par conséquent, du lazaret, le Conseil privé de Sarda Garriga se réappropria la matière de l'immigration. Il s'agissait là de la principale limitation à la liberté conventionnelle et de commerce des maîtres-habitants et des négociants. L'arrêté du 7 juin 1849 permit au gouvernement local de rétablir une législation spécifique à l'engagement extérieur tout en veillant à ne pas trop empiéter sur les principes de droit de propriété et de liberté conventionnelle si ardemment défendus par les notables (A). En fixant par exemple chaque année le nombre de bras nécessaire à la colonie, il s'agissait là d'une mesure qui se justifiait pleinement dans le cadre de la santé publique. Or, l'arrêté de Pondichéry du 18 juin 1849 n'était pas tout à fait dans cette suite logique, car les conditions de transport des *coolies* furent réglementées en fonction des intérêts commerciaux des maisons de commerce, sans oublier les conditions du recrutement, élément toujours d'ordre privé (B).

### A/ L'arrêté local du 7 juin 1849 : la question politique de l'immigration indienne

L'autorité du commandant de la Station navale de l'océan Indien s'était renforcée depuis 1847, c'est-à-dire depuis les négociations engagées avec l'iman de Mascate, soutenue par le parti engagiste dont l'un des représentants était Monsieur de Rontaunay. Les contrats-cadre de l'engagisme noir, qu'il s'agisse de l'Abyssinie ou de la région proche de Mascate ou de Zanzibar, s'étaient fortement inspirés de la libération des obligations des maîtres-engagistes à l'égard des anciens esclaves. L'engagisme représentait avant tout un marché très lucratif pour les maisons de commerce et les habitants qui disposaient de la faculté d'aliéner comme bon leur semblait les clauses contractuelles de leurs nombreux engagés. Avec l'abolition de l'esclavage, nous assistons à une sorte de libéralisation juridique et économique du marché du travail et de l'immigration. D'ailleurs, Sarda Garriga ne pouvait qu'admettre la voie dans laquelle voulaient s'inscrire les propriétaires sucriers, à savoir l'engagisme extérieur en déclarant : « *si l'insuffisance des bras appauvrit un pays, l'ordre public à son tour est menacé* »[874].

Le commissaire-général devait trouver des solutions aux réclamations des aristocrates locaux qui ne parvenaient pas à fidéliser les anciens esclaves. Il devait absolument et prioritairement réussir la pacification de l'île et anticiper les impacts attendus de l'abolition auprès de ses « enfants »[875], la question de l'immigration passant ainsi au second plan. Pendant un laps de temps relativement court, 1847-1850, les engagistes se livrèrent à une liberté d'initiative ou à une libéralisation brutale en matière d'immigrations malgré les freins et les interdits politiques et ce, au nom d'une interprétation largement favorable à la liberté conventionnelle, au droit de propriété et à la liberté de commerce[876]. Le problème qui se posa alors était le suivant : les statistiques démontraient toujours un chiffre d'engagés étrangers faible voire ridicule, une législation spécifique inapplicable et inenvisageable à cause de la confusion pratique entre toutes les mains-d'œuvre, la nécessité unanime de parvenir à une législation sociale unique et uniforme à tous, que l'on fût immigré ou ancien esclave. Cet état des choses soulignait l'absence de l'intervention du gouvernement local dans la question de l'immigration alors qu'il demeurait le seul compétent surtout si la santé publique était en cause.

Sarda Garriga revint sur les immigrations contractuelles en traitant des sujets en matière de santé publique et de protection spécifique due à l'engagé

---

[874] CAOM, C. 432/4614, Correspondance du commissaire-général de La Réunion adressée au ministre de la Marine et des Colonies, Saint-Denis, le 25 août 1849.

[875] Voir sa proclamation du 7 février 1849 reproduite plus haut.

[876] Correspondance du commissaire-général de La Réunion adressée au ministre de la Marine et des Colonies, Saint-Denis, le 25 août 1849, *Op. Cit.* : « Avant l'abolition de l'esclavage, le nombre de bras affectés aux travaux de la grande culture était déjà de beaucoup et la Colonie s'était vue obligée de recourir à l'introduction de laboureurs étrangers... Ce besoin est devenu plus pressant encore depuis l'émancipation qui a enlevé un certain nombre de travailleurs aux exploitations agricoles. Depuis cette époque, les immigrations se multipliaient mais sans garantie pour les intérêts des engagés sans de suffisantes précautions pour la santé publique. Dès lors, il devenait urgent de modifier la législation sur cette matière et de soumettre l'introduction des travailleurs à des conditions plus appropriées aux nécessités actuelles ».

étranger[877]. Il convenait ainsi de restaurer le principe des législations spéciales de l'engagisme extérieur, mais la marge de manœuvre était étroite, car le commandant Febvrier-Despointes avait pris le monopole du sujet de l'engagisme noir.

### 1) Le gouvernement réunionnais : le garant de la moralité de l'engagement indien

Le thème de l'immigration réapparut de manière assez explicite en 1849. Les liens commerciaux entre les Indes et La Réunion étaient forts. Si l'engagisme noir était d'ores et déjà opératif, il demeurait relativement suspicieux et son avenir menacé notamment par les Britanniques. La colonie attendait d'importants convois de *coolies* indiens à un moment où deux autorités locales s'affrontaient : le commissaire-général et le commandant de la station navale. L'enjeu était majeur, car d'un côté, Monsieur Sarda Garriga plaidait pour une gestion et un contrôle obligatoires diligentés par son administration et d'un autre côté, Monsieur Febvrier-Despointes était partisan du renforcement de la liberté de commerce y compris celle des mains-d'œuvre encadrée par sa propre autorité.

En Afrique orientale et dans le Sud-Ouest de l'océan Indien, de fortes suspicions de traites d'esclaves pesèrent sur les trafics de mains-d'œuvre dites libres à destination de La Réunion. En Inde, les Britanniques accusaient régulièrement les Français de voler leurs sujets qui travaillaient comme de véritables esclaves sous couvert d'engagements. L'anonymat imposé sur bon nombre d'engagés noirs ne représentait qu'un élément parmi d'autres qui trahissait la résurgence de pratiques serviles. Il convenait de travailler davantage le sujet de la moralité du trafic et du traitement infligé aux immigrants indiens. Qui étaient-ils ? Des passagers, des engagés temporaires ou définitifs, des vagabonds, des serviles, des clandestins ? Combien étaient-ils réellement dans l'île ? Autant de questions qui relevaient de la moralité du travail que seule l'autorité du gouverneur pouvait régler légalement. C'est dire que nous étions très éloignés de « l'amour du travail ».

- La question du rapatriement de l'engagé indien

A l'occasion de l'imminente arrivée de convois d'Indiens, la politique du gouverneur consistait sans équivoque à rappeler et à réglementer la moralité et la légalité de l'immigration indienne. Le 16 mai 1849, le Conseil privé décida par exemple de « *prescrire que, dans toutes les immigrations qui*

---

[877] *Ibidem* : « L'affranchissement ayant effacé toutes les distinctions et confondu toutes les classes de travailleurs en une seule soumise désormais au droit commun, il était impossible de faire revivre les anciennes catégories en instituant pour les Indiens un régime particulier et exceptionnel ».

*auraient lieu le nombre de femmes fut autant que possible le tiers de celui des hommes et qu'il ne fut jamais moindre du dixième* ». Cela fut repris dans le cadre de l'arrêté du 5 décembre 1849[878].

En traitant de l'engagisme indien, le commissaire-général entendait affirmer son autorité face à celle du commandant de la station, car réglementer l'immigration péninsulaire, c'était réglementer à terme toute la question de l'immigration, ce qui revenait à réinvestir tous les sujets liés aux engagismes.

En déclarant que « *les travailleurs indiens ont le droit, à l'expiration de leur engagement, d'être rapatriés aux frais du dernier engagiste* », Sarda Garriga souhaitait démontrer le caractère moral de tout l'engagisme. Notons ici que le commissaire-général n'évoqua en aucun cas le rapatriement de l'engagé africain, domaine officieusement réservé pour l'instant au commandant[879]. Pour l'Indien, s'il devait être rapatrié aux frais du dernier engagiste, c'était à condition que le contrat n'ait pas été rompu avant son terme. A travers le terme de « *dernier engagiste* », cela corroborait aussi avec une autre pratique selon laquelle au cours d'un engagement normal, conclu pour une durée de 5 ans, l'engagé connaissait plusieurs engagistes successifs ou sous-engagistes, son contrat ayant fait l'objet de vente et de revente, de locations sans qu'il ait pu s'exprimer puisqu'il avait consenti définitivement une seule fois pour toute la durée de l'engagement[880]. Mais, ce qui pouvait donner lieu à une difficulté supplémentaire résidait dans le fait que nous ignorons si à chaque nouvel engagiste, le terme initial des 5 ans repartait de zéro, ce qui pouvait prolonger indéfiniment le séjour de l'engagé dans l'île, le rapatriement devenant ainsi purement théorique ou illusoire. On imagine que le dernier engagiste refusait de rapatrier à ses frais un engagé dont le service fut acheté que pendant 6 mois, 1 ou 2 ans seulement. Pour des raisons de rentabilité de l'opération, nous supposons que l'engagiste louait très certainement ses services à d'autres colons.

---

[878] La question de la moralité s'était posée à l'égard d'engagés asiatiques de sexe masculin qui se livraient au commerce de la prostitution. Le commissaire-général et plus tard le procureur général notèrent que les femmes affranchies faisaient elles aussi commerce de leurs corps. Ainsi, l'arrêté du 7 juin 1849 énonça un quota minimum obligatoire de femmes fixé à un dixième du convoi d'Indiens, tandis que l'arrêté du 5 décembre 1849 tenta de lutter contre la prostitution des natives de l'île en étendant l'obligation de travail de l'arrêté du 24 octobre 1848 aux anciennes esclaves.

[879] Le commissaire-général éprouva de grandes difficultés à imposer des règles strictes pour encadrer l'engagisme noir, car tout nouvel immigrant en provenance d'Afrique et de Madagascar se fondait facilement dans la masse des anciens esclaves à La Réunion.

[880] Plusieurs articles de journaux locaux faisaient de la publicité pour vendre le travail des engagés en fonction de leur « race » d'origine.

Dans de telles circonstances, pourquoi la notion de rapatriement était-elle alors si importante alors même qu'elle fut rarement mise en application ? A défaut de rapatriement, on supposait plus facilement qu'il était contraint de rester dans l'île et qui dit contrainte, dit peu ou pas de liberté réelle, ce qui nous ramène irrémédiablement sur le terrain de l'esclavagisme ou du servilisme.

- La question du mauvais traitement de l'engagé indien

Le 19 mai 1849, suite à des incidents provoqués par des Indiens récemment débarqués dans l'île, le directeur de l'Intérieur fit observer que certains de ces engagements faisaient l'objet de contestations légitimes, notamment concernant le mode des retenues sur salaire et l'insuffisance de nourriture[881]. Au nom de la liberté conventionnelle, les engagistes avaient imposé un engagement très proche ou semblable au modèle contractuel que nous avons étudié concernant l'engagement abusif de Mascate. Les mots du directeur de l'Intérieur étaient durs et non-équivoques. Les engagistes apparaissaient comme des contractants « *vicieux* » ou défaillants, ne payant pas ou pratiquement pas leurs engagés indiens, ce qui revenait à les considérer indubitablement comme une main-d'œuvre non-salariée et non-libre[882]. Nous pouvons dès lors affirmer qu'il ne s'agissait même pas de « salariat contraint », mais plutôt d'esclavagisme ou de servilisme à peine déguisé[883].

---

[881] Délibération du Conseil privé de La Réunion, Saint-Denis, le 19 mai 1849, *Op. Cit.* Il s'agissait d'Indiens qui avaient débarqué des navires la Julie et le Jupiter.

[882] *Ibidem.* Le directeur de l'Intérieur déclara que « Des réclamations journalières sont faites par les Indiens qui ne se rendent pas compte de leur position et, qui se plaignent de n'être pas payés intégralement. Des vérifications ont été faites à ce sujet, et il en est résulté que le compte qui leur avait été fait, et par suite duquel ils ne touchaient rien ou à peu près était parfaitement exact. Cela prouve que la plupart de ces engagements sont vicieux, et il est du devoir de l'administration d'intervenir ».

[883] Les historiens H. TINKER, H. GERBEAU, S. FUMA, E. WONG-HEE-KAM, S.-S. GOVINDIN, M. MARIMOUTOU-OBERLE retiennent en général la thèse selon laquelle les engagés étrangers étaient soumis à une forme d'esclavage plus ou moins déguisée. H. HAI QUANG préfère parler de salariat contraint, soulignant que l'engagé percevait une rémunération et que la durée journalière de son travail n'était pas pire que celle pratiquée en Europe dans certains secteurs d'activités très éprouvants. Il est vrai que de prime abord le contrat d'engagement apparaît sous la forme d'un salariat contraint, mais nous avons souligné au cours de nos développements que ce contrat de travail n'était pas conclu par écrit, les seules traces conventionnelles évoquant davantage le transport et la vente de la force de travail dudit engagé, ce qui remettait en cause les stipulations contractuelles envisagées ainsi que leur respect. Il est probable que les engagistes les modifièrent à leur guise en vertu de leur liberté conventionnelle surtout lorsque l'attention administrative s'atténua après la prohibition indienne du 6 mars 1839 et l'abolition de l'esclavage du 20 décembre 1848. Par ailleurs, le système du livret ne peut pas être défini comme ayant

N'oublions pas que la volonté du gouvernement local consistait à réinvestir sa compétence dans la matière de l'immigration. Si le directeur de l'Intérieur accusa le parti engagiste d'être un contractant vicieux, c'est dire que le principe de la liberté conventionnelle dans cette matière était allé trop loin.

L'intervention de l'administration paraissait fondamentale pour que les intérêts des travailleurs soient au minimum garantis. Le monde de l'industrie n'était pas prêt à respecter la légalité et les stipulations contractuelles qu'il avait pourtant revendiquées devant le Conseil privé. Le gouverneur devait assumer pleinement son rôle de tuteur, d'accompagnement tant auprès des anciens esclaves que des engagés étrangers. Les recours juridictionnels étaient difficiles voire impossibles d'accès pour les engagés qui restaient soumis au régime de l'arrêté du 24 octobre 1848 et *a posteriori* à celui du 24 mai 1849 qui affirmait une discipline commune à l'égard des esclaves et des engagés. Quant aux engagés étrangers, ils ne bénéficiaient d'aucun tuteur de droit ni de fait, les syndics municipaux ne concernant que les engagés intérieurs.

L'habitant Lebeaud relativisa la gravité des manquements contractuels dénoncés par le directeur de l'Intérieur qui avait également souligné l'état de misère dans lequel vivaient les Indiens. Alors que ces derniers n'étaient rien dans leur pays, livrés à eux-mêmes, leur engagement était une opportunité extraordinaire d'évolution sociale. Le conseiller Lebeaud ne réfutait pas les accusations d'insuffisance de nourriture ni le non-paiement des salaires. Selon lui, l'abolition de l'esclavage avait fait émerger la toute-puissance de la liberté conventionnelle[884]. Mais, si le contrat imposé par l'engagiste devait être considéré comme souverain, le travailleur libre de couleur se plaignait justement de l'inexécution des stipulations que le capitaine de navire ou l'agent commercial lui avait proposées avant son débarquement. Cela signifie que le montant du salaire était purement fictif. Cela signifie également qu'il y

---

parfaitement reproduit le contrat d'engagement. Nous avons vu qu'il avait pour but majeur de contrôler les circulations des engagés sur le territoire réunionnais, le but étant pour les autorités et n'importe quel colon d'identifier tel engagé comme faisant partie du camp des engagés de tel habitant. Tous ceux qu'on ne parvenait pas à identifier étaient considérés comme vagabonds et donc libres de les recruter. Les modalités de l'engagement étaient diverses : annuelle, pluriannuelle voire sur le long terme pour les plus fidèles, le temps de la campagne sucrière pour certains, à la tâche ou à la journée pour d'autres. Ils trouvaient là le moyen d'être nourris et logés plus ou moins confortablement, plus ou moins éloignés de la maison du maître. Le maître ou l'engagiste avait tendance à les entretenir, mais rarement à les rémunérer.

[884] Délibération du Conseil privé de La Réunion, Saint-Denis, le 19 mai 1849, *Op. Cit.* Pour Monsieur Lebeaud, « il serait fort difficile de toucher à des engagements qui ont été contractés librement… Il ne faut pas s'étonner que ces travailleurs s'engagent à des conditions qui apparaissent si peu avantageuses pour eux. Il faut se rendre compte de la misère dans laquelle ils vivent dans leur pays, cette misère est telle que ces engagements sont pour eux une amélioration de position ».

avait bien 2 temps : celui de la promesse d'un contrat d'engagement délivrée par le capitaine et l'agent d'émigration et celui du contrat d'engagement à proprement parler imposé par l'engagiste. Nous imaginons effectivement que l'engagiste ait très bien pu modifier certaines clauses, faisant de l'engagement un contrat de travail dont la seule contrepartie était l'entretien quotidien de l'engagé. Le contrat conclu pouvait par ailleurs n'avoir été que verbal, invérifiable, et être différent du contrat-cadre proposé avant son transport. Dans les archives, malgré les termes employés « Contrat d'engagement », à bien y regarder, cela s'apparentait juridiquement plutôt à la promesse d'un contrat, à un contrat-cadre, à un modèle contractuel et pas du tout au contrat lui-même, ce dernier pouvant effectivement n'être que verbal pour qu'il n'y ait pas ou peu de traces écrites permettant d'établir des liens contractuels évidents et donc opposables pendant 5 ans entre tel engagiste et tel engagé. Relevons également que la pratique du livret était assez marginale jusqu'à cette période.

Revenons au salaire. Son absence dans les faits touchait aussi bien les esclaves, les engagés intérieurs (affranchis-engagés) que les engagés extérieurs (Indiens, Chinois, etc.)[885]. Rappelons-nous que le système du bon mensuel fut retenu pour l'engagement intérieur, car la colonie se plaignait d'être constamment en manque de numéraire et de crédit. En ce qui concerne les termes de l'engagement de Mascate auxquels les Indiens étaient *a priori* soumis, la retenue de la moitié du salaire et la part mensuelle revenant directement au capitaine recruteur amputaient sérieusement la réalité d'une solde pécuniaire, du moins à hauteur de 6 piastres, soit les 3 premiers mois d'engagement[886]. Par ailleurs, tous les engagés étaient redevables de l'impôt en fonction de sa côte personnelle. Or, si les immigrations échappaient totalement à l'autorité gouvernementale, il était extrêmement périlleux de réclamer le montant de cette taxe. Il fallait que l'administration dépêche des enquêteurs directement sur les différentes habitations, ce qui n'était pas encore envisageable dans cette période d'ébranlement économique et politique.

---

[885] Pour ce citoyen, il n'était pas imaginable de faire travailler dans les mêmes conditions un libre de couleur et un blanc. Par ailleurs, les immigrants contractuels africains, malgaches et asiatiques devaient prendre conscience de la chance qu'ils avaient de venir travailler même durement à La Réunion, car les législations sociales leur étaient de plus en plus avantageuses. Certes, le salaire n'était pas toujours versé et ne correspondait pas toujours à ce qui était expressément dans le contrat d'engagement, mais les engagés avaient été sortis de la misère. Telle était semble-t-il l'opinion publique coloniale de l'époque.

[886] Cette part mensuelle sur le salaire de l'engagé revenant au capitaine recruteur s'apparentait à l'ancienne délégation familiale pesant sur les premiers engagements indiens. C'est dire qu'elle était pratique courante malgré les vives oppositions des habitants réunionnais.

Selon l'ordonnateur, si les engagés se plaignaient de l'insuffisance de nourriture, rien ne les empêchait de la compléter par leurs propres moyens. Or, le directeur de l'Intérieur rappela qu'ils n'avaient tout simplement pas d'argent. Dès lors, l'ordonnateur proposa au conseil de permettre aux engagés indiens de percevoir et donc d'utiliser très concrètement la moitié de leur salaire qui faisait l'objet d'une retenue par l'engagiste. Or, comme le souligna le procureur général, ce point ne faisait pas partie des attributions de compétence du gouvernement local. La liberté, la nature des salaires, était une composante de la liberté conventionnelle. C'était donc l'affaire des habitants.

Le magistrat profita de cette discussion pour que le Conseil privé fixe un salaire à la fois bas et unique pour qu'il s'adresse à tous les engagés quels qu'ils soient. Rappelons-nous qu'il s'agissait là d'une revendication antérieure à la proclamation de l'abolition de l'esclavage, un salaire unique, sans considération du métier ni du pays d'origine du travailleur, pourvu qu'il soit de couleur[887]. Il appartenait alors au gouverneur le soin de fixer une sorte de grille des salaires des engagés destinés à l'attention des agents d'émigration en Inde[888]. Tout était prétexte pour le gouvernement local d'éviter la voie judiciaire.

Lors de cette même délibération, il fut décidé sur proposition du procureur général d'engager un interprète indien provenant de Karikal ou de Pondichéry rétribué 50 Francs mensuels. Pour ce faire, il entendait faire une demande auprès du gouverneur de Pondichéry. L'idée de la création de cet emploi paraissait nécessaire, car « *la nombreuse introduction de travailleurs de l'Inde crée tous les jours pour l'Administration des embarras qui vont augmenter encore, faute de pouvoir comprendre leur langage* »[889]. Les propos du magistrat sont intéressants, car ils soulignent clairement qu'aucune plainte de la part des engagés indiens n'était parvenue sur les bureaux du gouverneur et des magistrats[890]. Le français n'étant pas leur langue maternelle, les Indiens n'avaient aucune chance de se faire comprendre surtout sans interprète officiel. Le 18 juillet 1849, Monsieur Chénot fut nommé commis de bureau

---

887 C'était à l'occasion des engagés chinois et indiens dans l'île. Le salaire différait selon les convois.

888 Délibération du Conseil privé de La Réunion, Saint-Denis, le 19 mai 1849, *Op. Cit.* Pour le procureur général, les juridictions ordinaires étaient pleinement compétentes en matière de plaintes et d'incidents touchant de près ou de loin les Indiens, car il s'agissait du droit des contrats. Il proposa toutefois « d'arrêter un projet de contrat qui serait adressé à l'Administration de l'Inde pour lui servir de guide afin d'arriver autant que cela serait possible à une stipulation uniforme pour les salaires ».

889 *Ibidem.*

890 *Ibidem.* Le procureur général déclara que « Les tribunaux ont journellement besoin d'un interprète. Ceux qui existaient à Saint-Denis sont loin d'être bons et il est difficile d'en tirer quelque chose. Il s'en trouve d'excellents à Karikal et à Pondichéry où on pourrait en demander ».

du syndicat des Indiens, faisant office d'interprète local des langues indiennes. Malgré cela, notons qu'aucun engagé indien n'a pu saisir à notre connaissance le moindre juge.

## 2) Le gouvernement réunionnais : le garant de la santé publique de l'engagement indien

Lors de la délibération du Conseil privé du 16 mai 1849, le gouverneur se déclara favorable à l'ouverture d'un lazaret, afin d'accueillir dans de bonnes conditions sanitaires tous les nouveaux engagés indiens dont « *il en est attendu des quantités beaucoup plus considérables* »[891]. Or, aucune réunion n'évoqua jusque-là cette arrivée imminente ni ne réglementa leur introduction, ce qui laissait supposer que les habitants avaient directement commandé un ou plusieurs convois dans les mêmes conditions et sur les mêmes bases que l'engagisme abyssin et de Mascate : liberté conventionnelle et responsabilité du capitaine recruteur. Tout le marché de l'engagisme extérieur était en passe d'être privatisé. Le gouverneur tenta toutefois de reprendre la main.

Si la colonie attendait l'introduction de 1 200 Indiens, nous savons que le système de la quarantaine et/ou de la séquestration était déjà un outil à la discrétion du gouverneur qui, en cas de maladie avérée des *coolies*, prenait les mesures appropriées, motivées par l'urgence et la santé publique. En imposant le lazaret de manière systématique, le commissaire-général énonçait une mesure de prévention sanitaire obligatoire pour toute introduction nouvelle. Le lazaret sous-entendait que l'île attendait beaucoup plus que 1 200 engagés étrangers et la politique industrielle s'orientait désormais très clairement vers une embauche massive et régulière d'Indiens et de noirs. Jusqu'en 1849, « *cette séquestration pouvait sans inconvénient avoir lieu dans des*

---

891 CAOM, C. 432/4614, Délibération du Conseil privé de La Réunion, Saint-Denis, le 16 mai 1849 : « Avant d'appliquer ces hommes aux travaux agricoles, les règlements et la prudence veulent qu'on leur fasse faire un séjour de séquestration dans un lieu à l'abri du contact de la population ». Dans la même côte archivée, nous disposons également de la Délibération du Conseil privé de La Réunion, Saint-Denis, le 19 mai 1849, qui précisait que la colonie attendait « prochainement » 1 200 engagés indiens, ce qui souleva le problème de leur quarantaine et de leur vaccination avant la date effective de leur engagement. Le directeur de l'Intérieur évoqua leur débarquement du navire le Jupiter, divisés par groupes ou lots de 50 à 100 hommes chacun, afin de faciliter leur mise en quarantaine dans les environs de Saint-Denis. Mais, le directeur de l'Intérieur indiqua qu'il leur fallait traverser la ville. Pour lui, il était « impossible de trouver encore des locaux pour y interner » les 1 200 engagés attendus dans la colonie alors que pour l'ordonnateur, « tous les médecins ayant déclaré que cette vaccination était possible à la Ravine à Jacques ».

*emplacements au sein de la ville* ». Qu'en était-il à présent ? Rappelons qu'en 1851, le gouverneur fit état de pas moins de 10 000 Indiens dans l'île[892].

- L'instauration du système du lazaret des engagés indiens

Le directeur de l'Intérieur considérait que « *tout navire qui aurait à bord des travailleurs immigrants, devra se rendre sur le lazaret de la Ravine à Jacques, et déposer au lazaret construit en ce lieu tous les individus engagés pour le service de la Colonie, et que ces individus devront séjourner en état de séquestration au lazaret tout le temps prescrit par les règlements pour les vaccinations et autres préparations nécessaires et prescrites* ». En exposant de telles mesures, l'administration tentait de lutter contre les introductions frauduleuses de mains-d'œuvre qui pouvaient être à l'origine de la propagation de plusieurs virus et maladies dans l'île. Avec le lazaret, Saint-Denis devait désormais centraliser tout le commerce de l'engagisme s'imposant ainsi comme l'unique porte d'entrée des immigrants contractuels. C'était là le point final des rivalités entre le commandant de la station et le gouverneur et ce, d'autant plus que de l'hôtel du gouverneur, on pouvait apercevoir les pavillons de tous les navires en rades de Saint-Denis. Il ne fallait pas ou plus prendre le risque d'introduire des épidémies aux conséquences terribles sur la population et l'industrie sucrière.

Le conseiller-habitant Lebeaud ne cacha pas ses réticences à l'égard de cette réglementation qui ajoutait encore de nouveaux frais à la charge de l'engagiste. C'est dire que la séquestration et/ou la quarantaine étaient jusque-là exceptionnelles. Pour le conseiller Lafond, la prévention sanitaire faisait partie de la mission d'intérêt général du gouvernement, rappelant les ravages d'une épidémie sur l'île voisine, l'île Maurice, suite à une immigration massive d'Indiens débarquée sans quarantaine. Quant au choix de la Ravine à Jacques comme lieu de séquestration, il considérait que les immigrants disposaient ainsi facilement d'un accès à la ravine pour se laver tous les jours, renforçant les mesures d'hygiène. Mais, le directeur de l'Intérieur s'y opposa, car c'est dans cette même rivière que le quartier de Saint-Denis lavait son linge, ce qui pouvait être un site propice à contamination sur tout le chef-lieu[893]. Le commandant militaire proposa de créer immédiatement une commission de santé chargée de préparer un projet sur la question. Le gouverneur en désigna les membres : le conseiller privé Lebeaud, le médecin en chef Dauvin, le pharmacien en chef Le Pivain, le lieutenant de vaisseau

---

[892] CAOM, C. 18/112, Correspondance du gouverneur de La Réunion adressée au ministre de la Marine et des Colonies, Saint-Denis, le 4 février 1851, *Op. Cit.*

[893] En se déplaçant physiquement sur le site de la Ravine à Jacques, situé entre Saint-Denis et la Grande Chaloupe, on peut considérer les propos du directeur de l'Intérieur comme totalement erronés, car le quartier de Saint-Denis est bien éloigné et aucune rivière ou source d'eau n'est partagée en commun avec la rivière Saint-Denis.

Laporte et Monsieur de Boquens, avocat, Monsieur Lebeaud présidant la commission.

Le 19 mai 1849, le commissaire-général arrêta que « *tout navire arrivant avec des Indiens sera envoyé au lazaret* »[894], mais l'établissement de la Ravine à Jacques n'était pas suffisamment grand. Dès lors, le gouverneur décida d'acquérir un nouveau local appartenant à Monsieur Mérandon, lieu assez vaste et situé hors du chef-lieu bien isolé et alimenté en eau[895]. Les Indiens allaient donc pouvoir être répartis entre ce local et le lazaret de la Ravine à Jacques. Mais notons que pour ce qui concernait éventuellement les engagés africains et malgaches, la question du lazaret restait posée.

Lors de la séance du 7 juin 1849, Monsieur Lebeaud présenta au conseil le projet d'arrêté de la commission de santé, mais l'ordonnateur l'estima aussitôt insuffisant, étant donné que seuls les engagés indiens étaient concernés. Est-ce à dire que 2 réglementations, 2 autorités coexistaient encore : d'une part, l'engagisme noir totalement libre sans passage au lazaret et sous autorité du commandant et d'autre part, l'engagisme indien contrôlé, réglementé avec passage par le lazaret et sous l'autorité du commissaire-général ou gouverneur ?

La proposition du conseiller Lebeaud fut soutenue par le procureur général. Pour ce dernier, il n'y avait pas lieu de distinguer juridiquement les engagés intérieurs des engagés extérieurs[896]. Or, les engagés intérieurs étaient logiquement promis à la citoyenneté française et donc au bénéfice des droits civils et civiques jusqu'ici réservés aux blancs tandis que les engagés extérieurs devaient être un jour rapatriés dans leur pays natal, à la fin, théorique, de leur contrat. Comment le magistrat pouvait-il ne pas vouloir les distinguer, surtout qu'il était généralement admis que les Indiens étaient issus des territoires britanniques ? Pourquoi désirait-il l'assimilation des mains-d'œuvre de couleur ? En dehors du fait que les engagistes ne les distinguaient certainement pas en droit dans leur quotidien laborieux, les engagés intérieurs n'étaient soumis à aucune mesure de prévention sanitaire telle que la vaccination. En assimilant les anciens esclaves aux engagés extérieurs, les

---

[894] Délibération du Conseil privé de La Réunion, Saint-Denis, le 19 mai 1849, *Op. Cit.*

[895] CAOM, C. 432/4624, Délibération du Conseil privé de La Réunion, Saint-Denis, le 2 juin 1849.

[896] CAOM, C. 432/4614, Délibération du Conseil privé de La Réunion, Saint-Denis, le 7 juin 1849. Le procureur général précisa que toute la période antérieure à 1848 représentait « une époque où il était nécessaire de soumettre les travailleurs du dehors à des règles particulières, les travailleurs du dedans se trouvant soumis à d'autres règles qui ne pouvaient exister que pour eux. Depuis l'émancipation est survenue, et tous les travailleurs sont rentrés dans le droit commun ». Il ne s'agit pas ici du droit commun des ouvriers de la France métropolitaine, mais du droit commun de l'engagement de couleur. A partir de 1848, c'est une assimilation par le bas à laquelle nous assistons entre affranchis et engagés. En effet, le salaire de l'ouvrier métropolitain n'était pas le même que celui de l'engagé à La Réunion.

engagistes n'avaient pas à faire vacciner leurs engagés étrangers, ce qui revenait à annuler toutes les obligations sanitaires imposées par le gouvernement local. En ne distinguant pas les anciens esclaves des nouveaux engagés indiens, le procureur général proposait purement et simplement d'écarter la compétence de l'administration dans toute la matière de l'immigration. Les propos et les interventions des uns et des autres paraissent assez confus. Où voulaient-ils en venir exactement ?

Le magistrat considérait lui aussi le projet Lebeaud insuffisant dans le sens où il n'était propre qu'aux engagés indiens. En fait, il craignait que la prévention sanitaire imposée par le gouverneur ne constitue qu'une étape préalable à la reprise de toute la question de l'engagement, y compris l'engagisme noir. C'est pourquoi il refusa catégoriquement de différencier les engagés selon leurs pays d'origine[897].

Pour le médecin en chef, Monsieur Dauvin, le travail de la commission consistait à « *faire connaître à l'Indien, au moment de contracter... tous les détails de la discipline, et éviter par là des engagements qui pourraient exciter des mécontentements* ». Il s'agissait de « *surveiller dans l'Inde les engagements* », c'est-à-dire de responsabiliser les agents d'émigration sur place.

Monsieur Lebeaud proposa que ce soit la commission elle-même qui fixe chaque année le nombre d'immigrants nécessaire à la colonie[898]. Mais, l'ordonnateur rappela que cette question était de la compétence directe de l'administration du gouverneur. C'est ainsi que le Conseil privé décida que dorénavant l'administration détermine chaque année le nombre d'immigrants nécessaire à La Réunion. Il s'agissait là d'une prérogative du gouverneur en personne, car en limitant ou en fixant un seuil annuel des immigrations de couleur, c'était un moyen de maîtriser les risques d'épidémies. Est-ce à dire que cela suffisait à éviter la séquestration au lazaret et la vaccination qui représentaient un surcoût financier à la charge des engagistes ? Pour ce qui concerne les recrutements et la vérification de la réalité du consentement des engagés, ce sont les agents commerciaux qui en avaient la responsabilité à partir de l'Inde, à condition bien entendu d'en référer aux administrations françaises. Cela permettait de limiter les plaintes des engagistes sur les inaptitudes physiques de leurs travailleurs contractuels.

---

[897] *Ibidem*. Selon le procureur général, une fois le « contrat vérifié, quand on se sera assuré qu'il a été passé en connaissance de cause, il se trouvera assimilé au reste de la population ».

[898] Monsieur Serres avait proposé en 1832 la création d'une compagnie privée relative à des engagements indiens, disposant des pleins pouvoirs en matière de réglementation les concernant. Le Conseil privé de Bourbon l'avait rejeté en se fondant sur la dépêche ministérielle du 12 septembre 1830 qui excluait tout monopole commercial sur la « traite » des engagés indiens.

Enfin, comme pour les engagés intérieurs, « *les immigrants qui, en raison de leur âge, seront incapables de contracter, seront représentés par leurs parents ou tuteurs, s'ils ont moins de 14 ans* ». Sur proposition du procureur général, le conseil décida que « *les enfants au-dessous de 14 ans ne s'engagent pas et ne seront pas reçus dans la colonie s'ils ne sont pas accompagnés de leurs parents ou tuteurs* ». Le Conseil privé n'aborda ici ni le salaire, ni le traitement, considérant sans doute que ce terme faisait partie de la liberté conventionnelle appartenant pleinement à l'engagiste. Rappelons que l'engagé intérieur de 14 ans n'avait droit qu'aux 2/3 de la ration alimentaire d'un adulte. Sans doute que cela s'appliquait à l'engagé indien du même âge.

- L'épidémie du Constant : le lazaret colonial insalubre et inadapté

Pour rappel, La Réunion disposait au second semestre de l'année 1849 d'un lazaret situé à la Ravine à Jacques en plus du local de Monsieur Mérandon situé hors du chef-lieu. En vertu de l'arrêté du 7 juin 1849, seuls les nouveaux engagés indiens devaient y être séquestrés pour quarantaine et vaccination avant d'être « distribués » auprès de leurs engagistes. Mais, la colonie avait accueilli un nombre très important d'immigrés indiens, chiffre auquel nous n'avons hélas aucun accès puisque les introductions nouvelles faisaient rarement l'objet d'autorisation délibérée en Conseil privé et parce que les recrutements étaient assurés par des agents commerciaux, c'est-à-dire par les maisons de commerce. Or, nous allons voir que les bâtiments du lazaret de la Ravine à Jacques étaient insalubres, ce qui limita l'efficacité, le sérieux et la réalité du passage systématique des *coolies* indiens. Le passage par le lazaret n'était donc sans doute pas systématique. Cependant, entre 1850 et 1851, il s'imposa à tous à cause des graves préoccupations en matière de santé publique que subirent les Réunionnais.

La colonie n'était pas en mesure de répondre efficacement aux épidémies surtout face au nombre d'immigrants débarqués. Une commission de santé fut alors créée, chargée de proposer des mesures face aux risques sanitaires. Lors de la séance du Conseil privé du 30 mars 1850, un peu plus d'un mois après la prise de fonctions du nouveau gouverneur, Monsieur Doret, l'ordonnateur donna lecture du rapport du médecin en chef relatif à l'état insalubre des bâtiments du lazaret actuel[899]. Ce rapport faisait suite à l'épidémie qui était survenue lors de l'arrivée du navire Le Constant à Saint-Denis. La commission

---

[899] CAOM, C. 432/4615, Délibération du Conseil privé de La Réunion, Saint-Denis, le 30 mars 1850. L'administration le louait à raison de 100 Francs par mois, mais « la structuration de deux cases et la réparation de celles qui existent donneront lieu d'après l'estimation de l'ingénieur colonial Maillard, à une dépense qui n'excèdera pas 500 Francs ».

de santé proposa de choisir immédiatement un local disponible « *suffisamment distant des voies de communication et d'y déposer dès à présent et par fractions, les Indiens du Constant, qui après une visite sévère seront jugés susceptibles d'y être internés jusqu'à ce que toute appréhension puisse cesser à leur égard* ». C'est dire que le lazaret de la Ravine à Jacques n'était plus adapté et c'est ce qui justifia l'achat du local de Monsieur Mérandon. Or, ce local était lui aussi insuffisant pour accueillir les *coolies*. Il convenait alors d'ordonner la réparation des bâtiments du lazaret et de prendre en même temps des mesures urgentes à l'égard des engagés du Constant. Les Indiens jugés sains furent orientés vers le lazaret principal de la Ravine à Jacques pour la vaccination et la quarantaine tandis que ceux qui étaient suspectés de maladie étaient internés dans un local temporaire, afin d'y être soignés par un médecin et quatre gardes de santé permanents. Si la commission, le médecin en chef et l'ordonnateur proposèrent de retenir l'ancien camp ayant servi d'atelier de discipline situé à La Montagne à Saint-Denis comme « *ambulance devant servir de succursale au lazaret* », il s'agissait d'un établissement seulement temporaire[900]. L'épidémie du Constant avait démontré la nécessité de deux lazarets permanents. Le conseil décida le 19 juin 1850 d'utiliser le local de La Montagne comme lazaret permanent « *pour servir à l'isolement des Indiens qui seront nouvellement débarqués* ». Une fois le temps d'isolement expiré, l'administration en prononçait l'évacuation.

Rappelons que la colonie disposait toujours du droit d'ordonner la mise en quarantaine de tout navire qui comportait des *coolies* malades en l'obligeant à rester au large des côtes jusqu'à ce que la commission de santé ait dressé un rapport favorable transmis au Conseil privé, ce dernier adoptant alors un arrêté autorisant la mise à « *la libre pratique* » du navire, c'est-à-dire son débarquement effectif. C'est ainsi que le gouverneur prit le 30 mai 1851 un arrêté autorisant le navire Le Joseph-et-Claire à procéder au débarquement d'Indiens en ordonnant la mise sous séquestre de tout le personnel navigant[901]. Il s'agissait là de mesures urgentes prises à la suite de la visite de la

[900] CAOM, C. 432/4615, Délibération du Conseil privé de La Réunion, Saint-Denis, le 19 juin 1850. Nous apprenons ici que le second lazaret, celui de la Montagne à Saint-Denis, était un immeuble appartenant à Monsieur Heinzmann loué par le gouvernement local à 80 Francs par mois. A partir du 1er mai 1850, le Conseil privé renouvela le bail en acceptant de payer un loyer mensuel qui passa à 100 Francs.

[901] CAOM, C. 432/4613, Délibération du Conseil privé de La Réunion, Saint-Denis, le 30 mai 1851. A l'arrivée du navire le Joseph et Claire transportant des immigrants indiens, on fit état d'une épidémie qui se développa à bord et qui fit plusieurs décès. Cela avait justifié la mise en quarantaine du navire. La Commission de santé rendit son rapport le 30 mai 1851 et le remit à l'ordonnateur qui réunit aussitôt le Conseil privé. Ce rapport considérait l'état de ces Indiens comme rassurant et ne mettant pas en danger la santé publique. Il conclut à la mise à la libre pratique du navire. L'ordonnateur proposa alors un arrêté en ce sens qui fut adopté par le conseil le jour même.

commission de santé qui avait constaté à son bord un état médical suspect ou de maladie avérée. La politique sanitaire se déroulait en plusieurs phases de quarantaines, l'une au large des côtes réunionnaises, l'autre au lazaret de La Montagne. La vaccination avait lieu après ces deux étapes au lazaret de la Ravine à Jacques en cas de survie de l'engagé.

Cette procédure fut prodiguée au moment de l'épidémie de variole ramenée par le navire La Sophie en septembre 1851. Il fallut attendre plus d'un an pour qu'elle soit éradiquée ou disparaisse d'elle-même. À la fin du mois d'octobre 1852, on comptabilisa environ 3 600 contaminés et 708 morts pour la seule ville de Saint-Denis. En tout, cette maladie emporta 1 413 vies réunionnaises, dont celle du maire du chef-lieu, Monsieur Candide Azéma. Le système des lazarets à proximité de Saint-Denis démontra une inefficacité redoutable jusqu'à ce que la colonie se dote d'un lazaret suffisamment éloigné du chef-lieu et isolé des espaces urbanisés. C'est ce qui se réalisa avec le lazaret de la Grande Chaloupe situé entre Saint-Denis et La Possession. Jusque-là, la politique sanitaire était principalement fondée sur le système des quarantaines. Or, la prévention pouvait s'avérer plus qu'utile.

Alors que le Conseil privé légiféra pour rendre obligatoire la séquestration sanitaire des Indiens, le gouverneur en profita pour rappeler quelques règles de base : l'engagement était de 5 ans, les rations alimentaires devaient être considérées « *avec le plus de soin* », « *condition essentielle au contrat* », l'engagement d'enfants orphelins était interdit et le quota de femmes devait être d'au moins 1/10$^{e}$ pour chaque convoi. Par arrêté du 7 juin 1849, le gouverneur reprenait la main dans les sujets de l'immigration contractuelle dont notamment indienne. La question de l'engagisme noir était encore trop délicate et sujette à caution pour qu'il en prenne la responsabilité dans un contexte d'abolition de la traite négrière et de l'esclavage que nous connaissons.

## B/ L'arrêté pondichérien du 18 juin 1849 : la question économique de l'émigration indienne

Pendant dix ans, les Établissements Français dans l'Inde s'alignèrent sur la politique britannique d'interdiction de toute émigration à destination de La Réunion. Les arrêtés des 11, 18 et 25 juin 1849 levèrent enfin cette restriction et les Indes françaises adoptèrent une réglementation concertée avec Saint-Denis pour en préciser les modalités[902]. Mais, ce panel de législations se présente dans les archives consultées de manière presque brutale, sans aucune trace de tractations laissée par les administrations coloniales. Nous supposons alors qu'il fut plutôt l'objet de négociations directes, sur ordre ou avec

---

[902] Ces arrêtés furent enregistrés à La Réunion les 6 et 25 juillet 1849. Pour plus de lisibilité, nous retiendrons de cette législation l'arrêté de Pondichéry du 18 juin 1849.

l'assentiment de Paris, avec des maisons de commerce, d'importants habitants réunionnais et les gouverneurs[903]. On peut également imaginer la médiation d'intermédiaires notables ou alors plus discrets. La reprise officielle des émigrations indiennes était désormais possible.

N'oublions pas que le commissaire-général avait dû accepter de confier à des agents d'émigration privés le soin de vérifier l'état de liberté et le consentement des engagés recrutés. Même s'ils devaient en référer aux administrations françaises, on peut supposer qu'ils étaient surtout au service des habitants-engagistes ou maisons de négoce. C'est ce qui nous fait dire qu'il n'existait pas de distance ni de neutralité suffisante pour garantir au minimum la réalité intangible du consentement et la validité des contrats ou promesses de contrat, même si ici ou là le nom de quelques engagés figurait dans les actes, toujours sans aucune signature des engagés, faut-il le remarquer. Désormais, les maisons de commerce disposaient d'une législation qui leur était favorable. Les agents et les capitaines devaient veiller autant que possible à ce que les Indiens embarqués réunissent tous les critères physiques pour les durs travaux du sucre qui les attendaient dans l'île.

Notons enfin que l'arrêté de Pondichéry du 18 juin 1849 ne semblait pas tout à fait finalisé puisque le commissaire-général de La Réunion y apporta une disposition supplémentaire visant à améliorer l'alimentation des passagers indiens confinés dans un espace exigu. Cela contrebalançait avec la règle des 4 passagers par 5 tonneaux de jauge, fixée par l'arrêté de Pondichéry susvisé contre les 2,5 requis par les autorités britanniques à Maurice, mesure de compensation pour 10 ans d'interdiction. Cette mesure fut donc décidée unilatéralement par les Français.

### 1) La nouvelle réglementation du transport indien

La législation pondichérienne entérinée par le gouverneur de La Réunion posa les modalités de transport des Indiens. Si l'arrêté local du 7 juin 1849 énonçait un cadre légal assez limité, le contexte politique était peu propice pour réinvestir et étendre les pouvoirs de l'ancien syndic des Indiens dans son rôle de protection. Le commissaire-général devait avant cela consolider sa position. Il était tout de même parvenu à imposer une législation spécifique à l'engagisme indien, moyen pour lui d'éviter tout retour en arrière historique. L'Etat français était revenu sur la première abolition de l'esclavage et il n'était pas question de revenir de près ou de loin sur celle de 1848.

---

[903] H. HAI QANG, *Op. Cit.*, pp. 36-37. L'auteur signale que le ministre en avait fait la demande et que le gouverneur de Pondichéry décida en juillet 1848 d'autoriser de nouveau l'émigration indienne contractuelle. Sous pression des maisons de négoce et des armateurs de métropole, cette décision avait un caractère essentiellement commercial et donna lieu à plusieurs arrêtés à la fois dionysiens et pondichériens pour l'organiser.

C'est dire que le sujet de l'engagisme indien devenait crucial. Pour éviter de s'engager vers l'engagisme noir, question très controversée, il fallait favoriser l'émigration indienne. C'est ce qui expliquait l'arrêté de Pondichéry du 18 juin 1849. Mais encore fallait-il que ce type de trafic ne s'apparente pas à de la traite esclavagiste. Le seuil capacitaire fixé pour chaque convoi devait ainsi correspondre à l'ossature des navires transporteurs, ce qui fut fait par les Français. Mais voilà qu'un scandale éclata en dénonçant la persistance des pratiques esclavagistes des habitants réunionnais sur leurs engagés indiens. Les Anglais accusèrent les Français de kidnapper des ressortissants issus de leurs possessions et de les transporter aussi bien à La Réunion qu'à Maurice. Cela signifie que le panel de législations adopté par Pondichéry ne s'était fait sans aucune concertation avec les Britanniques et que les Français s'arrogeaient un droit qu'ils n'avaient pas forcément.

- Un seuil capacitaire conforme à l'usage commercial ?

Les Indiens représentaient la seule ressource de main-d'œuvre étrangère officiellement autorisée tandis que l'engagisme noir restait conditionné au rachat de la liberté et à la responsabilité des capitaines de navire. Si l'arrêté pondichérien réinstaura la légalité de l'engagisme indien, la question de savoir à quelle nation appartenaient les *coolies* transportés et débarqués sur les rades réunionnaises n'était pas encore d'actualité. Il est probable que des arrangements commerciaux et administratifs entre Français et Anglais avaient cours plus ou moins officiellement, mais le Royaume-Uni avait tout intérêt à s'assurer assez rapidement de son plein et entier monopole sur les émigrations contractuelles indiennes[904]. L'engagisme indien représentait en effet un potentiel commercial considérable qui pouvait fournir tout le monde colonial. Il fallait donc se préparer à de futurs accords et traités économiques entre Paris et Londres. Dans cette perspective inévitable, les attentions portèrent sur les

---

904 Agenor de GASPARIN, *Sur les résultats de l'apprentissage dans les îles anglaises*, In. M. COTTIAS, *Op. Cit.*, pp. 116-122 : « Le jour même où ils abolissaient l'apprentissage, les planteurs établissaient d'un commun accord le tarif qui leur était permis d'imposer. Ils fixaient à 1 schelling 9 deniers par jour le salaire des ouvriers employés aux sucreries. Il en résultait qu'en travaillant un peu plus de quatre jours, ceux-ci gagnaient leur nourriture de la semaine (les propriétaires fournissaient l'habitation, le jardin et les frais de maladie). Qu'arriva t-il ? Le travail se renferma sur-le-champ dans les limites établies sur les plantations, les affranchis qui avaient assuré leur subsistance et les propriétaires effrayés eurent recours au moyen unique, mais puissant, dont ils disposent encore, pour maintenir le travail sur l'ancien pied. Ils annoncèrent l'intention d'abaisser les salaires ; mais on pense qu'il sera nécessaire de la réaliser bientôt, et de contraindre, par le besoin, ceux qu'on ne peut plus contraindre par le fouet ». L'auteur évoqua également l'échec de l'apprentissage à Antigues, à la Barbade, à Saint-Christophe, Saint-Vincent, la Dominique, Névis, la Guyane, la Trinité et la Jamaïque.

conditions humaines de transport des *coolies*. C'est dans ce contexte que le ministre de la Marine et des Colonies considéra comme exagérée la réclamation des négociants Botorf et Neslé qui fixait le seuil des 4 passagers par 5 tonneaux de jauge. Et pourtant, c'est cette règle qui fut retenue.

Sarda Garriga réunit son conseil privé le 18 juin 1849, afin d'examiner la requête de l'armateur du navire Le Jupiter, Monsieur Bédier, qui demandait l'autorisation de dépasser le seuil réglementaire des 3 passagers par 5 tonneaux de jauge énoncé à l'article 12 de l'arrêté du 10 novembre 1843 toujours en vigueur[905]. Le navire n'avait pas encore quitté la rade de Saint-Denis. Monsieur Bédier voulait garantir le succès de son opération commerciale qui portait sur une commande de 450-480 Indiens auprès de Monsieur Colon et Compagnie. Très clairement, Monsieur Bédier voulait augmenter le nombre d'engagés sur Le Jupiter, en passant de 3 à 4 passagers par 5 tonneaux de jauge, à savoir de l'arrêté réunionnais du 10 novembre 1843 spécifique à l'engagisme chinois à l'arrêté de Pondichéry du 18 juin 1849. Avec le premier arrêté, il ne pouvait faire embarquer que 360 Indiens contre 480 grâce au deuxième. Cela représentait pour lui un manque à gagner de 120 engagés, soit un delta de 25%.

Quelques jours après, le Conseil privé dut examiner la requête d'un autre armateur, celui du navire Le Sans-Souci, Monsieur Groscadet, pour l'autoriser à aménager un pont capable de supporter le poids de 500 passagers en tout. Les conseillers Lebeaud et Lafond y étaient favorables, considérant que de toutes les façons, les Indiens « *ne verraient que rarement l'air* » au cours de la traversée[906]. Le gouverneur rejeta sa demande en justifiant que le navire n'était pas conçu pour contenir un aussi grand nombre de passagers. Notons qu'en 1851, le même armateur reformula une demande identique pour son navire La Loterie. Là encore, le Conseil privé refusa au motif qu'il était jugé trop petit[907].

Sarda Garriga informa son conseil le 5 septembre 1849 de la modification des arrêtés des 11 et 13 juin 1849 proposés par le gouverneur des Etablissements Français dans l'Inde relatifs aux immigrés indiens embarquant à partir de Pondichéry et de Karikal[908]. Il n'osa pas abaisser la règle des 4

---

[905] CAOM, C. 432/4615, Délibération du Conseil privé de La Réunion, Saint-Denis, le 18 juin 1849.

[906] CAOM, C. 432/4615, Délibération du Conseil privé de La Réunion, Saint-Denis, le 23 juin 1849.

[907] CAOM, C. 432/4608, Délibération du Conseil privé de La Réunion, Saint-Denis, le 31 décembre 1851. Le conseiller privé Lebeaud s'opposa au projet de son concurrent Monsieur Groscadet, car en l'espèce, la configuration étroite du navire la Loterie n'offrait pas suffisamment de garantie de sécurité aux immigrants en cas d'accidents de mer.

[908] CAOM, C. 432/4614, Délibération du Conseil privé de La Réunion, Saint-Denis, le 5 septembre 1849.

individus par 5 tonneaux de jauge au moment où son autorité était encore fragilisée par celle du commandant de la station navale. Son but consistait à encourager l'officialisation de l'engagisme indien pour limiter les tentations de l'engagisme noir. Le commissaire-général savait pertinemment qu'avec un tel seuil, les engagés indiens allaient voyager dans des conditions pires que les engagés chinois il y a quelques années à peine. Néanmoins, il proposa l'amélioration de leur alimentation pendant la traversée et exigea la présence d'une caisse de médicaments plus fournie. Or, le procureur général lui signifia qu'il n'avait aucune compétence pour modifier unilatéralement des dispositions déjà promulguées par le gouverneur de Pondichéry. Il fut donc décidé de joindre lors de la promulgation officielle de l'arrêté de Pondichéry du 18 juin 1849 une note d'information à l'attention des capitaines de navire de commerce. Il leur appartenait de la faire respecter ou non.

- Le « scandale de Madras » : les engagés indiens, des travailleurs serviles ?

Pendant les mois d'août et de septembre 1849, plusieurs articles de journaux parus dans l'Inde dénoncèrent les pratiques immorales en matière de transport des *coolies* pour le compte des habitants réunionnais. Ce n'est pas tant le seuil réglementaire élevé à bord des navires français qui était reproché, mais plutôt les vols, les kidnappings d'Indiens sur les territoires de la *East India Company*. La population indienne était tellement importante et son territoire si vaste que cette compagnie commerciale ne pouvait établir aucun contrôle qui soit partout véritablement efficace. Pour autant, il n'était plus tolérable que les Français recrutent et transportent des sujets indiens britanniques sans autorisation officielle des Anglais. Le scandale de Madras était grave, car face à de telles accusations, cela renforçait l'idée qu'il était tout simplement impossible de s'assurer de la libre expression du consentement de milliers d'Indiens qui ont fait route vers La Réunion. Leur contrat d'engagement devenait ainsi fragile sinon très hypothétique surtout dans un contexte d'usages serviles récurrents.

Dans le *Madras Spectator* du 15 août 1849, il est fait mention qu'à Pondichéry, les convois à destination de La Réunion atteignaient les 500 Indiens en moyenne par chargement alors qu'à Madras, les mesures sanitaires et alimentaires réservées aux *coolies* voyageant vers l'île Maurice étaient meilleures[909]. Sans doute que les Anglais enjolivaient les choses de leur côté

---

[909] CAOM, C. 432/4614, Journal le *Madras Spectator*, 15 août 1849 : "We allude to that wherein hespeaks of the departure of a vessel from Pondicherry, bound for Bourbon, with 500 coolies on board. That emigration, while prohibited at Madras, where every precaution was taken to ensure its voluntary character, and to secure proper accomodation, food, etc. for the emigrants, in ships of a suitable class, should

en précisant qu'à Madras, au moins toute précaution était prise pour vérifier le consentement librement exprimé de l'engagé après lui avoir fait connaître les termes exacts de son contrat.

Cet article se fondait suite à des accusations à l'encontre d'habitants réunionnais réputés esclavagistes à l'égard d'Indiens embarqués à Calcutta et qui furent rapatriés quelques temps plus tard. Nous savons que de tels retours étaient rares sinon quasi inexistants. Pour qu'il y ait eu décision de rapatriement, c'est sans doute que les Indiens s'étaient montrés particulièrement récalcitrants aux conditions de vie et de traitement offertes sur les habitations sucrières. L'Inde britannique entendait bien entendu vérifier les propos rapportés par ses Indiens et cet incident arrivait à point nommé pour faire pression sur Paris.

Le journal estimait pour la seule année 1849 à environ 2 000 le nombre de *coolies* sujets britanniques envoyés à La Réunion[910]. Selon l'auteur de l'article, les Français les recrutaient et les transportaient y compris pour le compte d'habitants mauriciens[911].

En réponse, le journal *L'impartial de Pondichéry* récusa la véracité de telles rumeurs en affirmant que la « *philanthropie* » avait guidé toutes les étapes de l'engagement des Indiens[912]. Il n'y avait eu ni fraude, ni violence, ni cruauté et ni complaisance des instances coloniales françaises. Toutefois, l'auteur de l'article reconnaissait que l'allusion aux kidnappings sur les territoires de la

nevertheless be found going on, surreptitiously as we may style it, from the Port of Pondicherry".

[910] *Ibidem* : "… the port of Pondicherry, where no manner of securities exist against crimping, crowfing in small vessels, ill-feeding, and otherwise mis-using, the unfortunate coolies, is a matter far too serious to escape animadversion. Even despite every care that could be taken, we must all recollect what happened at Calcutta, and how much greater does not the risk of cruel treatment become, in such a case as that of coolies shipped from Pondicherry. Some little time ago, our Government had their attention awakened by a similar occurence, and it then appeared, if we mistake not, that about 2 000 coolies had been thus sent off, for service in Bourbon".

[911] *Ibidem* : " …, but understand that the Authorities have given it their grave consideration. There's too much reason to apprehend, that many coolies have been crimped in our provinces, or cajoled into the French Settlement, by promises of employment there, and then shut up in godows, until they could be smuggled on shipboard".

[912] CAOM, C. 432/4614, Journal *L'Impartial de Pondichéry*, le 25 août 1849 : « Ce qui se passe ici a tous les caractères d'une véritable philanthropie, aucun homme de bonne foi ne saurait considérer comme un infâme trafic des transactions que tout recommande aux expéditeurs même de rendre irréprochables et surtout avantageuses pour des natifs disposés à s'engager, qui trouvent ainsi le moyen de se faire, en quelques années un petit pécule ».

compagnie anglaise « *est fort restreinte* »[913]. Le journal assurait enfin que les législations pondichérienne et réunionnaise étaient suffisantes pour garantir au passager indien sa sécurité et son confort[914]. L'auteur de l'article déconseilla donc à sir Henry Pottinger d'émettre des observations accusatoires à l'adresse du gouverneur des Etablissements Français dans l'Inde.

Mais revenons un instant au journal le *Madras Spectator* qui, d'une part, affirme qu'il n'était pas si rare qu'un navire français embarque en moyenne 500 Indiens et d'autre part, utilise avec gravité les mots : « *deported labourers* »[915]. C'est dire que ceux qu'on appelle à La Réunion engagés indiens ou immigrés contractuels devaient plutôt être considérés comme de la main-d'œuvre déportée, sans doute à l'instar des esclaves. En tous les cas, cela soulevait la question du consentement des engagés indiens à La Réunion et d'une partie au moins transportée par les Français à Maurice et par conséquent, de la validité de leurs supposés contrats d'engagement. Ajoutons qu'un autre journal, le *United Service Gazette*, révéla lui aussi des cas de suspicions de vols de main-d'œuvre sur les provinces de la compagnie anglaise, commandités par Pondichéry et pour le compte d'habitants de La Réunion[916].

De quel statut bénéficiaient ces populations alors que l'Inde britannique était gérée par la *East India Company* ? C'est dire que la souveraineté de la métropole anglaise n'était pas pleinement applicable en 1849[917] ? A tout le

---

913 M. MORINEAU, *Les Grandes Compagnies des Indes Orientales* (XVIe-XIXe siècles), P.U.F, Paris, 1994, 127 p. Les territoires indiens britanniques étaient gérées à cette époque par la *East India Company*, dotée d'une armée mixte d'Européens et d'Indiens. Ces derniers étaient composés de nobles et de brahmans, et de gouverneurs généraux dans l'Inde.

914 Il s'agissait pour Pondichéry des arrêtés des 11, 18 et 25 juin 1849 et pour l'île de La Réunion des arrêtés des 6 et 25 juillet 1849.

915 CAOM, C. 432/4614, Journal le *Madras Spectator*, le 10 septembre 1849 : "Our contemporary seems to suspect that this is not the first shipment of the kind... these deported labourers are drawn from the Company's territories, or, at any rate, not from the French territories, it behaves our government to look to the matter". Les autorités britanniques suspectaient que les engagés indiens embarqués pour La Réunion étaient issus des territoires qu'ils contrôlaient. Le gouvernement anglais dans l'Inde était invité à enquêter à ce sujet.

916 CAOM, C. 432/4614, Journal le *United Service Gazette*, le 7 septembre 1849 : « The presidency magistrates have obtained a clue to the parties at Pondicherry who are engaged in crimping coolies for Bourbon, from the Company's provinces ».

917 Journal le *Madras Spectator*, le 10 septembre 1849, *Op. Cit.* : "The disclosures made in these cases, we think, would fully justify ou government in a warm remontrance with that of Pondicherry, to ensure effectual measures being taken by the latter, to prevent the emigration of British Subjects on board of vessels that are engaged in the traffic. The parties employed at Madras to obtain coolies, appear to be the immediate Agents of others at Pondicherry, in some connection with merchants at

moins, il apparaît évident que la *East India Company* exerçait une sorte de suzeraineté en Inde. La question de l'autorité de Londres se posait en partie, car tant que les territoires indiens ne passèrent pas réellement dans le domaine de la couronne britannique, ce qui intervint à la fin des années 1850, les Indiens « n'appartenaient » à vrai dire à personne. Dès lors, des accords commerciaux entre Français et Britanniques dans l'Inde devaient pouvoir s'envisager très prochainement pour clarifier et mieux organiser l'engagisme indien.

### 2) L'engagisme indien : une activité lucrative et légale

Les autorités françaises de Pondichéry décidèrent à travers l'arrêté du 18 juin 1849 de lever la prohibition indienne, ce qui signifiait l'abrogation de l'ancien arrêté du 6 mars 1839[918]. Pondichéry autorisa de nouveau les navires français à destination de La Réunion d'embarquer 4 Indiens par 5 tonneaux de jauge. Or, les armateurs nantais Le Botorf et Neslé jugèrent ce seuil encore trop sévère, restreignant les trafics de main-d'œuvre « *dont le développement est utile à la production coloniale* ».

Les armateurs français firent donc pression sur Paris, prenant ainsi le risque d'amplifier les accusations britanniques. La demande, elle, restait forte et concernait sans doute d'autres colonies françaises et anglaises. Le ministre de la Marine et des Colonies considérait que les plaintes des armateurs nantais n'étaient pas justifiées dans un contexte où il était certain que les recrutements étaient frauduleux. Il était d'avis de favoriser davantage de contrôle et de fermeté[919].

---

that place... The system is under the immediate supervision of the French government, who have established a strict code of rules, for the guidance of those engaged in the traffic. The French Executive has no right to seduce British Subjects into its territory, for the purpose of sending them off to a foreign colony, without the concurrence of our government, and even against their will".

918 CAOM, C. 432/4614, Dépêche du ministre de la Marine et des Colonies adressée au ministre de l'Agriculture et du Commerce, Paris, le 3 décembre 1849. Le ministre de l'Agriculture et du Commerce lui avait transmis la plainte des armateurs le 7 novembre 1849. Depuis la promulgation de l'arrêté de Pondichéry du 18 juin 1849, les navires transportant des engagés partaient pour La Réunion de Pondichéry et de Karikal. Le ministre de la Marine et des Colonies fit remarquer que les flux n'avaient pas cessé. Pour le seul mois de septembre 1849, 803 Indiens furent transportés vers La Réunion. A ce rythme, cela pouvait faire un total de 3 200 engagés indiens débarqués à Saint-Denis entre juin et octobre 1849.

919 *Ibidem*. Selon le ministre, les plaintes des armateurs Botorf et Neslé étaient exagérées et « obligent à beaucoup de circonspection. L'Angleterre ne voit pas avec indifférence le recrutement de ses sujets indiens pour une possession française. Elle contrôle avec la plus grande sévérité, les opérations qui ont lieu à Pondichéry et Karikal pour le recrutement, l'embarquement et le transport des émigrants tirés de ses

• La santé au détriment du confort : le principal objectif du transport des engagés

Nous pouvons considérer comme très plausible le fait que les navires français n'embarquaient pas moins de 500 Indiens chacun, car les négociants Le Botorf et Neslé déclarèrent dans leur correspondance du 5 septembre 1849 adressée au ministre : « *ainsi des navires de 300 tonneaux de jauge et de 500 tonneaux qui depuis un an introduisent facilement de 500 à 600 engagés par voyage c'est-à-dire deux hommes par tonneau de jauge sans compter les marchandises... n'en embarqueraient pas la moitié, résultat qui aurait pour but d'empêcher les navires d'en importer puisque les frais ne seraient pas couverts et les Colons de se procurer des bras qui leur sont nécessaires* »[920]. De tels propos démontrent avant tout qu'il était tout à fait d'usage d'entasser les Indiens à bord des navires français. Il s'agissait pour eux de rentabiliser au maximum leurs opérations commerciales dans le trafic très lucratif des mains-d'œuvre de couleur.

Il est alors très probable que le trafic engagiste s'apparentait lui aussi à un trafic esclavagiste, car nous avons vu dans nos développements précédents que les Indiens ne pouvaient avoir accès ni à la lumière ni à l'air sur le pont pendant la traversée. Nous imaginons des conditions de transport encore plus déplorables si jamais le ministre de la Marine et des Colonies s'aventurait à autoriser la pratique de 2 individus par tonneau. Sur ce sujet, les négociants nantais ne manquèrent pas d'évoquer le cas du navire La Sophie qui avait introduit à perte 200 engagés seulement dans l'île en septembre 1848. De plus, depuis janvier 1849, l'armement avait dû prendre entièrement à sa charge les gages, la nourriture, le logement et autres frais des passagers. Par ailleurs, la principale mission dévolue aux capitaines et aux armateurs qui consistait à introduire des *coolies* en bonne santé fut selon eux bien remplie[921].

---

possessions. Les journaux de Madras ont publié des correspondances où ces émigrants sont représentés comme victimes d'un système d'embauchage frauduleux et inhumain. Ils accusent principalement l'administration française de permettre qu'on entasse à bord des navires de transport un nombre d'Indiens si considérable que la santé de ces passagers ne peut manquer d'être compromise ».

[920] CAOM, C. 432/4614, Correspondance des négociants Le Botorf et Neslé adressée au ministre de la Marine et des Colonies, Nantes, le 5 septembre 1849. Monsieur Lebeaud, habitant et conseiller privé de La Réunion, servait de représentant de la maison Lebeaud Père et Fils et Compagnie.

[921] *Ibidem* : « Tous les Indiens introduits à la Réunion sont à de très rares exceptions près arrivés en très bonne santé après avoir subi tous avant l'embarquement la vaccine et un minutieux examen des médecins. L'intérêt des armements eût en cela d'accord avec l'humanité puisque plus il est placé d'engagés à la Réunion, plus le gain s'élève ».

Le ministre de l'Agriculture et du Commerce rapporta auprès de son homologue de la Marine et des Colonies que l'arrêté de La Réunion relatif au transport maximum de 4 hommes par 5 tonneaux de jauge soulevait une vive opposition des armateurs pour qui « *une transformation complète du travail colonial* » pouvait menacer les intérêts des habitants[922]. Il lui laissait la responsabilité de régler cette question tout en lui signalant que l'Allemagne avait adopté le seuil d'un passager seulement pour 2 tonneaux de jauge[923].

Dans sa dépêche du 22 novembre 1849, le ministre finit par céder aux armateurs en entérinant l'arrêté en question. Le gouverneur fut autorisé à faire venir des engagés indiens, mais « *abstraction faite du territoire anglais auxquels appartiendront les engagés* »[924].

Malgré cela, dès 1850, les suspicions de traite esclavagiste se répandirent en Europe. Le ministre répondit au député réunionnais, Monsieur Louis Leconte, que le gouverneur tentait « *en ce moment d'aplanir les difficultés que rencontrent les opérations de recrutement* », car les Britanniques bloquaient les Français dans leurs opérations de recrutement d'Indiens sur leurs possessions[925]. Sensibles aux intérêts des habitants, les députés Lopez, Dubec

---

922 CAOM, C. 432/4614, Dépêche du ministre de l'Agriculture et du Commerce adressée au ministre de la Marine et des Colonies, Paris, le 7 novembre 1849.

923 *Ibidem* : « A titre de renseignements que dans plusieurs Etats de l'Allemagne, la législation a pris soin de régler les conditions du transport des émigrants ; ainsi à Brême notamment, 2 tonneaux de la capacité du navire sont affectés à chaque émigrant ».

924 CAOM, C. 432/4614, Dépêche du ministre de la Marine et des Colonies adressée au gouverneur de Bourbon, Paris, le 22 novembre 1849. Monsieur Rontaunay avait demandé au gouverneur lors de la séance du Conseil privé du 17 avril 1849 de réglementer l'engagisme indien ou « le travail des cultures coloniales ». L'ancien gouverneur Bazoche avait alors adressé au ministre le projet de « Règlements applicables aux Indiens et aux Chinois émigrés des îles du détroit de la Sonde dans la colonie de Bourbon » du 18 décembre 1845, jugé par l'ancien ministre comme « suffisants au moins provisoirement pour régir et pour protéger les Indiens qui seraient enrôlés dans nos comptoirs de l'Inde ». Le ministre demanda au gouverneur de Pondichéry, Monsieur Pujol, d'abroger l'arrêté du 6 mars 1839 tout en l'invitant à se concerter avec le gouverneur de Bourbon. Il fut décidé qu'un agent d'émigration soit chargé de surveiller dans chaque port d'embarquement la conclusion des contrats, d'empêcher que le libre arbitre des engagés ne soit violé et d'éclaircir au besoin leur ignorance de manière à ce qu'on n'en puisse pas abuser pour leur faire accepter des conditions dépourvues d'équité. Cet agent devait être nommé par le gouverneur de Pondichéry tandis que celui de La Réunion devait prendre toutes les mesures énoncées à « l'article 7 de l'arrêté rendu le 2 novembre 1843 par Monsieur le contre-amiral Bazoche votre prédécesseur, pour l'introduction de Chinois à Bourbon, soit appliquée aux engagés indiens recrutés dans nos comptoirs ». Nous assistons là à l'harmonisation de la législation engagiste.

925 CAOM, C. 432/4615, Dépêche du ministre de la Marine et des Colonies adressée à Monsieur Louis Leconte, membre de l'Assemblée législative, Paris, le 11 mars

et Leconte réclamèrent au ministre de l'Agriculture et du Commerce des mesures urgentes propices à la reprise des trafics sans pour autant contester l'origine britannique des *coolies* débarqués à La Réunion[926].

Dès lors, l'idée d'un traité entre la France et le Royaume-Uni fit son chemin. Elle représentait à terme la meilleure solution pour assurer une immigration indienne régulière visant aussi bien le marché réunionnais qu'antillais. Le 3 avril 1850, Paris envisagea sérieusement d'entamer la voie diplomatique puisque le ministre de la Marine et des Colonies informa son homologue de l'Agriculture et du Commerce qu'il avait transmis la question à la section de la Commission des affaires coloniales. Il a fallu cependant encore attendre 2 ans pour que l'Etat français réglemente l'engagisme indien à destination de ses colonies.

- Un bureau d'engagement indien pour les travailleurs à Saint-Denis

Après le scandale de Madras de 1849, la vigilance anglaise se renforça. Dans son rapport de mer, le capitaine Marsac du navire Le Cygne précise que s'il avait pu le 12 novembre 1849 embarquer du riz et des Indiens à Pondichéry, Madras et Karikal, lorsqu'il revint à Pondichéry un an plus tard, « *les difficultés étaient trop grandes et plusieurs navires étaient là depuis fort longtemps sans pouvoir s'en procurer* »[927]. Dans les années 1850-1851, les flux migratoires indiens s'étaient considérablement réduits. La pression britannique était forte. Un autre rapport, celui du capitaine Millet commandant le navire La Bretagne, attire notre attention sur l'introduction de 260 Indiens à destination de La Réunion le 19 février 1852 dans un contexte de prohibition

---

1850. Et aussi, Extrait d'un rapport de mer du capitaine du navire la Jeanne Dumau à son retour à La Réunion, le 29 mars 1850 : « A mon départ, le bruit courait que les Anglais de la côte ne voulaient plus permettre que l'on fit ces engagements ». Cela corroborait l'hypothèse selon laquelle il y avait une entente commerciale entre plusieurs intermédiaires et/ou responsables français et britanniques concernant le recrutement d'engagés indiens issus des provinces anglaises.

[926] CAOM, C. 432/4615, Dépêche du ministre de l'Agriculture et du Commerce adressée au ministre de la Marine et des Colonies, Paris, le 20 mars 1850 : « Les dispositions prises par Messieurs les Gouverneurs de la Réunion et de Pondichéry pour l'aménagement des navires chargés de coulis suffiront, je pense, pour calmer les intérêts d'ordre et d'humanité. Les administrations de Madras et de Calcutta pourront encore sous divers prétextes nous créer des embarras pour l'engagement des coulis, et il serait désirable qu'un arrangement spécial entre l'Angleterre et la France vint aplanir toutes les difficultés ».

[927] CAOM, C. 432/4613, Rapport du capitaine Eugène Marsac commandant le navire le Cygne du 12 juin 1851. Le mauvais temps l'obligea à « laisser les panneaux fermés par-dessus les passagers, leur laissant à peine un côté pour prendre l'air ». Il s'agissait de la traversée des Indiens embarqués le 12 novembre 1849.

anglaise[928]. Encore une fois, il était avéré que les Indiens provenaient bien des possessions anglaises[929].

Dès le début de l'année 1849, il existait dans le chef-lieu de l'île un bureau d'engagement tenu par Messieurs Martel et Camin. Ces deux dirigeants avaient fait publier une annonce de vente d'engagés dans plusieurs journaux. Cela n'est pas sans rappeler qu'avant la grande abolition, les esclaves faisaient l'objet de ce genre d'annonces. Rien n'avait finalement changé. Cela confirmait qu'il y eût après 1848 un marché commercial de main-d'œuvre similaire, ce qui ne souleva aucune contestation dans l'opinion publique réunionnaise.

Martel et Camin demandèrent même au Conseil privé la régularisation de leur « *bureau d'engagement pour les travailleurs* ». Le gouverneur refusa, mais n'ordonna pas pour autant sa fermeture[930]. Sans doute que cette entreprise paraissait banale et nécessaire aux intérêts de l'industrie sucrière, car aucune sanction ne fut prononcée à son encontre. Nous ignorons depuis combien de temps ce bureau existait et s'il était vraiment unique dans l'île. Les habitants, gros pourvoyeurs de main-d'œuvre, pouvaient vendre ou louer personnellement l'engagement de leurs nombreux travailleurs libres de couleur ou alors en passant par les services d'un bureau ou agence de négoce ou d'emploi. Nous pouvons supposer que le *coolie trade* donnait lieu à une entente entre plusieurs acteurs locaux qui s'arrogeaient ainsi le monopole commercial de l'engagisme, un engagisme de couleur, les engagismes indien, africain, malgache et insulaire du Sud-Ouest de l'océan Indien.

Si la maison Martel et Camin disposait d'un bureau d'engagement à Saint-Denis et qu'ils étaient désireux de le faire reconnaître par le Conseil privé, c'était sans doute pour obtenir une patente officielle pour les activités commerciales de vente et de location d'engagements indiens. Or, cela n'était *a priori* possible qu'en s'associant à des armateurs ou des entreprises de batelage de Saint-Denis. Avant l'arrêté du 12 mai 1852[931], plusieurs familles

---

[928] CAOM, C. 432/4620, Rapport du capitaine Millet commandant le navire la Bretagne, Le Havre, le 24 juin 1852. Il ressort de ce rapport qu'il ait embarqué à Pondichéry 132 travailleurs indiens et 128 à Karikal. Il les fit débarquer le 19 février 1852 à Saint-Denis puis chargea à Saint-Pierre du sucre qu'il transporta au Havre. Sur la route, il voulut faire escale à Sainte-Hélène le 23 avril 1852, mais l'embarcation britannique de James Torn l'en empêcha et lui imposa un droit d'ancrage et les frais de port sur les provisions effectuées.

[929] CAOM, C. 432/4620, Dépêche du ministre de la Marine et des Colonies adressée au commissaire-général, chef du service de la Marine, Paris, le 22 juillet 1852 : « Les immigrants dont il s'agit proviennent sans doute du territoire anglais ».

[930] CAOM, C. 18/112, Délibération du Conseil privé de La Réunion, deuxième séance, Saint-Denis, le 12 janvier 1849.

[931] ADR, 16 K 36, Délibérations du Conseil privé de La Réunion, Saint-Denis, les 14 avril et 12 mai 1852. Les entreprises de batelage de Saint-Denis, Moreau, Manès et

et entreprises organisaient bien des activités de batelage parmi lesquelles on retrouve Moreau et Compagnie, A. Manès et C. de Jouvancourt, J. O'Toole, G. de Saint-Romaix et A. de Jouvancourt, soit des négociants qui nous sont déjà connus pour siéger au Conseil privé du gouverneur. Y avait-il déjà trop d'acteurs, trop de concurrence dans les activités liées au trafic des engagismes ? Le gouverneur préféra rejeter la requête de Martel et Camin. Il n'était pas opportun de réglementer aussi spécifiquement ce type de marché commercial.

Dans son article du 18 juin 1850, le *Journal du Commerce de l'Ile de la Réunion* ne manqua pas de souligner la rentabilité du commerce des engagés[932]. Ce journal prônait même le principe de la liberté de recruter tout travailleur étranger sur n'importe quel point géographique du bassin du Sud-Ouest de l'océan Indien. Dans sa rubrique des *Annonces judiciaires et volontaires*, on lit : « *A céder. A de bonnes conditions chez MM. O'Toole et Foucque : les engagements de 350 Indiens, laboureurs de premier choix, payas et servantes indiennes* ». Une autre maison de commerce ou agence de vente d'engagés fut citée : « *A vendre chez MM. Aug. Thomas, fils et Compagnie, Très bonne morue pour engagés à 20 Francs* ». On y lit plus loin : « *A vendre chez M. G. Armand, près le Barachois : Belles et fortes chemises de laine, rouges et bleues pour travailleurs* ».

Nous nous rappelons avoir déjà cité le nom de la maison Thomas pour des opérations de recrutement et de transport d'engagés indiens. Relevons que MM. Aug. Thomas représentait une maison de commerce qui importait également des engagés « arabes » et autres[933]. Cela signifie qu'une seule et

---

Jouvancourt, O'Toole, Saint-Romaix et Jouvancourt parvinrent à obtenir du gouvernement local le privilège du batelage sur le littoral du chef-lieu.

932 CAOM, C. 18/112, *Journal du Commerce de l'Ile de la Réunion*, mardi 18 juin 1850, n° 217, 5e année, article du 17 juin 1850 : « … nos navires marchands ont encore bien des bénéfices énormes à réaliser ou à faire obtenir par le moyen des coolis. Aujourd'hui, tout le monde le sait, Messieurs les Anglais nous contrarient beaucoup pour l'introduction des travailleurs indous. Pourquoi donc ne va-t-on pas à la côte d'Afrique engager les travailleurs dont nous avons besoin ?... L'autorité doit permettre et même protéger l'introduction de travailleurs de tous les points, en exceptant toutefois, les races dont les mœurs par leur contact avec nous, pourraient nuire au pays, et en exigeant dans le mode d'engagement une équité également profitable à l'engagiste et à l'engagé… Et si, par hasard, l'administration avait certaines tendances à penser qu'elle doit la maintenir (la dépêche ministérielle de prohibition de recruter dans les zones africaines), nous croyons que la Chambre de Commerce, formée par le vote universel, ne manquera point de pétitionner auprès de l'autorité, pour faire établir le droit d'introduire ici des travailleurs libres de toute provenance, pourvu que leurs mœurs et doctrine ne soient pas jugés nuisibles aux masses laborieuses ».

933 CAOM, C. 18/112, Correspondance du gouverneur de La Réunion adressée au ministre de la Marine et des Colonies, Saint-Denis, le 4 février 1851. Pour cette

même entreprise pouvait à la fois vendre et louer le travail d'engagés étrangers, d'engagés intérieurs tout en vendant des aliments et des habillements destinés exclusivement à cette « classe ouvrière de couleur ».

Dans *Le Moniteur de la Réunion* du 31 janvier 1851, le prix de l'engagement était fonction de l'origine ethnique, raciale de l'engagé. L'auteur de l'article se plaignait du prix identique entre un engagé indien et un engagé malgache alors que l'Indien avait coûté plus cher pour son introduction dans l'île[934]. Cet alignement des prix fut justifié par l'administration de Nossi-Bé qui avait décidé d'interdire l'émigration de noirs pendant la saison des pluies « *sous l'étrange prétexte que des hommes libres n'avaient pas le droit de s'exposer aux dangers de la mer* ». La colonie condamna sans réserve cette posture alors que le commandant particulier de Nossi-Bé venait d'autoriser une importante opération par le navire Le Colonial, arrivé en rade de Saint-Denis le 13 janvier 1851[935]. Il est très probable que plusieurs maisons commerciales s'entendirent sur l'augmentation du prix d'un Malgache dans un contexte de raréfaction de la main-d'œuvre noire disponible[936].

L'engagisme noir n'était pas pleinement autorisé mais plutôt toléré par les autorités. Le prix d'un engagé noir augmenta logiquement. Pourtant, le gouverneur valida à la fin de l'année 1851 le projet d'introduire 20 à 25 000

---

maison de commerce qui était également armateur, nous nous rappelons des engagés de Mascate et de Zanzibar, ainsi que les 31 Arabes du navire le Matinal introduits au début de l'année 1851.

[934] CAOM, C. 18/112, Journal *Le Moniteur de la Réunion*, Partie officielle, Saint-Denis, le 31 janvier 1851 : « Le recrutement des travailleurs sur la côte de Madagascar n'est pas sans doute fort dispendieux et les introducteurs y sont exonérés de l'énorme tribut que le commerce de Pondichéry prélève sur l'immigration indienne. Les dépenses n'étant pas les mêmes, comment se fait-il que les prix de cession soient égaux ? »

[935] *Ibidem* : « … une mesure dernièrement prise par l'administration de Nossi-Bé, en suscitant des obstacles à l'opération, contribuait à maintenir l'élévation exagérée du cours. L'Administrateur en chef de cet îlot, déployant en faveur de la population confiée à sa vigilance un excès de sollicitude qui n'était pas dépourvu de tyrannie, avait prohibé l'émigration pendant l'hivernage… ».

[936] *Ibidem* : « Les limites étroites qui leur sont fixées, les obstacles ruineux qui surgissent devant leurs tentatives quand ils s'écartent des points dans lesquels l'administration les confine, paralysent et restreignent nécessairement leurs opérations. Que l'immigration soit complètement libre ; que la Colonie, ouverte aux travailleurs de toute provenance, puisse choisir et appeler dans son sein ceux qui lui offrent les conditions les moins onéreuses et les plus solides garanties ; que les navires ne soient point exposés à voir leurs vivantes cargaisons repoussées de nos rivages : alors notre commerce pourra se porter sérieusement vers Madagascar et le littoral de l'Afrique, alors nous pourrons peut-être, dans cette immigration, une concurrence véritable et un contrepoids utile au monopole des Indiens qui profite surtout au commerce de Pondichéry ».

Malgaches pour La Réunion et les Antilles-Guyane. Pour souligner que les recrutements d'engagés noirs avaient quand même lieu dans l'île, citons un article paru dans le *Courrier du Havre* des 13 et 14 juin 1852 faisant état de 61 Africains débarqués du navire La Loterie. Cet extrait précisa d'une part, que le salaire mensuel d'un Cafre ne dépassait guère les 5 francs et d'autre part, que la vente de son engagement à La Réunion atteignait environ 450 Francs[937].

Pour faire suite à son rapport du 8 mars 1851, le capitaine du navire L'Adèle, rattaché au port de Nantes, transmit aux membres de la chambre de commerce nantaise les renseignements demandés au gouverneur des Etablissements Français dans l'Inde[938]. En juin 1851, le ministre interrogea le gouverneur de La Réunion sur le bilan de l'engagisme indien. Elément nouveau, le gouverneur Doret s'engagea à partir de septembre 1851 à lui transmettre un état général de tous les travailleurs introduits dans la colonie en plus de l'état mensuel constatant le nombre d'engagés rapatriés, « *soit par mesure de police, aux termes des articles 22 et 24 de l'arrêté local du 11 juin 1849, soit à l'expression des contrats et par le fait de la volonté des immigrants* »[939]. C'est dire que l'engagé devait faire preuve d'une très grande vigilance sur ses intentions de repartir dans son pays d'origine, car à défaut, que se passait-il ? Etait-il exclu de l'habitation sucrière ? Etait-il automatiquement renouvelé pour 5 ans ? Ou seulement à la tâche en contrepartie d'un lopin de terre ? Dans un régime disciplinaire dur, était-il en capacité d'exprimer son désir d'être rapatrié ? Etait-il vraiment au courant de cette possibilité ?

Le gouverneur reconnaissait que « *les rapatriements sont loin d'avoir atteint des proportions aussi considérables* ». Il rappela également l'extrême dépendance de la prospérité de l'île à une main-d'œuvre de couleur à la fois

---

937 CAOM, C. 18/112, le *Courrier du Havre*, les 13 et 14 juin 1852 : « Engagés – L'immigration en mars, ne consiste qu'en 61 Cafres, venus par la Loterie. La plupart de ces hommes, qui ne reçoivent que 5 Francs de gages par mois, ont été réengagés moyennant un remboursement de passage et de frais de 450 Francs ». L'auteur restait prudent, car au lieu de dire que la vente ou la cession de l'engagement du Cafre avait été conclue pour 450 Francs, il préféra justifier cette somme par le remboursement des frais avancés pour leur introduction dans l'île. Mais, le fait de dire qu'il y eût réengagement moyennant remboursement, nous sommes clairement en présence d'une vente.

938 CAOM, C. 432/4618, Dépêche du ministre de la Marine et des Colonies adressée à Messieurs les membres de la Chambre de commerce de Nantes, Paris, le 12 août 1851. Un capitaine avait signalé le projet de constituer une « société d'émigration formée de la majeure partie des négociants blancs à Pondichéry », à savoir un monopole commercial.

939 CAOM, C. 432/4618, Correspondance du gouverneur de La Réunion adressée au ministre de la Marine et des Colonies, Saint-Denis, le 11 septembre 1851.

abondante, corvéable et servile à souhait[940]. L'urgence était de pourvoir au remplacement des anciens esclaves et tant pis s'il fallait recruter sur des territoires interdits parce qu'ils étaient sous contrôle de la Couronne britannique ou que le trafic esclavagiste perdurait encore sous une forme à peine déguisée. Il était de la responsabilité du gouverneur de défendre les intérêts de la colonie qu'il dirigeait, ce qui signifiait la défense des intérêts sucriers. Le gouverneur Doret dénonça la multiplication des contrôles ordonnée par la compagnie anglaise en Inde. Sur ce sujet, le gouverneur de Pondichéry lui transmit les mesures adoptées par la *East India Company* visant à sanctionner les rapts indiens commis par les Français dans ses provinces[941]. L'immigration contractuelle indienne était encore une fois menacée et en attendant les résultats d'une négociation entre Madras et Pondichéry, il demanda au ministre de l'autoriser à organiser « *l'introduction des travailleurs africains ou arabes... à défaut d'Indiens* » qui constitue « *un préjudice si grave et si difficile à réparer dans les circonstances actuelles* ».

## Section 3 : Conclusion du troisième chapitre

En décembre 1849, le nouveau gouverneur en route pour La Réunion, Monsieur Doret, devait remplacer Sarda Garriga. Il avait reçu pour instruction ministérielle la mission de maintenir toute la législation en vigueur concernant les engagismes, surtout l'engagisme relatif aux affranchis de la colonie[942]. Cela signifiait que le ministre de la Marine approuvait les législations et réglementations locales relatives aux engagés à la fois intérieurs et extérieurs pendant « *la préparation d'une nouvelle législation générale et uniforme sur cette importante matière* ». Il faut noter que les activités commerciales de l'engagisme étranger n'étaient pas exclusivement réservées aux maisons de commerce. Nous avons vu tout au long de l'histoire de l'engagisme, dans cette première partie, que plusieurs habitants s'étaient livrés à ce marché lucratif. A titre d'exemple, nous pouvons citer Messieurs Sauger, habitant de Saint-Paul,

---

940 *Ibidem* : « L'Inde a été presqu'exclusivement, jusqu'à ce jour, le seul point de recrutement pour la Colonie... l'immigration africaine ou arabe n'a encore que fort peu de développement ».

941 *Ibidem* : « Tout Français qui directement ou indirectement aura pris part, à Pondichéry même à des engagements contractés avec des Indiens du territoire anglais, serait passible des peines édictées par l'Acte XIV de 1839, et serait exposé à être arrêté, s'il venait à dépasser la frontière ».

942 CAOM, C. 18/114, Extrait des instructions remises par le ministre de la Marine à Monsieur Doret, gouverneur de La Réunion, Paris, le 15 décembre 1849 : « ... les règlements au moyen desquels votre prédécesseur a pourvu au moment de l'abolition de l'esclavage, au maintien du travail parmi les nouveaux affranchis et à la police des ateliers ruraux... La Réunion a heureusement traversé les premières et difficiles épreuves de la transformation du travail. ».

Malavois, habitant de Sainte-Suzanne, Camin, habitant de Sainte-Marie. Certains semblaient s'être spécialisés dans le commerce d'engagés tels que la maison Rontaunay, Groscadet et Compagnie, Denisane, Moreau et Manès, Roux et Piveteau, Chassagne et Perrier. D'autres semblaient avoir contracté une association avec des maisons de Pondichéry tels que Merlo et Chabrier. Ce genre d'association paraissait relativement rare, mais nous pouvons imaginer quelque monopole ou position dominante par le biais d'associations commerciales entre négociants réunionnais et pondichériens. A cet égard, nous pouvons citer Amalric, Blin et Delbrück. Tous ces armateurs et maisons de commerce dont la liste que nous dressons n'est pas exhaustive intervenaient sur commande émanant des habitants réunionnais. Ce sont eux qui devenaient les uniques ou exclusifs propriétaires et ce sont donc eux qui étaient les seuls à même de pouvoir vendre ou louer leurs mains-d'œuvre de couleur, esclaves et engagés. Cela laisse à penser que l'engagisme fonctionnait en réseau fermé, monopole de l'élite productrice de sucre. Il n'y avait pour ainsi dire aucun intermédiaire, aucun courtier qui de sa propre et libre volonté vendait ou louait des engagés sans l'autorisation de leurs véritables propriétaires. Seuls les nombreux vagabonds pouvaient faire exception, et on a vu que ce sont les maires et l'administration du gouverneur qui avaient dû servir de relais ou d'intermédiaires via les ateliers de travail ou de discipline. Comme les engagés étaient réservés à l'industrie sucrière mais que beaucoup d'entre eux ne trouvaient pas de situation stable et ce, malgré les termes de leurs contrats, certains armateurs, certains agents de commerce ont tenté de libéraliser le commerce des engagés pour les offrir à d'autres engagistes que les habitants. C'est ce qui a peut-être motivé la demande de patente formulée par Martel et Camin dès 1849. Alors que les engagés étaient assez nombreux, sans doute plus nombreux qu'on ne le pense aujourd'hui encore, leurs prix de vente ou de location étaient considérés comme trop élevés, hors de portée des colons non-industriels. C'est ce qui explique les tendances de rapprochement entre l'engagé et l'esclave. Le refus du gouverneur d'accorder la moindre patente allait totalement dans le sens des intérêts des habitants qui ont su maintenir pour l'heure leur monopole sur l'ensemble des mains-d'œuvre de couleur. La colonie, c'était eux et ils considéraient que sans eux, il n'y avait pas de colonie.

Avec l'engagisme indien « réglementaire » puis « conventionnel », le comptoir de Pondichéry demeura le principal centre d'émigration à destination de La Réunion et des autres colonies françaises sucrières. La Société d'émigration de Pondichéry regroupa les principaux négociants et se positionna très rapidement en situation de monopole.

Face à l'échec de l'engagisme européen, le ministre de la Marine et des Colonies déclara dans sa correspondance du 16 septembre 1851 : « *il est peu probable que de nouvelles demandes à fin d'envoi d'émigrants européens à la Réunion ne seront pas formées dans le courant de l'année prochaine et dans tous les cas, mon département hésiterait à les favoriser* »[943]. Le ministre proposa même de prélever sur le budget de 1852 les 28 000 Francs prévus initialement pour l'engagisme européen pour inciter les habitants réunionnais à se conformer à l'article 4 de l'arrêté local du 11 juin 1849 relatif à la proportion des femmes de couleur dans les convois[944]. Grâce à cela, les autorités administratives encourageaient la formation de familles d'engagés indiens, ce qui devait assurer par la suite « *des ressources permanentes* » au travail.

Dans sa dépêche du 24 avril 1852, le ministre autorisa le gouverneur à inscrire 12 000 Francs supplémentaires au budget de 1852 dans la partie « *Introduction de travailleurs dans les colonies* ». Il s'agissait de favoriser l'immigration en général – car rien n'interdisait au gouverneur d'attribuer une allocation supplémentaire pour favoriser l'immigration principalement indienne ou autre, mais le manque de femmes demeurait un problème – et ce, conformément aux décrets métropolitains des 13 février et 27 mars 1852 que nous étudierons concernant l'immigration dans les colonies françaises. En réalité, l'on se demande si la prime d'encouragement à l'immigration féminine indienne n'était pas plutôt exceptionnelle, liée aux circonstances de l'échec de l'engagisme européen et si elle allait réellement être reconduite pour les années à venir.

C'est dire que la République française s'investissait à un moment-clé dans l'histoire de ses colonies pour rendre les immigrations indiennes et noires plus réglementaires, ce qui paraissait à la fois délicat et très fragile en raison du fait que ni l'Afrique australe ni le sous-continent indien n'était sous la domination ou le protectorat de la France. Le bilan de l'abolition de l'esclavage apparaissait en trompe-l'œil. En effet, les habitants réunionnais n'avaient pas tout à fait réussi à imposer l'obligation du travail sur les mains-d'œuvre de couleur réputées contractuelles ou libres. Les industriels du sucre colonial étaient appelés à s'adapter aux circonstances et aux incertitudes historiques qui menaçaient leur prospérité en concédant quelques progrès sociaux quand il n'était plus possible pour eux de refuser ce à quoi les engagés aspiraient depuis longtemps.

---

[943] CAOM, C. 432/4608, Dépêche du ministre de la Marine et des Colonies adressée au gouverneur de La Réunion, Paris, le 13 décembre 1851. Sur ce sujet, le ministre cita la correspondance du gouverneur du 11 juin 1851 et sa réponse du 16 septembre 1851.

[944] *Ibidem* : « L'immigration indienne a donné des résultats satisfaisants, mais laisse à désirer des améliorations notamment en ce qui concerne l'exécution de l'article 4 de l'arrêté local du 11 juin 1849, relatif au nombre proportionnel de femmes que doit comprendre l'introduction des engagés. Un grand intérêt de moralité l'attache à ce que les prescriptions contenues dans l'article précité soient exactement observées… donnant le moyen de s'y créer une famille et, par suite, elles assureraient au travail des ressources permanentes… Cette prime serait prélevée sur les 28 000 Francs susvisés ».

# CONCLUSION

L'abolition de la traite des esclaves avait signifié aux habitants du vieil outre-mer colonial que la métropole française n'accordait officiellement plus aucun soutien à ce genre de trafic alors qu'elle savait pertinemment qu'il constituait le fondement même de ses îles sucrières. Le commerce noir triangulaire antillais et celui des Mascareignes étaient appelés par la plus haute autorité de l'Etat à s'effondrer brutalement. Mais, cet effondrement n'eût pas lieu en 1817, pas plus qu'en 1848. Les relations économiques coloniales étaient extrêmement complexes et puissantes. Sur la notion de commerce triangulaire, faisons remarquer qu'il nous parait quelque peu dénué de sens véritable, car s'il se définissait effectivement comme représentant le commerce d'esclaves entre l'Afrique occidentale, la France métropolitaine et les Antilles, il n'aurait qu'une utilité géographique. Or, la triangularité n'est pas exceptionnelle, elle peut être dupliquée dans de nombreuses régions du globe. A La Réunion, nous pourrions également relever un commerce triangulaire entre l'Afrique orientale, l'Inde et les Mascareignes. C'est dire que cette triangularité se doit d'être plus précise. Sans aucune prétention, nous préférons définir le commerce triangulaire relatif à la traite des esclaves et des mains-d'œuvre libres comme étant les relations contractuelles entre trois types de personnages-clés : l'habitant, l'armateur et le négociant.

Entre 1663 et 1848, il est dit que 300 000 esclaves furent transportés dans la colonie qui, rappelons-le, ne bénéficiait pas d'un solde de natalité suffisant. L'argument de pénurie de main-d'œuvre se retrouve de manière régulière dans pratiquement tous les documents d'archives que nous avons étudiés. Cela soulignait la nécessité de se tourner encore et toujours vers l'immigration qui n'encourageait pas plus que lors de la traite des noirs l'installation ou la formation de familles puisque les travailleurs débarqués étaient essentiellement masculins. Le seul intérêt de se fournir autant de main-d'œuvre était d'être exclusivement au service des travaux du sucre. Et les chiffres avancés tant en ce qui concerne les esclaves que les engagés démontrent une dureté terrible des travaux exigés pour la production et la fabrication du sucre réunionnais. Le modèle économique des habitations réunionnaises n'incluait pas l'installation ou la constitution de familles noires ou asiatiques. Il ne fallait prendre aucun risque de favoriser des mécontentements, des révoltes fédérées autour de familles ou de clans de couleur sur les camps d'esclaves et d'engagés, dans tous les quartiers de l'île. Il ne fallait prendre aucun risque d'ébranler la société coloniale blanche.

Les archives laissent à penser que la clandestinité noire et indienne dans ce que l'on appelle les engagements contractuels n'était pas exclue dans l'île. Il est vrai que la France s'était engagée auprès du Royaume-Uni à lutter contre la traite négrière avec les résultats que l'on sait au travers des convois d'engagés noirs débarquant régulièrement sur les rades réunionnaises. Lorsque l'abolition de l'esclavage fut proclamée, la logique admettait qu'il n'était plus la peine de signer des traités et accords internationaux pour renforcer la lutte contre les trafics d'esclaves, comme si la libération noire sur le territoire ultramarin français rayonnait d'une force irrésistible d'universalisme sans qu'il ne soit nécessaire d'instaurer un régime de surveillance particulier. A cet égard, nous avons relevé l'existence de plusieurs bureaux de l'engagement à Saint-Denis et à Saint-Paul au lendemain même de l'émancipation générale. Cela signifiait que le commerce relatif à la main-d'œuvre était *a priori* largement admis dans les mœurs coloniales. Les négociants réunionnais souhaitaient ne plus devoir se cacher pour la simple et bonne raison qu'il ne pouvait plus y avoir réellement de traite esclave dans une île où l'esclavage légal fut aboli. En effet, même esclave, la personne devenait automatiquement libre dès qu'elle foulait le sol réunionnais. Concernant les 2 bureaux de l'engagement à Saint-Denis et à Saint-Paul, nous ignorons s'il s'agissait d'initiatives purement privées qui proposaient à la vente ou à la location les services des engagés tout récemment débarqués d'Asie ou d'Afrique. A moins qu'ils n'étaient déjà installés dans l'île depuis un certain moment, soit qu'ils étaient arrivés au terme de leur engagement, soit qu'ils ne représentaient aucune utilité sur les habitations.

L'obligation de travail et le vagabondage sont les deux thèmes majeurs qui ressortent de la période du premier essai indien de 1828 jusqu'à l'expiration des deux années d'engagement obligatoire énoncée par l'arrêté local du 24 octobre 1848. Au lieu d'entériner strictement le décret abolitionniste, les responsables politiques de l'île réussirent à assurer la prorogation légale du servilisme. L'esclavagisme tout comme l'engagisme se rapprochaient l'un de l'autre en prenant les formes et les caractéristiques du servilisme. Les nouveaux affranchis, ceux qui avaient été préalablement sélectionnés par leurs maîtres, furent contraints de demeurer sur l'habitation et de continuer à travailler exclusivement à leurs services dans ce délai dit maximum. Ce fut là la transcription à la française de l'apprentissage britannique conditionnant l'abolition de 1833, sauf qu'à La Réunion, il fut sans nul doute facilité par l'expérience particulière du travail libre étranger pratiquée depuis déjà vingt ans. Les habitants-engagistes n'étaient pas effrayés par la théorie conventionnelle accordée à une masse d'ouvriers analphabètes et largement dominée. Et lorsque l'administration coloniale leur fit remarquer que les salaires demeuraient impayés, les grands propriétaires et industriels prétendaient que les immigrants ou les « résidents » de couleur bénéficiaient d'un logement, de nourriture et de soins médicaux, ce qui n'était pas rien dans un contexte de crise du numéraire. De plus, si les engagés n'étaient pas payés, c'était de la faute de l'Etat qui tardait à verser aux propriétaires d'esclaves l'indemnité coloniale. Grâce à cette mesure compensatoire, c'est un nombre important de pièces de monnaie qui allait pouvoir bientôt être mis en circulation dans l'île. La colonie manquerait alors moins de moyens, moins de numéraire, ce qui allait faciliter le paiement d'au moins une partie des salaires des engagés.

Par ailleurs, les colons réunionnais firent à plusieurs reprises remarquer que la vie en Afrique ou en Inde était des plus misérable. L'abolition de l'esclavage était désormais une réalité, mais les effets ne correspondirent pas exactement à ce que certains esprits éclairés en France avaient espéré. Assimiler les nouveaux libres de masse aux anciens affranchis individuels et aux blancs paraissait trop prématuré aux yeux des colons. Il s'agissait davantage d'une révolution sociétale particulière à programmer sur le très long terme. Pour l'heure, les habitants et les négociants étaient plutôt préoccupés par la sauvegarde de leurs intérêts, de la production sucrière, de leurs activités commerciales, et cette question relevait de l'intérêt national. L'abolition de l'esclavage ne signifiait et ne pouvait signifier la disparition immédiate du sucre colonial, car c'était annoncer l'effondrement de tout le système économique des Outre-mer. L'Etat était-il en mesure d'assumer une révolte assez forte dans chacune de ses colonies. On se rappelait sans aucun doute encore du désastre de Saint-Domingue.

Dans les colonies françaises, l'on évoquait et l'on insistait sur l'obligation de travail tandis qu'à Paris, l'on discourait sur l'amour du travail. A Londres, on exigeait de la part des habitants réunionnais la garantie de travail offerte aux immigrants indiens, c'est-à-dire un salaire mensuel effectivement payé tout au long des 5 ans d'engagement. Bref, le simple respect des termes contractuels et ce, peu importe le support ayant servi de base au recrutement, qu'il s'agisse d'une promesse d'engagement, d'un simple modèle contractuel ou même d'une réglementation en matière de transport et d'hygiène à bord des navires. La classe blanche réunionnaise était si désemparée de devoir vivre et partager une forme de contrat social avec de nouveaux Français, les affranchis de 1848, que les grands producteurs sucriers préférèrent pourvoir au remplacement urgent et massif en faisant appel à une immigration abondante de travailleurs étrangers. C'est toute la population des anciens esclaves qui dut vivre avec la menace permanente de relations de travail tout à fait incertaines et irrégulières, ne leur permettant aucune ascension sociale ou presque. Les vagues migratoires étaient assurées d'être considérables.

L'abolition de l'esclavage avait paradoxalement provoqué une libération des droits et des libertés des colons, ces derniers réclamant à Paris une reconnaissance et une effectivité inconditionnelles de la liberté du commerce et du droit de pouvoir contracter à leur guise notamment avec les engagés. Avant que ce droit ne soit officiellement promulgué en 1867[945], c'est la notion

---

[945] Nous faisons ici référence à la loi du 24 juillet 1867 qui énonçait la liberté contractuelle dans toutes les activités commerciales. Au Royaume-Uni, deux types de

d'ordre public local qui permit à La Réunion de justifier la légalité de l'obligation de travail sur l'ensemble des travailleurs de couleur, qu'ils soient natifs de l'île ou immigrants contractuels récents. Le vagabondage représentait un instant de liberté assez inquiétant sinon dangereux pour qu'il ne soit pas strictement surveillé par les autorités de police. Mais, les vagabonds étaient nombreux pour qu'ils ne servent pas l'intérêt des travaux des habitations et ceux de la colonie elle-même. Le travailleur déserteur était contraint de réintégrer de toutes les façons le domaine privé ou public qui l'obligeait à travailler.

La colonie pouvait alors être assimilée à un territoire ségrégationniste d'exception au sein duquel le régime policier garanti par tout un arsenal juridique déterminait un cadre légal exclusivement réservé aux travailleurs de couleur. Parce qu'à contre-courant de l'histoire, le statut de l'engagé n'était pas tout à fait légalement admis par les autorités à Paris. En tous les cas, les engagés de l'intérieur rejoignaient ceux de l'extérieur alors qu'une distinction fondamentale les séparaient originellement et contractuellement en 1828. Finalement, ce sont les engagés de l'intérieur, tous ceux qui furent affranchis en 1848 qui avaient la promesse de l'avantage sur les engagés extérieurs : ils étaient promis d'être Français. C'est dire que les immigrations massives retardèrent les effets de l'indivisibilité et de l'unité de la République encore trop théoriques. L'assimilationnisme n'interviendra, du point de vue des Outre-mer français, que bien plus tard, lorsqu'il sera question de leur départementalisation rendue effective en 1946, soit cent ans après.

---

compagnies coexistaient dès 1855 : les sociétés *unlimited*, c'est-à-dire des associations responsables de manière illimitée, et les sociétés *limited*.

# TABLEAU DES LEGISLATIONS

| | FRANCE | LA REUNION | AUTRE | CONTENU |
|---|---|---|---|---|
| 01 | **Loi des 2 et 17 mars 1791 (Décret d'Allarde)** | | | Suppression des droits de maîtrise dont la durée de maîtrise et de la servitude du compagnonnage considérées comme excessives sous l'Ancien Régime. On passe de la maîtrise au droit de patente |
| 02 | **Loi des 14 et 17 juin 1791 (Loi Le Chapelier)** | | | Toutes les formes d'entente, d'association et de réglementation professionnelle sont condamnées |
| 03 | | **Motion de l'assemblée coloniale des 24 messidor et 7 thermidor an IV (12 et 25 juillet 1791)** | | « *Tout propriétaire ou détenteur d'une habitation sur laquelle il serait affecté 25 esclaves ou plus et qui n'y ferait pas sa résidence habituelle soit tenu d'y placer un régisseur ou économe blanc ou libre* » |
| 04 | | **Arrêtés des 24 messidor et 24 thermidor an IV (12 juillet et 11 août 1791)** | | Obligation pour la municipalité de Saint-Denis de se faire remettre tous les paquets, lettres, feuilles, périodiques, imprimés qui pouvaient se trouver à bord des navires arrivant dans l'île |
| 05 | | **Arrêté du 21 septembre 1799** | | Création de commissions prévôtales composées de 5 juges et d'un accusateur public nommés par l'assemblée coloniale en charge de prononcer en dernier ressort une |

| | FRANCE | LA REUNION | AUTRE | CONTENU |
|---|---|---|---|---|
| | | | | condamnation de peine de mort exécutoire sous les 24 heures à l'encontre de toute personne libre ou esclave ayant excité chez les noirs une révolte générale ou partielle |
| 06 | **Loi du 30 floréal an X (20 mai 1802)** | | | L'esclavage et la traite négrière sont rétablis |
| 07 | **Loi du 22 germinal an XI (12 avril 1803)** | | | La liberté de l'entreprise est réaffirmée : « *les conventions faites de bonne foi entre les ouvriers et ceux qui les emploient seront exécutées* » ; les préfets de police et les maires sont compétents en matière de conflits entre employeurs et employés. |
| 08 | **Instructions du 3 prairial an XI (22 mai 1803)** | | | La ségrégation raciale dans les colonies est maintenue |
| 09 | **Code civil publié le 21 mars 1804** | **Code Decaen (arrêté du 25 vendémaire an XIV)** | | « *Le code civil des Français est promulgué aux îles de France et de la Réunion, et y aura son exécution, sauf les exceptions, additions et modifications ci-après* » |
| 10 | | | **Acte final du Congrès de Vienne (9 juin 1815)** | La traite des noirs est interdite ; la liberté de circulation sur les fleuves internationaux est reconnue ; les frontières de l'Europe sont redéfinies |
| 11 | **Ordonnance du 12 juin 1815** | | | Institution des juges de paix dans les colonies ; Instauration de 4 arrondissements à La Réunion |

| | FRANCE | LA REUNION | AUTRE | CONTENU |
|---|---|---|---|---|
| 12 | | | ***Act* britannique du 4 décembre 1816** | Les autorités du comptoir de Chandernagor reconnaissent que les ouvriers indiens sont ressortissants britanniques |
| 13 | **Ordonnance royale du 8 janvier 1817** | Enregistrée le 27 juillet 1817 | | La traite des esclaves est abolie |
| 14 | | **Ordonnance du 25 décembre 1819** | | Rappel de la réglementation en matière de ration alimentaire de l'esclave (ordonnances des 18 juin 1726, 18 juillet 1735 et 7 septembre 1767) |
| 15 | **Ordonnance royale du 21 avril 1825** | | | Réorganisation de l'administration de l'île Bourbon : le conseil général dispose d'un rôle consultatif et est composé de 48 membres nommés par le roi pour 5 ans ; un seul député ou délégué auprès du gouvernement royal à Paris est nommé par le roi à partir d'une liste de 3 noms proposés par le conseil général (le 9 février 1827, ce système s'étendit aux autres colonies) |
| 16 | **Ordonnance royale du 21 août 1825** | | | Législation relative aux prisons coloniales : les travaux d'un montant supérieur à 10 000 Francs sont arrêtés par le Conseil privé puis approuvés par le conseil colonial (s'il s'agit du domaine colonial) |
| 17 | | **Arrêté du 18 janvier 1826** | | Projet relatif au recrutement d'Indiens |

| | FRANCE | LA REUNION | AUTRE | CONTENU |
|---|---|---|---|---|
| 18 | | **Ordonnance du 19 décembre 1827** | | Promulgation du nouveau code d'instruction criminelle dans la colonie |
| 19 | | **Arrêté du 6 juin 1828** | | Service des engagés indiens dû au roi délégué aux habitants de Bourbon |
| 20 | | **Arrêté du 3 juillet 1829** | | Création de la commission des Indiens pour assurer la protection légale des engagés indiens : ration alimentaire, salaire et soins médicaux doivent figurer dans les contrats d'engagement ainsi que le nom des habitants engagistes ; la tutelle du procureur sur les engagés est limitée |
| 21 | **Ordonnance du 6 juillet 1828** | | | Division de l'île en 2 arrondissements composés chacun de 3 cantons de justice de paix (6 juges de paix en tout) |
| 22 | | **Ordonnance du 24 juillet 1829** | | Le secrétariat de la commission des Indiens est créé pour recueillir le paiement des cautions relatives à l'engagement |
| 23 | | **Arrêté du 8 août 1829** | | Composition de la commission des Indiens |
| 24 | | **Arrêté du 24 octobre 1829** | | Caution des habitants pour les commandes d'engagés indiens ; l'ordonnateur et le contrôleur colonial sont chargés de la récupérer |
| 25 | | **Arrêté du 24 décembre 1829** | | Vaccination et quarantaine/séquestration des engagés indiens pendant 8 jours ; désengagement de l'administration du |

| | FRANCE | LA REUNION | AUTRE | CONTENU |
|---|---|---|---|---|
| | | | | gouverneur dans l'engagement indien |
| 26 | | **Arrêté du 4 mai 1830** | | Création de l'atelier de discipline pour y affecter les esclaves récalcitrants et/ou coupables de paresse, de voie de fait, de vol ou de marronnage |
| 27 | | **Arrêté du 3 juillet 1830** | | Précisions sur les frais de fonctionnement, la composition et le fonctionnement de la commission des Indiens |
| 28 | | **Circulaire du directeur de l'Intérieur du 7 juillet 1830** | | Le paiement des salaires des engagés doit se faire en mairie |
| 29 | | **Arrêté du 7 août 1830** | | Création de la Chambre de commerce à Saint-Denis |
| 30 | | **Arrêté du 1er décembre 1830** | | Les garanties publiques relatives à l'engagement indien sont rétablies par le gouverneur au titre des délégations familiales |
| 31 | **Loi du 4 mars 1831** | Enregistrée le 26 juillet 1831 | | Renforcement des sanctions à l'encontre des trafiquants négriers ; les esclaves sont confisqués par l'Atelier colonial devenant ainsi engagés dudit atelier puis définitivement affranchis au bout de 7 ans de service |
| 32 | | **Arrêté du 16 mai 1831** | | Création du syndic des Indiens ; Compétences des tribunaux ordinaires (à la charge de l'engagé-plaignant) ; le syndic peut convaincre le vagabond indien de retourner sur l'habitation de son engagiste (retenue |

| | FRANCE | LA REUNION | AUTRE | CONTENU |
|---|---|---|---|---|
| | | | | sur salaire pour chaque jour d'absence) ou d'intégrer un atelier de discipline (travaux publics) ou un atelier de secours. L'engagé a qualité de justiciable en cas d'échec de conciliation de la commission des Indiens. Les frais du procès sont à la charge exclusive de l'Indien. |
| 33 | | **Arrêté du 27 mai 1831** | | Frais de fonctionnement du syndic et de la commission des Indiens |
| 34 | | **Arrêté du 1er juillet 1831** | | Nouvelle garantie de l'administration locale dans les engagements indiens |
| 35 | | **Arrêté du 7 mai 1832** | | Frais de taxe pour le témoignage de l'engagé indien bien distincts de ceux des esclaves et de la population blanche |
| 36 | | **Arrêté du 19 mai 1832** | | Modification de la ration alimentaire de l'engagé indien pour cause de « paresse naturelle » |
| 37 | | **Arrêté du 18 janvier 1833** | | Travaux d'utilité publique infligés aux vagabonds indiens au sein des ateliers municipaux |
| 38 | | **Ordonnance du 26 février 1833** | | Le gouverneur fixe chaque année les frais de capture des marrons (jusqu'à l'arrêté du 21 février 1844). La caisse de marronnage, à savoir le secrétariat du marronnage de Saint-Denis, est maintenu dans ses compétences |

| | FRANCE | LA REUNION | AUTRE | CONTENU |
|---|---|---|---|---|
| 39 | | **Arrêté du 4 mars 1833** | | Le Conseil privé ordonna l'expulsion de la colonie de 2 Indiens délinquants |
| 40 | | **Arrêté du 13 avril 1833** | | Création de l'atelier de Saint-Denis avec les précisions concernant le salaire et la ration alimentaire des vagabonds indiens qui le composent |
| 41 | **Loi du 24 avril 1833** | | | Egalité civile reconnue aux affranchis |
| | **Ordonnance modificative du 22 août 1833 de l'ordonnance royale du 21 août 1825** | | | Toutes les dépenses supérieures à 10 000 Francs relatives aux prisons et aux bâtiments doivent être approuvées par le ministre de la Marine et des Colonies |
| 42 | | **Arrêté du 24 décembre 1833** | | Caution solidaire entre négociant et habitant pour tout contrat d'engagement |
| 43 | | **Arrêté du 13 janvier 1835** | | Mesures exécutoires et conservatoires à l'encontre des engagistes pour rembourser les délégations familiales réclamées par le gouverneur de Pondichéry et suppression de toute garantie publique pécuniaire pour tout nouveau contrat d'engagement |
| 44 | | **Arrêté du 17 mai 1836** | | Les cas de force majeure peuvent donner lieu à des dégrèvements des délégations familiales |
| 45 | | **Arrêté du 14 juin 1836** | | Le Conseil privé de Bourbon se déclare incompétent pour juger toute affaire relative au contrat d'engagement |

| | FRANCE | LA REUNION | AUTRE | CONTENU |
|---|---|---|---|---|
| 46 | | **Arrêté du 4 février 1837 et circulaire du directeur de l'Intérieur du 10 novembre 1837** | | Le syndic des Indiens est remplacé par le secrétariat de police et du marronnage de Saint-Denis |
| 47 | | **Arrêté du 19 juin 1838** | | Le Conseil privé de Bourbon reconnaît l'usage des ventes successives et autres aliénations relatives à l'engagement |
| 48 | | **Arrêté du 11 août 1838** | | Les engagés de l'Atelier colonial (anciennement esclaves confisqués suite à des faits de traite négrière) sont autorisés à se rengager pour 4 ans supplémentaires (ce qui fait un total de 11 ans d'engagement) |
| 49 | | **Arrêté du 7 novembre 1838** | | L'introduction de « passagers » indiens est autorisée |
| 50 | | | **Projet de loi du gouvernement britannique de Fort Williams du 17 décembre 1838** | Toute personne qui engage un Indien sans l'autorisation de l'administration britannique dans l'Inde est punie d'amende et d'une peine d'emprisonnement |
| 51 | | **Décret du 24 décembre 1838** (non-sanctionné par le roi) | | Obligation du travail des engagés |
| 52 | | | **Arrêté de Pondichéry du 6 mars 1839** | Toute émigration d'engagés indiens vers l'île Bourbon est interdite |

| | FRANCE | LA REUNION | AUTRE | CONTENU |
|---|---|---|---|---|
| 53 | | | **Arrêté de Pondichéry du 30 décembre 1839** | Mesures spécifiques de protection sanitaire des Indiens transportés à bord des navires français |
| 54 | **Ordonnance du 5 janvier 1840** | | | Les procureurs royaux sont autorisés à enquêter sur les habitations pour vérifier que les esclaves sont bien traités conformément à la législation en vigueur ; le patronage des esclaves est reconnu aux procureurs |
| 55 | | **Arrêté du 15 mai 1840** | | Refus du gouverneur d'attribuer une patente commerciale à un Indien installé dans l'île |
| 56 | | **Ordonnance du 11 septembre 1841** | | Création des ateliers de discipline de Saint-Denis et de Saint-Paul |
| 57 | | | **Arrêté du 7 janvier 1842 du Conseil général des Etablissements Français dans l'Inde** | Maintien de l'interdiction de l'émigration indienne vers l'île Bourbon ; seul « le départ isolé et volontaire d'un domestique » peut être autorisé |
| 58 | | | ***Passenger's Bill* du 15 janvier 1842** | Libre sortie des *coolies* indiens vers les colonies anglaises |
| 59 | | **Décret du Conseil colonial du 14 mai 1842** | | Amélioration des conditions de vie et de traitement de l'esclave |
| 60 | | **Arrêté du 13 juin 1842** | | Régime disciplinaire des Indiens ; Affirmation de l'obligation de travail des engagés ; Traitement des vagabonds indiens au sein de l'Atelier colonial ; Instauration du livret d'engagement |

| | FRANCE | LA REUNION | AUTRE | CONTENU |
|---|---|---|---|---|
| 61 | | | **Ordonnance du gouvernement de Maurice du 20 août 1842** | Régime légal des engagés indiens (liberté de choisir son engagiste) et conditions de transport des *coolies* |
| 62 | | | **Règlement britannique du 27 octobre 1843** | Réglementation en matière de transport des *coolies* indexée à l'arrêté du gouverneur de Bourbon du 10 novembre 1843 en matière d'engagisme chinois |
| 63 | | **Arrêté du 8 novembre 1843** | | Autorisation de « *l'introduction de laboureurs chinois jusqu'à concurrence de 100 individus* » |
| 64 | | **Arrêté du 10 novembre 1843** | | Réglementation relative à l'essai de 1000 engagés chinois |
| 65 | | **Arrêté du 15 avril 1844** | | Liberté conventionnelle concernant la ration des engagés chinois |
| 66 | | **Ordonnance du 10 juin 1844** | | Tout vagabond peut être condamné à une obligation de travail de 60 jours maximum via les maisons de correction |
| 67 | | **Arrêté du 24 juillet 1844** | | Mise en place du système de la retenue d'un ou 2 jours de solde par jour d'absence injustifiée ou à titre de sanction pour manquement au travail au sein de l'Atelier colonial |
| 68 | | **Délibération du Conseil privé du 5 septembre 1844** | | Le gouverneur autorise le débarquement de 19 engagés malgaches en provenance de l'île de Sainte-Marie, de 7 engagés malgaches en provenance de Mayotte |

| | FRANCE | LA REUNION | AUTRE | CONTENU |
|---|---|---|---|---|
| | | | | et de 4 engagés indiens en provenance de l'île Maurice |
| 69 | | **Arrêté du 6 septembre 1844** | | Le gouverneur ne reconnaît aucune compétence aux tribunaux ordinaires en matière d'engagement |
| 70 | | **Arrêté du 6 mars 1845** | | Création d'un poste d'interprète chinois affecté au service du bureau du syndic et de marronnage de Saint-Denis |
| 71 | **Loi Mackau du 18 juillet 1845** | Publiée dans l'île le 2 mars 1846 | | Mesures améliorant les conditions de vie et de traitement de l'esclave : le procureur fait 2 rapports/an sur l'exécution des dispositions légales relatives à l'esclave ; les maîtres ont obligation de rémunérer les heures supplémentaires de travail effectuées par leurs esclaves |
| 72 | **Loi du 19 juillet 1845** | | | Crédit spécifique alloué par le ministre de la Marine et des Colonies pour l'affranchissement par rachat des esclaves |
| 73 | | **Arrêté du 26 octobre 1845** | | Alignement du salaire de l'engagé chinois de l'Atelier colonial sur le privé ; Autorisation de poursuivre l'immigration chinoise à concurrence de 250 *coolies* supplémentaires |
| 74 | | **Arrêté du 13 janvier 1846** | | Confirmation de l'arrêté du 13 juin 1842 concernant les engagés indiens infirmiers des hôpitaux de la colonie |

| | FRANCE | LA REUNION | AUTRE | CONTENU |
|---|---|---|---|---|
| 75 | | | **Arrêté du 5 février 1846** | Les boutres arabes sont autorisés à être francisés pour échapper aux contrôles maritimes des bâtiments anglais |
| 76 | | **Ordonnance du 5 juin 1846** | | Alignement de la ration alimentaire de l'esclave sur celle de l'engagé indien |
| 77 | | **Arrêté du 2 juillet 1846** | | Suspension temporaire de l'immigration chinoise |
| 78 | **Ordonnance du 3 août 1846** | | | Installation de 3 juges de paix dans l'île : Saint-André, Saint-Joseph et Saint-Louis |
| 79 | **Ordonnance royale du 9 décembre 1846** | | Promulguée par l'arrêté du 1er juillet 1847 | Proclamation de l'abolition de l'esclavage à Mayotte |
| 80 | | | **Arrêté de Mayotte et Dépendances du 12 janvier 1848** | Présence requise d'un délégué de l'administration à bord de tout navire transportant des engagés |
| 81 | | **Arrêté du 24 janvier 1848** | | Tout engagé des ateliers de la colonie blessé pour cause de travaux n'a droit qu'à la moitié de sa solde |
| 82 | **Décret du 7 mars 1848** | | | L'île de Bourbon devient île de La Réunion |
| 83 | | **Arrêté du 10 avril 1848** | | Interdiction des peines de fustigation et d'exposition des esclaves (les peines des fers réservées aux esclaves seront supprimées lors de l'abolition de l'esclavage) |
| 84 | **Décret du 27 avril 1848** | | | 2de abolition de l'esclavage dans les colonies françaises |
| 85 | | | **Abolition de l'esclavage proclamée le** | |

| | FRANCE | LA REUNION | AUTRE | CONTENU |
|---|---|---|---|---|
| | | | **23 mai en Martinique et le 27 mai 1848 en Guadeloupe** | |
| 86 | | **Arrêté du 24 octobre 1848** | | Proclamation de l'abolition de l'esclavage le 20 décembre 1848 à La Réunion, mais engagement obligatoire de tous les affranchis |
| 87 | | **Circulaire du procureur Massot du 24 février 1849** | | Le vagabondage n'est plus considéré comme un délit mais comme une simple contravention de police |
| 88 | | **Arrêté du 16 mai 1849** | | L'immigration des femmes engagées doit représenter au minimum 1/18e du nombre de passagers recrutés |
| 89 | | **Arrêté du 19 mai 1849** | | Séquestration obligatoire de tous les immigrants au lazaret pour quarantaine et vaccination avant leur distribution auprès de leurs engagistes |
| 90 | | **Arrêté du 24 mai 1849** | | Création du syndic municipal et mise en place d'une procédure spécifique pour garantir le paiement des salaires des engagés indiens |
| 91 | | **Arrêté du 4 juin 1849** | | L'immigration des femmes indiennes engagées doit représenter au minimum 1/10e du nombre de passagers recrutés ; Recommandation d'atteindre même les 33% du convoi |
| 92 | | **Arrêté du 7 juin 1849** | | Assimilation du régime légal du travail des |

| | FRANCE | LA REUNION | AUTRE | CONTENU |
|---|---|---|---|---|
| | | | | engagés affranchis de 1848 à celui des engagés indiens avant 1848 ; Création de la commission de santé pour vérifier les conditions sanitaires lors du transport des engagés ; Les agents commerciaux dans l'Inde sont chargés de vérifier l'expression du consentement des engagés indiens |
| 93 | | | **Arrêtés des 11, 18 et 25 juin 1849 de Pondichéry** | Levée de la prohibition de l'émigration indienne vers La Réunion ; Reprise de l'émigration soumise à la nouvelle réglementation en matière de transport des engagés indiens (4 passagers/tonneau de jauge) |
| 94 | | **Arrêtés des 6 et 25 juillet 1849** | | Réglementation concertée avec Pondichéry pour l'introduction d'engagés indiens |
| 95 | | **Arrêté du 23 juin 1849** | | Compétence du syndic cantonal à l'égard des engagés intérieurs et extérieurs |
| 96 | **Loi du 2 août 1849** | | | Tous les hommes majeurs, de nationalité française, sans distinction de couleur disposent du droit de vote ; La Réunion procède à l'élection de ses 2 députés |
| 97 | | **Arrêté du 5 décembre 1849** | | Régime juridique pour les engagés intérieurs : livret de l'engagement, obligation de travail des femmes, nature du |

| | FRANCE | LA REUNION | AUTRE | CONTENU |
| --- | --- | --- | --- | --- |
| | | | | salaire libre, dispenses limitées d'engagement, rengagement dans un délai de 10 jours, impôt égal à 1/12e du salaire de l'engagé |
| 98 | | **Arrêt du Conseil privé du 10 janvier 1850** | | Les réfugiés malgaches fuyant le régime des Hovas sont autorisés à s'engager pour La Réunion |
| 99 | | **Arrêté du 3 avril 1850** | | Sécurité renforcée en matière de transport des passagers à bord des embarcations ; Entretien obligatoire des embarcations qui font le trajet Saint-Denis/La Possession |
| 100 | | **Arrêté du 28 juin 1850** | | Réglementation de l'immigration noire en provenance des possessions françaises de Madagascar (reprise des anciennes législations : arrêtés des 11 et 18 juin 1849 spécifiques à l'engagement indien, arrêtés des 24 octobre 1848 et 24 décembre 1849 spécifiques aux engagés intérieurs et arrêté du 17 février 1849 spécifique à la discipline des ateliers, notamment les vagabonds indiens) |
| 101 | | **Arrêté du 19 mars 1851** | | Entretien obligatoire de la cale de débarcadère de La Possession |
| 102 | | **Arrêté du 26 mars 1851** | | Régime des ateliers en régie de la colonie : l'engagement se contracte soit au service du bureau des travaux de la commune de Saint- |

| | FRANCE | LA REUNION | AUTRE | CONTENU |
|---|---|---|---|---|
| | | | | Denis, soit au service de l'ingénieur colonial dans les autres communes ; Ces ateliers sont placés sous la tutelle du service des Ponts-et-Chaussées |
| 103 | **Circulaire du ministre de la Marine et des Colonies du 21 août 1851** | | | Appel à projet pour l'agrandissement ou la construction de prisons pour les colonies de la Martinique, la Guadeloupe, la Guyane et La Réunion |

# BIBLIOGRAPHIE SOMMAIRE

**N. BANCEL, P. BLANCHARD et F. VERGES**, *La République coloniale, Essai sur une utopie*, Albin Michel, Paris, 2003, 172 p.

**Y. BENOT**, *La démence coloniale sous Napoléon*, La Découverte, Paris, 1992, 407 p.

**G. BERLIOZ**, *Le contrat d'adhésion*, LGDJ, Paris, 1976, 222 p.

**Céline BOUSSEAU**, *Le coolie trade chinois ou le trafic d'une nouvelle main-d'œuvre,* In. Cahiers des Anneaux de la Mémoire, n°2, Esclavage et Engagisme dans l'Océan Indien. La traite atlantique, Nantes, 2000, pp. 169-179.

**E. BOIZARD et H. TARDIEU**, *Histoire de la législation des sucres (1664-1891)*, Paris, BSIC, 1891, 393 p.

**M. BOUVIER-AJAM**, *Histoire du travail en France, depuis la Révolution,* LGDJ, Paris, 1969.

**F. BRAUDEL et E. LABROUSSE**, *Histoire économique et sociale de la France*, tome 3 (1789-1880).

**A. BRUNET**, *Trois cents ans de colonisation à l'île Bourbon*, Paris, Editions de l'Empire, 1948, 178 p.

**L. BRUNET**, *Histoire de l'association générale des Francs-Créoles de l'Ile Bourbon*, Drouhet, Saint-Denis, 1884, 239 p.

**J. M. CHASTEL**, *Le rôle des institutions dans l'évolution de la filière canne à La Réunion*, Thèse de doctorat, Ecole Nationale Supérieure Agronomique de Montpellier, 1995.

**J.-Y. CHOLEY**, *L'offre de contracter et la protection de l'adhérent dans le contrat d'adhésion*, Thèse de doctorat de droit français et de droit comparé, Faculté de droit d'Aix-Marseille, année 1974, 388 p.

**Y. COMBEAU et E. MAESTRI**, *Histoire de la Réunion*, Nathan, 2002, 160 p.

**G. DEBIEN**, *La société coloniale au XVII^e^ et XVIII^e^ siècles. Les engagés pour les Antilles* (1634-1715), Paris, Société de l'histoire des colonies françaises, 1952.

**J. DEFOS du RAU**, *L'île de la Réunion, Etude de géographie humaine*, Union française d'impression, Bordeaux, 1960, 716 p.

Delabarre de Nanteuil, *Législation de l'Ile de Bourbon, répertoire raisonné des lois, ordonnances locales, décrets coloniaux, règlements d'arrêtés d'un intérêt général en vigueur*, Gros, Paris, 1843-1844, 2^e^ édition, Donnaud, Paris, 1861-1865.

**J.-M. DESPORT**, *De la servitude à la liberté : Bourbon des origines à 1848,* Océan Editions, Saint-André, 1989.

**D. DESTOUCHES**, *Recherches sur l'histoire du contrat d'engagement dans le droit colonial français (XVII^e^-début XVIII^e^ siècle)*, In. Mémoires de la Société pour l'Histoire du Droit et des Institutions des anciens pays bourguignons, comtois et romands, vol. 63, Dijon, 2006, pp. 347-370.

**J.-F. DUPON**, *Contraintes et fait colonial aux Mascareignes et aux Seychelles*, Paris, Honoré-Champion, 4 vol., Thèse, Université Aix-Marseille, 1976, 1620 p.

**D. DURAND**, *Les Chinois de La Réunion*, Australe Editions, Capetown, 1981, 255 p.

**A. EHRENZWEIG**, *Adhesion contracts in the conflicts of laws*, 53 Columbia Law Review 1072, 1953.

**M. FABRE**, *Esclaves et planteurs,* Paris, Julliard, Archives, 1970, 300 p.

**T. FLOBERT**, *Evolution juridique et socio-politique de l'archipel des Comores*, Thèse Doctorat en Droit, Université de Droit, d'Economie et des Sciences d'Aix-Marseille, 1976, 693 p.

**S. FUMA**, *L'esclavagisme à la Réunion (1794-1848)*, L'Harmattan, Paris, 1992, 191 p.

**Agenor de GASPARIN**, *Esclavage et traite*, Paris, 1838, In. M. COTTIAS (Textes réunis et présentés par), *D'une abolition, l'autre*, Agone Editeur, Marseille, 1998, pp. 130-132.

**H. GERBEAU**, *Quelques aspects de la traite illégale des esclaves à Bourbon au XIX*[e] *siècle*, IVe Congrès de l'Association Historique Internationale de l'Océan Indien, Saint-Denis, 1972, In. *Mouvements de populations dans l'Océan Indien*, Champion, Paris, 1979, p. 292.

**H. GERBEAU**, *Les minorités chinoises de La Réunion*, Minorités et sociétés coloniales, XIXe-XX[e] siècles, IPHOM, Aix-en-Provence, 1988, pp. 177-180.

**A. GIROLLET**, *Victor Schoelcher, abolitionniste et républicain*, Karthala, Paris, 2000, 409 p.

**P. HAUDRERE et F. VERGES**, *De l'Esclave au Citoyen*, Hérissey, Gallimard, 1998, 185 p.

**H. HAI QUANG**, *Histoire économique de l'île de la Réunion (1848-1881) ; engagisme, croissance et crise*, L'Harmattan, Paris, 2004, 327 p.

**H. HAI QUANG**, *Données Statistiques et hypothèses sur la traite, les affranchissements et le prix des esclaves à la Réunion (1837-1847)*, In. Cahiers des Anneaux de la Mémoire, n°2, *Esclavage et Engagisme dans l'Océan Indien, La traite atlantique*, Nantes, 2000, pp. 72-74.

**F. KESSLER**, *Contracts of adhesion, Some thoughts about freedom of contract,* 43 Columbia Law Review 629, 1943

**R. LAVOUX**, *Le statut administratif de Mayotte (1841-1976) ou à la quête d'un impossible statut*, pp. 55-65, In. *Mayotte dans la République*, Actes du Colloque de Mamoudzou du 15 au 16 septembre 2002, Montchrestien, Paris, 2004, 715 p.

**M. LEGUEN**, *Histoire de l'Ile de la Réunion*, L'Harmattan, Paris, 1979, 263 p.

**Z. MACAULAY**, *Faits et renseignements prouvant les avantages du travail libre sur le travail forcé et indiquant les moyens les plus propres à hâter l'abolition de l'esclavage dans les colonies européennes*, TRS de Londres, Hachette, Paris, 1835,

**L. MAILLARD**, *Notes sur l'Ile de la Réunion*, Dentu, Paris, 2 tomes, 1862.

**N. MALET**, *Sur le sucre colonial et le sucre indigène*, Imprimerie Duval et Herment, Amiens, 1839, 42 p.

**M. MARIMOUTOU-OBERLE**, *Les engagés du sucre*, Océan Editions, Saint-André, 1999, 261 p.

**J.-L. MESTRE**, *Retour de l'île de France et poursuites pénales en 1803*, In. Mélanges offerts à Hubert Gerbeau, *Peuplements, sociétés et condition humaine, XVII*[e]*-XX*[e] *siècles*, Les Indes savantes, Nantes, 2006, pp. 45-50.

**D. A. MIGNOT**, *Histoire d'Outre-mer, Etudes d'histoire du droit et des institutions*, PUAM, Aix-en-Provence, 2006, pp. 13-34.

**MILOCHE-BATY**, *De la liberté légale et illégale des esclaves à Bourbon au XIX*[e] *siècle ou le problème des affranchissements et le phénomène de marronnage dans la société réunionnaise entre 1815 et 1848*, Thèse de doctorat, Université de Provence, 1984, 3 tomes, 1341 p.

**M. MORINEAU**, *Les grandes Compagnies des Indes orientales (XVI^e^-XIX^e^ siècles)*, P.U.F., Vendôme, 1999, 127 p.
**Y. MOULIER BOUTANG**, *De l'esclavage au salariat, économie historique du salariat bridé*, Paris, PUF, 1999, 765 p.
**J.-F. NIOT**, *Les conditions des libres de couleur aux îles du Vent* (XVII^e^-XVIII^e^ siècles), In. Cahiers aixois d'histoire des droits de l'outre-mer français, 2004, p. 61 et s.
**C. OUDIN-BASTIDE**, *Travail, capitalisme et société esclavagiste. Guadeloupe, Martinique* (XVII^e^-XIX^e^ siècles), La découverte, 2005.
**J. V. AYET**, *Histoire de l'esclavage à l'Ile Bourbon*, L'Harmattan, Paris, 1990.
**P. PLUCHON**, *Histoire d'une dynastie insulaire, les Kerveguen avant de Kerveguen*, Mémoire de Maîtrise, Université de La Réunion, 1984.
**G. RATSIVALAKA**, *Madagascar dans le Sud-Ouest de l'Océan Indien (circa 1500-1824) : pour une relecture de l'histoire de Madagascar,* 2 vol., Thèse, Université de Nice Sophia Antipolis, 1995.
**F. REGENT**, *La France et ses esclaves. De la colonisation aux abolitions*, Paris, Grasset, 2007, p. 21 et s.
**ROSAMEL**, *Notices statistiques sur les colonies françaises*, Imprimerie Royale, Paris, 1838, 271 p.
**R. SALEILLES**, *De la déclaration de volonté, Contribution à l'étude de l'acte juridique dans le Code civil allemand (articles 116 à 144)*, 1901.
**A. SCHERER**, *La Réunion*, PUF, Paris, 1980, 124 p.
**C. SCHNAKENBOURG**, *Histoire de l'industrie sucrière en Guadeloupe (XIX^e^-XX^e^ siècles), La crise du système esclavagiste, 1835-1847*, L'Harmattan, Paris, 1980, 254 p.
**H. HOMAS**, *La traite des noirs (1440-1870)*, Robert Laffont, Paris, 2006, 1037 p.
**H. INKER**, *A new system of slavery, The export of Indian Labour Overseas (1830-1920)*, Oxford University Press, London, 1974, 432 p.
**A. de TOCQUEVILLE**, *Résistances des colons et menaces de révoltes : l'équilibre de la peur aux Colonies, Le Siècle*, Paris, le 22 octobre 1843.
**A. TOUSSAINT**, *Histoire des îles Mascareignes*, Paris, Berger-Levrault, 1972, 351 p.
**C. WANQUET**, *Histoire d'une révolution, La Réunion (1789-1803)*, Editions Jeanne Laffitte, Marseille, 1980, 3 tomes.
**C. WANQUET et B. JULLIEN**, *Révolution française et Océan Indien, Prémices, paroxysmes, héritages et déviances,* L'Harmattan, Université de La Réunion, AHIOI, 1996, 526 p.
**J. WEBER**, *Les Etablissements français en Inde au XIX^e^ siècle, (1816-1914),* Librairie de l'Inde, Paris, 1988, 320 p.
**J. WEBER**, *Les conventions de 1860 et de 1861 sur l'émigration indienne*, In. Cahiers des Anneaux de la Mémoire, *Esclavage et Engagisme dans l'Océan Indien, La traite atlantique*, n°2, Nantes, 2000, pp. 130-131.
**E. WONG-HEE-KAM**, *Les premiers engagés chinois de La Réunion et l'esclavagisme (1844-1862),* In. Cahiers des Anneaux de la Mémoire, n°2, *Esclavage et engagisme dans l'Océan Indien. La traite atlantique*, Nantes, 2000, pp. 179-212.
**E. WONG-HEE-KAM**, *La diaspora chinoise aux Mascareignes : le cas de La Réunion*, Publication de l'Université de la Réunion, L'Harmattan, Saint-Denis, 496 p.

# TABLE DES MATIÈRES